―― 山东文化世家研究书系 ――

主　编

王志民

副主编

丁　鼎　王钧林　石　玲
王洲明　刘爱敏

教育部人文社会科学重点研究基地山东师范大学齐鲁文化研究中心『十二五』规划重大项目

中共山东省委宣传部重点资助项目

中国孔子基金会资助项目

山东文化世家研究书系

王志民 主编

孔府文化研究

孔祥林 管蕾 房伟 著

中华书局

图书在版编目(CIP)数据

孔府文化研究/孔祥林,管蕾,房伟著.—北京:中华书局,2013.12
(山东文化世家研究书系/王志民主编)
ISBN 978-7-101-09847-1

Ⅰ.孔… Ⅱ.①孔…②管…③房… Ⅲ.家族－文化研究－曲阜市－古代 Ⅳ.①K820.9②K928.705.23

中国版本图书馆CIP数据核字(2013)第277098号

书　名	孔府文化研究
著　者	孔祥林　管蕾　房伟
丛书名	山东文化世家研究书系
主　编	王志民
责任编辑	余佐赞　胡正娟
出版发行	中华书局
	(北京市丰台区太平桥西里38号　100073)
	http://www.zhbc.com.cn
	E-mail:zhbc@zhbc.com.cn
印　刷	北京市白帆印务有限公司
版　次	2013年12月北京第1版
	2013年12月北京第1次印刷
规　格	开本/710×1000毫米　1/16
	印张39¾　插页6　字数600千字
印　数	1-2000册
国际书号	ISBN 978-7-101-09847-1
定　价	198.00元

孔子燕居像

尼山孔庙鸟瞰

孔林鸟瞰

孔府鸟瞰

孔庙与孔府

孔子庙大成殿

孔府大门

孔府大门内景

孔府前堂楼内景

孔府红萼轩内景

孔府二堂匾额

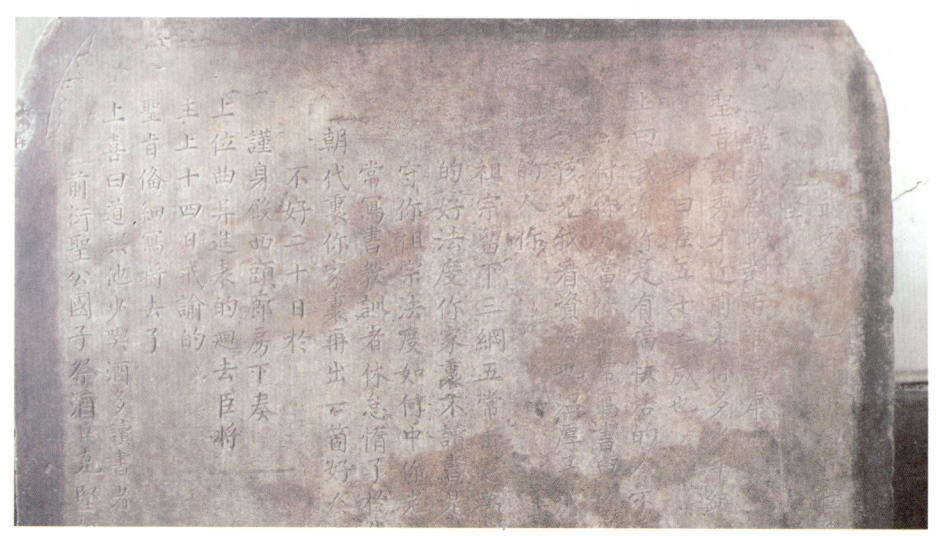

朱元璋与孔克坚谈话碑(局部)

孔继涵墓

洙泗书院

尼山书院

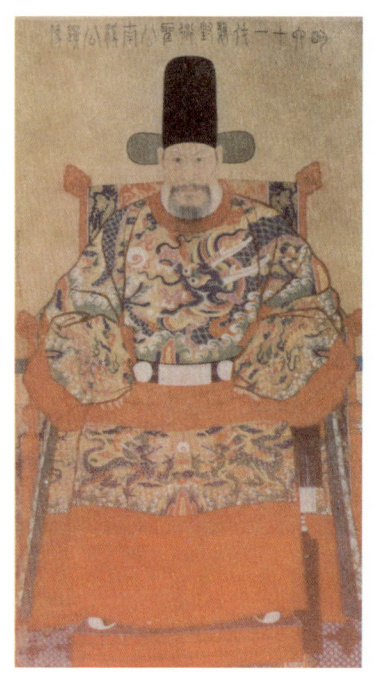

61代衍圣公孔弘绪画像

孔尚任像

孔传铎衣冠像

孔繁灏与夫人毕氏行乐图

（以上图片均由作者提供）

总　序

王志民

《山东文化世家研究书系》(28种)(以下简称《书系》),从2010年初正式启动,历经四个年头,终于面世。这在中国家族文化研究和齐鲁文化研究上都是一项较大的学术工程,其学术价值和影响自待学术界与广大读者的评析,我在这里仅就编纂《书系》的一点粗浅认识和工作过程,作一简述,以期得到读者更多的理解。

一

中国历史上是一个宗法制农业社会,建立在血缘、婚姻基础上的家族是社会构成的基本细胞,也是立国之本。《尚书·尧典》载:"克明俊德,以亲九族。九族既睦,平章百姓。百姓昭明,协和万邦。"说明大约从上古以来,家族就是政权存在的基础和支柱。

商周时期,世卿世禄的贵族世家既是政治主体,也是文化上的垄断者。春秋战国时期,世卿世禄制瓦解,出现了百亩之田、五口之家的核心家庭制,但秦汉以后,世家大族逐渐形成。汉代以经学作为晋身入仕的条件,而经学传授又多限于家学私门,"累世经学"与"累世公卿"融二为一,形成了文化家族世代相因的局面,文化世家既是国家政治的中坚,也是文化传承的主体。

魏晋时期,实行"九品中正制"选人用人,"中正"的评定内容,本身就有"家世"、"行状"、"人品"三项,选人要考察家族几代人的文化背景。人才的选举与士族家族制结合在了一起,这就为文化世家的发展提供了制度上的保障,保持了文化世家在政治上的特权和地位的延续,"故家大族,虽无世袭之名,而有世袭之实"①。

隋唐至清代实行科举考试选人用人制度。其破除了自魏晋以来"上品无寒门,下品无世族"的门阀世族文化垄断,为庶族士子开启了晋身仕途之门,这是一个以科举文化传承为主导的时期。在这个漫长的科举时代,新的文化世家的出现往往要经历由文化之兴到科举之荣,再到仕宦之显的发展奋斗过程。而仕宦之家的优越条件,家学、家风的传承影响,往往使世官、世科、世学有机结合在一起,形成科举文化世家。这在明清时期尤为明显。这种家族文化具有传承性和地域性:一个文化世家,在儒家伦理纲常主导下,以科仕为追求,历经数代发展,往往形成具有自身家族特色的家规、家训、家风。这既是一个家族内部的精神连线和传家珍宝,传递着先辈对后代的寄望和父祖对子孙的诫勉,也成为中国传统知识分子"修身、齐家、治国、平天下"人生价值观培育的重要先天环境和成长土壤。历史上诸多卓有成就的文化名人往往出身于数代显赫的文化世家,这是重要的文化基因。与此相应的是,一个科甲连第、人才辈出的文化世家,又往往成为一个县、州或更大区域内的文化地标,其显赫门第以及通过仕宦、联姻、交游、著述、教育等形成的文化传播力深深影响着一个地域的文化发展,提升了区域整体文化形象。正像陈寅恪先生所说:"盖自汉代学校制度废弛,博士传授之风气止息以后,学术中心移于家族,而家族复限于地域,故魏、晋、南北朝之学术宗教皆与家族、地域两点不可分离。"②陈先生在这里说的是六朝的事,但对隋唐科举制以后的情况而言,也颇中肯綮。可见,中华文明的发展传承,家族文化是一个重要载体。在中国幅员广大、地理环境复杂的文化背景下,要深入探求中国传统文化,不可不探求家族文化,亦不可不深入探求地域文化和家族文化的关系,这是我们组织撰写《山东文化世家研究书系》的重要学术动因之一。

---

① 钱穆:《国史大纲》,生活·读书·新知三联书店,1955年,第298页。
② 陈寅恪:《隋唐制度渊源略论稿·礼仪篇》,中华书局,1963年,第17页。

山东文化世家和省外其他文化世家有共同性。以农立家,以学兴家,以仕发家,是历朝历代文化世家的共性。农业社会决定了任何文化世家都必须以农业为基础,必须养成耕读家风。在士、农、工、商四民中,士往往来源于农,由农家子弟经由读书治学转变而来,这在隋唐实行科举制度以后尤其如此。以工立家,以商立家,固然有之,然而,工商以学兴家,以仕发家,由此而成为文化世家者,却微乎其微,几乎不见。文化世家本质属性在于学,无学不成其文化世家。耕读传家,诗书继世,是一切文化世家的共同特征。唯有令其子弟刻苦读书,勤奋治学,通过经世致用而建功立业,光大门第,才能推动一个家族迅速崛起。充满书香的门第,虽然崛起于乡野小农之间,却未必有足够的力量推动家族的发展更上一层楼,这就要求其子弟必须走上"学而优则仕"的道路,以从政谋取高官厚禄,为整个家族的高贵和后续发展提供强有力的支持。可见,农—学—仕,既是文化世家形成与发展的三个必要阶段,也是文化世家建设与构成的三个必要因素,三者缺一不可,而学居于核心地位。

在中华民族文化发展的进程中,齐鲁文化有着特殊地位和贡献。在中华文明的起源时期,这里发现了最早的新石器时代大汶口文化陶器上的文字和龙山文化时期的城市群以及金属器等,展示出山东是中华文明最早的发源地之一。而在被当代学者称为中华文明"轴心时代"的春秋战国时期,山东地区是中华文明的"重心"所在。傅斯年先生说:"自春秋至王莽时,最上层的文化只有一个重心,这一个重心便是齐鲁。"(《夷夏东西说》)秦汉以后,中国的文化重心或移居中原,或西入关中,或南迁江浙,齐鲁的文化地位时沉时浮,但作为孔孟的故乡和儒家文化的发源地,两千年来,齐鲁文化始终以"圣地"特有的文化影响力为民族文化的传承、儒家思想的传播以及中华民族精神家园的建设作出了其他地域文化难以替代的特殊贡献。齐鲁文化的这种丰厚底蕴和特殊历史贡献,使山东文化世家具有一种特殊的历史承担、文化面貌和家族文化内涵。总览《书系》,从齐鲁文化与中华文明关系的角度粗浅概析,至少有以下几个方面值得在这里赘述:

其一,山东文化世家的发展轨迹,反映了齐鲁文化在中华文明发展中历史地位的消长变迁。从历史纵向看,两千年来山东文化世家的发展,呈现出马鞍型"两峰一谷"的特点:汉魏六朝为一高峰,明清为一高峰,两峰之间的隋唐宋金元时期为平谷。这一变迁,反映出齐鲁文化在中华文明发展中的沧桑之旅。两汉时期文化以经学为主体,经学大师多为齐鲁之人,累世经学之家在齐鲁之地大量出现,这为魏晋之后,形成山东文化的高峰期奠定了厚实的基础。《书系》入选的28个文化世家中,六朝时期为7家,大多形成于魏晋之齐鲁,兴盛于随迁之江南,而且都是对当时的政治、经济、学术、文化产生重大影响的显赫家族,如琅邪王氏、兰陵萧氏等。唐宋时期,政治文化重心西移,域内文化世家总体零落式微,自隋至元,本《书系》入选者仅4家。明清时期是山东科举文化世家发展的又一个高峰,这与该时期山东文化的复兴繁荣不无关系。一是明、清两朝大力提倡"尊孔崇儒"。孔孟圣裔封官加爵,登峰造极;孔孟圣迹重修扩建,前所未有,山东的"圣地"气象空前显现。二是明清时代定都北京,山东地理位置优越。以山东为枢纽的大运河成为南北交通大动脉,促进了山东经济的发达,同时也推动了文化的繁荣昌盛。三是山东作为孔孟故乡,自古有崇文重教传统。明、清两朝,特重科举,士人晋身入仕,科考几乎为唯一之途。明代即有所谓"中外文武皆由科举而进,非科举者毋得为官"(《明会典》)的规定,在此背景下,山东域内涌现出众多科举文化世家。科甲连第、人才辈出家族各地多有;一家数代名宦,父子、兄弟文名并显者亦大有人在。一时硕学大儒,诗人名家,多出山东。到清初时,形成"本朝诗人,山左为盛"的局面。山东应为考察明清时代中国科举文化世家最有代表性、典型性的地区之一。这次选入《书系》的文化世家,明清时期有16家之多,占了多半,而且在编纂过程中我们发现,尽管经多方研讨论证,这次仍有较多明清时代显赫的文化家族没有入选,甚感遗憾。

其二,山东文化世家在儒家文化传承及中华民族文化交流融合中作出过特殊贡献。第一,以孔府为代表的圣裔家族是中国文化世家中特殊的文化资源。在两千余年的历史长河中,圣裔家族经沧桑变迁,流散各地,但他们大多发扬了圣裔家族文化传统,将血脉延续与文脉传承相结合,以尊先敬祖与传承儒家文化为己任,对以儒学为主干的中华民族文化传统的形成,对历代政治、文化的发展产生了其他家族无法比拟的巨大文化影响力。

第二,山东文化世家的迁徙对儒家文化传播及各地文化的交流融合,乃至中华文化重心的转移,都产生过重大影响。历史上山东文化世家曾有过几次较大规模的迁徙:一是汉代大量山东经学世家迁居关中,助推汉代儒学、经学的西渐和关中文化中心的形成。限于资料缺乏等原因,本《书系》虽然没有入选迁居关中的山东世族,但从《汉书》中记载的以田氏为代表的齐鲁大族对关中文化的巨大影响中可见一斑。二是两晋时期齐鲁世族的南迁促进了南北文化交流。元嘉之后,大批山东世家大族随西晋政权迁往江浙,本《书系》中选入的琅邪王氏、兰陵萧氏、东海徐氏、鲁郡颜氏等都是这方面的代表。他们大多"本乎邹鲁……世以儒雅为业",大力推展儒学,积极融入并影响当地文化,成为数代名宦的世家大族,萧氏甚至成为南朝齐梁时代的皇族,对南北文化的融合及江南地区文化的提升发展,产生了巨大的影响。三是北宋末年,大批孔、孟、颜、曾等圣裔家族随宋室迁都临安而南迁江浙,不仅形成儒学史上著名的孔氏"南宗",而且在江南办教育,授儒学,为宋明理学的繁盛和文化重心的南移作出了贡献。

其三,山东文化世家主导了山东乡邦文化的特色——"礼义之邦"的形成。山东是儒学发源地,自古号称"礼义之邦"。读经崇儒,尤重礼义的区域文化特色代代传承,千年不衰。由于汉代以后儒学独尊地位的确立和孔孟故乡"圣地"文化的不断提升和突显,以及金元以后齐鲁之地又逐步成为山东的统一行政区划,"礼义之邦"即成为山东地域共有的文化特质。而这种区域文化共性在山东文化世家中从不同角度显现出来。从本《书系》所选文化世家文化精神的主体看,这些不同时代、经历各异的家族,崇德、重教、尊老、尚义等"礼义之邦"的文化特色,既展现在圣裔之家,也反映在自汉至清历代文化世家的家风、家规、家训之中。不仅世居山东之地的文化世家,而且由山东外迁江南等地的文化世家,数代之后依然以传承故乡之风、弘扬礼义为家族文化的追求。明清时期,从山西、云南等地迁入山东之地的流民后代,最终发展为科举文化世家者,也从多个方面展现出"礼义之邦"的文化特色。

其四，山东文化世家揭示出众多杰出人物成才与地域家族文化的关系。如果说，家庭是人才成长的第一环境，那么，文化世家则是时代人才的摇篮。历史上山东许多文化世家，杰出人才丛生辈出，曾影响了整个时代的政治文化发展，这种情况尤以六朝时期为显：泰山羊氏，羊祜、羊祉等"二十四史"有传记的即有34人，另有2人曾为皇后；王粲、王弼等彪炳史册的文学、思想大家皆出高平王氏；诸葛亮实出身于山东琅邪阳都（今沂南县）望族，成年后离乡；琅邪王氏既是西晋南迁后司马氏政权的主要政治支柱，号称"王马共天下"，也是王戎、王羲之、王肃、王褒、王融等文化名人的共有家族；兰陵萧氏自称为齐鲁"素族"出身，但南迁后，发展为人才辈出的显赫世家，齐、梁时代，荣登"两朝天子"的宝座。这在六朝时期由北南迁世族中，颇为少见。山东文化世家，大多注重家训的传承，而家训受儒家思想的影响，多将立德、立言、勤政、清廉等德才要求作为主旨，这对人才价值观念的养成影响甚大，山东历史上众多的文化名人中，政治上多出忠直清廉之士，文化上多出经学、文学大家，与此关系颇大。这次入选的明清时期各个文化世家，传世文献著述颇丰，都是这方面的反映。例如：明代临朐"冯氏五先生"都以文名著称；新城王氏家族共出30余名进士，不仅仕宦显赫，而且多有著述传世，王渔洋则为清初"诗坛领袖"，而且为官特重"清"、"慎"、"勤"。其他如诸城刘统勋、刘墉父子，清代彪炳文学史册的"南施北宋"之宋琬，以及田雯、赵执信、曹贞吉等，都展示出了山东文化世家特有的文化影响和传承力。

二

在《书系》即将出版之时，我们很有必要回顾一下较为曲折的编纂过程。

在项目酝酿策划之初，我们就一直力图将《书系》做成一套有统一组织、有学术方向、有研究规划、有明确要求的学术创新工程。我们主要做了以下两个方面的工作。

（一）制定编纂原则

其一，学术目标。试图通过《书系》的撰写，深入探求中国优秀文化传统在文化世家层面的传承轨迹，挖掘优秀的家学、家风、家训等家族优秀历史文化资源，为当代新型家庭文化建设提供借鉴；通过探讨齐鲁文化在各个时代文化世家中的文化特点、面貌、发展趋势及文化贡献，深化对各历史时期齐鲁文化的研究；通过探求齐鲁历史文化名人的成长与家族文化培育的关系，为新时期人才培养与家庭教育的关系提供历史的范例。

其二，选目标准。通过反复酝酿论证，我们提出入选的文化世家应为山东历史上在政治、社会、思想学术、文学、艺术等方面有代表性的文化家族；家族中应有在中国文化史上产生重大影响的代表人物；家族发展的兴盛时期，曾对时代社会和文化产生过重大影响；应是家族兴旺，功名显赫，人才辈出，延时较长之家族；文献丰富，资料可考，便于研究。

其三，内容设计。我们提出以下五个方面设计内容，作为拟定纲目、撰写内容的参考：一是家族发展源流。强调考察渊源脉络，探究发展演变，述其流风余韵，辨析兴衰之由。二是家族盛世研析。包括兴盛之因的探求，家族内部管理结构、婚姻关系、家庭伦理、生活方式等，亦包括对家族与时代政治、区域社会、社会交游、社会文化的关系影响等的研究。三是代表人物研究。包括成长、成才与家族文化，成就业绩与家族兴衰，著述文献与文化活动，时代贡献与社会地位等。四是家学家风研究。包括形成、特点、传承、影响及重点个案分析等。五是附录部分。包括家族大事年表、支系图表、文献书目、参考文献书目等。

其四，撰写要求。主要强调四点：一是突出学术性。强调研究深度，注重观点创新，严守学术规范，力求成为该课题学术领域的最新代表性成果。二是强调资料性。做到全面搜集，系统梳理，征引翔实，论必有据。强调注重旧家谱、旧方志、考古新发现及他人著述中新材料的发现、辨析和运用。三是显示乡土性。强调写出地方特色、家族个性、乡邦气象、社会风情。要求从齐鲁文化发展史的角度来考察探讨文化世家，从文化世家角度来透析齐鲁文化。四是关注可读性。强调用平实的学术语言写作，史论结合，文笔流畅,避免文白夹杂,资料堆砌。

(二) 抓好编纂过程

《书系》完成大致经历了三个阶段。

其一,策划启动。早在2005年,我在主持完成《齐鲁历史文化丛书》(100种)之后,旋即着手策划编纂《山东文化世家研究书系》30种。2006年秋天,起草了规划方案。后专门多次召开专家论证会广泛征求意见,2007年春天,规划方案在蒙山召开的齐鲁文化研究基地第六届学术委员会会议上通过,并被列入齐鲁文化研究基地"十一五"规划标志性成果项目,但由于所需资金数额巨大,暂时搁置。2009年春天,山东省华夏文化促进会恢复成立。在会长、省委原副书记王修智的支持下,该项目作为促进会与齐鲁文化研究基地合作的首项学术工程正式启动,并在当年12月底前完成了所有前期准备和选聘作者的工作。2010年2月1日,召开了第一次作者签约暨《书系》编纂研讨会议,对整个编纂工作进行了部署,为圆满完成编纂任务打下了良好基础。

其二,提纲研讨。我们将各卷纲目的设计、研讨、确立作为落实编纂主旨的关键环节抓紧抓好,将启动后的六个月作为搜寻基本资料、掌握研究动态、确定编纂提纲的阶段。重点采取了以下措施:一是实行主编、副主编分工与作者联络、研讨、沟通制度。二是多次召开主编、副主编会议,就每位作者提交的编纂提纲(章、节、目)进行预审,逐一充分研讨、审查,提出修改意见。共性问题,则提出统一修改原则,指导修改。三是根据提纲编纂情况,于2010年5月21日至23日召开了全体作者编纂提纲研讨会。采取逐个汇报、深入交流、相互审议、共同研讨方式,就提纲拟定中把握特点、突出重点、强调创新、提炼观点等问题达成共识,并在会后作者充分修改的基础上,又先后两次召开纲目审定会议,与作者反复沟通,最后逐一确立。

其三,撰稿统稿。从2010年6月至2012年8月为主要撰稿和统稿时间。在此期间,我们定期召开主编会议,及时交流情况,解决有关问题。在保持与作者密切联系的情况下,采取了以下具体措施:一是召开样稿研审会议。就每卷提交的一章样稿中发现的布局谋篇、行文表述、资料引用、政治把握等方面存在的18条共性问题和各卷个别问题进行了汇总研究,提出了修改意见。选取优秀样稿,印发每位作者参考,取得了很好的效果。二是适时召开作者会议,总结交流撰稿情况。2011年4月28日至30日,在济南珍珠泉宾馆召开了全体作者参加的编纂中期研讨分析会。就写作进度不平衡、资料搜集单薄、如何辩证看待历史人物以及严守学术规范等问题,充分研讨,达成共识。提出各卷总体质量把握要求:资料要丰,论述要精,线索要清,行文要通。三是在大多数作者完成后,主编、副主编分工审稿与集中通审相结合。先由分管副主编审查提出意见,经作者修改后,由编委会集中统审稿件。其间先后五次召开主编会议,及时沟通解决书稿中存在的问题。2012年8月上旬,在东营市召开统审书稿会议,邀请中华书局冯宝志副总编参会指导,并共同研究,就22部已交书稿中存在的体例、规模、图片、内容、附录、引文、宗教、学术争议等问题提出8条修改意见。

在2012年9月至2013年6月分批送中华书局审稿期间,我们协同中华书局采取了具体编纂规范问题由书局编辑与作者直接联系修改,学术问题和其他重要问题须经由主编会议研究审定修改的原则。其间,先后三次会同中华书局共同研究书稿修改和出版问题,三次召集部分作者研究书稿修改,千方百计保证书稿质量和编纂出版任务的顺利完成。

数易寒暑,在各位作者的辛勤付出和同仁、编辑的共同努力下,《书系》得以顺利出版。此时此刻,作为主持这项编纂工程的主编,我虽有如释重负之感,但仍有一种绵长的遗憾留在心底:由于我个人学术水平和学术领导能力的限制,该《书系》还存在诸多不足,原来制定的学术目标并没有完全实现;由于个别作者原因,清河崔氏、日照丁氏两个家族的研究没有如期完成,致使出版拖期,原设计30种而只出版了28种;由于作者学养、功力的参差不齐,审稿、统稿时间的仓促,有些稿件存在这样那样的问题,为此,还请学界同仁和广大读者批评指正。

当该《书系》即将出版面世之际,我回顾曲折的编纂过程,内心充满了感激、感动之情:

如果没有省委原副书记、山东省华夏文化促进会原会长王修智同志的鼓励支持,联手启动该《书系》工程很可能被推迟实施或者只是一种让人遗憾的愿景。然而,很痛惜,在《书系》启动不久,王修智同志因病去世,《书系》的编纂因此经历了诸多波折。

如果没有原省长姜大明同志和省委常委、宣传部长孙守刚同志的亲自关心支持,该《书系》就不可能现在顺利出版。

如果没有各位作者四年来的刻苦努力和精诚合作,该《书系》的编纂出版还会遇到更多困难!

我们应该向上述领导和同志们表示诚挚感谢!

衷心感谢中国孔子基金会及其理事长王大千先生的鼎力支持!感谢山东省华夏文化促进会的关注和支持!

当然,我们还应该衷心感谢我的同仁——各位副主编:山东师范大学齐鲁文化研究中心的丁鼎教授、王钧林教授、石玲教授、刘爱敏副教授和山东大学的王洲明教授。四年多来,他们与我夙兴夜寐,竭诚合作,共同努力,才保证了《书系》编纂工作的顺利进行。感谢中华书局副总编冯宝志先生和余佐赟等编辑以及齐鲁文化研究中心同仁们的支持与辛勤努力!感谢山东大学我的老师袁世硕先生、董治安先生和山东师范大学安作璋先生在酝酿策划之初对我的具体指导!感谢我的博士生刘宝春做了大量资料搜集工作!在这里我还要特别感谢省外学者田汉云教授、张其凤教授、谭洁教授、何成博士,他们积极热情地承担相应课题,并以严谨的治学态度,拿出了高质量的成果!感谢孔子研究院原副院长孔祥林研究员,在原作者承担撰稿任务两年后却突然告知无力承担的情况下,毅然接受重担,并以严谨、扎实的治学态度顺利完成了《孔府文化研究》这一最重要的书稿。感谢在该《书系》编纂、出版过程中作出贡献的所有人,例如,各文化世家的故乡及后裔们的大力支持和热情帮助。任何一项学术工程的完成都是众多相识不相识的人从多个方面支持的结果,在完成本《书系》的编纂、出版过程中,我们比任何时候都更深地体会到了这一点!

2012年12月初稿
2013年10月定稿

目录

导　言 ………………………………………………… 1

第一章　诗礼传家一脉深

第一节　孔子世家文化形成的历史渊源 …… 12
第二节　两汉时期的孔子世家文化 ………… 27
第三节　魏晋南北朝时期的孔子世家文化 … 37
第四节　隋唐时期孔子世家文化 …………… 43

第二章　安富尊荣公府第

第一节　衍圣公府的形成 …………………… 53
第二节　衍圣公的袭封 ……………………… 87
第三节　衍圣公的南宗与北宗 ……………… 89
第四节　衍圣公与皇家的关系 ……………… 98
第五节　朝廷优遇 …………………………… 120

第三章　文章道德圣人家

第一节　学诗学礼 …………………………… 132
第二节　国家设学 …………………………… 137
第三节　科举优待 …………………………… 147
第四节　公府礼典 …………………………… 151
第五节　家庭礼仪 …………………………… 170

第四章　俎豆馨香报圣功

第一节　奉祀历史 …………………………… 194
第二节　祭礼 ………………………………… 207
第三节　祭祀仪注 …………………………… 223
第四节　释奠乐舞 …………………………… 230
第五节　祭器祭品 …………………………… 241

第五章　恪尽职守护圣迹

第一节　奉诏护卫林庙 ……………………… 246
第二节　孔庙 ………………………………… 250
第三节　孔林 ………………………………… 286
第四节　遗迹 ………………………………… 301

第六章　书香鼎食姻九州

第一节　择偶乡贤里宦
　　　　——宋金元衍圣公姻亲 …………… 312
第二节　姻结权贵天潢
　　　　——明代衍圣公姻亲 ………………… 318
第三节　世姻名门望族
　　　　——清代衍圣公姻亲 ………………… 328
第四节　衍圣公家族婚姻分析 ……………… 341

第七章　以文会友友辅仁

第一节　周旋政坛 …………………………… 352
第二节　优游文坛 …………………………… 362

第八章　阙里自古重文献

- 第一节　孔氏志书 …………………… 382
- 第二节　孔氏家谱 …………………… 391
- 第三节　曲阜碑刻 …………………… 397
- 第四节　孔府文物 …………………… 411
- 第五节　孔府档案 …………………… 419

第九章　经术遗篇细斟酌

- 第一节　经学 ………………………… 425
- 第二节　史学 ………………………… 429
- 第三节　地理学 ……………………… 432
- 第四节　医学 ………………………… 435
- 第五节　孔继汾及其学术成就 ……… 437
- 第六节　孔继涵及其学术成就 ……… 443
- 第七节　孔广森及其学术成就 ……… 451

第十章　行余学文赋雅颂

- 第一节　诗词歌赋 …………………… 466
- 第二节　衍圣公诗文 ………………… 480
- 第三节　孔尚任的文学艺术 ………… 490
- 第四节　女性文学 …………………… 504
- 第五节　孔氏戏剧 …………………… 519

第十一章　陶情怡性游于艺

- 第一节　书法 ………………………… 526
- 第二节　绘画 ………………………… 537

第三节　音乐……………………………542

第十二章　玉盘珍馐菜蔬香

　　第一节　孔府菜的由来……………………548
　　第二节　孔府宴种类………………………551
　　第三节　孔府宴菜式………………………558
　　第四节　孔府菜的特点……………………573

附　录………………………………………583

后　记………………………………………619

导　　言

　　文化世家的产生是中国古代家族制度长期发展的必然产物。作为中国古代社会结构中的基层单位，家族制度深刻影响着古代社会的发展。家族既是个体成长的起点，也是社会活动的中心，举凡政治、经济、文化等，无不留存着家族影响的深刻烙印。文化世家的存在是中国历史上引人瞩目的文化现象，它在中国文化的传承与创新中发挥着重要作用。

　　一个家庭从普通家族成长为文化世家需要长期的积累过程，古语曰："三代穿衣，五代吃饭，十辈子才能挂画。"文化世家的形成亦是如此。在中国历史上，这样的文化世家几乎历代都有，魏晋南北朝时期的文化世家有王、谢、崔、卢、李、郑等，宋代的文化世家如晁、韩、吕、宋等。然而，这些世家大族虽名盛一时，但终不过是一个朝代的荣光，正所谓"君子之泽五世而斩"[①]。但是，在中国的历史上，就有这么一个文化世家，它延续两千多年从未间断，经历治乱兴衰而宠辱不惊，它以传承儒学为己任，诗礼传家，人才辈出，成果丰硕，这就是曲阜的孔子世家。

一、孔子世家及其独特性

　　"世家"一词，首见于《孟子》：

[①] 杨伯峻：《孟子译注》，中华书局，1988年，第193页。

  仲子,齐之世家也;兄戴,盖禄万钟;以兄之禄为不义之禄而不食也……①

杨伯峻注曰:"仲子是齐国的宗族大家,享有世代相传的禄田。他哥哥陈戴,从盖邑收入的俸禄便有几万石之多。"②这里所说的"世家",指那些拥有世代相传禄邑的宗族大家。正如郑慧生先生所说:"从孟子的原话和赵岐注可以看出,世家是指那些世卿世禄的家族,包括他们的家人、子弟。"③可见,"世家"的原初意义,是指那些世卿世禄的家族。

  司马迁在《史记》中作三十《世家》,首创《世家》体例。这三十《世家》,多记王侯诸国之事,正如《史记·吴太伯世家》司马贞《索隐》所言:"系家者,记诸侯本系也,言其下及子孙常有国。"即因王侯开国,后代世袭罔替,故称"世家"。

  此后,"世家"之义,大多都是根据《孟子》、《史记》加以引申发挥而来。魏晋南北朝时期,门阀制度的盛行,所谓"上品无寒门,下品无世族",造就了一大批凭借家族门第而累世垄断权柄的世家大族,炙手可热的琅邪王氏和陈郡谢氏家族就是这个时期典型的阀阅著望。由隋唐至明清,科举文化的发达一方面使传统意义的"世卿"、"世族"逐渐淡出历史舞台,另一方面则又推出了许许多多"数世科名,门第清华"的衣冠望族。明清时期,尤其是明代中叶以后的江南地区,由于价值观念的变异,大批潜心于某一专门文化领域的世家大族应运而生,如经学世家、史学世家、文学世家、书画世家、名医世家等,意在凸显累世相续之义。④ 因此,在不同的时代,"世家"一词有着不同的内涵,既可指世代门第显贵、世卿世禄的家族,又可指世代以某种专业、职业相承的家族。

  世家大族形成的途径有很多,有的以军功而封爵拜相,遗泽后世;有的

---

① 杨伯峻:《孟子译注》,第159页。
② 杨伯峻:《孟子译注》,第160页。
③ 郑慧生:《"世家"解》,《史学月刊》2000年第1期,第21页。
④ 参见蔡静平:《明清之际汾湖叶氏文学世家研究》,复旦大学博士学位论文,2003年,第2页。

因经商致富而跻身官僚,成为一方望族;还有的诗礼传家,世守家学,从而形成了富有特色的家族文化链,成为文化世家。

所谓文化世家,是指此家族的文化色彩较为浓厚,在家族的传承中带有强烈的文化传承的色彩。吴江薛凤昌在其著《吴江叶氏诗录序》中云:"一世其官,二世其科,三世其学。"这比较准确地把握了文化世家的基本特征,即仕宦、科举、学术,这也正是文化世家形成的核心要素。

当然,上述分类并非绝对,只是有所侧重而已。事实上,从历史上看,仕宦、科举、学术三者对某些世家而言,是可以合而为一的。曲阜孔子世家无疑是其中的典型代表。

(一) 孔子开创世家

如前所述,西汉时,司马迁首创以人物为中心的纪传体史书体例,写就史学巨著《史记》。此书分本纪、书、表、世家、列传五体,做到了描绘历史人物的活动与统览历史事件的结合。其中,孔子以素衣身份之荣登"世家"行列,可谓首创。对此,司马贞《索隐》曰:

> 孔子非有诸侯之位,而亦称系家者,以是圣人为教化之主,又代有贤哲,故称系家焉。①

张守节《正义》又说:

> 孔子无侯伯之位,而称世家者,太史公以孔子布衣传十余世,学者宗之,自天子王侯,中国言六艺者宗于夫子,可谓至圣,故为世家。②

先儒之言可谓中的! 司马迁入孔子于世家,纵有其个人主观方面的原因。但是不可否认,孔子在中国文化发展史上的功绩决定了后世对他的尊

---

① 《史记》卷四十七,中华书局,1959年,第1905页。
② 《史记》卷四十七,第1905页。

崇。梁启超先生说:"苟无孔子,则中国当非复二千年来之中国。中国非复二千年来之中国,则世界亦非二千年之世界也……故梭格拉弟(作者注:苏格拉底)之后,容有梭格拉弟,而孔子之后无孔子也。"①柳诒徵先生曾说:"孔子者,中国文化之中心也;无孔子则无中国文化。自孔子以前数千年之文化赖孔子而传,自孔子以后数千年之文化赖孔子而开。"②梁漱溟先生也说:"孔子以前的中国文化差不多都收在孔子手里,孔子以后的中国文化又差不多都从孔子那里出来。"③孔子承载着上古三代的文化传统,凝结着他身前的中国先人的智慧创造,从而奠定了中国文化的基本精神。

孔子世家开创者所具备的文化特质,从某种程度上为世家的传承与延续奠定了基调。孔子后裔以经义为业,恪守家学,诗礼传家,终成独特的文化家族。

(二) 历代帝王重孔家

历代王朝为了更好地利用孔子思想来治理国家,对孔子及其子孙格外优渥,对孔子嫡裔更是表现出很高的礼遇。他们不断追封孔子,也对他的子孙加官晋爵,授予特权,使孔子嫡裔世代享受荣华富贵。在中国历史上,还没有任何一个家族像孔子世家那样受到历代皇朝的恩宠。孔子世家显赫的政治地位绵延了两千多年,"与国咸休"、"同天并老"正是其家族的真实写照。

汉武帝"罢黜百家,独尊儒术",孔子思想成为国家的指导思想,孔子后裔也开始受到皇帝的优渥,元始元年(1),元帝始封孔子十六代孙孔均为褒成侯,食邑两千户,开启了后世王朝封赐孔子嫡裔以奉祀的先河。从此,孔子嫡裔世袭封赐的爵位。魏晋南北隋唐前期,孔子后裔的爵号不时变换,有崇圣侯、奉圣侯、恭圣侯、绍圣侯、褒成侯等爵位。

唐玄宗将孔子三十五代孙改封为文宣公,提升到公爵,北宋仁宗皇帝将孔子四十六代孙孔宗愿改封为衍圣公,希望孔子裔孙能够接续孔子的血统和学统,以使圣道永承不衰。从此,衍圣公历经宋、金、元、明、清、民国,

---

① 梁启超:《世界伟大传第一编·孔子》,《饮冰室合集》,中华书局,1983年。
② 柳诒徵:《中国文化史》,东方出版中心,1988年,第231页。
③ 梁漱溟:《东西文化及其哲学》,商务印书馆,1999年,第150页。

整整延续了32代人,880年,直到1934年才将这一不合共和体制的封建爵位改号为大成至圣先师奉祀官。

历史上,由于国家政治局势的影响,孔子世家也曾出现过分裂。南北朝和宋金时期都曾出现过南宗与北宗,他们被不同的政权委以奉祀孔子的责任,呈现南北双立的局面。国家统一后,孔氏也随之一统,北宗成为正宗。

孔子嫡孙的社会地位在历史上呈现马鞍形。汉代褒成侯食邑两千户,地位仅次于刘姓诸王和奉祀三代的诸公,其中奉祀商汤的宋公是孔子长孙。东汉开始,孔子后裔奉祀的地位逐渐下降,唐宋时期甚至兼任曲阜县令,或出任兖州属官,即使改称衍圣公后地位也无变化,从金代开始,衍圣公地位才逐步提高。金明昌二年(1191),衍圣公视四品,超授中议大夫,赐四品勋封,但实际官阶仍然为八品。元代衍圣公一再晋升,由四品升三品,再升从二品,赐二品银章。明代衍圣公地位空前提高,虽然官阶为正二品,但待遇全为一品,三台银印,赐蟒,班列文武百官之首,国家建造专门的官署,设置办事官员,赐给六十万亩土地,长孙承袭衍圣公,次子承袭世袭翰林院五经博士,三子承袭太常寺博士。清代衍圣公地位达到空前高度,官阶正一品,班列大学士之上,位极人臣。

(三)文章道德圣人家

曲阜孔子世家不仅是中国历史上时间最久的贵族世家,也是历史最久影响最大的文化世家。曲阜孔氏后裔具有很强的继承祖业的使命感,诗礼传家这一文化基因流贯于每一代孔氏子孙的血脉中。他们自幼接受传统教育,或世守家学,遍研群经,著书立说,斯道不坠,斯经不绝;或创作文学,诗词歌赋,戏曲文章,佳作叠出,群星璀璨;即使出仕为宦,教书育人,也不忘游戏翰墨;即使躬耕田亩,也是耕读传家,使孔氏家族成为文化素养最高的家族之一。生活在科举时代的孔氏族人不足三十万,考取各种功名者多达五千多人,产生了子思、孔安国、孔颖达、孔继涵、孔继汾、孔广森、孔广林等思想家、经学家,孔融、孔稚圭、孔文仲、孔武仲、孔尚任等文学家,孔光、孔奋、孔巢父、孔纬、孔戣、孔道辅、孔毓珣等显宦,孔弘泰、孔继涑等书画家。从孔子到20世纪以前,有著作的子孙约三百人,著述近千种,经、史、子、集兼备,尤以经学、数学、文学、音韵学、文字学成就最高。特别值得一提的是,在被认为"最看不起妇女"的家族中却出现了众多的女性文学家、书画家,清代时曲阜还形成了女性作家群体。

可见,孔子世家在学术旨趣、精神品格的承传等方面表现出惊人的一致性。这种一致性并不是偶然的,一方面,这是一种优良家族传统的继承和发扬;另一方面,这也反映出中国传统文化的特征,孔子世家所反映出来的那种积极进取、顽强不息的精神,正是中华民族精神价值的集中体现。

二、对以往研究的学术史回顾

孔子世家世代冠冕,历经两千多年而不衰,有"天下第一家"之称。孔子世家作为典型的世家大族,从其形成至今,贯穿了整个中国的传统社会,透过对这一个案的研究,由小及大,可以深化对中国传统社会和中国历史、文化的认识。

目前,学界对曲阜孔子世家的研究主要集中在以下几个方面:

(一) 系统的家族史研究

在中国历史上持续时间最长、取得成就最高的世家大族——孔子世家是本文的研究对象,因此,从根本上说,本书属于家族史研究。

家族是中国历朝历代最基本的社会组织,"家国一体"、"家天下"是中国传统文化的鲜明特色,家族制的传统塑造了中华民族的总体价值观和思维方式,一直影响着中国人的政治理念、礼仪规范、经济行为、处世习惯等社会生活和人伦日用的各个方面。毫不夸张地说,不了解家族制度,就无法了解中国传统文化,家族是理解中国社会和中国文化的一把钥匙。因此,家族史的研究有着非常重要的意义。

对家族问题的探究始终是社会史研究中的重要内容。事实上,这项研究早在上古时期就已经开始了。古代的家族史研究主要集中在对西周宗法制度的研究上,《礼记·丧服小记》、《仪礼·丧服传》中都有论述。北宋理学家张载著有《经学理窟·宗法》篇,这是历史上第一篇专门研究宗法制度的论文,首次对宗法制度作了全面的阐释。此后,清代学者在此基础上亦有进一步研究,如毛奇龄《大小宗通释》、万斯大《宗法论》、程瑶田《宗法小记》、侯度《宗法考》、冯桂芬《宗法》等。他们大都是用考据的方法进行研究,虽然内容更加丰富圆满,但也存在着考证繁琐、在概念及理论上缺少突破的不足。

进入20世纪以后,随着新史学的兴起,新的理论和研究方法开始应用在史学实践中,如唯物史观、文化人类学、社会学等理论与研究方法在家族史的研究中得到广泛运用,在家族史、家族制度、宗族与宗法以及断代家族史、区域家族史、专题家族史等方面涌现出了大量研究成果。

近年来,家族史研究主要侧重多角度的探讨,主要有族谱家法、族产经济、家族教育、郡望堂号、谱牒世系、仕宦特点、婚姻状况、家学门风、家庙祭祀与礼仪等方面,呈现出多学科交叉的综合性研究趋势。其研究理论和方法也更加多样化,逐渐形成了整体研究和个案分析相结合的研究模式。此外,大量墓志碑铭、石刻材料的出土,为家族史研究注入了新的活力。

(二)孔庙祀典研究

在传统社会中,祭祀孔子虽属国家祀典,但孔氏后裔还担负着家祭的责任,特别是曲阜阙里孔子庙,它是"家庙"和"国庙"的结合体,地位特殊,祭祀活动更为重要。

孔庙祀典在传统社会中是国家祭祀的重要组成部分,由于其对传统社会政治、文化等方面的深刻影响,古代典籍对此有翔实记载。中央集权专制统治时代终结以后,孔庙祀典逐渐被废止,其相关研究因此中断。新中国成立后,由于对以孔子为代表的中国传统文化存在认识上的不足,孔庙祀典研究自然无法进行。改革开放以来,学界开始重新认识儒家文化的价值,孔庙祀典研究得以重新起步。从20世纪80年代开始,孔庙祀典的研究全面展开,在祭孔乐舞研究、孔庙研究、释奠礼研究及相关古代文献资料的整理出版等方面取得很多重要成果。如,《孔子文化大全》系列丛书(山东友谊出版社,1989年),江帆、艾春华《历代孔庙雅乐研究》(中国国际广播出版社,2001年),孔祥林《世界孔子庙研究》(中央编译出版社,2010年)等。

(三)孔氏家学研究

孔氏家学是指孔子及其后世子孙相承的学问。孔子后裔是中国封建社会的特殊人群,他们以与孔子的特殊关系,不仅世代受到朝廷优渥,具有较高的社会地位,而且他们自身也因孔子的原因,世代不忘传承其祖业,因此,他们的家学本身具有特殊的意义。这方面研究主要有李学勤《竹简家语与汉魏孔氏家学》(《孔子研究》1987年第2期)、黄怀信等《汉晋孔氏家学与"伪书"公案》(厦门大学出版社,2011年)等。

(四)孔氏家族文学创作研究

周洪才《孔子故里著述考》(齐鲁书社,2004年)考订曲阜历代著述,考证孔氏历代作家的生平、著述的版本以及存佚情况;周洪才、钟淑娥《简论孔祥霖文献目录学成就》(《山东图书馆季刊》1994年第1期)介绍了孔祥霖编纂的《曲阜清儒著述记》、《曲阜碑碣考》两部地方文献目录的情况。

汪蔚林《孔尚任诗》(科学出版社,1958年)、《孔尚任诗文集》(中华书局,1962年)主要研究孔尚任的诗文创作;徐振贵《孔尚任全集辑校注评》(齐鲁书社,2004年)收录了孔尚任存世的绝大部分诗文词作品。这方面的成果还有周淑敏《孔尚任诗歌研究》(暨南大学硕士学位论文,2007年)、胡静《孔尚任〈续古宫词〉百首考论》(《中国典籍与文化》2008年第3期)、徐爱梅《新见孔尚任莱州诗文创作述录》(《齐鲁学刊》2008年第5期)、范芳丽《孔尚任诗歌研究》(山东师范大学硕士学位论文,2008年)、杨璐《孔尚任诗歌研究》(广西大学硕士学位论文,2008年)等。

孔氏女性作家受到关注。成果有董倩倩《清代孔氏家族女性诗人诗作综考》(曲阜师范大学硕士学位论文,2010年)、戴健《曲江亭雅集钩稽》(《江苏广播电视大学学报》2007年第6期)等。

(五)其他研究

有的关注曲阜地区的教育情况,考察"四氏学"这一独特的教育样式,如胡广洲《曲阜四氏学考》(山东大学硕士学位论文,2004年)、孔莹《曲阜书院考略》(《山东档案》2004年第1期)等;有的涉及了孔氏家族的交游情况,白汉坤《鲁一同诗歌研究》(暨南大学硕士学位论文,2003年)、张连生《刘宝楠〈念楼集〉版本研究》(《清史研究》2006年第3期)、李娇玲《姚燮诗歌创作研究》(暨南大学硕士学位论文,2003年)等。

三、本书研究的学术进路与基本史料

由上所述可知,在已往有关孔子世家研究的成果中,涉及孔子世家具体问题的成果并不算太少。但细加分析就会发现,在这些成果中,考证具体世系的多而全面论述家族的少;具体探讨某个时段的多而将孔子世家作为整体进行探讨的少;从孔子世家与政治之相互关系的角度研究的多而从孔子世家与社会制度、传统文化之相互关系的角度探讨的少。

本书从思想史、文化史的角度研究孔子世家,越过王朝更迭和政权交替,在整个中国传统社会的历史背景里考察孔子世家的盛衰沉浮,联系历朝政治变迁与阶层变动、经济关系、教育和思想状况、婚姻缔结等方面的历史背景,关注孔子世家与经济基础,与国家政权、儒学、宗教信仰、他家族之间的复杂关系,尝试从家族的角度考察思想与社会的互动关系。

本书力求更加广泛地占有史料,去粗取精,去伪存真,从对材料的分析中得出结论,杜绝先预设结论和观点,杜绝用主观的概念去取舍材料、证明假设。除利用传世文献外,尽可能搜集墓志、石刻、碑铭等第一手资料,根据需要采用量化分析、比较等个案研究中常用的方法,对多种文献进行综合比对分析,力图在研究中做到不臆测、不妄断,持之有故,言之有据。由于家族史的研究对象是历史上的家族、家庭及婚姻等社会学、人类学范畴的事物和现象,因此还运用文化人类学、社会学、政治学、民俗学等学科的研究手段和方法,以弥补单一学科研究存在的缺陷和不足,从而扩大研究视野。具体研究过程中,主要采用宏观考察与个案剖析相结合的办法,力求做到宏观与微观研究互证互补,分析与实证互证互补。

第一章 诗礼传家一脉深

由于在中国思想文化上占有特殊地位，孔子受到历代王朝的推崇。孔子后裔因其与孔子的特殊关系，在传统社会中也享有特别的优待。他们拥有较高的社会地位，同时不忘继承祖业，诗礼传家，孔氏家族因此成为我国乃至世界上延续时间最长的贵族世家，也是声名最为显赫的文化世家。这一文化世家的形成，是孔子后裔逐步积累的结果，而宋代以前的承传无疑具有重要的地位。

第一节　孔子世家文化形成的历史渊源

孔子世家文化创始自始祖孔子，先秦时期，孔子后裔孔伋、孔穿、孔鲋等人恪守家学，著书立说，继承并发展了孔子思想，树立了孔子世家文化世世相承的优良传统，使先秦孔氏家学走向兴盛，也为孔氏家族文化在后世兴起奠定了基础。

一、孔子重视家教

孔子是春秋末期伟大的思想家、政治家，教育家。"仲尼祖述尧、舜，宪章文、武"①，"述而不作，信而好古"②，不仅整理了三代以来的传世文献典

---

① 王国轩译注：《大学·中庸》，中华书局，2007年，第129页。
② 杨伯峻：《论语译注》，中华书局，1982年，第66页。

籍以及礼仪礼法,而且创立私学,首开私家讲学之风;既将《诗》、《书》、《礼》、《乐》等文献传于弟子,同时也传之于子孙;既创立了儒家学派,也开创了孔子世家文化。

孔子生活在社会巨变的春秋末期,是时"天子失官,学在四夷"①,官学废弛,文献典籍散落民间。在"周室微而礼乐废,《诗》、《书》缺"②的时代,孔子"述而不作,信而好古",搜集、学习、研究、整理古代文化典籍,删《诗》、《书》,订《礼》、《乐》,赞《周易》,作《春秋》,司马迁称赞说"自天子王侯,中国言'六艺'者折中于夫子,可谓至圣矣"③,肯定了孔子保存和继承中国古代文化的巨大贡献。

孔子打破了学在官府的传统,首揭私学旗帜,有教无类,广收门徒,弟子三千,平民子弟甚至贱民都能入学学习文化知识,教育日渐普及,为春秋战国时代士人阶层的出现起到了催化作用,也极大地促进了中国文化和思想的繁荣。

孔子不仅重视对门下弟子的教育,也十分重视对儿子孔鲤的家庭教育。关于孔子传教儿子孔鲤,《论语》中就有明确记载:

陈亢问于伯鱼曰:"子亦有异闻乎?"对曰:"未也。尝独立,鲤趋而过庭。曰:'学诗乎?'对曰:'未也。''不学诗,无以言。'鲤退而学诗。他日,又独立,鲤趋而过庭。曰:'学礼乎?'对曰:'未也。''不学礼,无以立。'鲤退而学礼。闻斯二者。"陈亢退而喜曰:"问一得三。闻诗,闻礼,又闻君子之远其子也。"④

孔子教育儿子孔鲤学《诗》、学《礼》,并告诉他学《诗》学《礼》的意义及作用,可谓语重心长。《阳货》篇又载:

子谓伯鱼曰:"女为《周南》、《召南》矣乎?人而不为《周南》、《召

---

① 李梦生:《左传译注》,上海古籍出版社,1998年,第1080页。
② 《史记》卷四十七,第1935页。
③ 《史记》卷四十七,第1947页。
④ 杨伯峻:《论语译注》,第178页。

南》,其犹正墙面而立也与?"①

如果不学习《周南》、《召南》就好像面对墙壁傻站着一样。此次教育,不仅显示孔子对《诗》的重视,也表现出对孔鲤教育的严格。这两段记载,简要而生动地描述了孔子在家训子的情况,堪称我国士人家教的最佳写照。②

《论语》中的两段材料较为简洁,而《孔子家语》中关于孔子教导儿子的记载更为翔实。《孔子家语·致思》载:

> 孔子谓伯鱼曰:"鲤乎,吾闻可以与人终日不倦者,其唯学焉!其容体不足观也,其勇力不足惮也,其先祖不足称也,其族姓不足道也,终而有大名,以显闻四方、流声后裔者,岂非学之效也?故君子不可以不学,其容不可以不饰。不饰无类,无类失亲,失亲不忠,不忠失礼,失礼不立。夫远而有光者,饰也;近而愈明者,学也。譬之污池,水潦注焉,萑苇生焉,虽或以观之,孰知其源乎?"③

孔子爱好学问,故以"内学外饰"训导儿子孔鲤,并专为儿子讲为学的重要性,足见其对家庭教育的重视。

综上所述,孔子对儿子孔鲤确曾有家教,而孔鲤也正是在孔子的亲自教导下明《诗》、《礼》,通儒术的,只是英年早逝,先孔子而卒,令人惋惜。

二、子思传承家学

孔伋,字子思,孔鲤之子,孔子嫡孙。《汉书·古今人名表》列为第二等"上中",属于仁人。孔子去世后,子思又从曾子等人学习,而孟子学于子思之门人。因此,子思上承孔子、曾子,下启孟子,在儒学史上占有重要的地位,被后世尊称为"述圣"。

自幼年时起,子思就胸怀继承祖业之大志,开始跟随孔子学习儒家之

---

① 杨伯峻:《论语译注》,第185页。
② 黄怀信等著:《汉晋孔氏家学与"伪书"公案》,厦门大学出版社,2011年,第4页。
③ 杨朝明、宋立林主编:《孔子家语通解》,齐鲁书社,2009年,第86页。

道。对此,《孔丛子·记问》篇多有记载,如:

> 夫子闲居,喟然而叹。子思再拜。请曰:"意子孙不修,将忝祖乎?羡尧舜之道恨不及乎?"夫子曰:"尔孺子,安知吾志?"子思对曰:"伋于进膳,亟闻夫子之教:其父析薪,其子弗克负荷,是谓不肖。伋每思之,所以大恐而不懈也。"夫子忻然笑曰:"然乎!吾无忧矣。世不废业,其克昌乎?"①

孔子晚年时,儿子伯鱼和最得意的弟子颜回相继去世。这对孔子造成了巨大打击,他非常担心自己的理想和学问不能传承。恰在此时,聪颖机敏的子思看出了祖父的心思,表示愿意继承祖父的未竟事业,深得孔子的赞赏。于是,孔子着力培养子思研习《诗》、《书》、《礼》、《乐》,并不时对他进行指导:

> 子思问于夫子曰:"为人君者,莫不知任贤之逸也,而不能用贤,何故?"子曰:"非不欲也,所以官人失能者,由于不明也。其君以誉为赏,以毁为罚,贤者不居焉。"
>
> 子思问于夫子曰:"伋闻夫子之诏,正俗化民之政莫善于礼乐也。管子任法以治齐,而天下称仁焉,是法与礼乐异用而同功也,何必但礼乐哉?"子曰:"尧舜之化,百世不辍,仁义之风远也。管仲任法,身死则法息,严而寡恩也。若管仲之知,足以定法,材非管仲而专任法,终必乱成矣。"
>
> 子思问于夫子曰:"物有形类,事有真伪,必审之,奚由?"子曰:"由乎心。心之精神是谓圣,推数究理,不以物疑,周其所察,圣人难诸?"②

三段文字同出于《孔丛子·记问》篇。这些文字或许经过后人润色,但子思

---

① 王钧林、周海生译注:《孔丛子》,中华书局,2009 年,第 64 页。
② 王钧林、周海生译注:《孔丛子》,第 65—66 页。

曾问学孔子,则是不可否认的事实。上述材料中,第一段谈及选贤用人的问题,第二段论述礼乐治国和以法治国的异同,第三段探索"心"、"圣"在认识上的作用。从任用贤人到治国方略,再到修心成圣,理论层次由低及高,由表及里,不断深入。受孔子教育的影响,子思因忧道学失传而作《中庸》,从修身成圣的思想高度来论述儒家的内圣之道。在《中庸》里,子思对治国用贤、礼乐治国、心圣问题均有论及。《孔丛子·记问》篇透露出子思所关心的问题与《中庸》主旨正相吻合,表明《孔丛子》对子思少年时代学于孔子的记载是可信的。①

此外,子思自己还曾亲言自己跟随于夫子身旁。在与其子子上的对话中,子思谈到跟随孔子去郯国时的一件事,他说:"吾昔从夫子于郯,遇程子于涂,倾盖而语,终日而别。命子路将束帛赠焉,以其道同于君子也。"②

在孔子的影响下,子思对《诗》、《书》、《礼》、《乐》等均十分精熟。《孔丛子·居卫》篇记载:

> 子思年十六,适宋。宋大夫乐朔与之言学焉。朔曰:"《尚书·虞夏书》四篇,善也;下此以讫于《秦》、《费》,效尧舜之言耳,殊不如也。"子思答曰:"事变有极,正自当耳。假令周公、尧舜更时易处,其书同矣。"乐朔曰:"凡书之作,欲以喻民也,简易为上,而乃故作难知之辞,不亦繁乎?"子思曰:"书之意兼复深奥,训诂成义,古人所以为典雅也。昔鲁委巷亦有似君之言者,伋答之曰:'道为知者传,苟非其人,道不贵矣。'今君何似之甚也?"③

子思与宋大夫乐朔讨论学术。谈及《尚书》时,子思认为事物的变化是有限度的,标准在于是否恰当和是否符合道义。可谓精到。子思还认为《尚书》虽然不易理解,需要借助文字训诂,但书中含有深奥的哲理,值得下工夫去领悟。

---

① 参见孔德立:《孔丛子与子思生年问题》,《齐鲁学刊》2004年第2期。
② 王钧林、周海生译注:《孔丛子》,第78—79页。
③ 王钧林、周海生译注:《孔丛子》,第102页。

子思亦知礼乐。《礼记·檀弓上》载：

> 子思曰：丧三日而殡，凡附于身者必诚必信，勿之有悔焉耳矣。三月而葬，凡附于棺者必诚必信，勿之有悔焉耳矣。丧三年，以为极亡，则弗之忘矣。故君子有终身之忧，而无一朝之患，故忌日不乐。①

子思之言道出了君子对待丧礼的正确态度。《檀弓下》篇又记子思答穆公问"为旧君反服"之礼。可见子思对礼乐有很深的认识。

子思的诸多事迹，多见于《孔丛子》一书，作为一部类似于"孔家杂记"的书，它提供了许多有关孔子世家的珍贵史料。李学勤先生认为，《孔子家语》和《孔丛子》是汉魏间孔子家学的两部重要文献。其中，《孔丛子》重点记述了孔子后世子孙的言行事迹。孔子以后，从三世孙孔伋到九世孙孔鲋，数代闻人的若干言行事迹，全凭《孔丛子》的记述而为后人所知。② 黄怀信先生也认为：《孔丛子》记孔子、子思、子高的部分均有原始材料，其文字基本上采集旧材料或据旧材料加工而成，不能把《孔丛子》视为"伪书"。③ 随着新出简帛的不断涌现，尤其是郭店楚简和上海博物馆藏战国楚竹简的公布，《孔丛子》的可信性及其价值得到了进一步证实。④

子思以孺子之年亲得孔子教诲，即怀继承祖业之大志，以昭明圣主之德为己任，并不懈于学，深得孔子的赏识。孔子去世后，子思又受业于曾子、子游及子夏等人，得孔门真传。子思曾对鲁穆公说："臣所记臣祖之言，或亲闻之者，有闻之于人者，虽非正其辞，然犹不失其意焉"⑤。可见，子思的家学是双重的，他不仅幼年时直接问学于孔子，亲受孔子教诲，而且后来还间接从孔门弟子那里学习到孔子的思想。

在掌握孔子思想的精华之后，子思竭力倡导儒家学说，力图拯救社会

---

① 杨天宇撰：《礼记译注》，上海古籍出版社，2007年，第57页。
② 参见王钧林、周海生译注：《孔丛子》，第8页。
③ 参见黄怀信：《孔丛子》的时代与作者，《西北大学学报》（哲社版）1987年第1期。
④ 可参见李存山：《〈孔丛子〉中的"孔子诗论"》，《孔子研究》2003年第3期；杨朝明：《〈孔丛子〉"孔子诗论"与上博〈诗论〉》，《儒家文献与早期儒学研究》，齐鲁书社，2002年。
⑤ 王钧林、周海生译注：《孔丛子》，第116页。

危机。据《礼记》、《孔丛子》等书记载,子思早年曾在鲁国收徒授业,后又周游列国,到过宋、齐、卫等诸侯国。他还曾在鲁、卫从政,为鲁穆公重臣,但是"为其事而无其功"①。与孔子一样,子思欲以儒家的仁政德治思想治世的方案没有得到当时统治者的认可和采用。可这并没有动摇他持守儒道的志向,在周游列国中,子思撰写了一系列反映其学术思想的作品,对孔子思想做了发展和创新,成为战国时代儒家学派的重要代表人物。由此可见,子思确实如孔子所愿,不仅"世不废业",而且继承发展了孔子的学说。

子思不仅重视继承家学传统,同时也十分重视对子孙的教育,在孔子世家文化产生的初期,起到了承上启下的作用。《孔丛子·杂训》篇中,记载了子思对其子孔白的悉心教导:

> 子上请所习于子思,子思曰:"先人有训焉,学必由圣,所以致其材也;厉必有砥,所以致其刃也。故夫子之教,必始于《诗》、《书》而终于《礼》、《乐》,杂说不与焉,又何请?"②

子上就学习方面的问题向父亲子思请教,子思直接以孔子之训教导儿子,而且要求他以《诗》、《书》、《礼》、《乐》为学习内容,只有这样才能获得真知,提高才能。

子思教子不仅告知子上学习内容,而且教给他学习的方法:

> 子思谓子上曰:"有可以为公侯之尊,而富贵人众不与焉者,非唯志乎?成其志者,非唯无欲乎?夫锦绩纷华,所服不过温体;三牲大牢,所食不过充腹,知以身取节者,则知足矣。苟知足,则不累其志矣。"③

做学问一定要有志向,而要成就这种志向,就要克制自身的物欲。

---

① 杨伯峻:《孟子译注》,第284页。
② 王钧林、周海生译注:《孔丛子》,第75—76页。
③ 王钧林、周海生译注:《孔丛子》,第93页。

> 子思谓子上曰:"白乎,吾尝深有思而莫之得也,于学则寤焉;吾尝企有望而莫之见也,登高则睹焉。是故,虽有本性而加之以学,则无惑矣。"①

子思告诉子上,思考与学习要结合起来,天赋再加上自身刻苦学习就不会有什么困惑了。这种学思结合的思想正与孔子"学而不思则罔,思而不学则殆"②的论述相一致,足见子思对孔子思想的继承与传承。

子思对儿子的教育,与当年孔子教导孔鲤如出一辙,堪称家教的典范。在这种环境下成长起来的子上也是继承家训,知礼守道,《孔丛子·杂训》载:

> 子思在鲁,使以书如卫问子上。子上北面再拜,受书伏读,然后与使者晏。遂为复书,返中庭,北面再拜,以授使者。既受书,然后退。使者还鲁问子思,曰:"吾子堂上南面立受臣书,事毕送臣。子上中庭拜授臣书而不送,何也?"子思曰:"拜而不送,敬也,使而送之,宾也。"③

子上在卫国,接到父亲的家书,接收信函、阅读信件、回复来信、接待使者等各项程序都符合礼的要求,而这与完善的家庭教育是分不开的。

子思曾亲得孔子垂教,他继承祖业,竭力倡扬儒家学说,并著书立说,对孔子思想进行阐释与发挥。同时,他将从孔子那里继承的家学,特别是《诗》《书》《礼》等文献传给了儿子子上,树立了孔氏家族家学父子相传的传统。

三、子高、子顺继承祖业

孔穿字子高,孔子第七代孙,子思玄孙。《汉书·古今人名表》列在第四等"中上",属于智人。

---

① 王钧林、周海生译注:《孔丛子》,第 75 页。
② 张燕婴译注:《论语》,第 18 页。
③ 王钧林、周海生译注:《孔丛子》,第 80 页。

据《孔丛子》记载,子高曾游历于齐、赵、魏之间,虽不受聘,却被咨访问道,崇以师礼,有"天下之高士"的美誉。①

子高的思想主要见载于《孔丛子》之《儒服》篇。此章专记子高与君卿大夫问答之言,在这些言谈举止中,可以清楚地看到子高对孔子儒家思想的继承。

> 平原君与子高饮,强子高酒曰:"昔有遗谚,尧舜千钟,孔子百觚,子路嗑嗑,尚饮十榼,古之圣贤,无不能饮也,吾子何辞焉?"子高曰:"以穿所闻,贤圣以道德兼人,未闻以饮食也。"②

子高认为古来圣贤皆以道德服人而非以饮酒来评判,所谓"圣贤以道德兼人"正符合儒家的评价标准。子高对"儒服"、"儒"也有深刻的认识:

> 子高曳长裾,振褒袖,方屦粗翣见平原君。君曰:"吾子亦儒服乎?"子高曰:"此布衣之服,非儒服也,儒服非一也。"平原君曰:"请吾子言之。"答曰:"夫儒者居位行道,则有衮冕之服;统御师旅,则有介胄之服;从容徒步,则有若穿之服。故曰非一也。"平原君曰:"儒之为名何取尔?"子高曰:"取包众美,兼六艺,动静不失中道耳。"③

儒士所穿的衣服并非一种,在不同的场合,儒士会穿不同的衣服,而只有那些道德高尚,兼通六艺,又时刻持守中庸之道的人才能被称为"儒"。子高真是深谙儒道。

子高继承家学传统,精通礼仪。《孔丛子·儒服》记载子高到魏国去,恰逢秦国的军队来攻伐魏国,信陵君很害怕,到子高处请教"祈胜之礼"。子高将行礼过程一一告知信陵君,而且又对此种礼仪所蕴含的礼义进行了阐释,信陵君非常信服,恭敬地接受了教诲。

---

① 参见王钧林、周海生译注:《孔丛子》,第232页。
② 王钧林、周海生译注:《孔丛子》,第162页。
③ 王钧林、周海生译注:《孔丛子》,第159页。

子高对儒家文献也是十分熟悉。他向齐国保举任用司马义为将,与燕国作战,但齐国最终战败。子高以周公任用管叔、蔡叔反而出现武庚叛乱为类比,向齐国国君说明察人用人之难,他说:

夫以周公之圣,兄弟相知之审,而近失于管、蔡,明人难知也。臣与义相见,观其材志,察其所履,齐国之士弗能过也。《尚书》曰:"知人则哲,惟帝难之",穿何惭焉?①

上述所引《尚书》之句语出《皋陶谟》,今本作"惟帝其难之,知人则哲"。由此可见子高熟于《书》。当然,作为一代大儒,他绝不可能只知于《书》,其他经典亦应有所掌握。如上所述,子高精通礼仪,必然熟知《礼》,加之观其子子顺知《诗》、《书》、《礼》、《春秋》,则知子高理应当有知,只是未见记载而已。②

子高十分重视维护家族声誉,对于那些损害孔子形象的言论,都是严词反驳:

平原君谓子高曰:"吾闻子之先君亲见卫夫人南子,又云南游过乎阿谷,而交辞于漂女,信有之乎?"答曰:"士之相保,闻流言而不信者,何哉? 以其所已行之事占之也。昔先君在卫,卫君问军旅焉,拒而不告。色不在已,摄驾而去。卫君请见,犹不能终,何夫人之能觏乎? 古者大飨,夫人与焉。于时礼仪虽废,犹有行之者。意卫君夫人飨夫子,则夫子亦弗获已矣。若夫阿谷之言,起于近世,殆是假其类以行其心者之为也。"③

对于"子见南子"一事,历来众说纷纭,作为直系子孙,子上的解释似较为合理。他认为孔子是不得已才见南子,而对于此类诽谤之言,并不足为信,因

---

① 王钧林、周海生译注:《孔丛子》,第170页。
② 参见黄怀信等著:《汉晋孔氏家学与"伪书"公案》,第11页。
③ 王钧林、周海生译注:《孔丛子》,第163页。

为对于士人来说，只要根据其平时的所作所为就可以判断是否可信。

从《儒服》篇所记，可见子高在战国时代之游历事迹，亦可见子高之气度，有子思遗风，且懂礼，善言辞，有智慧。此外，《孔丛子·对魏王》篇中还有一段记载，颇能反映子高的思想：

> 魏王问："何如可谓大臣？"子高答曰："大臣则必取众人之选，能犯颜谏争，公正无私者。计陈事成，主裁其赏；事败，臣执其咎。主任之而无疑，臣当之而弗避。君总其美，臣行其义。然则君不猜于臣，臣不隐于君，故动无过计，举无败事，是以臣主并各有得也。"①

这与《论语》所载孔子"所谓大臣者，以道事君，不可则止"②及"周任有言曰：'陈力就列，不能者止'"③思想一致。从中可见其对孔子思想的继承。

子高在赵国时，与公孙龙在平原君处辩论"藏三耳"、"离坚白"、"白马非马"之论。虽然公孙龙善辩，但平原君却认为他"辞胜于理"，子高却是"理胜于辞"，而"辞胜于理，终必受诎"④。

关于子高的著作，《孔氏祖庭广记·世次》载："七代穿，字子高，又曰子顺，博学清虚沉静，有遁世之志，楚魏皆召之，不仕。著儒家之语十二篇，名曰《谰言》。"《孔子家语后序》亦云："子高名穿，著儒家说十二篇，名曰《谰言》。"考《谰言》一书，见于《汉书·艺文志》，"《谰言》十篇"，班固自注为"不知作者，陈人君法度"。所以，《孔子家语后序》之言颇遭质疑。对此，黄怀信先生认为，在《汉志》中班固谓其书内容"陈人君法度"而《孔丛子》的《公孙龙》、《儒服》、《对魏王》三篇恰有符合这一命题的文字，如其中子高答魏王"人主之所以为患"、"如何可谓大臣"，答信陵君问"古之善为由，国者其道何"之类，无疑可以属之。而这三篇叙事具体详尽，作者应该就是子高本人。结合《孔丛子》一书多辑前人之书而丛编的性质来看，《公孙龙》三

---

① 王钧林、周海生译注：《孔丛子》，第 176 页。
② 张燕婴译注：《论语》，第 164 页。
③ 张燕婴译注：《论语》，第 250 页。
④ 王钧林、周海生译注：《孔丛子》，第 154—155 页。

篇应该就是取自"《谰言》十篇"之书。所以,《孔子家语后序》之言当属可信,《谰言》应当就是孔穿所著。①

子高之子子顺(或作"子慎"),名孔谦,也是一代大儒。孔谦事迹,主要见于《孔丛子》之《陈士义》、《执节》等篇。子顺为"圣人之后,道德懿邵",魏王聘为相。他上任后,"改嬖宠之官以事贤才,夺无任之禄以赐有功"②,不畏流言诽谤,坚持施行新政。子顺任魏国相9个月,向魏王陈述的治国大计都得不到采用,于是便以病为由退出相位。

子顺传承家学,于《诗》、《书》、《礼》、《春秋》无所不知。如《陈士义》载:

> 魏王朝群臣,问理国之所先。季文对曰"唯在知人",王未之应。子顺进曰:"知人则哲,帝尧所病,故四凶在朝,鲧任无功。夫岂乐然哉,人难知故也……"③

"知人则哲"出自《尚书·皋陶谟》。皋陶曰:"都!在知人,在安民。"禹曰:"吁!咸若时,惟帝其难之。知人则哲,能官人。"子高引用此语来说明知人善用之难。此外,赵孝成王向子高询问伊尹放逐太甲之事,子高明确说此事在《商书》中有记载,太甲立为夏王,伊尹曾多次劝谏不从,便放逐了他。后来因为太甲悔过自新,伊尹又将他迎回亳都。可见子高对《尚书》非常熟悉。

魏王曾与子顺有一段对话:

> 魏王问子顺曰:"寡人闻昔者上天神异后稷而为之下嘉谷,周以遂兴。往者中山之地无故有谷,非人所为,云天雨之,反亡国何故也?"答曰:"天虽至神,自古及今未闻下谷与人也。《诗》美后稷能大教民种谷嘉以利天下,故《诗》曰'诞降嘉种',犹《书》所谓'稷降播种,农殖嘉

---

① 参见黄怀信:《孔丛子》的时代与作者,《西北大学学报》(哲社版)1987年第1期。
② 王钧林、周海生译注:《孔丛子》,第201—202页。
③ 王钧林、周海生译注:《孔丛子》,第186页。

谷',皆说种之,其义一也。若中山之谷,妖怪之事,非所谓天祥也。"①

"稷降播种,农殖嘉谷"出自《尚书·吕刑》,"诞降嘉种"则出自《诗经·大雅·生民》,由此可知,子顺不仅精熟于《尚书》,而且熟悉《诗》。

子顺对《礼》也非常熟悉:

> 季节见于子顺,子顺赐之酒,辞。问其故,对曰:"今日家之忌日也,故不敢饮。"子顺曰:"饮也。礼,虽服衰麻,见于君及先生,与之粱肉,无辞。所以敬尊长而不敢遂其私也。忌日方于有服则轻矣。"②

> 魏公子无忌死,韩君将亲吊焉,其子荣之以告子顺。子顺曰:"必辞之。礼,邻国君吊,君为主,今君不命子,则子无所受其君也。"其子辞韩,韩君乃止。③

> 申叔问子顺曰:"礼,为人臣三谏不从,可以称其君之非乎?"答曰:"礼所不得也。"曰:"叔也昔者逮事有道先生,问此义焉,而告叔曰:'得称其非者,所以欲天下人君使不敢遂其非也。'"子顺曰:"然,吾亦闻之。是亡考起时之言,非礼意也。礼,受放之臣,不说人以无罪。先君夫子曰:'事君欲谏,不欲陈言',不欲显君之非也。"申叔曰:"然则晏子、叔向皆非礼也。"答曰:"此二大夫相与私燕,言及国事,未为非礼也。晏子既陈履贱而踊贵于其君,其君为之省刑,然后以及叔向,叔向听晏子之私,又承其问所宜,亦答以其事也。"④

以上三则材料均出自《执节》篇。子高不仅对各种具体礼仪非常熟悉,而且更看重礼之本义。

---

① 王钧林、周海生译注:《孔丛子》,第231页。
② 王钧林、周海生译注:《孔丛子》,第224页。
③ 王钧林、周海生译注:《孔丛子》,第228页。
④ 王钧林、周海生译注:《孔丛子》,第230页。

综上所述,子高、子顺父子均受家学影响,熟知《诗》、《书》、《礼》、《春秋》等文献,他们继承了孔子世家文化的精髓,为后世的传承奠定了基础。

四、子鱼对家学的贡献

子鱼名孔鲋,又名孔甲,孔子八代孙。《汉书·古今人名表》列在第五等中中。

关于子鱼生平,《史记·孔子世家》及《史记·儒林列传》载其世系甚详明:

> 孔子生鲤,字伯鱼。伯鱼年五十,先孔子死。伯鱼生伋,字子思,年六十二。尝困于宋,子思作《中庸》。子思生白,字子上,年四十七。子上生求,字子家,年四十五。子家生箕,字子京,年四十六。子京生穿,字子高,年五十一。子高生子慎,年五十七,尝为魏相。子慎生鲋,年五十七,为陈王涉博士,死于陈下。①

> 陈涉之王也,而鲁诸儒持孔氏之礼器往归陈王。于是孔甲为陈涉博士,卒与涉俱死。②

《汉书》亦有记载。《汉书·孔光传》曰:"穿生顺,顺为魏相,顺生鲋,为陈涉博士,死陈下。"《汉书·儒林传》载:"陈涉之王也,鲁诸儒持孔氏礼器往归之。于是孔甲为涉博士,卒与俱死。"《汉书》与《史记》两者所载大致相符。《孔子世家谱》又载之曰:"秦始皇并天下,李斯议焚书……(鲋)乃与弟子襄藏《论语》、《尚书》、《孝经》于祖堂旧壁中,自隐于嵩山,教弟子百余人。"可知,孔鲋为顺之子,孔子八世孙。因秦始皇"焚书坑儒"而隐居嵩山,客居他地。后来参加陈胜领导的农民起义,为陈胜博士,死于陈下,这些大端当无误。

---

① 《史记》卷四十七,第1946—1947页。
② 《史记》卷一百二十一,第3116页。

孔鲋的学术事迹主要见之于《孔丛子》之《独治》、《问军礼》、《答问》、《诘墨》诸篇。他对孔子世家文化的发展有突出贡献。

子鱼对儒学有深刻理解并对儒学的功用抱有坚定信念，《独治》篇载曰：

> 子鱼生于战国之世，长于兵戎之间，然独乐先王之道，讲习不倦。季则谓子鱼曰："大丈夫不生则已，生则有云为于世者也。今先生淡泊世务，修无用之业，当身不蒙其荣，百姓不获其利，窃为先生不取也。"子鱼曰："不如子之言也。武者可以进取，文者可与守成。今天下将扰扰焉，终必有所定。子修武以助之取，吾修文以助之守，不亦可乎？且吾不才，无军旅之任，徒能保其祖业，优游以卒岁者也。"①

这是子鱼与季则的对话，从中可见其对儒学的信心。其"武者可以进取，文者可与守成"的表述，与后世汉儒叔孙通所言"夫儒者难与进取，可与守成"②之语如出一辙。

正是有了这种修文的恒心，孔鲋酷好祖上之业，不仅倡儒抑墨，维护先祖孔子的形象与声誉，而且著书立说，保存家学典籍。先秦时期，儒家与墨家并称"显学"。孟子称"杨朱、墨翟之言盈天下"，又说"杨氏为我，是无君也；墨氏兼爱，是无父也。无君无父，是禽兽也"，并认为"杨墨之道不息"则"孔子之道不著，是邪说诬民充塞仁义也"③。墨翟著书污称孔、晏，孔鲋便作《诘墨》一篇，对此事一一诘辩。此外，子鱼还收集祖上之嘉言懿行，编集了《孔丛子》一书。是书《隋书·经籍志》始著录，直属"孔鲋撰"，而后人多疑其为伪书。实际上，《孔丛子》中记载孔子、子思、子高、子顺的十六篇，确应是子鱼编撰。④ 面对"秦将灭先王之籍"的局面，子鱼说"顾有可惧者，必

---

① 王钧林、周海生译注：《孔丛子》，第253页。
② 《史记》卷九十九《叔孙通列传》，第2722页。
③ 参见杨伯峻：《孟子译注》，第155页。
④ 参见黄怀信等著：《汉晋孔氏家学与"伪书"公案》，第17页。

或求天下之书焚之,书不出则有祸。吾将先藏之以待其求,求至无患矣"①。于是便将古文《尚书》、《论语》、《孝经》、《礼》等儒家经典藏于祖堂夹壁中,以待后世有所求。② 此举直接为孔家后人和汉代学者的研究提供了文献依据,推动了学术的发展,也是对中国文化的一大贡献。

受家学传统的影响,子鱼继承了自孔子以来孔氏家学重礼的思想,对各类礼制有全面系统的了解。《孔丛子》中有《问军礼》一篇,以陈王涉与孔鲋答问的形式,记述了天子亲征、天子命将出征、将居军中、战胜战败等不同情况下的军旅礼仪。前述子高在魏国时,信陵君曾向其请教"祈胜之礼",此与军礼并无二致,而子鱼所言诸礼,不见于其他典籍,且与先秦典籍中有关军礼的记载相比,此篇较为系统,可见必是有所传承。《独治》篇还记载了孔鲋答陈涉所问社会伦理之礼,提出了循礼以应聘、奉礼以睦亲的主张。

由上可知,子鱼持守祖传家学,维护儒宗声誉,保存儒家典籍,著书立说,彰显祖业,是孔子世家文化发展史上的重要人物。

综上所述,以子思、子高、子顺、子鱼为代表的早期孔氏后裔,是孔子思想和儒家学说的忠实继承者和发展者,其所传儒家经典,以及所著或所编的诸多作品,又为后代留下了宝贵的文化遗产,他们以实际行动为后世孔氏子孙树立了学习的榜样,为孔子世家文化兴盛作出了重要贡献。

第二节　两汉时期的孔子世家文化

周秦以来,世以儒术著者,孔氏后人自当为第一。两汉时期,尊崇儒学的社会环境和经学兴盛的学术氛围,为孔子世家文化的复兴提供了有利的条件。伴随着汉代"独尊儒术"、"通经入仕"政策的推行,两汉时期的孔氏后人更是以经义为业,世守家学,开启了孔子世家文化的又一次兴盛。

---

① 王钧林、周海生译注:《孔丛子》,第255页。
② 参见陈以凤:《西汉孔氏家学及"伪书"公案》,曲阜师范大学孔子文化学院硕士论文,2007年,第8—14页。

一、两汉时期孔子世家文化兴盛的时代因素

先秦孔氏家学世代不废,业已形成传统,但秦代所采取的文化高压政策,无疑给孔子世家文化的发展带来不利影响。以"焚书"为例,"非博士官所职,天下敢有藏《诗》、《书》、百家语者,悉诣守、尉杂烧之","所不去者,医药卜筮种树之书"①。受此影响,孔子后裔世代家传的书籍,也被迫藏之于壁中,孔鲋"乃与弟子襄藏《论语》、《尚书》、《孝经》于祖堂旧壁中,自隐于嵩山,教弟子百余人"②。

汉初承秦之凋敝,无暇顾及文化,因循自然的黄老之学盛行,孔氏家学此时并不显赫。直至武帝时,伴随着社会进步及儒学发展,孔氏家学再度兴起,孔子世家文化迎来新的发展时期。

(一)社会政治因素

汉惠帝除挟书律,为孔子世家文化开启了复兴的大门。《汉书》载惠帝四年(前191)"三月甲子,皇帝冠,赦天下。省法令妨吏民者,除挟书律"③,从而使文化禁锢得到初步解放。于是,以经籍传承为主线的孔氏家学也就有了公开延续与恢复的机会。

汉初流行黄老无为之学,但几十年后,社会矛盾加剧,政治动荡。混乱的社会现实使得统治阶层逐渐认识到儒学对于王朝长治久安的重要作用,统治者开始采取一系列措施加强文化建设,提倡儒学,以儒家思想来代替黄老学说。在这方面,汉武帝时期表现得最为明显。建元五年(前136),武帝"置五经博士",开尊崇儒术的先声。建元六年他又任命田蚡为丞相,"绌黄老、刑名百家之言,延文学儒者数百人"④。元光元年(前134),下诏举贤良、文学之士,并亲自主持了策问。

正是在这次问答中,董仲舒写下了著名的《天人三策》,提出"诸不在六

---

① 《史记》卷六,第255页。
② 孔德成总裁,孔广彬等编次:《孔子氏家谱》,《孔子文化大全》本,山东友谊出版社,1990年,第73页。
③ 《汉书》卷二,中华书局1962年,第90页。
④ 《史记》卷一至二十一,第3118页。

艺之科孔子之术者,皆绝其道,勿使并进,邪辟之说灭息,然后统纪可一而法度可明,民知所从矣"①。武帝采纳了董仲舒所提出的统一学术和思想的建议,"罢黜百家,表彰《六经》"②。元朔三年(前124),武帝又采纳丞相公孙弘、太常孔臧的建议,为博士设弟子员。博士弟子受到优待,列为仕途正选,这也是朝廷奖励儒术的重要举措。同时,下令各郡国皆立学,讲授儒家经典,儒学在教育领域确立了正统地位。在官吏选拔上,汉武帝实行举孝廉制度。所谓孝廉精神,实质就是儒家学说。由此,儒学也垄断了官僚选任的途径。

通过上述一系列措施的施行,儒家学说贯穿在了学术思想、社会教育、官吏选拔等社会生活的各个方面,正如《汉书·儒林传》所言:

> 自武帝立五经博士,开弟子员,设科射策,劝以官禄,讫于元始,百有余年,传业者寖盛,支叶蕃滋,一经说至百余万言,大师众至千余人,盖禄利之路然也。③

由此在西汉中期,儒学逐步走向了官学化、经学化。

武帝尊崇儒学,为孔家后人述祖业、治经学创造了良好的社会氛围。儒学既成独尊,读经自成为时尚和必须,孔子的地位无疑也随之得到提高。孔子地位的提高,也必然会荫及裔孙,自然也就激起了裔孙们研习和传承儒家学说的热情。传承家学本来就是孔子裔孙义不容辞的责任,这样的社会大环境,无疑为他们提供了良好而可靠的保护。所有这些,都为孔家学者继承祖业提供了得天独厚的有利条件。正是在这种有利的社会环境之下,以孔安国为代表的孔子裔孙们或为传承祖业,或为功名利禄,或为纯粹治学,大都致力于研习儒家经书,并世代相承,"作以训法"④。

(二) 儒学的新发展

自汉武帝"独尊儒术"、设五经博士之后,儒学在汉代取得了思想学术

---

① 《汉书》卷五十六,第2000页。
② 《汉书》卷六,第100页。
③ 《汉书》卷八十八,第3620页。
④ 黄怀信等著:《汉晋孔氏家学与"伪书"公案》,第21页。

上的主导地位。而当时五经博士所传的儒家经典都是今文,所以有人称西汉时期为今文经学的极盛时期。所谓今文经,是指汉代学者传述的儒家经典。由于秦始皇焚书坑儒,典籍被焚,经典都是靠师徒口头传授,口头传授的经典用当时通行的隶书记录下来,已经不是先秦时的古文旧本,所以被称作今文经。

今文经学的兴盛,进一步刺激了孔氏家学的复兴。在西汉"儒学定为一尊"后,诸多儒学大师从不同角度、层次,阐发释读儒家经典,使儒学进一步充实、丰富和发展。而这一时期的孔家学者们肩负着传承家学、弘扬祖业的光荣使命,研习、释读儒家典籍更是他们责无旁贷的首要任务。据史料记载,孔忠长子孔武一支四代为博士,而孔延年、孔霸、孔光祖孙三代皆治今义《尚书》,开创了西汉孔家今文《书》学的传统。东汉时,孔尚、孔畴、孔贤及孔彪、孔宙、孔翊等多辈传治《严氏春秋》,也对今文经学的发展作出了贡献。

与今文经学的兴盛相比,此时古文经学尚在形成之中。所谓古文经,是指用秦朝统一之前的古文字写成的经籍。自汉惠帝废除"挟书律"后,大量古文经书陆续重现于世,其中孔壁所出之书影响最大。

据考证,孔壁古文经书为孔子八世孙孔鲋所藏。[①] 汉景帝时,鲁恭王刘馀扩修宫室,坏孔子宅,得古文经书于坏壁中,其中包括《古文尚书》、《古文论语》、《古文孝经》、《礼古经》等经籍。孔壁出书是中国学术史上的一件大事,王国维先生在《最近二三十年中中国新发现之学问》中称此事为历史上"最大发现","有孔子壁中书出,而后有汉以来古文家之学"。先生所言甚是!孔壁所出古书为汉代学者提供了弥足珍贵文献资料,是古文经学在西汉时期得以兴起的基础,由此也推动了汉代儒学的发展。

对孔氏后人来说,孔壁所出古书无疑是无比珍贵的祖先遗产。孔家学者覃思精研,整理这批古文,取得丰富成果,并世代相传,成为家学的重要内容。据史书及家谱的记载,孔安国、孔驩、孔子立等人既学习今文经学,并因学识卓越、品学兼优皆被立为今文博士,而且又以继承祖业为己任,研

---

① 参见黄怀信等著:《汉晋孔氏家学与"伪书"公案》,第30页。

读先人所遗古文经书,成为今古文兼通的儒家学者。故可言,孔壁所出的古文经书,为孔家学者提供了新的治学条件,进一步丰富了孔子世家文化的内涵,对孔子世家文化的形成意义重大。

二、两汉时期的孔子世家文化所取得的成就

西汉时期的孔家学者秉承先祖遗风,继承家学传统,治五经,述祖业,代代相传,使孔门成为经学世家,对汉代儒学乃至中国学术的发展都产生了深远影响。

(一)整理、保存古代儒家典籍

两汉时期的孔家学者保存、整理了古代历史文化典籍,为后世提供了弥足珍贵的文献资料。其中对孔壁藏书的整理是重中之重,而这方面又以孔安国的贡献为最大。

如前所述,孔壁藏书的发现,点燃了文化复兴的希望之火,是中国文化史上具有重大意义的事件。但由于这批古书是用先秦文字写就,而当时社会上已基本是不能识读,因此其价值也难以发挥。作为孔子后裔,孔安国在这方面发挥了重要作用。

孔安国,字子国。他学识精博,广研诸经,是两汉经学的重要传承人物。《史记·孔子世家》载:

> 子襄生忠,年五十七,忠生武,武生延年及安国,安国为今皇帝博士,至临淮太守,早卒。①

由于史书对其身世的记载十分简约,以致其生卒时间、生平事迹、世系所属等都隐晦不清。但对于其整理孔壁藏书一事,史籍多有记载。《汉书·艺文志》载:

> 武帝末,鲁恭王坏孔子宅,欲以广其宫,而得《古文尚书》及《礼

---

① 《史记》卷四十七,第1947页。

记》《论语》《孝经》凡数十篇,皆古字也。恭王往入其宅,闻鼓琴瑟钟磬之音,于是惧,乃止不坏。孔安国者,孔子后也,悉得其书,以考二十九篇,得多十六篇。安国献之,遭巫蛊事,未列于学官。①

刘歆《移让太常博士书》曰:

及鲁恭王坏孔子宅,欲以为宫,而得古文于坏壁之中,逸《礼》有三十九,《书》十六篇。天汉之后,孔安国献之,遭巫蛊仓卒之难,未及施行。及《春秋》左氏丘明所修,皆古文旧书,多者二十余通,藏于秘府,伏而未发。②

又《孔子家语·后序》载:

子国少学《诗》于申公,受《尚书》于伏生,长则博览经传,问无常师,年四十为谏议大夫,迁侍中博士。天汉后,鲁恭王坏夫子故宅得壁中《诗》《书》悉以归子国。子国乃考论古今文字,撰众师之义,为古文《论语训》十一篇、《孝经传》二篇、《尚书传》五十八篇,皆所得壁中科斗本也。又集录《孔氏家语》为四十四篇。既成,会值巫蛊事,寝不施行。子国由博士为临淮太守,在官六年,以病免,年六十卒于家。③

综合上述记载可知,孔安国从申公学《诗》,精通《尚书》,为武帝时期的经学博士,官至谏议大夫、临淮太守。孔壁出书后,他以孔子后裔身份得到孔壁藏书并以今文字读之,作《古文论语训》《古文孝经传》《古文尚书传》,后又将藏书上献朝廷。

对孔壁古书的整理、释读、研究,具有非凡的学术意义。首先,孔壁古书整理、隶古的完成,丰富了汉代学者研究的资料,缓解了当时书缺简佚的

---

① 《汉书》卷三十,第1706页。
② 《汉书》卷三十六,第1969页。
③ 《孔子家语》卷十,《四库全书》第695册,上海古籍出版社,1987年,第109—110页。

困境,推动了文化、学术的发展。其次,安国所整理的孔壁古书,与当时口耳相传成书的今文经书相比,版本较早,资料更可靠,对当时的今文经书有匡谬补缺的功用,为研究者提供了经文相对完备、准确的儒家典籍。再次,孔家所上献朝廷的古书藏于秘府,为后世学者的研究学习保存了弥足珍贵的原始文献资料,同时也具有重要的版本、校勘价值。①

此外,孔安国还承担了《孔子家语》的编集工作。《孔子家语》一书是孔安国"惧先人之典辞泯没",而根据汉初流传的由诸弟子各自所记"当时公卿士大夫及七十二弟子之所咨访交相对问言语"的原简副本而整理编集的。全书四十四篇,包括与孔子有关的各类小故事数百个、孔子语录数百条,是现存记录孔子事迹与言论最多的文献。尽管或如孔安国《家语后序》所云,其非"正实而切事者",而且"属文下辞往往或有浮说",不可以与《论语》相提并论,但毕竟皆传自先秦,出之有自,有较高的可信度。所以,此书的编集,为后世研究孔子思想和儒家学说保存了丰富而宝贵的参考资料。②王承略先生曾高度评价了《家语》的文献价值:"首先,《家语》保存了某些独一无二的文献资料,是研究孔子、孔子弟子及先秦两汉文化典籍的重要依据。其次,《家语》保存了比较准确可靠的文献资料,可以对传世的其他典籍匡谬补缺,具有足资参考利用的史料价值。复次,《家语》保存了一大批比较原始的文献资料,有许多地方明显地胜于其他相关古籍,具有重要的版本、校勘价值。"③此言或许有点夸大,但《家语》的文献价值确实不可忽视。

(二)创发古文经学并奠定后世古文经典的研究基础

西汉一代,今文经学一直占据着学术的垄断地位。西汉末年,古文经学虽曾一度兴起,但由于受到今文经学的压抑未能立为学官,仅在民间以私学的形式传授。至东汉,受统治阶级尊崇的仍然是今文经学,但是自古文经书陆续现世以来,亦有大批学者专注于解读、研习古文经书,孔安国及其后人就是其中的杰出代表。

---

① 参见黄怀信等:《汉晋孔氏家学与"伪书"公案》,第122页。
② 参见黄怀信等:《汉晋孔氏家学与"伪书"公案》,第123页。
③ 王承略:《论〈孔子家语〉的真伪及其文献价值》,《烟台师范学院学报》(哲社版)2001年第3期。

西汉时期学者自孔安国整理训解《古文尚书》、《古文论语》及《古文孝经》而传之,以下世代传习。以《古文尚书》为例,自西汉孔安国整理成书后,《古文尚书》一直在孔家内部由其子孙后裔传习。在西汉一代,《古文尚书》的传承形成了明确的传授谱系,东汉时期之传承更是明确载于史籍。这为后世《古文尚书》的兴盛创造了条件,奠定了基础,如果没有两汉时期孔氏家学的传承,《古文尚书》或许已经归于湮灭。

孔安国不仅对所出的古文经书一一作了整理、释读的工作,还传授生徒及子孙以弘扬和传承孔子学说。安国卒后,他的嫡系后裔孔卬、孔衍、孔骥等人继其遗学,世代传习《古文尚书》、《古文论语》、《古文孝经》、《毛诗》等古文经书。在世代传习过程中,对这些古籍作了初步的训解、阐释,逐渐形成和完善成为后世所传的《古文尚书孔传》、《古文论语训解》、《古文孝经孔传》。而正是这三部书,成为后世研习《尚书》、《论语》、《孝经》三部经典的最重要参考文献。两汉时期,孔家学者所编撰或所著述的主要作品还包括《孔子家语》、《小尔雅》、《春秋公羊传训话》、《春秋穀梁传训话》、《孔丛子》等,著述丰富,成就斐然。这些成就对于后代学者的研究有着重要借鉴意义,在中国学术史上占有重要的地位。

孔家学者为维护学术的自尊,始终没有趋炎附势,放弃自己的学术追求。这种学术的追求,是自孔安国开创古文经学派以来的重要传统,也是"斯经不绝,是道不坠"的重要原因。至东汉,很多经学大师如卫宏、徐巡,特别是马融、郑玄等都从事古文经学的研究,形成《后汉书·儒林传》所云"古文虽不合时务,然愿诸生无悔所学"[1]的局面。这种局面的形成,孔氏家学所发挥的影响是不可低估的。

孔家学者对汉代古文经学的兴起与发展功不可没,并对汉代儒学的发展有显著影响。孔家学者对古文经书的整理研究,无疑对后来古文经学的产生有重要的开创意义。正是由于他们对古文经书的不断研读、训释,古文师法才得以逐步形成,古文经学在西汉末期才正式兴起,并登上学术的舞台。从一定意义上说,孔氏家学可谓是古文经学产生的源头之一。古文

---

[1]《后汉书》卷二十七,中华书局,1965年,第937页。

经学产生后,其朴实的学风,实事求是的研究方法,得以矫正今文经学繁琐、神秘化的缺点,从而推动了汉代儒学积极地向前发展。

三、两汉时期的孔子世家文化的特点

(一)治学范围广,兼及今古文

在当时普遍只治今文,且专攻一经的学风与学术环境下,孔家学者却呈现出今古文兼治,同时研习多部经书的特点。以孔安国为例,他本人精通《今文尚书》,为《书》学博士,又从申公学习《鲁诗》,同时,他又整理传授《古文尚书》、《古文论语》及《古文孝经》,还向弟子及子孙传授《毛诗》,成为当时兼通今古文经学的一代大儒。安国后人孔卬、孔衍、孔骥、孔子立等人继承安国遗学,治学亦涉猎广泛。所治之书,包括《尚书》、《礼》、《诗》、《春秋》三传、《论语》、《孝经》,几乎涵盖了除《易》之外的全部儒家经典。这与当时的其他经学世家形成鲜明的对照,如当时闻名于世的欧阳家学,自汉初欧阳生事伏生习今文《尚书》,以后其家族即以《尚书》欧阳学代相授受,传至八世孙欧阳歙,仍专治《尚书》一经。[①]

东汉时期经学家虽崇尚博通,但仍受经学"家法"的影响。学者们没有足够的精力和动力去兼通诸艺,只能专守一经,并且通经的目的大多是为了致仕,作为晋升之阶。此时的孔家学者则依然传承了前辈的治学精神,大都兼通今古文,并且诸经并治。他们治学的目的,也只是作为学术之追求,并非为了通经致仕。

相形之下,我们可以看出两汉时期孔家学者治学的特色,他们治经学并非只为个人的功名利禄,更重要的是他们学术视野开阔,兼容并包,广泛涉猎,以求通过对儒家经典的全面研习来传承和发展祖先之业。

(二)恪守儒家传统,以《书》、《诗》为传承主线

孔氏家学虽有涉猎广泛、兼容并包的特点,但也有其一以贯之的主线,即以《诗》、《书》为传承主线。

孔家学者自孔腾为惠帝《书》学博士,以下孔忠为文帝博士,孔武及孔

---

① 参见黄怀信等著:《汉晋孔氏家学与"伪书"公案》,第125页。

延年、孔安国为武帝博士,孔霸为昭帝博士,孔光、孔骊、孔衍为成帝博士,皆治《尚书》。又自孔安国以下,世代兼习《毛诗》。可见《诗》、《书》是孔家学者传承的主线。《书》学、《诗》学在孔子世家文化中占有特殊而重要的地位。这一特色,明显是继承了孔子重《诗》、《书》的遗教。

特别是到东汉末期,在天下分崩,纲纪既衰的环境下,人们对儒学经典已不甚重视,经学集大成者郑玄,曾为袁绍宾客,"绍客多豪俊,并有才说,见玄儒者,未以通人许之,竞设异端,百家互起。玄依方辩对,咸出问表,皆得所未闻"[①],儒学在当时的式微由此可见一斑。同时,自道教在顺帝时期创立以来,由民间信仰转化为上层统治者所接受的宗教组织,影响很大。不少经学家开始打破师法、家法的束缚,注意研究儒家以外的各家学说。比如,经学大师马融,不仅以义理解经,而且还训注《老子》、《淮南子》等道家著作。而此时期的孔家学者,却秉承传统,以世传家业为主,潜心治学,谙熟《诗》、《书》,保持了儒学的纯洁性。

(三)家族内部的传承各有特色

在西汉时期,孔氏家学的传承主要集中在孔武、孔安国二支,二支又各具特色。孔武一支,学者主要有孔延年、孔霸、孔光三人。他们既是学者,又是朝廷权臣,官位显赫。在治学上以立于官学的《今文尚书》为主,而对于孔壁古书几乎没有涉及。孔安国一支学者众多,其中安国、孔卬、孔衍、孔骊等虽为朝廷博士,但并未仕为权臣,而是以治学为主。他们治学范围广泛,以古文经学为主,如孔卬特善《诗》、《礼》,孔骊精《春秋》三传,子立善《诗》、《书》。

东汉一代孔氏家学可考者有四个支系:孔霸长子孔福之后,即孔融所出一支;次子孔捷之后,即孔奋、嘉一支;少子孔光之后,即孔寿、孔通一支;孔安国后裔,即孔长彦、季彦所出一支。虽然孔安国开创了古文学派,但孔氏家学在东汉并没有按统一的方向发展,而是各支系传承互异。如,孔安国后裔一支秉承古文学派追求学术的传统,始终以孔壁所出之古文经典为主要传治对象。而孔融所出一支,其父孔宙"少习家训,治《严氏春

---

① 《后汉书》卷三十五,第1211页。

秋》",其兄孔褒"治家业《春秋经》",孔谦"祖述家业,修《春秋经》,升堂讲诵,深究圣旨",数代传今文《严氏春秋》,并各在仕途上有所成就;至孔融、孔昱,则又分别以《左氏春秋》、《古文尚书》闻达,回归古文。可见是各有千秋。

第三节 魏晋南北朝时期的孔子世家文化

一、魏晋南北朝时期孔子世家文化的发展

魏晋南北朝时期政治动荡,社会混乱。在文化方面,表现为经学衰微、玄学兴起,各种思潮纷至沓来。这一时期,儒学不像两汉时期那样在思想文化领域居于"一统",在士人的心目中,儒学也不像前代那样是唯一的精神寄托。儒学虽然失去了其在意识形态中的统治地位,然而它并未随即骤然沉寂。其实,儒学仍以一种家学形式,作为世家大族的精神支柱,深刻而微妙地影响着一代文士,或隐或显地表现在他们的文化学术中,制约着他们的文化创造。[①]

在中国文化发展史上,家学始终是中国传统文化的重要传承方式,对传统文化的延续与传播起到了重要作用。魏晋南北朝时期,"九品中正制"等措施的推行,进一步巩固了士族的地位。世家大族的出现,以及门第观念的增强,进一步推动了学术转入以家族为中心的传承。而门阀世族为了于乱世中保持门第不坠,也十分注重自己的家庭教育。陈寅恪曾指出:"东汉以后的学术文化,其重心不在政治中心之首都,而分散于各地之名都,足以地方大族盛门乃为学术文化之所寄托,汉族之学术文化变为地方化及家门化矣,故论学术,只有家学之言,而学术文化与大族盛门常不可分离也。"[②]可见魏晋南北朝时期的家学不仅有了很大的发展,而且各具特色,各

---

① 参见张天来:《魏晋南北朝儒学、家学与家族观念》,《江海学刊》1997 年第 2 期。
② 万绳楠:《陈寅恪魏晋南北朝史讲演录》,黄山书社,1987 年,第 98 页。

有贡献,孔氏家学亦不例外。

从总体上讲,魏晋南北朝时期的孔氏家学由两部分组成,即曲阜孔氏和南方孔氏。曲阜孔氏,是自先秦绵延而来的文化世家。汉末社会动荡,经学衰微,传统儒学受到较大冲击,但孔子在一般士人心目中仍然享有崇高的地位,国家仍然尊孔奉儒,朝廷对生活在曲阜的孔子后裔礼爱有加,授勋封爵。所以,魏晋南北朝时期的曲阜孔氏其社会地位并未受到太大影响。这一时期的曲阜孔氏很少见载于史书,而只见载于家谱,政治上无显达之辈,学术上亦无著作传世,基本上只是作为一个具有旧族传统的文化世家而存在,但是,他们世有家学则是可以肯定的。学术方面特别值得一提的是,作为孔安国后裔、孔季彦之孙的孔猛传承祖上家业,并将长期以来在孔家内部传承的《孔子家语》等书传给了王肃,从而使之得以广泛传播。

南方孔氏,分为由曲阜避地江东的孔衍及其后裔一支,和由梁迁居会稽的孔潜及其后裔一支,他们都属于孔霸次子孔捷后裔。在避地江东的一支中,孔衍的成绩尤为卓著,他精《春秋》三传,撰述各类著作"百余万言"。特别是年十二能通《诗》、《书》①,体现了明显的家学渊源。会稽孔氏是六朝时期颇为兴盛的世家大族,具有较高的社会文化和政治地位。六朝时期,在学术文化领域,会稽孔氏经、律兼修,尤重儒学,保持了汉代旧族的传统学风,表现出了较为保守的特点。但在玄学之风的影响下,会稽孔氏学风也发生了变化,其人物之言行显示出玄学的特征。②

可见,魏晋南北朝时期,孔氏家学的传承内容,不仅包括孔子及其后世子孙世代相传的儒家典籍,也包括孔氏后裔整理的载录孔子言行事迹的各类资料丛编。孔氏家学在魏晋南北朝时期的传承与延续,进一步丰富了孔子世家文化的内涵,推动了孔子世家文化的发展。

二、魏晋南北朝时期孔子世家文化的历史贡献

在儒家文化传承的历史过程中,孔氏家学的世代传承与推广起到了积

---

① 《晋书》卷九十一,中华书局,1974年,第2359页。
② 参见黄怀信等著:《汉晋孔氏家学与"伪书"公案》,第232页。

极的推动作用,而魏晋南北朝时期的孔氏家学正处于承上启下的关键环节。在玄学之风盛行,儒学衰落的时代,魏晋南北朝时期的孔子世家文化恪守传统,传承不息,起到了保留火种的作用,其历史贡献是不言而喻的。

(一)传承典籍,保存资料

魏晋南北朝时期,孔氏家学世代相传承的典籍主要有《诗》、《书》、《春秋》、《论语》、《礼》、《易》、《孝经》等儒家经典,这无疑是汉代以来的孔氏家学传统的延续。如《晋书》记载,孔衍、孔猛、孔冲等都注重经籍的研习,《诗》、《书》等为主要书目。

此外,魏晋南北朝时期孔家学者既继承了汉代家学的传统,注重传承儒家经典的研习,同时也注意传承和保留与孔子、儒学有关的资料。如《孔丛子》一书经东汉晚期编成以后,至《隋书·经籍志》始著于目录,其间无疑是由孔家所私传。西汉时,孔安国撰集《孔子家语》,至魏晋时期王肃从孔猛处得到此书并进行注解,此间《孔子家语》亦一直在孔家内部传承。而今,《孔丛子》、《孔子家语》两部典籍都是我们研究孔子及弟子言行、事迹的重要资料。

(二)推广儒学,存续儒家文化

魏晋南北朝时期孔氏家族的文化传承,对传统文化的弘扬和传播起了相当重要的推动作用。

汉末动乱,学校沦废,学术中心移于家族,以经学传家的世族成为文化传承的主体。魏晋南北朝时期孔子后裔多为世家大族,他们父子相授,致力于儒家文化的研究和传播。有的学者面向社会积极传授经典,如孔冲不仅本人精通儒学,还教授《论语》、《孝经》、《诗》、《书》、《易》等儒家典籍于职所。有的学者仕宦为官,他们不仅自己研习经典,而且把经典运用于政治活动之中。如孔恂谏晋武帝引《左传》之语,孔粲奏议言《春秋》之事,也起到了宣传和传播儒家文化的作用。正是由于这些孔家学者的努力,不仅使儒家经典本身得到保存,而且进一步扩大了影响,客观上推动了中华文化的存续。

总之,魏晋南北朝时期的孔家学者世代传承儒家经典,潜心研究儒家文化,在丰富和发展孔子世家文化、延续中华文明等方面作出了不可磨灭的贡献。

三、魏晋南北朝时期孔子世家文化的特点

从历史上看,孔氏家学的内容既有对儒家经典的传承,也有对载录孔家人物言行事迹的各类资料丛编的整理与传播,魏晋以来的孔氏家学仍是二者兼备。前者如对《古文尚书》的传承,后者如对《孔丛子》、《孔子家语》等孔门家世学案资料的保存。综观魏晋南北朝时期孔子世家文化,主要具有以下几个特点:

（一）恪守儒学,注重典籍,《诗》、《书》传家,《春秋》礼学凸显

儒学仍是魏晋南北朝时期孔子世家文化的重要内容。《晋书》载,孔衍"少好学,年十二能通《诗》、《书》"①,《诗》、《书》是儒家的经典文献,孔衍既然少而能通《诗》、《书》,从侧面说明其家庭中儒学仍占重要位置。再如孔猛,既承家学传修《古文尚书》、《毛诗》等儒家经典,又师从经学大师王肃,可见其对儒学的重视。再如孔氏南迁后的经师孔冲,在为官之余,仍招徒传授《诗》、《书》、《易》、《礼》及《孝经》、《论语》,堪称"通儒"。东晋以后,孔家学者中虽然没有再出现像孔冲那样渊博的通儒,但其子孙亦多注重经籍的研习与著述。孔晁著有《尚书义问》、《逸周书注》、《逸周书王会解》、《汲冢周书注》等,孔子祛著有《尚书义》、《集注尚书》等。

魏晋南北朝时期的孔子世家文化依然秉承着《诗》、《书》传家的优良传统,但有的学者转向《春秋》三传和礼的研究。《春秋》三传方面,孔衍著有《春秋公羊传集解》十四卷、《春秋穀梁传训注》十三卷、《左传训注》十三卷,孔默之著有《穀梁注》一卷,孔晁著有《春秋外传》、《国语孔氏注》。礼方面,孔衍著有《凶礼》一卷,孔伦著有《仪礼注》一卷,孔子祛著有《续何承天集礼论》一百五十卷。礼方面著作虽然不如《春秋》三传多,但发挥的社会作用却很大。六朝时期政局不稳,虽然朝代更迭频繁,但历代对国家礼乐制度的建设都十分重视,孔家学者在这方面起到了关键作用。《晋

---

① 《晋书》卷九十一,第2359页。

书》载,孔衍一生撰著就多达二十余部,"博览过于贺循,凡所撰述,百余万言"①。除通《春秋》三传、《诗》、《书》外,他还精通典章制度,为东晋典章制度的创建作出了很大贡献:

> 孔衍,字舒元,鲁国人,孔子二十二世孙也……避地江东,元帝引为安东参军,专掌记室……于时庶事草创,衍经学深博,又练识旧典,朝仪轨制多取正焉。由是元明二帝并亲爱之。②

可见,孔衍精通旧典,东晋初年的朝仪轨制多由其制定。

此外,出于维护本家族的稳定的考量,孔氏家族的一些学者也试图通过礼学研究来强化其内部的凝聚力,其中丧服之礼是研究重点,如《通典·凶礼》载,东晋孝武帝宁康二年(374)七月,简文帝崩,再周而遇闰,博士谢攸、孔粲议:"按《左氏春秋经》,鲁襄公二十八年十二月甲寅,天王崩;乙未,楚子卒。其间相去四十二日,是则乙未闰月之日也。经不书闰月而书十二月,明闰非正,宜附正之文。其不曰二十九年正月,是附前月之证。又《礼记》曰:'丧事先远日',则祥除应在闰月。"③孔粲为孔俟之子,孔子二十五代孙。从上述史料中可知,孔粲对古代丧服之礼相当精通,虽然他没有著作见于历史。

(二) 学者辈出,治学范围扩大

魏晋南北朝时期孔家学者有成就可考者达三十人以上,可谓人才辈出。他们不仅在儒学研究上成果丰硕,而且在政治、文学、史学、艺术、历法、医药等方面也各有建树,在这一点上,较之汉代可谓特色鲜明。六朝时期的孔家学者大多仕宦为官,政绩显赫。孔子二十七代孙孔坦,有才干,秉承祖孔子所倡导的"经邦建国,教学为先"的治国思想,对东晋的选举和礼制多有奏议。据《晋书·孔愉传》记载,东晋立国之初,战乱未息,学业荒废,坦上书建议"经邦建国,教学为先,移风崇化,莫尚斯矣",无论秀、孝皆

---

① 《晋书》卷九十一,第2359页。
② 《晋书》卷九十一,第2359页。
③ 杜佑:《通典》卷一百,中华书局,1982年,第2651页。

策试,"可申明前下,崇修学校,普延五年,以展讲习,钧法齐训,示人轨则"①,晋元帝采纳此议,对完善晋朝考试制度和恢复儒学教育颇有推动作用。二十六代孙孔群官至御史中丞,多所建言,汇成《中丞奏议》一书。东晋末年、刘宋初年的孔季恭出任会稽内史,仍"修饰学校,督课讲习",推广儒学教育。

此外,孔家学者除传承研习儒家经典外,还广泛涉猎文学、历史、地理、艺术、历法、音乐等多个领域,如孔衍撰有史学著作《汉春秋》《后汉春秋》、《魏春秋》《汉魏春秋》《春秋时国语》《春秋后国语》等,历书《国志历》《长历》《千年历》等,音乐著作《琴操引》,兵学著作《兵林》,孔愉撰历史著作《晋咸和咸康故事》,孔灵运撰地理著作《地志》《会稽志》等,孔汪著有医药著作《杂药方》,孔坦"解属文",善书法,为后世开启了新的治学道路。

（三）学风受到玄学的影响

魏晋六朝时期,玄学之风盛行,孔子世家文化不可避免受到影响,或多或少地表现出玄化的迹象。

孔淳之,著名的玄学隐逸之士。据《史籍》记载,他"性好山水,每有所游,必穷其幽峻,或旬日忘归。尝游山,遇沙门释法崇,因留共止,遂停三载"②,曾被任命为著作佐郎、太尉参军均不赴任,被征为散骑常侍,也不就,携家逃往上虞境内,最后不知所终。

受玄学之风影响,有的孔氏人物嗜酒。《晋书》载,孔愉曾任丞相掾,以讨华轶有功被封为余不亭侯,累官侍中、太常、尚书左仆射、镇军将军、金紫光禄大夫领国子祭酒,但"性嗜酒,(王)导尝戒之曰:'卿恒饮,不见酒家覆瓿布,日月久糜烂邪?'答曰:'公不见肉糟淹更堪久邪?'尝与亲友书云:'今年田得七百石秫米,不足了麹糵事'"③,其沉湎于酒可见一斑。后因得罪王导,出为会稽内史,干脆辞官归隐,后"入新安山中,改姓孙氏,以稼穑读书为务,信著乡里。后忽舍去,皆谓为神人,而为之立祠"④。

---

① 《晋书》卷七十八,第 2055 页。
② 《宋书》卷九十三,第 2283 页。
③ 《晋书》卷七十八,第 2061 页。
④ 《晋书》卷七十八,第 2051 页。

总之,魏晋南北朝时期是孔子世家文化形成的重要时期。面对政局混乱和新思潮冲击的局面,孔氏后学一方面务实上进,为政以德,另一方面又兼修经史,使得孔子世家文化既保持了汉代旧族的传统学风,又适应了新的时代需要,起到了承上启下的关键作用。

第四节　隋唐时期孔子世家文化

东汉以后,经学渐趋衰微,继之而兴的是玄学和佛学。玄学和佛学,远不如经学与政治的关系密切,儒家政治伦理的完整,更非玄学与佛学所能及,因此它们无法取代经学的正统地位。所以尽管玄学或佛学在社会上流行,经学仍能衰而不绝,而且始终有自己的领域,仍有不少的人去研究它。魏晋南北朝如此,隋唐也是如此。在这样的氛围中,隋唐时期的孔子世家文化不断发展。

一、隋唐时期儒家文化的发展

隋唐时期是中国传统社会继秦汉时期后又一个统一的时期。国家的统一是思想文化发展的基础和动力,隋唐统一中国后,为适应政治上再次统一的需要,大力推动思想文化的发展,在思想文化上采取兼容并包的方针,容纳多种文化共同发展,呈现出异彩纷呈的崭新局面。

隋唐时期由于国力强盛,制度完备、经济繁荣,成为当时世界上第一流强国。隋唐人既善于总结、继承前人的成就,又高瞻远瞩,思路开阔,积极吸收消化外来文化中的丰富营养,创造出一种色彩斑斓、璀璨夺目的崭新文化。这种崭新文化呈现以下三个特点[①]:其一,继承了中国优秀的传统文化,具有鲜明的民族特色;其二,汲取外来文化中的新鲜养料,转化成为隋唐文化的重要组成部分;其三,对世界文化的发展产生深远的影响。世界古代文化,大体上可以分为东方文化圈、阿拉伯文化圈和西方文化圈。

---

① 许凌云等:《中国儒学史》(隋唐卷),广东教育出版社,1998年,第26页。

三者都深受隋唐文化的影响,并从隋唐文化中吸收了新鲜养料。如6世纪,中国的养蚕技术传到西方。8世纪末,中国的造纸术开始传到波斯,此后流传西方。

在当时开放、融合与创新的文化氛围下,不仅本土的儒家、道家思想受到重视,一些外来思想如佛教、景教、摩尼教、伊斯兰教以及基督教文化等也都传入中国,并得到一定的发展空间。虽然隋唐时期社会上多种文化共存发展,但是思想界的主流则是儒、释、道三家。

儒、释、道三家理论主张各有不同,但有一点是相似的,即三者思想主张中都存在着有利于维护政治统治的因素,都能为王朝的社会安定、人民教化发挥重要的作用。隋唐王朝也正是看到了这一点,于是在思想领域采取了三教并存的方针。虽然不同时期帝王的喜好不同,导致对三教的发展各有侧重,如唐代时,太宗重儒,高宗崇道,武则天佞佛,但是整个隋唐时代,三教并存这一政策始终延续。尽管国家会因现实的需要和皇帝个人的喜好扬此抑彼,但主要意图无不是力争把三教都置于中央集权的掌控之下,并借此安定社会。

虽然三教各有发展,但是纵观隋唐时期的思想史,却是佛道日兴,儒学渐衰,儒学的门庭冷落亦是客观事实。儒家思想不仅在现实中不能与佛、道抗衡,甚少创见,而且在理论方法上也自愧弗如,但是儒家治理国家的理念却是佛道所没有的,儒学仍然保持着正统的地位。

隋唐时期的儒家学说,经过三教之间长时期的交融、渗透,已不同于两汉及魏晋时期的儒学,它吸取了佛教、道教中有关心性的学说,使心性修养与治国、平天下的世间生活相结合,既讲参与政治,又讲心性修养;既讲天道,又讲人道。此一中心主题构成了隋唐时期儒学的一大特色,这也为儒学在此后的发展开辟了道路。

二、隋唐时期儒家文化的新特点

隋唐时期,朝廷在重佛崇道之时,始终不忘尊孔崇儒,儒家创始人孔子在隋唐时期受到普遍的尊崇,地位还有了进一步的提高。朝廷按照实际的需要重新塑造了孔子形象,而且还采取了一系列措施来促进儒学的发展。

可以说,以儒治国在隋唐时期是客观存在的现象。

尊孔崇儒,统一经学,科举取士可谓唐朝时期"以儒治国"的一体两翼。孔子思想被完全纳入到国家教化体系中,国家通过尊崇孔子自上而下地推广儒学,此谓一体。统一经学与科举取士则成为这一时期"以儒治国"的两翼。

(一) 孔子的地位进一步提高

唐武德七年(624),唐高祖幸国子学,亲临释奠,以周公为先圣,孔子配。贞观二年(628),唐太宗采纳房玄龄、朱子奢的建言,"乃罢周公,升孔子为先圣,以颜回配"[1],贞观二十一年(647),太宗又诏以左丘明等二十二人"配享尼父庙堂"。高宗永徽年间再改为圣周师孔,显庆二年(657),长孙无忌、许敬宗等领衔上疏,祈求"改令从诏","从此以孔子为中心的从祀制乃固若磐石,永为定制"[2]。开元二十七年(739),唐玄宗追赠孔子为"文宣王",并赐予所有从祀儒者爵号。到唐开元末年,祭祀先圣孔子已经升为国家祀典中的"中祀",与祭日月星辰、祭社稷、祭先代帝王处于同等地位。

(二) 统一经学

政治上的统一要求有统一的思想文化,而在建立统一的思想文化的工作中,儒家经学起到了特别重要的作用。隋朝二世而亡的事实给唐初的统治者很大的刺激。他们吸取经验教训,兴科举,倡儒术,揽人才。但由于儒家经典去圣久远,文字讹谬,章句繁杂,特别是南北分治三百余年,师法、家法传习,都造成了差异,不利于学术思想的统一。为此,贞观十一年(637),唐太宗诏颜师古考定五经文字,撰成《五经定本》。在此基础上,又诏孔颖达负责编撰《五经义疏》,后更名《五经正义》。

由孔颖达领撰的《五经正义》是隋唐时期经学发展的代表性成果,其主要特点是采撷旧说,包罗古文,论列是非,阐发义理,使经说论归于一,无复歧途。《五经正义》把六朝以来各家义疏不同的文字和解释重新加以比较研究,寻求一种既能发挥前人的见解、又合乎时代需要的新解释。

---

[1] 《新唐书》卷三十下,中华书局,1974年,第786页。
[2] 黄进兴:《圣贤与圣徒》,北京大学出版社,2005年,第56页。

孔颖达的成就离不开家学传统的影响。孔颖达为孔子的第三十二代孙,孔霸后裔,曾祖孔灵龟曾任北魏国子博士,祖父孔硕曾任北魏治书侍御史,其父孔安为北齐青州法曹参军。正是这样的家学渊源,才使得孔颖达有一个良好的学习环境,通经明礼,为此后撰定《五经正义》奠定了良好的基础。

（三）科举取士

科举制创始于隋朝,这是传统社会官吏选拔制度的重大突破。隋朝国祚短暂,科举制度并没有获得进一步发展。及至唐代,科举制度才得到完善。史料记载：

> 唐制,取士之科多因隋旧。其大要有三：由学馆者曰生徒,由州县者曰乡贡,皆升于有司而进退之。其科之目：有秀才,有明经,有进士,有明法,有明字,有明算,有一史,有三史,有开元礼,有道举,有童子。而明经之别,有五经,有三经,有二经,有学究一经,有三礼,有三传,有史科。此岁举之常选也。其天子自诏者曰制举,所以待非常之才焉。①

唐代科举分为"常科"与"制科"两种,相比较而言"常科"较为重要。"常科"大体上分为"明经"与"进士"两种。明经科与进士科的考试内容皆以儒家经典为主。

科举制实行之后,儒家之道渐渐臣服于权力。作为读书人博取功名的手段,儒学一步步地走向制度化,成为国家存在与社会稳定的最有力保障。

（四）孔子庙完成由"家庙"向"国庙"的转化

唐朝建立伊始,高祖武德二年（619）,"天下略定,即诏有司立周公、孔子庙于国学,四时祠"②,贞观四年（630）,唐太宗又诏"州、县学皆作孔子庙"③,从此,"州县莫不有学,则凡学莫不有先师之庙矣"④,至此,借助庙学

---

① 《新唐书》卷四十四,第1159页。
② 《新唐书》卷八,第230页。
③ 《新唐书》卷二十一,第453页。
④ （元）马端临：《文献通考》,中华书局,1986年。

制的"东风",孔子庙完成了在全国的布局。

孔子庙数量提升的同时,其祭祀程序也趋于完备,孔庙祭祀中的从祀制度在此一时期基本确立,是为例证。

从祀制度在孔子庙祭祀中具体表现为以孔子为主祭对象,孔门弟子及历代大儒作为配祭,并按照国家规定的等级接受祭拜。孔子庙中的从祀制于东汉明帝时已启其端,但包含"从祀"与"配享"的一整套配从制度的规范运作,则是到了唐玄宗开元年间。唐代是孔子庙从祀制度发展的关键时期,在这一阶段整个制度日渐完备。表现在两个方面,其一,孔子的"先圣"地位最终确立。唐高祖武德七年(624),孔子一度沦为配享周公。虽然太宗贞观二年(628),停祭周公,升孔子为先圣,以颜回配享,但孔子先圣的地位并非就此稳固,高宗永徽年间,再次升周公为先圣,黜孔子为先师,颜回、左丘明皆降从祀。显庆二年(657),礼部尚书许敬宗等领衔上疏,认为永徽年间有关从祀制度的规定不合情理:

> 今据永徽令,改用周公为先圣,黜孔子为先师,颜回、左丘明并为从祀。……圣则非周即孔,师则偏善一经,汉魏以来,取舍各异。颜回、夫子互作先师,宣父、周公更为先圣,求其节文,递有得失,所以贞观之制,正夫子为先圣,加众儒为先师。而今新令,辄事刊改,但周公摄政,制礼作乐,功比王者,祀之儒馆,实贬其功。仲尼生衰周之末,拯文丧之弊,祖述尧舜,宪章文武,弘圣教于六经,阐儒风于千载,故孟轲称生灵以来一人而已。自汉以降,奕叶继侯,崇奉其圣,迄于今日,胡可降兹上哲,俯入先师?且又丘明之徒,见行其学,贬为从祀,亦无故事。今请改令从诏,于义为允。其周公仍依礼配飨武王也。①

在朝廷礼臣的努力下,孔子先圣的地位才得以重新恢复。从此,孔子永久成为文庙的主祀。

---

① 杜佑:《通典》,第1776页。

其二,从祀人物的选取标准也得到进一步完备。贞观二十一年(647),唐太宗李世民以左丘明、公羊高等二十二位先儒从祀孔庙,但孔门弟子除颜回、子夏外,全都不在从祀之列。这种局面在唐开元八年(720)得到改善,玄宗李隆基命以"圣门四科"的颜回、子夏等十名弟子从祀孔庙,并图画孔门弟子及二十二贤于庙壁之上,开元二十七年(739),增加孔子弟子从祀,孔门弟子及儒家圣贤同时从祀孔庙成为定制。

三、隋唐时期孔氏后人对孔子世家文化的贡献

隋唐时期稳定的政局,宽松的文化政策,为这一时期文化的发展奠定了基础。儒学的发展得到了朝廷的大力扶持,孔子在这一时期备受尊崇,被追封为文宣王,长孙也被加封为文宣公。孔子长孙虽然从汉代开始就有了世袭罔替的奉祀爵位,但他们并不躺在先祖的余荫下无所事事,坐享其成,而是积极作为,为隋唐时期儒学发展做出积极努力。

(一) 著述

三百多年战乱和南北分治,使孔氏后裔受到很大冲击,长孙及文化精英南渡,南方子孙成果斐然,而处于忽视文化的北方族人成果很少,只有孔颖达一支蔚然兴起,所以隋唐时期的著述主要是孔颖达。

1. 经

隋唐时期,在经学方面有著述的孔氏后裔不多,仅见孔颖达一人,但他遍注群经,著述众多,计有《五经正义》一百八十六卷,《孝经义疏》一卷,《周易注疏》十三卷,《尚书注疏》二十卷,《礼记注疏》六十三卷,《春秋左传注疏》六十卷,《毛诗注疏》二十卷,《周易兼义》九卷,《公羊疏》三十卷,《大唐礼仪》一百卷,《易正义补阙》七卷,共五百零九卷。

2. 史

作者略多,孔颖达著有《隋史》八十五卷,孔至著有《百家类例》、《姓氏杂录》、《百官要理》,孔述睿著有《重修地理志》,此为,孔绍安曾著《梁史》未成。

3. 子

孔颖达著有《谈玄》六卷,其子孔志约著有《本草音义》二十卷。

4. 集

孔颖达著有《国子博士集》五卷，孔兴著有《光禄大夫集》十五卷，孔绍安著有《秘书集》五十卷。

(二) 维修孔子庙

隋唐时期，其他孔氏后人对孔子世家文化亦有贡献。孔子三十九代孙孔温裕曾上奏朝廷，以私人俸禄维修兖州文宣王庙。《咸通十年文宣王庙记碑》中载之曰：

> 郓曹濮等州观察使孔温裕奏：伏以礼乐儒学，教化根本，百王取则，千古传风。国朝弘阐文明，导尚祀典，不违古制，大振皇猷。今曲阜县乃鲁国古都，文宣庙即素王旧宅，兴儒之地，孕圣之邦，所宜庙宇精严，礼物俱举。近者以兖州频年灾歉，都废修营，徒瞻数仞之墙，才识两楹之位。虽春秋无缺于释奠，而揖让颇紊于彝章。遂使金石之音靡闻于盼响，俎豆之设尝列于荒芜。圣域儒门，岂宜埋坠。臣忝为远裔，叨领重藩。咫尺家乡，拘限戎镇。望阙里而无由展敬，瞻庙貌而有愿兴功，臣今差人赍持料钱，就兖州据庙宇倾毁处悉会修葺，皆自支费，不扰州县。①

孔温裕系孔子远裔，因曲阜孔子庙年久失修，想出资财维修，但曲阜非其辖地，所以他上奏朝廷，请求准许越职代修。此举起到了"稷门之旧业俄兴，阙里之清风再起，既可以传芳万古，亦可作范一时"的功效。

此外，孔子四十四代孙孔纬也曾力求朝廷重修在战火中遭到破坏的国学孔子庙。史书载大顺元年(890)二月，"宰臣兼国子祭酒孔纬以孔子庙经兵火，有司释奠无所，请内外文臣自观察使、制使下及令佐，于本官料钱上缗抽十文，助修国学，从之"②。长期的藩镇叛乱照成国库空虚，国家无力重修孔子庙，因此孔纬奏请皇帝从官员的俸禄中抽取钱财以作资用，朝廷听

---

① 《曲阜县志》，山东友谊出版社，1998年，第154页。
② 《旧唐书》卷七十八，中华书局，1999年，第500页。

取了他的建议,重修国学孔子庙,使得儒生在动乱中仍能释奠孔子。

孔氏后裔的诚意倡导,与国家的根本利益并不违背,他们的建议一般情况下都能得到朝廷的认可与支持,这在一定程度上对隋唐时期尊孔兴儒事业起到了推动作用。

孔温裕、孔纬等并非孔子嫡裔,但他们始终有一种身为圣人之后的荣誉感,不管是在朝廷担任文官要职,还是在外主理军务,他们都义无反顾地承担起推广祖先圣德伟业的责任。这既得益于孔子世家文化所产生的归属感的影响,同时在孔氏后人的推动下,孔子世家文化得到了延续与发展。

(三)科举入仕

隋唐时期,孔子世家文化也受到科举制的影响。作为传统文化世家,孔子后裔凭借着自身优势很好地融入到科举取士中,并且取得了可观的成绩,唐代后期孔家人才辈出,功名特盛。三十九代兄弟九人,一位状元,一位榜眼,四位进士,两位明经,只有一人没有功名还官四门博士。四十代兄弟十五人,四位状元,一位明经状元,五位进士,一位明经,四人没有功名,一位任太子舍人,一位任曲阜县令,长孙兄弟二人全都考中状元。

孔子以后,子孙恪守诗礼传家的祖训,主要精力用于传承儒学,从魏晋六朝时期开始涉猎文学、历史、地理、艺术、历法、音乐、医学等诸领域,孔氏家族文化内容逐渐扩大,为衍圣公家族文化的发展打下坚实的基础。

第二章 安富尊荣公府第

孔府大门两侧悬挂着蓝底金字的对联，文字为"与国咸休安富尊荣公府第；同天并老文章道德圣人家"。对联的作者，现存书籍均认为是清代著名学者纪昀，其实是明代著名学者李东阳。梁章钜《楹联丛话》记载："曲阜衍圣公府大门联云：'与国咸休，安富尊荣公府第；偕天下老，文章礼乐圣人家。'此前明李文正公东阳所题也"①，虽然下联文字与现存有不同，应该是编者的失误造成的，作者为李东阳无疑。李东阳为六十二代衍圣公孔闻韶岳父，弘治十七年（1504），曲阜孔子庙火后重建竣工，曾奉旨到曲阜代祭，在曲盘桓十余日，撰述很多。梁章钜在书中对纪昀均直称"纪文达师"，他不会将纪昀撰写的对联按在李东阳的头上的。李东阳撰写的这副对联正是孔子嫡孙在中国封建社会中地位的真实写照。

汉武帝"罢黜百家、独尊儒术"，孔子思想成为中国封建社会的指导思想，作为孔子血脉遗存的孔子嫡孙也受到历代王朝的优遇；随着对孔子及其思想的推崇，孔子嫡孙也越来越受到重视，他们不仅仅被视为孔子血脉的遗存，而且被赋予弘扬孔子思想和表率士林的重任，社会地位也越来越高。爵位由西汉的关内侯升至唐代的公爵，封号也由西汉的褒成君演变为褒成侯、唐代的文宣公，再演变为北宋的衍圣公，而衍圣公爵号历经宋金元明清而不改，直至1935年才改为与民国共和政体不违的"大成至圣先师孔子奉祀官"。

研究衍圣公府的文化，我们就不能不研究它的历史，考察它的发展脉络。

---

① （清）梁章钜：《楹联丛话》卷五，《楹联丛话全编》，北京出版社，1996年，第50页。

第一节　衍圣公府的形成

研究衍圣公府的形成,不能不先研究衍圣公的由来。

一、衍圣公的由来

衍圣公是孔子长孙袭封时间最长的世袭封号,在此以前,还有唐代的褒圣侯和文宣公、隋朝的绍圣侯、晋朝及南朝的奉圣亭侯、北魏的崇圣大夫和崇圣侯,北齐的恭圣侯、北周的邹周公、三国时期魏国的宗圣侯,此外还有无法详考的先秦、秦及汉初封号。

（一）先秦及秦时封号

孔子嫡孙的最早封号,《东家杂记》说:"魏封鲁国文信君,秦封鲁国文通君"①,开列了孔子后代最早的两个封号。《东家杂记》是由孔子四十七代孙孔传所著,南宋绍兴四年(1134)成书。其实,这两个封号在此前的史书中均没有记载,纯属子虚乌有。

关于魏封鲁国文信君,该书"袭封世系"说"八代顺,字子慎,魏相,封鲁文信君"②,将封号改作了鲁文信君,少了关键的"国"字。关于孔子八代孙,记载孔子后裔最早最可信的《史记·孔子世家》说,"子高生子慎,年五十七,尝为魏相"③,只说子慎曾任魏国相国,并没有被封为文信君一事。即使是详细记载子慎事迹、后人多认为是伪书的《孔丛子》也没有子慎被封为文信君的记载。毫无疑问,子慎被封为文信君是子虚乌有的。其实,即使子慎被封为文信君也是因为自己的功绩,与孔子是毫无关系的,那时孔子及其思想尚未受到社会的足够重视,不可能加封孔子后裔以奉祀,更不可能是在鲁国以外的魏国。明代著名学者程敏政曾详细考证孔子嫡孙的封号,但他认为"盖自先圣一传而泗水侯,再传为沂国公,沂国五传生顺,仕魏

---

① （宋）孔传:《东家杂记》,山东友谊出版社,1989年,第93页。
② （宋）孔传:《东家杂记》,第137页。
③ 《史记》卷四十七,第1947页。

以孔子后封鲁国文信君,盖圣裔之受封始此"①,这里将孔顺作为孔子后裔受封之始,更是以讹传讹。

秦封文通君事,《东家杂记》"袭封世系"根本就没有记载,不知受封者为何人。明代程敏政认为受封者为孔子九代孙孔鲋,"顺生三子:长曰鲋,秦封鲁国文通君,又为陈王博士"②,不知其依据何在。《东家杂记》"袭封世系"只说"九代鲋,字子鱼,秦始皇时拜少傅,著书曰《孔丛子》③",《史记·孔子世家》说"子慎生鲋,年五十七,为陈王涉博士,死于陈下"④,《汉书·孔光传》记载说"鲋为陈涉博士,死陈下"⑤,都没有孔鲋受封文通君事,《史记》、《汉书》连孔鲋任职秦朝事也没有。同样,记载孔鲋事迹详细的《孔丛子》也只是记载了任陈涉博士事,并没有任何任职秦朝的记载。孔鲋封为文通君无疑也是无法详考的。"焚书坑儒"的秦始皇怎么会加封孔子的后代呢?

(二)汉代封号

汉高祖刘邦于十二年过鲁,首开帝王亲自祭祀孔子的先河,已经显露出尊孔的端倪。汉武帝"罢黜百家,独尊儒术",孔子思想成为国家的指导思想,国家在尊崇孔子及其思想的同时,也恩及孔子的后裔,给予世袭罔替的爵位。文献记载有奉嗣君、褒成君、褒成侯、褒亭侯和褒尊侯等封号。

1. 奉嗣君

此封号始见于《东家杂记》,书中称:"汉高祖灭项羽,平天下,十二年十二月行自淮南还,过鲁,以太牢祀先圣,封九代孙滕为奉嗣君。"⑥这一说法被众多文献所采用,其实也是子虚乌有的。孔滕即孔腾,孔鲋之弟,字子襄,同书称"腾,长沙太傅",并没有记载获封奉嗣君一事。《史记·孔子世家》说"鲋弟子襄,年五十七。尝为孝惠皇帝博士,迁为长沙太守。长九尺六寸";《汉书·孔光传》说"鲋弟子襄,为孝惠博士,长沙太傅",都没有孔

---

① (明)程敏政:《皇墩文集·拾遗·圣裔考》,《四库全书》,第1252册。
② (明)程敏政《篁墩文集·拾遗·圣裔考》,《四库全书》,第1252册。
③
④
⑤ 《汉书·孔光传》,《二十五史》第1册,上海古籍出版社、上海书店,1986年,第674页。
⑥ (宋)孔传:《东家杂记》,第40—41页。

鲋受封奉嗣君事。《史记》、《汉书》都记载了刘邦"自淮南还,过鲁,以太牢祠孔子"的事,也都没有记载封孔子后裔为奉嗣君事。《汉书·高祖纪》记载了刘邦祠孔子之前,过赵,访求乐毅之后,"得其叔孙封之乐乡,号华成君"①。加封乐毅之后为华成君都有记载,如果加封孔子后代不可能没有记载。同样,祭祀孔子后的下个月,刘邦为帝王贤人墓设置守墓户,秦始皇墓二十家,楚隐王墓、齐愍王墓、魏安僖王墓各十家,赵悼襄王墓和魏公子无忌墓各五家,这些事情都有记载,如果加封孔腾为奉嗣君是不会不记载。清乾隆《钦定历代职官表》就已经怀疑汉高祖封孔子后裔为奉嗣君事,"《山东通志》:孔子九世孙腾,汉高帝过鲁封为奉嗣君,一云奉圣君。《阙里文献考》孔氏世嫡自汉高帝过鲁封九世孙腾为奉嗣君,始创推恩之例",编者加按语说"孔腾奉嗣之封不见于史,《通典》叙圣裔封爵始于孔霸","奉嗣,《阙里文献考》作奉祀,疑此有传讹"②。毫无疑问,不论奉嗣君还是奉祀君都是子虚乌有的。

2. 褒成君

这是孔子后裔奉祀孔子的第一个封号,但它最初并不是为奉祀孔子封给的,而是孔子十三代孙孔霸因仕获得的封号。孔霸,字次儒,继承家学,主修《尚书》,师事太傅夏侯胜,汉昭帝末年被任命为博士,宣帝时任大中大夫,被选为皇太子讲授经书。皇太子即位(即汉元帝)后,由高密相征为帝师。初元元年(前48)赐官给事中,封号褒成君,赐爵关内侯,食邑八百户,赏给黄金二百斤、宅第一区,并将户籍由鲁国迁到长安。汉代爵位为二十级,最高一级为彻侯(后因避汉武帝讳改称通侯),第二级为关内侯。孔霸为人谦退,常说自己爵位太高,功劳不足承当。初元五年(前44)御史大夫贡禹去世后和次年御史大夫薛广德被免职时元帝都曾想任命他为御史大夫,他三次上书坚辞不受,上书请求奉祀孔子,汉元帝当即下诏同意,"其令师褒成君、关内侯霸以所食邑八百户祀孔子"③。孔霸去世后,子孙孔福、孔房、孔莽相继袭封褒成君封号。

---

① (宋)孔传:《东家杂记》,第375页。
② 《钦定历代职官表》,《四库全书》第601册。
③ 《汉书·孔光传》,《二十五史》第1册,第676页一。

"褒"的本意为衣襟宽大,引申为广大、赞美、嘉奖;"成",按《谥法》的解释是"安民立政曰成",赐予孔霸褒成君的封号就是希望孔子后裔弘扬孔子思想帮助国家治国安民。

3. 褒成侯

汉平帝元始元年(1)将褒成君改为褒成侯。这是孔子后代因为孔子受封的第一个奉祀封号。

《汉书·平帝纪》记载:元始元年(1)封"孔子后孔均为褒成侯,奉其祀,追谥孔子曰褒成宣尼公"①,同书《外戚恩泽表》"褒成侯孔均"记载说,"以孔子世、褒成烈君霸曾孙奉孔子祀,侯,二千户,六月丙午封"②。元始元年(1)不仅是孔子后裔奉祀爵号之始,也是孔子封谥之始。孔子的封号在孔子后裔的封号后增加了"宣尼"二字,按照相传由周公姬旦和太公姜尚制定的《谥法》解释"圣善周闻曰宣",而"尼"按照许慎《说文解字》解释为"从后近之"③。整个封谥名称的意义应该是赞颂孔子及其思想帮助治国安民,其本人也是后人学习效法的贤人榜样。

初封褒成侯孔均其实并非孔子长孙,而是九代次孙子襄的后代,之所以不封长孙后裔而封次孙后裔是因为长孙后裔已有奉祀商汤的爵位,而孔均是孔霸的曾孙,保有世袭的关内侯级别的褒成君封号。

汉成帝无子,为求子嗣,梅福上书建议封三统之后,"故武王克殷,未下车存五帝之后,封殷于宋,绍夏于杞,明著三统,示不独有也",以孔子后裔奉祀商汤,"孔子,故殷后也,虽不正统,封其子孙以为殷后,礼亦宜之,何者? 诸侯夺宗,圣庶夺适。传曰:贤者子孙宜有土,而况圣人又殷之后哉! ……今仲尼之庙不出阙里,孔氏子孙不免编户,以圣人而歆匹夫之祀,非皇天之意也。今陛下诚能据仲尼之功以封其子孙,则国家必获其福";匡衡也建议封孔子后裔奉祀商汤,"王者存二王后,所以尊其先王而通三统也,其犯诛绝之罪者绝而更封他亲为始封君,上承其王者之始祖。《春秋》之义,诸侯不能守其社稷者绝,今宋国已不守其统而失国矣,则宜更立殷后

---

① 《汉书·平帝纪》,《二十五史》第 1 册,第 397 页二。
② 《汉书·外戚恩泽表》,《二十五史》第 1 册,第 72 页三。
③ 汉许慎:《说文解字》,中华书局,1963 年,第 174 页下。

为始封君而上承汤统,非当继宋之绝侯也,宜明得殷后而已。今之故宋推求其嫡久远不可得,虽得其嫡,嫡之先已绝,不当得立。《礼记》孔子曰'丘,殷人也',先师所共传,宜以孔子世为汤后。"①但成帝当时没有接受他们的建议。绥和元年(前8),梅福再次建议,二月癸丑,成帝于是下诏封孔子后裔为殷绍嘉侯以奉殷商之祀,"盖闻王者必存,二王之后所以通三统也。昔成汤受命,列为三代,而祭祀废绝。考求其后,莫正孔吉。其封吉为殷绍嘉侯","三月进爵为公。及周承休侯皆为公,地各百里"②。《成帝纪》与《外戚恩泽表》记载并不一致,《外戚恩泽表》记载,"殷绍嘉侯孔何齐,以殷后孔子世吉嫡子侯,千六百七十六户,后六月进爵为公,地方百里,建平二年益户九百三十二","绥和元年二月甲子封,八年,元始二年更为宋公"③。造成两者不一致的原因,应该是朝廷商议以孔子后裔奉祀商汤时讨论确定的是孔吉,但是孔吉没有等到受封就去世了,于是何齐就以"殷后孔子世吉嫡子"受封为殷绍嘉侯。看来《成帝纪》是以朝廷商议的记录撰写的,《外戚恩泽表》是以主管爵位袭封的机构记录撰写的。同样,朝廷商议进爵的时间是三月,孔何齐实际进爵的时间是其后的六月,这也是符合实际情况的,朝廷商议后部门落实也需要一段时间。

毫无疑问,孔子后裔奉祀商汤的封号是因为孔子的贡献才封给的,所以朝廷在选择孔子后裔承袭的时候当然选择孔子的嫡长孙。据《孔子世家谱》记载,孔子一直到第八代孙都是单传,九代孙始有三人,分别是孔鲋、孔腾、孔树。孔鲋生孔随,"字元路,初名育,字元生",但十一代、十二代和十三代均佚名,孔吉为第十四代,"汉元帝时诏求殷后,分散为十余姓,推求其嫡不得。匡衡建议封孔子后嗣殷,不果。至成帝绥和元年,梅福复以为言,乃封吉为殷绍嘉侯,奉汤祀,食邑千六百七十户。后六月进爵为公,地方百里,国于沛。哀帝建平二年益户九百三十二,平帝元始四年更封宋公。子一,何齐"④,《孔子世家谱》记载孔吉受封是错误的,《汉书·外戚恩泽表》

---

① 《汉书·梅福传》,《二十五史》第1册,第634页四至635页一。
② 《汉书·成帝纪》,《二十五史》第1册,第395页三。
③ 《汉书·外戚恩泽表》,《二十五史》第1册,第435页四。
④ 民国《孔子世家谱》,山东友谊出版社,1989年,第74页上至下。

才是正确的。

奉祀商汤的孔子长孙一直延续到西晋初年。

王莽建国后,降低西汉侯王的爵位,"殷后宋公孔弘运转次移,更封为章昭侯,位为恪"①,与夏朝后裔章功侯相同,低于周朝后裔章平公与汉朝后裔定安公的为宾。东汉建武五年(29),光武帝改封孔安为殷绍嘉公,八年后将孔安封号再改为宋公。宋公为汉宾,高于王莽所封的恪位,位置在三公之上。据《孔子世家谱》记载,"(孔)安,汉光武帝建武五年封殷绍嘉公,十三年复封宋公,为汉宾,位在三公上。子孙失名,魏初降爵为侯,晋初罢封,而别赐宋侯绍子弟一人为驸马都尉,后遂无考"②,从此孔鲋一支从家谱中就消失了,史书中也查找不到其后裔,唯有明代王世贞认为其后代在东晋时被作为长孙封为奉圣亭侯。"第九代鲋字子鱼,慎子。秦始皇并天下召封为鲁文通君,拜少傅,归隐。陈王涉召为博士,拜太傅,陈灭,死于兵,年五十七。子随,承殷后为宋公,绝;四传至吉,复封殷绍嘉侯,进为公,位诸王三公上,寻改封宋公。子何齐嗣,卒,子安嗣,绝。东晋武帝太元十一年封其后靖之奉圣亭侯,弟隐之嗣,传惠长及子英悫,陈亡遂绝。"③不知其出处何在。内中"子随,承殷后为宋公",毫无疑问是错误的。

孔均在王莽代汉后被降为子爵,《王莽传》始建国元年(9)记载说:"周公后襃鲁子姬就、宣尼公后襃成子孔钧,已前定焉"④,同时将周公和孔子后裔的侯爵降低为子爵。王莽不仅降低周公、孔子后裔的爵位等级,同时还降低了五帝与古代先贤后裔封号的爵位等级,公爵降为侯爵,侯爵降为子爵。《孔光传》说"元始元年封周公、孔子后为列侯,食邑各二千户,莽更封为襃成侯,后避王莽更名为均"⑤,其实是错误的。东汉恢复了襃成侯封号,光武十四年(38)"夏四月辛巳,封孔子后志为襃成侯"⑥。建武三十二年(56)光武帝祭祀泰山,襃成侯也与祭,"孔子之后襃成侯序在东","诸王,王者

---

① 《汉书·王莽传中》,《二十五史》第1册,第744页三。
② 民国《孔子世家谱》,第75页上。
③ 王世贞:《弇山堂别集》卷三十九《衍圣公爵系表》,《四库全书》第409册。
④ 《汉书·王莽传中》,《二十五史》第1册,第744页三。
⑤ 《汉书·孔光传》,《二十五史》第1册。
⑥ 《后汉书·光武帝纪下》,《二十五史》第2册,第770页三。

后二公、孔子后褒成君,皆助祭位事也"①,后条记载将褒成侯误作了褒成君。

4. 褒亭侯

这一封号始见于《后汉书》,《孔僖传》记载褒成侯袭封说:"建武十三年世祖复封均子志为褒成侯,志卒,子损嗣,永元四年徙封褒亭侯。损卒,子曜嗣。曜卒,子完嗣。世世相传,至献帝初国绝。"②其实褒亭侯应该是褒成侯之误。同书《安帝纪》记载,延光三年(124)安帝至孔子故里,"祀孔子及七十二弟子于阙里,自鲁相、令、丞、尉及孔氏亲属、妇女、诸生悉会,赐褒成侯以下帛各有差"③,孔子后代的封号仍然名褒成侯。如果说这只是一个孤证的话,那么我们还可以从汉魏碑刻中找到证明。曲阜孔子庙现存的《乙瑛碑》说,"褒成侯四时来祠,事已即去,庙有礼器,无常人掌领,请置百石卒史一人,典主守庙",碑立于永兴元年(153),内容是鲁相乙瑛给朝廷的奏文,文字是可信的。孔子庙现存的《礼器碑》和《史晨碑》也都有关于褒成侯的记载。《礼器碑》立于永寿二年(156),上有"褒成侯鲁孔建寿千"的题刻。《史晨碑》建宁二年(169)鲁相史晨关于祭祀孔子庙给尚书的报告中有"褒成世享之封"的记载,魏黄初二年(221)的《孔羡碑》说"褒成之后绝而莫继",看来直到汉末孔子后裔的封号仍然是褒成侯。

从以上文献和碑刻文字看,孔子后代的封号在永元四年以后仍然为褒成侯,这是可以确信无疑的。那么为什么会出现褒亭侯呢?

褒亭侯应该是褒成亭侯的讹误。亭侯是汉代列侯的一种,《后汉书·百官志》说"列侯……以赏有功,功大者食县,功小者食乡、亭"④。东汉乡侯、亭侯很多,但多是以地名命名,如章乡侯、邑乡侯、祈乡侯、益阳亭侯、安乐亭侯、卢亭侯等。从《汉书·外戚恩泽表》看,侯有封国,亭侯、乡侯均无封国,褒成侯封国为瑕丘。褒成侯初封时封邑为二千户,"元始元年,封周公、孔子后为列侯,食邑各二千户"⑤,褒成侯孔均"二千户"⑥。永元四年,褒成

---

① 《后汉书·祭祀上》,《二十五史》第2册,第812页三、四。
② 《后汉书·孔僖传》,《二十五史》第2册,第1026页三、四。
③ 《后汉书·安帝纪》,《二十五史》第2册,第783页二。
④ 《后汉书·百官志》,《二十五史》第2册,第843页四。
⑤ 《汉书·孔光传》,《二十五史》第1册,第676页一。
⑥ 《汉书·外戚恩泽表》,《二十五史》第1册,第436页三。

侯食邑由两千户被削减为一千户,"和帝永元四年徙封损为褒亭侯。损卒,子曜嗣。侯邑千户。子完嗣,邑百户"①,很可能削减食邑的同时将国侯改成了亭侯,但是亭侯只是级别,不可能将封号改为褒亭侯。孔子后裔之所以被封为褒成侯,是因为孔子的封号是褒成宣尼公。亭侯只是说明侯的级别,不可能只用"褒"作为侯的名称。正确的名称应该是褒成亭侯,如同两晋南朝的奉圣亭侯。

褒尊侯之名始见于唐代杜佑《通典》,"和帝永元四年徙封为褒尊侯,相传至献帝初国绝"②,宋代郑樵《通志》、元代马端临《文献通考》、明代程敏政《篁墩文集》、李之藻《頖宫礼乐疏》、明代王世贞《弇山堂别集》、清《山东通志》等均有与此相同的记载。褒尊侯最早出现在唐代,是更不可信的,很可能是褒亭侯的讹误。亭、尊字形相近,在史书传抄的过程中很容易造成这种讹误。

(三)魏国宗圣侯

三国时期,魏国最为推崇孔子思想。曹丕即位前常常"集诸儒于肃城门内,讲论大义,侃侃无倦"③,代汉后,黄初二年(221)正月,下诏加封孔子二十一代孙孔羡为宗圣侯,"昔仲尼姿大圣之才,怀帝王之器,当衰周之末而无受命之运,□□乎鲁卫之朝,教化乎洙泗之上,恓恓焉,遑遑焉,欲屈己以存道,贬身以救世。于时王公终莫能用,乃退考五代之礼,修素王之事,因鲁史而制《春秋》,就太师而正雅颂,俾千载之后莫不采其文以述作,仰其圣以成谋咨,可谓命世之大圣、亿载之师表者已。遭天下大乱,百祀堕坏,旧居之庙毁而不修,褒成之后绝而莫继,阙里不闻讲颂之声,四时不睹蒸尝之位,斯岂所谓崇礼报功、盛德百世必祀者哉!嗟乎!朕甚悯焉。其以议郎孔羡为宗圣侯,邑百户,奉孔子之祀。令鲁郡修起旧庙,置百石吏卒以守卫之,又于其外广为室屋以居学者"④。将汉代孔子长孙褒成侯的封号改为

---

① 《宋史·孔宜传》,《二十五史》第 8 册,第 6625 页一。
② (唐)杜佑:《通典》,《四库全书》,第 603 册。
③ 《三国志文类》卷四十三《文帝与王朗书》,《四库全书》,第 1361 册。
④ 魏《孔羡碑》,《三国志·魏书》卷二"文帝纪"有文,但文字有不同。第一句"姿"作"资",第三句无"而"字,第四句"□□乎"作"在",第十句末多"之"字,第十五句"采其文"作"宗其文",第十七句"者已"作"者也",后缺"嗟乎!朕甚悯焉"诸字,"奉孔子祀"作"奉孔子之祀","百石吏卒"作"百户吏卒"。碑为当时所刻,应以碑文为准。

宗圣侯,封地虽然减为一百户,但修庙设官均沿用了汉代制度,重要的是开创了国家在庙外建造学校的先例。宗圣侯延续了整个曹魏,孔羡去世后又续封其子孔震为宗圣侯。

(四)晋及南朝的奉圣亭侯

两晋及南北朝在推崇孔子思想的同时,大都加给孔子后裔奉祀的爵位。

司马氏取代曹魏,相继吞并了蜀和吴,统一了全国,仍然采用独尊儒术的政策。西晋泰始三年(267),"十二月徙宗圣侯孔震为奉圣亭侯"①,将魏封宗圣侯孔震改封为奉圣亭侯。

东晋仍然沿用西晋孔子后裔的封号。明帝太宁三年(325),"诏给奉圣亭侯孔亭四时祠孔子祭,宜如泰始故事"②,此时距晋室东迁只有八年,看来孔亭在西晋时就已经袭封。建兴元年(313),石勒就攻占曲阜,孔亭应该是由曲阜南迁的。太元十一年(386)"八月庚午,封孔靖之为奉圣亭侯,奉宣尼祀"③,主祀孔子。东晋还为流寓建康的孔子长孙建造了第一所曲阜以外的孔氏家庙。太元十一年"八月庚午,诏封孔靖之为奉圣亭侯,奉宣尼祀,立宣尼庙。在故丹阳郡城前隔路东南"④。孔子长孙离开曲阜南迁建康,由于曲阜已在东晋治理范围之外,无法回曲阜祭祀,东晋皇帝就在京师建康为他们建造了奉祀的家庙。过去人们都以为,南宋在浙江衢州为南渡衍圣公建造的家庙是帝王建造的最早的孔氏家庙,其实比东晋建造的家庙晚了七百多年。

刘宋王朝建立后仍然保持了孔子后代奉祀孔子的爵号。《宋书》"礼四"记载晋武帝改封孔震、晋明帝给孔亭祭直后,接着记载宋元嘉八年(431)罢免孔继之,并没有宋朝加封孔子后裔的记载,这说明宋朝是延续了东晋孔子后裔的爵号。但到元嘉八年(431),孔亭五代孙、奉圣亭侯孔继之"博塞无度,常以祭直顾进,替慢不祀","有司奏夺爵"⑤。元嘉十九年(442),宋文帝又下诏另选他人,"奉圣之胤,可速议继袭"⑥,封孔子二十六

---

① 《晋书·武帝纪》,《二十五史》第2册,第1254页一至二。
② 《晋书·礼上》,《二十五史》第2册,第1311页一。
③ 《晋书·礼上》,《二十五史》第2册,第1311页一。
④ 《建康实录》卷九,《四库全书》,第370册。
⑤ 《宋书·礼四》,《二十五史》第3册,第1686页三。
⑥ 《宋书·文帝纪》,《二十五史》第3册,第1641页一。

代孙孔隐之为奉圣亭侯,修建京师建康的孔氏家庙,按时祭祀,依旧拨给祭祀经费,同时令鲁郡修复孔子庙附近的学校,招收学生,但是四年后,孔隐之由于侄子孔熙先策动范晔阴谋废除宋文帝失败而被罢免。五年后,元嘉二十八年(451)又封孔惠云为奉圣亭侯,但孔惠云因为有重疾,最多两三年就被罢免了。孝建元年(454),新即位的孝武帝颁布尊孔诏书,其中说"典司失人,用阙宗祀"①,意识到孔子庙主祀无人,大概又令查找孔子后裔主祀,所以到大明二年(458),又封孔迈为奉圣亭侯。孔迈去世后,其子孔荞袭封,后来因为有罪被罢免。

建成元年(479),萧道成代宋建立齐朝,南齐享国虽然只有短短的23年,但仍然大力表彰儒学。齐武帝命"奉圣之爵,以时绍继"②,齐明帝令"式循旧典,详复祭秩"③,但史书中并没有加封孔子后代奉祀爵位的记载,很可能是宋大明二年所封的奉圣亭侯孔迈或者孔迈的继承人孔荞尚在。

南朝儒学最兴盛是梁朝,但奇怪的是,直到灭亡前的太平二年(557)正月,敬帝才下诏令"搜举鲁国之族以为奉圣后,并缮庙堂,供备祀典,四时荐秩,一皆遵旧"④。但此诏令恐怕没有来得及落实,八月敬帝就被陈霸先废除而亡国了。

在南朝中,文教最不兴盛的是陈朝。陈朝立国四十二年,没有兴学的记载,但在尊孔崇儒方面还是多所建举的,两次太子释奠孔子,一次维修孔子庙,一次加封孔子后裔,光大元年(567)十二月"以兼从事中郎孔英哲为奉圣亭侯,奉孔子祀"⑤,仍然沿用奉圣亭侯的封号。

(五)北魏崇圣大夫和北魏与东魏的崇圣侯

西晋以后,中国北方落入少数民族之手,北方游牧民族相继建立了许多地方性割据政权,这就是历史上称作的十六国和北朝。五胡十六国均没

---

① 《宋书·孝武帝纪》,《二十五史》第3册,第1643页三。
② 《南齐书·武帝纪》,《二十五史》第3册,第1917页一。
③ 《南齐书·明帝纪》,《二十五史》第3册,第1920页二。
④ 《梁书·敬帝纪》,《二十五史》第3册,第2036页二。
⑤ 《陈书·废帝纪》,《二十五史》第3册,第2123页二。

有加封孔子后裔,直到北魏延兴三年(473)才封孔子后裔为崇圣大夫,孝文帝"诏以孔子二十八代孙、鲁郡孔乘为崇圣大夫,给十户以供洒扫"①。太和十九年(495)四月庚申,孝文帝至鲁郡"亲祠孔子庙,辛酉诏拜孔氏四人、颜氏二人为官","诏选诸孔宗子一人封崇圣侯,邑一百户,以奉孔子之祀"②,封孔子二十八代孙孔灵珍为崇圣侯。

北魏始封孔子后裔奉祀,一个重要的原因是那时南朝大概没有在封的奉圣亭侯。宋大明二年(458)封孔迈为奉圣亭侯,孔迈去世后,其子孔荐袭封,孔荐后来因罪失爵,一直到陈光大元年(567)才又封孔英悊为奉圣亭侯,中间间隔了一百零九年。北魏延兴三年(473),孝文帝封孔子二十八代孙孔乘为崇圣大夫,与历代封侯不同,这很可能就是因为南方的奉圣亭侯尚在,不便封侯。太和十九年(495)封孔灵珍为崇圣侯,这很可能南朝宋已经没有在位的奉圣亭侯了。加封孔子后裔,其实还有宣示中国正统的意味。

北魏灭亡后,继立的东魏仍然沿用北魏给予孔子后裔的爵号崇圣侯。

(六)北齐恭圣侯

武定八年(550)五月,高洋废掉东魏皇帝,自立为帝,建立北齐,改元天保。二十多天后即改封崇圣侯为恭圣侯,"六月辛巳,诏改封崇圣侯孔长为恭圣侯,邑一百户,以奉孔子祀,并下鲁郡以时修葺庙宇"③,同时派遣使者到阙里祭祀孔子庙。但《宋史》作三十代孙孔渠,"文泰生渠,北齐文宣帝天保元年改封恭圣侯,后周宣帝大象二年(580)追封孔子为邹国公,以渠袭爵,邑百户"④,并认为承袭邹国公者也为孔渠。

(七)北周邹国公

北齐天保八年(557),鲜卑人宇文觉取代西魏,建立北周。大象二年(581)二月丁巳,周宣帝亲至露门学释奠孔子,次日追封孔子为邹国公,"孔子德惟藏往,道实生知,以大圣之才,属千古之运,载弘儒业,世叙彝伦。至

---

① 《魏书·高祖纪上》,《二十五史》第3册,第2188页三。孔乘,孔氏家谱作二十七世孙。
② 《魏书·高祖纪上》,《二十五史》第3册,第2193页一。
③ 《北史·齐本纪中》,《二十五史》第4册,第2919页一。
④ 《宋史·儒林·孔宜》,《二十五史》第8册,第6625页二。

如幽赞天人之理,裁成礼乐之务,故以作范百王,垂风万叶。朕钦承宝历,服膺教义,眷言洙泗,怀道滋深。且褒成启号虽彰故实,旌崇圣绩犹有阙如,可追封为邹国公。邑数准旧,并立后承袭。别于京师置庙,以时祭享"①。周宣帝认为此前孔子的褒成宣尼公封号不足以表彰、推崇孔子的功绩,因此追封孔子为邹国公,食邑仍为一百户,令孔子后裔承袭爵号。其实北周加于孔子的封号从字面上看不出任何褒扬的意义,并不如汉代的封号,而后裔承袭孔子的爵位更属不当。

《周书》和《北史》均记载了加封孔子邹国公并立后承袭,但都没有承袭邹国公者的代次及名字。孔氏家谱记载为孔子三十一代孙孔长孙,传二世,子孔嗣悊承袭,入隋后仍旧;《宋史》记载为三十代孙孔渠承袭,"文泰生渠,北齐文宣帝天保元年改封恭圣侯,后周宣帝大象二年追封孔子为邹国公,以渠袭爵,邑百户;渠生长孙,隋文帝复封长孙为邹国公"。《宋史》记载南朝受封者全部采自孔氏家谱,此处却与家谱不同。

(八) 隋朝邹国公和绍圣侯

隋文帝杨坚仍旧封孔子后裔为邹国公事,正史没有记载,但李贤(651—684)在《后汉书》"孔僖传"的按语中有载,"北齐改封三十一叶孙为恭圣侯,周武帝平齐,改封邹国公,隋文帝仍旧封邹国公,隋炀帝改封为绍圣侯"②。隋文帝代周,距李贤不足百年,李贤又是唐高宗之子并被立为太子,他的记载应该是可信的。

大业四年(608),隋炀帝杨广册封孔子裔孙为绍圣侯,"先师尼父圣德在躬,诞发天纵之姿,宪章文武之道,命世膺期,蕴兹素王。而颓山之叹忽踰于千祀,盛德之美不存于百代。永惟懿范,宜有优崇,可立孔子后为绍圣侯。有司求其苗裔,录以申上"③。据孔氏家谱记载,册封孔子三十二代孙孔嗣悊为绍圣侯。隋炀帝加封孔子裔孙的封号是不错的。汉代封孔子为褒成侯宣尼公,后裔为褒成侯,子孙袭用孔子的谥号并不妥当;魏国宗圣侯的封号比褒成侯要好,"宗"有尊崇和归向的意思,尚属恰当;晋朝改称奉圣

---

① 《周书·宣帝纪》,《二十五史》第 3 册,第 2594 页二。
② 《后汉书·孔僖传》,《二十五史》第 2 册,第 1026 页四。
③ 《隋书·炀帝纪上》,《二十五史》第 5 册,第 3259 页三。

亭侯则不如宗圣侯,"奉圣"只是突出了其职能,没有更多的含义;北魏改封恭圣侯,"恭"虽然有奉行、肃敬、恭顺等含义,但也是侧重突出其职能;北周袭用孔子封号邹国公更是不伦不类;隋朝的封号是汉以来最好的,"绍"的意义为承继,绍圣可理解为承继孔子的思想,也可理解为承续孔子的血脉。

(九)唐代封号褒圣侯和文宣公

唐代始封褒圣侯的时间,有武德九年(626)和贞观十一年(637)两种说法。

武德九年说有三:一是曲阜孔子庙碑刻所刻的诏书,"大唐武德九年十二月二十九日下,太宗文武圣皇帝诏曰:'宣尼以大圣之姿,天纵多能,王道藉以裁成,人伦资其教义,故孟轲称"生人以来一人而已"。自汉氏驭历,魏室分区,爰及晋朝,暨于隋代,咸相崇尚,用存享祀。朕钦若前王,宪章故实,亲师宗圣,是所庶几,存亡继绝,抑惟通典。可立孔子后为褒圣侯,以隋故绍圣侯孔嗣悊嫡子德伦为嗣。主者施行'";二是唐代虞世南的《孔子庙堂碑》,"武德九年十二月二十九日有诏,立隋故绍圣侯孔嗣悊子德伦为褒圣侯"①;三是《新唐书·礼乐志》,武德"九年封孔子之后为褒圣侯"。

贞观十一年说有二:一是唐代李贤的《后汉书注》,"贞观十一年,封夫子裔孙德伦为褒圣侯。德伦今见在"②;一是杜佑的《通典》,"大唐贞观十一年封孔子裔德伦为褒圣侯"③。

笔者认为,加封孔德伦褒圣侯诏书是在武德九年(626),而孔德伦受封是在贞观十一年(637)。孔子庙碑所刻的是唐太宗所颁诏书原文,内容非常明确,立孔子后裔为褒圣侯,以隋朝所封绍圣侯孔嗣悊嫡子孔德伦为嗣,要求主事者去落实。碑为乾封元年(666)制,仪凤二年(677)刻成,同碑碑阴还刻有乾封元年唐高宗追赠孔子为太师和免除褒圣侯孔德伦子孙赋役的诏书、皇太子李弘请立碑孔子庙的奏文和遣司稼正卿扶余隆祭祀孔子的祭文,都是照录原文,不可能有误。唐代虞世南《孔子庙堂碑》为贞观七年刻成,是为唐太宗同时令维修国学孔子庙及维修盛况所记,而且《新唐书》

---

① (唐)虞世南:《孔子庙堂碑》,《金薤琳琅》卷十七,《四库全书》,第683册。
② 《后汉书·孔僖传》,《二十五史》第2册,第1026页四。
③ (唐)杜佑:《通典》,《四库全书》,第603册。

也记载是武德九年加封的。加封孔德伦是武德九年是毫无疑问的。李贤出生于永徽二年(651),成书大约在上元二年(675)监国以后,它与孔德伦是同时人,记载不会有误。孔德伦之所以十一年后才受封,是因为武德九年时他年纪太小。孔德伦七十一岁去世,天授元年(690)还健在,史载是年武则天赐给他敕书和时服。即使孔德伦是这年去世的,武德九年时才六岁,何况其子孔崇基是证圣元年(695)受封的。武德九年时孔德伦还是幼儿,所以推迟到贞观十一年才受封,那时最多也不过十七岁。

还需要说明的是,许多文献书籍都因为武德九年加封孔子裔孙而认为是唐高祖所封,其实加封孔子裔孙的是唐太宗。武德九年八月,秦王李世民发动玄武门之变,迫使其父禅位于他,史称太宗。

文宣公是开元二十七年(739)唐玄宗加封的,是年追谥孔子为文宣王,改封孔子三十五代孙孔璲之为文宣公。文宣公一直延续到唐末,共延续了七代。三十五代孔璲之于开元二十七年改封,三十六代孔萱袭封时间不详,兼任泗水令,三十七代孔齐卿于建中三年(772)袭封,兼任兖州功曹,三十八代孔惟晊于元和十三年(818)袭封,兼任兖州参军,三十九代孔策于会昌二年(842年)袭封,兼任曲阜县尉,四十代孔振袭封时间不详,咸通四年(863)状元及第,曾官水部员外郎,四十一代孔昭俭袭封时间也不详,兼任曲阜县令。

（十）五代时期文宣公的袭封

《唐书·明宗纪》载:天成二年(927)八月"丁酉,以吏部郎中、袭文宣公孔邈为左谏议大夫、史馆修撰"①,天成四年四月"丙辰,谏议大夫致仕、袭文宣公孔邈卒"②;长兴三年(932)五月"甲辰,以文宣王四十三代孙、曲阜县主簿孔仁玉为兖州龚丘令,袭文宣公"③。

《周书·太祖纪》载:广顺元年(951)"六月乙酉朔,帝幸曲阜县,谒孔子祠,既奠,将致拜。左右曰:'仲尼人臣也,无致拜。'帝曰:'文宣王百代帝王师也,得无敬乎?'即拜奠于祠前,其所奠酒器银炉并留于祠所。遂幸孔

---

① 《旧五代史·唐书·明宗纪》,《二十五史》第6册,第4908页四。
② 《旧五代史·唐书·明宗纪》,《二十五史》第6册,第4911页三。
③ 《旧五代史·唐书·明宗纪》,《二十五史》第6册,第4916页二。

林,拜孔子墓。帝谓近臣曰:'仲尼、亚圣之后,今有何人?'对曰:'前曲阜令、袭文宣公孔仁玉是仲尼四十三代孙,有乡贡三礼颜涉是颜渊之后。'即召见仁玉,赐绯,口授曲阜令,颜涉授主簿,便令视事,仍勅兖州修葺孔子祠宇,墓侧禁樵采。"①

从正史记载看,五代时先后曾任文宣公的有孔邈(？—929)和孔仁玉二人。孔仁玉的袭封,孔氏家谱和志书均有记载,奇怪的是关于孔邈的袭封全无记载,孔继汾《阙里文献考》对各代袭封者多有收录,但也缺少孔邈。

关于孔邈,《旧五代史》卷六十八有传,文字非常简短,"孔邈,文宣王四十一代孙,身长七尺余,神气温厚。登进士第,历校书郎,万年尉,充集贤校理,为谏议大夫,以年老致仕。"按语说:"孔邈传原本残缺,考《册府元龟》云：乾宁五年登进士第,除校书郎。崔远在中书,奏为万年尉,充集贤校理,以亲舅独孤损方在廊庙,避嫌不赴职。"②传中虽然没有记载文宣公事,但《明宗纪》中两次提及,其任文宣公是毫无疑问的。《东家杂记》在四十一代孙中有载,"邈,及第,至谏议大夫",《孔氏祖庭广记》不载,《孔子世家谱》收录在四十一代孙中,"邈,字准之,唐昭宗乾宁三年进士第五人及第,终谏议大夫,无传",都没有提及袭封文宣公事。

从孔氏家谱记载看,孔邈系出西汉孔霸,袭封褒成君孔福次子之后,二十二代孔扬封下博亭侯,迁居河北,是与北宗被封裔孙关系最近的族人。三十二代孔颖达是唐代著名学者,开国功臣,后裔为唐代望族,文化世家。孔邈曾祖孔戣官至尚书左丞,兄弟六人四进士。祖父温质曾任四门博士,兄弟四人三进士,叔祖孔温裕曾官太平军节度使、郓曹濮等州观察使,封鲁国公。父亲孔织兄弟四人,长子次子同榜进士,三子孔缋为咸通十四年状元。其父孔织虽无功名也未出仕,但由于家族显赫,结姻于望族独孤氏,其妻为独孤及从曾孙女。孔邈乾宁五年(898)进士及第,因其亲舅独孤损在朝任职,虽被任命为集贤校理,为避嫌并未任职,后来官至谏议大夫。孔邈被封为文宣公时间不详,应当在天祐二年(905)之前,因为是年六月其舅父

---

① 《旧五代史·周书·太祖纪》,《二十五史》第6册,第5015页二。
② 《旧五代史·薛廷珪等传》,《二十五史》第6册,第4950页三。

独孤损因反对朱温被罢相并被杀害,两年后朱温就建立了后梁,也不可能是在后唐立国之后,如果他是在后唐袭封文宣公,《旧五代史》记载他的兼职和去世不可能不记载袭封。另外四十二代孙孔光嗣未袭封文宣公也能从侧面证明这个问题。《孔氏祖庭广记》记载孔光嗣于昭宗天祐中授泗水县令,陵庙主,《阙里文献考》记载昭宗天祐二年以斋郎授泗水主簿。孔光嗣任泗水主簿并非因为是长孙的关系,而是由荫子斋郎出仕。天祐二年孔光嗣之所以未袭封文宣公就是因为已经赐封了孔邈。

孔邈被任命为文宣公,孔氏谱志载人不载袭封事,由此可见在五代时孔氏袭封又发生了一次变故,好在袭封只延续了一代又返回到了唐代所封的正支上。

在孔子世家发展史上,长期流传一则五代时期"孔末灭孔"的故事。大致是说,"安史之乱"以后,社会不宁,许多族孙流寓他方,曲阜仅留长孙一支。孔子长孙的奴仆、原南朝宋元嘉十九年(442)拨给的洒扫户后裔孔末趁机杀死了四十二代长孙孔光嗣,取而代之,成为孔子主祀,并出任曲阜令。关于"孔末灭孔"一事,孔继汾《阙里文献考》记载最为详细:

> 四十二代光嗣,昭宗天祐二年以斋郎授泗水主簿,遭世叛乱,遂失封爵。初,宋元嘉间蠲鲁郡民孔景等五户供孔子庙洒扫役,其裔孙孔末见孔氏子孙单承门祚衰弱,又多流寓他所者,乘时不纲,谋冒圣裔,窃世爵,遂计害公。卒年四十二,梁末帝乾化三年也。子一,仁玉。
>
> 四十三代仁玉,字温如,梁太祖乾化二年五月二十九日生。孔末之乱,生甫九月,母张抱匿于外家。既长,身长七尺,姿貌雄伟,通六艺,尤精《春秋》。为人严整,临事有果断。后唐明宗长兴元年,鲁人愬于官曰:曲阜令末非圣人后,光嗣有子仁玉,育于张氏,今十九岁矣。事闻于朝,乃诛末,以公主孔子祀,授曲阜主簿。三年,迁龚丘令、文宣公。晋高祖天福五年,改曲阜令。后周太祖广顺二年六月,帝平慕容彦超,幸曲阜,谒林庙,召对,赐五品服及银器杂采,诏以曲阜令兼监察御史。年四十五卒,赠兵部尚书。葬祖墓东北。夫人裴氏祔,继李氏封陇西郡夫人,葬祖墓西。后世以孔氏几绝复兴,号中兴祖。复岁时

祭其外族张温之墓，为置祭田，立奉祀生，请蠲其徭役以报之。子四，宜、宪、冕、勖。①

但是奇怪的是，元代以前的资料中完全没有"孔末灭孔"的信息。《东家杂记》是孔氏现存最早的志书，成书于南宋绍兴四年（1134），由孔子四十七代孙孔传（若古）编写。书中记述孔光嗣和孔仁玉仅寥寥数字：

> 四十二代光嗣，斋郎出身，泗水令。
> 四十三代仁玉，字温如，曲阜令，袭封文宣公，赠兵部尚书②。

没有任何"孔末灭孔"的信息。

《孔氏祖庭广记》成书于金正大四年（1227），由孔子五十一代孙衍圣公孔元措编写。关于孔光嗣和孔仁玉的记述文字增多：

> 四十二代光嗣，斋郎出身，昭宗天祐中授泗水令，陵庙主。年四十二。葬祖墓西北。生仁玉。
> 四十三代仁玉，字温如，长七尺，姿貌异常。善六艺，尤精《春秋》。为人严整，临事有断。九岁任曲阜县主簿，两考满，除令，袭封文宣公。后周太祖广顺二年幸儒庙及谒孔林，召对数刻，面赐章服、白金、杂彩，复授本县令兼监察御史。终于任所，年四十五，葬祖墓东。赠至兵部尚书。三子，曰宜、曰宪，曰勖。③

也没有任何孔末灭孔的信息。

如果说《东家杂记》和《孔氏祖庭广记》文字太少致使疏略不记，那么孔仁玉的墓志文字多达五六百，也没有任何孔末灭孔的信息就更让人感到奇怪了。

---

① （清）孔继汾：《阙里文献考》，山东友谊出版社，1989年，第153页。
② （宋）孔传：《东家杂记》，第155页。
③ （金）孔元措：《孔氏祖庭广记》，山东友谊出版社，1989年，第70—71页。

"文革"中,孔仁玉坟墓塌陷,从中发现了他的墓志。节录其文为:

> 公讳仁玉,字无违,即文宣王四十三代适孙也。生萃嘉祥,长隆劲节。年九岁,值泗水君即世,乃传家为陵庙主。终制授曲阜主簿,二年而就转县令兼袭封文宣公。公私大治,政□而通,民畏而爱,且古今神童俦之者谁是?知建木千寻,梁栋备百工之法;阿胶五寸,源流澄九曲之光。秩满言归,逍遥自得,常为乡里所进,孜孜论议,每一西上,复厥旧官,人以为我父母。君又经慕容作叛,公雁其灾,貔貅大虓,孤城若粉,揖让而出,何忧何惧。公身长七尺,见者奇之。周高祖幸陵庙,侍对数刻,即赐绯,兼赐银器、杂彩、茶等。方俟他拜,天王晏驾,相次守当,州都督府长史未解其任。悲歌哲人,夏五月二十九日薨,享年四十五。哀哉!……大宋乾德二年,岁次甲子九月甲戌朔二十三日丙申建。

孔氏谱志均作孔仁玉生于乾化二年(912),墓志说他九岁丧父,守丧期满授曲阜主簿,二年转文宣公兼曲阜令,如此推算,孔仁玉袭封的年龄应该是十二岁;《孔氏祖庭广记》说他"九岁任曲阜主簿,两考满除令,袭封文宣公",应该是在十四岁左右;结合《旧五代史》记载孔仁玉长兴二年(931)袭封看,他应该出生于920年。墓志说孔仁玉享年四十五,墓志为宋乾德二年(964)九月建,也可证明他生于920年。在所有的资料中,墓志是最正确的。孔仁玉九岁丧父,孔光嗣去世在928年,那么,乾化三年(913)孔末杀害孔光嗣一事就不能成立,如果有孔末灭孔的话也不应该是在乾化三年,而且孔仁玉不是十九岁才被族人推举是毫无疑问的。

其实,"孔末灭孔"说中也有让人怀疑的地方。孔仁玉字温如,其外祖名张温就难以让人相信。古人对长者的名字是要避讳的,外祖父对他恩重如山,孔仁玉怎么会取这个字呢?古人规矩,除非长辈、师长、君主呼名,其他人都是要称字的,外祖父的名怎么能让人在自己的面前叫来叫去呢?另外,孔景也并非"因随主姓"的奴仆。宋元嘉十九年(442)拨给孔景洒扫孔子墓的诏书说:"鲁郡上民孔景等五户居近孔子墓侧,蠲其课役,供给洒扫。"①由此可知孔景在钦拨洒扫孔子墓以前已经姓孔,如果后来随主改姓的话不会在钦拨时就已经姓孔;如果说原来就是奴仆,那就不能称为"鲁郡上民";而且国家蠲免孔景的课役让其洒扫孔子墓,是以洒扫孔子墓折抵国家的徭役,并非拨给孔府的奴仆;孔景是随主人改姓的奴仆说是不能成立的。

有那么多孔末灭孔的史料,笔者不敢怀疑其真实性,但与墓志有这么多不同,笔者又不敢轻信,很可能在流传过程中出现了一些讹误。

(十一) 北宋文宣公的袭封

乾德四年(963),孔子四十四代孙孔宜(941—986)诣阙上书,详细叙述家世,宋太祖诏为曲阜主簿,并没有授予世袭爵位。孔宜历任黄州军事推官、司农寺丞、星子县令,太平兴国三年(978)任满还朝,献上所著文赋数十篇,太宗看后很是赞赏,亲自召见,询问孔氏世数,太宗对左右大臣说,"家世之远,有如此者乎!"②当即加封孔宜为文宣公。诏书说:"素王之道,百代所崇。传祚袭封,抑存典制。文宣王四十四代孙司农寺丞宜服勤素业,砥砺廉隅,亟历官联,洽闻政绩。圣人之后,世德不衰,俾登朝伦,以光儒胄。可太子右赞善大夫、袭封文宣公"③,并给文宣公以优待,不久孔宜出任密州判官。太平兴国八年(928),太宗下令大修曲阜孔子庙,工竣后,孔宜贡献方物为谢,真宗在其奏折上批答说:"素王之教,历代所崇。当予治定之初,特展修崇之典。汝袭封阙里,就列周行,虔备贡输,庆兹轮奂。省闻嘉奖,不忘于怀"④,加封孔宜为殿中丞。雍熙三年(986),曹彬北征契丹,诏令孔宜督运粮草,溺死于拒马河中。

孔宜去世后,长子孔延世因父死被赐予同学究出身,授曲阜主簿,也没有加封文宣公。孔延世先后任闽县和长葛县县令。至道三年(997),真宗即位,令侍臣查访文宣王后裔,吕端当即推荐孔延世。真宗召见后即赐封

---

① 《宋书·文帝纪》,《二十五史》第 3 册,第 1641 页三。
② 《阙里文献考》,第 154 页。
③ 《宋史·儒林传·孔宜》,《二十五史》第 8 册,第 6625 页二。
④ 《阙里文献考》,第 155 页。

为文宣公、曲阜令,勉励他"宜精心典祖庙祀,毋稍懈也"①,并赐给帛五十疋、银器五十两以及太宗御书和九经。咸平三年(1000),专门下诏,要本道转运使和兖州长吏待文宣公以宾礼,不能像对待一般下属一样要他趋见。天禧二年(1018),朝廷还赐给文宣公家祭冕服。

四十六代孙孔圣佑(998—1032)也是没有在父死后即获封文宣公。他九岁被授予同学究出身,大中祥符元年,真宗封禅泰山,随百官陪位,特准衣绿位在京官之后。真宗祭祀孔子庙时,内外设黄麾仗,令孔氏宗属陪礼,擢孔圣佑为太常寺奉礼郎,赐银二百两、绢三百匹以供祭祀之用。孔圣佑后改任大理寺评事,掌曲阜县钱谷,直到天禧五年(1021)才被任命为光禄寺丞、文宣公兼知仙源县事(大中祥符五年因为黄帝生于寿丘、寿丘在曲阜将曲阜改为仙源县)。

孔圣佑去世时仅三十五岁,没有子嗣,堂弟孔宗愿成为孔氏主祀。天圣中,孔宗愿因叔父孔道辅之荫成为太庙斋郎,宝元二年(1039)被任命为国子监主簿、文宣公、知仙源县事,十六年后被改封为衍圣公。

二、第一次南宗与北宗

南北朝时期是孔子裔孙袭封最为混乱的时期,正史记载的不见于家谱,家谱记载的不见于正史,而历史上也无学者进行考辨,本书结合有关史料进行梳理并进行考证。

《宋书》记载孔子后裔的袭封较为详细,具体内容有:魏文帝黄初二年(212)"以议郎孔羡为宗圣侯,邑百户,奉孔子祀","晋武帝太始三年十一月,改封宗圣侯孔震为奉圣亭侯";"明帝太宁三年,诏给奉圣亭侯孔亭四时祠孔子祭直,如太始故事。亭五代孙继之博塞无度,常以祭直顾进,替慢不祀,宋元嘉八年有司奏夺爵。至十九年又授孔隐之,兄子熙先谋逆又失爵。二十八年,更以孔惠云为奉圣侯,后有重疾失爵。孝武大明二年又以孔迈为奉圣侯,迈卒,子荂嗣,有罪失爵"②。此外,正史记载的还有:《晋书》记

---

① 孔继汾:《阙里文献考》,第155页。
② 《宋书·礼四》,《二十五史》第3册,第1868页二至三。

载,"太元十一年秋八月庚午,封孔靖之为奉圣亭侯,奉宣尼祀"①;《陈书·废帝纪》记载,光大元年(567)"十二月庚寅,以兼从事中郎孔英哲为奉圣亭侯"②。

将上述记载按时间先后顺序排列并与孔氏家谱对照如下:

魏文帝黄初二年(212)封孔羡为宗圣侯;《孔子世家谱》载孔羡为二十一代孙。

晋武帝泰始三年(267)改封宗圣侯孔震为奉圣亭侯;《孔子世家谱》载孔震为二十二代孙,孔羡之子。

东晋明帝太宁三年(325)时奉圣亭侯为孔亭,代次不详;《孔子世家谱》无此人。

东晋孝武帝太元十一年(386)封孔靖之为奉圣亭侯,代次不详;《孔子世家谱》无此人。

宋文帝元嘉八年(431)罢免孔继之,继之为孔亭五代孙,代次不详;《孔子世家谱》无此人。

宋文帝元嘉十九年(442)封孔隐之,二十二年因兄子孔熙先策划推翻宋文帝牵连被罢免;《孔子世家谱》载孔隐之为二十六代孙。

宋文帝元嘉二十八年(451)封孔惠云为奉圣亭侯,后因重疾失爵,代次不详;《孔子世家谱》无此人。

宋孝武帝大明二年(458)封孔迈为奉圣亭侯,代次不详;《孔子世家谱》无此人。

接续孔迈袭封的儿子孔荞世次也不详;《孔子世家谱》无此人。

陈废帝光大元年(567)封孔英哲为奉圣亭侯;《孔子世家谱》作三十二代孙。

北朝加封的孔子后裔,史书记载有:

北魏孝文帝延兴三年(473)"诏以孔子二十八世孙、鲁郡孔乘为崇圣大夫,给十户以供洒扫"③;孔氏家谱作二十七代孙。

---

① 《晋书·孝武帝纪》,《二十五史》第2册,第1271页二。
② 《陈书·废帝纪》,《二十五史》第3册,第2123页三。
③ 《魏书·高祖纪上》,《二十五史》第3册,第2188页三。

北齐天保元年(550)"诏封崇圣侯邑一百户,以奉孔子之祀"①。

北周静帝大象二年(580)追封孔子"为邹国公,邑数准旧,并立后承袭"②。

《孔子世家谱》记载为:

> 二十一代孙孔羡,魏黄初二年(221)封为宗圣侯,子一,孔震;
>
> 二十二代孙孔震,字伯起,晋武帝泰始三年(267)改封奉圣亭侯,七十五岁卒。子一,孔嶷;
>
> 二十三代孙孔嶷,字成功,东晋明帝大宁三年(325)袭封奉圣亭侯,五十七岁卒。子一,孔抚;
>
> 二十四代孙孔抚,举孝廉,官至豫章太守,袭封奉圣亭侯。子一,孔懿;
>
> 二十五代孙孔懿,袭封奉圣亭侯,兼从事中郎,六十一岁卒。子一,孔鲜;
>
> 二十六代孙孔鲜,字鲜之,宋文帝元嘉十九年(442)袭封奉圣亭侯,改崇圣侯,子一,孔乘;
>
> 二十七代孙孔乘,字敬山,北魏延兴三年(473)封崇圣大夫。子二,孔灵珍、孔景进;
>
> 二十八代孙孔灵珍,北魏太和十九年(495)封崇圣侯。子二,孔文泰、孔文憘;
>
> 二十九代孙孔文泰,袭封崇圣侯,五十八岁卒。子一,孔渠;
>
> 三十代孙孔渠,袭封崇圣侯。子一,孔长孙;
>
> 三十一代孙孔长孙,袭封崇圣侯,北齐天保元年(550)改封恭圣侯,北周大象二年(580)进封邹国公,六十四岁卒。子二,孔英悊、孔嗣悊;
>
> 三十二代孙孔英悊,南陈光大元年(567)改封奉圣侯,早卒;

---

① 《北齐书·文宣纪》,《二十五史》第3册,第2515页四。
② 《周书·宣帝纪》,《二十五史》第3册,第2594页二。

三十二代孙孔嗣悊,隋文帝时登制科,授泾州司兵参军,大业四年(608)因兄孔英悊无后封绍圣侯,七十岁卒。子一,德伦;

三十三代孙孔德伦,字大经,唐武德九年(626)改封褒圣侯,嗣圣七年(690)敕赐玺书时服,七十一岁卒。

孔羡受封于魏黄初二年(221),《三国志·魏文帝纪》和现存曲阜孔子庙的《孔羡碑》均有记载,这是毫无疑问的;孔震受封见于《晋书·武帝纪》,而且是"徙宗圣侯孔震为奉圣亭侯",《孔子世家谱》记载孔震为孔羡之子,虽然两人相差了55年,但是孔震在泰始三年(267)前已经就封魏国的宗圣侯,应该也是没有问题的。

南朝其他受封者,《孔子世家谱》只收孔隐之一人,作二十六代孙。兄弟三人,孔淳之、孔默之、孔隐之,孔隐之最小。孔子后代袭封一般是立嫡立长,孔隐之就封可能是孔淳之(362—430)、孔默之均已卒(孔熙先被诛时牵连者已无父母)。二十二代为孔衍,上推至第十四代孔福是褒成君。从《孔子世家谱》看,虽然二十一代孔毓以前除长孙孔羡以外还有四位兄弟,但均失传,而二十代孔义以前至长孙有十位兄弟,也是失传,所以孔衍是与孔震血缘关系最近的兄弟。但是如果《孔子世家谱》无误,那么,此前受封的孔亭、孔靖之、孔继之以及以后的孔惠云、孔迈、孔莽不应该家谱没有记载,《孔子世家谱》记载遗漏是毫无疑问的。

二十二代孔震改封至二十一代孔羡始封已经55年,给孔亭祭祀孔子经费至孔震改封已经58年,孔亭至五代孙孔继之罢封是106年,给孔亭祭祀经费应该是在孔亭的晚年,否则难以相信106年间就能传至五代,而且孔继之已经博塞无度、替慢不祀,至少应该接近成年。从孔子至今,2 560年间,最快繁衍到83代,平均不到31年传一代。即使给孔亭祭祀经费是在他的晚年,孔亭与孔震之间应该相隔一代,因为从孔羡始封至此已经113年间,而且孔羡就封时已经官至议郎,议郎在汉晋时是由地方推荐的贤良方正人士担任的,至少已是成年人,所以孔亭应该是二十四代孙,孔继之应该是二十八代孙,接替孔继之的孔隐之却是二十六代孙。如果孔继之是南朝承认的正宗,改封孔隐之只有一种可能,那就是孔继之没有同辈的近支族人,只好从长辈的族人中选择老成者担任。魏黄初诏书加封孔羡、晋太始改封孔震、陈加封孔英悊都是直接到人,只有《梁书·敬帝纪》诏书未明确到人,且说"奉圣之门,胤嗣殄灭","可搜举鲁国之族,以为奉圣后",这说明此时已经不知道具体的应封者,很可能宗子已经断绝,只能从在南方的孔氏族人中去搜举。孔隐之受封仅三年,就因侄子孔熙先策划拥立彭城王刘义康事败被废封。南朝陈以前最后赐封孔子后裔在宋大明二年(458),封孔迈为奉圣亭侯,其后儿子孔荇袭封,但孔荇因罪失爵。代宋的梁朝(479—502)开始没有续封,直到太平二年(557)正月才下诏"可搜举鲁国之族,以为奉圣后"①,但史书没有记载搜举到何人为奉圣后,很可能是因为十月宋敬帝就被陈霸先取而代之未能完成,孔子后代的奉祀爵位中断,至陈朝才又新封孔英悊。

让人最不可理解的是,按照孔氏家谱的记载,在南陈受封者孔英悊是孔长孙之子。孔长孙在天保元年(550)被北齐改封为恭圣侯,大象二年(580)被北周进封为邹国公,他的儿子却在南陈光大元年(567)被改封奉圣侯。当时北齐与陈朝互为敌国,孔英悊是如何到达陈朝的?而且受封前已经官至仪同三司兼从事中郎,孔英悊在陈朝受封不会影响其父在北齐的袭封吗?孔继汾也发现了这个问题,他说:"《阙里志》载长孙二子,英悊、嗣悊。英悊封奉圣亭侯,无子,嗣悊袭封。按:长孙既袭爵于北,其子断无再受南封之理。且英悊之封在陈废帝光大元年,岁次丁亥,后十四年庚子始为周宣帝大象二年,其父受封乃在其子既袭爵十数年之后,亦事之所必无者。盖英悊自是江左一派,《志》因命名与嗣悊同,遂讹为长孙之子,其实非也。况家谱及《唐书·宰相世系表》并不言长孙有二子,更为可证。"笔者赞同孔继汾的观点,《孔子世家谱》的记载是错误的。孔英悊不是孔长孙之子,而应该是陈朝从南方孔氏中查找的近支族人。孔继汾还说"《谱》、《志》又云,三十二代嗣悊初袭邹国公,后改绍圣侯。考邹国之封,改于后周大象二年,不逾年而周即亡,封亦遂绝,至炀帝始求孔子苗裔嗣悊为绍圣侯。初封邹国公,谱、志似皆有误。今既有依据,悉从更正,不敢以讹传讹,

---

① 《梁书·敬帝纪》,《二十五史》第 3 册,第 2036 页二。

启后人之惑也"①,但孔继汾认为隋炀帝始封是错误的,李贤的《后汉书注》明确记载隋文帝曾仍旧封邹国公。

记载这段时间孔子后代现在能够见到的最早史料是《东家杂记》,它是孔子四十七代孙孔传在南宋绍兴甲寅四年(1134)成书的。书中记载受封子孙情况与《孔子世家谱》大致相同,但将北齐、北周的改封、加封均记在三十代孙孔渠身上,而且三十一代根本就没有孔英悊。

见诸史书的南朝受封子孙家谱不载,而载诸家谱的子孙却未有史书记载,造成这种情况的原因,笔者认为是在西晋末年社会动乱时长孙一支南渡,享有东晋、宋朝赐封的爵位。而在北方,曾经统治曲阜一带的后赵、前燕、前秦、后燕都没有加封孔子后裔,直到大力推崇儒学的北魏孝文帝才封孔子二十八代孙孔乘为崇圣大夫,但到太和十九年(495)时却"诏选诸孔宗子一人封崇圣侯",而这个诏书是在孝文帝亲至鲁郡祭祀孔子并"诏拜孔氏四人、颜氏二人为官"②以后,这说明,虽然此前孝文帝曾经加封孔乘为崇圣大夫,但仍然不能确定孔子后裔中的血缘关系最近者,所以才下诏从诸孔中选择一人为孔子的奉祀者。孔乘,《北史》作孔子二十八代孙,孔氏家谱却作二十七代,由此可见北方经过一百五十多年的中断,连代次都发生了混乱。从此以后,孔子后代的奉祀爵位就由此支后裔承袭。

在南方受封的孔氏南宗应该是西汉始封褒成君孔霸的长孙,而北方受封者也就是一直延续到现在的衍圣公一支应该是孔霸的后裔,南宗与北宗应该是同出于九代孙次子孔腾一支。但明朝王世贞认为南朝受封者是九代长孙孔鲋的后代。他在《弇山堂别集》卷三十九《衍圣公爵系表》记载说:"第九代鲋字子鱼,慎子。秦始皇并天下召封为鲁文通君,拜少傅,归隐,陈王涉召为博士,拜太傅,陈灭,死于兵,年五十七。子随,承殷后为宋公,绝;四传至吉,复封殷绍嘉侯,进为公,位诸王三公上,寻改封宋公。子何齐嗣,卒,子安嗣,绝。东晋武帝太元十一年封其后靖之奉圣亭侯,弟隐之嗣,传惠长及子英哲,陈亡遂绝"。王世贞此说不知出处何在,但王世贞作为一位

---

① 《阙里文献考》,第151—152页。
② 《魏书·高祖纪下》,《二十五史》第3册,第2193页一。

学者凭空编造的可能性不大。魏黄初二年(221)封孔羡,西晋泰始三年(267)改封孔震,东晋太宁三年(325)给孔亭祭祀经费,孔亭传五世到孔继之因为赌博被废,他们是九代次子孔腾的后裔应该是毫无疑问的。如果如王世贞所言,东晋太元十一年(386)改封九代长支后裔孔靖之,最大的可能就是孔继之因为赌博被废,南方没有近支族人,而孔靖之又是长支奉祀殷商的东汉宋公之后,被挑选作为孔子的奉祀者也是完全有可能的。但是,从东晋太宁三年(325)给孔亭祭祀经费到东晋太元十一年(386)改封孔靖之中间仅六十一年,中间隔了三代人,似乎不太可能,而且《宋书》记载很清楚,孔继之是宋元嘉八年(431)被废封的,一百零六年间至第五代也是比较合理的。此外王世贞说孔隐之是孔靖之之弟也是不可能的,如果东晋太元十一年封孔靖之,而孔隐之受封《宋书》明确记载是在宋元嘉十九年(442),中间相隔五十六年,兄弟受封相差五十六年可能性应该是几乎没有的。如果王世贞的说法采自某种文献,这种文献的准确性应该也是不可靠的。

  对于二十二代至二十六代孙,孔继汾也曾怀疑,"以臆度之,亭与靖之、继之三人或系二十二代震之冢嫡,至隐之、惠云、迈、萘等,或以大宗无人遂取旁支代袭,后因鼎祚屡移,子孙不嗣,家乘失传,殆由于此。至灵珍崛起北朝,大约由于支别,自溯祖父,以接大宗,如懿如鲜,未必尽曾主鬯,其所封爵,或系追崇。第《唐书·宰相世系表》所载,世次、名字、官爵皆与谱、志吻合,是以未敢妄改"①。他的分析是很有道理的,但因为《新唐书·宰相世系表》也是这样记载而不敢改动就太机械了,其实《新唐书·宰相世系表》的资料很可能就是北宋时孔子裔孙提供的。做学问,尽信书不如无书。

三、衍圣公的历史

  北宋至和二年(1055),宋仁宗将孔子裔孙的封号由文宣公改为衍圣公,除北宋元祐元年(1086)开始改称奉圣公十几年外,衍圣公封号历经金、元、明、清而不改,一直沿用到1935年才改称大成至圣先师孔子奉祀官,衍圣公封号延续了八百多年,成为孔子裔孙沿用时间最长的封号,也是世界

---

① 孔继汾:《阙里文献考》,第144页。

上延续时间最长的世袭爵号。

（一）改封衍圣公

之所以将文宣公改为衍圣公是因为孔子子孙袭用了孔子的谥号于礼不当。经孔宗愿建议，直集贤院祖无择上书朝廷说："臣切观前史，孔子之后袭封者众，在汉魏则曰褒成、褒圣、宗圣，在晋宋曰奉圣，后魏曰崇圣，北齐曰恭圣，后周及隋封以邹国，唐初亦曰褒圣，或为君，或为侯，为公，为大夫，使奉祭祀。唯汉平帝追谥孔子为褒成宣尼公，遂以为褒成君。至唐开元二十七年追谥为文宣王，又以其后为文宣公，是皆以祖之美谥而加后嗣，生而谥之不经甚矣。欲乞明诏有司，详求古制，或封以小国，或取尊儒、褒圣之义，别定美号，加以封爵，著于令式，使千古之下无以加于我朝之盛典也。"①经内外两制词臣商议，宋仁宗下诏更改孔子裔孙的封号："孔子之后以爵号褒显，世世不绝者，其来远矣。自汉元帝封其爵为褒成君以奉其祀，至平帝时改为褒成侯，始追谥孔子为褒成宣尼公。褒成，其国也，宣尼，其谥也，公侯，其爵也。后之子孙，虽更改不一，而不失其义。至唐开元中始追谥孔子为文宣而尊以王爵，封其嗣褒圣侯为文宣公，孔氏子孙去国名而袭谥号，礼之失也，盖由此始。朕稽考前训，博采群议，皆谓宜去汉之旧，革唐之失，稽古正名，于义为允。朕念先帝崇尚儒术，亲祠阙里，而始加至圣之号，务极尊显之意。肆朕纂临，继奉先志，尊儒重道，不敢失坠，而正其后裔嗣袭之号，不其重与！宜改封至圣文宣王四十六代孙宗愿为衍圣公。"②诏书中说"褒成，其国也"，认为褒成是国号是错误的，《后汉书·百官志》说列侯"以赏有功，功大者食县，功小者食乡、亭"，列侯最大者食邑不过是县，并无封国；"汉平帝追谥孔子为褒成宣尼公，遂以为褒成君"也是错误的，褒成君封号在前，不是孔子后裔袭用孔子封号，而是孔子沿用了后裔的封号。但将孔子长孙封号确定为衍圣公是一个很好的封号，"衍"的本意为水盛大的样子，《说文》"衍，水朝宗于海貌也"，引申意义有扩大、推广、富实、丰饶、繁衍等内容，取名衍圣公就寓意朝廷希望孔子长孙衍圣公能够推广、扩大

---

① 祖无择：《上仁宗论孔宗愿袭文宣公》，《宋名臣奏议》卷九十一，《四库全书》，第431册。
② （宋）孔传：《东家杂记》卷上，《四库全书》第446册。

孔子的思想，接续孔子的道统和血统。

（二）改称奉圣公

从唐代开始，孔子裔孙在袭封爵位的同时，还要兼任地方官员，如果任职曲阜或者曲阜邻近州县都还不是大问题，但是北宋时常常任职外地甚至外省，这就会影响其对孔子林庙的守护和祭祀，虽然朝廷常常从孔氏子孙中选择仙源知县，但知县毕竟不是主祀，且任职本地也不便治理。治平元年（1064），京东提点王纲就上书建议不要以孔氏出任仙源知县，英宗因此下诏"勿以孔氏子弟知仙源县，其袭封人如无亲属在乡里，令常任近便官，不得远去家庙"①，但问题并未解决。元祐元年（1086），朝议大夫、试鸿胪卿的孔子四十六代孙孔宗翰上书朝廷，建议给袭封人终身俸禄，使其留守乡里，"臣伏见先臣孔子之后世袭封爵一人，自西汉以来，有褒成侯之国，魏晋以降，又有奉圣、崇圣、恭圣之号，其名不一，皆有实封，或以百缣奉祀。圣朝祖宗以来，益加崇奉。真宗东封礼毕，亲谒儒庙，眷遇隆厚，恩礼备至，贵道之美，冠映古今。然名有未立，必待圣朝而正之。盖袭封疏爵本为侍祠，今乃兼领他官，不在故郡，且承袭之人皆取嫡长，父死子封，不必有德。朝廷既许居外，何能更恋祖堂。以至于法度不修，庭宇颓弊，恬不为怪，鲁人伤之。欲乞特下有司，讲求古今典礼，议其所宜，今后不使袭封之人兼领他职，乃乞别立，请俸终身，使在乡里。如此则知其不可轻去，必能严洁祭祀，敦睦亲族。上以裨圣朝风化之美，下以为衰宗家世之幸"②。经礼部、太常寺共同详定典礼，经皇帝同意，将孔子长孙封号改为奉圣公，"改衍圣公为奉圣公"。

（三）复改衍圣公

崇宁三年（1104），徽宗令将奉圣公再改为衍圣公，"文宣王袭封人改封衍圣公，今后袭封除承奉郎。袭封衍圣公每遇元会大礼陪位，班在太常少卿之下"③，加封孔子四十八代孙孔端友为衍圣公。此后孔子长孙的封号被金元明清所沿用。

---

① 《文献通考》卷四十四，中华书局，1986年，考413下。
② （金）孔元措：《孔氏祖庭广记》，第112—113页。
③ （宋）孔传：《东家杂记》卷上，第81页。

四、衍圣公地位不断提高

衍圣公称号虽然没有变化,但是地位却是在不断提高,几乎伴随了其整个历史。

北宋初改衍圣公时,仍然采用文宣公的办法,以兼官确定品级,与其他官员一样,任满考绩,就任关升。改封奉圣公时才确定了袭封者的职责及地位,"改衍圣公为奉圣公,仍删定家祭冕服制度颁降,俾遵奉施行","合袭封人与除已有料钱寄禄官(如已系幕职、州县官,即与改合入官),专以奉先圣祠事为职,添支供给,随本资考。每三年理为一任,用本路及本州按察官荐举,依吏部格关升资任,如朝廷非次擢用,许依旧带公爵出,令以次合袭封人权主祀事","每遇亲祠大礼及冬正朝会,许赴阙陪位","白身合袭封奉圣公者,与除承奉郎","差剩员每一番十人充衍圣公白直"①,将衍圣公兼职外官改为奉圣公专主孔子祀事,将衍圣公的不给俸禄改为奉圣公的给禄,将衍圣公通过兼官晋升改为奉圣公同地方官一样考察晋升,将衍圣公的以兼官定级别给禄改为奉圣公从八品上的承奉郎给禄,明确奉圣公参加亲祠大礼和冬正朝会。

复改衍圣公后时,规定衍圣公"每遇元会大礼陪位,班在太常少卿之下","文宣王之后世以长子承袭封衍圣公,未有官者除判司簿尉"②,政和二年(1112)"朝廷颁降少府监铸到至圣文宣王庙铜朱记一颗",宣和三年(1121)"奉圣旨,孔端友特转通直郎,除直秘阁,仍许就任关升,以示褒奖"③,绍兴二年(1132),孔玠袭封衍圣公,"特授右承奉郎"。

终宋一代,衍圣公爵高位低,虽然可以就任关升,但并无至高位者。孔若蒙袭封十年晋升五阶,可以说是很快的,但才升至宣德郎,不过正七品。而孔端友七年才升二阶,皇帝曾令"特转通直郎",超升一阶,但十七年才转四阶,最终官至郴州知州。

金代衍圣公地位逐步提高。天眷三年(1140)初封四十九代孙孔璠为

---

① (宋)孔传:《东家杂记》卷上,第72—76页。
② (宋)孔传:《东家杂记》卷上,第80、81页。
③ (宋)孔传:《东家杂记》卷上,第85、86页。

衍圣公,阶承奉郎,品级不详,皇统二年(1142)再封其子孔拯为衍圣公,阶文林郎,正八品上,仍许就任关升,天德二年(1150)定衍圣公俸格加于常品,晋阶承直郎,正七品下,大定十八年(1178)颁给衍圣公印信,章宗明昌二年(1191)加封孔元措为衍圣公仍为文林郎,特旨令视四品,但散官实为八品,次年超授中议大夫,正五品上,赐四品勋封,但正五品上仅与州刺史品级相当,六年定衍圣公陪位在寺监长官之下。金朝衍圣公还兼曲阜县令,也可以关升资任,孔捴阶至奉直大夫,从六品上。孔元措于金末时因为山东战乱,被召至京师,初官太常博士,任满考绩,屡迁行太常丞、太常少卿、太常卿,阶至光禄大夫,从二品上,但其升转时由于在京的任官,并非是衍圣公的升转。

　　从元代开始,衍圣公不再就任关升,地位大幅提高。蒙古初年,曾以孔元措、孔浈为衍圣公,品级不详,孔继汾说"元太祖二十年给四品印,世祖时改五品,阶奉训大夫"①,但不知依据何在。金贞祐二年(1214),衍圣公孔元措离曲赴汴,蒙古太宗五年(1234)攻占南京,才"诏以孔子五十一世孙元措袭封衍圣公"②,蒙古宪宗二年(1252)孔浈因不事儒雅且非孔氏子孙被罢免,中断四十三年,元太祖二十年(1225),元世祖时均没有在位的衍圣公,此说恐有误。元贞元年(1295)再封孔治为衍圣公,品级也不详,大德四年(1300)待衍圣公如四品,给随朝四品官俸。延祐三年(1316),封孔思晦为衍圣公,因衍圣公秩卑俸薄,授中议大夫,正四品,铸给四品印,月俸自百缗加至五百缗。泰定三年(1346),山东廉访副使王鹏南上书朝廷说"袭封上公而秩四品,于格弗称,且失尊崇意",明年改嘉议大夫,升至正三品,至顺二年(1331),艺文少监欧阳玄上言说衍圣公爵最五等,秩登三品而用四品铜章于爵制不称,诏令给三品银印。至正六年(1346),中书认为衍圣公爵秩不称,奏请升转,授中奉大夫,升至从二品,给二品银印。从《元史》看,衍圣公属于郡公,是八等十级爵位的第四等第四级。

　　衍圣公地位在明代继续提高。洪武元年(1368)加封孔希学为衍圣公,

① 《阙里文献考》卷十八《世爵职官第四》,第399页。
② 《元史·太宗纪》,《二十五史》第9册,第7242页四。

秩二品,阶资善大夫,百官朝会时班列丞相之后,从此衍圣公爵秩相称。洪武六年,太祖召见孔希学教诲说:"今尔为袭封,爵至上公,不为不荣矣,此非尔祖遗荫欤？朕以尔孔子之裔,不欲于流内铨注,以政事烦尔,正为保全尔也"①,明确衍圣公专主祀事,不再兼任他官。洪武十七年,孔讷袭封衍圣公,吏部按例请授二品资善大夫,明太祖说"即爵公,勿事散官",赐诰以织文玉轴,与一品相同,时已废除丞相,朝会大典时衍圣公班列文官之首。景泰三年(1452),将衍圣公两台银印更换为三台,赐给玉带织金麒麟袍,朝服、公服、常服均同一品,冠八梁,带佩与绶均用玉,笏板用象牙。天启七年(1627)加衍圣公太子太保衔,崇祯三年(1630)再加太子太傅。

清顺治元年(1644),衍圣公封爵一如前朝,进阶正一品,班列尚书之上,七年加衔太子少保,八年晋少保兼太子太保,此后又晋衔少傅兼太子太傅。加衔少傅兼太子太傅事《清史稿》未载,但清顺治十四年至十六年的孔府档案中多处出现,而且是在给户部等衙门的咨文中,断不会无中生有的。康熙十四年(1675)加封孔毓圻为太子少师,光绪二十年(1894)赏孔令贻双眼花翎,宣统二年(1910)又赏穿带膆貂褂。

进入民国,虽然是共和政体,但仍然保留了衍圣公的封建爵位,民国二年(1913),袁世凯发布大总统令,"所有衍圣公暨配祀贤哲后裔膺受前代荣典均仍其旧"②,颁给衍圣公一等大绶宝光嘉禾章。次年颁布《崇圣典例》,承认了衍圣公在清代的所有特权,并规定"依公爵旧制,酌定衍圣公孔令贻岁俸银二千圆,并酌定执事官四十员,岁俸银一千二百圆"③,袁世凯复辟称帝,给衍圣公加郡王衔。1934年,将衍圣公改称大成至圣先师奉祀官,以特任官待遇。

五、衍圣公府的形成

衍圣公府是孔子后代的官署,兼有私家宅第的性质,有关的历史文献很少。特别在宋以前,孔子后代爵高位低,关于府第的资料完全付诸阙如。

---

① 《阙里志》卷十五《制敕二》,第709页。
② 《续修曲阜县志》卷二《圣贤志》,济南同志印刷所,第18页前。
③ 《续修曲阜县志》卷二《圣贤志》,第7页后。

从宋代开始,孔子长孙的府第开始有了较为详细的记载。从现有史料看,孔府历史可分为两个时期,即宋至元的依庙为宅时期,明洪武十年(1377)开始的府第独立时期。

初封衍圣公前后,官署就位于孔子庙内。宋代孔传《东家杂记》说:"祖殿廊东门外曰斋厅,斋厅之东廊门外曰客位,直斋厅后曰斋堂,斋堂后曰宅厅,直宅厅后曰家庙。自客位东一门直北曰袭封视事厅,直厅后曰恩庆堂(中丞公典乡郡日,侍致政尚书,会孔氏亲族于此堂,徂徕石守道先生有碑纪其事),堂之东北隅曰双桂堂(皇祐元年,先公仲父同年赐第,旧常于此会学,故以名之)。诸位皆列于祖殿之后、恩庆堂东西。"①金代孔元措《孔氏祖庭广记》有"旧庙宅"一文,文字与此大致相同,并收有"宋阙里庙制"图,图与文字记载相吻合,但更为细致。从图上看,府第依附在孔庙内,位于孔子庙东侧,一周墙垣将庙府围在一起。当时不仅长孙衙署位于庙内,子孙也依庙居住。

府第附于庙内是当时的环境造成的。孔子故宅原位于鲁国都城的西南角,汉代鲁城向周鲁城西南收缩,孔子故宅仍然位于国都内。最晚在唐代时,曲阜县城收缩至周代鲁城的中部,孔子故宅已经东距县城三里。唐代晚期一直到北宋建立,社会动荡,孔子后裔虽然逐渐外迁,但长孙除安史之乱时一度外迁外,其他时间一直坚守曲阜,为了保护孔子庙和自保,很可能就以孔子庙为中心建造了墙垣,子孙也居住在庙垣内,《宋庙图》所反映的情况可能就是唐代以来的遗存。宋大中祥符五年(1012),曲阜县城东迁寿丘,孔庙距县城越来越远,成为县城以西八里旷野中的孤岛,"子孙依庙为宅",为求安全,不得不结垣固守,这就造成了府第附于孔庙一侧的布局。

金代中期,孔庙有所扩大,衍圣公府第也随之进行扩建。从《孔氏祖庭广记》《金阙里庙制图》看,在宋代官衙以东又新增了袭封宅一组建筑,官衙西南角又建延宾斋一院,府第的规模和形制已大体完备。金末,孔庙中心部分毁于兵火,从杨奂《东游记》于"袭封廨署读姓系碑文"看,府第幸免于

---

① (宋)孔传:《东家杂记》卷下《宅图》,第134—135页。

难。元代时,北宗中绝四十三年,五十四代衍圣公孔思晦袭封后以恢复孔庙旧制为己任,但"所居就袭封旧廨,不改作,终不构私室"。终元一代,未有扩建衍圣公府的记载,应该是继续使用金代的府第。

明洪武十年(1377),五十六代衍圣公孔希学奉敕创造新的衍圣公府。正德本《阙里志》说:"袭封衍圣公府在今家庙东,外门与今庙外东便门相邻,洪武十年宜圣五十六代孙袭封衍圣公孔希学创造。正厅五间,后厅五间,东西司房各十数间,外仪门三间。弘治十六年重建,稍移于东,在今衍圣公宅居前。"从记载看,府庙已经分立,而且公署已具相当规模。

弘治十六年孔庙竣工后,对孔府进行重建,奠定了现存孔府的规模。此次扩建后的孔府,明崇祯本《阙里志》记载说:"袭封衍圣公府,附圣庙东,与庙墙临,洪武十年衍圣公希学奉敕创建,弘治十六年重修。其制:头门三间,二门三间,二门内有仪门,仪门之北正厅五间,东西司房各十间,后厅五间,穿堂与正厅相连,退厅五间,东西廊房各五间,左为东书房,右为西书房。退厅东南为家庙,祀高曾祖祢五代衍圣公。退厅之后为内宅,楼阁房室不能俱载。"官衙部分的记载可谓详尽,与现存主要建筑完全相符。

清代增加了部分建筑。康熙二十三年(1684)圣祖南巡后于东学新建了存放圣祖御笔墨宝的宸翰阁,道光三年(1823)于东学后部偏西创建了奉祀七十二代衍圣公孔宪培夫妇的慕恩堂。道光十八年,七十三代衍圣公孔庆镕请得帑金六万六千四百余两大修,几乎对所有建筑进行了揭瓦拆盖,至二十三年始告工竣。光绪十一年(1885),内宅火灾烧毁前后堂楼、配楼、佛堂楼等七座楼房,次年,山东巡抚张曜发起募捐,耗银八万余两按旧式重建。

六、衍圣公府建筑

衍圣公自明代起官居一品,班列百官之首,地位非常显赫。府第是按照明代一品官员府第形制建造的,布局采用传统官衙的前堂后寝制度,建筑严格遵守了明代百官宅第营造制度,建筑七进,大堂五间九架,内宅楼房七间,一律不用重檐重拱和歇山转角。

孔府建筑群横向分为三路,即中路、东路和西路。

中路八进院落,前为衙署,后为内宅。官衙是府第的核心,有三堂六厅等建筑。三堂(大堂、二堂和三堂)是衍圣公处理公务的场所,六厅(典籍厅、司乐厅、百户厅、管勾厅、掌书厅、知印厅)是属官分别办理府内礼、乐、兵、农等庶务的地方。内宅有前上房、前后堂楼等建筑和花园,是衍圣公家庭生活起居的场所。

东路前部称东学,又称东书院,原有念典堂、九如堂、宸翰阁、兰堂等建筑,衍圣公于此读书励志、接待官员;中部有报本堂、桃庙、慕恩堂等建筑,是衍圣公奉祀先人的处所;后部在明代中后期是衍圣公次子、奉祀子思的世袭翰林院五经博士的府第,官署有一贯堂及其两厢,内宅有前后两进庭院。

西路名西学,又称西书院,前部有红萼轩、忠恕堂、安怀堂三进庭院,衍圣公于此学诗、学礼、作画习字、诗文会友;后部有学屋、花厅等建筑,是子女学习和衍圣公闲居的地方。

如果从横向分,整个孔府建筑可分为前后两部分。前部分供衍圣公处理公务、会客,是对外活动的场所;后部分为居室、书房,是家族生活的场所。建筑功能分区明确,排列井然有序。

作为孔子的嫡孙,衍圣公一向恪守诗礼传家的祖训,以"礼门义路家规矩"相标榜,府第建筑也受到儒家礼仪的制约,带有儒家宗法制度与伦理观念的烙印。建筑群中贯轴线,左右对称,按照礼教与宗法的原则,将一系列使用功能不同的建筑物有主次、有次序地进行排列。中路为宗子衍圣公所居,居中为尊,建筑体量最大,表现了宗子在家族中的尊贵地位;东路一贯堂及其内宅为次子所居,轴线从属于中轴,建筑体量较小,体现了宗子与次子等级与地位的差别;中路官衙、内宅界限分明,体现了男女授受不亲、内外有别;而正房与厢房、中门与边门,体现了主人与下人的尊卑差别。建筑物的名称也带有儒家思想的印记,"一贯堂"、"忠恕堂"、"安怀堂"等堂名即赞颂孔子思想,又显示孔子裔孙继承先祖的意志,"东学"、"西学"既赞扬孔子创学设教的功绩,又表现孔子后裔立志继承诗礼传家、兴学重教的传统。

第二节 衍圣公的袭封

衍圣公是严格按照宗法制度承袭的,孔宗翰上书朝廷时曾指出其弊端,"承袭之人皆取嫡长,父死子封,不必有德。朝廷既许居外,何能更恋祖堂。以至于法度不修,庭宇颓弊,恬不为怪,鲁人伤之"①。元符元年(1098),四十七代奉圣公孔若蒙因监修祖庙出现经济问题被罢免,哲宗令"本家众议,选择近里守分之人承袭",四十六代孙孔宗寿等保荐孔若蒙之弟、原湖州归安县主簿孔若虚承袭,"仍乞后来若虚身没之后,亦别行选择,不必子继,所贵留意祖庙,敦睦族人"②。建议改变传统嫡长子承袭的宗法制度,不必父死子继,而是选择能够留意祖庙、敦睦族人的人。但这一建议并没有被朝廷所接受,崇宁三年(1104),孔若蒙之子孔端友袭爵,诏书说:"敕至圣文宣王四十八代孙孔端友:自书契以还,爵于朝者多矣,未有传世四十有八而不绝者也。惟尔文宣王之后,序当承袭,宜锡文阶,并示宠渥,往加恪慎,务保厥荣。"③朝廷既没有按照孔氏家族的要求以德选人,也没有选择已去世的袭封者孔若虚的儿子,而是选择虽因过失被罢免的长子孔若蒙的儿子,而是按照宗法制度的"序"选择嫡长孙承袭爵位。虽然朝廷没有采纳孔氏家族选择贤能的建议,但孔氏族人仍然认为这个办法可以激励族人奋力向上,《东家杂记》就说:"自选择之法行,族人皆务修蕴,间有登科预荐者,乡人以为朝廷激劝之效云。"④

长孙有过失被罢免,但只影响自己,并不累及子嗣。孔若蒙如此,明代时六十一代衍圣公孔弘绪也如此。孔弘绪因宫室逾制被罢免,朝廷决议改由其弟孔弘泰承袭,孔弘泰去世后,仍由孔弘绪的嫡长子孔闻韶承袭。

衍圣公承袭采用严格的宗法制度,有嫡立嫡,无嫡立庶,嫡庶皆无就以

---

① (金)孔元措:《孔氏祖庭广记》卷三《崇奉杂事》,第112—113页。
② (宋)孔传:《东家杂记》卷上《历代崇奉》,第76—77页。
③ (宋)孔传:《东家杂记》卷上《历代崇奉》,第82页。
④ (宋)孔传:《东家杂记》卷上《历代崇奉》,第77页。

血缘关系最近者承袭,嫡子先卒则以嫡子之子承袭,当然也是有嫡立嫡,无嫡立庶,年长者为先,但庶子虽然年长于嫡子也不能承袭。《明会典》明确规定:"受封官身死,须以嫡长男承袭;如嫡长男事故,则嫡孙承袭;如无嫡子嫡孙,以嫡次子孙承袭;如无嫡次子孙,方许庶长子孙承袭;不许搀越。仍用具奏、给授诰命。札付翰林院撰文。具手本送中书舍人书写,尚宝司用宝完备,具奏颁降。孔氏袭封衍圣公如之。"①

无嫡立庶的有六十一代衍圣公孔弘绪和六十五代衍圣公孔胤植。孔弘绪元配李氏和继配熊氏、袁氏均无子,七子均庶出,侧室江氏所出孔闻韶因长子承袭。孔胤植元配侯氏和继配仝氏均无子,仅有侧室陶氏生一子孔兴燮,就以孔兴燮袭封衍圣公。

嫡子先卒以嫡子之子承袭的有六十代嫡长孙孔承庆之子孔弘绪、六十九代嫡长孙孔继濩之子孔广棨。孔承庆早卒于其父五年,虽然有庶出弟弟承吉、承泽、承源三人,但其父孔彦缙去世后仍以孔承庆之子孔弘绪袭封。孔继濩康熙五十八年(1719)去世,其父孔传铎雍正元年(1722)袭封,雍正九年就以病请准退休,以长孙孔广棨承袭。

嫡庶皆无以近支族人承袭的有六十四代衍圣公孔尚贤、七十二代衍圣公孔宪培。孔尚贤两个儿子孔胤椿、孔胤桂均无子早卒,生前选定堂侄孔胤植继嗣。孔胤植祖父为六十三代衍圣公孔贞乾同母之弟孔贞宁(1522—1606),父亲孔尚坦(1572—1598)兄弟六人均庶出,孔胤植以长孙入嗣大宗。孔宪培兄弟五人,因无子女,以同母二弟孔宪增((1758—1812)长子孔庆镕为嗣承袭。

庶子年长而不能承袭的有孔祥玑(1847—1869),虽然年长嫡妻毕氏所出的孔祥珂一岁,同治元年(1862),其父孔繁灏去世后也无权承袭,由孔祥珂袭封衍圣公。

金元时期衍圣公袭封不太正常,孔拯去世后两年孔摠袭封,孔元措去世后六年孔浈袭封,元朝还中绝四十三年。明代除孔讷守丧三年后袭封及孔彦缙因年幼父死后八年袭封外,其他都是上一代衍圣公去世当年即袭封,清代则是当年或次年袭封。

---

① 《明会典》卷八,《四库全书》,第617册。

第三节　衍圣公的南宗与北宗

在衍圣公的袭封历史上,最复杂的是宋金元时期的南宗与北宗。

12世纪初,女真人兴起于黑龙江流域,建立了金朝,其后逐步南侵,与南宋南北对峙。四十八代衍圣公孔端友追随宋朝皇帝南渡,家于浙江衢州,子孙世袭,传至第五十三代衍圣公孔洙,而北方的金朝加封孔端友之侄孔璠为衍圣公,子孙相袭,传至五十一代衍圣公孔元措,蒙古灭金后仍然封金代衍圣公孔元措为衍圣公,传至五十三代衍圣公孔浈,孔氏家族出现了第二次南宗与北宗并立的现象,直到13世纪末,统一了全国的元朝重封孔治为衍圣公,才结束了孔氏南北二宗并立的局面。

一、南宗

南宗即南宋衍圣公,居住在浙江衢州。

建炎二年(1128),四十八代衍圣公孔端友赴扬州陪位,十二月金兵攻占曲阜,孔端友有家归不得,被任命为郴州知州,后主管洪州玉隆观,卒于任上。其后裔家于浙江衢州,被称作南宗。

绍兴二年(1332),经孔传等保举,孔端友庶子孔玠袭封衍圣公,授右承事郎。孔玠去世后,其子孔搢(1142—?)于绍兴二十四年袭封衍圣公,授右承务郎。① 绍兴三十年,孔搢虽然年方十九岁,未到官员磨勘年龄,吏部奏准,以先圣之后特晋阶右承奉郎。孔搢也出任外官,曾知建昌军,后官至浙西参议,阶至右宣教郎。《两朝纲目》记载其因妄用库金被免,绍熙初累迁至朝散大夫。孔搢去世后,其子孔文远于绍熙四年(1193)袭封衍圣公,授承奉郎,曾官隆兴判官,阶七转至朝奉郎。孔文远去世后,其子孔万春于宝庆二年(1226)袭封衍圣公,官至泉州倅兼宗丞,阶四转至通直郎。南宗最后一代衍圣公为孔洙,绍定四年(1231)袭封,曾任吉州通判,宋亡后入元。

---

① 孔继汾:《阙里文献考》卷八,第162页。

二、北宗

北宗衍圣公系在曲阜的衍圣公，历经金和蒙古时期。

（一）金代衍圣公

初期金兵占领北方并不直接统治，而是以汉治汉，建立汉人伪政权，先立投降的宋臣张邦昌为楚国皇帝，张邦昌投降南宋后，金天会八年（1130）再立刘豫为子皇帝，国号为齐，年号阜昌。《孔氏祖庭广记》记载：孔端友之弟端操之子孔璠（1103—1140）"废齐阜昌二年补迪功郎，权袭封，管勾祀事，天眷三年卒"，《阙里文献考》则说孔璠"绍兴三年，伪齐刘豫授迪功郎，袭封衍圣公，管勾祀事。金熙宗天眷三年诏求孔子后，十一月乃以璠为承奉郎，袭封衍圣公"。《孔氏祖庭广记》为孔璠之孙孔元措所编，其所记孔璠于伪齐阜昌二年（1131）权袭封是可信的，《阙里文献考》记载绍兴三年（1133）伪齐封孔璠为衍圣公是错误的。但《阙里文献考》所记天眷三年（1140）冬十一月封孔璠为衍圣公是正确的，但没有指出孔璠尚未袭封就去世则是不正确的。《孔氏祖庭广记》记载：皇统二年（1142），行省咨文请求加封孔子后裔，咨文说"文宣王四十九代孙璠已袭封，未实行间身故"就是证明。行省咨文请求"令长男孔拯次袭封，照依天眷官制，合除文林郎，合封衍圣公。自古袭封不限年齿"。上奏后奉敕旨"准奏"，年仅七岁的孔拯（1136—1161）获封衍圣公，管勾祀事，补文林郎①。

大定元年孔拯去世，金朝并没有马上加封新的衍圣公，延至大定三年七月才重新任命。由于孔拯没有后代，朝廷选定由他的弟弟孔摠（1138—1190）袭封衍圣公，管勾祀事，补文林郎。明昌元年孔摠去世，第二年即封其子孔元措（1181—1245）为衍圣公，管勾祀事，补文林郎，章宗特旨令视四品。贞祐三年（1215）七月，孔元措被遥授东平府判官，十月令授予随朝职事。宣宗说："孔圣坟茔见在河北，若与本人随朝，恐废祭祀，可与附近州府职事，因此不得已与了东平府判。我思目今土寇未宁，若谓废祭祀与河北职事，倘因而被害，却是绝了圣人之后，永废了祭祀也。如今与随朝职事

---

① （金）孔元措：《孔氏祖庭广记》卷一《世次》，第80页。

者",遂授太常博士。兴定四年(1220)迁太常丞,元光元年(1223)授同知集贤院兼行太常丞,正大二年(1225),授知集贤院兼行太常丞,天兴元年(1232)改任遥授泰定军节度使、兖州管内观察使兼行太常少卿①,二年,迁光禄大夫、太常卿,成为朝廷九卿之一,从二品上,文散官第七阶。

(二)蒙古时期衍圣公

金贞祐元年(1213),蒙古兵南下,攻占山东大部,三年,衍圣公孔元措被金宣宗召至南京开封,孔元措临行前委托族弟孔元用(1175—1227)代理祀事。

孔元用后来是否被封为衍圣公,文献资料有不同的说法。张铎所撰孔之全碑铭(现仍存孔林)说:"宋有山东,以宝庆元年授元用袭封衍圣公,世袭仙源县令,出为兖州签判。二年,改授济州通判,兼京东西路安抚司主管机宜文字。是年八月,朝命特授其子之全迪功郎,袭父世封。""圣朝恢复宋之侵疆,时太师以王爵统诸道兵,承制封拜。丙戌二月,授公承德郎,爵秩如故。己丑,便宜元帅石侯迁奉训大夫。壬子,宣差万户严相承燕京行省札付亦沿典故,以世爵授之,一无增损。"②不仅孔元用袭封了衍圣公,其子孔之全也袭任了南宋和蒙古的衍圣公。蔡文渊所撰的孔元用之孙孔治神道碑记说:"公之曾祖讳元用,字俊卿,当金季政乱,播越南迁,几二十年。时天兵压境,公以林庙为重,乃率孔族暨庶姓以降,其大帅、太师、国王承制封拜,以公世袭曲阜县令。公有文武才,复拜其子之全仍令其邑,授公兵柄,攻取益都,累有胜捷,没于王事","一子,即之全,字工叔。金已前袭封公来归,同谒武惠严侯,公因让曰:'以贤以长,责在吾叔',元措乃许曰:'子父子保全林庙,当世其邑。'武惠允之,仍居邑宰二十余年",不仅没有南宋加封孔元用事,连蒙古加封孔之全事也没有,孔元用、孔之全父子只是分别担任了南宋的仙源县令和蒙古的曲阜县尹。"公先考讳治,字世安,一字先已","年二十,袭尹乡邑"。"中统四年,公始权祀事。""年五十三告老,以男思诚袭替世尹,升公奉训大夫,知单州事。""至元二十八年,擢公奉直大

---

① (金)孔元措:《孔氏祖庭广记》卷一《世次》,第84—85页。
② 张铎:《元奉训大夫、袭封衍圣公、世袭曲阜县尹孔之全》,《孔尚任新阙里志校注》,吉林人民出版社,2004年,第715页。

夫,知密州事","元贞元年,公见成宗皇帝于上都,时大臣奏:至圣文宣王孔夫子之嫡孙,其祖元用以军功没于王事,实开国立功之臣。治权奉祀事三十余年,有德有文,可袭封爵。上可其奏,仍赐坐,慰劳甚厚,特授中议大夫、衍圣公",元贞元年(1295),孔治被元朝封为衍圣公①。

  张铎所撰孔之全碑铭是不可全信的。太师以王爵统诸道兵的是木华黎,他占有山东是在宝庆元年(1225)宋兵收复山东以前。成吉思汗十三年(1218)八月,封木华黎为太师、国王、都行省承制行事,是年冬,木华黎攻占益都和淄、登、莱、潍、密诸州,十五年攻占济南和单州,十六年占领山东,十月率兵西征,攻略山西、陕西,十八年卒于军中。蒙古军队从宋军中收复山东是在宋宝庆元年(1225),此时木华黎去世已经两年,怎么能"承制封拜"孔元用为衍圣公呢? 南宋收复山东时,南宗有在位的衍圣公孔文远,是不可能再封一位衍圣公的。

  墓志铭一般由墓主的后嗣提供资料请人撰写,张铎撰写的孔之全碑铭出现错误,毫无疑问是孔治提供的资料造成的。孔元用受封南宋仙源县令时孔治尚未出生,有误可以理解,但孔之全壬子年(1252)被"宣差万户严相承燕京行省札付亦沿典故,以世爵授之,一无增损"时已经接近成年,不可能记忆有误。惟一可以解释的原因就是,孔治之所以提供错误的资料,是因为他在觊觎衍圣公的爵位。宪宗蒙哥二年(1252),孔治率领孔氏族人上书朝廷罢免了衍圣公孔浈,北宗衍圣公由此中断。孔治编造其祖父、父亲相继被南宋、蒙古册封为衍圣公,而他此时袭任曲阜县尹,权奉祀事,有利于他争夺衍圣公爵位,最终,孔治如愿以偿地获得衍圣公封号。但到孔思诚请蔡文渊为其父孔治撰写神道碑的时候,孔治已经受封了衍圣公,他也已经因为并非长支被罢去了衍圣公称号,其子孔希大仍然袭任曲阜县尹,已经完全没有必要再去编造历史了,所以就直述其祖父孔元用和父亲孔之全都没有被册封过衍圣公。

  太宗六年(1234),蒙古攻占金京开封,耶律楚材"请遣人入城求孔子

---

① 蔡文渊:《元赠中议大夫、袭封衍圣公孔公神道碑记》,《孔尚任新阙里志校注》,第717—718页。

后,得五十一代孙元措,奏袭封衍圣公,付以林庙地"①。孔元措重回曲阜袭封衍圣公,让出世袭的曲阜县尹,由孔之全续任。

孔元措无子,其弟孔元紘之子孔之固有庶出儿子孔浈,早年被嫡母任氏连同生母一同赶出家门,生母不得已改嫁驱口(奴隶)李氏。孔元措将孔浈领回收养作为继承人,遭致女婿李天辅的不满,在填报户籍时,他将孔浈户口填报在驱口李氏名下,更名为李纸糊头,孔元措并不知晓。孔元措死后,宪宗元年(1251)孔浈承袭为衍圣公,不务正业,整天架鹰逐猎,甚至不管祭祀。次年孔治率族人上书指责孔浈不事儒雅,并非孔子后裔,而是驱口李氏之子。朝廷查对户籍,以户籍为准,免去孔浈衍圣公的封号,虽然嫡母任氏上书朝廷讲明事情真相但也无法挽回。孔浈后来官至潍州尹,也没有后代。

(三)权袭封衍圣公与权主祀事

金元时期,北宗曾三次没有在封的衍圣公,为了保证祀事不缺并保护好孔子林庙,朝廷曾采用任命权袭封衍圣公和权主祀事的办法来主持曲阜林庙事物。

孔尚任《阙里志·封爵志》"权袭"条说:"金元以来,凡衍圣公老病或冲幼,或有故,或去国,承爵无人,庙祀堕废者,准立本宗老成族人权主祀事",列举了权袭的孔端操、孔端禀、孔璲、孔元用、孔之全、孔摛、孔𪽍、孔元长、孔元让、孔之深、孔之文、孔治、孔思度和孔思进等十四人。② 但是孔继汾《阙里文献考》力辨其非,"宗子或以故他出,因命其子弟代主祀事,故有权摄之名。而金元之间,又率由省臣札委,并非实膺世爵。今家谱内于代摄祀事者皆曰权袭封衍圣公,盖尽失其实也"③,认为权袭封衍圣公是不真实的。其实孔继汾的观点是错误的,历史上权袭封衍圣公确实是存在的,但没有孔尚任所说得那么多。

孔子庙所存李世弼撰《大朝褒崇祖庙记》碑上有"岁次己亥春八十又三日,五十一代孙、袭封衍圣公、主奉祀事元措立石,五十世孙、权袭封衍圣

---

① 《元史·耶律楚材传》,《二十五史》第9册,第7635页三。
② 《孔尚任新阙里志校注》,第241—246页。
③ 孔继汾:《阙里文献考》,第169—170页。

公、主奉祀袺监造"。此碑的刻立时间,只有干支纪年而无年号,据碑文所记孔元措寓汴等史事可知此碑立于金亡之后,其己亥年应该是蒙古窝阔台十二年(1239),只以干支纪年就是因为当时蒙古尚无年号。同样孔林孔子墓碑上也有孔袺的题名,碑阳刻"宣圣墓",题刻"甲寅春二月既望五十一世孙元措立石",碑阴题刻"五十世孙权袭封衍圣公袺",蒙古乃马贞后三(1244)所刻。孔袺墓碑碑文起首边说"先圣五十世孙讳袺,权袭封衍圣公事"。三碑孔袺均称"权袭封衍圣公",前两者且均题在衍圣公孔元措之后,孔袺曾任权袭封衍圣公是毫无疑问的。关于孔袺的权袭封时间,孔尚任《阙里志》说是"元太宗十三年,元措袭封老病无嗣,省委权主林庙,代衍圣公事"的,此时间有误,因为前述《大朝褒崇祖庙记》碑立于此前一年,孔袺就已经题作"权袭封衍圣公"了。孔袺墓碑立于大朝丙午年十月十八日,他应该是丙午年(1246)去世的。

明陈镐《阙里志》和孔尚任《阙里志》均认为权袭封衍圣公始于金代。陈镐说"端操,权袭封衍圣公于鲁",孔尚任说"金天会间以兄衍圣公扈宋高宗南渡,特命权袭封衍圣公,其子璠、孙拯、捴、曾孙元措相继承袭,至浈废爵"。从《孔氏祖庭广记》记载孔端友之弟端操之子孔璠"废齐阜昌二年补迪功郎,权袭封,管勾祀事"看,金兵南下时确实是曾经任命权袭封衍圣公的。孔尚任《阙里志》还记载:皇统二年(1142)因袭封衍圣公孔拯年幼(八岁)委任近支叔祖孔端禀权主祀事;明昌四年(1193)因袭封衍圣公孔元措年幼(十三岁)委任族中长辈孔璪权袭封,管勾祀事;贞祐二年(1214)孔元措被朝廷召至汴京避难,委任孔元用权袭封,代摄祀事。此三例比较令人难以相信,至少孔元用权袭封是错误的,如果孔元用被委任权袭封衍圣公不会不被张铎记入孔之全的碑铭的。

孔尚任《阙里志》记载蒙古时期的权袭封衍圣公还有:宪宗八年孔肃因孔浈夺爵后无人主祀,其后孔元长、孔元让、孔之深、孔之文均无权主祀时间,孔治为中统元年(1260),孔思度、孔思进也无时间,但孔元长、孔元让、孔之深、孔之文均排在孔治之前,权袭封时间也应该在孔治之前。孔袺权袭封是毫无疑问的,其他则难以让人相信。《元史·姚枢传》记载:"在太宗世,孔子五十一代孙元措仍袭封衍圣公,卒,其子与族人争求袭爵,讼之潜邸。帝时曰:'第往力学,候有成德达才,我则官之。'"①此记载作孔元措之子,误。孔浈夺爵后,孔氏族人争夺袭封衍圣公爵位,忽必烈不予处理,不仅不再新封衍圣公,就是曲阜县尹也不再授予孔氏,改为流官提领,在刘德渊丙辰年(1256)拜谒孔子庙留题后就有"提领曲阜县事东平吕仁命工刊"的字样。当时连曲阜县尹都不再委任,怎么能去委任权袭封衍圣公呢?孔治题名也能证明这个问题。孔治被任命为曲阜县尹后,在孔子庙碑刻中题名很多,从至元元年(1264)至十九年十多处均题作曲阜县尹、权主祀事,至元二十八年题作奉训大夫、前单州知州,三十一年及以后题作袭封衍圣公,可见孔治从没有权袭封过衍圣公,如果是权袭封衍圣公的话,孔治不会只题权主祀事的,孔治权主祀事也不是中统元年,从蔡文渊所撰孔治碑铭看而是中统四年。蒙古权袭封衍圣公很可能只有孔㧑一次。至大元年(1308)七月集贤院学士王德渊至曲阜孔子庙告祭,孔治上年去世,没有在位的衍圣公,祭祀时就以王德渊、兖州知州马禧和孔氏家长孔抚行三献礼,同年闰十一月皇妹大长公主祭祀孔子庙碑题名中就题作"五十代孙权主祀事抚立石",孔抚是七月以后被委托权主祀事的。衍圣公孔思晦去世后,曾以曲阜县尹孔克钦权奉祀事,后至元元年(1335)王思诚《代祀阙里孔子庙碑》及至元五年正月的《御赐尚酝释奠碑》就有"曲阜县尹权奉祀事孔克钦立石"的题名,但至元五年八月的《大元祀曲阜宣圣庙记》题名就没有了权奉祀事的字样。孔思进曾权主祀事,他的墓碑就题作"五十四世孙权主祀事孔公墓",并没有权袭封衍圣公。结合孔治题名"权主祀事"看,"权主祀事"并非是"权袭封衍圣公",孔尚任将他们均视为权袭封衍圣公是错误的。

三、南北宗复归一统

元朝统一后,元世祖曾令群臣议立衍圣公事,有人建言寓居衢州者为孔氏宗子,至元十九年(1282),元世祖忽必烈亲自召见孔洙。孔洙愿守护浙江先人陵墓,不愿北归,愿将爵位让给北宗,忽必烈赞叹说"宁违荣而不违道,真圣人后也!"任命孔洙为国子监祭酒、提举浙东学校事,阶承务郎,

---

① 《元史·姚枢传》,《二十五史》第9册,第7662页四—7663页一。

赐给护持衢州林庙玺书,但没有续封衍圣公。

南宗与北宗并立了百余年,就以南宗让位给北宗圆满解决了,其实事情并不是那么简单,因为那时北宗并没有衍圣公。孔洙被罢免后,族人争夺衍圣公爵位,曾经诉讼到时在潜邸的忽必烈处,忽必烈以"第往力学,俟有成德达才,我则官之"答复处理,致使衍圣公中断了四十三年。

孔洙让位于曲阜北宗一事《元史》没有记载,《世祖本纪》只记载说"江南袭封衍圣公孔洙入觐,以为国子祭酒兼提举浙东道学校事,给俸禄与护持林庙玺书"①,《裕宗列传》也只记载"孔洙自江南入觐,则责张九思学圣人之道不知有圣人之后",都没有孔洙让爵和世祖赞扬事。最早的记录让爵和元世祖忽必烈赞语见于明代杨士奇(1365—1444)的《东里集》:"吾闻元有天下,诏求曲阜之后将命为衍圣公,主孔林之祀,议久未决,有言衢孔故世嫡也。征至,力辞曰:'先人葬衢数世矣,不可以去,请授曲阜之长者。'元君叹曰:'宁违荣而不违道,真圣人之后也',从其志而命为国子祭酒"。万历年间彭大翼的《山堂肆考》将元主赞语改动了一字,"元世祖至元十九年,以宋衍国公孔洙为国子祭酒。自宋南渡初,其四十八代孙端友子玠寓衢州,帝既平宋,议所立,或言孔氏子孙寓衢者乃其宗子,召洙赴阙。洙逊于居曲阜者,帝曰:'宁违荣而不违亲,真圣人后也!'遂命为国子祭酒。"②其后的标准版本就是彭大翼的"宁违荣而不违亲",被《御批历代通鉴辑览》、《资治通鉴后编》、《钦定续通志》、《五礼通考》诸书采用。

但是,元人文集中只记载了孔洙辞爵,并无元世祖的赞语。陈旅《送孔彦明教授建昌序》说:"自宋建炎中,四十八代曰端友者以袭封从高宗渡江,因家于衢,至五十三代曰洙者始内附我朝。会曲阜有争立之讼,廷论谓洙实宗绪之正,宜绍爵如故,而洙乃力辞南归,爵遂弗及。"③孔彦明即孔洙之孙孔公溥,如有元世祖忽必烈"宁违荣而不违德"的赞语,文章不可能不提及。苏天爵《题孔氏家藏宋敕牒后》说:"尝闻故老云:宋社既墟,廷议以袭

---

① 《元史·世祖纪》,《二十五史》第 9 册,第 7268 页二。
② 《山堂肆考》卷五十五,《四库全书》第 974 册。
③ 陈旅:《安雅堂集》,《四库全书》第 1213 册。

封之爵当归三衢,彼固辞曰:'吾既不能守林庙坟墓,其敢受是封乎?'"①此跋题于孔平仲元祐五年(1090)敕命后,故老能相传如此话语,元世祖忽必烈的赞语不可能不流传。

孔洙让位于北宗而北宗没有衍圣公,那让位与谁呢?孔洙没有获封衍圣公的真正原因恐怕是忽必烈不愿承认南宗为衍圣公,就如同他不愿承认南宋政权为中国正统一样。

元贞元年(1295),密州知州孔治至上都拜见元成宗,有大臣上奏说:"至圣文宣王孔夫子之嫡孙,其祖元用以军功没于王事,实开国立功之臣。治权奉祀事三十余年有德有文,可袭封爵",成宗采纳了此建议,加封孔治为衍圣公,特授中议大夫。②但仅过二十一年,北宗衍圣公又发生了一次变化。孔氏族人以孔治之子孔思诚并非孔子长孙要求改封孔思晦(1267—1333)为衍圣公,"族人合议以公嫡长且贤宜袭封爵主祀事,上政府未决,平章政事李韩公偕礼部力主之。会仁宗皇帝问孔子之裔迨今几世、袭封为谁,李公具以对。仁宗亲阅谱,'若曰以嫡应袭者思晦也,复奚疑?'"元仁宗于是改封孔思晦为衍圣公。③极力推荐孔思晦袭封衍圣公的人,危素碑记作平章政事李孟,《阙里文献考》作元明善,"当是时衍圣公思诚以支庶袭爵,为族人所不服,而公于序为嫡长且贤,于是族之人请于朝,愿以公嗣袭。政府未决,会仁宗雅尚儒术,一日问儒臣曰:'孔子之裔以世次应袭爵者为谁?'元明善以公名对。帝复取谱牒考之,乃罢思诚而以公为中议大夫、袭封衍圣公"④。《元史》元明善本传也有记载,延祐二年(1087)"改礼部尚书,正孔氏宗法,以宣圣五十五世孙思晦袭封衍圣公,事上,制可之"⑤,此处将作五十五世孙有误。综合以上记载看,孔思诚不得族人拥护,族人改拥孔思晦,经李孟和元明善在朝中斡旋终于罢免孔思诚改立孔思晦。

南北宗衍圣公均系首代衍圣公孔宗愿的后裔。长子四十七代衍圣公

---

① 苏天爵:《滋溪文稿》卷二十九,《四库全书》,第1214册。
② 蔡文渊:《元赠中议大夫、袭封衍圣公孔公神道碑记》,《孔尚任新阙里志校注》,第718页。
③ 危素:《故袭封衍圣公、赠中奉大夫、河南江北等处行中书省参知政事、护军、追封鲁郡公、谥文肃孔公神道碑》,《孔尚任新阙里志校注》,第720页。
④ 《阙里文献考》,第173—174页。
⑤ 《元史·元明善传》,《二十五史》第9册,第7717页一。

孔若蒙后裔中,次子端操长子孔瑄迁居江西新建,元綋次子之升迁居四川阆中,孔宗愿次子若虚后裔端廉迁居浙江衢州,曲阜均已经没有了后裔,所以北宗衍圣公转到了孔宗愿三子若愚后裔。若愚曾孙孔拂有三子,长子元直无后,次子元孝一子三孙,孔思晦为长孙孔浣之子,三子元用也是一子三孙,孔思诚为长孙孔治之子。就血缘关系看,孔思诚确实不如孔思晦更近,而孔思晦的子孙就成为孔子后裔的宗子,代代袭封衍圣公。

第四节　衍圣公与皇家的关系

历代王朝推恩孔子后裔赐予世袭罔替爵位的目的,一是显示国家推崇孔子思想,二是报答孔子的功绩,三是期望孔子后裔继承和弘扬孔子思想,成为士林的榜样。衍圣公初封时,由于爵高位低,朝廷对衍圣公重视不够,管理不够严格,但到明清时期,衍圣公爵高位尊,社会影响越来越大,皇帝恩威并用,管理也越来越严格。历代衍圣公也深体国家用意,恪恭祭祀,精心护卫林庙,遵守家法,严格管理孔氏族人,力图报效朝廷。

一、皇帝恩威并用

皇帝对衍圣公恩威并用,一再谆谆教诲,而当衍圣公出现错误时则及时处分,并极力笼络。

(一) 谆谆教诲

皇帝教诲一是通过加封诏书,一是当面教诲,一是颁发遵守家法敕谕。教诲内容主要有遵守家法、恪恭祭祀、继承家学、为祖争光等内容。

每次加封衍圣公,皇帝都会颁给一道敕命,敕命大多告诫孔子长孙遵守家法,恪恭奉祀。宋崇宁三年(1104)徽宗加封孔端友为衍圣公诏书要求他"往加恪慎,务保厥荣"[1];绍兴二年(1132)高宗加封孔玠为衍圣公敕书

---

[1] (宋)孔传:《东家杂记》卷上《历代崇奉》,第82页。

要求他"惟钦惟毖,期无坠命"①,绍熙四年(1193)光宗加封孔文远敕命要求他"务恪恭以承祭祀"②。宝庆二年(1226)理宗加封五十二代孔万春为衍圣公的敕命扩大了教诲内容,要求衍圣公继承发扬孔子思想,"恪恭蒸祭,当勉家业,东鲁文献于此有考焉,不亦善乎?"③金明昌二年(1191),章宗加封孔元措为衍圣公诏书要求他"勉嗣前修,用光新命"④。

  明代延续宋代做法,每代衍圣公就封均颁给诏书,每个诏书都对衍圣公提出了要求。洪武元年(1368),明太祖加封孔希学为衍圣公的诏书提出"领袖世儒,益展圣道之用于当时"的要求,"尔其勤敏以进学,恭俭以成德,庶几领袖世儒,益展圣道之用于当时,以副朕之至望"⑤,对衍圣公寄与了厚望。永乐八年(1410),明成祖加封孔彦缙为衍圣公诰命说"惟克懋勤,服兹宠命,勉修圣学,承籍家声";景泰六年(1455),明代宗加封孔弘绪为袭封衍圣公的诰命说"惟德可以绳先,惟学可以希圣,往惟懋毖,光宠是承"。这些都只是泛泛要求。弘治十六年(1503),明武宗加封孔闻韶为衍圣公诏书说"尔尚克勤进修,永终令誉,以副四方之观礼,以光百代之宗祀。夫忠信乃行乎州里,孝弟可通乎神明。尔惟钦哉!学在温故而知新,德贵择善而固执,此先师之明训,而家学所世受者也。尔其懋哉,毋忝朕命"⑥,要求他忠信孝弟,择善固执,克勤进修;嘉靖三十年(1551)加封孔贞乾为衍圣公诏书说"阙里之裔以尔为嫡,则尔乃礼义之所宗也。惟秉心寅慎乃可以对光灵,惟制行光明乃可以系四方之望,惟文献不坠乃可以为百世之征。尔惟懋哉,斯承朕之无敎"⑦,要求他礼义为宗,秉心寅慎;嘉靖三十八年(1559),加封孔尚贤为衍圣公诏书说"夫崇德赐恩,朕乃率循乎彝典;象贤济美,尔宜光绍乎前休。尚其益懋厥修,庶以振祖风而延令誉",要求他象贤济美,益懋厥修;都可谓语重心长。天启五年(1625),明熹宗加封孔胤植为衍圣公,

---

① (宋)孔传:《东家杂记》卷上《历代崇奉》,第92页。
② 孔继汾:《阙里文献考》卷八,第163页。
③ 孔继汾:《阙里文献考》卷八,第165页。
④ (金)孔元措:《孔氏祖庭广记》卷一《世次》,第82页。
⑤ 《阙里志》卷十五《制敕二》,第707页。
⑥ 《阙里志》卷十五《制敕二》,第733页。
⑦ 《阙里志》卷十五《制敕二》,第741页。

诏书先称赞他"承休圣泽,列爵朝簪。诗礼旧闻,蚤服父兄之训;芝兰异禀,挺为带砺之英。出云雨于秀阜高岗,宁羡鹍轮击水?滋泉源于清河瑞岳,宛瞻麟角在庭。翼翼公圭,缵江汉秋阳之烈;洋洋列鼎,生舞雩洙泗之风。实朝伦之可嘉,洵至德之不朽。焕兹章数,肆奖爵封,颙表儒观,蔚征文献",封他为衍圣公,接着赞颂孔子,"金声玉振,仪范百王",对衍圣公寄予厚望,"鼎食钟鸣,辉煌千祀。盖立道以经世,维承家之有人,非树德滋,亦犹虚贵","文章奕世,簠簋属卿。仰生民以来之一人,绾承休而后之万叶;爵之轻重,道之休明。尔职是资,圣绩斯在",希望他"惟念朝恩之既渥,益德业之崇修,学有余师,善将终誉。惟钦惟愍,务保厥荣;如綍如纶,往加恪慎"①。

皇帝不仅在加封衍圣公的诏书中提出要求,在其他的诏书中也都谆谆告诫。金章宗在超授孔元措为中议大夫的诰命中提出更高要求,"庙貌存焉,克谨岁时之祀;家声久矣,无忘诗礼之传。学有余师,善将终誉"②,不仅要求他虔诚祭祀,还要他继承家学,学有所成。孔弘绪八岁袭封衍圣公,明代宗非常关心他的成长,赐予御篆"谨礼崇德"的金印,并颁发专门的诏书,要求他"尚钦承祖德,聿体朕怀,修身谨行,以孝悌为先,力学亲贤,以诗礼为本,和敬以睦族姻,仁厚以处乡党,毋骄毋傲,惟俭惟良,庶无忝于宗亲,且有光于朕命"③。嘉靖十九年(1540),明世宗加封衍圣公孔闻韶之妻为夫人的诏书要求他"宜服膺诗礼之训,恪共宗庙之仪,体朕至怀,坚尔素志,允为吾道之光,而亦有无穷之誉,其懋之哉"④;嘉靖三十八年(1559),赐封孔尚贤荣禄大夫诰命要求他"象贤济美,尔宜光绍乎前休。尚其益懋厥修,庶以振祖风而延令誉"⑤;崇祯元年(1628),明毅宗在加封孔胤植为太子太保的诰命要求"尔兢兢怀临渊之思,皇皇隆木铎之望,仪乎物誉,于祖有光"⑥;都勉励衍圣公为祖争光。

---

① 《阙里志》卷十五《制敕二》,第752—753页。
② (金)孔元措:《孔氏祖庭广记》卷一《世次》,第83页。
③ 《阙里志》卷十五《制敕二》,第729页。
④ 《阙里志》卷十五《制敕二》,第738页。
⑤ 《阙里志》卷十五《制敕二》,第745页。
⑥ 《阙里志》卷十五《制敕二》,第745页。

皇帝不仅重视衍圣公，对衍圣公夫人也非常重视。洪熙元年（1425），明仁宗加封孔彦缙之妻夏氏的诰命说："凡天下后世有事于修齐治平者皆诵法孔子，矧配孔子之孙可不慎哉！可不敬哉！益懋率履，毋忝于家"①；宣德元年（1426），明宣宗加封孔公鉴夫人胡氏为太夫人的诰命要求"益懋训慈，以裕尔嗣"②；景泰六年（1452），明代宗加封孔弘绪之妻李氏为夫人的诰命要求"尚益勤内助，永绥嘉命"③；嘉靖三十年（1551），明世宗加封孔贞乾妻张氏为夫人诰命要求"尔其恪尊壶则，毋惰毋骄，以永承其馈，则惟尔休"④；天启五年（1625）加封衍圣公孔胤植继配侯氏诰命要求"窈窕承荣，克允鸠河之咏；蛰斯叶吉，聿兴凤鸟之祥"⑤。或恪遵壶则，或益勤内助，或益懋训慈，皇帝对衍圣公夫人提出了很高的要求。

除借颁给诏书教育衍圣公外，皇帝还亲自当面对衍圣公进行教诲。洪武元年（1368），明太祖面谕孔克坚说："你祖宗留下三纲五常垂宪万世的好法度，你家里不读书是不守你祖宗法度，如何中？你老也常写书教训着，休怠惰了，于我朝代里你家里再出一个好人呵不好？"孔克坚将与明太祖的谈话记录抄录后并报告皇帝，明太祖大喜："道与他，少吃酒，多读书者"⑥，要孔克坚读书著书，教育后代，培养人才。洪武八年，明太祖接见衍圣公孔希学时，以孔子"无所不学，无所不通"为例教育他认真读书，成为端人正士，"今尔为袭封，爵至上公，不为不荣矣，此非尔祖之遗荫欤？朕以尔孔子之裔，不欲于流内铨注，以政事烦尔，正为保全尔也。尔若不读书，孤朕意矣。且人年自八岁至弱冠，多昏蒙未开，不肯向学；自冠至壮年有室，血气正盛，百为营营，亦无暇好学。尔年近四十，志虑渐凝定，见识渐老成，正好读书。亲近明师良友，蚤夜讲明道义，必期有成。学成之后，四方之人知尔之能，俱来执经问难，且曰'此无愧孔氏子孙者'，岂不美欤？然四体之勤乃德之符，步履进退亦必用安详，不可欹斜飞舞，久久习熟，遂为端人正士。朕今

---

① 《阙里志》卷十五《制敕二》，第721页。
② 《阙里志》卷十五《制敕二》，第723页。
③ 《阙里志》卷十五《制敕二》，第727页。
④ 《阙里志》卷十五《制敕二》，第742页。
⑤ 《阙里志》卷十五《制敕二》，第755页。
⑥ 朱元璋教谕碑文，碑在孔府二门下，文见《阙里志》卷十五《制敕二》，第704—705页。

婉曲教尔,还家亦以此教子孙可也。勉之哉! 勉之哉!"①明太祖苦口婆心教育孔希学,希望他成为学识渊博的通儒和端人正士,也希望孔希学回到曲阜以此教育子孙,使孔氏子孙都成为端人正士。衍圣公孔希学每岁入朝,明太祖称赞其"每岁来朝,不避严冻,可谓笃君臣之大义而不咈于祖之训者矣"②,其实也是要求衍圣公笃君臣大义,恪守祖训。成化八年(1472),孔弘泰入京陛辞时,明宪宗当面教育他"惟学可以希圣,惟德可以绳先。尔尚进学修德,统率族人,毋忝圣裔,以副朕怀"③,要求他进学修德,统率族人。

  颁发遵守家法敕谕始于正德十四年(1519)。起因是衍圣公推荐曲阜知县,族人孔承章、孔承周认为不公,赴京控告,明武宗严肃处理了他们,并颁发给衍圣公遵守家法的敕谕:"先圣之道垂宪万世,朝廷用之以为治天下之法,在尔辈守之则为治家之法。承章等首开讼端,毁诬宗子,以朝廷名爵为私家争夺之具,是先圣不肖子孙也。迁法远方,小惩大戒,正是用先师家法为之教不肖子孙也。先圣尝言,'其身正,不令而行',尔闻韶尚佩服家训,进学修德,与族长、举事管理族人,读书循理,以称朝廷崇重至意。今后再有恃强挟长,朋谋胁制,不守家法,为圣门之玷者,尔即指名具奏,国典具存,必不轻恕"④,授予衍圣公管理孔氏族人的权力,衍圣公不仅自己要进学修德,还要教育族人读书循理。嘉靖三十二年(1553)和四十一年(1562),明世宗分别颁发给衍圣公孔贞乾和孔尚贤与此内容相似的谕旨,要求衍圣公"修德谨行,以身先之"⑤。隆庆三年(1569)明穆宗颁发给衍圣公孔尚贤遵守家法的敕谕,天启二年(1622)明熹宗也颁发给衍圣公孔胤植遵守家法的敕谕,敕谕除重申管理族人外,还都要求衍圣公"正己率人,砥砺德行,以身先之,庶不负朝廷优嘉盛典"⑥。清顺治六年(1649),世祖循例颁给衍圣公孔兴燮遵守家法敕谕:"该府官员恐有倚恃公爵肆行无忌,慢上凌下,侵

---

① 《阙里志》卷十五《制敕二》,第709—710页。
② 《阙里志》卷十五《制敕二》,第713—714页。
③ 《阙里文献考》卷九《世系第一之九》,第183页。
④ 《阙里志》卷十五《制敕二》,第735页。
⑤ 《阙里志》卷十五《制敕二》,第743页、746页。
⑥ 明《阙里志》卷十五《制敕二》,第748页、750页。

占骚扰，大累地方。今朝纲整肃，法纪严明。尔其统摄宗姓，督率训励，申饬教规，使各凛守法度，无玷圣门。如有轻犯国典，不遵家规，恃强越分，朋比为非，轻则径自察处，重则指名参奏，依律正罪。尔尤宜率族奉公，谨德修行，身立模范，禁约该管员役，俾之一遵法纪，毋致骄横生事，庶不负优嘉盛典，尔其钦承之。"①乾隆八年(1743)，清高宗颁发给孔昭焕统摄族人的敕谕也要求他"尤宜谨慎修德，率族奉公，言行无苟，足为儒林模范，禁约员役，俾一遵法纪，毋致骄横生事"②。敕谕不仅要求衍圣公谨德修行，率族奉公，还增加了禁约府内员役的内容。

  清代对衍圣公要求更加严格，除继续采用前朝颁发遵守家法敕谕和当面教诲等办法外，还增加了在曲阜孔子庙颁发谕旨和在奏折批示等做法。

  雍正十年(1732)，衍圣公孔广棨首次入觐，皇帝当面教育他说："至圣先师后裔当存圣贤之心，行圣贤之事，一切秉礼守义，以骄奢为戒。且尔年齿尚少，尤宜勤学读书，敦品厉行，不但尔一人，凡尔同族之人皆当共相砥砺，为端人正士。尔等果能遵朕训谕，学问日进，品行纯谨，不坠家声，即所以报国矣。"③教育他敦品厉行，与族人互相砥砺，成为端人正士，以报效国家。嘉庆十四年(1809)，孔庆镕入觐，皇帝教育他："你回去好生用功，我们虽不能为圣为贤，亦总要行事按礼，况你们家与别人家不同"，教育衍圣公以礼行事。光绪十五年(1889)，孔令贻入觐，德宗告诫他"允宜读书砥行，勉承先泽"，"加意进修，延访名师，讲求经史实学，勿染世禄骄奢之习，庶可仰副朝廷殷殷期望之意"④。但此时孔府经济拮据，难以延访名师，一年后，孔令贻在光绪帝召见时就说："上年奉上谕，命臣延访名师，奈臣家空泛，请不起。"⑤

  清代康熙、乾隆皇帝相继亲临曲阜祭祀孔子，为鼓励孔子后裔学习儒学，祭祀后均安排孔子后裔讲解儒家经典，讲经后还专门颁发谕旨给衍圣

---

① 孔尚任：《阙里志》卷二十一《典谟志·手谕》，第568页。
② 孔府档案0069卷。
③ 孔继汾：《阙里文献考》卷十，第203页。
④ 孔府档案6316卷。
⑤ 孔府档案6316卷。

公和孔氏族人。康熙二十三年（1684），皇帝亲祭孔子后，颁发了专门的敕谕："至圣之道与日月并明，与天地同运，万世帝王咸所师法，下逮公卿士庶罔不率由。尔等远承圣学，世守家传，务期型仁讲义，履中蹈和，存忠恕以立心，敦孝弟以修行，斯须弗去，以奉先训，以称朕怀。尔等祗遵毋替"①，教育衍圣公和孔氏子弟要型仁讲义，忠恕孝悌。乾隆皇帝以祖父为榜样，乾隆十三年（1748）第一次到曲阜祭祀孔子，讲经后令大学士傅恒宣示教育孔氏子孙的谕旨："至圣之道参天地，赞化育，立人极，为万世师表。凡兹后裔，派衍支繁，尤当永念先型，以期无忝。昔我皇祖东巡迈阙里，特颁圣谕，炳若日星。朕仰绍前徽，虔修展谒之礼，念尔等令绪相承，渊源勿替，载申诰谕，用示训行。其务学道敦伦，修身慎行，克禀先师之彝训，祗遵圣祖之诲言，弗愧为圣者子孙，朕实嘉予之。其钦承毋怠"②，教育衍圣公及孔氏子孙克遵孔子教诲，学道敦伦，修身慎行。高宗八次幸鲁，几乎每次都赐诗衍圣公，教育衍圣公"克继家声慎勖旃"，"圣言广大求真切，守贵由来在不骄"，"修己无过守礼乐，睦宗守世率端方"，谆谆之意，溢于言表。

衍圣公陈谢折奏，向来是循例报闻，皇帝朱批"览"字而已。嘉庆八年（1803），衍圣公孔庆镕上奏祝贺平定川楚，皇帝在奏折上批示"愿卿克承圣教，正学昌明，则邪说自熄灭矣。勉之"③，教育衍圣公昌明孔子思想。道光二十八年（1848），衍圣公孔繁灏入京觐见，回籍后专折谢恩，皇帝在奏折上批示"行者，本也；文者，末也。孝弟忠信、礼义廉耻，勉力而行，以端风化，以阐正宗，朕有厚望于卿，卿即所以钦慕先师之微忱于无既矣"，教育衍圣公勉行八端，以正社会风化。孔繁灏返籍后"犹蒙御书勖勉，实为非常异数"④，自然感激涕零。

（二）严加管理

宋代初封衍圣公爵高位低，由于衍圣公既非阶官也非职事官，只能以

---

① 潘相：《曲阜县志》卷三十二，第234页上。
② 潘相：《曲阜县志》卷三十四，第248页下—第249页上。
③ 孔府档案6313卷。
④ 孔府档案8998卷《孔繁灏行述》。

兼官给予俸禄。衍圣公兼任他官，与官员一样关升资任。元祐元年（1086）朝廷议决像地方官一样由本路及本州按察官考核和推荐晋升，将孔子长孙纳入国家官员队伍进行管理。

宋代对孔子长孙恩威并用，重大问题严肃处理，一般问题则轻描淡写。绍圣三年（1096），朝廷拨钱三千贯维修曲阜孔子庙，四十七代奉圣公孔若蒙监修，经济上出了问题，宋哲宗立即罢免了孔若蒙，令"本家众议，选择近里守分人承袭"，孔氏子孙推荐孔若蒙之弟孔若虚袭封，并建议"后来若虚身没之后，亦别行选择，不必子继，所贵留意祖庙、敦睦族人"，哲宗同意了孔氏族人的意见，"依奏。改合入官，袭封奉圣公专主奉祠事"。但孔若虚去世后，宋徽宗仍令长孙承袭，孔若蒙之子孔端友袭封衍圣公，并没有交由孔氏族人别行选择。四十八代衍圣公孔端友任郴州知州时，李冬至两叛于境内宜章，孔端友"全无措置"，如此失职，朝廷并未给予处分，只是改任主管洪州玉隆观而已。

金代初期对衍圣公不够重视，一是因为戎马倥偬，无暇顾及；一是因为女真贵族尚未认识到孔子长孙的重要性。女真族入主中原，在汉族心目中是夷狄侵略，绝大部分士大夫采取反对或不合作的态度。随着女真政权的巩固，部分士大夫开始进行合作，而汉族士大夫进入朝廷，大力宣传儒家思想，逐渐改造了女真贵族，女真贵族也逐渐皈依了儒家思想。从金章宗开始，皇室基本汉化，对孔子长孙越来越重视，管理也逐渐走向正规。

从文献看，金代初期没有对衍圣公继续实行宋代关升资任的办法，而是不断提高品级。皇统二年（1142）封孔拯为袭封衍圣公，管勾祀事，补文林郎，定阶正八品上；天德二年（1150）定衍圣公的俸格加于常品，晋承直郎，升阶正七品上。大定三年（1163）封孔摠为衍圣公，授文林郎，恢复了皇统二年的定阶。孔摠终奉直大夫，阶从六品上，在任二十八年升了七阶，似仍采用关升资任的办法。孔元措于明昌二年（1191）袭封衍圣公，仍补文林郎，特旨令视四品，但散官实际为八品，次年特旨超授中议大夫，正五品上，提高了衍圣公的品秩，承安元年（1196）给四品印记，五年特旨给予转官一阶的奖励，"正月，奉特旨：'袭封衍圣公兼世袭曲阜县令五年内祀事不阙，县事修举,特转官一阶'"①,仍然采用转官晋阶的方法。蒙古南侵,金朝迁都汴京,为保护孔元措,贞祐三年(1215)将其调至汴京任太常博士,兴定三年(1219)秩满复任,四年改任行太常丞,元光元年(1222)秩满任知集贤院事兼太常丞,天兴元年(1232)通历三考,遥授太平军节度使、兖州管内观察使兼行太常少卿,次年迁光禄大夫,改太常卿。孔元措虽然多次秩满升迁,但并非因为奉祀事,而是因为朝廷任职,所以不能视作衍圣公的关升资任。从以上资料看,金代对衍圣公管理是比较松的。

蒙古时期没有认识到衍圣公的作用,因此对衍圣公懒于管理。蒙古攻占汴京后,仍任命孔元措为衍圣公。孔元措无子,以侄孙孔浈为嗣袭封衍圣公。孔浈袭封后沉迷较猎,不修祖祀,幼年时曾随母改嫁驱口(奴隶),籍隶驱口,被孔氏族人攻讦为不事儒雅,且非孔氏子孙,因此被罢免。由于孔氏族人争夺爵位,忽必烈不予处置,"第往力学,俟有成德达才,我则官之"②,致使北宗衍圣公中断四十三年。元朝初封孔治为衍圣公,其子孔思诚嗣封,延祐三年(1316)因非长孙被罢免,改任孔思晦。由于汉族士大夫的诱导,蒙古贵族逐渐汉化,对衍圣公也逐步重视。初封孔思晦即定阶中议大夫,正四品,泰定四年升嘉议大夫,正三品。元统元年(1333)孔思晦去世,孔克坚已经十八岁,但七年后才封为衍圣公,看来仍然疏于管理。

明代衍圣公定阶为二品,但诰命、服饰等待遇几乎都是一品,地位空前提高,不需要关升资任,也不需要转官奖励,无法采用宋以来管理衍圣公的措施。但衍圣公还是需要管理的,明朝主要采用皇帝当面教诲、颁发诰命和颁给遵守家法敕谕严格要求等办法进行管理。朝廷虽然优待衍圣公,但衍圣公出现过失也是严肃处理。明成化年间,六十一代衍圣公孔弘绪宫室逾制,按照《明会典》"服舍违式"规定,"凡官民房舍车服器物之类,各有等第。若违式僭用,有官者杖一百,罢职不叙",孔弘绪因此被罢免,改由其弟孔弘泰袭封,但处罚只对衍圣公个人,并不累及子孙,孔弘泰去世后,仍然由孔弘绪之子袭封。为了加强对衍圣公的管理,明朝规定衍圣公长子及众

---

① (金)孔元措:《孔氏祖庭广记》卷三《崇奉杂事》,第129页。
② 《元史·姚枢传》,《二十五史》第9册,第7664页。

子年及十五岁送往三氏学读书习礼,鉴于衍圣公年幼袭封,曾经一度规定衍圣公袭封后要到国子监学习一年,但此办法并没有很好执行。

清代比历史上任何朝代后更关心衍圣公,衍圣公与皇家的关系也最密切,皇帝对衍圣公恩威并用,严格也更管理。如果说清朝以前皇帝对衍圣公的关心超过管理,那么清代皇帝在关心的基础上加强了管理,可以说是管理超过了关心。管理非常严格,特别是乾隆时期给予衍圣公孔昭焕和孔宪培父子多次处分。

孔昭焕是历史上受到处分最多的衍圣公,他先后受到两次免除处分和四次处分。

乾隆二十年(1755),皇帝决定次年春天亲临曲阜祭祀孔子,山东地方官员先行整修道路,采办粮草,就孔庙庙户当差问题与衍圣公发生争执。衍圣公孔昭焕上书皇帝,指责山东地方官额外派办派卖,"至圣庙户在庙纳丁供差,一切本身徭役俱蒙恩优免之人,历来遇地方官有额外派办派买事件,难以随心呼应。每事调剂,殊属非易",请求"将现存户丁酌留五十户,其余户丁改归民籍,交地方官编审,与民籍一体当差"。乾隆皇帝览奏后对内阁大臣说:"我朝轻徭薄赋,凡属编氓本无公句徭役,地方偶有兴作,亦皆动帑予置,初非额外差派,不知其所奏派办派买者何事。或东省尚有此陋习,则概当严行禁止,不独庙户为然。著该署抚白钟山查明据实具奏",内阁将皇帝谕旨行文署山东巡抚白钟山。

为了警告也是关心衍圣公,乾隆皇帝还令大学士陈世倌将其另一段谕旨寄给孔昭焕:"此时丁银已经停征,安有地方官吏令百姓当差之事。且系何项差使,朕实未明。若因东巡,派令修路,则修路皆动官项雇夫。然令地方官舍本处之人不雇派,而令远派他处之人,必无是理。况既给价,则非强派。且朕展谒先师,衍圣公即躬身却扫尚属当然,督令庙户除道清尘以供奔走之役更理所应。岂宜转庇庙户,并给价雇派亦不肯为,更为愚昧之至。此不过依大学士陈世倌外姻之势,干预地方公事。其所陈奏大都发礼部议,又系陈世倌管理,可以互相依庇。伊系年少之人,理宜安分自守,方可保其安富尊荣之乐。若干预一毫公事,不特陈世倌不能保其大学士之任,即衍圣公家岂无弟男子侄可堪承袭者,便是无福承受之人。"

白钟山接到皇帝谕旨后上书辩解，首先赞颂本朝轻徭薄赋，革除刻派陋习，然后指责衍圣公包庇庙户，不供臣职。"今春恭逢圣驾临幸曲阜，展谒孔林，不特大小臣工趋跄踊跃，共昭敬事之敬，即白叟黄童鼓舞欢欣，咸切子来之义。举凡平治道路，修造桥梁，俱遵旨照依民间时价，发帑购办物料，雇觅人工，并无丝毫扰累里民之处。惟是曲阜本弹丸小邑，庙佃裔户及乐舞礼生居其大半，民户仅有三分之一，所有营尖宿顿，需用粮食豆草，俱经照例咨部动帑预备。曲阜地处偏僻，不通商贾，不得不于本境零星采买，但庙佃裔户人等类多附托，概不应承，以致地方官呼应不灵，甚为掣肘。经司道等咨明衍圣公，并纷纷具禀到臣，臣复谆切札致，仍置罔闻。"白钟山并不把矛头对准衍圣公孔昭焕，而是归咎于他的两位叔祖："孔昭焕年幼寡识，不谙大体，任听伊叔祖孔继涑、告假主事孔继汾指使把持，与地方官互为抵牾。臣不特往来查道看工，时刻留意稽查，并令司道府厅明察暗访，该知县孔传松并无营私为己之事。若另有派办扰累，臣即早为纠参，断不敢少有含糊讳饬。"乾隆皇帝接到白钟山的奏折后，一面表彰自己巡幸从不扰民，一面对衍圣公大加指责："数年以来，朕巡幸所至，一切供顿取诸内府，从未累及闾里。即除道安营亦皆动帑予值，至于随营薪蔬刍秣之属，则扈从官兵日用所需，有司先期预备，以待临期给价和买，此临幸所至皆然，亦断无使随驾之众皆自京携数月粮，而不许沿途买用之理。况朕亲祭曲阜，即衍圣公尚当躬自却扫，岂有转庇庙户、归咎有司之理。今据白钟山查明，有粮之家依托庙户，影射居奇，及饬该县追还价买粮石等事。且称孔昭焕少年怯懦，皆伊叔祖孔继涑、孔继汾主持怂恿等语。其凭借家世，把持生事，殊不能安分自爱。"令对孔昭焕加恩免却处分，但对其叔祖严察议处，"孔昭焕虽云年少，已非幼稚无知可比，本应交部治罪，故念其为圣人苗裔，着加恩免其交议。孔继涑、孔继汾着严察议奏"。

事情尚在处理中，衍圣公孔昭焕的谢恩奏折又到了，一面感谢皇帝的"教训承全之至意"，"仰蒙皇上悯其年幼糊涂，谆谆训诲，不加重责，惟有感激涕零，益加警惕，一切安分自守，以冀永受天恩"；一面又提及上年邹县知县大章私毁孔孟遵例免差碑碣。乾隆皇帝接到奏折后发吏部议奏，山东巡抚奏称大章上任十多天，邹县孔氏族人即将免差碑碣抬到县衙验看，大章认为碑碣内容为奉院批饬之件,应由官府刻立,不该私自刊刻,令将碑碣抬至一侧,杠夫失手将碑跌损。白钟山认为,碑刻既非奉旨敕建,也非准部行文,属于私立碑碣,"该县阻其竖立,亦无违例不合之处,与私毁旧日立定之碑文不同。衍圣公孔昭焕遽称私毁碑碣,显系归咎有司,自难逃圣明之洞鉴"。乾隆皇帝接到白钟山的奏折后,对衍圣公严加申饬,"孔昭焕之不能安分自爱,干预地方公事更属显然","衍圣公之在曲阜本一大乡宦耳,近来纲纪肃静,各省荐绅咸知守法奉公,罔敢武断滋事。孔昭焕尤当勉承祖训,以为士民表率,岂可袒庇户人,遇事掣肘。朕前念其为先圣后裔,降旨故免交议","今孔昭焕既袒护陈奏于前,仍复巧词缘饰于后,朕虽欲曲为宽宥而不能矣。孔昭焕著交部严加议处,以为居乡多事者戒"。吏部议定以干预公事罪将告假主事孔继汾革职,贡生孔继涑革去功名,"至衍圣公孔昭焕,身系圣裔,世为乡宦,尤宜守法奉公,约束户人,勉承先训,以为士林表率。今乃不知安分,袒庇庙户,武断滋事,以致地方官办事掣肘。又私立免差碑碣,抬至县署,坠于地上跌损,声言知县私毁碑碣,归咎有司。徇私缘饰,巧词陈奏,均属不合。应将衍圣公照故为巧诈徇私误公革职例,请旨革去公爵"①。乾隆皇帝最终还是对孔昭焕网开一面,没有处罚,"先公因缘公事,与地方大吏龃龉,陈奏失当,部议革职,上察先公素行谨慎,原不加罪"②,但孔继汾、孔继涑都受到严厉处分,孔继汾被革去户部主事官职,孔继涑被革去贡生功名,其实皇帝这是杀鸡给猴看,借此对衍圣公进行警告。

乾隆三十一年(1766),族人孔继衮赴浙江探亲就医,孔昭焕令其清查江浙族谱,发给赞礼生札付四张、奉祀生札付三张,使其募集经费。途中被金坛知县查获,吏部定拟"衍圣公孔昭焕滥委捐纳县丞孔继衮至江南清查宗枝,并违例以空白札付委交带往觅人填给,实属不应。应将衍圣公孔昭焕照不应重杖八十、私罪降三级调用律,降三级调用。再查定例,世职官员缘事应降级调用者,每一级以罚俸半年议抵,降级多者照此递增等语。今衍圣公孔昭焕降三级调用,应该照世职例罚半俸九年抵降三级调用",皇帝

---

① 孔府档案5146卷。
② 《孔昭焕行述》,孔府档案。

同意,"孔昭焕着罚半俸九年"①。由于衍圣公没有俸禄,户部不知如何罚收,礼部、吏部也均不知衍圣公为何等公爵等次,三部决定照一等民公俸禄七百两执行,令衍圣公每年交银三百五十两。

乾隆三十一年(1766)十二月,衍圣公府接到吏部同意衍圣公斥革管勾周士楷的公文,大吃一惊,经过调查才发现是书吏吕荣锡的挟嫌报复。吕荣锡与管勾周士楷有隙,就截取衍圣公投送礼部公文上的前后官印,伪造衍圣公致吏部斥革周士楷的公文。乾隆三十三年(1768)结案,刑部认为,"查衍圣公孔昭焕将应补奉祀生并未照例会同抚学二臣办理,一任家人书役蒙混,以外籍无稽之人滥与其选,且将印文转吕荣锡自投以致该犯截扣印面,伪造假文,实属不应。应将衍圣公孔昭焕照不应重杖八十公罪、降二级留任律降二级留任。又失察家人书役受贿,例应分案议处,应照家人私自索取、本官不知情、不及十两罪罚俸一年例,再罚俸一年;再照衙役犯赃、本官失察不及十两罚俸一年例,再罚俸一年",皇帝同意,"孔昭焕着降二级留任,再罚俸二年"。衍圣公为民公,并无品级和俸禄,户部商请吏部,按一等民公降二级至三等民公处理,令衍圣公每年按俸禄之差交白银四十两与户部②。

一波未平,两波又起。乾隆三十二年(1767),孔昭焕所委洙泗书院学录孔兴珪前往江西清查族谱,在赣县勒索盘费,被地方官查获,虽然孔昭焕并没有令其索敛钱财,但曾接受孔兴珪的土产,吏部认为"查衍圣公孔昭焕,凡孔姓族人俱属所辖,乃收孔兴珪土宜殊属不合,应将衍圣公孔昭焕照接受所部内馈送土宜礼物,笞四十,私罪罚俸九个月律,罚俸九个月。又不详慎选择,遽将孔兴珪咨补学录,委出查谱,以致在外需索,亦属失察,应照失于查察罚俸一年例再罚俸一年",皇帝同意,"孔昭焕着罚俸一年九个月"③。乾隆三十三年(1768),孔氏族人孔兴林潜往东北铁岭假称查访族谱,刑部认为"衍圣公孔昭焕虽未差委孔兴林出外查谱,但孔兴林既假托差访在外滋事,该衍圣公即属失察,应将衍圣公孔昭焕照失于察查罚俸一年

---

① 孔府档案 0779 卷。
② 孔府档案 3598 卷。
③ 孔府档案 0785 卷。

例罚俸一年"①。孔兴珪索敛钱财,是衍圣公委托所致,处分衍圣公是应该的;孔兴林在外滋事,处分衍圣公是毫无道理的,孔氏家族有丁数万,衍圣公能管得过来吗?

乾隆三十九年(1774),慈宁八旬万寿庆典,朝廷下令开复有罪官员,山东巡抚奏请开复孔昭焕,吏部根据山东巡抚奏折声请,乾隆皇帝认为"吏部奏孔昭焕参罚案件,请援照办差官员一例开复一折,所办非是。孔昭焕所有降级罚俸各案俱系私罪,本不在开复之例。该抚咨部时吏部即应议驳,不当据咨声请。但念孔昭焕究系曾办差务,其降罚各案,着格外加恩,准其开复",对衍圣公恩威并用,极力笼络。

乾隆皇帝不仅多次处分孔昭焕,还多次处分了七十二代衍圣公孔宪培。乾隆五十年(1785),周公后裔五经博士东野崇鑐滥捐奉祀生,衍圣公管理不严,孔宪培受到罚俸处分。乾隆五十五年(1790),孔宪培保举周公后裔承袭翰林院五经博士,因其守丧未满被罚俸九个月,其后又因南宗孔广杓丧服未满承袭、东野绪询未经考试具题承袭,均受到罚俸九个月的处分。

道光年间,七十四代衍圣公孔繁灏遭受到更为严重的革职留任处分。受处分原因不详,孔府档案也没有记载,很可能是因为盗伐孔林树木事。道光二十七年(1847),孔繁灏母亲去世,要官员准备棺木,百户刘永振假称衍圣公旨意,盗伐孔林树木二十六株。林庙举事孔宪臻书面报告衍圣公,孔繁灏在守丧期间,委托曲阜知县处理,将刘永振等咨部革职。族人举人孔昭墉等四十余人联名告至都察院,皇帝令山东巡抚亲自到孔林勘察,审讯后确认孔繁灏并无包庇等情节,按照大清则例,"子孙将祖父坟茔前列成行树木及坟旁散树私自砍伐二十一株以上、民人发边远从军,奴仆盗卖者罪同例",将刘永振发配新疆充当苦役,伴官杨峻山杖一百、流二千里。皇帝批示说:"衍圣公孔氏虽讯无祖庇情事,亦未究出别情,惟事关盗伐圣林,其可以寻常疏忽为词,着交部严加议处。"②最后结果如何,孔府档案没有记

---

① 孔府档案 0784 卷。
② 孔府档案 4958 卷、4959 卷。

载,孔繁灏革职留任恐怕就是此次处理的结果。道光三十年(1850)三月十一日,新即位的皇帝颁发谕旨:"衍圣公孔繁灏前有革职留任处分,着加恩开复。"①

清代并非全是处分衍圣公,衍圣公祀事无缺也会受到加级和记录的奖励,乾隆五十五年(1790)时孔宪培就曾加二级、记录一次。

(三) 倍加保护

明清时期,皇帝对衍圣公倍加保护。六十一代衍圣公孔弘绪三岁丧父,八岁时祖父去世,"族人因其年幼,肆为侵侮",祖父之妾江氏上诉朝廷,代宗命礼部郎到曲阜治丧,命守制在籍的少詹事孔公恂管理家事,孔弘绪进京袭封,代宗又专门"降旨,戒族人共加保护,敢有挟长恃强欺凌侵害者许具实以闻",并特例封其庶祖母江氏为夫人。② 嘉靖三十五年(1556),十三岁的孔尚贤袭封衍圣公,世宗也专门颁发保护孔尚贤的圣旨给吏部,并要吏部行文山东抚按官员,"孔尚贤着袭封衍圣公。族人等敢有恃强欺害他的,许孔尚贤奏来治罪。你部里还行文与抚按官知道"③。

衍圣公在出现问题时,除非是重大问题,一般情况下皇帝也是曲予庇护。明景泰六年(1455),族人孔克煦等上告衍圣公孔彦缙,代宗不予处理。正德四年,因为推荐曲阜知县,族人孔承章、孔承周上告衍圣公孔闻韶有私,武宗见孔承章等所奏多虚,薄示罪责,但也没有选用衍圣公推荐之人,孔承章等人仍不满足,潜住京师,四处告状,惹得武宗大怒,"承章等首开讼端,毁污宗子,以朝廷名爵为私家争夺之具,是先圣不肖子孙也","本当照依榜例处治,但念先圣子孙,免枷号决打,俱发戍广西边卫",并颁发谕旨给衍圣公令其约束族人,"先圣尝言:'其身正,不令而行',尔闻韶尚佩服家训,进学修德,与族长、举事管理族人读书循礼,以称朝廷崇重之意,今后再有恃强挟长、朋谋胁制、不守家法,为圣门之玷者,尔即指名具奏,国典具存,必不轻恕"④,授予衍圣公管理孔氏族人的权利。清乾隆五年(1740),曲

---

① 孔府档案 0075 卷。
② 孔继汾:《阙里文献考》卷九,第 181—182 页。
③ 《阙里志》卷十五,第 743—744 页。
④ 孔继汾:《阙里文献考》卷九,第 184—185 页。

阜知县孔毓琚参告衍圣公孔广棨,孔广棨也上告孔毓琚,高宗令大臣会同山东巡抚会勘,"勘者微不得实,有异辞。诏原不问,而毓琚抵罪"①,罢免孔毓琚,而对衍圣公不予处理。乾隆年间,丢失了皇帝新颁给孔子庙的夹钟,皇帝也从宽免议。

顺治十四年(1657),衍圣公府发生了一起命案。据死者刘国梁、刘国栋之妻及弟刘国材赴刑部控诉称,他们属于民籍,并非衍圣公府奴仆,刘国栋系王府校尉,到曲阜探视弟弟刘国梁,临行要求带弟弟一同赴京探视,衍圣公孔兴燮不同意,刘国栋"依礼讲说",惹得孔兴燮大怒,将刘国栋先打一百棍,然后用龙边索命银牌木铡铡死,因刘国梁哀哭,也将刘国梁缢死。孔兴燮称刘国梁兄弟是明代拨给的孔府户人后裔,刘国栋分别于崇祯二年(1651)、顺治八年(1629)被衍圣公咨请礼部任为公府司乐办事官,并曾在漷县管理孔府土地,侵欺租银七百两,自说领取诰命时用银五百两,孔兴燮认为刘国栋欺骗,令人先打三十板,关押追赃,后因杖疮陡发而死,刘国梁也因追赃自缢而死。刘国栋入清后隐瞒身份,被户部拨给王府,衍圣公并不知晓。刘国栋"既于元年九月奉旨仍为本府庙户,乃于十月内又投充王府校尉,是为敢于抗旨;且既投校尉,又欺蒙本府咨部为司乐官,是为敢于藐王;使国栋而在,恐亦法所难宽"。吏部拟出处理意见,"衍圣公应送吏部议处,事在十五年正月赦前免议","刘国栋身系衍圣公家人,并未说出暗与王下做校尉,相应拟罪,已经身死,无容再议。刘国梁因追粮自缢,亦无容议",将刘国材和刘国栋妻子拨给王府。顺治皇帝对处理意见大为不满,"这案关系刘国栋兄弟二命,被告正犯桂存政等始终抗提不到,尔部但据咨文草率结案成何谳法?着将本内有名犯证全提到部,严审确拟具奏。咨内所云见奉敕谕,当堂刑审罪仆等情,着孔兴燮自行回奏"②。孔兴燮赴京自行面奏,皇帝先解释如此处理的初衷,表明自己帮助孔兴燮的态度,然后教育孔兴燮,对其非常关照,"赐茶毕,谕:'刘国栋因人命关天,天下皆知,事干国法,朕不得不行。朕读你祖书,朕有不谓你的。你祖怎么周流天下来?

---

① 《阙里文献考》卷九,第 205 页。
② 孔府档案 3594 卷九,《孔府档案史料选编》第三编第 5 册,齐鲁书社,1980 年,第 134 页。

今后多读书,作好人,行好事。你今年多大年纪?你有几个儿子?'又赐茶毕,'着内阁麻儿吉送出他去。他不常在朕前,恐孔圣人害怕。'"①人命关天,且牵扯到王府,动静太大,皇帝不得不批示以示认真,但内心是要帮衍圣公过关的。最后处理结果,孔府档案无载,史书中也无记载,结合皇帝的表态看,孔兴燮是安然无恙的。

二、衍圣公忠心报效

雍正十年(1732)皇帝当面教育孔广棨说:"尔等果能遵朕训谕,学问日进,品行纯谨,不坠家声,即所以报国矣"②,衍圣公深体皇帝的用意,"承藉先泽,荷朝廷格外褒崇,不责以有司之事,而使养尊处优以悠游在此位者,虽万死不足以报称"③,立志遵从学诗学礼的祖训,敦品厉行,虔供祭祀,护卫林庙,以光祖德,以报国恩。

衍圣公大多学诗学礼,敦品励行,多能诗文,从六十代长孙开始,每代都有诗文集传世。孔传铎"勇于读书,工文词,尤究心于濂洛关闽之学","精于三礼,凡庙中一器一物,无不详加订正",著有《三礼合纂》、《礼记摘藻》等十多种。孔广棨"祗承圣训,归益励志于学,名所居堂曰'念典',与诸名士日夕讲贯其中",著有《敏求斋文集》、《敏求斋诗集》十二卷。

历代衍圣公大都严洁祭祀,护卫庙林。孔捴袭封后,"严洁祭祀,敦睦族党","时兵燹后,庙倾圮,公愀然曰'生为圣人之后,而缪当其职,坐视隘陋如此,宁不愧于心乎?'乃亲率佃户东至蒙山,伐取材木,增修寝殿及尼防殿宇廊庑五十余楹"④;孔思晦袭封后,"以宗祀责重,恒惧弗胜。每遇祭祀,必敬必慎。初,庙毁于兵火,后虽苟且完葺,而垣墙角楼未备。公竭力营度,顿复旧制,金丝堂外又新之。祭器礼服悉加整饬",亲自南下沛县找回学田,追回尼山书院学田和中庸书院营运钱一万缗⑤;孔希学在位"适当兵

---

① 孔府档案3594卷十一,《孔府档案史料选编》第三编第5册,第135页。
② 孔继汾:《阙里文献考》卷十,第203页。
③ 孔继汾:《阙里文献考》卷九,第196页。
④ 孔继汾:《阙里文献考》卷八,第162—163页。
⑤ 孔继汾:《阙里文献考》卷九,第174页。

戎之后，庙庭廊庑圮坏，祭器、乐器、法服不备，祀田荒秽，而责逋赋者孔亟，公上言乞命有司修治，且减免赋役"①；孔胤植"既承世爵，日夜以继志为事。凡祖庭之圮坏者，礼乐之残缺者，以及百事之颓废者，悉纲举而目张之，彬彬乎顿复旧制"②；衍圣公都较好地履行了职责。

国家有难时，衍圣公也解囊相助，共度国艰。明崇祯三年（1630），曾捐助饷银二百两，清咸丰二年（1858），根据"王公京外大小文武各官一体量力捐输"的规定，捐银三千两。

国家有重大活动时要召衍圣公入京觐见，除守丧外，衍圣公每召必至，甚至抱病入京，孔贞乾、孔尚贤都是卒于京师。清雍正元年（1723）加封孔子五代先人为王，孔毓圻感激涕零，六十七岁高龄还入朝谢恩，最终病死北京。帝后寿诞，衍圣公也报效银两，贡送书画古玩等贺礼。光绪二十年（1894），慈禧太后六十寿庆，衍圣公报效庆典银二千两。

三、皇帝幸鲁

前195年，汉高祖刘邦绕道曲阜以太牢祭祀孔子，首开帝王祭祀孔子的先河。东汉时，建武五年（29），光武帝刘秀幸鲁，命大司空宋弘祭祀孔子；永平十五年（72），明帝幸鲁，诣孔子旧宅，亲自进爵，命司空以太牢祭祀及七十二弟子，御孔子讲堂，令皇太子及诸王讲经；元和二年（85），章帝幸鲁，亲自进爵，祭祀孔子及七十二弟子，作六代之乐，命儒生进讲《论语》，大会孔子裔孙二十以上者六十三人，赏赐帛与褒成侯孔损及孔氏男女；延光三年（124），安帝幸鲁，祭祀孔子及七十二弟子，会见孔氏后裔并赏帛。北魏太平真君十一年（450），太武帝南征过鲁，遣使者以太牢祭祀孔子；太和十九年（495），孝文帝幸鲁，亲祀孔子，封孔子二十八代孙为崇圣侯。唐乾封元年（666），高宗幸鲁，追赠孔子为太师，令以少牢祭祀，免除褒成侯子孙赋役；开元十三年（725），玄宗幸鲁，亲设奠祭，令礼部尚书以太牢祭祀孔子墓。后周广顺二年（952），太祖郭威路过曲阜，祭祀孔子庙，将亲行拜礼，左

---

① 《阙里文献考》卷九，第178—179页。
② 《阙里文献考》卷十，第194页。

右劝阻说"孔子,陪臣也,不当以天子拜之",郭威说"孔子,百世帝王之师,敢不敬乎?"亲自行礼,并拜孔子墓,召见文宣公孔仁玉,赐五品服及银器杂綵。大中祥符元年(1008),宋真宗幸鲁,靴袍再拜,又至孔子墓设奠再拜,追封孔子为玄圣文宣王,赏赐祭田一百顷,钱三十万,帛三百疋,授长孙太常寺奉礼郎,赐五人出身。

孔子长孙改为衍圣公后,幸鲁的只有清圣祖和清高宗两位皇帝。皇帝每次幸鲁,都会给予衍圣公及孔氏、东野氏(周公后裔)、颜氏(颜回后裔)、曾氏(曾参后裔)、孟氏(孟轲后裔)、闵氏(闵损后裔)、冉氏(冉雍后裔)、冉氏(冉耕后裔)、端木氏(端木赐后裔)、仲氏(仲由后裔)、卜氏(卜商后裔)、言氏(言偃后裔)、颛孙氏(颛孙师后裔)、有氏(有若后裔)很多优待。

清圣祖于康熙二十三年(1684)幸鲁祭祀孔子,礼臣议定采用释奠太学文庙仪注,皇帝行两跪六叩礼,不用乐,圣祖不同意,"尊礼先师,应行三跪九叩礼,用乐"。行礼后,在诗礼堂令孔子六十四代孙孔尚任进讲《圣经》首节,孔尚鈱进讲《易经》"系辞"首节。讲毕,命大学士王熙宣布皇帝谕旨,教育孔氏子孙"务期型仁讲义,履中蹈和,存忠恕以立心,敦孝弟以修行"。回到大成殿,颁给御书"万世师表"额,将御用曲柄黄盖伞留于庙内。又去孔林孔子庙酹酒,礼行一跪三叩首。为显示尊孔重道,优渥孔子后裔,圣祖撰写了《古桧赋》和《阙里古桧诗》、《过阙里诗》,赏赐衍圣公、五经博士及族人等书籍、貂蟒、银币不等,令将陪祀观礼的十五名生员作为恩贡送入国子监读书,现任口北道孔兴洪以应升之缺先用,候补候选官、荫生二十三人、举人六人以应得之缺先用,贡生等十一人俟考定职衔先用,世袭官员各加一级,讲经的监生孔尚任、举人孔尚鈱破格特授为国子监博士,题褒衍圣公孔毓圻祖母陶氏"节并松筠"额,赐地一千一百多亩以扩大孔林,免除全县地丁银。

清高宗先后八次亲临曲阜祭祀孔子,是唯一一位多次幸鲁的皇帝。乾隆十三年(1748),高宗第一次到曲阜,抵达当天即去孔子庙上香,行三跪九叩头礼,然后参观。次日举行释奠大礼,仪注完全仿照祖父圣祖。行礼后在诗礼堂讲经,由孔子六十九代孙孔继汾、孔继涑兄弟分别进讲《中庸》"凡为天下国家有九经"章和《易经》"临卦象辞",讲经后一样由大学士傅恒宣读谕旨,教育孔氏族人"务学道敦伦,修身慎行,克禀先师之彝训,祗遵圣祖之诲言",最后去孔林酹酒,在孔子庙行一跪三叩礼。与圣祖不同的是,高宗题写了众多匾额对联诗赋,为圣时门、弘道门、大中门、同文门、奎文阁、金丝堂、杏坛题写了名额,诗礼堂题写了堂名及对联,大成殿题写了两幅对联和"时中立极"额,撰写了万仞宫墙、奎文阁、手植桧、杏坛、圣迹殿、诗礼堂、金丝堂、古井、故宅门、礼器等赞诗,"戊辰仲春东巡祭阙里"等十多首诗,授讲经举人孔继汾内阁中书舍人,赏赐衍圣公貂裘蟒服表里、经史,其他圣贤后裔照依圣祖旧例,十三氏子孙有职者皆加一级,进士、举人各增赏银十两,贡监生员各五两,有文学可观、读书立品者贡入国子监读书,广恩山东全省,增加山东庠生名额,大学三名,中学二名,小学一名,免除全省本年钱粮,驻跸的曲阜、泰安、历城并免次年地丁钱粮。

乾隆二十一年(1755)、二十二年、二十七年、三十六年、四十一年、四十九年、五十五年高宗又七次亲临曲阜祭祀孔子,除乾隆二十二年、二十七年仅拈香外,其他均举行释奠大礼,释奠一律照依乾隆十三年仪注。每次除赏赐物品外,几乎每次都赐诗给衍圣公。乾隆十三年赐诗说:"历代崇阶首百僚,欣看弱冠着清标。学诗适合趋庭训,读礼因迟望阙朝。泗水溯沿长不绝,尼山景仰近匪遥。圣言广大求真切,守贵由来在不骄。"喜欢之情溢于言表。孔昭焕之子孔宪培原名宪允,高宗认为不妥,更名为宪培。宪培腿有疾,留下善扑营医生为其医治。高宗第七次幸鲁,孔昭焕已经去世,孔宪培袭封,高宗赐诗说:"久住京师学问覃,言归承祭圣人乡。亲仪慎勿仍其短,祖德恩维衍以长。修已无过守礼乐,睦宗守世率端方。卅年两见崇公袭,怅忆人生曷有常。"即感叹人生无常,也怀念去世的孔昭焕,更欣喜眼前袭封的孔宪培。

四、衍圣公觐见

衍圣公主要任务是代表国家祭祀孔子,看护曲阜孔子林庙,主要生活在曲阜。只有在朝廷举行重大活动时才入京朝觐。

宋代规定,朝廷大典时衍圣公可以赴阙陪位,"衍圣公每遇亲祀大礼及冬正朝会许赴阙陪位"。崇宁三年(1104)规定班在太常少卿之下,"衍圣公每遇元会大礼陪位,班在太常少卿之下",四十八代衍圣公孔端友就是建炎二年(1128)赴扬州陪位有家难归而客居浙江的。

金代沿袭宋制,朝廷有大事则召衍圣公赴阙。大定二十年(1180),曾召五十代衍圣公孔摠入京,世宗欲任他官,尚书省认为孔摠"主先圣祀事,若加使任,守奉有阙",于是任为曲阜县令,而曲阜县令也就成为衍圣公世袭的职务之一。承安元年,章宗举行郊祀大礼,召衍圣公孔元措赴阙陪祀,位在终献之次。

明初衍圣公曾每年入觐,其后衍圣公只在袭封、皇帝登基及诞辰去世、陪祀孔子等重大活动时才入京觐见。

明代衍圣公一般是赴京袭封。洪武十六年(1383),孔讷赴京参加孝慈皇后葬礼,明太祖欲让其袭封衍圣公,孔讷父丧守制未满推辞,第二年服除,专门赶到南京袭封。明太祖命礼官卜定二月庚午受爵,受封时"百僚班列,敕礼官以教坊乐导送至学,学官率诸生二千余人迎成贤街,观者如堵。明日入谢,复赐袭衣,宴于礼部。又明日,释奠于太学,以拜命告"①,仪式非常隆重。清代有所变化,孔广棨就是先袭封而次年才入京觐见的。

为显示国家基础弘扬民族优秀思想文化,推崇孔子思想,从汉代开始国家就在国立学校内祭祀孔子,东晋始在国家最高学府国子学建造奉祀孔子的专祠,北齐将孔子庙扩大到郡国学校,唐贞观四年(630)扩大到州县学校。至少从东晋开始,皇帝就亲自到太学祭祀孔子。明代皇帝一般在位亲自祭祀一次,崇祯十四年(1641)定三年一次,祭祀前行取衍圣公及孔子子孙赴京观礼,衍圣公率圣贤后裔观礼成为惯例,除非守丧请准外(正德元年[1505]孔闻韶、万历四年[1576]孔尚贤均请准),衍圣公一定赴京以光盛典。景泰元年(1450),代宗决定躬临太学亲祭孔子并讲学,始令行取衍圣公及孔氏族人入京观礼,"取三氏子孙贤而长者三四人至京,有司以礼应付口粮脚力",衍圣公孔彦缙率领三氏学学录等五位族人入京。入京后,代宗遣使劳问于客邸,给予廪饩。礼成后,令衍圣公入堂赐茶,次日令礼部宴请,赏赐给经书、衣物、彩币。成化元年,令衍圣公孔弘绪分献沂国公子思。

---

① 《阙里文献考》卷九,第179页。

弘治元年（1488），召取观礼扩大到颜、孟博士及其族人，嘉靖元年（1522）增加三氏学生员三名。天启五年（1625），许在京孔氏为官者观礼，衍圣公请准，观礼孔氏族人许荣以衣冠，生员送国子监读书，次年吏部观政进士孔闻诗任期不满，特恩准考选吏科给事中。清代沿用明代典例，规定观礼入监贡生孔氏为七人，东野、颜、曾、孟、仲、闵、卜、言、二冉、端木、颛孙各二人。

明清时期，皇帝即位，皇帝诞辰，衍圣公要入朝祝贺，皇帝去世，衍圣公要入京哭临，皇帝入葬，衍圣公要赴都恭送。

每次觐见，皇帝一般都非常重视。明洪武十一年（1378），衍圣公将要入京觐见，派中书省内史林英、承敕郎曹仪专程将皇帝给中书省和衍圣公的敕旨赍送衍圣公。给中书省的敕旨说："先师孔子子孙袭封衍圣公至京朝觐，尔中书下礼部用心礼待，所有随行者皆要欢心，勿使有缺。故敕。速行勿怠。"给衍圣公的敕旨说："卿家昭名，历代不朽，富贵永张天地间，乃出阴骘之重。云何？以其明彝伦攸叙之精微，表万世纲常之不泯也。故若如卿，当思祖道可动人天。朕闻卿来朝，以敕中书下礼部，使所用如意，未知给否？随从行者务要欢心。故兹敕谕。"孔希学抵京后，太祖又再次下旨给中书："敕中书下礼部，赐先师孔子子孙袭封衍圣公日用如旧，余皆照例，洁所在以安之。毋怠，如敕奉行。"给孔希学说："昔卿之祖能明纲常以植世教，其功大矣哉！故其后世子孙相承。凡有天下者莫不优礼。今卿每岁来朝，不避严冻，可谓笃君臣之大义，而不咈于祖之训者。已敕中书下礼部赐卿日用。故兹敕谕。"[①]其后形成制度，进京给驿，到京给予生活用品，"凡衍圣公朝觐往还，陆起上马驿车，水给站船或马快船，应付人夫皂隶，颜孟二博士与中等马，衍圣公掌书与驿驴，庙户、家人、医兽每二人给驴一匹"[②]。"衍圣公并颜孟二氏五经博士年例赴京往回，及衍圣公差来掌书，俱支廪，给医兽、家人、庙丁支口粮。"[③]衍圣公到京生活用品，"到京下程：鹅二只，面一十五斤，酒四瓶，茶、酱、盐各一斤，烛一十枝"[④]。有时还临时增加，洪

---

① 《阙里志》卷十五《制敕二》，第712—714页。
② 《明会典》卷一百二十一，上海古籍出版社，《四库全书》第617册。
③ 《明会典》卷三十一，《四库全书》第617册。
④ 《明会典》卷一百三，《四库全书》第617册。

熙元年（1425）就增加羊一只，鹅一只，酒六瓶，面十斤，茶盐酱烛均加倍。为显示对孔子嫡孙的特殊优待，其他人员供应物品在京城两县制造或给价自买，而衍圣公下程由礼部行文必须由顺天府送到。清代时，衍圣公入觐，赐宴礼部，备上桌品物，一般均由礼部尚书侍宴，"赐天字号下程一分：羊一只，鹅二只，麦面四十斤，酒二十瓶，油盐酱醋各二斤，白蜡烛三十只"①。

由于衍圣公经常赴京觐见，所以北京还设有衍圣公府。明永乐二十二年（1424），仁宗即位，衍圣公孔彦缙入京祝贺，仁宗对侍臣说："外藩贡使皆有公馆，衍圣公假馆民间，非崇儒重道意"，于是赐给东安门外一所宅第，始设北京的衍圣公府。天顺元年（1457），孔弘绪入京，"帝闻其赐第湫隘，以大第易之"，赐新第于太仆寺街，有建筑一百余楹。由于系皇帝赐第，维修也由国家负责，衍圣公移咨工部，工部题请皇帝同意即予维修。

第五节　朝　廷　优　遇

孔子长孙西汉始封褒成侯，食邑两千户，属于国侯，地位很高，东汉以来地位逐渐下降。宋代改封衍圣公后，地位逐渐提高，朝廷优遇逐渐增多。

一、优礼

宋代初封衍圣公，爵高位低，初期无品秩，只能以兼管定级别，给俸禄，改为奉圣公后虽然有了品级和俸禄，但阶只是从八品上的承奉郎，俸禄也很少。作为朝廷的优礼，一是每遇皇帝亲祠大礼和冬正朝会衍圣公可以赴阙陪位，位在寺监长官之下别作一班，后又改为位在太常少卿之下；二是衍圣公可以关升资任，每三年一任，依吏部格升转。

金代衍圣公初封文林郎，正八品上，较宋朝略有提高。章宗朝优礼最多，明昌元年（1190）特旨衍圣公视四品，四年实授中议大夫，赐四品勋封，明昌二年（1191）郊祀时，令衍圣公入京陪祀，位在终献之后，承安二年

---
① 《阙里志》卷十二《恩典志》，第553页。

(1197)规定"袭封衍圣公年及十七兼曲阜县令,仍世袭,不得别行差占",金代虽然没有采用关升资任的制度,五年还是以"袭封衍圣公兼世袭曲阜县令五年内祀事不阙,县事修举"给予衍圣公转官一阶的奖励。

元朝初期对衍圣公不够重视,致使衍圣公中绝四十三年,后期对衍圣公的优礼主要表现在提高衍圣公的品级俸禄与设官上。大德二年(1298)确定给衍圣公随朝四品官员俸禄,延祐三年(1316)月俸由百缗增至五百缗,泰定四年(1327)升嘉议大夫,正三品,至顺三年(1332)给三品银印,至正八年(1346)进阶中奉大夫,给二品银印。宋代时衍圣公就有视事厅,但并没有朝廷任命的属官,所以还不能称作是官署。元贞二年(1296),朝廷始为设掌书一员,至大二年(1309)增设奎文阁典籍一员,延祐六年增设司乐和屯田管勾各一员,典籍、司乐、管勾"禄秩视国子监,且给管勾印,掌书禄视寺监"①。属官有秩给禄,管勾还颁给印信,衍圣公真正有了官署。至正二十六年(1366),衍圣公孔克坚入觐,"趋入见,待以宾礼,爵而不名"②。

最为优礼衍圣公的是明朝。优礼主要有以下几个方面:

一是提高衍圣公的地位。明朝初封衍圣公定为正二品,阶资善大夫,洪武十七年(1384)孔讷袭封时,礼部循例拟授予资善大夫阶,太祖不同意,"既爵公,勿事散官,赐诰以织文玉轴,与一品同"。景泰三年(1452),赐衍圣公三台银印,玉带,织金麒麟衣,从此衍圣公虽为二品,但所有待遇均为一品。"衍圣公,孔氏世袭,正二品,袍带、诰命、朝班一品"③;颁给一品官署的三台银印,"衍圣公、张真人、中都留守司俱正二品,各布政司从二品,银印,二台,方三寸一分,厚七分。景泰三年,赐衍圣公三台银印"④,"正一品,银印,三台,方三寸四分,厚一寸。六部、都察院并在外各都司俱正二品,银印,二台,方三寸二分,厚八分;……惟衍圣公以正二品三台银印,则景泰三年赐也"⑤;服用织金麒麟袍,朝服、公服、常服皆同一品,八梁冠、带、佩与绶

---

① 危素:《孔思晦神道碑》,《阙里志》卷二十四,第1798页。
② 孔府档案0064卷四。
③ 《明史》卷七十三《职官志·衍圣公》,《二十五史》,第7970页四。
④ 《明会典》卷七十八,《四库全书》,第617册。
⑤ 《明史》卷六十八《舆服四·印信》,《二十五史》,第7955页四。

俱用玉,笏板用象牙,"历朝赐服,文臣有未至一品而赐玉带者……衍圣公秩正二品,服织金麒麟袍、玉带,则景泰中入朝拜赐,自是以为常"①;诰命用织文玉轴,同一品;葬祭也用一品礼,"凡两京三品以上官葬祭制度俱照依品级,其四品、五品官得特恩赐葬者亦以本等品级为定,惟衍圣公葬祭照一品礼行"②,衍圣公及夫人去世后,皇帝均派官谕祭,礼部治丧,工部造坟,太祖并首开皇帝御制祭文的先例;洪武元年(1368)初定衍圣公朝会等大典时班在丞相之后,十七年取消丞相后,衍圣公班列文臣之首。明末还给衍圣公加衔,崇祯元年加封孔胤植为太子太保,三年又晋封为太子太傅。

二是待衍圣公以宾礼。明太祖对衍圣公不称名,因孔克坚曾任元朝国子监祭酒称其为祭酒,孔希学称作孔袭封。古代中国人交往中称字不称名,只有国君、长辈和老师称名不称字,太祖对衍圣公不称名是非常尊重的表示。神宗则明确指示待衍圣公以宾礼,万历七年(1579),神宗颁布御札说"朕昨御门听政,文武百官原为承旨奏事,衍圣公孔尚贤不在文武职官之列,朕待以宾礼,今后不必常朝,只以万寿入贺,事毕辞回,永为定例"③。

三是处处优待衍圣公。衍圣公入京使用最高级的交通工具,并惠及属官、家人,"衍圣公朝觐往来俱许驰驿";到京给予最高级别的日常用品,并特令礼部行文顺天府亲送;赴京观礼,皇帝赐物赐宴,成化元年(1465)皇帝视学,"赐袭封衍圣公丝衣一套、犀带一条,颜孟子孙五经博士纻丝衣一套、带一条,各纱帽一顶,其余族人俱纻丝衣一套";衍圣公长子年满十六岁就可以使用二品服色,麒麟袍,犀牛带。

清顺治元年(1644)即承认了衍圣公在明代的所有特权,对衍圣公也是优礼有加。一是继续提高衍圣公的地位:将衍圣公品级提高到正一品,顺治八年(1651)将衍圣公孔兴燮加衔提高到少保兼太子太保。二是不时给予礼遇:康熙八年(1659),十三岁的衍圣公孔毓圻入觐,圣祖令其从皇帝专用的御道退出;雍正元年(1723),衍圣公孔毓圻入京谢恩,病死北京,世宗令三品以上汉官会吊会送,灵柩回曲阜时令皇三子与庄亲王至第再奠茶

---

① 《明史》卷六十七《舆服三·文武官冠服》,《二十五史》,第7953页二。
② 《明会典》卷九十四,《四库全书》第617册。
③ 《阙里志》卷十二《恩典志》,第549—550页。

酒送殡,赐谥恭懿,并御制碑文刻立墓前,命葬日及立碑日加祭两次;雍正四年(1726)定皇帝经筵时衍圣公入班听讲;衍圣公入京由赐宴礼部扩大到兵部和顺天府。三是不时赏赉:圣祖题褒衍圣公孔毓圻祖母"节并松筠",世宗赐给"钦承圣绪"额,高宗赐给"六代含饴"额,光绪皇帝赐给"为世礼宗"额;高宗、文宗赐给诗作;历代皇帝经常赏给貂裘蟒服、银鼠蟒袍、经史书籍、御铭松花砚、墨砚缎疋等,几乎无所不赐。

二、赐田

赐田有两种,一种是孔子庙的祭田,一种是子孙学校的学田。

(一)祭田

唐代以前,孔子长孙均有采邑,或二千户、千户、五百户、二百户、百户不等,以其收入祭祀孔子。宋大中祥符元年(1008)始赐给祭田一百顷,八年令将先赐祭田均给族人,另赐一百顷,其中二十顷供庙学赡养生员,二十顷供孔子庙祭祀,十顷供置办殿庭帘幕,五十顷供维修庙宇,同年再赐一百大顷,令长孙依乡原例自行召人耕种。金代时因战乱土地部分迷失,明昌元年(1190)户部札于徐州丰县地内拨补,五年新拨土地六十五顷,房屋四百间,泰和元年(1201)拨给泮宫土地六十四亩。元代土地继续增加,大德五年(1301),以修庙余款购田二十顷,九年国家拨给尚珍署官田五十顷,元统元年(1338)拨给抄没的郓城土地八顷八十九亩,房屋二十七间。明代是赐田的大增加时期,洪武元年(1368)一次拨给祭田二千大顷(一亩七百二十步,折合六十万亩),分为五屯四厂十八官庄,收入主要供孔子庙祭祀之用,并支付三氏学教官俸禄、生员科贡盘费及属官子粒,剩余部分则为衍圣公俸禄,永乐五年(1407)又拨给七十三大顷,此外还有拨给年代不详的北京近郊汤沐地八十二顷。清朝初年,七十二顷汤沐地被旗人圈占,顺治十年(1653)诏以山东明代德藩、鲁藩庄地七十大顷拨补。

由于孔府祭田、学田、私田相混,很难厘清数目,祭田的总数历来也说法不一。《大清会典》记载,衍圣公祭田共计二千一百五十七大顷五十亩,1926年孔府奉卫官孔令儁说"历代帝王封赠孔氏奉祀祭田共大顷三千六百顷",《清稗类抄》也说"孔庙祭田凡三千六百顷"。从孔府档案来看,仅有争议的沛县、丰县、萧县、砀山、铜山各县就有土地一千二百零三顷，湖田一千顷，而此处土地并不在明代钦拨祭田之内，三千六百大顷大致是可以相信的数目。

祭田分布在今山东、江苏、安徽、河南、河北、北京、天津五省二市的三十七个县。衍圣公府虽然设有专门的管理机构和人员，毕竟鞭长莫及，而且由于战乱、黄河泛滥等原因不时减少，到乾隆年间，五屯四厂十八官庄存地一千二百五十六大顷七十八亩（不包括沛县等五县土地及湖田）。五屯每大亩征银六分，米折银二分四厘，共征银八分四厘，其中寄庄户不负担林庙差役，每亩加银六厘。官庄及厂地按土地肥瘠、每年丰歉确定征收数额。

祭田地租是衍圣公府的主要收入来源，1928年祭田仅存一千零七十顷八十一亩，据是年衍圣公府给山东省政府的呈文中说"每年总计收入约四万四千七百余元"，其中地租现金一万三千多元，租粮四百二十四石八斗五升，地租收入约三万五千元。除地租外，五屯内的集市也由衍圣公府管理，十一处集市每年收取税银一百六十余两。

（二）学田

朝廷拨给学田始于北宋，大中祥符八年（1015）将元年拨给的一百顷祭田中的二十顷拨给学校，坐落于尼山附近。元代学田大增，至元三十一年（1294），拨给学校曲阜地九大顷五十亩，沛县秦家庄地二十大顷，刁阳里土地三千亩；元统元年（1338）将抄没的郓城县私田八顷九十亩、房屋二十七间。至顺二年（1331），衍圣公孔思晦还言于行省，恢复尼山宋代学田一百一十五亩。明代仅将沛县秦家庄土地拨给，衍圣公又继续开垦尼山学田二十余顷。万历二十八年，山东巡盐御史吴达可以郡县赎锾羡余购置泗水土地四顷五十四亩四厘捐给四氏学；三十七年，巡盐御史毕懋康捐给三顷二十六亩；四十年，兖州知府陈良材续查拨给五十八亩八分；四十五年，兖州知府张铨捐俸购置土地五十亩。学田由衍圣公府统一管理征收，交由四氏学支用。

三、赐给户人

国家赐给衍圣公府的户人有两种，一种是孔子林庙服役的庙户，一种是耕种祭田的佃户。

（一）庙户

严格来说应该称之为林庙户，因为已经约定俗成，本书也称其为庙户。

庙户最早赐给的是洒扫孔子庙的林户，南朝宋元嘉十九年（442），将孔子墓附近的鲁郡上民孔景等五户蠲免课役，以洒扫孔子墓。拨给孔子庙庙户始于北魏，延兴三年（473）拨给十户洒扫孔子庙；唐贞观十一年（637）增至二十户，太极元年（712）改为三十户，开元十三年（725），玄宗亲临孔子庙，拨给孔子墓附近五户洒扫，元和十三年（818）复置五十户，咸通四年（863）给五十户，后周广顺二年（952），太祖亲临曲阜祭祀孔子，给庙侧附近十户为洒扫户。宋景德四年（1007）下诏将守护孔子坟茔的七户增至二十户，大中祥符元年（1008），真宗祭祀曲阜孔子庙，给近便十户守护孔子茔域，庆历四年（1044），敕差本县中等人户五十人充孔子庙洒扫。是时兖州太守梁适请以厢兵代替庙户，并请裁减人数，宰相章德象欲从其所请，参知政事范仲淹认为不可，"此事与寻常利害不同，自是朝廷崇奉先师美事。仁义可息，则此人数可减。吾辈虽行，他人必复之"①，于是作罢。熙宁中，推行王安石新法，裁减庙户至三十人，林户三人。元祐五年（1090），废除王安石新法后，恢复庙户五十人，林户五人。蒙古太宗九年（1237），"奉旨，洒扫户依旧一百户，奉上差法并行蠲免，不系州县所管"②。至元三年（1267），尚书省因为括户全部罢除改为民籍，太常少卿王磐极力相争，"林庙户百家，岁赋钞不过六百贯，仅比一六品官终年俸耳。圣朝疆域万里，财赋岁亿万计，岂爱一六品官俸不一待孔子哉！且于府库所省无多，其损国体甚大"③，但也没有挽回。大德九年（1305），经衍圣公孔治奏请，拨给二十八户。

明代是庙户的大发展时期，洪武元年（1368），太祖一次赏赐给一百一十五户，其中孔林七户，孔庙一百户，尼山书院八户，"俱于曲阜等州县选到民间俊秀身家无过子弟"，"方巾，圆领，儒绦。具呈台省，下户部给勘札内开。全丁在庙，丁不养马，地不入站，杂泛差役一概蠲免。再不许里老攀扯

---

① 《阙里文献考》卷二十六《户田第七》，第610—611页。
② 《阙里志》卷十二《恩例》，第582页。
③ 《阙里文献考》卷二十六《户田第七》，第611页。

当差,违者甘当重罪"①。

清顺治元年(1644),承认了衍圣公在明代的全部特权,虽然仍是明朝的一百一十五户,但人丁已经大大增加。康熙五十二年(1713)时有丁(男子十六岁以上、六十岁以下)一千九百一十五,到乾隆二十五年(1760)户数虽然只存在一百零三户,但人丁却发展到四千八百五十,到清末民初,成丁者应该将近万人。

庙户在林庙及尼山书院洒扫守护,其中尼山巡山八户,孔林巡林七户,孔庙守护三十户,洒扫三十人户,饲养(祭祀用牛、羊、猪、鹿等牺牲)二十户,酝造(酿造祭祀用酒)十户,织造(织造祭祀用帛)五户,燎烜五户,原来每户仅一人服役,称为正身,每年发给工食银三两,其余供丁每年缴纳贴并银一钱,士农工商从便任业。

(二) 佃户

佃户始于宋元祐元年(1086)赐田一百大顷,"使其家依乡原例自召人耕种",但并非国家拨给。金代时,五十代衍圣公孔摠"亲率佃户东之蒙山,伐取材木,增修寝殿及尼防殿宇廊庑五十余楹",佃户已经不少,由于未见国家拨给的文献,应该是自行召佃的。国家钦拨在明洪武初年,钦赐祭田许招募佃户,宣德年间,"户部踏勘地土,五屯佃户共存五百户,计二千丁,见丁一百大亩",赐给佃户五百户。孔府习惯上将他们称为屯户,以与自行招募的佃户相区别。

清顺治元年(1644)也承认了衍圣公五百屯户的特权,到康熙五十年(1711)时,在屯者四千一百二十丁,在厂者八百九十四丁。乾隆二十五年编审,五屯存户二百四十,有丁八千六百零三,官庄存户七十三,有丁一千六百四十五,虽然存户只剩三百一十三,不到原额的百分之六十三,但人丁却已过万。

佃户、屯户都受到国家优待,杂项差役、河工、军需等一概免除。大约到明代中期人丁就已经超出实际需要,所以衍圣公府就向不服役的庙户成丁和所有屯户成丁收取丁银。清代初年,庙户每丁每年银一钱,屯户八分。

---

① 《阙里志》卷十二《恩例》,第582—583页。

雍正四年取消丁银，摊丁入亩，因衍圣公府有庙户、佃户二等，官庄佃户又租无常额，所以仍然采用旧法征收丁银，直到乾隆七年始奉部议，庙户及书院、官庄佃户仍然按照旧法征收丁银，五屯佃户摊丁入亩，每大亩加收四厘六丝三忽五微。

四、减少地租

减少地租有两种方式，一种是免粮，一种是轻粮。

早在唐代时，国家就免除孔子长孙的田赋和力役，贞观元年（627）诏孔氏子孙并免赋役，乾封元年（666）改为免除长孙子孙的赋役。后周遣使均田，孔氏子孙抑为编户，国家照常征收赋役。宋太平兴国三年（978），诏免曲阜孔氏后裔的庸调，只免除力役和纺织品的税收，没有免除田租。金皇统二年（1142）恢复为免除孔氏赋役，蒙古太宗九年（1237）改为免除奉上丝绵颜色税石军役大小差发，大德二年（1298）又令免除孔氏子孙合纳的税黍三十三石四斗四升，将孔氏子孙赋役全部免除。

免粮始于明太祖，洪武七年（1374），"奉圣旨：衍圣公免本户税粮三十顷，余田起科，族人田土依旧纳粮免差"，免除衍圣公三十顷土地的税粮。成化元年（1465），经孔克昫奏请，"奉宪宗纯皇帝圣旨：孔氏名下续买民间征粮地一百一十六顷五十六亩四分，蠲免税粮三分之二"。弘治十八年（1505），将孔氏陆续买到民间地二百五十三顷余站银并免。正德二年（1507），经衍圣公孔闻韶奏请，"奉武宗毅皇帝圣旨：孔氏税粮尽行蠲免。以示朕崇重先师之意"。据乾隆版《曲阜县志》及《阙里文献考》记载，孔氏免粮地共三百六十九顷六十八亩七分余。免粮地又名无粮地，粮银等一切并免。此外，曲阜还有祭酒地、粢盛地八十六顷三十三亩多也属免粮地。

轻粮地分布在曲阜、邹县和滕县三地。曲阜、滕县轻粮地开始时间不详。据清《赋役全书》记载，曲阜孔氏轻粮地共四千二百二十二顷余，占曲阜县纳粮地的百分之八十多，租银较民田每亩少一厘有奇，租粮与民相同。滕县轻粮地有六十五顷余，每亩征银一分一厘五丝六忽，可能不到民地的一半。邹县轻粮地始于正统六年（1441），"邹县为孔孟发迹之地，子孙聚处者尤众,其杂泛差徭一概豁免,而正项钱粮亦另立则例,较百姓减十分之五"①。邹县轻粮地有两种:一种名孔孟圣府地,中地一百五十六顷余,每亩征银一分三厘七毫五丝七忽,下地三十五顷,每亩征银五厘四毫;一种名孔孟氏地,中地三百八十九顷余,每亩征银二分二厘一毫五丝六忽,下地四百零三顷余,每亩征银一分一厘五丝六忽;孔孟氏地租银与曲阜轻粮地相近,减轻不多,孔孟圣府地确实是"较百姓减十分之五"。

五、免役

唐代以来,除后周外,都免除孔氏子孙的力役。明洪武元年(1368),太祖令"孔氏子孙皆免差发",洪武三年(1370),因孔克坚奏称"多有同姓的指着先圣宗派都来曲阜四散居住,中间多有不知礼仪者,相聚日久,恐相连累",太祖令"今后除先圣这一宗派休教当差,其余假托孔子子孙分拣出来,与百姓一体当差"②,免役范围有所缩小。正统六年(1441)诏"凡先圣先贤子孙流寓他处者俱免差役",将免役范围扩大到全国孔氏子孙。

六、钦拨乐舞生和礼生

宋大观六年(1170),颁给曲阜孔子庙正声大乐器一副,其后金元朝廷均颁给成套乐器,祭祀时奏乐、舞蹈、赞礼人员都是由孔氏族人充当。

国家拨给乐舞生始于明洪武七年(1374)。礼部咨文称"宣圣庙四时祭祀,合用乐舞生于府州县儒学生员内遴选,或于民间俊秀子弟内选用",选取济宁曲阜等州县乐舞生等一百二十余名,将其中"二十名起送太常寺协律郎处习演乐舞。蒙钦赐宝钞还回,常川在庙应充前役。俱照廪膳生员事例,除本身优免外,供给人二丁"。成化十二年(1476),国子监祭酒周宏谟奏准,增添八十名,弘治九年,经太常寺卿崔志端奏准,再添乐舞生二十六名③,乐舞生总数达到二百二十六名。清顺治元年,题准额设乐舞生二百四十名,优免均照明朝旧例。

---

① 徐振贵、孔祥林:《孔尚任新阙里志校注》,第264页。
② 《阙里志》卷十五《制敕二》,第707—708页。
③ 《阙里志》卷十二《恩典志》,第575—576页。

礼生始设于洪武七年（1374），名额六十，于附近州县选取年幼俊秀子弟，不妨农时，在庙演习礼仪，祭祀时充当赞礼。嘉靖三十五年（1556），奏准照乐舞生例，免除本身及二丁徭役。崇祯二年（1629），衍圣公孔胤植行文曲阜县，添设礼生四十名，负责祭品陈设，免除火夫杂差。清顺治元年（1664）题，准，照前朝旧例，保留六十名。雍正元年（1723），加封孔子五代先人王爵，增设二十名，礼生总数达到八十名。

国家免除乐舞生和礼生本身徭役是对其在孔子庙服务的补偿，再免二丁是补助往返的路费。

乐舞生还享受教育优待。明万历四十年（1612），经山东提学道奏准，乐舞生准令读书，与儒童一体考试，文理优通者发往兖州府学充附学生员，不拘名额，选择文理粗通者四人给以衣巾，暂寄曲阜县学，在庙领班。清顺治十三年（1656）部议，儒学名额照大学例，取三十六名送府学充附，领班衣巾四名送曲阜县学充附。雍正五年（1727），乐舞生按照《大清会典》规定，只设一百五十四名，每遇考试，选择文理优长者四名送曲阜县学充附，裁革府学三十六名。

崇高的地位，优厚的待遇，周到的优待，特别是明洪武开始的"养以禄而不任以事"的措施，使得衍圣公有充裕的时间和财力进行学习和开展家族的教育，保证了衍圣公家族的文化水准不断提高。

第三章 文章道德圣人家

孔子首创私学，有教无类，将教育扩大到民间，弟子三千，贤人七十，培养了一大批德才兼备的人才。在广育人才的同时，孔子也非常重视家庭教育。《论语·阳货》就记载："子谓伯鱼曰：'女为《周南》、《召南》矣乎？人而不为《周南》、《召南》，其犹正墙面而立也与！'"①教育儿子孔鲤学习《诗经·国风》中的《周南》和《召南》；《季氏篇》也记载："陈亢问于伯鱼曰：'子亦有异闻乎？'对曰：'未也。尝独立，鲤趋而过庭。曰："学诗乎？"对曰："未也。""不学诗，无以言！"鲤退而学诗。他日，又独立，鲤趋而过庭。曰："学礼乎？"对曰："未也。""不学礼，无以立！"鲤退而学礼。闻斯二者'。陈亢退而喜曰：'问一得三：闻诗，闻礼，又闻君子远其子也。'"②教育儿子孔鲤学诗学礼。孔子后裔以学诗学礼作为祖训，继承孔子重视教育的传统，大力兴办教育，历代王朝也给予种种教育优待，使孔氏后裔成为文化最为发达的家族之一，而长孙大多力学亲贤，砥砺德行，恪守礼义，被尊为文章道德圣人家。

第一节 学 诗 学 礼

孔子去世后，弟子们守丧三年，大多告别而去，孔子生前兴盛的教育景

---

① 杨伯峻：《论语译注》，第185页。
② 杨伯峻：《论语译注》，第178页。

象不再，但是曲阜仍然保持着浓厚的重礼传统。三百多年后，司马迁来曲阜，见"诸生以时习礼其家"，"诸儒亦讲礼乡饮大射于孔子冢"①，仍然保持着浓厚的学术氛围。而孔子后裔"世以家学相承，自为师友"②，学脉相承，诗礼传家，代不乏人。

孔氏家族诗礼传家，当然经学繁荣，经学繁荣一直延续到唐代中期。

孔子之孙子思著有《子思子》二十三篇，发挥孔子思想，开创思孟学派，成为战国时期的显学。其子孔白"杂所习"，子思教育他"学必由圣"，"故夫子之教，始于《诗》、《书》而终于《礼》、《乐》，杂说不与焉"③，要走诗书礼乐的成圣之路。七代孙孔穿游学于齐、赵、魏诸国，曾与公孙龙辩论"白马非马"，著有《谰言》十二篇。八代孙孔谦曾劝魏王"修仁尚义，崇德敦礼"。九代孙孔鲋在秦始皇焚书坑儒时，将家传《论语》、《尚书》、《孝经》藏于故居墙内，隐于嵩山，教授弟子百余人，后又投奔陈胜义军，著有《论语义疏》和《孔丛子》二十余篇。

汉魏时，孔子裔孙世守家业，形成著名的孔氏家学，"自安国以下世传古文《尚书》、《毛诗》"④，以致形成一个学派，著名的文化世家。汉初，九代孔腾，十代孔忠，十一代孔武、孔安国、孔臧、孔让，十二代孔延年，十三代孔霸、孔骊、孔衍，都被征为博士。孔安国学《诗》于申培公，学《书》于伏生，整理孔壁古文，隶成《古文尚书》、《古文论语》、《古文孝经》，开古文尚书学派。子孔卬，善《诗》、《礼》；孙孔骊精《春秋三传》，著有《公羊训诂》、《穀梁训诂》等书；曾孙孔立，善《诗》、《书》，以诗书教于阙里，弟子数百人；子孙世传《尚书》，一直到失传的最后一代也就是孔安国第十一代孔猛仍受业于王肃。

十一代孙孔安国、孔臧，十三代孔骊，十四代孔光，十六代孔奇，十七代孔嘉，十九代孔僖，二十代孔昱、孔融，二十二代孔衍，二十五代孔伦、孔愉、孔群，二十六代孔严、孔汪、孔坦、孔默之，二十八代孔㲄、孔灵运、孔灵符，

---

① 《史记·孔子世家》，第1945页。
② 孔继汾：《阙里文献考》卷二十七《学校》，第617页。
③ 王钧林、周海生译注：《孔丛子》，第75页。
④ 《后汉书·孔僖传》，《二十五史》第2册，第1026页二。

二十九代孔琳之、孔稚珪,三十一代孔晔、孔休源,三十二代孔颖达,都有经学著作;孔衍、孔灵运、孔灵符、三十六代孔至、三十八代孔述睿等还有史学著作;孔臧、孔融、孔群、孔坦、孔严、孔汪、二十九代孔稚圭、孔琳之、三十一代孔休源、孔奂、孔廞、三十三代孔绍安、三十七代孔巢父等都有文集;从公元前五世纪的子思至唐代中期的八世纪,孔氏经学繁荣了一千多年,即使西晋末年由于少数民族入侵,子孙移居江南,仍然保持着家学的传统。孔子子孙不仅"自为师友",而且收徒设教,孔安国曾孙孔立"以诗书教于阙里,弟子数百人",孔融之父孔宙官至泰山都尉,碑阴题刻弟子十八人、门生四十三人姓名,出仕为宦仍然收徒设教,孔安国后裔孔僖病死临晋县令任上,遗令就地安葬,二子长彦、季彦守墓不归,父没时长彦"年十二,季彦年甫十岁,并从西洛姚进义授学。家有遗书,兄弟相勉,讽诵不倦"①,"长彦好章句学,季彦守其家业,门徒数百人"。

到盛唐时期,科举制度的作用日益显现,孔氏子孙也逐渐从经学转向科举,虽然部分子孙仍然沿袭传统专攻明经,但更多的子孙转向诗文的进士科,从三十五代到四十代,明经及第仅七人,而从三十八代到四十一代,进士及第二十人,其中状元五人,四十代长孙兄弟二人先后状元及第,孔载、孔戣、孔戡三兄弟进士与孔缵、孔纶两兄弟同科进士,形成孔氏家族的第一次科举高潮。

宋代以后,受科举制度的影响,虽然仍然坚持诗礼传家的传统,但孔子后裔更多的以举子为业。四十三代长孙有四子,二人举进士;十孙,三人举进士;曾孙十一人,也是三人举进士;玄孙时已到北宋末年,金兵南侵,社会动乱,影响了科举,但二十九位玄孙也有二人举进士;一百二十年间,四代人十人举进士,而孔舜亮、孔宗翰兄弟同科进士,形成了孔氏家族的第二次科举高潮。

北宋末年,金兵入侵,此后蒙古兵南下,曲阜一百多年处于南北争夺的区域,战乱频仍,百业凋零,人口急剧减少,加之金元少数民族政权都不重视文化,科举不正常,孔氏子孙虽然偶有举进士者,但整体文化水准大幅下降,直到明代中期才稍有振作,但也仅有景泰甲戌五年(1454)科的孔公恂

---

① 民国《孔子世家谱》,第76页下。

和成化丁未二十二年（1487）科的孔弘颐两人进士，明末逐步复苏，天启壬戌二年（1622）至崇祯庚辰十三年（1640）十九年间就有进士五人。清代乾隆时期重新繁荣，六十八代衍圣公孔传铎后裔科第连绵，四代进士，四子孔继汾举人，一子二孙进士，四孙、三曾孙举人，孔广森、孔昭虔父子进士，曾孙、玄孙举人，成为经学世家。

即使在文化最不发达的时期，孔氏子孙依然不忘学诗学礼的祖训。元代时，五十三代衍圣公孔治袭封后，"作堂私第，命以诗礼，示不忘过庭之教"①。明清时衍圣公地位空前提高，更激发了承继先祖事业的决心，于孔子庙内建设诗礼堂作为子孙聚会的场所，将衍圣公府的东路和西路分别命名为东学和西学，书屋悬挂上"东趋家庭学诗学礼承旧业，西瞻祖庙肯堂肯构属何人"的对联，西学忠恕堂悬挂上七十三代衍圣公孔庆镕题刻的"天眷龙光匪懈精勤惟就学，祖谟燕翼大成似续在横经"的对联，连厢房也悬挂上"礼门义路家规矩，智水仁山古画图"的对联。

明代时，虽然在三氏学内有衍圣公胄子读书的专室，但府内还设有子孙学习的家学。六十二代衍圣公继配江氏就曾为六十四代衍圣公孔尚贤"择延师诲"，聘请家庭教师。清代时衍圣公府长期聘请家庭教师。乾隆三十二年（1767），七十一代衍圣公孔昭焕在回答乾隆皇帝的询问时说"长子宪允十二岁……现读《诗经》，从浙江庚辰科举人沈启震读书"②。孔庆镕的诗注说"嘉庆壬戌夏六月，沈古村先生以返菱湖，维扬黄秋平在曲课镕读书"③，沈启震在孔府任教达三十年，至嘉庆二年夏才离去，而接任的是维扬黄秋平。那时家庭学校设于西学红萼轩内，黄秋平非常严厉，对衍圣公孔庆镕严加管教，甚至扑打，嗣母于氏不能插手，只能在旁偷偷垂泪，孔庆镕曾经有诗记载说，"红萼轩东旧有梅，当年炎夏讲堂开。新师性愎儿遭扑，慈母心酸泪满腮"④。

皇帝对衍圣公的教育也非常重视，光绪皇帝曾当面要孔令贻"延请名

---

① 徐振贵、孔祥林：《孔尚任阙里志校注》，第718页。
② 孔府档案第6539卷。
③ 《孔庭摘要》"代数世封"。转引自骆承烈：《孔府档案选》，中国文史出版社，2002年，第242页。
④ 《孔庭摘要》"代数世封"。转引自骆承烈：《孔府档案选》，第242页。

师"。光绪二十年(1894),皇帝问孔令贻"你在家作甚么?"孔令贻回答说"写字看书。上年奉上谕,命臣延请名师,奈臣家空乏,请不起",可能是孔令贻故意哭穷,因为下面接着他就向皇帝回报说:"又蒙上谕,查找祀田。臣已咨请两江总督刘坤一、山东巡抚福润,并不与臣查找",皇帝问"他们为什么不找?"孔令贻回答说:"祀田系湖团地,均在沛县,此地归徐州道收粮。不知有何手眼依他们将祀田归于臣,格外人情并非臣本分。"①即使到民国中期,孔府入不敷出,仍然重视子女的教育,并且紧跟时代,聘请不同学科的老师为子女授课。孔德成姐弟三人有庄陔兰、吕金山和王毓华三位长期老师,詹老师和边老师短期教师,1924年还请吴伯箫教过一年英语。长期老师中,庄陔兰进士出身,曾任翰林,应教孔府,不要薪俸,算是客居,教授经学和书法;吕金山是举人,王毓华是新式学堂毕业。开设五经四书、七弦琴、数学、英语等课程。每天六时半读早书,八时与老师共用早餐,餐后有授经、书法、作文、写诗等功课,十一时下学,回内宅与母亲午饭,午饭后继续受经、学诗、书法,夏日六时晚餐,冬日五时,但晚上要上灯学,每天还要记日记。十天一休,选在"成"日,但很少休息,只有祭祀、扫墓时才放学。师生关系很好,陶氏病后,孔德成随王毓华同住。日寇入侵,庄陔兰年老留府教育三小姐(孔德成堂伯父孔令誉之女),王毓华协管府务,吕金山随孔德成南迁重庆。抗日胜利后,王毓华赶往南京,后与吕金山都随孔德成南迁台湾。近人多批评孔令贻继室陶文潽,其实她是很有见地的女性,兵荒马乱,经济拮据,她仍聘请名师教授子女多方面的知识,还购置了《图书集成》等许多书籍,加护手植桧、手植楷等圣贤遗泽,创办明德中学。

由于重视教育,衍圣公家族文化素养很高。孔弘绪罢免后,弟弟孔弘泰接任,兄弟"岁时游宴相酬唱,或夜分忘倦"②。六十二代衍圣公孔闻韶(号成庵)兄弟七人,连同叔父孔弘泰之子孔闻诗共八人,经常诗酒高会。据孔闻诗墓志说,"成庵公有弟七人,与君以行序,若无常父,然又足以占雍睦也。岁时

---

① 孔府档案6316卷。
② 李东阳:《明袭封衍圣公孔弘泰》,徐振贵、孔祥林:《孔尚任阙里志校注》,第787页。

高会,群玉连床,吟咏之琅琅,谈屑之霏霏,金薤错出,韶磬吐音,观者欢叹其为神仙中人,而盘馔有数,酒尽日饮不乱。绝不御声色,惟大礼席方出丝竹,而希声间然不绝作,冲雅有制,盖如此","读书暇,与翰林弟立斋君、世尹陋斋君赓和,一韵十叠而其不衰。文人词客时或满坐"①。堂兄弟高会时吟咏琅琅,谈屑霏霏,金薤错出,韶磬吐音,而孔闻诗与孔闻韶二弟孔闻礼(号立斋,世袭翰林院五经博士)联诗一韵十叠,都具有很好的文化素养。

如果说,在中唐以前,孔氏家族诗礼传家是经学门风并重,那么乾嘉以前是门风文学并重,经学让位给文学,但到乾嘉时期,随着考据学的兴起,孔氏经学重新复兴。

就衍圣公家族看,经学从明代开始由独重《五经》转向《五经》《四书》并重,乾嘉时期又恢复到独重《五经》,清末又转向重视《四书》。明初孔谔著有《中庸补注》,孔承倜著有《易经代言》、《诗经代言》、《书经代言》、《四书代言》、《中庸或问》、《天理说》等,孔尚严著有《学庸正解》,孔兴治著有《四书讲义》,孔兴瑄著有《四书约注》;乾嘉时期,衍圣公孔传铎著有《三礼合纂》、《三传合纂》;孔继涵、孔广林、孔广森、孔昭虔祖孙三代研究经学,孔继涵著有《五经文字疑》、《春秋地名考》、《勾股黍米法释数》等,孔广林著有《周官肊测》、《仪礼肊测》、《周易注》、《尚书注》、《论语注》、《孝经注》等,孔广森著有《诗声类》、《礼学卮言》、《经学卮言》、《顨轩说经》等,孔昭虔曾著《古韵》、《词韵》。清末时,孔昭杰著有《学庸指掌》、《论语集注》、《孟子摘要》,孔祥霖著有《四书大义辑要》、《经史考说》等著作。

第二节　国　家　设　学

为了使孔子后裔更好地继承弘扬孔子思想,国家为孔子后裔设立学校,委派官员,赐给学田,给予种种优待。

---

① 徐振贵、孔祥林:《孔尚任阙里志校注》,第792—793页。

一、学校历史

汉代时,孔氏家学已经形成学派,孔子后裔孔立、孔彪等人已经收徒设教,当时已经产生了很大影响,所以曹魏建国伊始国家就介入孔氏家学。黄初元年(220),魏文帝曹丕下诏"令鲁郡修起旧庙","又于其外广为屋宇,以居学者",建造学舍,供学者居住修业,次年立碑时学校已经建好,"莘莘学徒,爰居爰处"①。

西晋末年社会动乱,孔氏家学也受到很大冲击,"邹鲁旧国,汉兴犹有儒风,自五胡乱华,天下分裂,二境尤被伤残,彭城要害,藩捍南国,必争之地,常置重兵,数百年中无复讲诵"②。东晋太元十年(385),使臣李辽"过觐孔庙,庭宇倾顿,轨式废弛",请求"兴复圣祀,修建讲学",十四年朝廷"敕下兖州鲁郡,准旧营饰",但因主持人去世未能完成。十七年,李辽再次上表请求"重符兖州刺史,遂成旧庙,蠲复数户以供洒扫,并赐给六经,讲立庠序,延请宿学,广集后进,使油然入道,发剖琢之功,运仁义以征伐,敷道德以服远",但未被孝武帝采纳。③ 元嘉十九年(442),宋文帝下诏令鲁郡恢复孔氏家学,"阙里往经寇乱,学校残毁,并下鲁郡,修复学舍,采招生徒"。但仅过八年,曲阜即被北魏攻占,"魏人凡破南兖、徐、兖、豫、青、冀六州,杀伤不可胜计,丁壮者即加斩截,婴儿贯于槊上盘舞以为戏,所过郡县赤地无余,春燕归巢于林木"④,即使恢复了学校,也不会有人就学,更何况孔氏家族与其他中原世族一样,西晋末年精英大多南迁,文化水准已经大大降低了。

从南朝宋到北宋,五百多年间,文献中完全没有孔氏家学的记载,分析其原因,应该是此时的学校属于孔氏私学,国家没有介入,而孔氏较之此前有所衰微,文献很少,所以没有记录,李辽所请求的"讲立庠序,延请宿学,广集后进"应该是恢复官学。

---

① 《魏鲁孔子庙碑》,《阙里文献考》卷三十三《艺文志二》,第735、736页。
② 《舆地广记》卷一,《四库全书》,第471册。
③ 《宋书·礼》,《二十五史》第3册,第1627页。
④ 《资治通鉴》卷一百二十六,《四库全书》,第307册。

虽然曲阜一带从4世纪初开始大部分时间内处于少数民族的管理之下，先后属于匈奴族的后赵、鲜卑族的前燕、氐族的前秦、鲜卑族的北燕、北魏和东魏以及鲜卑化汉人的北齐，但这些少数民族政权建立后也尊崇孔子思想，兴学设教，特别是北魏尊孔重道，优待孔子后裔。太和十九年（495），孝文帝还曾亲自到曲阜祭祀孔子，"诏选诸孔宗子一人封崇圣侯，邑一百户，以奉孔子之祀"，"诏拜孔氏四人、颜氏二人为官"①。既然称诸孔，那就说明孔氏至少应该有几支族人，诏拜孔氏四人为官，说明曲阜孔氏族人不少。但从《孔子世家谱》看，此期收录的主要是生活在南朝的族孙，北朝除袭封者外几乎无人，由此可见家谱遗漏之多。

　　唐代也是如此。从《孔子世家谱》看，入唐时，子孙仅有四支，一支是三十三代长孙孔德伦，一支是三十二代孔颖达，一支是三十二代孔奂，一支是三十三代孔伯鲁。他们均来自孔霸长子孔福。长孙孔德伦除三支外迁（三十五代孔贤迁至河南宁陵，三十八代孔惟时迁至河南郏县，四十二代孔桧迁至浙江平阳）另续外，每代收录一至三人不等，至四十二代仅收录十八人；孔颖达后裔除迁出六支（三十五代孔立言迁至河北献县，三十八代孔瑛迁至湖南浏阳，三十九代孔温宪迁至湖南桂东，四十代孔绚迁至江苏丹阳，孔绩迁至江西临江，四十一代孔昌弼迁至岭南，孔昌庶迁至河南洛阳，四十二代孔枏迁至安徽庐江）另续外，每代收录一至十二人不等，至四十二代全部迁出外，收录四十七人；孔奂后裔至三十六代迁至河南鲁山，收录十一人；孔伯鲁一支至三十九代孔敏行失传，收录九人。不计外迁，孔子世家谱共收录四支八十五人。

　　家谱收录族孙为什么会出现长支少而个别旁支多这种情况呢？其原因正如宋代孔宗翰所说："家谱之法，世叙承袭者一而已，疏略之弊，识者病之。盖先圣之没于今一千五百年，宗族世有贤俊，苟非见于史册，即后世泯然不闻，是可痛也。如太常博士讳臧，临淮太守讳安国，丞相讳光，北海相讳融，兰台令史讳僖，议郎讳昱，才十数人，非见于汉史皆不复知矣。魏晋而下，逮于隋唐，见于纪者止百余人。按议郎本传云，自霸至昱，七世之内，

---

① 《魏书·高祖孝文帝纪》，《二十五史》第3册，第2193页一。

爵位相系，其卿相牧守五十三人，列侯七人，今考于传记，乃知所遗之多也。宗翰假守豫章，蒙恩除鲁郡，将归之日，遂以旧谱命工镂板，用广流传。或须讲求，以俟他日。"①宋以前，家谱官修，只收录长孙一人，孔宗翰有感于疏略，将见于史册者族人收录入谱。南渡孔氏名人众多，多见于正史，孔颖达一支唐代进士十九人，明经五人，且多高官，史书中有传者也众多，所以才使家谱中南朝孔氏族人多于北宗，孔颖达后裔多于长孙。孔宗翰增收族人入谱，却被孔端朝误认为"削去旁支，独载世袭者，有识者惜之"②，冤哉！

家谱收录四支除长孙外，唐代时均已是外迁族人。孔颖达一支是冀州衡水人，其十一代祖、孔子二十二代孙孔衍于西晋末年南迁江东，晋元帝时曾官中书郎领太子中庶子，外放广陵太守，曾祖孔灵龟曾任北魏国子博士，祖父孔硕曾任北魏治书侍御史、兰台丞，最晚应该是北魏迁居河北的。孔奂和孔伯鲁的祖先都是西晋末年南渡的，籍贯都已经成为越州山阴。

唐代时，长孙一支人丁较少。三十三代孙孔德伦曾一度外迁河南宁陵，但即使如此，其孙孔贤"十岁能文章，登进士第，历太子中舍、深州刺史"，如果家庭没有学校，很难想象十岁能文章的。玄孙兄弟三人，孔惟晊袭封文宣公，孔惟昉、惟时都曾任兖州参军，三十九代文宣公明经及第，四十代文宣公孔振、孔拯兄弟二人状元及第，三弟孔郁曾任太子舍人，官至侍郎，如果没有家学很难想象家族如此显赫。只是这时的孔氏家学没有汉魏时学术的兴盛，也没有国家的介入，只是纯粹的家族教育不被人重视罢了。

从北宋开始，国家越来越多地介入孔氏家学，使孔氏家学逐渐成为官学。作为官学的标志，就是国家为设置学官和拨给经费和土地。

北宋初年，孔氏家学仍然存在。大中祥符元年（1008），真宗祭祀孔子后，下诏令将驻跸斋厅去除螭吻作为讲书之用，"讲学道义，贵近庙庭，当许于斋厅内说书"③。次年，四十四代孙孔勖任仙源县知县，上奏朝廷请求在家学旧址重建讲堂，得到允许，重建后的讲学堂"栋宇崇崇，户牖空空，师席

---

① （宋）孔传：《东家杂记》，第165—166页。
② （宋）孔传：《东家杂记》，第168页。
③ 徐振贵、孔祥林：《孔尚任新阙里志校注》，第285页。

斯正,学人斯同"。此讲学堂应该就是后来的双桂堂,"皇祐元年,先公、仲父同年赐第,旧常于此会学,故以名之"①。孔传所称的先公、仲父就是孔舜亮、孔宗翰兄弟,二人皇祐元年(1049)同科进士及第,所以将他们原来学习的地方改称双桂堂。北宋初年,孔子庙独处城外,孔子后裔均在庙内居住,人丁很少,既然有国家建造的讲学堂,不可能再为子孙单建学习的场所。乾兴元年(1022),兖州知州孙奭维修庙学,请以杨光辅为讲书。元祐元年(1086),朝廷议决,"赐监书一本,置教授官一员,于举到学官人内差,或委本路监司保举有行义人充,令教谕本家子弟。内举人依本州学生例与供给。"②并改建庙学于孔子庙东南隅。不久增加颜回、孟子子孙,拨尼山附近土地二十顷充庙学生员膳食,赐给经史书籍各一部。四年,增设学正、学录各一员,专门教育奉圣公(不久复改为衍圣公)胄子,文彦博举荐尹复臻担任庙学教授。

金明昌元年(1190),下诏维修庙学,"设教授一员,于四举、五举终场进士出身人内选博学经史、众所推服者充"③。规定庙宅十三岁以上的孔氏子弟都可以入学学习,按照兖州府学的例子给已习辞赋经义准备应试的孔氏子弟每人每月官钱二贯,米三斗,尚不具备考试资格的小生减半供给,允许兖州管下的进士入学学习,曾经府荐者试补终场举人入学名额定为二十名。

元中统元年(1260),"制依旧典,立曲阜庙学,遴选师儒充孔颜孟三氏子孙教授、学正、学录各一员,训其子弟,必之常例,优加擢用。其三氏子孙入学者,俾同朝官子弟入国学例。教官比常例,每减一考入流"④。九月,经姚枢之请,世祖下诏令杨庸为教授,"孔氏、颜、孟之家皆圣贤之后也,自兵乱以来往往失学,甘为庸鄙,朕甚悯焉。今以进士杨庸教授孔氏颜孟子弟,务严加训诲,精通经术,以继圣贤之业"⑤。由于学官由有司任命,任命不及

---

① (宋)孔传:《东家杂记》,第135页。
② (金)孔元措:《孔氏祖庭广记》,第115至116页。
③ 徐振贵、孔祥林:《孔尚任新阙里志校注》,第279页。
④ 徐振贵、孔祥林:《孔尚任新阙里志校注》,第279页。
⑤ 《元文类》卷一,《元朝典故编年考》也作中统元年九月,《阙里文献考》作中统三年,误。第618页。

时,致使学校废弛,延祐六年(1319),朝廷议决学官改为由衍圣公遴选注用,"三氏子孙学官,初以常例拘之,后来有司不体优待圣贤之意,将听除人等一概注授,遂使学校废弛。已后注用人员,必听衍圣公遴选,以为定制,永有成效"。至治二年(1322),衍圣公推荐张瀚出任,"议准:儒士张瀚德行文章可充林庙学正,宜从衍圣公保举,代颜之晦阙"①。元代中后期对庙学是很重视的,至元三十一年(1294)曾拨给学田五十九大顷五十亩,某位皇帝还曾颁"戒饬曲阜庙学诏"给曲阜庙学:"郡县庙学崇奉之制,所从来尚矣。乃者大臣言曲阜庙学创建聿新,将严饬以风厉四方,朕甚慕之。惟夫子之道行于天下,崇教立化,实始于鲁,可不知其所自与?有司其益加明洁,屏游观,严洒扫,以称创立之美,敬而勿亵,神明之道也。苟完以教夫子之训也,其尽心焉毋怠"②。

明朝是家学的大发展时期。明洪武元年(1368),将庙学改称孔颜孟三氏子孙教授司,沿袭元朝设置教授、学正和学录,"奉旨:孔颜孟三氏子孙俱系先圣先贤之后,历代崇重,事同一体。其三氏儒学教授一员于师儒官内保升"③。七年,裁去学正,重修学校。正统九年(1444)设立廪生名额,成化元年(1465),衍圣公孔弘绪奏准颁给三氏学官印,将学校改称孔颜孟三氏学,并许三年一贡,孔氏家学彻底完成了向官学的转变。嘉靖六年(1527)确定生员三十名,三年贡二人,达到州学规格,拨给生员廪米。万历十五年(1587)增加曾子后裔,改称孔颜曾孟四氏学。四十年,将生员名额增至四十名,每年贡一人,达到府学规格。天启元年(1621),山东乡试单为孔氏增加举人名额,则是天下任何学校所没有的待遇。

清代全盘承认孔子裔孙在明代的特权,孔颜曾孟四氏学一切仍旧,并不断给予新的优待。顺治十四年(1657)将崇祯七年(1634)拨给鲁王宗学的一名举人名额返还孔氏,雍正二年(1724)再增加一名,乾隆元年时还一

---

① 徐振贵、孔祥林:《孔尚任新阙里志校注》,第279页。
② 此为元代袁桷(1266—1327)所撰内制,袁桷大德初始入朝,官翰林国史院检阅官,后升应奉翰林文字同知制诰至泰定初辞职,故定为元中后期。文见《清容居士集》卷三十五,《四库全书》,第1203册。
③ 徐振贵、孔祥林:《孔尚任新阙里志校注》,第279页。

度增至四名。

清光绪三十一年(1905)停止科举取士,清政府颁布了《奏定学堂章程》,内中制定了《优级师范学堂章程》和《初级师范学堂章程》,要求每省于省城设一所优级师范学堂,各州设一所初级师范学堂。山东各地遵旨积极筹建,光绪三十一年,省城和全省十府及各直隶州纷纷开设了官办优级师范学堂和简易师范学堂。

曲阜只是县级单位,不在规定的建立师范学堂的范围之内,但圣贤子孙历来受到国家教育的优待,山东地方官员也非常重视、关心圣裔的教育,巡抚杨士襄指令在孔庙东侧的原兖州府东考院创建"曲阜县官立四氏初级完全师范学堂",以钦命会同稽查山东全省学务的袭封衍圣公孔令贻出任学堂总理,总领一切"以资震慑",以举人孔昭曾为学堂监督(校长)。

四氏初级师范学堂于光绪三十二年(1906)正月正式开学,虽然由山东省政府出资,开办时确定为每年经费为白银4 960两,但实际由衍圣公管辖。政府行文先发衍圣公府,学堂监督由衍圣公推荐任免,学堂事务要请示衍圣公,账务报衍圣公府核存,学堂的监督、监学、庶务、收支、文案、检察等职员也多由孔庙执事官和四氏学学录等兼任。

学堂初期分成完全科和简易科。完全科学制五年,预科一年,本科四年;简易科学制两年。宣统元年(1909),根据山东提学使指令停办了师范简易科。

学堂教师由举人及高等学堂或师范学堂毕业生担任,按学科分为中、西学教员,按级别分为正、副教员。1909年以前教师只有五六人,一般一人兼任多科。学生初期定额一百名,规定从孔、颜、曾、孟四氏贡生、廪生、增生、附生以及文理优长的监生中招收,先试学四个月,"须在四个月内细察其资性品行,实在相宜者始准留"。1906年2月招生93人,秋冬两次考察淘汰了33人,开除3人,送省优级师范学堂肄习9人,最后仅剩48人。1908年,衍圣公孔令贻发文兖州府、曹州府、济宁直隶州,称"外姓聪敏子弟亦可取录就学,以期广为造就",将招生范围扩大至鲁西南外姓子弟。四氏子弟称为内班,外姓子弟称为外班。内班学生每月饮食费白银二两,外班则少一些。

学堂以培养贤材、通材为宗旨,"首重德育",提倡"忠君、尊孔、尚武、尚实","明人伦,尚躬行","激励学生精神,砥砺学生志操","教师者宜勉励各生谨言慎行,贵庄重而戒轻佻,尚和平而忌暴戾",将品德教育和人格养成放在最重要的位置。教育"以中学为主,西学为辅",完全科开设国文、经学、修身、教育、历史、地理、算学、理化、博物、图画、习字、体操等十二门课程,根据年级还相应增加外语、商业、农业、工业一科或数科。

学生毕业时按照考试成绩录用:考试成绩70分以上者为优秀生,给予奖励;60—70分者为师范贡科生,"以训导用,令充小学堂及程度相当之各项学堂正教员";50—60分者授予及格文凭,"充小学堂及程度相当之各项学堂副教员";50分以下者授予修业文凭。毕业后官费毕业生完全科服务六年,简易科服务三年,自费生完全科服务三年,简易科服务二年,服务期满后,完全科和简易科毕业生都可升考优级师范本科或优级师范附设补习班。

民国肇建,1912年改称山东省立曲阜师范学校,取消总理,监督改称校长,1914年合并兖州、济宁、临沂、曹州四处师范改称山东省立第二师范学校,纳入教育系统管理,但是由于历史的原因和孔府的影响,校长仍由衍圣公提名。直到1919年衍圣公孔令贻去世,学校才基本脱离孔府的控制。

1908年,在学校东部附设了附属小学,1934年时招生十一个班,学生503人,每年经费19 512元。

曲阜师范学校一直延续至今,现在改为济宁学院小教学院,但仍保留曲阜师范学校的名称。附属小学现在改称济宁学院第二附属小学。

二、设置学官

学官之设始于宋乾兴元年(1022),以杨光辅为讲书,后来转为奉礼郎。元祐元年(1086)国家为孔氏庙学设置教授一员,按照州学学正之例优与供给,四年添设学正、学录各一员。金明昌元年(1190)设置教授一员,"于四举、五举终场进士出身人内选博学经史、众所推服者充"。元代复设教授、学录、学正各一员,明洪武七年(1374)裁去学正。

教授职责为考论道德,申明伦纪,讲究经史,训课文艺,表坊士类,化导风俗,孔子庙祭祀时充当领班官,率领四氏学诸生随班陪祭。在金代时从进士中选任,元代改为遴选,明洪武元年(1368)改为"于师儒官内保升",万历十五年(1587)改为由山东提学从本省儒学教谕、训导中优选,送衍圣公咨送吏部题升,四十年改为直接由部中题授,清顺治二年(1645)经衍圣公题准,由衍圣公保举博学生员咨部铨除。教授在明代为从九品,清乾隆七年(1742)改为正七品,可以与其他官员一样升转。

学录为孔氏家学特设的学官,"大清顺治元年奏准,天下学宫皆用教谕,独四氏学用学录,盖以比隆国学,亦以圣贤子孙不与他学同也"①。学录的职责为绳愆纠谬,察功考过,劝勤惩惰,纪事司籍;孔子庙祭祀时充当监祭官,检查祭器陈设。学录明代时由师儒官内保升,宣德元年(1426)改为由孔氏出任,由衍圣公会同族人公举年德俱尊、学问优长者咨部铨授,职衔属国子监,清乾隆二十六年(1761)改为由衍圣公"于孔氏岁贡廪生、捐贡及廪生内""拣选应用人员移送抚臣验看"后报部除授。孔氏家学教授不用孔氏,但学录必须由孔氏担任,这是因为"异姓则师严而道尊,宗人则情亲而爱笃"。学录在明代时没有品级,清雍正十三年(1735)定为正八品。

三、给予经费

国家给予的经费一是学官俸禄,二是学生廪米,三是杂费,四是学田。

学官俸禄在明代时由衍圣公从孔庙祭田收入内支给,薪银和马草银由曲阜县支给。清代制定百官品俸时改为由曲阜县正项钱粮内支给,教授、学录每年俸银五十九两九钱六分,斋薪银各十二两,马草银各十二两。

宋代时庙学学生就按照府学标准,应试者每人每月给官钱二贯,米三斗,不具备考试资格的小生减半供给。明嘉靖十九年给生员廪米,每人每年十二石,闰月加给一石,后来增加的十名从学田收入内支给。不久改米折银,共给银三百七十两,后裁去三分之二,清乾隆二年(1737)又恢复原额。

杂费很少,主要有岁贡袍帽伞盖银十三两九钱七分,以及斋夫、门斗各

---

① 徐振贵、孔祥林:《孔尚任新阙里志校注》,第282页。

役的工食等一百八十余两。后来廪生不再统一就餐，膳夫银两逐渐减少至二十四两多，杂费也就减少到一百三十五两。

设置学田始于宋元祐元年（1086），国家拨给尼山附近土地二十顷，元至元三十一年（1294）拨给沛县土地五十大顷，曲阜土地九大顷五十亩，元统元年（1333）拨给没收贪官江西佥事忙古台郓城县土地八顷八十九亩和房屋二十九间。明清时期山东地方官员还为四氏学购置学田，万历二十八年（1600）山东巡盐御史吴达可以郡县赎款购置曲阜、泗水土地共七顷五十六亩，三十七年巡盐御史毕懋康也以郡县赎款购置曲阜土地三顷二十六亩，四十年兖州知府陈良材续查拨给学田五十八亩八分，连同其他捐赠，四氏学共有学田 24 700 多亩。

四、校舍

魏国"令鲁郡修起旧庙"，"又于其外广为屋宇，以居学者"，学校位于孔子庙附近，具体位置不详。宋代初建讲学堂应该位于孔庙的东北角，元祐元年（1086）改建于东南隅，奇怪的是《东家杂记》却没有记述。今《东家杂记》"宅图"有文无图，文字记述建筑非常详细，但却无学校。金《孔氏祖庭广记》"金阙里庙制"图中位于孔子庙的东南角，有东西两院，西院为学，东院为教授厅，均是其后两进院落。学舍前后正房都是三间，东西两厢前院为五间，后院为三间；教授厅两进正房各三间，前院东西厢房各三间，后院无厢房。位置即今阙里宾舍处，应该是宋代迁建、金代重建的。明洪武十年（1377）重修，有明伦堂三间，东西斋十二间，教授宅八间，学录宅十二间，生员房舍二十二间，弘治十一年扩修至一百一十多间。由于学校位于衍圣公府与察院、布政司、按察司行署之间，万历十年（1582），知县孔弘复出己俸二百七十余两，将学校东迁至泮宫之北。万历四十二年，知县孔贞丛再迁至孔子庙观德门之西。中为明伦堂五间，东西号房各五间，分别名启蒙斋和养正斋；堂后尊经阁，阁左右厢房各五间，谓之公子号房，分别是衍圣公和四氏博士应袭读书之所。堂东为教授宅，西为学录宅，各有正厅和后堂各五间，后堂还有东西厢房各三间。堂前仪门三间，大门三间。门前有璧水、状元坊。民国时，衍圣公在此创建明德中学，建国后改为曲阜第一中学,本世纪初学校迁出改成了宾馆。

第三节 科举优待

科举优待主要表现在设置生员、贡生和举人数额等方面,生员、贡生是官学最主要的标志,而举人名额则是孔颜曾孟四氏学独有的恩遇。

一、生员名额

宋朝国家重新为孔氏设置学校,但在科举方面并没有优待,金明昌元年(1190)曾给予孔氏学校二十名参加进士考试的名额,相当于后世的二十个应试举人,而当时最高一级的京府府学也只有十五个名额,这是空前也是绝后的科举优待。明洪武二年(1369),国家规定各级国立学校学生名额,府学四十名,州学三十名,县学二十名,并给予廪膳,但没有给予三氏学。明正统九年,五十九代衍圣公孔彦缙奏书朝廷说,"三氏子孙初止在学读书习礼,未定生员名额。今学徒日盛,有以京闱领荐者,有以府学领荐者,有以儒士领荐者,请照郡县学例置立生员,听提学官考选,应山东布政使司乡试",朝廷同意了他的要求,但是没有明确额数。[1] 嘉靖六年(1527),山东巡抚刘节奏称,"三氏学生员岁贡向来惟以入学为序,并无考选例,是以学者无所劝惩,请定为考选之法",建议按照府学或州学之例设置廪膳、增广、附学等生员。经礼部议准,"照州学例设置廪生、增生各三十名"[2]。万历十五年(1587),学校增加曾氏,改称孔颜曾孟四氏学。四十年(1612),山东提学道陈瑛建言抚按说:"四氏学官有教授、学录,视国学则稍杀,视郡学则较隆,其廪增额数自当比视郡学。向因人材未盛,故旧额仅三十人。今后裔蕃衍,入学者已三百有余,而廪额如故,非所以重圣贤之裔也。应将四氏学廪生加十名,如府学数,增广生员亦如之"[3],山东抚按报请,朝廷同

---

[1] 《阙里文献考》卷二十七《学校》,第618—619页。
[2] 《阙里文献考》卷二十七《学校》,第620页。
[3] 《阙里文献考》卷二十七《学校》,第620—621页。

意,将廪生、增生各增加十名,达到府学的规模。明代时四氏学还有儒童名额,清顺治初裁为十五名,不久又增加五名。清康熙四年(1665)四氏学还增设武生名额,每遇岁试考取十五名。

二、贡生名额

贡生有岁贡、恩贡、拔贡和陪祀恩贡数种。

明洪武十七年(1384)国家始设岁贡,每所学校每年贡送一人入国子监读书;二十一年改为府学每年贡一人,州学三年贡二人,县学两年贡一人;正统元年(1436)再改为府学每年贡一人,州学二年贡一人,县学三年贡一人;但都没有给予三氏学贡生名额。成化元年(1465),衍圣公孔弘绪上奏朝廷说:"子孙在学读书者不下二三百名,止由科目一途进取不无淹滞,乞依各府儒学事例设岁贡","部议令三岁贡一人,以曾经科举及考试通习经书、素有行止者充选"①,三氏学按县学例每三年贡一人。正德四年(1509),颜氏生员颜重礼具疏反映贡举只有孔氏而无颜孟不均,"颜氏子孙亦有进学读书年久、奋志科目者,自开贡以来,正例二贡俱不获沾恩",礼部意见为孔氏贡三名之年同贡颜氏一人,再贡三次之年同贡孟氏一人,皇帝下旨,"孔氏子孙岁贡仍照旧例,颜孟子孙不必搭贡,于第次贡一人,仍照提学官从公考选,曾经科举在首者应充,不许将年老无学之人冒滥,一概入选收用"。由于皇帝旨意难以理解,正德十五年(1520),已贡孔氏三人,学官改为只贡颜氏。三氏学教授上疏认为对孔氏不均,二十四年间,孔氏贡六人,颜、孟各一人,而在校生员孔氏占十分之九,而颜孟才占十分之一。经山东提学、抚按、礼部等商议后经皇帝同意,恢复三次同贡的办法。嘉靖六年(1527),学校始设廪生三十名,贡生也相应按州学例改为四年贡三人,万历四十年(1612)廪生增至四十名,也按府学改为一年一贡。岁贡是孔氏生员的最大宗,明朝大约有一百一十多人,清代一百五十多人。

拔贡在明代又称选贡,始于弘治年间,如同清代的优贡,每三年或五年从府州县学中考选学行兼优者充贡。孔氏生员中选始见于明正德十二年

---

① 孔继汾:《阙里文献考》卷二十七《学校》,第619页。

(1517),明代有十人中选。清代拔贡难于明代,清初六年一次,由各省学政考选品学兼优的生员保送入监,乾隆时改为十二年一次,府学二名,州县学各一名,是最被看重的贡生之一,清代孔氏生员有二十七人中选。

恩贡是明清贡生名目之一,凡遇皇室庆典,根据各学常贡名额本年加贡一次。孔氏生员恩贡始见于明代,明代有四人,清代有五人。

陪祀恩贡是圣贤后裔特有的贡生名目。《阙里文献考》作始于明天启四年(1624)误,《曲阜县志》作天启五年是对的,因为明熹宗不是四年而是五年释奠孔子的。景泰元年(1450),明代宗释奠孔子,召衍圣公率三氏子孙入京观礼,只是赐宴赐物。天启五年始命四氏陪祀生监和奉祀生皆以恩例准贡,此后成为惯例。清代时陆续扩大到仲氏(子路后裔)、闵氏(闵损后裔)、冉氏(冉耕、冉雍后裔)、言氏(言偃后裔)、卜氏(卜商后裔)、端木氏(端木赐后裔)、颛孙氏(颛孙师后裔)、东野氏(周公后裔)十三氏族人。初期没有规定贡生名额,清代逐渐确定为每次孔氏七人,十二氏各二人。陪祀恩贡是孔氏生员的第二大宗,明代三次有十人,清代共有八十多人。

除上述按学给额的岁贡、拔贡、恩贡和特有的陪祀恩贡外,副榜贡生和优贡也应视为国家的科举优待,虽然它们并非是直接给予孔氏生员的,但没有生员名额哪来的入贡资格?

优贡是清代新增加的贡生名目,每三年或五年由各省学政考选生员进入国子监读书,大省六人,中省四人,小省二人,是最被看重的贡生。乾隆九年(1744)孔继涑首先入选,其后又有孔庆瀛、孔毓炳二人入选。

副榜始于元代,乡试时在举人原额外附加录取若干名,可以授予郡学学录或学校教谕等职,明嘉靖时复置,清代因之,定为每正榜五名取中一名,称作副贡,不能参加会试,但可以参加下届乡试。孔氏副榜贡生始见于明天启元年(1621),孔尚标膺选,其后不时有中选者,明代二人,清代十人。

三、举人名额

各级国立学校不论是国学还是府州县学都是只有廪生定额,唯有四氏学设置举人名额。

从北宋开始，曲阜长期陷于战争争夺区域，百业凋敝，孔氏家族文化水准大幅降低。入明以后，虽经二百余年的休养生息，孔氏家族文化水准逐渐提高，但科举并不兴盛。明天启以前仅有景泰甲戌（1454）和成化丁未（1487）两科孔公恂和孔弘颐分别考中进士，举人也不过二十人。有鉴于此，天启元年（1621），云南道监察御史李日宣上疏请为孔氏设置举人名额。疏称"为至圣之裔须达，谨因场务特陈二要，以饬一代新政，请行山东曲阜县，将所在孔氏后裔每科于省额中式之外，加举一二人贡之阙下，以光新政"。礼部议定增加一人，山东乡试时，将孔氏"另编耳字号，于填榜之时，总查各经房有无孔氏中式，如其无人，通取该学之卷，当堂公阅，亦必择其文理稍优者中式一名，以加于东省原额之外"。皇帝同意此办法，但批示不必限定一人，"圣裔中式名数准加于额外，但不必拘定一人，以滋多碍"。于是从辛酉科开始，将圣裔试卷单编耳字号，选定二人中式。此后成为惯例，每科俱中式二人。崇祯九年（1636），将名额分给鲁王一名。明代八科共有十一人中举。

清顺治二年（1645），定为一名，每科均取孔氏一人。十七年，颜、曾、孟三氏具呈辨议，山东提学道施闰章会同山东巡按御史题请，皇帝颁旨"将原旧二名仍归四氏学，不拘孔氏，亦不拘颜、曾、孟三氏"①，此后确定每科先取孔氏一名，然后从孔颜曾孟中选取最佳者一人。雍正二年（1724）再增一名举人名额，此后每科均取三人，乾隆元年（1736）恩科曾一度增加到四名。嘉庆庚午科以后，许多科孔氏中举者超过三人，是科及癸酉科、己卯科均是四人，同治庚午科补行丁卯科多达七人，光绪乙亥恩科和己丑恩科均取中五人，整个清代，孔氏中举者近二百五十人。

天启增设举人名额后，孔氏科举大盛，次年进士中式二人，明朝灭亡前九科会试共考中进士五人，颜氏一人。清代孔氏考中进士二十六人，颜氏八人，孟氏一人。

---

① 徐振贵、孔祥林：《孔尚任新阙里志校注》，第298—299页。

第四节 公府礼典

衍圣公以奉祀孔子、护卫孔子林庙为主要职责,历代王朝不断给予各种礼遇优待,公府除奉行国家礼仪外,还制定了府内的礼仪。主要礼典由有袭封到任礼、领敕礼仪、朝觐礼仪、陪祀礼仪、接驾礼仪和属官见公府男性成员礼仪等。

一、袭封到任礼

从历代礼书看,国家并未制定衍圣公袭爵礼仪,文献仅有明洪武十七年(1384)五十七代衍圣公孔讷袭封的记载。洪武十六年(1383),马皇后去世,孔讷入京送葬。事毕,明太祖亲自召见,顾谓廷臣说"孔讷真圣人子孙也",赐膳光禄寺,馆于太学,命礼部尚书刘仲质慰劳,并令袭爵,孔讷以守丧请辞。次年,孔讷专门赴京袭爵,太祖令礼官卜日,择定二月庚午。是日,百僚班列,太祖令礼部以教坊乐导送至太学,太学学官率领三千多学生到成贤街迎接,观者如堵,盛况空前。次日,孔讷入朝谢恩,复赐袭衣,令宴于礼部。后日,释奠于太学,报告袭爵。①

从孔府档案看,清代衍圣公袭爵到任有了详细的仪注。虽然各代衍圣公细节略有不同,主要仪程大致相同,包括准备典礼、迎印、祭仪门、谢恩拜印、受贺、收印、告祭孔子庙、拜谢恩折、祭告家庙、祭祀天地灶神、拜尊长、祭墓、代祭书院等。

准备:接到吏部咨文后,衍圣公选定到任吉日,签发告示晓谕属官、四氏学、族人等进行准备,同时知会各氏圣贤博士,告知到任日期。

到任日黎明,孔府大门、仪门均用大红封条封上,仪门外并陈设祭品。

迎印:七十一代衍圣公孔昭焕到任时因在守孝期间,素服纬帽,由东书房出前门,乘小轿,知印官着公府,骑马捧印在轿前,出鼓楼门,由钟楼街赴

---
① 孔继汾:《阙里文献考》卷九《世系》,第 179 页。

察院。入门后，知印官下马前行，衍圣公至察院大堂屋檐下下轿，由大堂公案东边进至后堂，衍圣公官印安放在正面桌上，衍圣公在东边稍坐。阴阳官报"吉时到"，请衍圣公更衣。三声炮响，知印官捧印前行，衍圣公随行至大堂檐下，改乘八抬大轿，知印官至二门外乘马。出察院，全套仪卫前导，由钟楼街至棋盘街北转至鼓楼大街，经鼓楼门至孔府大门前。五声炮响，打开大门。知印官至仪门前下马，衍圣公下轿。

祭仪门：知印官捧印站立衍圣公右侧，面西。三声炮响，衍圣公行一跪三叩头礼，明礼生恭读告文："维乾隆八年，岁次癸亥，六月壬子朔越四日乙卯，孔子七十一代孙袭封衍圣公孔昭焕谨以牲醴香楮之仪，致祭于仪门之神曰：'岁在癸亥，时际仲夏，承袭祖爵，深沐皇恩。择吉到任，百务维新。竭诚昭告，神其鉴歆。尚飨！'"告文读毕，衍圣公再行一跪三叩头礼。礼毕，撤走香案，打开仪门。

谢恩拜印：衍圣公上轿，行至露台下轿，望阙谢恩，行三跪九叩头礼。礼毕，知印官捧印安放在大堂公案前桌上。三声炮响，衍圣公拜印，行一跪三叩头礼。礼毕，升座，开印，用印，封印，然后将印请至公案东侧。

参谒：衍圣公府属官员役人等依次参谒。七十三代衍圣公孔庆镕到任时，封印后，各博士进谒作揖，行四拜礼，衍圣公离座面西答礼；六品官、执事官、族绅进谒，行庭参礼，打三躬，衍圣公离座到座西，南面答揖；四氏学教官、族长和举事分别进谒行庭参礼，打三躬，衍圣公起立拱手；典籍、司乐、管勾、百户进谒，行庭参礼，打三躬，衍圣公端坐拱手；司房率领阖府人员进谒，行一跪三叩头礼，衍圣公端坐不回礼；族人和四氏学生员叩谒，行庭参礼，打三躬，衍圣公起立拱手；礼乐生叩谒，也行庭参礼，打三躬，衍圣公也是端坐不回礼。各博士行礼最重，是因为国家规定，不论年龄，各博士见衍圣公一律行弟子见师礼；其次为阖府人员，是奴仆见主人；其他人均行庭参礼，但衍圣公答礼不同，六品官、执事官、族绅都是有品级的官员，地位较高，衍圣公离座到座西南面答揖，四氏学教官、族长和举事、族人和四氏学生员或是家族头面人物，或是生员，都有一定的社会地位，所以衍圣公起立拱手，礼乐生是国家钦拨给孔府的服务人员，衍圣公就端坐不回礼。礼仪详细复杂，等级鲜明。

收印：参谒礼毕，衍圣公退堂，将印请回。

告祭孔子庙：衍圣公复出，去孔子庙大成殿祭祀孔子。孔庆镕到任时着朝服，"就大堂升八轿，诣庙祗谒。仪卫前导，不放炮，不鸣锣，不开道。出鼓楼门，由棋盘街、大司街进钟楼门，就毓粹门外下轿。先谒大成殿，次谒崇圣祠、家庙，行告祭礼，凡宗族官员人等随班行礼。启圣寝殿委三品首领兼族长官孔尚功分告。告毕，至诗礼堂序揖。出观德门南行，鸣锣、开道、放炮如常，由火神阁街、后宰门街、陋巷街进鼓楼门，至府门，升炮五，至大堂下轿，掩门，升炮三"。

孔昭焕告祭时用释奠礼，读告文曰："维乾隆八年，岁次癸亥，六月壬子朔越四日乙卯，孔子七十一代袭封衍圣公孔昭焕，敢昭告与至圣先师神位前曰：'惟祖德并天地，道范乾坤，古今帝者之师，王者之模，庇及后裔，分茅胙土。承袭祖爵，皇恩莫伍。择吉昭告，默佑纯嘏，竭诚陈词，感德报祖。以复圣颜子、宗圣曾子、述圣子思子、亚圣孟子配。尚飨！'"此祭文为衍圣公到任时通用，七十代衍圣公孔广棨到任所用告孔子文与此全部相同。告祭大成殿后拜崇圣祠、拜家庙，均行一跪三叩头礼，礼毕回孔府。

孔广棨是到任仪式的次日去告祭孔子庙，告祭后到四氏学明伦堂听庠生讲书，有一任衍圣公是在诗礼堂听庠生讲书。

拜谢恩折：孔庆镕告祭孔子庙后回到孔府，首先到大堂亲拜到任谢恩折。

告祭家庙：孔昭焕到任时，只拜影堂，而孔庆镕拜折后，回内宅"更蟒服，敬谒报本堂，行告祭礼，近房尊行以下俱陪位"，然后祭祀祧庙、夹室。

祭祀天地灶神：孔昭焕、孔庆镕告祭家庙后都是进内宅，祭祀天地、灶神。

拜尊长：孔昭焕祭祀天地、灶神后拜见老祖太太、祖太太、老太太，于七十代衍圣公孔广棨灵前拜见太太。孔庆镕易丧服至七十二代衍圣公孔宪培灵前行殷奠礼，叩见老太太。

祭墓：祭墓一般在到任的第二天，孔广棨就是祭祀孔子庙后祭墓，分别祭祀孔子墓、六十五代至六十八代衍圣公墓。有的衍圣公是祭祀孔子、孔鲤、子思三代和衍圣公的上五代祖墓。同时还要到委人去梁公林代祭孔子父亲启圣王和哥哥孟皮的墓,去孔林后张羊村祭祀祭祀中兴祖外婆张老娘林,孔广棨是分别委派族长孔弘俸代祭梁公林启圣墓和圣兄孟皮墓,百户陈曰训代祭张老娘林。

祭书院:祭祀书院也在到任次日进行,孔昭焕于次日委人祭祀尼山书院、洙泗书院和中庸书院(述圣庙),孔广棨由于次日才告祭孔子庙,第三日才委派四氏学学录孔传钫代祭尼山书院,学录孔传本代祭洙泗书院,子瑶石代祭圣泽书院,学录孔衍淖代祭中庸书院。其告祭子思文为:"维雍正二年,岁次甲辰,二月乙巳朔越十日甲寅,六十八代袭封衍圣公孔广棨敢昭告于述圣三世祖神位前曰:'物本乎天,长育开泰;人本乎祖,显荣亿代。祖功宗德,后裔攸赖。今袭祖爵,皇恩宠渥。祖灵默佑,降福孔多。遣官昭告,以尽虔恪。尚飨!'"

衍圣公到任仪式并不完全统一。一是有的不迎印,孔庆镕时不去察院,直接在孔府举行仪式;二是有的不亲自祭祀仪门,孔庆镕就是到任时就是由百户刘永振行礼;三是告祭等级差别很大,在大成殿有的用最高等级的释奠礼,有的用最低的月望行香仪,但崇圣祠、家庙、启圣寝殿差别不大,大多是告祭礼,但叩头有差别。某代衍圣公告祭时在崇圣祠上香三跪九叩头,读告文后两跪六叩头,在启圣寝殿、孔子庙家庙两跪六叩头,在孔府家庙报本堂行鞠躬四拜礼。有的祭祀启圣祠,有则不祭,原因可能是崇圣祠有启圣王的木主不应再次祭祀;四是博士拜谒行礼也不同,有的衍圣公到任时行四拜礼,有的打三躬[①]。

二、领敕礼仪

从现有文献看,明代之前皇帝颁给敕书比较少,主要是衍圣公的袭封任命。明代开始增加,除衍圣公袭封外,衍圣公及夫人加衔以及封赠三代、封赠衍圣公母为太夫人、夫人为衍圣公夫人、衍圣公及夫人去世谕祭、召衍圣公入京陪祀、封赠未袭封先卒长孙为赠衍圣公、封赠入嗣衍圣公本生父祖等都会颁给敕书,明代特例加封衍圣公祖父之妾、衍圣公为妾的生母为

---

① 孔府档案0063卷。

夫人,已有入嗣六十五代衍圣公但仍追赠未袭封先卒的六十四代衍圣公长子夫妇为衍圣公及夫人,也都颁给敕书,洪武年间,衍圣公入京朝觐也曾派使者赍捧敕符来召,并将给中书省用心礼待衍圣公的敕命一并抄给,正德四年首给令衍圣公约束族人的敕命,以后每代衍圣公就任后皇帝都会颁给一个此类内容的敕命,一直延续到清末。

明代衍圣公袭封的敕书有的称制,有的称敕,有的称谕。国家规定,各官的"给授诰命,札付翰林院撰文,具手本送中书舍人书写,尚宝司用宝完备,具奏颁降,及孔氏袭封衍圣公如之"①。

从孔府档案看,清代衍圣公领敕仪式为:

准备:在大堂内设置御幄香案,东柱内另设一案,以备安放袱筒;大堂门外东柱前设置踏跺,南向,西柱南设置谢恩香案,面向西北;甬道东西为班次;曲阜正南门外设置黄亭一座,仪仗、鼓乐齐备,神道柏树东设置座棚。

迎敕:衍圣公穿朝服,乘轿,全套仪卫前导,鸣锣开道,出正南门,入座棚少憩。望见敕旨到,即出棚至黄亭南率阖属排班站立恭候。敕到,跪等赍敕人下马,请敕恭安黄亭内,随黄亭前行,升轿随入东南门,升炮,到孔府大门西侧下轿。

宣敕:读敕人及赍敕人先入,至大堂内香案前站立。待黄亭安放大堂正中,衍圣公率阖属进大门,立于东阶排班,行三跪九叩头礼。礼毕升堂,诣黄亭前跪,赍敕人请敕,立授衍圣公,退至东南隅。衍圣公跪授敕,转授读敕人,读敕人跪接,平身复位,读敕人打开袱筒,捧敕出室,至踏跺宣读敕旨,衍圣公跪听。宣读完毕,读敕人卷敕后仍安放黄亭内,也退至东南隅站立。衍圣公三跪九叩头谢恩,礼毕,请敕入内敬藏。仪式结束,各官退出。

具折谢恩:接敕后,衍圣公要专折谢恩,令赍奏官专程送往北京。

如敕由水路而来,就在城西陈家庄以西设置黄亭,搭建彩棚,派随朝伴官赴济宁运河口迎接,一路导引,衍圣公先到陈家庄以西座棚内等候,率阖府官员迎接,随黄亭入正南门,至孔府大堂举行宣敕仪式。如果孔府丧期

---

① 《明会典》卷八,《四库全书》第617册。

不满,领敕时府内所有人员都要换上吉服迎接,送走使臣后再换回丧服①。

三、朝觐礼仪

明以前,衍圣公入京朝觐很少,明代开始增多,明太祖曾要求"孔袭封教他每年来走一遭",以后衍圣公一般在袭封、祭祀孔子、皇帝登基、生日、大婚、去世、皇后生日、去世等国家大典时才入觐。国家没有制定衍圣公入觐的专门礼仪,一般都是采用国家统一的礼典,有时为显示对衍圣公的优待,会在礼典中特别注明。如"凡大祀天地,次日庆成大宴",衍圣公"与宴列于二品文官班次"②。

进京朝贺,朝廷要求外地官员提前十日到京,衍圣公差不多要一个月前起程。旱路走官道,水路从济宁上船,沿大运河抵通州或天津,然后转乘车舆。

衍圣公入京由国家提供交通工具。明永乐六年(1408)规定,"衍圣公朝觐往来俱许驰驿"③,并由国家提供交通工具及日常供给,"凡衍圣公朝觐往还,陆起上马驿车,水给站船或马快船,应付人夫皂隶;颜、孟二博士与中等马,衍圣公掌书与驿驴,庙户家人医兽每二人给驴一匹"④,"衍圣公并颜孟二氏五经博士年例赴京往回及衍圣公差来掌书俱支廪给,医兽、家人、庙丁支口粮"⑤。供给标准为,衍圣公每日"下程鹅二只,面一十五斤,酒四瓶,茶、酱、盐各一斤,烛一十枝"⑥,洪熙元年(1425)提高了标准,"衍圣公进表赴京,钦赐羊一只,鹅三只,酒十瓶,面二十五斤,茶、盐、酱各二斤,油烛二十枝",宣德四年(1429)调整了标准,改为"羊一只,鹅二只,酒六瓶,面二十斤,茶、盐、酱各二斤,油烛十枝"⑦。清代则规定,衍圣公进京,给予"天字第一号下程一分,羊一只,鹅二只,麦面四十斤,酒二十瓶,油盐酱醋各二斤,

---

① 孔府档案 0063 卷。
② 《明会典》卷七十,《四库全书》第 617 册。
③ 《明会典》卷一百二十一,《四库全书》第 617 册。
④ 《明会典》卷一百二十一,《四库全书》第 617 册。
⑤ 《明会典》卷三十一,《四库全书》第 617 册。
⑥ 《明会典》卷一百三,《四库全书》第 617 册。
⑦ 《明会典》卷一百四,《四库全书》第 617 册。

白蜡烛三十枝"①。为显示对衍圣公的优待,所有物质均由礼部委派顺天府置办送到,"凡光禄寺供用诸物,在城两县给料制造,或给价买办。惟衍圣公、张真人下程,礼部行本府自送"②。

明万历十八年(1590),衍圣公孔尚贤赴京庆贺万寿节,兵部发给勘合,曲阜至济宁陆路拨派大轿一乘,轿夫三班,皂隶十八名,杠三十抬,坐马二匹,中马二十五匹,快马十匹,军牢八名,吹鼓手一副,以及全部雨具。从济宁走水路,拨给红站船,至天津卫下船,拨给车驾走马,皂快人夫,共用人夫一百八十名,皂隶十八名,马快八名,弓箭手十二名,吹鼓手二副,门厨四名,大车五辆。运河沿岸和官道沿途驿站接待,提供衍圣公和八名家人口粮,过关米一石三斗。衍圣公到京后,由赍奏官呈递手本报到,上折请安,皇帝也会提前召见。

嘉庆二十四年(1819),皇帝五十大寿,在十月初六万寿庆典前,皇帝曾两次召见入京祝贺的衍圣公孔庆镕。孔府档案记载的九月二十五日皇帝接见的情形:

(孔庆镕)蟒袍补褂上朝,进贡红里黄折夹片,进册页。蒙赐克食,召见勤政殿,臣孔庆镕叩谢天恩。

上问:我赏你的书籍等早已发往军机处,你领了去了么?

对:臣领了去了。

上问:曲阜的庙里圣像是牌位是像?

对:是像。

上问:你在家也办事不?

对:臣在家办事。

上问:我记得有什么典籍、管勾,这都是管什么的官?是你那里保举不?

对:典籍是管礼的,兼管书籍,管勾专官春秋祭祀,都是臣衙门

---

① 《阙里志》卷十二,第553页。
② 《明会典》卷一百七十,《四库全书》,第617册。

保举。

上问：一年几回祭？

对：一年春秋两回祭，五月、十一月，臣有两回祭。

上问：五月、十一月祭，还拣日子不？

对：也是丁日祭。

上问：庙里有黄伞么？

对：蒙圣祖赐过一把，高宗赐过一把。

上问：我登基已是二十四年，总不能去，是个大阙典。我从前虽然随着高宗去过两回，到底不算。我到你那里去容易，就是路上难。水路罢亦难走，旱路罢亦难走。况现在新收拾的，我去看看也好，我竟是不能就去，三四年我必去、一路行宫也都破坏了，现在黄河运河开口子，山东水又大。

对：臣来的时候还没有什么水。

上问：你来时还没有水哩？你自曲阜来，过了德州走水路不？

对：过了德州不走水路，到东光上口摆渡，十二站到城里，都是旱路。

上问：你看河上水这样大，山东民情亦不好，到的怎么好？弄的真没法。了不得。你诗礼承家，好生承先圣事业，总要忠孝存心。你戴起帽子来，初六日行了礼再回去罢。

即退。

十月初四日，衍圣公上朝，皇帝在养心殿再次接见。

上问：我想到曲阜去，不能，你知道不？山东的水都过了□□了，这个怎么好，真没法。圣庙新修的，我等到七八年去，又残旧了。怎么了？

对：托皇上洪福，虽然有水，年景尚好。

上问：你路上来那水大？

对：臣过了德州、曹州一带不好走。

上问：曲阜到京几站？

对：到京十二站，因绕路，多走了一站。

上问：路上顶大的站多少？

对：顶大的站一百二十里。

上问：路上一百二不算大站，这就算大站了？你来走济宁不？走水路不？

对：不走济宁，走旱路。

上问：山东的民情到的安静不？

对：现在民情都还安静。

上问：曲阜离曹州多少路？

对：离曹州三百多路。

上问：曲阜是那一府管？

对：曲阜是兖州府管。

上问：你那里有邪教么？

对：现在山东的百姓念书的念书，务农的务农，都还安静。

上曰：你好生与我严拿邪教！

对：臣世受国恩，应报效。此等事不是臣衙门所管，容臣回去寄信山东巡抚臣程国仁严拿。

上问：好生教地方与我严拿邪教！你回去好生读书，林庙树木吩咐该管官巡查，不可教人盗伐一枝一叶，你好生保护，祭祀都要虔诚行礼。你初六进来与我行礼，初七日请安，回去吧。

即退。

此次祝寿，衍圣公进献并蒙皇帝赏收了万福万寿如意，无量寿佛一尊，万年清一座，九秋万寿花一瓶，镶嵌八宝挂屏一件，镶嵌八宝挂联成对，宋版《四书》一部，宋版《李白集》一部，赵孟頫《达摩像》一轴，马麟《荷香清夏图》一卷、册页一部。皇帝赐给了各色绢笺四卷四十张，各色粉笺四卷四十张，湖笔四匣四十枝，徽墨四匣四十锭，砚四方，漆盒，宋版《大戴礼记》一部二套，宋本《诗经注疏》一部八套，宋本《尚书注疏》一部四套，宋本《易经》

一部一套，宋本《大戴礼记》一部二套，《春秋左传》一部二套，《钦定全唐文》一部一百套。①

觐见后，皇帝赐宴礼部，由礼部尚书待宴。据《大清通礼》所载"燕衍圣公"仪注为：

衍圣公来朝，入觐毕，赐燕于礼部，以礼部尚书主席。其日设香案于露台上，乐部和声署备乐，光禄寺官具馔，所司视布席。设宾主席于后堂西，当后楣，宾主席均东向，以南为上，博士席于右楹外，北向，以西为上。届时速宾，衍圣公入仪门降舆，博士随入，主席迎宾于堂檐下，肃揖，并揖博士，鸿胪寺官引诣香案前，北面序立，听赞行三跪九叩礼。毕，升堂，揖如初。光禄寺官酌酒授爵，主席酹酒，三揖宾，即席奠爵，奠箸，少退，揖；宾答揖。宾诣主席前，酬礼如之。咸坐，和声署升歌"洙泗发源长之章"。酒三巡，乐止，供馔毕，主宾兴，席彻。鸿胪寺官复引诣案前，行一跪三叩礼，宾退，主席送如初迎仪，群官各退。

为显示恩宠，顺治八年（1651）还赐给满洲宴，"赐衍圣公、五博士及族人满洲宴，设席于礼部，命礼部尚书陈之麟待宴"②。雍正四年（1726），衍圣公入京由赐宴礼部扩大到兵部和顺天府，"衍圣公来朝：赐燕于礼部，五魁舞，乐奏'洙泗发源长之章'；赐恩荣燕于礼部，奏'启天门之章'；鹰扬燕于兵部，奏'和气洽之章'；行乡饮酒礼于顺天府，庠歌'鹿鸣'，笙御制补'南陔之章'，门歌'鱼丽'，笙御制'由庚之章'，合乐'关雎'"③。赐宴礼部也有专门的仪注："凡衍圣公来朝，燕于礼部，以尚书陪燕。是日设宾主席于后堂，东向，以南为上，博士席北向，以西为上；设香案于露台上，乃速宾。衍圣公入仪门降舆，尚书迎于堂檐下，揖，又旅揖博士，诣香案前，听赞行三跪九叩礼，毕，乃坐。光禄寺官奉茶酒馔，和声署作乐。燕毕，诣香案前谢恩，行一跪三叩礼，毕，送如迎仪。"④

---

① 孔府档案 6312 卷。
② 《阙里志》卷十二，第 556—557 页。
③ 《大清会典》卷五十八，《四库全书》第 619 册。
④ 《大清会典》卷五十七，《四库全书》第 619 册。

四、陪祀礼仪

　　明景泰元年(1450)，皇帝幸太学，首次召衍圣公率三氏子孙入京观礼，赐座彝伦堂听讲。成化元年(1465)令衍圣公陪祀，分献沂国公子思，弘治元年(1488)令衍圣公分献兖国公颜回。明代时皇帝祭祀孔子庙，召衍圣公入京陪祀成为惯例，仅正德元年、万历四年衍圣公因服丧奏请获准免除陪祀。皇帝视学后，一般会赏赐衍圣公，成化元年就"恩赐袭封衍圣公纻丝衣一套，犀带一条，颜孟子孙五经博士纻丝衣一套，带一条，各纱帽一顶；其余族人俱纻丝衣一套"①。天启五年(1625)，令观礼孔氏族人"有职者冠带，生员送监读书"，在京任职不满的孔氏官员可以参加考选，并将此著为令。

　　清代皇帝诣学仍然召衍圣公率十三氏博士及族人入京观礼。皇帝祭祀孔子后到辟雍讲学，衍圣公蟒袍补服，率五经博士、各氏后裔在辟雍南序立。皇帝入座后，丹陛大乐作，奏"庆平之章"，所有官员人等行二跪六叩头礼，鸿胪寺官分引王公、衍圣公、大学士以下各官分东西班序立，乐止，鸿胪寺堂官引王公、衍圣公、大学士、九卿、詹事由东西桥升阶，由左右门进入殿内序立。满汉大学士进讲《四书》后，皇帝阐发《书》意，所有官员人等跪听。讲毕起立，满汉祭酒进讲《经》义后，皇帝阐发《经》意，官员人等依然跪听。讲书结束，殿内各官到殿外拜位序立，丹陛大乐作，均行三跪九叩头礼。礼毕，进讲满汉大学士、满汉祭酒、王公、衍圣公、大学士等仍由东西门入殿序立。丹陛清乐作，御前进茶，皇帝赐茶给进讲各官、王公、衍圣公、大学士、九卿、詹事，各官俱行一跪一叩礼，坐。赐茶毕，乐止，鸿胪寺官引王公、衍圣公、大学士以下各官自左右门出，到桥南东西序立。礼部堂官奏"礼成"，中和韶乐作，奏"道平之章"。皇帝起座，乘舆出太学门，乐止。

　　第二天，衍圣公率五经博士、各氏后裔、国子监祭酒率所属官，恭进谢恩表文。是日，黎明，衍圣公、国子监祭酒各自亲捧谢恩表文，鸿胪寺官引进长安左门，至午门外跪于工部预先准备的黄缎长案前，将表文置于案上，行三跪九叩头礼，然后各自复班。衍圣公再率五经博士、各氏后裔，国子监

---

① 《明会典》卷一百，《四库全书》，第617册。

祭酒率属官及进士、举人、诸生,行三跪九叩头礼,礼毕,礼部官收起表文送交内阁保存。皇帝赐宴于礼部,宴请衍圣公、祭酒、司业、五经博士、各氏后裔以及礼部、太常寺、光禄寺、鸿胪寺各执事官员。

据《大清通礼》记载:临雍礼成,赐讲官及有事诸臣燕于礼部,精膳司视人数戒光禄寺庀馔。是日露台上望阙设香案,布席于堂,精膳司官朝服视设,衍圣公、内阁大学士、学士、翰林院、詹事府、礼部、都察院、国子监、太常寺、光禄寺、鸿胪寺暨侍班执事各官、五经博士、圣裔贤裔咸与燕,三品以上人专席,四品以下二人共席,均按品为序。至时群官朝服毕会(无职者公服),鸿胪寺序班引诣香案前,听赞行三跪九叩礼,毕,各就席坐,光禄寺进茶,众于坐次行一叩礼,进酒,叩如初。酒三行,燕毕,各一叩兴,序班引诣香案前行一跪三叩礼,所司彻燕席,群官各退。①

五、接驾礼仪

历史上,曾经有汉高祖、光武帝、明帝、章帝、安帝、北魏孝文帝、唐高宗、唐玄宗、后周太祖、宋真宗、清圣祖、清高宗十二位皇帝亲临曲阜祭祀孔子。汉高祖以太牢致祭;光武帝派大司空宋弘祭祀,亲坐孔子讲堂;明帝祠孔子及七十二弟子,亲自进爵,坐孔子讲堂,命皇太子、诸王讲解经书;章帝祠孔子及七十二弟子,作六代之乐,留存使用的祭器五供,召见孔氏二十岁以上的男子六十三人,赐给酒饭,赐帛给所有男女族人,拜族人孔僖为郎中,从还京师;安帝也是祠孔子及七十二弟子,召见孔氏男女亲属,赐帛给孔氏男女;北魏孝文帝亲祀孔子,整修孔子墓,栽植柏树,拜孔氏四人、颜氏二人为官,封孔灵珍为崇圣侯,邑一百户;唐高宗祭祀孔子庙,遣官以少牢致祭孔子墓,赠孔子太师,令修孔子庙,免长孙褒圣侯子孙赋役;玄宗亲设奠祭,令礼部尚书苏颋以太牢祭祀孔子墓,复孔子墓附近五户赋役以供洒扫,免除孔氏赋役;后周太祖亲自祭拜孔子庙和孔子墓,留所用金花银缕祭器十余件,召见长孙孔仁玉,命兼监察御史,赐五品服及银器杂綵;宋真宗亲临曲阜,孔子庙内外设黄麾仗,真宗靴袍再拜,行酌献礼,文宣公和孔氏

---

① 《大清通礼》,《四库全书》第655册。

子孙陪位,又到孔子墓设奠再拜,追谥孔子为玄圣文宣王,追封孔子夫人并官氏为郓国夫人,拨给孔子墓附近十户供洒扫,将御香一盒并银炉、祭祀所用祭器八百两留于庙内,赐长孙孔圣佑太常寺奉礼郎、孔氏六人出身,赐钱三十万,帛三百疋,祭田一百顷。

清朝时,康熙二十三年(1684)皇帝首先亲临曲阜祭祀孔子,其后高宗于乾隆十三年(1748)、二十一年、二十二年、二十七年、三十六年、四十一年、四十九年、五十五年八次到曲阜亲祭孔子。

清朝皇帝亲临仪式远较前朝复杂,有呈报名册、筹备祭祀、远趋迎辂、兰堂撰讲、接驾进献、陪祀孔庙、诗礼讲经、帝颁谕敕、导览孔庙、祭祀孔林、喜接赏赐、送驾、谢恩领赏等环节。

呈报名册:皇帝亲至曲阜祭祀孔子都是在巡幸的途中,并非专程而来。巡幸前,礼部便咨文衍圣公和有关各省督抚。各省督抚一是整修皇帝行经的道路和河道;二是查报沿途两侧三十里以内的先贤、勋臣、名臣、忠烈和入祀国家贤良祠人员的祠墓,并绘制图纸,注明距离里程、祠墓长宽及门户宽高,限期报送礼部祠祭司;三是预告沿途文武各官,百里以内都要迎送圣驾,驻防满汉官员前期预导,投送职名手本,身穿朝服接驾等。通知衍圣公编造接驾、陪祀人员清册上报礼部。乾隆十五年(1750)衍圣公府编造了一百二十五人的接驾、陪祀清册,礼部接到衍圣公府的清册后,也将礼部执事官员派单知会衍圣公府,让衍圣公府依据礼部派单精心安排祭祀、接待事宜,不久还将皇帝及文武百官祭祀孔子时的服饰、衍圣公及各氏子孙接待陪祀要求知会衍圣公府。

筹备祭祀:筹备祭祀是朝廷和衍圣公府各自准备。

这里以康熙二十三年(1684)皇帝首次亲临曲阜祭祀孔子为例,说明筹备祭祀情况。

朝廷方面,吏科掌印给事中王承祖二月建议皇帝东巡时提议到泰山封禅,到曲阜祭祀孔子,三月十二日礼部建议得,"车驾经过阙里,特行亲祭,尤为盛事。伏考前代礼仪俱未详备,今应照康熙八年幸学释奠礼参酌举行。祭日用太牢,作乐、奠帛、献爵等仪俱如释奠礼,其启圣祠、四配、十哲、两庑亦照例遣官分献。文武从官及朝见官员俱按品陪祀,孔氏及五氏宗属应陪祀者亦照例陪祀。其乐工、乐器、祭品、祭器一切应用等项,俟奉旨举行之日行各该部院衙门备办",十五日皇帝批示"依议"①。礼部、工部、太常寺会议题请,"阙里现有祭祀器皿、乐器、今应照康熙八年释奠礼开写数目,行文衍圣公备办,祭品等物行文该抚备办",五月十七日皇帝同意后,又会议题请"孔庙所用祭器,虽行文衍圣公将现有者令其备办,但恐有误,应差太常寺官一员、笔帖式一员乘驿先去查阅齐备",九月十三日皇帝同意。九月十九日,皇帝颁发东巡恩诏肆赦天下。二十四日自京师出发,礼部题请致祭仪注:皇帝于祭祀前一日在行宫斋戒,穿补服,带数珠行礼,所有仪仗全部陈设,迎神、送神行六叩礼,读祝后行三叩头礼,皇帝令内阁会议,内阁同意礼部建议,皇帝并没有全部同意,"尊礼先师,应行三跪九叩头礼,亦应用乐。着察例详议具奏",内阁同意皇帝的意见,孔庙"所用乐章,虽与国学所用乐章稍有不同,亦皆尊崇师道之词,应仍用彼处乐章。但彼处乐工未谙礼仪,由太常寺量派官员人役骑驿马前往阙里指示。至彼处乐工袍服恐陈旧不堪,应将太学乐工袍服带往暂用",皇帝同意后,派太常寺寺丞张量馨、鸿胪寺鸣赞铅布赍香帛前往,并携国学所用乐舞袍服,令孔庙乐舞生等演习乐舞。十一月十六日议定祝文不填写皇帝名字,皇帝驻跸费县,提议祭祀后要孔氏族人讲经,经内阁会议后确定。派翰林院掌院学士常书、侍读学士朱玛泰前往曲阜落实②。

  曲阜方面,接到朝廷通知,衍圣公府整理礼器,清理林庙环境,安排孔尚任训练乐舞生,十月初七日,太常丞张靓馨等到达曲阜,监视祭品。

  十七日夜初更,礼部、太常寺、鸿胪寺官会集孔庙,检查牺牲、祭器、陈设,演习乐舞礼仪,张御幄,置讲案于诗礼堂,孔尚任推荐举人孔尚鉝进讲《易经》。二更,将孔尚任、孔尚鉝召至行宫,孙在丰传达皇帝旨意,"所撰经义虽好,但有数字未妥",按照皇帝意见更改。三更,召孔尚任、孔尚鉝赴诗礼堂演习经筵礼仪,翰林院笔帖式雅思泰、赵特拔教孔尚任等进讲的声音容止。

---

① 《幸鲁盛典》卷二,《四库全书》,第 652 册。
② 徐振贵、孔祥林:《孔尚任新〈阙里志〉校注》,第 182—184 页。

远趋迎銮：九月二十四日，圣驾自京师出发，衍圣公孔毓圻率五经博士孔毓埏等迎驾至齐河，恭请圣安毕，皇帝问衍圣公孔毓圻曲阜有何古迹，孔毓圻悉数奏闻，皇帝谕衍圣公孔毓圻归待于境，孔毓圻等遵旨辞归。十一月十二日，皇帝驻跸宿迁，衍圣公孔毓圻等跪迎河岸，皇帝于船上看到衍圣公，命侍卫传旨，谕衍圣公孔毓圻说："知尔不善骑，不能随朕同行，可先归于曲阜伺候，今日尚早，犹可趱行，不必至行宫请安。"①孔毓圻等叩谢遵旨，先归曲阜候驾。

兰堂撰讲：十一月十六日，皇帝驾临费县，谕内阁等衙门说："阙里系圣人之地，秉礼之乡。朕幸鲁地，致祭先师，特敷衍文教，鼓舞儒学，祀礼告成，讲明经书文义，穷究心传，符合大典。"经内阁、各部院等衙门会同议奏："皇上祀礼告成，宜行讲书之礼。令讲《四书》、《易经》内二章。将讲书之人交与衍圣公，于五氏不论有无品级，选择学深讲书明白之人。应讲书节令翰林院议定，具题请旨。"②衍圣公推荐孔尚任进讲，夜已三更，孔尚任被匆忙召至孔府兰堂，常书宣读圣旨后，拿出翰林院所拟的《大学》首节和《易经·系辞》首节，"于是排几案，给笔札，两大人西向坐，巡抚、衍圣公大向坐，命任北向坐。科烛五分，不成一字，张公笑云：'两条红烛，四双青眼，纵有七步才亦难构思矣。'衍圣公因为任别置一几，不移晷而《大学》讲义成。张公旁观云：'讲义是矣，后段颂圣不可少者'，任应声补足。常公又促撰《易》义，任谢云：'《诗》乃传家，《易》则未习也。'朱公哂云：'未贯五经，何云博学耶？'任愧谢，又勉《易》义。既脱稿，烛尚未跋。朱公读完，拍任肩曰'名下固无虚士'。即缮写封缄，漏四更，两大人上马东趋复命矣"③。

接驾进献：十一月十七日，皇帝驾临曲阜，衍圣公孔毓圻率领博士孔毓埏等及年十六以上五氏子孙，山东巡抚张鹏率领司道守令等官员，登州总兵官林宗率领沂州协守、都督、佥事等武官，以及邹鲁各学官、诸生等，跪迎于东郊。皇帝驻跸城南，衍圣公率领博士、五氏族人朝于行宫，候安毕，进献北海琴一张，周簠一只，王羲之《乐毅论》一册，文与可画山水一卷，宋拓

---

① 《幸鲁盛典》卷四，《四库全书》第652册。
② 徐振贵、孔祥林：《孔尚任新阙里志校注》，第184页。
③ 宫衍兴：《孔尚任佚文遗墨》，济宁市新闻出版局，1994，第14—15页。

《圣教序》一本,刘松年《养正图》一卷,皇帝全部浏览。

清高宗驾临时,衍圣公孔宪培曾进献土贡,猪九十头,羊九十只,鸭九十只,鹅九十只,挂面、耿饼各三箱,荸荠、林蕷(孔林产野山药)各三箱,当然还有乾隆皇帝最喜欢的古玩数件。

陪祀孔庙:十八日拂晓,礼部奏请皇帝诣孔子庙行礼,皇帝乘辇,设卤簿仪仗,入曲阜南门,衍圣公等陪祀官员奉迎于棂星门外。皇帝于奎文阁前下辇,至东斋宿御幄少息,赞引官、内阁学士席尔达和对引官太常寺卿葛尔泰引导,皇帝经奎文阁步入大成门,由甬道中行至大成殿,陪祀文武官员分别由金声门、玉振门进入殿庭立于东西两阶下,衍圣公率各氏博士等与山东官员位于阼阶下。

皇帝进入大成殿,祭祀开始。迎神,乐奏咸和之曲,无舞,皇帝行三跪九叩头礼,王公以及分献、陪祀各官均行三跪九叩头礼;奠帛奠爵,行初献礼,乐奏宁和之曲,有舞,奠帛奠爵,皇帝均立接,读祝后皇帝及所有与祭人员均一跪三叩头;行亚献礼,乐奏安和之曲,有舞,皇帝站立接爵献爵;行终献礼,乐奏景和之曲,有舞,皇帝仍然站立接爵献爵;彻馔,乐奏咸和之曲,无舞;送神,乐奏咸和之曲,无舞,皇帝行三跪九叩头礼,王公及分献、陪祀官员均三跪九叩头;望燎,捧祝官、捧帛官至燎位,皇帝跟随至位站立;礼毕,皇帝退回斋宿所。

诗礼讲经:礼部官奏请皇帝诣讲筵,皇帝由奎文阁入承圣门,步入诗礼堂御幄,鸿胪寺卿穆成格、少卿何玺引大学士明珠、王熙及吏部、礼部、工部三部尚书、内阁学士、翰林院学士、国子监祭酒等京官十八人以及山东巡抚在东侧排立,衍圣公孔毓圻率各博士、五氏官员及候选官员、举人等站立西侧。

鸿胪寺鸣赞唱:"衍圣公、五氏职员等行三跪九叩头礼",礼毕,赞"讲书",孔尚任、孔尚鉝由西阶升堂,行一跪三叩头礼,于讲案西偏站立。孔尚任至案前北面对越,进讲《大学》首节,毕,退回西侧班次,孔尚鉝进讲《易经·系辞》首节,毕,也退回西侧班次。皇帝非常高兴,对左右官员说:"孔尚任等讲书明白,进退合礼,经筵讲官不及也",令"不拘定例,额外议用"。

帝颁谕敕：鸿胪寺官奏请宣谕敕，衍圣公率五氏有职及讲书人员俱跪，大学士王熙宣读圣谕："至圣之道与日月并行，与土地同运，万世帝王咸所师法，下逮公卿士庶罔不率由。尔等远承圣泽，世守家传，务期型仁讲义，履中蹈和，存忠恕以立心，敦孝弟以修行，斯须弗去，以奉先训，以称朕怀，尔等其祇遵毋替"。读毕，衍圣公率五氏子孙叩头谢恩。

导览孔庙：礼部官奏请回銮，皇帝对大学士明珠、王熙等说："朕初至阙里，祀典既成，意欲遍览先圣遗迹。着衍圣公孔毓圻、山东巡抚张鹏、口北道孔兴洪、讲书官孔尚任、孔尚鉝引驾。"皇帝先入大成殿参观塑像，问孔子像何代所塑，侍卫提起孔尚任的衣背使之跪下，回答完毕又拽之使起，皇帝又问牺尊、象尊、云雷尊为何代法物，观看石刻吴道子绘孔子司寇像。出殿北门，过寝殿去圣迹殿，观看《圣迹图》和石刻孔子像，问何像最真，孔尚任回奏"惟行教小影颜子从行者为最真，乃当年端木赐传写，晋顾恺之重摩"，皇帝亲自拂拭凝视。出圣迹殿，经寝殿，皇帝问西侧为何处，孔尚任回答"西偏乃启圣公叔梁纥祠庙"，皇帝停下观望了很长时间。

回到大成殿拜位，皇帝南向立，令大学士王熙宣读敕谕说："至圣之道与天地日月同，其高明广大无可指称。朕向来研求经义，体思至道，欲加赞颂，莫能名言，特书'万世师表'四字，悬额殿中，非云阐扬圣教，亦以垂示将来"，衍圣公孔毓圻跪接后捧安于孔子神座前。王熙又宣读皇帝谕旨说："历代帝王致祀阙里，或留金银器皿，朕今亲诣行礼，务极尊崇至圣，异于前代，所有曲柄黄盖留之庙中，以示朕尊圣之意"，将皇帝御用的黄伞留在庙中，衍圣公孔毓圻率孔氏职官及陪祀听讲人等叩头谢恩，群臣皆呼"万岁！"

祭祀孔林：皇帝命王熙宣布谕旨，驾幸孔林，出毓粹门，皇帝乘凉辇，卤簿前导，百姓夹路欢呼，道路拥塞。周公后裔东野沛然搀扶父亲东野云鹏跪伏道左，上疏请求照颜孟例设置五经博士以奉祀周公。

衍圣公孔毓圻先至孔林门外跪迎皇帝，引驾至洙水桥，皇帝令下辇，孔毓圻奏离先师墓尚远，引驾至墓门下。皇帝至孔子墓前北面跪，大学士明珠捧爵，皇帝三酹酒，行三叩头礼，衍圣公孔毓圻及诸大臣陪位行礼。行礼后，皇帝寻找蓍草，端木赐后裔端木植、端木谦跪子贡庐墓处上疏请比四氏设博士奉祀，皇帝问孔毓圻"果系子贡后人否？"孔毓圻回奏"委系端木嫡支，今奉此处香火"，皇帝览疏后交予侍卫。皇帝问大树，孔尚任回答"俗名橡子树"，皇帝笑着说："本名槲树，乃木旁加斗斛之斛，朕胡人，不必讳也。"

皇帝出享殿，至陛下，南面立，衍圣公孔毓圻等叩头谢，大学士明珠、王熙跪奏颂德："先师孔子道大德隆，为万世师，为百王法，然犹有其德而无位。我上德位兼隆，心契圣学，躬备至道，作君作师，以立人际，是以尊圣重道，典礼隆重，度越前古。历代帝王幸阙里者，仪文之盛，未有如我皇上者也。臣等遭逢圣明，备员扈从，不胜欣忭。"翰林院掌院学士孙在丰等也跪颂圣德。衍圣公孔毓圻等跪奏说："从来临幸之君但诣庙庭，若幸林只有宋真宗，已为古来希遘之事。皇上祀庙之后，临御林垌，酹酒亲拜，周览良久，咨访陈迹，爱及草木。仰见体道之诚，尊圣之至。海隅日出，无不感慕兴起，以副文明之化也矣。"

皇帝观览碑刻石雕，入思堂南向坐，问"此林周围几许"，孔尚任回奏："共地十八顷。今二千余年，族众日繁，附葬无隙。"皇帝问"将如之何"，孔尚任回奏"未免坟积墓累矣"，皇帝问何不开扩，孔尚任回奏说："上问及此，真臣家千百世子孙之幸。但林外皆版籍民田，欲扩不能，尚望皇上特恩。"皇帝回头对随扈大臣小声说："此秀才好胆子，知道朕敬重先师，尽力乞请。既到其家，皆依所奏可也"，转身说"可具本来"，衍圣公孔毓圻率众叩头谢恩。

皇帝出思堂，登辇出林，前往兖州，衍圣公孔毓圻等在道左跪送。

喜接赏赐：下午申时，衍圣公等赴诗礼堂听旨，礼部尚书介山颁布皇帝赏赐：衍圣公、五经博士、曲阜知县俱颁给《日讲四书》、《易经解义》、《书经解义》各一部；衍圣公狐裘蟒袍一领，黑貂褂一领，缎绫表里各五疋；五姓博士、曲阜知县及名列仕籍者三十五人俱羊皮蟒袍，锦缎褂各一件；孔氏进士、举人、贡生十一人俱镶领锦缎各一件；监生、生员三百人俱银五两；蠲免曲阜县百姓每年地丁银两。孔毓圻率众人望行道叩头谢恩。

傍晚，皇帝使人来召衍圣公及孔尚任，二更抵达，皇帝正在令大学士明珠、王熙参考典礼，准备祭文祭品，派恭亲王永宁携礼部尚书介山明日祭祀周公庙。孔毓圻等门外谢恩，远望皇帝脱冠凭几挥毫，题写衍圣公孔毓圻祖母陶氏八十节寿坊额"节并松筠",令孔尚任高声宣示,孔毓圻、孔毓埏兄弟三叩头谢恩,时谯楼已经四鼓。

送驾:十九日衍圣公率孔尚任等送驾,每晚赴行在候安。二十一日早行,孔毓圻等在路旁古庙休憩,皇帝望见,派飞骑来问此队是何人,飞骑回奏是衍圣公送驾,皇帝问有讲书秀才否,知孔尚任也在,派人赐茶各一碗,是日吏部商议奏准设置百户官,议准孔尚任、孔尚鉝授官国子监博士。二十四日,皇帝自德州乘舟返京,衍圣公孔毓圻等于西岸跪送,皇帝凭窗挌须谕令还家。

谢恩领赏:次年三月,衍圣公孔毓圻率族人赴京诣阙上本谢恩,五氏中现任官员遇应升之缺先行升用,候选官员遇应得之缺先用,举人遇应得知县之缺先用,贡生、监生候考定职衔后遇缺先用,陪祀博士、知县、学录、衍圣公府属官均加一级,选择学行兼优生员十五名送监读书。八月,奏准孔林向东、西、北三面各扩一百五十五丈七尺,计拨给孔林土地十一顷十四亩有奇①。

六、属官见衍圣公府男性成员礼

衍圣公府属官不仅见到衍圣公要行礼,见到衍圣公家族的男性成员也要礼数有加。衍圣公府专门制定了兵农礼乐四员见衍圣公府各位老爷的仪注。仪注规定,百户、管勾、典籍和司乐四位衍圣公属官见衍圣公府各位老爷,"一、请安俱用手本,各位老爷不受;一、凡在庙庭见各位老爷打躬,各位老爷答揖后隅坐,凡公事会见同;一、凡途遇下车,趋至各位老爷车前打躬,各位老爷下车答揖,仍候各位老爷上车先行"。四员虽然是衍圣公属官,但都是经衍圣公保举到朝廷由吏部、兵部给札任命的官员,均有品级,管勾、典籍、司乐是七品,百户秩比卫守备,多以四品官充任,而衍圣公二、三弟多任奉祀子思的世袭翰林院五经博士和奉祀汶上圣泽书院的太常寺博士,品级分别是正八品和正七品,品级相当或略高,见到衍圣公兄弟们仍然需要行下级见上级礼,看来在衍圣公府,属官基本是半官半仆的地位。

---

① 徐振贵、孔祥林:《孔尚任新〈阙里志〉校注》,第182—201页。

第五节　家庭礼仪

南宋朱熹《朱子家礼》成书后就成为民间礼仪的圭臬，但历史上"群儒多以己意联辑补缀，世人复以乡俗演习之事芬然杂出乎其间"，而曲阜"素称守朱子家礼者，亦素以古礼参用朱子家礼者也，又素以乡俗相沿之陋习附会于朱子家礼者也"①。孔继汾有感于此，于是"检寻家牒，核诸礼经，验所已行，不悖先师之教者，条举而件系之"②，著成《孔氏家仪》一书。该书计有庙祭、祔、墓祭、丧服、丧服表、初终至既殡、葬、丧祭、奔丧扶榇、改葬、吊赙会葬、婚、家庭燕会相见及对宾客、修家谱等礼仪，后因有"今之显悖于古"、"后王德薄不能以身教"等文字被指责为"增减《会典》服制"被查抄，但其大部分礼仪原是孔氏家族所沿用，增减《会典》服制主要是在丧礼部分，所以本书只介绍丧礼以外的孔氏礼仪以及丧礼中的谕祭礼。

一、婚礼

婚礼程序有纳采、纳征、请期、送奁、送笄、加笄、醮父母、亲迎、夫妇交拜、妇见舅姑、舅姑醴妇、妇拜祠堂、新妇见亲、婿见妇党等环节。

纳采：先请媒人去提亲，女方同意后举行纳采礼。主人致书于女方主人说："伏承尊慈不鄙寒微，曲从媒议，许以令爱，贶室某之子某。某有先人之礼，敢请纳采，伏惟垂鉴"，呈送礼品说"谨具若干仪，奉申纳采之敬"。是日早晨，主人奉之以告祠堂，祝文说："某之子某（如果不是宗子，则请宗子代告说某孙之子某后），年已长成，未谐伉俪，已议聘某郡某氏某之女，今日纳采。谨告。"将书信礼品陈于堂上，使者在户内左侧，西面立，主人北面再拜，执书信还，西面授使者，使者北面跪，接受书信礼品。

使者到女方家，女方请入门内，陈书信礼品于庭中，使者跟随到堂前，

---

① 孔继汾：《孔氏家仪自序》，《孔氏家仪》，第 536 页。
② 江衡：《孔氏家仪序》，《孔氏家仪》，第 359 页。

站立户外右侧,面东。女方主人出,使者北面跪献书,主人西面接受,交给侍者,侍者跪下接受,陈于堂中案上。使者叩,兴,主人鞠躬,使者退,东面立,主人北面再拜,使者退立西序东,北面等候。主人拜受毕,西面,劳使者;使者进,北面跪以对。主人命侍者请使者就客坐,待茶;使者退回原位。主人将书信陈于祠堂,报告说:"某之第几女某,年渐长成,许字某郡某氏某之子某,今日纳采,谨告。"主人招待使者,侍者奉命请使者就席。主人出,向使者敬酒,使者出席,请侍者向主人推辞,主人入户左侧,西面立,使者退立户右,北面。侍者斟酒,自主人后跪进盏,使者稍进,北面跪,主人辞,使者叩首,主人鞠躬。主人侧身受盏,以授使者,使者接盏饮酒,侍者跪,接盏而退。使者叩,兴,主人鞠躬,退回。陈馔前,主人再次到席,使者请侍者再三推辞,主人退回。回信说:"伏承尊慈不弃寒陋,过听媒氏之言,择某第几女作配令嗣,弱息蠢愚,又弗能教,既蒙尊命,某不敢辞。谨对使拜嘉,伏惟垂鉴。"有回赠礼品说"谨具若干仪,奉申允吉之敬"。将复书礼品陈于堂中,请使者升堂。使者升堂,北面叩谢,主人西面鞠躬,使者退,东面立,主人北面再拜,使者隅立如初。女方使者自门外入,主人西面授复书,女方使者北面跪,受,兴,随男方使者去男方。

男方使者先入门报命,出门请女方使者奉书入,陈于庭中,使者立户外右侧,东面立,主人出见,拜受,敬酒使者如女家。男方主人奉女方复书告于祠堂,鞠躬四拜,不读祝。

纳征:男方主人致书说:"伏承嘉命,贶室某之子某,某有先人之礼,敬请纳征。"礼品单说:"谨具若干仪,奉申纳征之敬。"告于祠堂说:"某之子某,已聘某郡某氏某之第几女为妇。今行纳征,谨告。"女方主人告于祠堂说:"某之第几女已许某郡某氏某之子某为室,今日纳征,谨告。"复书男方说:"伏承嘉命,委禽寒宗,兹复蒙顺先典,贶以重礼。某不敢辞,敢不承命。"如有回赠,礼品单说:"谨具若干仪,奉申报嘉之敬。"

请期:先请媒人约定,遣使奉书往来如纳征礼。男方主人具书说:"伏承赐命,某既申受矣。谨涓吉日某月某日甲子,实为婚期,可否惟命,端拜以俟。伏惟尊慈,俯赐垂鉴。"告于祠堂说:"某之子某聘于某郡某氏某第几女为妇,今涓吉于某月某日甲子成婚,谨告。"女方主人告于祠堂说:"某之第几女许某郡某氏某之子某为室。今以婚期来告,云某月某日甲子吉。谨告。"复书说:"伏惟台命,来示婚期,某固惟命是听,敢不敬须。伏惟鉴照。"

送奁:将临婚期,女方主人遣男女使者送奁男方,陈奁于庭。男方主人出见,使者献嫁奁目录,礼仪与纳征致命相同。主人拜受讫,使者陈奁于室内,主人宴请使者,礼仪也与纳征相同。主人具柬致谢,女方使者返回。

送笄:男方遣男女使者到女方家请加笄,具礼单说"谨具若干仪,奉申加笄之敬"。女方拜受,宴请使者,具柬答谢,礼同送奁。

加笄:婚期将近,母为女加笄。陈冠笄衣服于堂中,父西面立,母东面立,诸位尊长集于左右。女出房北面立,侍女进冠笄,母受以授女,女跪受,适房中,冠服出,拜见父母,北面四拜,父平揖,母肃拜,女拜见诸位尊长,诸位尊长皆平揖,女性肃拜。主人以女拜祠堂,告曰:"某之第几女某将适某郡某氏,今日加笄毕,敢告。"母率及笄者四拜,兴,退。

醮父母:父母之席南向,女席在东,西向(如父母之亲在,席东西相向,女席在东南,北向),壶盏在户外。父母左右对面立,女北面四拜,兴,父平揖,母肃拜。侍女斟酒进父,父受盏授女,女跪受,饮讫,侍女西面跪,受盏,退。父命曰:"戒之敬之,毋违舅姑之命。"女受命,拜,兴;父平揖。侍女斟酒进母,母授女如父,命之曰:"勉之敬之,顺成妇道,毋忘乃父之命。"女受命,拜,兴;母肃拜。父母命坐,女肃拜告坐就席。肴馔至,父母起立,女出席立,母到亲眷席敬酒,母肃拜,女也肃拜。彻席,女北面四拜,父平揖,母肃拜,女归房。

亲迎:婿家陈食案于洞房之中,备酒壶合卺,设醮位于厅堂,壶盏在户外。主人告于祠堂曰:"某之子某将以今日亲迎于某郡某氏,谨告。"回厅堂醮位,主人就位,西面立,子就位,北面立。侍者酌酒进盏,主人受盏授子,子跪受盏而饮,侍者西面跪受盏,退。主人命子曰:"往迎!尔相承我宗事,勉率以敬。先妣之嗣,若则由常。"(如非宗子,就说"往迎!尔相勉率以敬")子敬诺,四拜,兴;父平揖;子以次拜母及诸位尊长,乃出。

子登车,蜡烛前导,雁在车前,新妇之车在后。至女家,在门外等待。主人出迎,婿揖。雁先入,陈于庭中。婿随主人入,三揖,至阶三让,主人由东阶升,西面立,婿由西阶升,再拜,主人答拜。主人退至东序,西面立,婿北面跪,侍者跪进雁,婿奠雁,再拜,兴,退,东面立。女家侍者彻雁亭出,主人请婿就正坐,婿辞谢,主人对婿就坐,侍茶,以宴宾礼待婿。毕,妇出房到庭,婿东面立,主人西面立,妇在主人之右,侍者以车入,婿揖妇登车。妇登车,婿亲至车前捧车。主人辞,婿北面鞠躬,复鞠躬,辞主人出,登车,主人答送如常仪。

夫妇交拜:婿先妇后,至家。婿家先陈香案于厅堂正中,设夫妇相拜位于堂中。婿先入门,妇随行,下车,共诣厅堂正中,四拜,兴,婿导妇升堂,婿就左位,妇就右位,对面交拜,兴。婿导妇入室内坐,侍女执合卺进夫妇,各酳。婿亲自为妇去巾,乃共案而食。食毕,婿出脱服,妇脱服于房中。主人向宾敬酒,位尊者如宴宾,卑者如纳采时敬酒使者,主妇待女宾与主人待男宾相同。

妇见舅姑:第二天早起,新妇见公婆,向公婆敬茶,碗中置枣栗。公婆左右对面立,新妇北面四拜,兴,公公平揖,婆婆肃拜。献茶毕,新妇退出。

舅姑醴妇:舅姑席堂上,南面,新妇席在东,西面,壶盏在户外。舅姑左右相对立,新妇北面立,公公平揖,婆婆肃拜,新妇肃拜,侍女斟酒进盏,公公接过以授新妇,新妇跪受饮,侍女西面跪,受盏而退。新妇四拜,兴,公公平揖,婆婆肃拜,公婆命坐,新妇肃拜告坐。肴馔至,婆婆亲至新妇席献食,新妇出席,立,婆婆肃拜,新妇肃拜。彻席,新妇北面谢,四拜,兴,公公平揖,婆婆肃拜。礼毕,新妇退。

公公在婆婆不在,公公醴之;婆婆在公公不在,婆婆醴之;公婆俱不在,不醴。

妇拜祠堂:第三日,主人以新妇见于祠堂,告文曰:"某之子某婚毕,新妇某氏敢见。"族人告毕,婿妇四拜,兴,退。

新妇见亲:新妇见诸位尊长及卑幼,男尊长平揖,女尊长肃拜,卑幼者拜见新妇,新妇肃拜,尊长分居者,新妇他日到家去拜。

婿见妇党:新妇庙见后,婿往拜妇家。主人出见,婿拜,主人答拜,遍见妇家诸亲。妇家也遣使来迎新婿夫妇,岳父醴新婿如亲迎时,母亲宴请女儿与公婆醴妇礼仪相同。[1]

---

[1] 孔继汾:《孔氏家仪》,第509—518页。

二、谕祭礼

明代规定，一品官病故，皇帝辍朝一日，工部造坟安葬，遣官谕祭，祭九坛。孔尚贤去世时，每坛祭品为：降香一炷（印金黄绫龙袱），焚帛一段（黄匣），汤饭一桌，十糖八座，五老糖五座，猪一口，羊一腔，南果五盘，北果五盘，炉果五盘，煤果五盘，蒸食五盘（以上俱用红纱罩），白蜡烛一对，奠酒三献。① 衍圣公孔胤植夫人侯氏为：猪一口，羊一腔，馒头五分，粉汤五分，果子五色（每色五分），案酒五盘，凤鸡一只，牒骨一块，煤鱼一尾，酥饼酥定（各四个），鸡汤一分，鱼汤一分，烛一对（重二斤），焚祝纸（一百张），奠酒二瓶，降香一炷。② 看来，衍圣公与夫人祭品是有差别的。清代祭品有所变化，孔胤植去世时，每坛猪一口，羊一腔，宝妆一座，麻花二盘，托炉二盘，馒头五盘（每盘重十三斤），松子一盘，莲肉一盘，饣三碗，荔枝一盘，元眼一盘，饣三碗，汤三碗，酒三钟，降真香一炷，烛一对（重一斤），焚祝纸一百张③。

明初，衍圣公及夫人去世，皇帝颁发祭文一道，明嘉靖中期增加到两道，从孔闻韶祭文看，第一道在嘉靖二十五年三月初一，文为"嘉靖二十五年岁次丙午，三月初一日，皇帝遣行人司行人刘禄谕祭于袭封衍圣公孔闻韶曰：'卿爵荫上公，宠逾三纪，累朝荣遇，班领儒臣。顷闻讣音，已加哀恤，俟临首七，悼惜益增，庸示殊恩，载锡以祭，幽灵未泯，庶科承之'"，是首七所祭，第二道在八月二十三日，文为"嘉靖二十五年岁次丙午，八月二十三日丁未，皇帝遣行人司行人刘禄谕祭于衍圣公孔闻韶曰：'惟卿德器老成，资性醇朴，系出宣圣，蔚为儒宗。显受荣封，秉礼遵道，孝隆奉祀，克继克承。典声来朝，可仪可范，眷惟英哲，实乃象贤。宜衍迓龄，以延圣泽。顷闻婴疾，遽至长终。爰推恤恩，如制营葬。遣官谕祭，以慰卿灵。九原有知，尚其歆服'"④，应该是下葬时所用。清代时祭文增至三道，第

---

① 《阙里志》卷十六，第826—827页。
② 《阙里志》卷十六，第830页。
③ 《阙里志》卷十六，第849页。
④ 《阙里志》卷十六，第819—821页。

一道应该是在去世后不久使用,第二道首七至七七时使用,第三道在下葬时使用。

明代规定,一品官给造坟料价夫匠银五百两,棺椁一付,孔胤植夫人仝氏先卒,到孔胤植去世时,国家仅给坟墓造价的一半,"查崇祯十四年,衍圣公孔胤植妻仝氏病故,已经行该藩照例给价造坟。今孔胤植病故,依开圹合葬减半之例照会山东布政使司将后开银两如数给发,丧家自行开圹合葬","计开:衍圣公孔胤植该开圹合葬料价银壹百五拾两,夫匠壹百名,每名工价银壹两,棺椁一付折银陆拾两,通共银叁百壹拾两"①。

清代谕祭仪注为:

> 陈黄案一于厅堂正中,南向,香案一在其前;神案一于西序,东向,香案一在其前,祭案及俎在其左右;燎炉在庭中西南隅。
>
> 主人丧服告于灵座前,鞠躬,四拜,兴;诣魂帛室跪,执事者跪,奉画像(谕祭者多画立像,寓意臣子不敢倨对其君之意),兴,主人俯伏,兴;出诣厅堂西序案前,跪,执事者恭悬讫,主人俯伏,兴,退。
>
> 使者至,主人吉服素冠,及其父兄子弟跪迎于大门外,使者赍谕祭文入,陈放堂中黄案上,执事者布香帛、祭品于各案。使者就黄案左立,西面,主人及族属入,序立西阶下,东面,地方文武官员入,序立东阶下,西面。地方官先列班,行三跪九叩头礼,兴,退原位立;次主人及族属列班,行三跪九叩头礼,兴,退原位立。使者恭展谕祭文,主人升堂,诣黄案前,北面跪,使者奉谕祭文授主人,主人受,兴,奉安西序香案上。读文者次诣黄案前,北面跪,使者以誊黄授读文者,读文者受,兴,奉诣黄案右,南面立,等主人以下就香案前西面鞠躬,四拜,兴,退立香案右,北面,西上。使者诣香案前,西面立,主人以下跪,执事者跪进香,使者焚香,主人以下一叩头,执事者跪进爵,使者受爵酹酒,复以爵授执事者,执事者受,兴,退;凡三次。使者每次酹酒,族人以下一叩头。使者复位,读文者恭读讫,主人以下兴,读文者恭奉誊黄,执事者

---

① 《阙里志》卷十六,第842—843页。

恭奉香帛，由中阶降，同焚于燎所。主人以下复诣香案前，西面鞠躬，四拜，兴，出庭中，望阙行三跪九叩头礼，兴，退西阶下，东面序立。使者返，主人拜送于门外。入更丧服，就像前跪，恭彻像讫，俯伏，兴，恭奉像诣魂帛室，跪藏讫，俯伏，兴，退。

如使者有私奠，主人亦吉冠素服陪位。使者拜毕，主人拜使者，使者答拜。主人反丧服，事讫，设奠如殷奠。

特旨遣大臣奠茶酒，仪注同上。①

三、家庙祭礼

《礼记》规定："天子七庙，三昭三穆，与大祖之庙而七；诸侯五庙，二昭二穆，与大祖之庙而五；大夫三庙，一昭一穆，与大祖之庙而三；士一庙；庶人祭祀于寝。"②周朝灭亡后，家庙制度随之改变，"诸侯世爵乃世其庙，大夫不世官，无官则庙亦随毁。唐宋而下，庙制不修，士大夫率皆祭其先人于寝。前明以来，下逮庶人有得祀三代之制。吾家大宗世爵，庙制准古以五。小宗不世官，但以别子为祖，祖祢之主皆祔于其庙焉"③。明代时，衍圣公按照礼制规定在孔府东路中部建造了家庙，家庙前后两进院落，前院报本堂五间，中祀五十四代祖孔思晦考妣，左祀本代衍圣公高祖考妣，右祀曾祖考妣，再左祀祖考妣，再右祀父考妣；后堂祧庙五间，奉藏五十五代衍圣公以下已不能在报本堂奉祀的各代先人木主。东侧有夹室三间，奉祀入嗣大宗的六十五代衍圣公孔胤植本生祖父孔贞宁夫妇和父亲孔尚坦夫妇，七十三代衍圣公孔庆镕入嗣大宗后又增加其生父孔宪增夫妇。

曲阜孔子庙虽然是列入国家祀典的礼制庙宇，但由于是由孔子故宅扩建而形成的，所以还保留了家庙的因素，建造了家庙、启圣祠及其寝殿、孔子夫人寝殿等属于家祭的建筑。家庙位于孔庙东路的最后端，面阔七间，中祀孔子考妣，左祀二世祖孔鲤考妣，右祀三世祖孔伋考妣，再左祀中兴祖

---

① （清）孔继汾：《孔氏家仪》，《孔氏祖庭广记·孔氏家仪·家仪问答》，第462—464页。
② 《礼记·王制》，大连出版社，1998年，第96页。
③ （清）孔继汾：《孔氏家仪》，《孔氏祖庭广记·孔氏家仪·家仪问答》，第368页。

孔仁玉考妣。

衍圣公祭祀的家庙因此就有了两处,一处在孔子庙内,一处在孔府内。但两处家庙的性质是不同的,孔子庙家庙是孔氏全族的家庙,而孔府家庙只是衍圣公家族的家庙,由于衍圣公是孔氏家族的宗子,两处家庙均由衍圣公主祭。两处家庙的祭祀日期及仪注都有差别,相同的祭祀是岁时常祭和朔望行礼,不同的是孔子庙家庙在四季释奠大祭时也同时举行时享,另外还有中兴祖诞辰的祭祀,而孔府家庙只在春秋之分举行时享。

(一)孔子庙家庙祭礼

孔子庙家庙的祭祀有时享、岁时常祭、朔望行礼、中兴祖诞辰以及有事则举行的告祭。

时享是孔子庙家庙最隆重的祭祀,在孔子庙四季释奠大祭时同时举行,由于衍圣公主祭大成殿,家庙由摄献官代表衍圣公主祭。其仪注与大成殿祭祀相似:

> 摄献官立于拜位。
>
> 鸣赞唱"启户,扫除,瘗毛血",礼生打开门户,点亮庭燎、吊灯,执事生持拂扫除各坛,陈设生诣各案神前一叩头,兴,高捧毛血盘由中门出,至瘗所掩埋。
>
> 引赞唱"升坛",摄献官升阶。引赞赞"诣始祖考妣神位前",摄献官由家庙左门入、立香案前。引赞赞"跪",摄献官跪。……陈设生将神主橱门打开。引赞赞"进香",司香生跪进香。引赞赞"上香",摄献官从司香生高捧香盒内取出檀香木块放于已经预先点燃木炭的香炉内。引赞赞"叩,兴",摄献官行一叩头礼,兴。
>
> 引赞引摄献官依次到二世祖考妣、三世祖考妣、中兴祖考妣神位前启椟上香,仪注与始祖考妣前相同。
>
> 引赞赞"复位",引摄献官由右门揖出回到拜位。
>
> 鸣赞唱"迎神,跪,叩,兴",摄献官行三跪九叩头礼,兴。
>
> 鸣赞唱:"奠帛,行初献礼。"引赞引摄献官至盥洗所盥手,相礼生进洗,摄献官盥手。引赞赞"进巾",相礼生进巾,摄献官拭手。引赞赞

"洗爵",捧爵生进爵,摄献官洗爵。引赞赞"进巾",相礼生进巾,摄献官以巾拭爵。引赞赞"诣酒尊所",司尊者举幂酌酒。引赞赞"诣始祖考妣神位前",帛、爵由家庙中门入,捧帛生、司爵生以次立神案前左侧。摄献官由家庙左门入,立于香案前。引赞赞"跪",摄献官跪。引赞赞"进帛",捧帛生跪进帛。引赞赞"奠帛",摄献官受帛,拱举授捧帛生,捧帛生接受后兴,将帛恭奠于案前正中。引赞赞"进爵",捧爵生跪进爵。引赞赞"献爵",摄献官受爵,拱举,授捧爵生,捧爵生接受后兴,将爵恭奠于案上正中坫上。引赞赞"叩,兴",摄献官行一叩头礼,兴。

引赞依次引摄献官到二世祖考妣、三世祖考妣、中兴祖考妣神位前奠帛献爵,仪注与始祖相同。

引赞赞"诣读祝位,跪",摄献官跪。引赞赞"读祝",太祝生诣祝案前跪,三叩头,捧祝版恭读,祝文为"维某年某月某日,几十几代孙袭封衍圣公某等敢致祭于始祖考妣、二世祖考妣、三世祖考妣、中兴祖考妣,曰:兹遇仲春(夏秋冬),式遵旧章,用荐祫事,尚飨",读毕,捧祝版兴,将祝文恭安正位篚内,三叩头,退。引赞赞"叩,兴",摄献官行三叩头礼,兴。引赞赞"复位",摄献官仍由右门揖出回到拜位。

鸣赞唱"行亚献礼",亚献礼与初献礼同,不读祝。

鸣赞唱"行终献礼",终献礼与亚献礼全同。

鸣赞唱"饮福受胙",引赞引摄献官升阶,赞"诣福胙位,跪",摄献官跪。引赞赞"饮福酒",太祝生跪授福爵,摄献官受爵,三饮,以虚爵授太祝生,太祝生受,兴,将酒爵复置于坫上。引赞赞"受福胙",陈设生跪授胙,摄献官受胙,仍授陈设生,陈设生受,兴,捧出,等礼毕归胙。引赞赞"叩,兴",摄献官行三叩头礼,兴。引赞赞"复位",摄献官如前仍回拜位。

鸣赞唱"叩,兴",摄献官行三跪九叩头礼,兴。

鸣赞唱"彻馔",陈设生诣案前,一叩头,兴,恭捧馔盘由家庙中门出,至瘗所掩埋。

鸣赞唱"送神,跪,叩,兴",摄献官行三跪九叩头礼,兴。

鸣赞赞"读祝者捧祝,进帛者捧帛,恭诣燎位",太祝生、捧帛生各诣案前,三叩头,兴,各捧祝帛由中门出,恭送至燎所。引赞赞"诣望燎位",摄献官诣望燎位,引赞赞"望燎",祝帛焚毕,引赞赞"复位",摄献官复位。

引赞引摄献官升阶,赞"诣始祖考妣神位前,跪",摄献官跪。引赞赞"奉主入椟",陈设生捧主入椟。引赞赞"叩,兴",摄献官行一叩头礼,兴。引赞引摄献官依次诣二世祖考妣、三世祖考妣、中兴祖考妣各神位前,藏主如始祖考妣位前仪。引赞赞"复位",摄献官揖出复位。

鸣赞唱"礼毕",祭祀结束,祭祀人员散去。

月朔释菜于每月初一举行,每坛设二笾二豆,以果菹为祭品,设尊、罍、洗如释奠仪。是日平明,衍圣公率官员族人诣庙行礼。衍圣公亲自祭祀大成殿和家庙,行一献三跪九叩头礼。

月望行香在每月望日举行,衍圣公亲自祭祀大成殿和家庙,上香,行三跪九叩头礼。

岁时常祭每年七次,分别在元旦、上元、端阳、中秋、重阳、冬至、岁除日举行,由衍圣公亲自主祭,仪注略微简单,不灌鬯,不奠帛,读祝,上香,三献,陈馔,彻馔,迎神、送神行三跪九叩头礼。

告祭不定期举行,孔氏家族有大事时如修谱、衍圣公袭爵等举行,仪注与岁时常祭相同,但有告文。

家庙祭祀时,大成殿、崇圣祠、启圣祠、大成寝殿、启圣寝殿同时行礼,除四大丁祭释奠外,大成殿、家庙由衍圣公亲自祭祀,崇圣祠、启圣祠以摄献官行礼,大成寝殿、启圣寝殿由分献官行礼,礼较衍圣公低一等,均两跪六叩头。[①]

(二) 孔府家庙祭礼

孔府家庙祭祀有春秋时祭、岁暮袷祭、岁时常祭、朔祭、望祭、诞辰祭、忌辰祭、告祭和祔祭等。

时享是家庙最隆重的祭祀,时间分别定在春秋之分。其仪注为:

---

① (清) 孔继汾:《阙里文献考》,第424—456页。

祭前致斋三日,前一日宗子着公服(补服,深青色外服为常服,元青色外服为素服),率众子姓(服色随宗子)及执事者诣家庙视涤溉。

祭日,报本堂诸案陈设汤饭果肴各五种,羊一俎,在左,猪一俎,在右;每主供爵一,事先加酒,放在主前,另备一爵加酒,放在几前。户内西侧设祝案,南向,祝一人,面东;东侧设福胙案,北向,后立一位守祠者,面西。户外东侧设酒尊一,勺柄向北,加幂,案后依次立司尊者一人、司香者五人,俱面西,以北为上;西侧设案,上置馔五盘,东向,以北为上,案后立司馔者五人,面东,以东为上;设洗于东阶下,与房屋飞檐的东南翼角齐,罍水在北,勺柄向北,在罍北设案西向,置爵十五只,罍洗后司罍洗者各一人,爵案后司爵者五人,均面西。设庭燎于院内西南角,南侧司燎者一人,面北。设宗子拜位在中阶下,众子姓拜位夹中阶略后,昭东穆西,以东为上。设鸣赞一人,立东阶上,面西;引赞一人,在宗子右,面左;对引一人,在宗子左,面右;司钟鼓者各一人,钟东鼓西,在庙门内,东西相向。

天刚亮,鼓三严,宗子着礼服(朝服蟒袍)诣家庙行礼,执事者各司其事,众子姓各就位。

宗子就位,执事者瘗毛血。迎神,宗子诣盥洗所,东面盥手,司洗者北面进巾,宗子帨手讫,升堂,司香者奉香由中门序入,各诣案左,北面立。宗子由东旁门入,诣五十四代祖考妣神位前,跪,众皆跪,守祠者打开木椟,请出神主。司香者西面跪进香,宗子焚香,取几上备爵,举爵,酹酒,奠爵,俯伏,兴,众皆俯伏,兴。宗子依次诣高、曾、祖、考神位前,启椟出主,焚香,酹酒。复位。司馔者设馔讫,参神,宗子以下鞠躬四拜,兴。

行初献礼:宗子诣盥洗所,司罍者面西将水注入爵中,司爵者五人各捧爵立于洗北,面南,宗子面东逐一洗爵,司洗者面北进巾,宗子拭爵。升阶诣酒尊所,司尊者举幂酌酒。司爵者捧爵由中门依序入堂,各诣案前,面北立。宗子由东旁门入,诣五十四代祖考妣前,跪,众人皆跪,司爵者面西跪,进爵,宗子受爵,拱献,复授司爵者,司爵者受爵兴,奠于案上正中,宗子俯伏,兴,众人俯伏,兴。宗子依次诣高、曾、祖、考神位前献爵如上仪。

宗子诣读祝位,跪,众人皆跪。祝北面跪宗子右侧,读祝文:"维年月日朔越几日甲子,孝孙某敢祭于显五十四代祖考妣、显高祖考妣、显曾祖考妣、显祖考妣、显考妣神位前曰:兹惟仲(春、秋),敢以柔毛刚鬣,嘉荐普淖,用荐岁事(有祔主时增加"以某亲某甫"或"某氏祔")。尚飨!"读毕,奉祝文恭安正位案上东侧,面北,俯伏,兴,退。宗子俯伏,兴,众人皆俯伏,兴。宗子复位。

行亚献礼、终献礼如初献礼,但不读祝,亚献时执事者面西跪进爵,置于案上东侧,终献时执事者面西跪进爵,置于案上西侧。

三献毕,饮福受胙,宗子升堂,诣福胙位,跪,众人皆跪。祝以福爵面西跪,授宗子,宗子受,饮,祝兴,执事者受爵,返于站上。祝取盘取羊半臂,面西跪,授宗子,宗子受,祝兴,宗子以授执事者,执事者跪受捧出(祭祀后送还宗子)。宗子俯伏,兴,众人皆俯伏,兴。宗子复位,率众人鞠躬,四拜,兴,司馔者彻馔出。

送神,宗子以下鞠躬四拜,兴。祝恭奉祝文诣燎所,宗子望燎,讫,升堂,诣五十四代祖考妣神位前,跪,众人皆跪,守祠者奉主入椟,宗子俯伏,兴,众人皆俯伏,兴。宗子依次诣高、曾、祖、考神位前,藏主如前仪。

宗子复位,礼毕,鸣钟,宗子以下均退。

岁暮祫祭在年底举行,仪注与春秋时祭相同,同时还要祭祀祧庙,仪注也与春秋时祭相同。

岁时常祭在元旦、上元、端阳、中秋、重阳、冬至日举行,仪式比较简单,守祠者在各神位前陈设酒脯,启椟出主。宗子早起,着公服(元旦、冬至着礼服),诣各神位前,跪,焚香,酹酒,俯伏,兴,再拜,兴,退。众子姓也早起,各拜于各神位前。祧庙也同样行礼。

朔望祭祀在每月初一与十五举行,仪注与常祭相同。

告祭在宗子远出和归来后举行,支庶有事不能自行告祭,必须报告宗子,由宗子代祭告。祭祀较岁时常祭、朔望祭隆重,祭品用香酒果脯如常

祭,设置罍洗如时祭。其仪注为:

> 宗子着公服就位,众子姓皆就位。宗子诣盥洗所,盥手升堂,诣五十四代祖考妣神位前跪,众人皆跪。守祠者启椟出主,司香者跪进香,宗子焚香,酹酒,俯伏,兴,众人皆俯伏,兴。宗子依次至高祖、曾祖、祖、考神位前启椟出主,焚香,酹酒,仪式与五十四代祖相同。宗子诣读祝位,跪,众人皆跪;祝跪读告文讫,奉安正位案上,俯伏,兴,退。宗子俯伏,兴;众人皆俯伏,兴。宗子复位,率领众人鞠躬,四拜,兴。祝恭奉告文诣燎所,焚讫,宗子升堂,诣五十四代祖考妣神位前,跪,众人皆跪,守祠者奉主入椟,宗子俯伏,兴,众人皆俯伏,兴。宗子依次诣高、曾、祖、考神位前藏主如上仪,复位,礼毕。

祭祀如果遇到国家忌日或家忌,就要改卜时间;遇祭期,宗子入朝觐见就不举行,归来后也不补;有三年之丧就停止祭祀,齐衰之丧(丧期三月、五月)终算而祭,功缌之丧逾月而祭,参加祭祀者有丧也如此,丧服期满时超过了祭期也不补。常祭与朔望祭祀,逢三年之丧时,既卒哭(丧百日后),着吉冠素服(穿布麻衣服,不能穿纨縠衣服),行礼未满卒哭时间就不能举行。守丧期间遇到告祭,宗子不能亲自祭祀,就以轻服或已经除服的子弟代替行礼,齐衰之丧也是如此。

主妇要参加家庙的各种祭祀,在祭祀仪式完毕后率领众妇到家庙行礼。①

祔祭本来是在卒哭次日将死者之神主祭于祖庙,祭毕,仍将神主还家,至大祥(两周)后再迁入祖庙。孔府家庙将冢嫡三年丧满后移入家庙奉祀的仪式称之为祔考于庙。

祔祭仪注为:

> 祔祭之日,陈所祔之祖神座于厅事正中,南向;新祔者神座于东

---

① 孔继汾:《孔氏家仪》卷一,《孔氏祖庭广记·孔氏家仪·家仪问答》,第367—373页。

序,西向;座前皆设香案、供案,设汤饭果脯,皆以五,各陈二俎于香案左右,正位东首,祔位西首;设祝案二,各于神座之右,正位南向,祔位西向;馔案一于户外,东向,设馔二(用蒸食)、炙肝二、炙肉二、炙鱼二,皆佐以羹,茶二,并北上;其他尊、爵、罍、洗之位并如家庙;燎位在庭西南隅,东向;设主人拜位于中阶,子姓拜位于东阶,西上,宾拜位与西阶,东上;执事者、赞者各如在家庙之位。家庙内陈设尊、俎、罍、洗,亦如时享。

主人早起,具吉服(卒哭祔者用素服),盥手,诣神位前,跪。执事者启椟出主,主人焚香,酹酒,俯伏,兴,鞠躬,四拜,跪。执事者进请主,主人俯伏,兴,随出,恭安于厅事东案上。主人东面跪,待安主讫,俯伏,兴。遂诣家庙,请曾祖考妣神主安于厅事正案上,如上仪。讫,主妇以下诣位前,各拜、兴,退。宾来拜,主人位东阶,西面配拜,北上,宾拜讫,主人拜宾,宾出,俟于客次。

日中而祭。陈祭品毕,执事者各司其事。主人就位,众宾、众子姓皆就位。执事者瘗毛血,迎神,主人诣盥洗所盥手,升堂诣曾祖考妣神位前,跪,众人皆跪。主人焚香,酹酒,俯伏,兴,众人皆俯伏,兴。主人诣考神位前,焚香,酹酒,如上仪,复位。司馔者设馔讫,参神,主人及众人皆鞠躬,四拜,兴。

行初献礼:主人诣盥洗所,洗爵,凡二,讫。升阶,诣酒尊所,司尊者举冪酌酒。诣曾祖考妣神位前,跪,众皆跪。司爵者跪进爵,主人受爵,拱举,复授司爵者,司爵者受,兴,奠于案上,退。祝北面跪,在主人东侧,读祝文(称孝孙)曰:"今日令辰,跻祔某府君,谨以柔毛刚鬣,嘉荐普淖,明齐溲酒,荐此祔事,尚飨!"读毕,奉祝文恭安案上,北面。俯伏,兴,退。主人俯伏,兴,众皆俯伏,兴。

主人诣考神位前,献爵,读祝,如上仪。祝文(称孝子)曰:"今奉神主祔于曾祖,考某府君,谨以柔毛刚鬣,嘉荐普淖。明齐溲酒,荐此祔事。尚飨!"献毕,主人复位。

行亚献礼如初献,不读祝,行终献如亚献。

三献毕,主人及众人皆退位侑食。赞者引侑食者二人(众子姓充当,一人也可)各至神位前,跪,献炙肝一在左,羹一在右,俯伏,兴,退;再侑,献炙肉,奠肝左,其羹奠初侑之右;三侑,献炙鱼,奠肉左,其羹奠再侑之右;仪皆如初。侑食毕,执事者点茶。

阖户,少顷,祝户外北面噫歆,启户,祝阶下东面,告利成。主人及众皆复位。司馔者彻馔出,送神。主人及众人皆鞠躬,四拜,兴。祝恭奉祝文诣燎位,主人望燎毕,复位。升堂,诣正位前,跪。执事者进请主,主人俯伏,兴。祔位亦如之。曾祖考妣神位在前,考神主在后,主人恭送入家庙,还曾祖考妣神主于原位,纳考神主于最西一室。

主人先诣曾祖考妣神位前,跪,执事者奉主入椟,主人俯伏,兴。次诣考神位前,藏主如上仪。主人退,执事者陈祭品毕,遂袷祭如常仪。祝文曰:"兹以某府君祔庙礼成,谨以柔毛刚鬣,嘉荐普淖,明齐溲酒,荐此袷事。尚飨!"祭毕,宾退,主人出,拜宾于客次。

主妇以下诣神位前各拜,兴,退。①

三、墓祭礼仪

墓祭礼仪由两种,一种是定期扫墓,一种是墓祭。

定期扫墓在清明和十月初一。

衍圣公扫墓仪注为:

预设牲俎祭品及尊爵罍洗于墓前,衍圣公率族人诣圣林。

鸣赞唱:排班。班齐,唱:跪,叩,兴;衍圣公以下行一跪三叩头礼。

鸣赞唱:奠帛,行献礼。引赞赞:升坛,盥手,进巾,洗爵,进巾,诣酒尊所;司尊者举幂酌酒,诣圣墓前跪,衍圣公跪。鸣赞唱:皆跪;族人皆跪。引赞赞:进帛,献帛,进爵,献爵,叩,兴;衍圣公献帛献爵,行一叩头礼,兴。鸣赞唱:叩,兴;族人皆行一叩头礼,兴。引赞赞:复位;

---

① 孔继汾:《孔氏家仪》卷二,《孔氏祖庭广记·孔氏家仪·家仪问答》,第375—384页。

衍圣公复位。

鸣赞唱：跪，叩，兴；衍圣公以下行一跪三叩头礼，兴。礼毕。

以次诣二世祖墓、三世祖墓、庐墓堂、中兴祖以下至衍圣公高曾祖祢诸墓次祭扫，奠帛、酌献皆如上仪。衍圣公祭祀时还在享殿以东设坛祭祀族中无后者及殇者。

是日，孔庭族长分诣启圣林祭扫如上仪。①

族人扫墓：族人扫墓定期为清明、七月望和十月初一。凡奉祀在祠堂的先人的墓都有祭扫，高祖以下每遇诞辰、忌辰都要到墓前祭扫。祭扫仪注为：

陈设羊猪肴馔，主人素服就位，执事者进香，主人上香鞠躬，拜，兴，跪，执事者跪进酒，主人酹酒，执事者奉壶再斟酒，主人拱举，授执事者，执事者受，兴，奠于案，退。主人再拜，兴，礼毕

主妇只参加扫墓，诞辰、忌辰只参加祠堂的祭祀。②

墓祭：孔氏子孙世代祔葬于祖茔之次，族人日渐增多，于是将孔林划分，每户一区。同域异兆，每区之内子从父，孙从子，各以昭穆为序。

既葬，即墓前为坛，立碑碣志之。碑碣之制，恪遵国家规定，五品以上用碑，龟趺螭首，六品以下用碣，方趺圆首。宗子之墓题为几十几代衍圣公某公之墓，无谥号者称字，支庶之墓题为几十几代孙某官某公之墓。前作石案及鼎，又前列石仪，三品以上用石兽六，四五品用石兽四，但仅宗子及支庶谕葬者使用，又作翁仲、君何各一，石墓门一座，石华表一对。

立碑仪注为：

立碑属于吉礼，一定要祭祀，在除服之后择日进行。碑碣陈放在

---

① 孔继汾：《阙里文献考》卷十九，第458—459页。
② 孔继汾：《孔氏家仪》卷二，《孔氏祖庭广记·孔氏家仪·家仪问答》，第389—390页。

墓前，拜位和客位都要搭棚。

主人早晨着吉服，先告祠堂。告文为："维年月日，孝子某（孙承重者称孝孙某）等敢昭告于显考某府君神位前曰：'某等谨涓今日，实惟良辰，敬树丰碑（碣称华碣），用表尊茔。敢告。'"

告毕家祠，主人更换素服诣墓次，鞠躬四拜，指挥工人树立碑碣，完毕，宾以次各诣墓前拜，主人面西陪拜。礼毕，主人拜宾，宾退回原位。执事者陈设羊猪、祭品、尊罍，主宾拜位一如家庙祭祀。陈设完毕，主人就位，众宾、众子弟皆就位，执事者瘗毛血。

迎神：主人诣盥洗所，盥手毕升坛，跪，众人皆跪。主人上香，酹酒，俯伏，兴，众人皆俯伏，兴，主人复位。

参神：执事者设馔毕，参神，主人及众人皆鞠躬四拜，兴。

行初献礼：主人诣盥洗所，洗爵，升坛，诣酒尊所，司尊者举幂，酌酒。主人诣墓前跪，众人皆跪，司尊者进爵，主人受爵，拱举，复授司爵者，司爵者受，兴，奠于案上，退。祝跪读祭文曰："丰碑屹立，表于百世，礼既告成，不胜感怆。尚飨！"读毕，奉祝文恭安案上，俯伏，兴，退。主人俯伏，兴，众人皆俯伏，兴。主人复位。

行亚献礼、终献礼如初献礼，但不读祝文。

彻馔：执事者彻馔，退。

送神：主人及众人皆鞠躬四拜，兴。

望燎：祝奉祝文诣燎位，主人望燎，复位。

礼毕，主人拜宾，宾退，主人复拜于次。

出仕之孙请假回籍省墓者，祭祀先人之墓，仪注如树立碑碣相同。如果是支庶，就告于宗子代祭。①

四、家庭礼仪

晨省昏定：每天早晨，儿子儿媳早起，梳洗打扮后到父母前问安，儿子

---

① 孔继汾：《孔氏家仪》卷二，《孔氏祖庭广记·孔氏家仪·家仪问答》，第387—389页。

鞠躬,儿媳肃拜,父母答安后在旁等候,命退则退,否则留侍供进药物。

晨省后,儿子外出办事,儿媳做饭,饭后儿子问父母进食情况,晚饭也如此。

晚上,子媳到父母处检查床铺,侍候父母就寝,命退才退。对祖父母也是如此。

如果父母有病较重,子媳以下就要不离左右,命退则到门外等候。

父母的衣服寝具要冬温夏清,服用的药物子媳要先品尝。

日常相见:见到尊者(伯父、叔父夫妇、姑姑等)长者(兄、嫂、姐),男鞠躬,媳肃拜,男尊者平揖,长者鞠躬,女尊长都是肃拜,卑者、幼者都不用答礼。

男女不能共席而坐(如兄妹、嫂叔),媳妇回避公公、哥哥、伯父、叔父,但是聚会、祝寿、侍候病人时不避。

节日礼仪:元旦、冬至日,晨省后长幼到中堂集合,等父母冠带出室后去拜祠堂。拜毕,长者趋正座,父母就位,子媳以下以次到父母前北面四拜贺节,父平揖,母肃拜;年少者以次贺长者,年少者北面拜于右,长者居左北面答礼;卑者以次贺尊者,北面四拜,兴,男尊者西面答礼,平揖,女尊者东面答礼,肃拜。侍者(子媳共同行礼时用女侍者)设食案,子媳敬酒,子鞠躬,媳肃拜,父母命坐,子媳以下告坐(男鞠躬,女肃拜)后就坐。父母起身入室,子媳以下退。

岁除礼同上,晚上行礼,夜晚敬酒。

祝寿:生日前一天晨省后,子率媳请示设宴,拜,兴,父平揖,母肃拜。当天晨省再次请示,礼仪同昨日。中午,率领执事者在堂上布置宴席,父母席南向,子西向,媳东向;祖父母在,祖父母席南向,父西向,母东向,子东南,媳西南,均北向;酒盏在户外。

申时,请父母到堂中,父母对面立,子北面鞠躬,媳肃拜。子到正座前,北面鞠躬,媳随肃拜,请父母就坐,子鞠躬,媳肃拜,侍者西面进茶,子受茶,又一侍者东面进茶,媳受,子奉茶鞠躬,恭陈于父前,媳奉茶恭陈于母前,子对席鞠躬,媳肃拜,奉茶于婆也如此。子媳复位,子鞠躬,媳肃拜。侍者西面进盏,子受盏,又一侍者东面进盏,媳受盏,子鞠躬,侍者奉壶斟酒,子鞠躬恭奉酒陈于桌左侧,侍者进筷,子受筷,恭陈于桌右侧,对席鞠躬,媳肃拜,向婆进酒也如此。子媳复位,跪,待父母饮毕,兴。如此三次敬酒。子媳复位,子四拜,媳肃拜,兴,父平揖,母肃拜,子媳退立。诸子诸媳以下各就位,四拜,兴,退。少者以次拜见长者,卑者以次拜见尊者,各退立。父母命坐,各就座位鞠躬告坐后就坐,少者、卑者以次向长者、尊者鞠躬告坐后就坐。侍者遍斟酒讫,子媳以下举盏,待父母饮后方饮。三次饮酒后,侍者进肴馔,子媳兴,子奉馔进父母案,退,北面立。子以下鞠躬,媳以下肃拜,还坐,举筷,待父母食用后方食。侍者进饭,子媳起立进饭,三次后彻席。父母返回寝室,众人皆退。主妇检视彻馔,供侍者食用。夜晚,陈设果核,请父母到堂,敬酒祝寿如前。宴席结束,父母起立,子媳以下北面谢劳,鞠躬,拜,兴,父平揖,母肃拜。礼毕,父母回寝室,子媳入室检视寝具,待父母就寝后退出。

祖父母祝寿也如此。

父母赐食:设席位酒盏如祝寿。如有需回避者就设帘子,妇女在帘内,男子在帘外。父母对面,子媳以下北面四拜,兴,父平揖,母肃拜。父母命坐,子媳以下皆鞠躬告坐,少者、卑者以次向长者、尊者鞠躬告坐,然后各就坐。席彻,父母起立,子媳以下北面拜谢,父平揖,母肃拜。如果有果核,夜晚宴席结束后拜谢。

节庆献礼:岁朝及寿辰要向父母恭献礼物。前一天晨省后,将礼物(衣服鞋袜之类)陈设于堂上,子媳以下北面拜,兴,父平揖,母肃拜。[①]

五、亲族礼仪

亲族聚会:岁节与亲族有庆时,五服以内皆会。少者拜长者,长者答拜;卑者拜尊者,尊者男平揖,女肃拜。尊长命坐,然后鞠躬告坐。

亲族燕会:宴请长者、尊者,少者、卑者必须亲自进盏,亲自馈馔,鞠躬告坐。招待少者、卑者,不送盏,不馈馔。少者、卑者先拜谢,鞠躬告坐。结束时,再次拜谢。

道遇尊长:少者、卑者道遇尊长要下车,长者下车谢,尊者在车中肃止

[①] 孔继汾:《孔氏家仪》卷十二,《孔氏祖庭广记·孔氏家仪·家仪问答》,第521—524页。

之。妇人不下车,待尊长车过后再行。妇人在车中,少者、卑者下车,妇人命男仆止之。少者、卑者拱立于道右,待尊长车过,再上车而去。

外党远亲:与外党至亲按内党礼仪略低,尊长低于父母,长者低于尊者。远族远亲的尊者与长者同,长者按宾友礼仪。①

六、宾友礼仪

宾友初次相见:迎入门,揖让升阶,主人就右位,宾就左位,皆北面再拜。延宾坐于东,西面,主人坐于西,东面。主人亲正座,宾抚座辞还,为主人正座,主人亦抚座辞,就坐;主宾各鞠躬。侍者进茶,宾主受茶,各鞠躬。宾起,鞠躬告辞,主人鞠躬,送出门外,相对鞠躬,宾去,主人返回。

燕宾:前一日告知宾客和陪宾者时间,当天早早邀请宾客和陪宾者。

设置筵席,宾客尊贵在堂中南向;地位相当及以下在东序,西向。如宾筵南向,陪宾筵在东序,西向;如宾筵西向,陪宾筵在西序,东向。主人筵并在西序,东向;或稍南,北向。

中午再次邀请宾客,宾至,主人迎入,揖让就坐,待茶如初见礼。将宴,主人先祭酒,宾还,回避。侍者斟酒进盏,主人受盏,出庭中,鞠躬,三祭酒,复位。揖宾就位。主人诣宾席正席,宾抚席辞,主人对,复位,鞠躬,宾答鞠躬。侍者斟酒进盏,主人受盏,陈于宾席,宾辞,主人对,复位,鞠躬,宾答鞠躬。宾诣主人席,酬答如主人酬宾。主人与陪宾互相酬酢也如此。主宾、陪宾复各对鞠躬而后坐。少者、卑者先诣宾,鞠躬告坐,宾答鞠躬;于陪宾也如此;次诣主人,鞠躬告坐,主人答鞠躬,或者平揖。肴馔至,主人亲至宾席馈馔,宾辞,主人对面席鞠躬,宾答鞠躬;宾至主人席答礼也如此。饭至,也如此。席将彻,宾犒执事者,宾从者跪,布仪物于主人席前。主人起,肃谢,宾起对,复各就坐。主人侍者跪,收起仪物。席彻,宾鞠躬谢主人,主人鞠躬对。

有果核,醴酬如上。

席终,宾鞠躬谢主人,主人鞠躬对;宾鞠躬辞,主人亦鞠躬,送宾出,对

---

① 孔继汾:《孔氏家仪》卷十二,《孔氏祖庭广记·孔氏家仪·家仪问答》,第524—525页。

鞠躬,宾去,主人返。陪宾请退,主人送之如宾。

凡主人醴宾,宾地位不相当则辞,固辞,主人于是停止,宾酬也是如此。醴陪宾,陪宾辞,主人已,对鞠躬,陪宾礼请酬,主人亦辞,已。①

七、修谱礼仪

修谱时间:孔氏家谱六十年一大修,定在甲子年,三十年一小修,定在甲午年。大修刊印成书,小修只登录成册,藏于祖庙。

入谱规定:凡以赘婿为子,抚养改嫁前妻之子,流入僧道、下贱者,干犯名义者,均不许入谱。

宗子衍圣公申告族长及举事,族长及举事召集六十户户头、户举进行申戒。

颁表填表:衍圣公颁发统计表格。表格内容为:某户,几十几代,名某,字某,年若干岁,居某县某社某村,职何习何业何;曾祖名某,职何习何业何;祖名某,职何习何业何;父名某,职何习何业何。如有假冒错遗,户长甘罪。某年月日给,某年月日交,钤以印。子姓人各给一表,自己填写。凡是命名不依行辈者不准填表。

表格汇总:填表后,将五服之内表格汇总后送交户头户举,户头户举将本户表格检查无误加具甘结后送交族长举事,族长举事复核加具甘结后送交宗子衍圣公,衍圣公选择族中长者开局纂辑。

开修告庙:开局前,衍圣公具礼服,率领族长以下参与者告祭始祖庙和报本堂,用告祭礼。告文曰:"今当修谱之年,谨同族众分曹办理。涓以今日令辰开馆编纂,敢具牲牷,用伸虔告。"

宣誓:告祭后到诗礼堂宣誓。执事者将誓词悬挂于诗礼堂正中香案上,衍圣公西面立,族长以下以序进,北面鞠躬,衍圣公答礼鞠躬。衍圣公诣香案前,率领族长以下北面跪,族长兴,恭奉誓词,西面宣读:"凡我宗族执事人等,毋便己私,毋狥情面,毋存疑致滥,毋挟怨生嫌,各宜精白乃心,恪供厥事。渝此盟者,宗族所不齿,名教所不容,天地祖宗其共殛之。"读

---

① 孔继汾:《孔氏家仪》卷十二,《孔氏祖庭广记·孔氏家仪·家仪问答》,第525—527页。

毕,仍安放案上,复位,跪。宗子衍圣公以下行三叩头礼,兴,退。族长奉誓词藏于家庙,取庙藏旧谱及新版送到谱局。

开局燕会:衍圣公在诗礼堂设宴招待修谱人员。衍圣公席在户内西南,北向,族众之席列东西序,东西相向,北向。族长具首席,族众以昭穆为次,以年龄为序。衍圣公西面立,族长以下以序进,北面鞠躬,衍圣公答鞠躬。侍席者斟酒进盏,衍圣公受盏,安放族长席上,东面鞠躬,族长答鞠躬,衍圣公复位,鞠躬,族长答鞠躬。衍圣公向族众鞠躬,族众答鞠躬。侍席者斟酒进盏,族长受盏,安放衍圣公席上,南面鞠躬,衍圣公答鞠躬,族长复位,鞠躬,衍圣公答鞠躬。族众以序进向衍圣公鞠躬,衍圣公亦鞠躬为答。族长以下以序进向衍圣公鞠躬告坐,衍圣公答以鞠躬。族众中卑者以次向尊者鞠躬告坐,然后入座。席彻,仍以序立,鞠躬,共揖而退。

谱成告庙:谱书完成,将应给者姓名印于书尾,书首尾均加盖衍圣公印信。族长率领执事者将谱书陈列于诗礼堂内。衍圣公具礼服,率领族长以下奉谱告于始祖庙及报本堂,用告祭礼。告文为:"荷神之庥,新谱告成,敢具牲牷,用申虔告。"告毕,将家谱及谱版藏于家庙。

颁谱:告庙毕,回诗礼堂颁谱。衍圣公西面立,族长以下以序进,北面鞠躬,衍圣公答鞠躬,族众退立于阶下。衍圣公诣香案前跪,执事者跪授谱一部,衍圣公受,兴,授从僚,从僚奉以退,衍圣公西面立。族长诣香案前跪,执事者授谱一部,族长受,兴,授侍者,侍者奉以退,西面,立于衍圣公之次。族人以次进领,族长以次授谱,以举事、编纂者、户头、户举、族众为序。受谱者皆跪受,捧谱以兴,退。

颁谱毕,削毁谱版,衍圣公归。

告成燕会:衍圣公宴请编纂人员,仪式与开局时相同。

孔氏家族恪守学诗学礼的祖训,重视教育,严守礼仪,而国家在教育、科举、礼仪等方面给予很多优待或优遇,使得孔氏家族文化更加发达。

第四章 俎豆馨香报圣功

孔子长孙首要的工作就是祭祀孔子，每年春、夏、秋、冬第二个月的第一个丁日举行释奠大祭，每月初一释菜，十五行香，元旦、上元、端阳、中秋、重阳、冬至、岁除日也举行释菜礼，此外还有不定期举行的皇帝亲祭和遣官祭祀、告祭等。这些祭祀既有列入国家祀典的祭祀，也有家族自行进行的私祭，上一章研究的岁时常祭、告祭等属于私祭，春秋释奠、朔日释菜、望日行香以及皇帝亲祭、遣官告祭属于国家祭祀，这是本章研究的内容。

第一节 奉 祀 历 史

一、曲阜孔庙祭祀的双重性质

许多人认为曲阜孔子庙是孔氏的家庙，孔子长孙只是在祭祀自己的先人，其实曲阜孔子庙兼有孔氏家庙和国立孔子庙的双重性质，而且国立庙宇的性质更加重要，孔子长孙奉祀曲阜孔子庙更重要的是代表国家祭祀孔子，这一点从汉代初封时就明确了。

西汉时，孔子十三代孙孔霸因为担任过元帝为皇太子时的老师和高密相被封为褒成君，食邑八百户。孔霸请求以自己的食邑奉祀孔子，得到汉元帝的批准："其令师褒成君、关内侯霸以所食邑八百户祀孔子。"[1]如果说

---

[1]《汉书·孔光传》，《二十五史》第1册，第676页一。

孔霸以个人食邑奉祀孔子还不足以说明是代表国家祭祀孔子，那么，西汉元始元年(1)初封褒成侯而赐给食邑就足以说明就是代表国家奉祀孔子，因为国家加封褒成侯的目的就是奉祀孔子，而且分封给食邑的收入主要是作祭祀之用。

褒成侯不仅主管阙里孔子本庙的祭祀，还负责国家最高学府太学的祭祀。东汉《乙瑛碑》就记载说："祠先圣师，侍祠者孔子子孙、太宰、太祝令各一人。"褒成侯当时以国家太学奉祀为主，长住京师洛阳，只在四时祭祀时返回故里祭祀，祭祀后即返归京师，"褒成侯四时来祠，事已即去"，致使阙里"庙有礼器无常人掌管"，所以鲁国相国乙瑛上书朝廷建议为阙里孔子庙设置专司守卫的百石俸禄的小吏，并由国家拨给祭祀的经费，"请置百石卒史一人，典主守庙，春秋享礼，财出王家钱，给犬酒直"①，获得皇帝的同意，"制曰可"。从此国家就专门拨给阙里孔子庙祭祀的经费。建宁二年（169），鲁相史晨请求依社稷礼，出王家谷，春秋行礼，以供禋祀，诏书也从之。

魏黄初二年（221），魏文帝曹丕加封孔子二十一代孙孔羡为宗圣侯的目的就是奉孔子祀。加封诏书说，"昔仲尼负大圣之才，怀帝王之器……俾千载之后莫不宗其文以述作，仰其圣以成谋咨，可谓命世之大圣、亿载之师表者也。遭天下大乱，百祀堕坏，旧居之庙毁而不修，褒成之后绝而莫继，阙里不闻讲诵之声，四时不睹蒸尝之位，斯岂所谓崇礼报功、盛德百世必祀者哉！嗟乎！朕甚悯焉。其以议郎孔羡为宗圣侯，邑百户，奉孔子之祀"②，封孔羡为宗圣侯，就是要他奉祀孔子，恢复孔子庙四时的祭祀。所以到景初年间，鲁相上书说"今宗圣侯奉嗣未有命祭之礼，宜给牲牢，长吏奉祀，尊为贵神"，皇帝令三府讨论，司空崔林认为"宗圣侯亦以王命祀，不为未有命也"，孔子"以大夫之后，特受无疆之祀，礼过古帝，义逾汤武，可谓崇明报德矣，无复重祀于非族也"③，孔子长孙宗圣侯是接受王命奉祀孔子的，当然就是代表国家在奉祀。

不仅孔子故里的孔子庙由孔子长孙代表国家主祀，就是国家为南迁孔子长孙建造的孔氏家庙也是由国家拨款祭祀的，这更可以说明孔子长孙是

---

① 汉《礼器碑》，碑存孔庙。
② 魏《孔羡碑》，碑存孔庙。
③ 《三国志·魏志·崔林传》，《二十五史》第2册，第1148页二。

代表国家祭祀孔子的。东晋初年,孔氏长孙南渡后,东晋在首都建康为其建造了家庙,虽然名为家庙,仍然由国家拨给祭祀经费。明帝泰宁三年(325)"诏给奉圣亭侯亭四时祠直,如泰始故事"。宋文帝元嘉十九年(442)"依旧给祠直,令四时飨祀",孝武帝孝建元年(454)再次重申"厚给祭秩"。齐武帝永明七年(489)令"改筑宗祊,务在爽垲,量给祭秩,礼同诸侯,奉圣之爵以时绍继"。梁敬帝太平二年(557)诏令"搜举鲁国之后以为奉圣侯,并缮庙堂,供备祀典,四时祭秩,一皆遵旧"。陈后主至德三年(585),诏令"可详之礼典,改筑旧庙,蕙房桂栋,咸使维新,芳蘩洁潦,以时飨奠"。京师建康的孔氏家庙由国家拨款奉祀延续了整个南朝。

  北朝没有册封孔子后裔奉祀之前,孔子故里的孔子庙是由国家负责祭祀的,北魏孝文帝延兴二年(472)诏令"公家有事,自如常礼,牺牲粢盛,务尽丰洁,临事致敬,令肃如也"①,而且皇帝还派遣使者祭祀,这都足以说明,阙里孔子庙是国立的庙宇。北魏册封崇圣侯后,给采邑一百户,"奉孔子祀";北周改封孔子为邹国公,"邑数准旧,并立后承袭",采邑仍为北魏时的一百户;隋炀帝大业四年(608)改封孔子长孙为绍圣侯,唐初改封褒圣侯,采邑也是一百户;从北魏到唐朝,国家都是以采邑作为祭祀孔子的费用。唐代礼制规定,"若私家祭祀,三品已上及褒圣侯祭孔宣父,服玄冕"②,祭祀孔子采用私祭的服饰,曲阜孔子庙似乎是孔氏的家庙,但它是以国家拨给的采邑收入作为祭祀经费的,唐末社会动乱,采邑收入难以为继,大中元年(847),经宰相白敏中奏准,每年给文宣公绢一百匹作为祭祀费用,如果是私祭,国家是不会拨给采邑和祭祀经费的。由此可见,北朝一直到隋唐孔子长孙也是代表国家奉祀阙里孔子庙的。

  更容易产生歧义是在北宋时期,那时孔子后裔称曲阜孔子庙为祖庙,天禧二年(1018)皇帝赐给文宣公家祭冕服,政和年间再次赐给包括三献官的单夹家祭冕服一套。国家赐给文宣公家祭冕服似乎说明曲阜孔子庙就是孔氏的家庙,其实孔子庙仍然是国立的庙宇。其原因一是国家将曲阜孔

---

① 《魏书·高祖纪上》,《二十五史》第3册,第2188页二。
② 《大唐开元礼》卷三,上海古籍出版社,1987年,《四库全书》第646册。

子庙列为礼制庙宇管理。嘉祐六年（1061），皇帝颁给御书飞白书的大成殿殿榜和篆书金字宣圣庙匾额，政和二年（1112）国家颁给至圣文宣王庙铜朱记一颗，四年孔子后裔请求像辟雍一样颁给大成殿匾额，皇帝同意并令专为皇帝服务的御前生活所制造颁给，请求颁给大晟新乐也获得皇帝同意，颁给全副大乐礼器。二是孔子庙的名称在宋真宗加封孔子为至圣文宣王后统称至圣文宣王庙。三是国家相继加封孔子长孙为文宣公、衍圣公、奉圣公、衍圣公，负责祭祀孔子。宋真宗加封孔延世为文宣公的诏书说"许州长葛令孔延世钟裔孙之庆，仕文理之朝，能敦素风，甚有政术，宜任桑梓之地，以奉蒸尝之仪"，亲祭曲阜孔子庙后的敕文说"由是推恩世胄，并锡其宠章，祗事祠庭"①。推恩世胄，加封文宣公的目的就是"祗事祠庭"、"以奉蒸尝之仪"，如果曲阜孔子庙只是孔氏家庙，国家是没有必要授予爵位的。孔宗翰上书朝廷建议奉祀之人不要兼任外官时说："虽干臣本家之事，上系朝廷典礼"，设立衍圣公属于朝廷典礼。四是国家不时拨款维修，元丰元年并下诏令"兖州常以省钱修葺"，此后以省钱修葺成为制度。五是国家拨给专门的祭祀经费。大中祥符元年（1008）拨给祭田一百顷，元祐元年（1086）增拨一百顷，八年将旧拨一百顷均给孔氏族人，再拨一百顷给衍圣公，明确规定其中二十顷收入充岁时祭祀，十顷供置办殿庭帘幕。

南宋时，衍圣公南渡，朝廷为其在衢州设立了家庙，以供衍圣公奉祀。皇帝加封衍圣公的圣旨中都是一再强调敬奉祀事，加封孔㧑的敕命要他"其务恪恭，以承祭祀"，加封孔文远的敕命要他"恪恭蒸尝"，加封孔万春的敕命要他"恪恭蒸祭"，奉祀孔子就是他们的主要职责。

金代时，衍圣公的职责仍然以奉祀孔子为主。明昌四年超授衍圣公孔元措的诏书说"庙貌存焉，克谨岁时之祀"，要求衍圣公克谨奉祀。

从明代开始，衍圣公不再兼任他职，专祀孔子，奉祀孔子的职责更加明确。明代宗加封孔弘绪的诏书说，"特命尔袭封衍圣公爵，以奉先师祀事"，明嘉靖、隆庆、天启和清顺治皇帝颁给衍圣公的敕谕中都一再申明，"于先师孔子特隆象贤之典，其大宗之裔锡爵嗣封，承奉祀事"。七十二代衍圣公

---

① 《幸鲁盛典》卷九，《四库全书》第652册。

孔宪培袭封后上书皇帝感谢，自誓"敬承祀事，读书饬行"，清高宗亲自朱批"勉此八字可也"，衍圣公首要的职责就是奉祀孔子。所以《清史稿·职官志》"衍圣公"明确说"衍圣公掌奉至圣阙里庙祀"。

对奉祀孔子，历代皇帝都非常重视，一再告诫孔子长孙要虔诚祭祀。宋至道三年（997）初封孔延世为文宣公，太宗面谕说"汝宜精心典祖庙祀，毋少懈也"。明太祖朱元璋御祭衍圣公孔公鉴祭文说"唯饬乃子弟以守先圣之宗祀，庶不坠前人之耿光"。清嘉庆二十四年（1819），皇帝告诫衍圣公孔庆镕"祭祀都要虔诚行礼"。为使衍圣公更好地祭祀孔子，增光祀典，清雍正八年（1730），曲阜孔子庙重建竣工，皇帝特令为孔子庙设置四十员执事官。雍正皇帝谕旨说："朕惟孔子道冠百王，功高万世，朕景仰企慕，寤寐弗谖，备举崇奉之仪，用申报享之愿。查世袭历代，俱有成规，而圣庙执事人等向来未加爵秩，所当广置官僚，以光祀典。今欲特设圣庙执事官三品者二员，四品者四员，五品者六员，七品者八员，八品、九品各十员。各按品级给予章服，每逢圣庙祭祀之时，虔设官裳，骏奔趋事。"①

虔诚奉祀孔子，对国家是忠，对家族是孝，所以历代长孙几乎都是认真祭祀。明世宗御祭衍圣公孔闻韶祭文赞其"系出宣圣，蔚为儒宗；显受荣封，秉礼遵道；孝隆奉祀，克继克承，典声来朝，可仪可范"②；清雍正皇帝在御制的六十七代衍圣公孔毓圻碑文中表扬他"持身谦谨，奉阙里之蒸尝，勤职守于五十余年"；认真履行奉祀孔子的职责都受到皇帝的表彰。

二、曲阜孔庙祭祀的历史

孔子去世后应该被奉祀在家庙中，孙子子思去世后，根据周礼"大夫三庙，一昭一穆，与大祖之庙而三"③的规定，家庙只能奉祀孔姓始祖孔父嘉和孔子曾孙孔白的祖父孔鲤和父亲子思，孔子作为曾祖已经不能再奉祀在家庙中，孔白当根据孔子"古者祖有功而宗有德，谓之祖宗者，其庙皆不毁"④

---

① 潘相：《曲阜县志》卷三十三，第244页下。
② （明）《阙里志》卷十六，山东友谊书社，1889年，第820页。
③ 《礼记·王制》，《十三经注疏》，中华书局，1979年，第1335页中。
④ 《孔子家语·庙制》，浙江人民出版社，《百子全书》第1册。

的观点将孔子故宅改建为奉祀孔子的庙宇,所以司马迁说"故所居堂,弟子内,后世因庙"①。孔子专庙应该始设于子思去世后不久,也就是周威烈王二十四年(前402)去世后的第三年,公元前400年或略后②。

孔子去世后,子孙在家庙内祭祀,而儒生们主要在孔子墓举行祭祀等活动,"鲁世世相传以岁时奉祠孔子冢,而诸儒亦讲礼、乡饮、大射于孔子冢"。高祖十二年(前197)刘邦过鲁,以太牢祭祀孔子,国家开始介入阙里孔子庙的祭祀,"诸侯卿相至,常先谒而后从政"③。东汉皇帝也亲自到阙里孔子庙举行祭祀活动。建武五年(29),光武帝道经曲阜,派大司空宋弘以太牢祭祀孔子;永平十五年(72),明帝亲临孔子故居祭祀,"幸孔子宅,祠仲尼及七十二弟子,亲御讲堂,命皇太子、诸王说经","帝时升庙,立,群臣中庭北面,皆再拜,帝进爵而后坐"④;元和二年(85),章帝"幸阙里,以太牢祠孔子及七十二弟子,作六代之乐,大会孔氏男子二十以上者六十三人,命儒者讲论"⑤;延光三年(124),安帝也到曲阜祭祀孔子,"祀孔子及七十二弟子于阙里"⑥。至少到东汉中后期,鲁国春秋祭祀已经成为常态,"春秋飨礼,财出王家钱,给犬酒直"⑦,"依社稷,出王家谷,春秋行礼,以供禋祀,余胙赐先生执事"⑧,地方官及孔氏贤达均参加祭祀,"长史庐江舒李谦敬让、五官掾鲁孔畅、功曹史孔淮、户曹掾薛东门荣、史汶阳马琮、守庙百石孔赞、副掾孔纲、故尚书孔立元世、河东太守孔彪元上、处士孔褒文礼皆会庙堂,国县员冗,吏无大小,空府竭寺,咸俾来观,并畔宫文学先生、执事诸弟子,合九百七人,雅歌吹笙,考之六律,八音克谐,荡邪反正"⑨,已经很有规模了。

早期,国家还没有为阙里孔子庙制定祭祀制度,其祭祀应该受到国立学校祭祀制度的影响。

---

① 《史记》卷四十七,第1945页。
② 详见孔祥林《世界孔子庙研究》,中央编译出版社,2011,第10—14页。
③ 《史记》卷四十七,第1946页。
④ 《后汉书·明帝纪》,《二十五史》第2册,第774页三。
⑤ 《后汉书·孔僖传》,《二十五史》第2册,第1026页三。
⑥ 《后汉书·安帝纪》,《二十五史》第2册,第782页二。
⑦ (汉)《乙瑛碑》,碑存孔子庙。
⑧ (汉)《史晨请祀孔子庙碑》,碑存孔子庙。
⑨ (汉)《史晨祀孔子庙碑》,碑存孔子庙。

西汉时,国立学校也进行祭祀活动。元朔五年(前124)兴太学,为五经博士设置弟子员,后"令天下郡国皆立学校官"①,将学校普及到郡国。元始三年(3),令天下郡国、县邑、乡聚都要设立学校官,学校更加普及。有学校就要举行祭祀等礼仪活动,昭帝时,韩延寿任颍川太守,"令文学校官、诸生皮弁,执俎豆,为吏民行丧嫁娶礼",任东郡太守时,"修治学官,春秋乡社,陈钟鼓管弦,盛升降揖让"②。《汉书·礼乐志》也说"汉承秦灭道之后,頼先帝圣德,博受兼听,修废官,立太学,河间献王聘求幽隐,修兴雅乐,以助化时,大儒公孙弘、董仲舒等皆以为音中正雅,立之大乐,春秋乡射,作于学官",学校举行乡射礼并奏乐。

西汉时国立学校是否祭祀孔子由于史料不足已经不可而知,东汉时国立学校祭祀孔子是毫无疑问的。

东汉中元元年(56)建造辟雍,辟雍、大学两存,在大学讲学,在辟雍举行飨射、大射、养老等礼仪活动。光武帝建武五年(29),太学举行了落成仪式,"乃修起太学,稽式古典,笾豆干戚之容备之于列,服方领习矩步者委它乎其中"③,光武帝也亲临观飨,令博士们御前论难。④ 明帝永平二年(59),首次在辟雍举行养老礼和大射礼,地方学校也举行了乡饮酒礼,"三月,上始帅群臣躬养三老五更于辟雍,行大射之礼;郡、县、道行乡饮酒礼于学校;皆祀圣师周公、孔子,牲以犬"⑤,虽然孔子不是作为主祀而是配享血食到全国。从《乙瑛碑》"祠先圣师,侍祠者孔子子孙、太宰、太祝令各一人"及祢衡《颜子赞》"配圣馈,图辟雍"等文献资料看,大约到东汉中后期,孔子取代周公成为国立学校的主祀,中华传统思想文化的代表。⑥ 孔子祭祀地位的提高,一定也会影响阙里孔子庙的祭祀制度。

魏主齐王曹芳因为讲通了《论语》、《尚书》和《礼记》,分别于正始二年(241)、五年、七年命太常以太牢到辟雍祭祀孔子。这种报功似的释奠为晋

---

① 《汉书·文翁传》,《二十五史》第1册,第700页四。
② 《汉书·韩延寿传》,《二十五史》第1册,第661页三。
③ 《后汉书·儒林传》,《二十五史》第2册,第1024页四。
④ 《后汉书·桓荣传》,《二十五史》第2册,第914页二。
⑤ 《后汉书·礼仪志上》《二十五史》第2册,第808页二。
⑥ 参见孔祥林:《世界孔子庙研究》,第286—288页。

朝太子所仿效。西晋泰始七年(271)、咸宁三年(277)、太康三年(282)和元康三年(293),皇太子因为分别讲通《孝经》、《诗经》、《礼记》、《论语》亲自到太学释奠,东晋大兴二年(319)皇太子讲通《论语》也亲自到太学释奠。除《晋书·礼志》记载的上述释奠外,元康二年、八年皇太子也举行了释奠,前者是因为讲通了《孝经》。东晋时,不仅皇太子通经后亲自去释奠孔子,皇帝也要亲自释奠。咸康元年(355)、升平元年(357)、宁康三年(375)成帝、穆帝、孝武帝就分别因为讲通《诗经》、《孝经》、《孝经》亲自去释奠孔子。

东晋太元元年(376),尚书谢石建议修建学校,皇帝同意,"增造庙屋一百五十多间"①,国立最高学校始建了奉祀孔子的专祠,国学"在江宁县东南二里一百步右御街东,东逼淮水,当时人呼为国子学。西有夫子堂,画孔子及十弟子像。西又有皇太子堂,南有诸生中省,门外有祭酒省"②。

读者可能感到迷惑不解,东晋才始建孔子庙,此前祭祀孔子是在什么地方进行的呢?

从潘尼的《释奠颂》看,未建孔子庙前祭祀是在坛上临时张幕进行祭祀,"乃扫坛为殿,悬幕为宫,夫子位于西序,颜回侍于北墉"③,在坛上临时张幕进行祭祀,孔子为主祀,位于西序,面东,颜回配享,背靠北墙,面南。《释奠颂》歌颂的是元康二年(292)皇太子的释奠,此时太学尚无专门祭祀的建筑,只能临时张幕为宫举行祭祀。在此之前的祭祀孔子,也应该是在坛上举行。古代生产力低下,不可能建造众多庞大建筑进行祭祀活动,即使到明清时期,许多祭祀仍然是在坛上进行的,如天、地、日、月、社稷、先农等。西晋在坛上临时张幕祭祀应该是延续的汉魏传统。

南北朝时期由于孔子故里正处于南北交战的区域,朝秦暮楚,关于阙里孔子庙的资料就很少见。西晋太元九年(384),谢玄平定兖州,曲阜复归于晋。次年,李辽之父归顺晋朝,李辽奉表赴建康,"路经阙里,过觐孔庙,庭宇倾顿,轨式颓弛,万世宗匠忽焉沦废,仰瞻俯慨,不觉涕流"。抵达建康后,"表求兴复圣祀,修建讲学","十四年十一月十七日奉被明诏,采臣鄙

---

① 《宋书·礼一》,《二十五史》第3册,第1672页二。
② 唐许嵩:《建康实录》卷九,《晋中下·烈宗孝武皇帝》太元十年注,《四库全书》第370册。
③ 《晋书·潘尼传》,《二十五史》第2册,第1419页四。

议,敕下兖州鲁郡准旧营饰。故尚书令谢石令臣所须列上,又出家布薄助兴立。故镇北将军、谯王恬版臣行北鲁县令,赐许供遣。二臣薨徂,成规不遂。"四年后,李辽再次上表:"臣闻教者,治化之本,人伦之始,所以诱达群方,进德兴仁,譬诸土石,陶冶成器,虽复百王殊礼,质文参差,至于斯道,其用不爽。自中华湮没,阙里荒毁,先王之泽寝,圣贤之风绝,自此迄今,将及百年。造化有灵,否终以泰,河、济夷徙,海、岱清通,黎庶蒙苏,凫藻奋化,而典训弗敷,雅、颂寂蔑,久涸之俗大弊未改,非演迪斯文,缉熙宏猷,将何以光赞时邕,克隆盛化哉!事有如赊而急,实此之谓也。……陛下体唐尧文思之美,访宣尼善诱之勤,矜荒余之涸昧,愍声教之未浃,愚谓可重符兖州刺史,遂成旧庙,蠲复数户,以供扫洒,并赐给六经,讲立庠序,延请宿学,广集后进,使油然入道,发剖琢之功,运仁义以征伐,敷道德以服远,何招而不怀,何柔而不从? 所为者微,所弘甚大。臣自致身华毂,于今八稔,违亲转积,夙夜匪宁。振武将军何澹之今震捍三齐,臣当随反,裴回天邑,感恋罔极。乞臣表付外参议。"①但这次建议并没有被朝廷所采纳。

南朝宋元嘉十九年(442),十二月丙申文帝下诏令整修孔子庙墓,恢复祭祀,"阙里往经寇乱,黉校残毁,并下鲁郡,修复学舍,采召生徒。昔之贤哲及一介之善,犹或卫其丘垄,禁其刍牧,况尼父德表生民,功被百代,而坟茔荒芜,荆棘弗翦。可蠲墓侧数户以掌洒扫。鲁郡上民孔景等五户居近孔子墓侧,蠲其课役,供给洒扫,并种松柏六百株","胄子始集,学业方兴,自微言泯绝,逝将千祀,感事思人,意有慨然。奉圣之胤可速议继袭,于先庙地特为营造,依旧给祠直,令四时飨祀"②,对阙里孔子庙墓进行了一次比较全面的整修。续封孔子后裔为奉圣亭侯,修建建康的孔氏家庙,给予祭祀经费。

北魏太平真君十一年(450),太武帝拓跋焘南征过鲁,遣使者以太牢祭祀阙里孔子庙。皇兴二年(468),北魏占领曲阜,派中书令兼太常高允至鲁以太牢祭祀,延兴二年(472)二月乙巳又下诏说:"尼父禀达圣之姿,体生知

---

① 《宋书·礼一》,《二十五史》第 3 册,第 1672 页二。
② 《宋书·文帝纪》,《二十五史》第 3 册,第 1641 页一至二。

之量,穷理尽性,道光四海。顷者淮徐未宾,庙隔非所,致令祠典寝顿,礼章殄灭,遂使女巫妖觋,淫进非礼,杀生鼓舞,倡优媟狎,岂所以尊明神敬圣道者也。自今已后,有祭孔子庙制用酒脯而已,不听妇女合杂,以祈非望之福,犯者以违制论。其公家有事,自如常礼,牺牲粢盛,务尽丰洁,临事致敬,令肃如也。牧司之官,明纠不法,使禁令必行。"①从此诏书看,历经战乱,阙里孔子庙仍旧幸存了下来,官方祭祀活动不够正常,但民间祭祀却很活跃,由于民间祭祀不符合礼制,所以朝廷下诏严格禁止民间的祭祀活动,并规定国家祭祀要按常礼,使用牺牲粢盛。太和十九年(495),孝文帝出巡至鲁,亲自祭祀孔子庙,诏拜孔氏四人,颜氏二人官,令选孔氏宗子一人封为崇圣侯,封邑一百户,并令"兖州为孔子起园柏,修饰坟垅,更建碑铭,褒扬圣德"②。

在北齐以前,阙里孔子庙是四时祭祀,东汉《乙瑛碑》说"褒成侯四时来祠",魏文帝曹丕诏书说"阙里不闻讲颂之声,四时不睹烝尝之位",西晋泰始三年(267)"诏太学及鲁国四时备三牲以祀孔子",东晋太宁三年(325)"诏给奉圣亭侯孔亭四时祠孔子祭,宜如泰始故事"③。梁太平二年(557)诏"供备祀典,四时荐秩,一皆遵旧"④。

北齐时孔子庙祭祀礼仪有所变化,国立学校规定,"新立学必释奠,礼先圣先师,每岁春秋二仲常行其礼。每月旦祭酒领博士已下及国子诸学生已上、太学四门博士升堂,助教已下太学诸生阶下拜孔揖颜",将四季祭祀改为春秋释奠,但增加了每月初一的行礼,虽然只是简单的"拜孔揖颜"。隋朝恢复了国子寺四季祭祀的制度,"国子寺每岁以四仲月上丁释奠于先圣先师,年别一行乡饮酒礼,州郡学则以春秋仲月释奠,州郡县亦每年与学一行乡饮酒礼"⑤,国家孔子庙的这些变化也应该为阙里孔子庙所仿效。

唐贞观四年(630),令州县学校均建孔子庙,孔子庙从此遍及全国,国

---

① 《魏书·高祖纪上》,《二十五史》第 3 册,第 2188 页二。
② 《魏书·高祖纪下》,《二十五史》第 3 册,第 2193 页一。
③ 《晋书·礼上》,《二十五史》第 2 册,第 1310 页一。
④ 《梁书·敬帝纪》,《二十五史》第 3 册,第 2036 页二。
⑤ 《隋书·礼仪四》,《二十五史》第 5 册,第 3272 页三。

家也制定了统一的孔子庙祭祀制度，国学为中祀，州县学校孔子庙为小祀，都是春秋仲丁释奠。

宋大中祥符元年（1008）加封孔子为玄圣文宣王，五年改称至圣文宣王。《开宝礼》之释奠礼完全采用唐代《开元礼》，景德四年（1007）因为诸州释奠时知州不亲自行礼，经太常礼仪院奏准，向全国颁布了释奠仪，大中祥符二年令太常礼仪院制定州县释奠器数，三年向全国颁布了《释奠仪注》和祭器图，景祐元年（1034）诏令孔子庙释奠用登歌，二年诏令释奠用凝安九成之乐，崇宁四年（1105）因为增加了孔子塑像改为冕十二旒，服十二章，再次颁发祭器、祭服制度于州县，大观三年（1109）又一次制定了释奠乐。

宋代以前，文献中几乎没有关于阙里孔子庙祭祀制度的记载，从现有文献看，阙里孔子庙是宋代才具有了较为完备的祭祀制度。天禧二年（1018），赐给文宣公家祭冕服，政和年间再次赐给三献官单夹家祭冕服一套，政和六年（1116），颁给阙里孔子庙正声大乐器一副、礼器一副和释奠乐章，使阙里孔子庙第一次具有了较为完备的祭祀制度。

金朝是第一个为阙里孔子庙制定祭祀乐章的王朝。明昌六年（1195）颁给了祭祀登歌乐，派遣太常寺乐工前往曲阜训练孔氏子弟，由于衍圣公只有公服，学官祭祀用儒服，朝廷专门赐给三献法服，衍圣公初献法服用四品四梁冠，亚终献学官用七品三梁冠。

蒙元初年，五十一代衍圣公孔元措上书朝廷说："兵兴以来，礼乐散失，燕京、南京等处亡金太常故臣及礼册乐器多有存者，乞降旨收录"，朝廷同意，命各地管民官将金朝礼乐旧人连同家属交给孔元措管领，孔元措到燕京将金朝掌乐、掌礼、乐工等九十二人带到曲阜，在孔子庙演习登歌乐，在东平制作乐器和冠冕法服。孔元措去世后，侄孙孔浈袭封，因为整日游猎不理祀事，被族人污讦为并非孔子后裔被罢免，曲阜孔氏家族四十多年没有衍圣公，而国家也迟迟没有制定礼乐。至元三十年（1294），张须担任三氏学教授后开始制定祭祀仪注，次年，孔子五十三代孙、江南行台照磨孔淑自行制作祭器，在地方官员的资助下制造了尊、罍、笾、豆、簠、簋等礼器一千余件。大德十年，国家才制定了释奠乐章，次年加封孔子为大成至圣文宣王。至大三年（1310），五十四代孙孔思逮以阙里久缺登歌乐器上书中书省,请得移文江浙行省制造了全副乐器,令南宋乐工施德仲审校协律后送到曲阜孔子庙。延祐五年(1318),选择熟悉古乐乐师教肄生徒,曲阜孔子庙全部恢复了祭祀礼乐。

明洪武四年(1371)更定孔子庙祭器乐舞,笾用竹、木制簠簋登铏豆等改为瓷器,牺牲改生为熟,增设高案放置祭品,设置乐工六十人,舞生四十八人,引舞二人,六年颁行孔子庙祭祀乐章,次年应衍圣公之请颁给曲阜孔子庙乐器一副,瓷祭器一副,衍圣公祭服一副。祭器包括酒盏一百二十五,酒尊五带盖,毛血盘十五,罍四,和羹碗四,笾豆碟四百八十,爵二十。祭服包括玄端一、纁裳一、皂襈一、白中单一、赤韨一、大带二、犀角革带一、七梁冠一、方心曲领一、二色带二、铜钩药玉珠佩一、三色采结犀角双环绶一、皂履二、白袜二。成化十二年(1476)升孔子庙为大祀,曲阜孔子庙大成殿扩大成面阔九间,弘治九年(1496)祭祀舞蹈按照大祀规格改为大八佾。正德六年(1511),刘六农民军驻军孔子庙,经朝廷批准,移县城卫庙,十五年,兖州知府罗凤补造了祭器。嘉靖九年(1530)厘正文庙祀典,改称孔子为至圣先师,独曲阜孔子庙保留塑像,各地文庙一律撤除塑像改为木主,恢复了中祀的祭祀等级。

清顺治元年(1644)制定孔子庙月朔释菜和月望行香仪注,次年加号孔子为大成至圣文宣先师,恢复大成殿名称,十四年复改孔子尊号为至圣先师。雍正十年(1732),颁给法琅五供、簠簋笾豆等礼器二百六十余件,乾隆六年(1741)又颁给礼器二十六件。由于曲阜孔子庙一直使用与国家不同的歌章,乾隆八年颁给了专门为曲阜孔子庙制定了祭祀乐章。

三、曲阜孔庙祭祀的级别

汉高祖十二年(前195),刘邦在回京途中专程到曲阜,以太牢(牛、羊、猪各一只)祭祀孔子,其后东汉光武帝、明帝、章帝过曲阜都是遣官以太牢致祭,元嘉三年(153)《乙瑛碑》记载辟雍祭祀孔子时"河南尹给牛羊豕鸡□□各一",看来汉代皇帝祭祀和辟雍祭祀孔子都是用太牢。从《汉书·郊祀志》记载看,祭祀天、地、太一也是用太牢,太牢应该是最高的祭祀级别。明帝永平二年(59)命郡县道行乡饮酒礼于学校,祭祀周公、孔子"牲以犬",

永兴元年(153)鲁国国相乙瑛奏请阙里孔子庙"春秋飨礼,财出王家钱,给犬酒直"①,看来地方学校和孔子故居庙宇都是以犬祭祀,祭祀的级别就低了。建宁元年(168),鲁相史晨在秋飨后祭祀孔子庙,见"无公出酒脯之祠",奏请"依社稷,出王家谷,春秋行礼,以供禋祀,余胙赐先生执事"②,礼依社稷,且有余胙,看来祭祀的级别已经提高了。

魏晋时,皇帝和太子讲通儒经后,不论是亲自祭祀还是遣官致祭辟雍,都是牲用太牢,晋泰始三年(267)诏令太学和鲁国"四时备三牲祀孔子",提高了阙里孔子庙的祭祀规格。

南朝是提高孔子庙祭祀级别的一个重要时期。宋朝皇太子释奠时,朝廷曾经讨论使用的礼仪,裴松之建议采用六佾舞,由于当时宋朝还没有祭祀乐舞,所以只演奏了登歌,祭祀后,宋文帝亲临学校宴请群臣,太子以下官员全部参加。齐永明三年(485),开设国学,朝廷讨论学生入学释奠先圣先师的礼仪。"陆纳、车胤谓宣尼庙宜依亭侯之爵;范宁欲依周公之庙,用王者仪;范宣谓当其为师则不臣之,释奠日备帝王礼乐",尚书令王俭认为,"中朝以来,释菜礼废,今之所行释奠而已,金石俎豆皆无明文。方之七庙则轻,比之五礼则重","车陆失于过轻,二范伤于太重","皇朝屈尊弘教,待以师资,引同上公,即事惟允。元嘉立学,裴松之议应舞六佾,以郊乐未具,故权奏登歌。今金石已备,宜设轩县之乐,六佾之舞,牲牢器用悉依上公"。释奠设轩县乐,用六佾舞,祭品祭器均按照上公等级配置。

北朝也确定了孔子庙的祭祀级别。北魏天兴四年(401)二月上丁祭祀行释菜礼,用乐舞。延兴二年(472)因阙里孔子庙"女巫妖觋,淫进非礼,杀生鼓舞,倡优媟狎",明确规定"今后有祭孔子庙,制用酒脯而已。不听妇女合杂,以祈非望之福,犯者以违制论。其公家有事,自如常礼,牺牲粢盛,务尽丰洁,临事致敬,令肃如也"③。私人祭祀只用酒脯,国家祭祀使用牺牲粢盛,不知牺牲是太牢还是少牢。北齐规定,天子讲经后,以一太牢祭祀孔

---

① (汉)《乙瑛碑》。
② (汉)《史晨碑》。
③ 《魏书·高祖孝文帝纪》,《二十五史》第3册,第2188页二。

子,"列轩县乐,六佾舞,行三献礼"①。

唐代确定国子监孔子庙祭祀级别为中祀,州县释奠为小祀。开元二十七年(739)曾用宫悬之乐(大祀之乐),但舞用六佾,仍算不上大祀。上元元年(760)因天旱停止中小祀祭祀,但是文宣王庙祭祀仍旧。宋太祖即位当年,亲自去京师孔子庙祭祀孔子,释奠孔子用永安之乐,设宫悬,使用了大祀的音乐。三年(962)诏令祭祀文宣王用一品礼,立十六戟于庙门,属于中祀。崇宁四年(1105),提高孔子庙级别,庙门改立二十四戟,孔子像也改为天子冠冕,但祭祀等级未变,南宋绍兴十年(1140)才将京师国子监文宣王庙祭祀升为大祀,笾豆增加为十二,但州县仍为中祀,庆元元年(1195)京师国子监孔子庙祭祀又恢复了中祀。

明成化十二年(1476)升孔子庙为大祀,笾豆十二,舞八佾。嘉靖九年(1530)厘正孔子庙祀典,又恢复为中祀,清光绪三十二年(1906)孔子庙祭祀再次升为大祀。

第二节 祭 礼

自汉武帝罢黜百家、独尊儒术开始,孔子思想就成为国家的指导思想,孔子也被尊为思想文化的代表享受后人的祭祀。

汉代时,阙里孔子庙是每年四次祭祀,孔子长孙"褒成侯四时来祠"②,建宁二年(169),鲁相史晨奏准朝廷,按照社稷礼仪春秋两次由王家出资进行祭祀。西晋泰始三年(267)"诏太学与鲁国四时备三牲祀孔子",东晋太宁三年(325)"诏给奉圣亭侯孔亭四时祭直如泰始故事",晋代和南朝太学和阙里孔子庙都是四时祭祀。北齐规定国学和郡学每年春秋两次祭祀,每月初一行礼,减少了夏、秋两次祭祀,却增加了每月一次的小祭。隋朝改为国学四季祭祀,州郡学只在春秋释奠,"国子寺每岁以四仲月上丁释奠于先

---

① 《隋书·礼仪四》,《二十五史》第5册,第3272页二。
② (汉)《乙瑛碑》。

圣先师","州郡学则以春秋仲月释奠"①。唐武德二年(619)规定沿用隋朝制度,每年四时祭祀,开元十一年(723)改为春秋两次释奠。元太宗五年(1233)增加每月朔日释奠,明洪武元年(1368)命春秋上丁释奠,京府及附府、县行释菜礼,清顺治元年(1644)确定月朔及进士释褐释菜,月望行香。从此开始,文庙定期祭祀名目有释奠、释菜和行香。此外,还有不定期举行的国子监文庙的祭告和献功,曲阜孔子庙的皇帝亲祭幸鲁、遣官致祭和遣官祭告,由于曲阜孔子庙具有孔氏家庙的性质,还有时享、祫祭、荐新、祭告等祭祀名目。

一、释奠礼

从现有文献资料看,释奠礼这种祭祀名称始见于周代。《礼记》载:"凡学,春官释奠于其先师,秋冬亦如之。凡始立学者,必释奠于先圣先师,及行事,必以币。凡释奠者,必有合也。有国故则否。凡大合乐,必遂养老。"②"天子将出征,类乎上帝,宜乎社,造乎祢,禡于所征之地。受命于祖,受成于学。出征执有罪,反,释奠于学,以讯馘告。"③这都是在学校举行释奠。前者释奠报功并举行养老礼,后者释奠以告功。释奠在《周礼》中作舍奠,《春官·大祝》"大会同,造于庙,宜于社,过大山川则用事焉,反行舍奠"④,《春官》"甸祝掌四时之表貉之祝号,舍奠于祖庙,祢亦如之","师甸,致禽于虞中,乃属禽,及郊饁兽。舍奠于祖祢"⑤,都是在学校外举行的释奠。前者是周天子召见诸侯盟会前后在祖庙以及行前在大社举行的祭祀,后者是打猎前后在祖庙举行的祭祀。

从上述记载看,虽然举行祭祀的场所不同,但名称都是释奠或舍奠,由此可见,释奠(舍奠)是一种祭祀的仪式,应该有一套完整的祭祀程序。但非常遗憾的是,文献中并没有记录释奠仪式的详细仪注。从《礼记》天子视

---

① 《隋书·礼仪四》,《二十五史》第5册,第3272页三。
② 《礼记·文王世子》,《十三经注疏》,第1405页下—1406页上。
③ 《礼记·王制》,《十三经注疏》,第1333页上。
④ 《周礼·春官·大祝》,《十三经注疏》,第811页上。
⑤ 《周礼·春官·甸祝》,《十三经注疏》,第815页下。

学的记载看,视学包括释奠和养老两个内容:"天子视学,大昕鼓征,所以警众也,众至,然后天子至。乃命有司行事,兴秩节,祭先师先圣焉。有司卒事,反命。始之养也。适东序,释奠于先老,遂设三老、五更、群老之席位焉。适馔省醴,养老之珍具,遂发咏言。退,修之以孝养也。反,登歌《清庙》,既歌而语,以成之也。言父子、君臣、长幼之道,合德音之致,礼之大者也。下管《象》,舞《大武》,大合众以事,达有神,兴有德也。正君臣之位、贵贱之等焉,而上下之义行矣。有司告以乐阕,王乃命公侯伯子男及群吏曰:'反,养老幼于东序',终之以仁也。"①养老的仪程非常详细,释奠却非常简单,仍然无法窥见其程序。汉代郑康成曾说:"释奠者,设荐馔酌奠而已,无迎尸以下事"②,看来仪注是比较简单的。

现在通行的小戴《礼记》成书于汉初,有人怀疑其可信性,但其关于释奠的记载是可信的。《诗经·鲁颂》中的《泮水》就有关于在学校泮宫献馘的诗句:"明明鲁侯,克明其德。既作泮宫,淮夷攸服。矫矫虎臣,在泮献馘。淑问如皋陶,在泮献囚。"③鲁僖公于公元前660年至公元前627年在位,这就证明《礼记·王制》关于"受成于学。出征执有罪,反释奠于学,以讯馘告"是可信的,而且这种做法在春秋早期仍然在沿用。

非常奇怪的是,汉代时,有好几位皇帝亲自到曲阜祭祀孔子,建武五年(1338)兴建太学时,"稽式古典,笾豆干戚之容备之于列,服方领、习矩步者委它乎其中"④,取法古典,举行了盛大的祭祀活动,祭祀不仅使用了祭器笾豆,而且还有舞蹈,舞者手持干戚,属于武舞,但却没有释奠一词。

魏晋时期是释奠礼的重要发展期,晋朝开始为释奠制定有关制度,同时在国家最高学府建造了祭祀孔子的专祠。

释奠礼再见于三国时的魏国。魏主齐王曹芳分别于正始二年(241)、五年、七年命太常以太牢去辟雍祭祀孔子,祭祀的原因是齐王曹芳分别讲通了《论语》、《尚书》和《礼记》。这种报功似的释奠为晋朝太子所仿效。

---

① 《礼记·文王世子》,《十三经注疏》,第1410页。
② 《礼记·文王世子》,《十三经注疏》,第1405页下。
③ 《诗经·鲁颂·泮水》,《十三经注疏》,第1405页。
④ 《后汉书·儒林传》,《二十五史》第2册,第1024页四。

西晋泰始七年（271）、咸宁三年（277）、太康三年（282）和元康三年（293），皇太子因为分别讲通《孝经》、《诗经》、《礼记》、《论语》亲自到太学释奠，东晋大兴二年（319）皇太子讲通《论语》也亲自到太学释奠。除《晋书·礼志》记载的上述释奠外，元康二年、八年皇太子也举行了释奠，前者是因为讲通了《孝经》。东晋时，不仅皇太子通经后亲自去释奠孔子，皇帝也要亲自释奠。咸康元年（355）、升平元年（357）、宁康三年（375）成帝、穆帝、孝武帝就分别因为讲通《诗经》、《孝经》、《孝经》亲自去释奠孔子。

魏晋两朝释奠的仪注也未见记载，但晋朝已经制定了释奠的仪注，《宋书》就记载，"元嘉二十二年，太子释奠，采晋故事，官有其注"①。参诸文献，可以确认的有：祭祀主祭孔子，以颜渊配享；祭品均有太牢，魏国在辟雍，两晋主要在太学，只有晋穆帝和孝武帝时因为太学在河南道路较远，临时将中堂改作太学行礼；魏国命太常行礼，晋朝太子亲自行礼，向孔子献爵，中庶子向颜渊献爵②。皇帝释奠如何行礼文献没有记载，《晋书·刁协传》记述咸康年间事时曾说"近去元年车驾释奠，拜孔子之坐，此亦元明二帝所不行也"，当是指成帝咸康元年因讲通《诗经》而举行的释奠，释奠时成帝亲自向孔子行了拜礼。

晋朝详细的释奠礼仪未见记载，但可以从潘尼的《释奠颂》中推测出大概。《释奠颂》歌颂的是元康二年皇太子的释奠，祭品用太牢，"陈其三牢"；有奠币、献酒、盥洗的礼仪，"设尊篚于两楹之间，陈罍洗于阼阶之左"；祭祀设置宫悬，"引其四县"，"钟磬既列"；皇太子亲自行拜礼，礼行三献，"我后乃躬拜俯之勤，资在三之义"；释奠后设宴招待群臣以及学生，"天子乃命内外群司，百辟卿士，蕃王三事，至于学徒、国子，咸来观礼，我后皆延而与之燕"；宴会时奏乐歌舞，"金石箫管之音，八佾六代之舞，铿锵閫閤，般辟俯仰"③。需要注意的是，舞蹈不是在释奠阶段，而是在宴会时，看来仍然采用《周礼》的规定。

晋朝还制定了释奠服饰。皇帝的服饰为："其释奠先圣，则皂纱袍，绛

---

① 《宋书·礼一》，《二十五史》第3册，第1672页三。
② 《晋书·礼上》，《二十五史》第2册，第1311页一至二。
③ 《晋书·潘尼传》，《二十五史》第2册，第1419页四—1420页一。

缘,中衣,绛袴袜,黑舄";皇太子服饰为:"释奠则远游冠,玄朝服,绛缘,中单,绛袴袜,玄舄。若未加元服,则中舍人执冕从,介帻,单衣,玄服",讲经时"则著介帻,单衣"①。

东晋于太元元年始建太学孔子庙,是年尚书谢石建议修建学校,皇帝同意后,"增造庙屋一百五十多间"②。据陈朝顾野王《舆地志》记载,国学"在江宁县东南二里一百步右御街东,东逼淮水,当时人呼为国子学。西有夫子堂,画孔子及十弟子像。西又有皇太子堂,南有诸生中省,门外有祭酒省"③。其后,释奠礼应该移至夫子堂举行。

南朝是释奠礼的另一个发展期,南齐确定了释奠的等级,梁朝制定了释奠专用的登歌,而释奠后赋诗几乎成为惯例,出现了许多歌咏释奠的诗作。

南朝时期释奠一是在皇太子通经后举行,一是在皇帝亲临时举行。前者有宋元嘉二十二年(445)、南齐永明三年(485)、梁天监八年(509)、陈至德三年(585)的释奠,都是因皇太子讲通《孝经》而举行,此外还有原因不详的陈太建三年(571)的皇太子释奠。永明三年,皇太子讲经,皇帝还亲临太学听讲。至德三年皇太子讲经时,朝廷百官陪列,令徐孝克发题,皇帝令皇太子向徐孝克北面致敬,释奠后还设金石之乐,宴会王公卿士和太学学生。皇帝亲自释奠很少,史书仅见梁高祖一次,"高祖亲屈舆驾,释奠于先师先圣,申之以燕语,劳之以束帛"④。

宋朝皇太子释奠时,朝廷曾经讨论使用的礼仪,裴松之建议使用六佾舞,由于当时宋朝还没有祭祀乐舞,所以只演奏了登歌,祭祀后,宋文帝亲临学校宴请群臣,太子以下官员全部参加。齐永明三年(485),开设国学,朝廷决议"设轩县之乐,六佾之舞,牲牢器用悉依上公"。虽然南齐上公的牲牢器用已经不得而知,但这也是已知最为具体的释奠礼仪内容了。

宋元嘉二十二年(445)皇太子释奠时虽然演奏了登歌,但此登歌应该是选用的朝廷乐歌,并非是释奠专用的登歌。释奠专用登歌始于梁大同七

---

① 《晋书·舆服志》,《二十五史》第2册,第1331页四。
② 《宋书·礼一》,《二十五史》第3册,第1672页二。
③ 唐许嵩:《建康实录》卷九《晋中下·烈宗孝武皇帝》太元十年注,《四库全书》第370册。
④ 《梁书·儒林传》,《二十五史》第3册,第2092页二。

年(541),"七年,梁皇太子释奠于国学。时乐府无孔子、颜子登歌词,尚书参议令之伟制其文,伶人传习以为故事"①,杜之伟首创了释奠歌章。梁朝与陈朝也制定了释奠制度,包括皇帝、皇太子释奠的服饰、车马装饰等。

晋元康二年(292),皇太子释奠,潘尼作《释奠颂》是已知最早的释奠诗,到南朝时,释奠后赋诗几乎成为定式。《隋书·经籍志四》曾著录南齐《释奠会诗》十卷,陈太建二年(570),皇太子释奠,也曾将释奠诗结集,《陈书》卷34《陆瑜传》就记载,"太建二年,太子释奠于太学,宫臣并赋诗,命瑜为序文,甚赡丽"。南朝释奠诗流传下来的很少,萧统《文选》中保存了颜延之于宋元嘉二十二年(445)皇太子释奠后所作的《皇太子释奠会作诗》,四言,七十二句,《古诗纪》中保存着潘尼创作的另一首释奠诗,四言六句,似乎是残章。

北朝五胡十六国时期,很少举行释奠,史书仅载太和五年(370)前秦苻坚举行过一次,"于是行礼于辟雍,祀先师孔子。其太子及公侯卿大夫士之元子,皆束修释奠焉"②。至北魏才频繁举行释奠,而北齐将孔子庙推向郡国,制定了较为详细的释奠礼仪,为唐代释奠礼的定型奠定了基础。

北魏一朝举行了一次释菜,两次释奠。释奠一次在正光二年(521),一次在永熙三年(534),分别由孝明帝和孝武帝亲自举行。正光二年释奠前,由司徒崔光为孝明帝讲解《孝经》,王遵业预讲,裴粲为侍讲,董绍、张彻、冯元兴、常景、王延业、郑伯猷等为录义,释奠后宴请群臣,并令群臣撰写释奠侍宴诗。永熙三年释奠前,在显阳殿分别由祭酒刘廞讲《孝经》、黄门李郁说《礼记》、中书舍人卢景宣讲《大戴礼·夏小正篇》,以李业兴与魏季景、温子升、窦瑗为摘句,邢昕与校书郎裴伯茂等为录义。北魏释奠与南朝差别很大,皇太子退出了释奠行列,只有皇帝才有资格举行,释奠不是通经后举行,而是在听经后。释奠礼仪不详,但讲学活动变得非常复杂,皇帝听讲,有主讲,有侍讲,有预讲,还有摘句、录义。皇帝释奠的礼服是通天金博山冠,玄纱袍。

---

① 《陈书·杜之伟传》,《二十五史》第3册,第2163页四。
② 《晋书·苻坚载记上》,《二十五史》第2册,第1583页一。

北齐恢复了皇太子通经后举行释奠仪式,"皇太子每通一经亦释奠,乘石山安车,三师乘车在前,三少从后而至学焉"。但皇帝仍是听经后举行释奠,"后齐将讲于天子,先定经于孔父庙,置执经一人,侍讲二人,执读一人,摘句二人,录义六人,奉经二人。讲之旦,皇帝服通天冠,玄纱袍,乘象辂。至学,坐庙堂上,讲讫,还便殿,改服绛纱袍,乘象辂,还宫。讲毕,以一太牢释奠孔父,配以颜回,列轩悬乐,六佾舞,行三献礼。毕,皇帝服通天冠,绛纱袍,升阼即坐。宴毕,还宫"①,确立了皇帝听经和释奠的礼仪。北齐还制定了国学和地方学校孔子庙释奠的礼仪,"后齐制:新立学必释奠,礼先圣先师,每岁春秋二仲常行其礼。每月旦祭酒领博士已下及国子诸学生已上、太学四门博士升堂,助教已下太学诸生阶下拜孔揖颜。日出行事,而不至者记之为一负。雨沾服则止。……郡学则于坊内立孔颜庙,博士已下亦每月朝云"。春秋二仲行礼,每月旦拜孔揖颜,为后世春秋释奠和月朔释菜开了先河。

北周时释奠略有改变,皇子入学,只向老师行礼,拜送束脩,规定学成后再举行释奠,天和元年(566)七月"壬午诏,诸胄子入学,但束修于师,不劳释奠。释奠者,学成之祭。自今即为恒式"②。皇帝仍然亲自释奠,大象二年(580)二月丁巳,宣帝"幸露门学,行释奠之礼",同时令杨尚希进讲《孝经》。最有意思的是,北周还以释奠礼祭祀仓颉,《周书·冀俊传》记载,"寻征教世宗及宋献公等隶书。时俗入书学者亦行束修之礼,谓之谢章。俊以书字所兴起自苍颉,若同常俗,未为合礼,遂启太祖,释奠苍颉及先圣先师",这是历史上惟一一次以释奠礼祭祀仓颉。

隋朝结束了将近三百年的南北分裂,统一了全国,也统一了全国的释奠制度,包括皇帝与皇太子的舆服制度、释奠日期、释奠乐章以及所属的讲经仪式。祭祀日期规定:"国子寺每岁以四仲月上丁释奠于先圣先师,年别一行乡饮酒礼。州郡学则以春秋仲月释奠,州郡县亦每年于学一行乡饮酒礼"③。讲经仪式比北齐更为复杂,增加了讲经后的辩论。开皇五年(585),隋文帝亲临释奠,令国子祭酒元善进讲《孝经》,元善"敷陈义理,兼之以讽

---

① 《隋书·礼仪四》,《二十五史》第 5 册,第 3272 页二。
② 《周书·武帝上》,《二十五史》第 3 册,第 2589 页二。
③ 《隋书·礼仪四》《二十五史》第 5 册,第 3272 页三。

谏。上大悦曰：闻江阳之说,更起朕心。赉绢百匹,衣一袭"①,而王"颇与相论难,词义锋起,善往往见屈"②,宇文"敱与博士论议,词致清远,观者属目,上大悦,顾谓侍臣曰：朕今睹周公之制礼,见宣尼之论孝,实慰朕心"③。马光为隋文帝讲《礼》时,"光升坐讲礼,启发章门,已而诸儒生以次论难者十余人,皆当时硕学。光剖析疑滞,虽辞非俊辨而理义弘赡,论者莫测其浅深,咸共推服,上嘉而劳焉"④。

唐代是孔子庙的大发展时期,也是释奠礼的定型时期。

贞观四年(630),令州县学校皆建孔子庙,将孔子庙推向全国,贞观二十一年增加二十二位先儒从祀,开元八年(720)增加孔子弟子配享从祀,开元二十七年追封孔子为文宣王,孔子地位越来越高,孔子庙祭祀也越来越受到重视。

唐初,礼仪未定,释奠仪式也比较杂乱。武德七年(624),唐高祖亲临释奠,释奠后讲经,居然"引道士、沙门有学业者与博士杂相驳难,久之乃罢"⑤,国学成为道士、和尚与博士辩论的场所。《贞观礼》、《显庆礼》相继成书,释奠礼仪逐渐正规,而开元二十年(732)九月颁行《大唐开元礼》后,孔子庙释奠最终定型。

《大唐开元礼》规定国子孔子庙释奠为中祀,设轩县乐,牲用太牢,州县释奠为小祀,用少牢,制定了皇太子释奠于孔宣父、国子释奠于孔宣父、诸州释奠于孔宣父和诸县释奠于孔宣父四个释奠礼仪。

皇太子释奠仪注主要分为斋居、陈设、出宫、馈享、讲学、还宫六个阶段,最主要的阶段即馈享。馈享包括接神、奠币、迎俎、皇太子初献及饮福受胙、国子祭酒亚献及饮福受胙、国子司业终献及饮福受胙、送神、赐胙、望瘗几部分。祝文以皇太子的名义致祭。皇太子释奠设轩县乐,乐曲名"宣和之乐",接神奏"永和之乐",文舞,乐舞三成,奠币登歌作"肃和之乐",迎

---

① 《隋书·元善传》,《二十五史》第5册,第3452页四。
② 《隋书·王颇传》,《二十五史》第5册,第3455页四。
③ 《隋书·宇文敱传》,《二十五史》第5册,第3415页一。
④ 《隋书·马光传》,《二十五史》第5册,第3451页一。
⑤ 《旧唐书·礼仪四》,《二十五史》第5册,第3596页三。

俎、酌献奏"雍和之乐",文舞出、武舞入均作"舒和之乐",武舞用"凯安之乐",送神也奏"永和之乐"。文舞武舞并用,接神至初献饮福受胙用文舞,亚献至送神用武舞。

国子释奠仪注比皇太子简单,仅有斋戒、陈设、馈享三个阶段。馈享仍为重点,程序与皇太子释奠相同。差别主要是以皇帝谨遣祭酒的名义致祭,祭酒为初献,司业为亚献,博士为终献。释奠前,皇帝要在祝文板上亲自署写自己的名字,署名后还要面北作揖。

诸州释奠仪注比国子略微简单,仪注连段也不分,就其内容看,可以与国子释奠一样分作斋戒、陈设和馈享三个阶段。馈享当然仍为重点,程序与皇太子释奠基本相同。差别一是以太守名义致祭,太守初献,上佐亚献,博士为终献;二是配享仅为颜回一人,减去了其他孔子弟子和二十多位先儒;三是初献饮福受胙,亚献和终献只饮福不受胙;四是祭品由太牢改为少牢,减少了牛,但增加了腊,仍为三俎,笾豆由十减为八,并注明了羊猪的部位和笾豆的祭品名称;五是无乐舞。

诸县释奠仪注与诸州基本相同,不同的是,祭祀以知县名义进行,初献为知县,如果无知县,可以州官判佐一下及比县官担任,县丞为亚献,主簿或县尉为终献。

不论皇太子释奠仪注,还是国子、州、县释奠仪注,都非常具体,具有很强的可操作性。

《大唐开元礼》确定的释奠礼仪,基本为历代所沿用,各代虽有所损益,但变化不是很大。开元二十七年(1792)将孔子像由面东改为南面,命春秋释奠以三公摄行事,大历元年(766)将轩县乐改为宫县。

五代时,王朝变更频繁,但释奠还是时断时续地坚持着。后唐长兴三年(932),恢复了七十二贤设置祭品的传统,每座笾豆各二,簠簋各一。后汉乾祐元年(948)改定释奠雅乐,将唐代释奠乐曲"宣和"改作"师雅"。

宋代释奠礼变化较多。建隆三年(962),规定孔子庙用一品礼,庙门立十六戟,仍然属于中祀,崇宁四年(1105),庙门改立二十四戟,孔子像也改为天子冠冕,冕十二旒,服十二章,执镇圭,但仍使用中祀的礼仪。南宋绍兴十年(1140),升孔子庙为大祀,改为十二笾豆,州县学校仍然为中祀。京师孔子庙采用大祀时间很短，庆元元年（1195）又恢复为中祀。州县释奠主祭人没有变化，大中祥符三年（1010），确定国学以太尉、太常、光禄卿担任三献，同年还颁布了州县释奠仪注和释奠器数，祭器种类数量均有变化，先圣先师改为每坐酒尊一、笾豆各八、簠簋各二、俎三、罍洗各一、篚一、二烛二爵，从祀诸位每坐笾豆各二、簠簋各一、俎一、烛一、爵一。熙宁五年（1072），颁布了释奠所用法服制度，令地方自行制造。元丰间重修了《诸州释奠文宣王仪注》一卷，崇宁中颁行了《释奠祭器图及诸州军释奠仪注》一卷，但遗憾的是这几部书都没有流传下来。

　　从现存的《政和五礼新仪》来看，主要的变化有：一是增加了皇帝视学的酌献文宣王仪。唐代皇帝出席释奠仪式，不是亲自行礼，宋哲宗视学，亲行释奠礼，一献再拜。从《皇帝视学酌献文宣王仪》看，仪式比较简单，有陈设、酌献文宣王和视学三部分。祭祀礼品很少，孔子及配享从祀诸位都是爵一、笾一、豆一，笾豆分盛鹿脯和鹿臡。仪注也很简单，皇帝在孔子位前先跪，三上香，献爵，礼部祠部郎官、太常丞、博士及国子监太学官分奠配享及从祀。南宋时，逐渐复杂，宋高宗是"跪，上香，执爵，三祭酒，再拜，群臣皆再拜"，宁宗为"三上香，执爵，三祭酒，俯伏兴，再拜"①。上香是新增加的仪式，为以后历代所采用。二是皇太子释奠于殿上设登歌乐，殿下设轩县乐，而州县释奠也于殿上设置登歌。三是增加了释奠乐章。四是制定了释奠专门的舞蹈。五是释奠仪注略有变化。斋戒由三天增加到五天，三天散斋，两天致斋；饮福受胙由初献后移到终献以后。六是释奠集合时间由未明三刻提前到春天丑前五刻，行事时间定为春天的丑时七刻、秋天的丑时一刻。七是增加了分献，分别祭奠陪祀的十哲和两庑先贤先儒。八是州县释奠也用十笾豆。九是笾豆祭品有所变化，笾中祭品以干蓤、干桃和梨取代了栗子和黑饼、白饼，豆中祭品以葵菹取代了脾析菹。

　　宋代是释奠礼发展的一个主要阶段，为孔子庙释奠专门制定了包括礼、乐、歌、舞四位一体的释奠仪式。

　　金朝初期使用北宋的释奠乐章，大定十四年（1174）才制定了本朝的释

---

① 《宋史・礼十七・视学》，《二十五史》第 7 册，第 5542 页一至二。

奠乐章,明昌六年(1195)又重新颁布,但变化不大,都是九章九奏,以宁为曲名,当是取自《周易》中的"万国咸宁"。祭品由太牢改为少牢,从祀先贤先儒由笾豆各二改为各一。减少了舞蹈和轩县之月,只设登歌。

元代释奠没有舞蹈,仍用太牢,仪注增加了三上香,四配均有祝文,分献行礼由宋代的亚献将行时改在终献将行时,其他几乎没有变化,只有国子监释奠减去了饮福受胙。

明代文庙释奠礼变化也较多。洪武四年(1371),"礼部奏定仪物,改初制笾豆之八为十,笾用竹,其簠、簋、登、铏及豆初用木者悉易以瓷,牲易以熟,乐生六十人,舞生四十八人,引舞二人,凡一百一十人",只用文舞。十五年,南京太学孔子庙落成,明太祖亲行释奠,令天下州县学校举行释奠,"诏天下通祀孔子,并颁释奠仪注。凡府州县学笾豆以八,器物牲牢皆杀于国学,三献礼同,十哲、两庑一献。其祭各以正官行之,有布政司则以布政司官,分献则以本学儒职及老成儒士充之。每岁春秋仲月上丁日行事"。二十六年,颁释奠所用"大成乐"于天下。成化十二年(1476)升孔子庙为大祀,"增乐舞为八佾,笾豆各十二",弘治九年(1496)改为大八佾,"增乐舞为七十二人,如天子之制"。嘉靖九年(1530)厘正孔子庙祀典,撤除塑像,改为木主,将孔子尊号"大成至圣文宣王"改为"至圣先师","春秋祭祀遵国初旧制,十笾十豆,天下各学八笾八豆,乐舞止六佾"①,恢复了中祀等级。明代国子监释奠增加了皇帝降香传制仪式。洪武时,释奠前一日,皇帝皮弁服,御奉天殿,降香传制,遣丞相、翰林学士和祭酒为三献。嘉靖时改为传制由辅臣和吏部、礼部尚书为三献,翰林院官员分献十哲,国子监官员分献两庑。释奠仪注最大的变化是,迎神、送神时的行礼由唐代以来的再拜改为四拜。仪注恢复了饮福受胙,减去了配享的祝文,分献改在初献向子思行礼时开始。

明代皇帝亲自释奠的记载很多,其实就是宋代的视学。视学在成化以前不设牲,不奏乐,皇帝行四拜礼,成化元年(1465)开始采用释奠礼,设牲奏乐,并命孔子长孙衍圣公分献。

---

① 《明史·礼四·先师孔子》,《二十五史》第10册,第1311页一至四。

清代释奠礼基本沿用明代仪注,只是将四拜礼改成三跪九叩头。变化较大的是皇帝祭祀的礼仪。南齐时皇帝去国子监观释奠并讲学就有幸学之称,唐代称作视学,宋至明也称幸学,雍正二年(1724),世宗认为不妥,改称诣学以申崇敬。诣学时祭祀礼仪非常简单,皇帝到大成殿内上香,奠帛,一奠爵,乐三奏,也不读祝文。从顺治开始,皇帝也亲自举行释奠。其仪注与释奠礼基本相同,奏乐,文舞六佾,皇帝只在孔子神位前行礼,三献,二跪六拜,三上香,第一次上柱香,后两次上瓣香,比官员释奠少上一次瓣香。光绪三十二年(1906)将祭祀孔子升为大祀,恢复文武舞并用,三年后颁发祭祀武舞谱,两年后清朝就灭亡了,虽然1914年民国规定释奠孔子仍为大祀,但没举行几次就停止了,影响都不大。

释奠是文庙最高规格的祭祀活动,它有两种情况,一种是定期的祭祀,一种是非定期的祭祀。

国立学校定期的释奠唐初以前四次,在夏历二月、五月、八月、十一月的第一个丁日举行,唐开元改为两次后,分别在二月、八月的上丁举行,而曲阜孔子庙则一直坚持四季释奠。释奠在仲月上丁,历代相因,因此释奠又称为丁祭。但上丁释奠并非一成不变,个别时候可以改用中丁,元朝就明确规定,释奠"日用春秋二仲月上丁,有故改用中丁"①,延祐六年(1319)"二月丁亥朔,日有食之,改释奠于中丁"②,明洪武七年(1374)二月上丁因为日食,释奠也改在了中丁。非定期的释奠主要由皇帝、皇太子或遣官祭祀时举行,有的在国子监文庙,有时在曲阜孔子庙。

曲阜孔子庙一直由孔子长孙主祭,国学主祭则变化比较大。东汉时,"辟雍礼未行,祠先圣师,侍祠者孔子子孙",太学释奠由孔子长孙褒成侯主祭。魏国以太常主祭,从晋朝开始改为以学官主祭。唐初国学仍以儒官为祭主,祝文也直书博士姓名,贞观二十一年(647)经中书侍郎许敬宗奏准,国学释奠以皇帝的名义,由祭酒为初献,司业为亚献,博士为终献,祝文称皇帝谨遣,诸州学校释奠以刺史为初献,上佐为亚献,博士为终献,县学释

---

① 《元史·祭祀五》,《二十五史》第9册,第7452页三。
② 《元史·仁宗三》,《二十五史》第9册,第7310页二。

奠县令为初献,县丞为亚献,因为博士没有品秩,以主簿或县尉为终献。历代基本都是采用唐朝的制度,个别时期偶有不同。唐开元二十八年(740)曾命国学春秋释奠以三公摄行事;辽神册三年(918)曾命皇太子春秋释奠国学孔子庙;宋大中祥符三年(1010)曾命以太尉、太常、光禄卿充任三献官;明洪武元年曾定春秋释奠以丞相为初献,翰林学士为亚献,国子监祭酒为终献,司府州县卫学以各提调官行事;万历二十三年曾定国学春秋释奠前皇帝御殿传制,遣大臣祭孔子与四配,翰林官二员分献十哲,国子监官二员分献两庑。但是,在绝大多数时期,国学都是学官以皇帝名义致祭,地方学校以地方最高行政长官主祭。明清时,地方最高级别的学校是府学,省府所在地的府学释奠就由地方最高行政长官总督或巡抚正献,以道员二人分献两序(十二哲),知府、同知分献两庑先贤先儒,督学主祭崇圣祠;监司所在府学释奠由监司主祭;其他府州县学释奠由当地长官正献,副职及属官为两序和两庑分献,崇圣祠由教谕正献。祭祀时,在城的文武官员(省城是县丞和千总以上的所有在城文武官员)都要陪祭。

  国学定期释奠有时由皇帝或皇太子亲自主祭,这都是从唐朝开始的。唐高祖和唐太宗曾经分别在武德七年(624)二月的释奠和贞观十四年(640)二月的释奠亲自行礼,宋、金、清时,释奠日皇帝亲自祭祀的情况时有发生,如金承安二年(1197)春丁释奠,章宗自任初献,命亲王摄亚、终献,皇族陪祀,文武群臣助奠。皇太子主持国学释奠是从唐初开始的,皇太子为初献,祭酒为亚献,司业为终献。但在明朝,皇帝亲自释奠刻意避开春秋仲月上丁,《明史》记载的十三位皇帝的十六次释奠全都不是春秋释奠的丁日。

  释奠是学校最高级别的祭祀,所以历代都非常重视。唐开元二十一年(733)命刺史、县令主祭孔子,朝廷按照祭祀制度颁给明衣;宋崇宁四年(1105)专门制定祭服制度并颁给州县祭服,祭祀孔子一律用法服行礼;元至元四年(1267)命春秋释奠时执事官员各依品序公服配位。唐贞元二年(786),诏令国学释奠时宰臣以下全部参加,宋嘉泰二年(1202)诏命武臣一体拜谒孔子庙,清康熙四十九年(1710)命直省同城大小武职官员在文庙释奠时按照文职官员的制度一体到文庙行礼。

释奠礼诞生于周朝,定制于唐朝,完善于宋朝,明清使之逐渐完美。虽然释奠礼在唐至元也曾使用于武成王,北周偶用于仓颉,清代使用于关公和文昌帝君,但只有文庙释奠为人们所熟知,而且至今还在使用,释奠几乎成了文庙祭祀的代名词。

二、释菜

释菜礼始见于周代。《礼记》记载:仲春"上丁,命乐正习舞释菜,天子乃帅三公、九卿、诸侯、大夫,亲往视之。仲丁,又命乐正入学习舞"①,"大学始教,皮弁,祭菜"②。释菜在《周礼》中作舍菜:"春入学,舍菜合舞,秋颁学,合声。"③《礼记·文王世子》说:"始立学者,既兴器用币,然后释菜",孔颖达疏说"释菜有三:春入学释菜合舞,一也;此衅器释菜,二也;《学记》皮弁释菜,三也",后来释菜成为学校的祭祀名目之一。

正史中,释菜一词最早见于南齐升平二年(358),豫章王开馆立学,"行释菜礼"④。永明三年(485)诏有司商议释奠、释菜当行何礼,尚书令王俭说:"中朝以来,释菜礼废,今之所行,释奠而已",当时已经不知道释菜的礼仪。北魏天兴四年(403)、永熙三年(534)也曾举行释菜礼,但不知所行何礼,而新旧唐书则将释奠和释菜相混。宋代时规定在四孟月进行释菜,元丰七年(1084)还制定了四孟释菜仪,大观元年(1107)规定贡士入学在辟雍行释菜礼。明洪武四年(1371)令进士释褐时诣国学文庙释菜,洪武十七年敕每月朔望祭酒以下行释菜礼,国学文庙每月初一、十五释菜。清顺治元年(1644)规定月朔及进士释褐时行释菜礼,各级学校文庙都在每月初一释菜。因正月初一各官行朝贺礼,释菜改在第二天进行。

三、行香

行香本来是礼佛的形式,洪武十七年令祭酒每月朔望在国子监文庙释

---

① 《礼记·月令》,《十三经注疏》,第1362页中。
② 《礼记·学记》,《十三经注疏》,第1522页上。
③ 《周礼·春官·大司乐·大胥》,《十三经注疏》,第794页下。
④ 《南史·豫章文献王传》,《二十五史》第4册,第2785页四。

菜,郡县长官每月朔望诣学行香,每月的初一、十五两次到文庙上香,清顺治元年(1644)规定文庙月朔释菜,月望行香,将文庙上香改为每月一次。

四、告祭

曲阜孔子庙称祭告,是国家有大事时皇帝遣官到文庙告知的祭祀。告祭始于唐代,乾封元年(666)因追赠孔子为太师、维修曲阜孔子庙和免除孔子长孙赋役事派遣司稼卿扶余隆专程到曲阜孔子庙祭告。元代祭告大兴,皇帝登基、追封孔子、改变文庙祀典、维修文庙都要遣官祭告。元至大四年(1311),仁宗登基遣官至曲阜孔子庙祭告,以后成为惯例,大德十一年(1307)追封孔子为大成至圣文宣王、至元五年(1339)维修孔子庙工竣都遣官祭告,明清相沿不改。明成化十三年(1487)升文庙为大祀,嘉靖九年厘正文庙祀典也都遣官祭告。清代祭告最多,平定叛乱、祈求丰年、皇帝登基及逢十大庆、皇帝或皇太后逢十大寿、皇帝南巡、皇帝及太后升配礼成、追封孔子五代先人为王、立国储、立正宫、孔子庙大成殿上梁出现庆云都遣官祭告。乾隆一朝祭告最多,不计皇帝八次到曲阜亲祭,还有十六次。

国子监文庙告祭举行的次数不多,清康熙五十一年(1712)因将朱熹升为先哲、雍正元年(1722)因加封孔子五代先人遣官各举行一次,乾隆二年(1737)、三年、三十二年、三十四年分别因文庙改用黄瓦、有若升为先哲、诏修文庙和文庙告成遣官告祭。遣官后三次为大学士,祭品为鹿脯、鹿醢、兔醢、榛、栗、葡萄、桃实、莲实,礼行三献,上香,读祝,祭祀礼仪与遣官丁祭相同。

五、遣官致祭

皇帝亲自到文庙的祭祀不多,大多情况下是遣官作为代表致祭。除遣官至国子监文庙致祭外,也遣官至曲阜致祭。遣官曲阜致祭始于北魏皇兴二年(467),献文帝派遣中书令高允到曲阜孔子庙以太牢致祭。唐、宋、金三朝遣官致祭很少,元末最频,惠宗每隔几年就遣官致祭一次。明清遣官致祭仍然很少,明弘治十二年(1499)、清雍正二年(1724)曾遣官慰祭,都是因孔子庙遭受雷击被焚。

六、献功

　　三代以来,献俘、受降都是在太庙、社稷,献功文庙为清代首创。康熙三十五年(1696)、四十三年、雍正二年(1724)、乾隆十四年、二十年、二十四年、道光八年(1828)分别因平定噶尔丹、朔漠、青海、金川、准噶尔、大小金川、回疆献功文庙,康熙、乾隆朝都是遣官致祭,唯有道光皇帝是亲自祭祀。乾隆平定金川、准噶尔御制碑还刻立在曲阜孔子庙内。

七、幸鲁

　　本意是指皇帝到山东,因曲阜是鲁国故都,后来特指皇帝到曲阜孔子庙祭祀孔子。历史上曾经有十二个皇帝十九次到曲阜孔子庙祭祀,首开先河的是汉高祖刘邦,他在高祖十二年(前195)南征过鲁,以太牢祭祀孔子,后世儒家推崇儒家思想,说汉家四百年基业全在于此。东汉建武五年(29),光武帝刘秀过鲁,命司空以太牢祭祀孔子;永平十五年(72),明帝过鲁,诣孔子故宅,命司空以太牢祭祀孔子和七十二弟子,并亲自向孔子进爵,祭祀后,亲御讲堂,命皇太子和诸王讲经;元和二年(85),章帝过鲁,亲自进爵祭祀孔子和七十二弟子,作六代之乐,命儒生进讲《论语》,大会孔子后裔,赏给钱帛;延光三年(124),安帝至鲁,祭祀孔子及其弟子,会见孔子后裔,赏给衣冠;北魏太和十九年(495),孝文帝过鲁,亲祠孔子,封孔子二十八代孙孔灵珍为崇圣侯;唐乾封元年(666),高宗过曲阜,祠孔子,追赠孔子为太师;开元十三年(725),玄宗过曲阜,亲设奠祭,命礼部尚书祭祀孔子墓;后周广顺二年(952),太祖过曲阜,设祭拜奠,左右以"孔子陪臣也,不当以天子拜之"劝阻,太祖认为"孔子圣人,百世帝王师之,敢不敬乎",拜奠于祠前,并赴孔林拜奠孔子墓;宋大中祥符元年(1008),真宗至曲阜,在孔子庙将原定的肃揖礼改为再拜,并恭拜孔子墓;清康熙二十三年(1684),圣祖专程到曲阜祭祀孔子,亲行三献礼,在迎神、送神时三跪九叩,在初献时一跪三叩;乾隆年间,清高宗在乾隆十三年(1748)、二十一年、二十二年、二十七年、三十六年、四十一年、四十九年、五十五年八次亲临曲阜孔子庙,六次释奠,两次拈香,在孔子庙除第四次拈香两跪六叩外其他都是亲行三跪九叩大礼，在孔子墓一跪三叩。

第三节　祭祀仪注

孔子庙祭祀仪注主要有释奠、释菜、行香、皇帝幸鲁、遣皇子祭告、遣官祭告等。

一、释奠仪注

虽然至少从汉代国家就在学校祭祀孔子，但是唐以前的祭祀仪注史无记载，现在能够见到的最早的祭祀仪注是唐代的，《大唐开元礼》中有《皇太子释奠于孔宣父》、《国子释奠于孔宣父》、《诸州释奠于孔宣父》和《诸县释奠于孔宣父》四个释奠仪注。其中尤以皇太子释奠礼仪注最为详细，包括致斋、陈设、出宫、馈享、讲学、还宫等环节。

释奠礼行三献，读祝，祭品用牲牢，祭器有笾豆簠簋，国学释奠奏乐舞蹈等，奠定了祭祀孔子的礼仪，后代虽各有损益，但变化并不是很大。宋景德四年（1007）因为诸州长吏在春秋释奠时不亲自行礼，有违国家尊师重教之意，国家专门制定释奠礼仪颁布天下，大中祥符三年（1010）将《释奠仪注》和《祭器图》颁发给各路，明洪武十五年（1382）也颁布释奠仪注于天下。

清代祭祀前，承祭官、分献官和陪祀官致斋二日。前一天，打扫卫生，检查牺牲，衍圣公率领执事人员到学校练习礼仪，教官率领乐舞生练习舞蹈奏乐。鸡叫头遍，祭祀官员齐集致斋所，拂晓祭祀开始。

文庙释奠仪注，《钦定大清会典》、《钦定大清会典则例》、《钦定大清通礼》都有记载，但是都不如曲阜孔庙释奠礼仪详细。据《阙里文献考》记载，曲阜孔庙释奠礼仪如下：

前期三日：

备祝　书写官缮写好大成殿、崇圣祠、启圣祠、家庙祝文陈设于孔府大堂内，正午，衍圣公着公服北面恭阅后，书写官捧安亭内，连同香

帛由快睹门送入孔子庙,恭安于奎文阁下,安排执事

官员:

衍圣公主祭大成殿正位及四配,十二哲分献官二员,东西庑分献官六员,大成寝殿分献官一员;监祭官二员,太祝官一员,太史官一员,司香官五员,司帛官五员,司爵官五员,司尊官一员,纠仪官二员,两阶领班官二员,典仪官(典籍官任)一员,典乐官(司乐官任)一员,掌宰官(百户官任)一员,司膳官(管勾官任)一员,司伞官(伴官任)一员,巡绰官(伴官任)一员;

崇圣祠摄献官(世袭六品官任)一员,从祀分献官二员,监祭官一员,纠仪官一员;

启圣祠摄献官一员,寝殿分献官一员,监祭官一员,纠仪官一员;

家庙摄献官一员,监祭官一员,纠仪官一员;

后土祠主祭官一员;

各官员除已明确者外,其余有圣庙执事官充任……

乐舞生:一百二十人,麾二人,歌六人,琴六人,瑟四人,笙六人,洞箫六人,笛六人,凤箫二人,埙二人,篪四人,编钟一人,副一人,编磬一人,副一人,楹鼓一人,副一人,足鼓一人,副一人,搏拊二人,鼖鼓二人,柷一人,敔一人,旌旗一人,文舞三十六人,领班二人,钟鼓六人,引导乐十四人。

悬榜于榜棚内。

戒誓:设戒誓牌于同文门下,南向立。衍圣公率摄献官、分献官、执事官生、陪祭官生、族人等具公服入快睹门,揖,至同文门前。

鸣赞唱:"排班!"班齐。唱:"跪!叩,兴!"衍圣公以下行一跪三叩头礼兴。

鸣赞唱:"读戒词!"鸣钟鼓,戒誓生恭捧戒牌西向读:"钦遵皇帝令典,于某月某日丁某,祇行释奠礼于至圣先师,孔子庙庭官员、师生、宗族、执事人等,自今日为始沐浴更衣,散斋一日,各宿别室,不饮酒,不茹荤,不吊丧,不问疾,不听音乐,不理刑名。致斋一日,同宿斋所思神,饮食思神,居处思神,笑语思神,志意思神,所乐思神,所嗜思神,各

宜精白乃心，益加敬谨。戒之哉！"读毕，捧牌安放原处。

鸣赞唱："读誓词！"戒誓生恭捧誓牌，西向读："国有常宪，明神鉴焉。"读毕，捧牌安放原处。

鸣赞唱："悬戒牌！"戒誓生捧牌恭悬同文门下。

鸣赞唱："给斋牌！"凡与祭官生领斋牌讫。

鸣赞唱："设誓牌！"戒誓生捧牌置案抬起，引导乐作，鸣钟鼓，设誓牌大中门下正中。

前期二日：

礼乐演习　衍圣公致斋于斋所所；典籍集合礼生于诗礼堂，守卫百户出礼器，礼生洗涤后陈于堂上；司乐集合舞生于金丝堂，出乐器，乐舞生擦拭后陈于堂上；衍圣公率摄献官、分献官及执事各官具公服恭诣观礼听乐。

前期一日：

迎粢盛牺牲　天刚亮，管勾官陈粢盛于快睹门外，陈牺牲于仰高门外。衍圣公率摄献官、分献官及各执事官具公服迎接粢盛归神厨，迎接牺牲归神庖，引导皆用乐。

习仪　设至圣先师、四配、十二哲虚位于奎文阁，东庑三坛、西庑三坛在同文门左右，东西相向，陈尊彝、罍洗、乐悬缀兆如祭仪；设寝殿虚位奎文阁后，崇圣祠虚位在其后，后土祠虚位在奎文阁之左，亦陈尊俎如祭仪。衍圣公具公服，率摄献官、分献官及执事官生、陪祭官生、宗族人等就位，演习整个祭祀礼仪。

省牲　习仪后少息，在音乐引导下，衍圣公率领上述人员诣神庖省牲，掌宰官取血膋，率各坛陈设生捧毛血盘恭安各祭案上；再诣神厨视膳，司膳官率各坛陈设生捧馔盘恭安各祭案上。

陈设　集合礼乐诸生安放各坛祭器。张曲柄黄盖于大成殿门外，陈中和韶乐于露台上，引导乐于大成门外，鼖鼓镛钟于杏坛上，植庭燎夹两陛间。

设位　衍圣公位于杏坛前，寝殿分献官、东西哲分献官、两庑分献官、各拜位次之，陪祭官员、族人拜位位于两阶下，监祭官立殿门内，东西相向,典仪官、典乐官立露台上,西向,司膳官、掌宰官立露台上,东向,纠仪官立两班上,东西相向,鸣赞在露台午阶上,西向;崇圣祠、启圣祠、大成寝殿、启圣寝殿及家庙摄献官、分献官及监祭、纠仪各官之位与大成殿相似。诗礼堂正中设祝案四,皆南向,东设署名案,西向。

祭日:

署名　蘷鼓三严,衍圣公具朝服,恭诣诗礼堂,以次在祝文上署名,太祝生恭捧分诣各坛安放祝案上。

更衣　子时,鸣鼓三通,从祭官员到更衣厅更换祭服,引赞引导衍圣公进入大成门内,在拜位前站立。

启户　鸣赞唱"启户,扫除",礼生将殿庑各门打开,点燃庭燎、吊灯,执事生到各神坛前清扫,将神牌扶正,焚香点烛,一跪三叩后退出殿外。

乐舞生就位　鸣赞唱"乐舞生就位",乐舞生由两侧登上殿前露台,鼓工击蘷鼓为节奏。

从祭人员就位　鸣赞唱"执事者各司其事,陪祭官就位,分献官就位,正献官就位"。引赞引衍圣公就拜位,北面立。

瘗毛血　鸣赞唱"瘗毛血",掌宰官至孔子供桌前一叩头,将盛放牺牲毛血的小碟高捧过头从正门出,其他各案的陈设生也将毛血碟高捧出殿庑,将毛血埋于瘗所,各供桌执事人员将各种礼器的盖子全部打开。

迎神　鸣赞唱"迎神",乐官接唱"迎神",麾生举麾,唱"乐奏宣平之章",乐工击柷作乐,有乐无舞。工祝执手炉,引太祝生、太史生由中陛至杏坛前。工祝唱"求神",衍圣公以下均下跪。工祝唱"燔燎",太史生举柴,太祝生举火,点燃萧艾香草,求神于阳;工祝唱"灌鬯",太史生从黄彝之尊中取酒,太祝生举起禾罩,将酒浇灌在茅沙池中,求神于阴。工祝唱"往迎",与太祝生、太史生引导衍圣公到大成门内甬道左侧拱立,迎接孔子神主。引导乐作,神舆入大成门,工祝唱"神降",衍圣公跪于道左,太祝生、太史生到神舆前致辞,神舆稍停,工祝唱"分班,前导神舆行",衍圣公等均在神舆前趋行,位卑者在前,尊者在后,到拜位前,退至左右两侧,神舆由中陛升台,恭安在神像前。鸣赞唱"参神",衍圣公以下俱到拜位前,鸣赞唱"三跪九叩",衍圣公以下均三跪九叩。

初献　鸣赞唱"奠帛,行初献礼",伶官原文传唱,麾生举麾,唱"乐奏昭平之章",击柷作乐,有舞。

引赞唱"诣盥洗所",引衍圣公到中陛东侧的盥洗所浴手……引赞唱"司帛者捧帛,司香者捧香,司祝者捧祝,司爵者捧爵,各诣神位前",引衍圣公自东陛升台,到殿左门外……正位司尊生用龙勺舀著尊的酒齐注入正位三爵,四配司尊生用蒲勺舀著尊的酒齐注入四爵。正位执爵生高举酒爵由正门入殿,到孔子神位前朝上站立,四配执爵生由左门入殿,到四配神位左右朝上站立。

引赞唱"诣至圣先师神位前",引衍圣公升殿到孔子神位香几前。引赞唱"上香",司香生跪举香盒,衍圣公取檀香木块焚于鼎内。引赞唱"献帛",司帛生捧帛筐,衍圣公取帛奠于几上,一叩头立。引赞唱"进爵",三名执爵生均面西捧爵跪下。引赞唱"献爵",衍圣公一一接爵后奠于祭案正中站上,一叩头立。鸣赞唱"众官皆跪",分献官、陪祭官俱下跪。鸣赞唱"叩头",众官俱一叩头。鸣赞唱"平身",众官俱起立。

引赞唱"诣复圣颜子神位前",衍圣公至颜子神位香几前。引赞唱"跪",衍圣公跪下一叩头,司帛生举帛筐,衍圣公取帛置于香几,又一叩头立。引赞唱"献爵",执爵生面南跪,进爵,衍圣公站起接爵奠于祭案正中站上,又一叩头立。

引赞唱"诣宗圣曾子神位前",仪式与颜子相同。

殿外鸣赞唱"行分献礼",引赞分别引寝殿、东序、西序、崇圣祠、启圣祠、启圣寝殿、东庑、西庑各分献官俱升坛,至盥洗所浴手,至神位前献帛、献爵。

殿内引赞唱"诣述圣子思子神位前",仪式与颜子相同。

引赞唱"诣亚圣孟子神位前",仪式也与颜子相同。

引赞唱"诣读祝位",引衍圣公至孔子神位前,跪于祝案前。鸣赞唱"众官皆跪",陪祭各官俱跪。引赞唱"读祝",太祝生宣读祝文:"某年某月某日,某代孙袭封衍圣公敢昭告于始祖至圣先师孔子曰:'维祖德配天地,道贯古今,删述六经,垂宪万世。兹值仲春(夏、秋、冬),谨以香帛牲醴,粢盛庶品,祇奉旧章,敬陈明荐。以复圣、宗圣、述圣、亚圣配,尚飨!'"读毕,叩头起立,将祝板置于孔子神案上。引赞唱"一跪三叩头",衍圣公三叩头。鸣赞唱"一跪三叩头",陪祭官俱三叩头。引赞唱"复位",衍圣公出殿左门,望殿内一拱,从西陛降,到拜位前立。寝殿、东序、西序、东庑、西庑分献官俱候齐。麾生偃麾,柷敔乐止,舞生面北站立。

亚献　鸣赞唱"行亚献礼",伶官传唱"举亚献,乐奏秩平之章",麾生举麾,击柷奏乐,有舞。引赞唱"升坛",以下祭仪与初献相同,只是不读祝。

终献　鸣赞唱"行终献礼",伶官传唱,"举终献,乐奏叙平之章"。以下祭仪与亚献相同。

撤馔　鸣赞唱"行撤馔礼",伶官传唱"撤馔",麾生举麾,"乐奏懿平之章",击柷奏乐,无舞。各坛陈设生将登、铏、簠、簋、笾、豆、钫、俎、尊、彝加盖加罩,并略微移动。

饮福受胙　鸣赞唱"饮福受胙",引赞唱"升坛",引衍圣公由东陛入殿,诣福胙位,衍圣公跪于福案前。陪祭各官皆跪。引赞唱"饮福酒",太史生取神前献爵之酒合于一爵交太祝生,太祝生跪献于衍圣公,衍圣公饮福酒。引赞唱"受胙肉",宰人预先割下一块牛肉,太史生盛放在大盘内交给太祝生,太祝生跪献于衍圣公,衍圣公接受。引赞唱"叩头,平身",众官皆一叩头后立。引赞唱"复位",衍圣公由西陛回拜位。鸣赞唱"谢神,跪,叩头,再叩头,三叩头,平身",衍圣公以下俱一跪三叩头起立。

瘗馔　鸣赞唱"瘗馔",司馔官进殿,至孔子神案前一叩头立,高捧所供馔盘出殿,四配、十二哲陈设生也一叩头后将本坛馔盘高捧,尾随司馔官由月台中陛而下,其他各坛陈设生也高捧本坛馔盘尾随由寝殿西掖门出,埋馔于瘗所,然后回到拜位。鸣赞唱"辞神,三跪九叩头",

衍圣公以下俱三跪九叩头,麾生偃麾,柷敔乐止。

  送神 鸣赞唱"送神",伶官传唱,麾生举麾,唱"送神,乐奏德平之章",击柷作乐,无舞。执事生捧神主出殿门,幼孙抱持坐于舆上,四人抬舆,礼生、乐生引导,由月台中陛下,舞生分两班向神舆拱揖。工祝引太祝生、太史生先至拜位前立,工祝唱"神降",太祝生、太史生至神舆前致词,神舆略停。工祝唱"分班,前导舆行",衍圣公以下在神舆前导行,卑者在前,尊者在后。至大成门内分列道左,送神舆出门。工祝引太祝生、太史生回。工祝唱"神去",引赞唱"复位",衍圣公以下依次退回拜位。麾生偃麾,柷敔乐止。

  望燎 鸣赞唱"望燎"（秋冬曰"望瘗"）,伶官传唱,麾生举麾,唱"乐奏德平之章",击柷奏乐,无舞。鸣赞唱"焚祝帛",太祝生到祝案前一叩头,太史生将祝板交太祝生,太祝生起立,恭捧祝文出殿,司香帛者各到香几前一叩头,高捧香盒、帛篚随太祝生、太史生出殿,四配、十二哲司香帛者也叩头后高捧香盒、帛盒跟随出殿,由中陛下,两庑司香帛生也各捧本坛香帛随之出后左门（秋冬出后右门）到燎所。引赞引衍圣公,各分献官到燎所门外站立。引赞唱"望燎",正位祝一板、香一炷、帛一端及四配位香四炷、帛四端依次焚烧毕,引衍圣公回拜位。寝殿引赞引代献官,其他引赞引东序、西序、东庑（三坛）、西庑（三坛）分献官焚烧香帛后返回拜位。

  阖户 鸣赞唱"阖户",监祭官关闭大成殿正门。鸣赞唱"礼毕",衍圣公以下俱退,乐舞生卷班,鼓工鸣钟以为节奏,伶官执麾幡对引接舞,照班反转下退,舞列宫悬之内,朝上三叩头。各执事生至杏坛前会集,排列于东西阶,朝上三叩头后散去。①

二、释菜仪注

  释菜礼祭品简单,宋代时每位左一笾,实鹿脯,右一豆,实芹笋菁韭菹,

---

① 孔继汾:《阙里文献考》,第423—438页。

牺尊一，实泛齐。清代时，曲阜孔子庙每坛设二笾二豆，实以果蓝，设尊罍洗，如同释奠仪式。

曲阜孔子庙由衍圣公主献，是日天亮，衍圣公率领官员族人诣庙行礼。大成殿及家庙由衍圣公主献，行一献，三跪九叩头礼，崇圣祠、启圣祠、大成寝殿、启圣寝殿、两哲、两庑、崇圣祠从祀以分献、摄献行事，崇圣祠、启圣祠皆一献，行二跪六叩头礼。

国子监文庙由祭酒主献，国子监丞、博士、助教、学正、学录分献，府州县学文庙以教授、教谕、训导等学官行礼。新进士释褐释菜礼由第一甲第一名主献，第二名、第三名分献十二哲，第二甲第一名和第三甲第一名分献东西两庑。

元至元四年（1267）规定，地方行政长官朔望日要去文庙拜谒孔子，大德元年（1297）规定地方官到任首先拜谒孔子庙，然后依次拜谒其他神庙。

三、行香仪注

行香不设祭品，只上香行礼。曲阜孔子庙衍圣公率领官员族人诣大成殿、家庙，行三跪九叩头礼，崇圣祠、启圣祠行二跪六叩头礼，

国子监行香由司业正献，助教、学正分献两序和两庑，另一助教在崇圣祠上香。直省府州县学文庙由教授、教谕、训导等学官上香。

第四节　释奠乐舞

孔子庙释奠乐舞是包括诗歌、音乐和舞蹈的综合艺术。

一、祭祀歌章

曲阜孔子庙早期没有专门的祭祀乐章，也没有专门的歌章，一直遵用国家统一的释奠制度。金明昌六年（1195），国家才第一次颁布了专门为曲阜孔子庙撰定的乐章，清乾隆八年（1743）国家第二次为曲阜孔子庙制定了专门的歌章。

为孔子庙祭祀制作专门歌词始于梁大同七年(541)。此年皇太子释奠国学,"时乐府无孔子、颜子登歌之词,尚书参议令之伟制其文,伶人传习以为故事"①,杜之伟首先创作了国学祭祀孔子的歌词。

杜之伟创作的歌词史书无载,笔者认为《旧唐书·音乐志》收录的"太乐旧有此词,不详所起"的两首歌词就是杜之伟所创作的歌词。理由之一是:《隋书·音乐志下》说:"开皇九年平陈,获宋齐旧乐,诏于太常置清商署以管之。求陈太乐令蔡子元、于普明等复居其职"②,既然隋平陈,获得宋齐旧乐,而宋杜之伟的孔子庙乐章"伶人传习以为故事",开皇九年(589)平陈时应该随宋齐旧乐进入隋朝,由于隋朝有了专为孔子庙释奠制作的乐章,杜之伟的乐章才存而不用,所以到唐朝时才会"太乐旧有此词,不详所起"了。理由之二是:隋代以前,史书没有记载其他人创作祭祀孔子的乐歌。理由之三是:从歌词内容可以推知应为杜之伟所作。《旧唐书》其题目为《又,享孔子庙乐章二首》,"迎神"歌词为:"通吴表圣,问老探贞。三千弟子,五百贤人。亿龄规法,万载祠禋。洁诚以祭,奏乐迎神";"送神"为"礼溢牺象,羞陈俎豆。鲁壁类闻,泗州如觐。里校覃福,胄筵承祐。雅乐清音,送神其奏"③。"迎神"首句"通吴表圣"的故事是:吴国攻占越国会稽,得到一节有一辆车长的骨头,派人去问孔子什么骨头最大,孔子说大禹在会稽山召见群神,防风氏晚到,被大禹杀死,"其节专车,此为大矣",吴国使者赞扬说"善哉圣人"。能够反映孔子知识渊博的故事很多,而与吴越有关的很少,梁都建康,古属吴国,这就是作者偏偏将它挑选出来写入歌词的原因。历史记载南朝惟一创作祭祀孔子歌词只有杜之伟一人,此歌词应该是杜之伟所作。杜之伟撰写的歌词使孔子庙释奠形成了歌、舞、乐、礼四位一体,虽然除了歌以外都还不是专门为孔子庙所创作。

从隋朝开始,每一个王朝都制定了祭祀孔子的专门歌章。隋朝歌章只有一章,十句,每句四字。唐初沿用隋朝歌章,武德九年(626)始制定大唐雅乐,贞观间撰定歌章,祭祀孔子有迎神(送神同)、奠币、迎俎、文舞、武舞

---

① 《陈书·杜之伟》,《二十五史》第3册,第2163页四。
② 《隋书·音乐下》《二十五史》第5册,第3293页四。
③ 《旧唐书·音乐志》,《二十五史》第5册,第3620页一。

五首,改为每章八句。五代后汉改唐十二和为十二成,再改为十五和,以宣和祀孔子,后周改为十二顺,以礼顺祭祀孔子,但歌章均已失传。宋建隆元年(960)改十二顺为十二安,以永安祭祀孔子庙,景祐二年(1035)撰出祭祀孔子歌章,有迎神、升殿(降殿同)、奠币、酌献、饮福、送神六章,每章也为八句,哲宗时增加颜子酌献一章。大观三年(1109)重新制定孔子祭祀乐章,有迎神、升降、奠币、酌献(孔子、颜回、孟子各一章)、亚终献、送神八章。金朝初年继续使用北宋乐章,大定十四年(1174)始制定本朝乐歌,有迎神、盥洗、升殿、奠币初献、降阶、兖国公酌献、邹国公酌献、亚终献和送神九章。

金明昌六年(1195)专门为曲阜孔子庙制定了歌章:迎神奏来宁,歌章为"有功者祀,德厚流光。猗欤将圣,三纲五常。百代之师,久而愈芳。灵宫对越,神其鉴飨";盥洗奏静宁,歌章为"楚楚祀仪,昕征奠醊。爰清其持,斟元抆帨。匪持之清,精诚是况。神之来思,是钦嘉降";升降奏肃宁,歌章为"衣冠袭封,元王之宗。春秋陈祀,元王之宫。清洙或涠,东山或童,此封此祀,承承无穷";奠币奏溥宁,歌章为"仰惟圣猷,宏赐尊显。宿燎设悬,展诚致奠。旅币申申,于粲洗腆。崇报孔明,不坠敬典";酌献奏德宁,孔子歌章为"巍巍堂堂,道德孰俪?屈于一时,伸于万世。王号尊荣,公封相继。涓辰之良,严洁以祭";兖国公歌章为"好学潜心,箪瓢乐内。具体而微,我进人退。洙泗之乡,神之所在。其从圣师,庙食作配";邹国公歌章为"醇乎其醇,优入圣域。祖述尧舜,力排杨墨。思济斯民,果行其德。祀为上公,宜兹配食";亚献终献奏咸宁,歌章为"法施于人,修经式诲。如明开盲,如声破聩。栖迟率周,光华昭代。俨然南面,门人列配";送神奏归宁,歌章为"笾豆有嘉,威仪孔惠。三献备举,四方所视。神保是飨,永光阙里。神之聿归,贻谷孙子"。

元大德十一年(1307)始撰制释奠歌章,翰林撰拟了迎神、盥洗、升降、奠币、酌献(孔子、兖国公、郕国公、沂国公、邹国公五章)、亚终献和送神共十一章,但没有被采用,而是采用了北宋大晟乐府创制而未用的歌章,并增撰了郕国公和沂国公两章,有迎神(四章)、盥洗、升降、奠币、奉俎、酌献(孔子、兖国公、郕国公、沂国公、邹国公五章)、亚献、终献、分献十哲、从祀、彻豆、送神等十九章。

明初制定了中和韶乐,但释奠仍然采用元朝大成登歌旧乐,洪武六年(1373)颁布了释奠乐章,六章九奏,有迎神、奠币、初献、亚献(终献)、彻馔(饮福)、送神(望瘞)六章,歌章选用了元朝采用的北宋大晟乐府撰而未用的歌词,即分别采用了元代的迎神、奠币、酌献孔子、终献、彻豆和送神歌章。嘉靖九年厘正文庙祀典,改称孔子为至圣先师,与此相应,将歌章中的"王"一律改成"师"。

清顺治二年(1645)诏定释奠乐章,十三年颁布了释奠文庙乐章六首,康熙年间定名为中和韶乐,但曲阜孔子庙一直使用本处的乐章,即使康熙皇帝来曲阜祭祀孔子时也依然,"其彼处所用乐章虽与国学所用乐章稍有不同,亦皆尊崇师道之词,应用彼处乐章"①。乾隆八年(1743)国家颁布了阙里孔子庙的专用乐章,其歌章完全采用了正在使用的孔尚任所撰歌词。迎神为"大哉孔子,先觉先知。与天地参,万世之师。祥征麟绂,韵答金丝。日月既揭,乾坤清夷";初献奠帛为"予怀明德,玉振金声。生民未有,展也大成。俎豆千古,春秋上丁。清酒既载,其香始升";亚献为"式礼莫愆,升堂再献。响协鼗镛,诚孚罍甒。肃肃雍雍,誉髦斯彦。礼陶乐淑,相观而善";终献为"自古在昔,先民有作。皮弁祭菜,于论思乐。惟天牖民,惟圣时若。彝伦攸叙,至今木铎";彻馔为"先师有言,祭则受福。四海黉宫,畴敢不肃?礼成告彻,毋疏毋渎。乐所自生,中原有菽";送神望燎为"凫峄峨峨,洙泗洋洋。景行行止,流泽无疆。聿昭祀事,祀事孔明。化我蒸民,育我胶庠"。

1915年,北洋政府颁布了新制定的释奠乐章,歌词六章,分别为迎神、初献、亚献、终献、彻馔和送神,是完全新撰的歌词。

文献所载的所有孔子庙释奠歌章现在都完整地保存着,全部是四言诗,除隋朝为每章十句外,历朝每章都是八句。

二、祭祀音乐

曲阜孔子庙祭祀用乐始于汉元和二年(85),章帝到阙里孔子庙祭祀孔

---

① 徐振贵、孔祥林:《孔尚任新阙里志校注》,第183页。

子,作六代之乐。国学孔子庙用乐始于宋元嘉二十二年(445),皇太子释奠"乐用登歌",南齐永明三年(485)朝廷议定国学释奠设轩县之乐。

隋朝释奠音乐规定:"登歌法十有四人,钟东磬西,工各一人,琴、瑟、筝、筑各一人,并歌者三人,执节七人,并坐阶上。笙、竽、箫、笛、埙、篪各一人,并立阶下。悉进贤冠,绛公服"。释奠乐章为"先圣先师奏诚夏",歌辞为"经国立训,学重教先。三坟肇册,五典留篇。开凿理著,陶铸功宣。东胶西序,春诵夏弦。芳尘载仰,祀典无骞"①。

从隋朝开始,每个王朝都为文庙制定专门的音乐。隋代乐曲名诚夏,取《尚书》"至诚感神"之意,有乐有歌,歌词虽然只有一章,但加上国家规定国子寺四仲月上丁释奠、州郡学校春秋二仲释奠,已经使孔子庙释奠有了独自的乐、歌、礼。唐代乐曲以"和"为名,取自《礼记》的"大乐与天地同和"。孔子庙释奠为"宣和之乐",皇太子释奠之曲迎神用承和之乐(《旧唐书》作又名宣和,《大唐开元礼》作永和,以姑洗之均),行走用承(永)和之乐,登歌献币用肃和之乐(以南吕之均),迎俎、酌献用雍和之乐,文舞出、武舞入用舒和之乐,武舞用凯安,词同冬至圜丘,送神也用承(永)和之乐,词同迎神,五章六奏,加上武舞的凯安,实际上是六章七奏。

宋景祐元年(1034)诏释奠用登歌,乐曲以"安"为名,取自《诗经·大雅·序》的"治世之音安以乐"。迎神、送神用凝安之曲,初献、升降用同安之曲,奠币用明安之曲,酌献用成安之曲,饮福用绥安之曲,原为六章,哲宗时增加配位初献用成安之曲至七章。大观三年(1109)制定了新的释奠乐章《凝安九成之乐》。政和元年(1111)又制定了新的释奠礼仪:皇太子释奠迎神奏崇安之乐,天纵将圣之舞;升降奏翼安之乐;奠币奏成安之乐;酌献奏恭安之乐;兖国公酌献奏宪安之乐;亚献前文舞退,武舞入,奏宣安之乐;亚献奏肃安之乐,无思不服之舞;饮福奏介安之乐;送神奏崇安之乐;八乐九奏,文武舞并用,文舞名《天纵将圣之舞》,在迎神至初献阶段表演,武舞名《无思不服之舞》,在亚献至送神阶段表演,至此为孔子庙专门制作的礼、乐、舞、歌四位一体的释奠仪式全部完成了。

---

① 《隋书·音乐下》,《二十五史》第 5 册,第 3296 页一至二。

金朝初期仍使用北宋释奠乐章,大定十四年(1174)才制定了金朝的释奠乐章,乐曲以"宁"为名,取自《周易》的"万国咸宁"。迎神奏来宁之曲,姑洗宫;初献、盥洗奏静宁之曲,姑洗宫;升殿奏肃宁之曲,南吕宫;奠币奏和宁之曲,姑洗宫;降阶奏安宁之曲,姑洗宫;兖国公酌献奏辑宁之曲,姑洗宫;邹国公酌献奏泰宁之曲,姑洗宫;亚献、终献奏咸宁之曲,姑洗宫;送神也奏来宁之曲;九章九奏。

明昌六年(1195),朝廷专门为曲阜孔子庙制定了释奠歌章:迎神奏来宁之曲,盥洗奏净宁之曲,升陛奏肃宁之曲,奠币奏溥宁之曲,酌献、亚献、终献、兖国公酌献、邹国公酌献都是奏德宁之曲,送神奏归仁之曲,九章九奏,除升陛为南吕宫外均为姑洗宫。

元朝初年,取"箫韶九成"之义定乐名为大成,但并未制定乐章,继续使用金朝之乐。大德十一年(1307)颁布了祭祀孔子的《宣圣乐章》:迎神奏凝安之曲,黄钟宫三成,大吕角二成,太簇徵二成,应钟羽二成;初献盥洗奏同安之曲,姑洗宫;初献升殿奏同安之曲,南吕宫;奠币奏明安之曲,南吕宫;捧俎奏丰安之曲,姑洗宫;孔子酌献奏成安之曲,南吕宫;四配酌献各奏成安之曲,南吕宫;亚献奏文安之曲,姑洗宫;饮福受胙奏同安之曲(与盥洗同),姑洗宫;彻豆奏娱安之曲,南吕宫;送神奏凝安之曲,黄钟宫;望瘗奏同安之曲(与盥洗同),姑洗宫。《元史·礼乐志》记载共十六章,除郕国公曾子和沂国公子思酌献歌词为新创外,其他十四章几乎是完全照搬北宋大晟乐府拟撰未用乐章,但是没有终献,这是不可能的,宋大晟乐府释奠乐章为亚献、终献为一曲一词,元代也应该是这样。元代大成乐是内容最多、宫调最为复杂的释奠音乐,仅初献就演奏九成,使用了黄钟宫、大吕角、太簇徵、应钟羽四种宫调,而全部乐章交替使用了七种宫调。孔尚任《阙里志·乐舞志》将亚献曲作终献,另有亚献文安、大吕宫一章,此外还有分献十哲成安、南吕宫和分献从祀成安、太簇立宫两章,但这三章都不是国家礼制规定的,该书《礼仪志》"仪注"收有元代释奠仪注,标明为张须考定,从仪注看,当终献开始时分献十哲和从祀,奏分献成安之乐。张须是至元三十年(1293)来曲阜任孔颜孟三氏学教授的,元贞二年(1296)秩满去职,那时元朝尚未制定释奠乐章,所以曲阜孔子庙制定了自己的乐章,有人将孔尚任

《阙里志》所载的元代曲阜孔子庙释奠乐章当成元代国家释奠乐章是错误的。

明洪武元年(1368)定制春秋二仲上丁释奠孔子,乐六奏,次年命春秋释奠只行于曲阜和国子监,不必天下通行,遭到刑部尚书钱唐和侍郎徐程的反对,但朱元璋并没有接受,直到洪武十五年才命天下儒学通祀孔子。明代文庙释奠乐章是洪武六年制定的,乐曲以"和"为名,迎神奏咸和之曲,奠帛奏宁和之曲,初献奏安和之曲,亚献、终献奏景和之曲,彻馔、送神均奏咸和之曲。六章九奏,歌章选自宋代大晟乐府撰写而未用的乐章,只是改变了几个字。洪武二十六年"颁大成乐于天下郡县之学,于是始皆用乐",令各级学校文庙释奠一律都用乐舞,将文庙释奠乐舞推向了全国。

清顺治二年(1645),诏定释奠乐章,六奏,用"平"字,以颂美本朝"削平寇乱以有天下"。十三年钦颁释奠文庙乐章六首,迎神奏咸平之曲,奠帛、初献奏宁平之曲,亚献奏安平之曲,终献奏景平之曲,彻馔奏成平之曲、送神奏咸平之曲。康熙年间定名为中和韶乐。乾隆八年(1743),颁给专为曲阜孔子庙制定的乐章,迎神奏昭平,奠帛、初献奏宣平,亚献奏秩平,终献奏叙平,彻馔奏懿平,送神、望燎奏德平,歌辞选自孔尚任创制的《大成乐章》,只字未改,六章六奏,春祭以夹钟为宫,秋祭以南吕为宫。清代虽然仍为六章六奏,但迎神、初献、亚献、终献、彻馔、送神各为一章,比明代亚献、终献为一章要合理得多。

民国初立,于1915年颁布了新的文庙释奠乐章。新乐章以和为名,迎神奏始和,初献奏雍和,亚献奏熙和,终献奏渊和,彻馔奏昌和,送神奏德和,六章六奏。祭祀规格为大祀,"其礼节、服制、祭品,当与祭天一律"。

宋代以前的孔子庙释奠乐谱今已不存,宋、元、明、清和民国的现在都还保存着,学者们并将它们译成了五线谱。

三、祭祀乐器

祭祀孔子沿用古代乐制使用金石丝竹、匏革土木八音乐器。其音乐等级,南齐永明三年确定设轩县之乐,三面悬挂乐器,"诸侯轩县",属于诸侯的礼制。隋代"释奠则唯用登歌,而不设悬"。唐开元二十七年(739)追封孔子为文宣王,"王宫县",大历元年(766)国子监文庙开始设置宫县,将乐器由轩县三面改为宫县四面,采用天子等级。宋以后,文庙释奠又改为轩县。南宋绍兴十年(1140)孔子祭祀升为大祀,用凝安九成之乐,但郡邑行事乐只三成。明成化十三年(1677)孔子庙再次升为大祀,恢复了宫悬乐,嘉靖九年(1530)厘正文庙祀典,再次降为中祀,恢复轩县乐。清光绪三十二年(1906),孔子庙又一次升为大祀,宣统元年(1909)颁布了大祀武舞谱,民国三年(1914),大总统颁布祭圣告令,孔子庙采用与祭祀天地相同的大祀,但几次以后就停止了。

宋代以前,阙里孔子庙有否乐器和祭祀是否使用乐器由于文献不足已经难以确认,从文献记载看,宋政和六年颁给一副正声大乐器很可能就是阙里孔子庙第一次具有太常乐器。

其乐器为:堂上东南编钟一虡,西编磬一虡,俱北向;柷一在编钟北稍西,敔一在编磬北稍东,搏拊二在柷敔北,相向;编钟、编磬之南各设一弦、三弦、五弦、七弦、九弦琴各一,瑟一,编钟之南者以西为上,在编磬之南者以东为上。堂下午阶之东设篴、篪、埙各一为一列,西上;和笙、巢笙、箫各一为一列,分别在篴、篪、埙之南,也是西上;午阶之西也设置相同的乐器,但均以东为上。钟、磬、柷、敔、搏拊、琴、瑟乐工坐于堂上,埙、篪、篴、箫乐工立于午阶东西,歌工四人在柷敔东西,俱相向,执麾、挟仗色、掌事一人在乐虡之西,东向。

金明昌五年(1194),将太常所余钟磬、笙竽等修理后颁给阙里孔子庙,其全副登歌乐有:登歌钟磬各一虡,歌工四人,箫、埙、篪、笛、巢笙、和笙、箫各二,七星匏、九曜匏、闰匏各一,搏拊二,柷敔各一,麾一,一弦、三弦、五弦、七弦、九弦琴各二,瑟四。此乐器与宋代相比,增加了箫(排箫)、七星匏、九曜匏和闰匏,以笛替换了篴,增加了排箫(箫)。

金朝末年,孔子庙乐器遭到破坏,至大三年(1310),左三部照磨孔思逮上言中书省,请准移文江浙行省制造了新乐器。元朝基本沿用金朝乐器,只是将巢笙、和笙各增至四个。阙里孔子庙音乐编制较大都国子监文庙为少,减少了七星匏、九曜匏、闰余匏三种匏类乐器和歌工四人、执事者一人。

明洪武七年(1374),孔希学奏准,颁给孔子庙全副乐器:钟磬各一虡,琴十、瑟四、凤箫、洞箫、埙、篪、笙、笛各四,搏拊二、柷敔麾各一。明代最大的变化一是以笙取代了巢笙与和笙,二是琴取消了一弦、三弦、五弦、七弦、九弦的差别,一律使用七弦,并增加一张,使丝弦乐器在与吹管、敲击等乐器合奏中音量和音色更和谐。整个乐队编制连同歌工共六十二人。洪武二十六年,颁布文庙大成乐,并将乐器颁给府学,令州县学校文庙仿制,从此各级学校文庙祭祀开始一体使用音乐。

清康熙五十八年(1719),颁给阙里孔子庙中和韶乐乐器一副,计有:柷敔各一,编钟一虡十六只,编磬一虡十六枚,琴六、瑟四、笙、箫、笛各六,埙二、篪四、排箫二。较明代减少了四张琴、二只排箫、二个埙,增加了二箫、二笛和二笙。

《尚书·益稷》记载夔说"戛击鸣球,搏拊琴瑟以咏,祖考来格。虞宾在位,群后德让。下管鼗鼓,合止柷敔,笙镛以间,鸟兽跄跄。箫韶九成,凤凰来仪",古人认为"戛击鸣球,搏拊琴瑟以咏为堂上之乐,合止柷敔,笙镛以间为堂下之乐,箫韶九成为乐之始终节奏"①,而"古者堂上之乐贵人声,不欲以他乐乱,而琴瑟乃君子所常御,故以丝音为主。堂下至乐贵人气,故以匏竹为主。而声之以金,振之以玉,节之以木"②,所以清乾隆以前,阙里孔子庙乐器一直采用古制按照堂上、堂下陈设。乾隆十二年(1747),始改为清朝制度,将乐器陈设在堂上舞佾之外。其陈设为:编钟在东,编磬在西,埙一、篪二、排箫一为一列,在编钟之北,西上;笛三,一在埙北,一在篪北,一在排箫北;洞箫三,在笛北;瑟二,在洞箫北;琴三,在瑟北;编磬之北也如此陈设,但以东为上。楹鼓一,在编钟之东,北向;歌东三人,在琴东北,西三人,在琴西北;笙六,在歌工后;搏拊二,在歌工北;东柷一、西敔一,在搏拊北;麾二,在柷敔北,皆东西相向。阙里孔子庙原有的足鼓、鼗鼓、相鼓,制作年代不详,也不知用于何处。乾隆十三年春,皇帝将来曲阜祭祀孔子,和硕庄亲王兼管乐部,提前来曲阜检查乐器,奏准使用,足鼓与楹鼓同节,位置相对,北向,鼗鼓和相鼓与搏拊同节,设于搏拊之下,东西相向。皇帝

---

① 《钦定四库全书总目》卷三十九《古乐义》。
② 《文庙丁祭谱》。

到曲阜后,又根据皇帝要求恢复了巢笙与和笙,大约到道光时停止了巢笙与和笙的使用。乾隆二十六年(1761)铸成十二律镈钟和十二律特磬,三十年将其中的第四夹钟镈钟、特磬和第十南吕镈钟、特磬颁给阙里孔子庙,分别供二月和八月的祭祀使用。

除庙堂祭祀乐器外,孔子庙还有引导乐,计有笙、笛、洞箫、头管、提鼓、拍板各二,祭祀前衍圣公入庙省牲视膳时跟随演奏,祭祀时陈列于大成门外。

四、祭祀舞蹈

国学释奠用舞始于东汉,"建武五年,乃修起太学,稽式古典,笾豆干戚之容备之于列,服方领、习矩步者委它乎其中"①,舞具为干(盾牌)戚(斧),舞蹈当然是武舞。北魏天兴四年(401)命乐师入学习舞,释菜于先圣先师,齐永明三年(485),朝廷议定国学宣尼庙释奠用"六佾之舞",从此文庙释奠除个别时间外基本上都是六佾舞,只在宋绍兴、明成化、清光绪年间三次升为大祀时改为八佾舞。

唐代皇太子释奠时文武舞并用,先文后武,文舞在迎神至初献饮福阶段表演,武舞在亚献至送神阶段表演。宋代专门为孔子庙释奠创作了舞蹈,文舞名《天纵将圣之舞》,在迎神至初献阶段表演,武舞名《无思不服之舞》,在亚献至送神阶段表演。明代改为只用文舞,洪武十五年(1382)恢复各级文庙的祭祀,二十六年颁布大成乐,各级学校文庙祭祀也开始使用舞蹈。

成化十三年(1477)孔子升为大祀,国学舞蹈改为八佾,郡县仍为六佾,嘉靖九年(1530)厘正文庙祀典,国学也改为六佾。清代国学和各级学校文庙一律用六佾舞,光绪三十二年祭祀孔子升为大祀,恢复了文武舞并用,宣统元年(1909)为完善礼制,颁发了祭祀武舞谱。1914年,民国政府规定释奠孔子仍为大祀,"礼节、服制、祭品当与祭天一律",也是文武舞并用,但是这两次大祀执行的时间都很短,没有真正举行过几次。

---

① 《后汉书·儒林》,《二十五史》第2册,第1024页四。

阙里孔子庙祭祀开始使用舞蹈时间史无记载,孔继汾《阙里文献考》说"乐舞生冠服:宋释奠文宣王登歌乐,执麾、挟仗色、掌事平巾帻,乐工黑介帻,并绯绣鸾袍,白绢抹带。元宣圣庙乐工黑漆冠,绿罗生色胸背花袍,皂靴。明文庙乐生服绯袍,展角幞头,革带,皂靴,文舞生冠服同",并无明以前舞生服饰,但下面接说"乐舞生,宋金皆孔氏子弟肄习供祀,元世祖中统三年正月修宣圣庙成,闰九月东平路总管严忠范请补庙学乐工,始用他姓"①,似乎宋金时期阙里孔子庙也有舞生,金元时期国家文庙祭祀都是有乐无舞,而张须所定的孔子庙释奠仪注也没有使用舞蹈的记载。

阙里孔子庙祭祀使用舞蹈其实是从明代才开始的。明洪武二年(1369),明令只许曲阜孔子庙祭祀孔子,其他文庙一律停止,六年,颁布孔子庙祭祀乐章,次年曲阜孔子庙祭祀开始使用舞蹈,礼部勘合规定"宣圣庙四时祭祀,合用乐舞生于府州县儒学生员内遴选或于民间俊秀子弟内选用","取到济宁曲阜等州县乐舞生张涛等一百二十余名。内将二十名起送太常寺协律郎处习演乐舞。蒙钦赐宝钞还回,常川在庙应充前役。俱准照廪膳生员事例,除本身优免外,供给人二丁"②。从此记载也可以证明,此前曲阜孔子庙应该没有舞蹈,否则不可能要选派二十人到南京去专门学习祭祀舞蹈。

洪武十四年(1381),朝廷赐给曲阜孔子庙"乐舞生绯红葵花袍、皂靴、黑角冠、黑介帻、锦臂鞲各一百一十,羽籥各四十八,旌节二,应鼓一,仍令舞生陈庆等十二人赴京师肄习"。羽籥为文舞舞者手持的舞具,羽籥各四十八说明曲阜孔子庙使用舞蹈为大六佾,即纵六行,每行八人。明代舞制不同于古制,八佾舞为纵八行,每行九人,六佾为纵六行,行八人。弘治九年(1496),经太常卿奏言,曲阜孔子庙祭祀舞蹈也改为大八佾,纵八行,每行九人。

清代时,朝廷规定,不论国学还是地方学校孔子庙一律使用六佾舞,并恢复了纵六行、行六人的古制。

---

① 孔继汾:《阙里文献考》,第588页。
② 《阙里志》,第575页。

明初时,文舞在匏竹类乐器之上,成化十二年(1476),国子监祭酒周洪谟上书说:"古者鸣球琴瑟,堂上之乐,笙镛柷敔,堂下之乐,而干羽舞两阶。今羽舞居上而乐器居下,非古制也,宜令典乐改正"①,经礼官讨论后,将舞蹈改在了两阶。清代时,舞蹈仍在露台正中,匏竹类乐器位于东西两侧。

祭祀舞蹈贯穿于祭祀的全过程,但是并不是每个祭祀程序都有舞蹈。唐宋时文舞三成,从迎神开始,武舞三成,从亚献开始。金元有乐无舞,明代文舞,奠帛、初献、亚终献有舞,清代改为奠帛初献、亚献、终献有舞,民国改为初献用武舞,亚献、终献用文舞。现在明以前的舞谱已经失传,只保存着明、清、民国三个时期的舞谱。

第五节 祭器祭品

汉高祖刘邦经过鲁国,以太牢(牛、羊、猪三牲)祭祀孔子,这只是俎中祭品,除此之外还应有其他祭品,史书无载,难以考证。东汉永平二年(59)命学校皆祀周公、孔子,牲以犬,元嘉三年(153)朝廷批准曲阜孔子庙"春秋享礼,出王家钱,给犬酒直",说明在汉代地方学校和曲阜孔子庙以犬作为主要祭品,但是京师祭祀仍然是用太牢,"辟雍礼未行,祠先圣先师,侍祠者孔子子孙……河南尹给牛羊豕鸡□□各一,大司农给米祠"②,祭品还有鸡、米等。汉以后祭品史书无载,只能从文献中去推测,齐永明三年(485)朝廷讨论释奠礼乐时说"金石俎豆,皆无明文",最后议定"牲牢器用,悉依上公",永泰元年(498)诏书说"祀典陵替,俎豆寂寥,牲牢莫举",梁敬帝太平二年(557)诏书说"敬神之寝,簠簋寂寥",北魏延兴二年(472)诏书要求曲阜孔子庙"公家有事,自如常礼,牺牲粢盛,务尽丰洁",看来祭品有牺牲粢盛,礼器有簠簋笾豆,与唐代祭品礼器相似。

《大唐开元礼》规定国子孔子庙释奠为中祀,设轩县乐,牲用太牢,州县

---

① 《阙里志》,第558页。
② (汉)《礼器碑》。

释奠为小祀,用少牢。"春秋释奠于孔宣父,九十五坐。先圣、先师各笾十、豆十、簋二、簠二、登三、铏三、俎三;若从祀诸坐各笾二、豆二、簋一、簠一、俎一","州县祭社稷、先圣、释奠于先师,每坐各笾八、豆八、簋二、簠二、俎三"。具体规定十笾祭品为"石盐、干鱼、干枣、栗黄、榛子人、菱人、芡人、鹿脯、白饼、黑饼",十豆祭品为"韭菹、醓醢、菁菹、鹿醢、芹菹、兔醢、笋菹、鱼醢、脾析菹、豚胉","用簋簠各二者,簋实以黍、稷饭,簠实以稻、粱饭。登实以太羹,铏实以肉羹"。从祀诸坐"用笾豆各二者,笾实以栗黄、牛脯,豆实以葵菹、鹿醢","用簋簠各一者,簋实以稷饭,簠实以黍饭"。州县八笾豆分别减去白饼、黑饼和脾析菹、豚胉。对于牲牢也做了详细规定,"凡肉皆实俎,其牲皆升右胖体十一:前节三,肩、臂、臑;后节二,肫、胳;正脊一,脡脊一,横脊一,长胁一,短胁一,皆二骨,并以脊从前为正,胁傍中为正。凡供别祭用太牢者,皆犊一、羊一、猪一,酒二斗,脯一段,醢四合。若共少牢,去犊,减酒一斗"。祭品可以更换,"凡祀神之物有当时所无者,则以时物代之"。历代虽有变动,但是不论礼器数量和祭品名称都变化不大,只是孔子升为大祀时增加为十二笾豆,金代将三俎改为两俎,元代增加三登三铏,明清改为一登二铏。

配祀祭品从唐宋金元一直到明代,配享笾豆数量与孔子相同,不同的是俎和登,明清时孔子太牢,四配少牢,比孔子少登和其中的太羹。

两序哲位在唐代视同从祀,笾豆各二,簋簠俎各一,宋代依然。元代改为笾豆爵各一,元代改为笾豆各二,簋簠俎各一,明清时改为笾豆各四,簋簠俎铏各一,东序、西序各设一俎,俎中左羊右豕。

从祀先贤先儒,唐宋元时均为笾豆各二,簋簠俎各一,金代改为"七十二贤、二十一先儒每位各笾一豆一爵一",明代从祀先贤先儒改为每四位一坛,每坛四笾四豆一簠一簋四盘猪肉,清代改为每间一坛。

启圣祠祭品在明代时仿照大成殿,启圣公比孔子少太羹(容器为登)和牛,配享比十哲多一个猪头,从祀比配享少一盘猪肉。清代时正位与大成殿四配相同,配享、从祀与大成殿哲位相同。

清代时,各坛礼器及部分祭品为:

孔子神位前:献爵三,帛筐一,香盒一,毛血盘一,馔盘一,登一,铏二,簠二,簋二,笾十,豆十,牛一、羊一、猪一,共俎,太尊一,牺尊一,象尊一,山尊一,雷尊一,著尊一,彝三,罞一,茅沙池一,香鼎一,烛台四,花瓶四,香盘一,香盒一,福爵一,胙盘一,罍一,洗一,燔炉一。

四配位：各献爵三,帛篚一,香盒一,毛血盘一,馔盘一,铏二,簠簋各二,笾豆各八,羊一、猪一,两俎,香鼎一,烛台二。

十二哲位：各供爵一,铏一,簠簋各一,笾豆各四,东西各共用献爵三,帛篚一,香盒一,毛血盘一,馔盘一,羊一、猪一,两俎,壶尊一,香鼎一,烛台二,罍一,洗一。

两庑每间一坛,共五十六坛。每坛各供爵一,簠簋各一,笾豆各四,香鼎一,烛台二；分献六处,每处各献爵三,帛篚一,香盒一,毛血盘一,馔盘一,羊一、猪一,两俎,壶尊一,香鼎一,罍一,洗一。

大成寝殿位：献爵三,帛篚一,香盒一,毛血盘一,馔盘一,铏二,簠簋各二,笾豆各八,羊一、猪一,两俎,壶尊一,香鼎一,烛台一,罍一,洗一。

崇圣祠五王位：各献爵三,帛篚一,香盒一,毛血盘一,馔盘一,铏二,簠簋各二,笾豆各八,羊,猪一,两俎,香鼎一,烛台二；共用壶尊一,彝一,罞一,茅沙池一,福爵一,胙盘一,罍一,洗一,燔炉一。

崇圣祠配位：每位各献爵三,帛篚一,香盒一,铏一,簠簋各一,笾豆各四,香鼎一；东西各共用毛血盘一,馔盘一,羊一、猪一,两俎,烛台二。

崇圣祠从祀位：东西各一坛,各献爵三,帛篚一,香盒一,毛血盘一,馔盘一,簠簋各一,笾豆各四,羊三体,猪三体,两俎,壶尊一,香鼎一,烛台二,罍洗一。

启圣祠正位：献爵三,帛篚一,香盒一,毛血盘一,馔盘一,铏二,簠簋各二,笾豆各八,羊一、猪一,两俎,壶尊一,香鼎一,烛台二,彝一,罞一,茅沙池一,福爵一,胙盘一,罍一,洗一,燔炉一。

启圣寝殿位：献爵三,帛篚一,香盒一,毛血盘一,馔盘一,铏二,簠簋各二,笾豆各八,羊一、猪一,两俎,壶尊一,香鼎一,烛台二,罍一,洗一。

家庙始祖考妣位：供爵二,献爵三,帛篚一,香盒一,毛血盘一,馔盘一,登一,铏二,簠簋各二,笾豆各十,羊一、猪一,两俎,香鼎一,烛台二。

二世祖、三世祖考妣位：各供爵二,献爵三,帛篚一,香盒一,毛血盘一,馔盘一,铏二,铏二,簠簋各二,笾豆各八,羊一,猪一,两俎,香鼎一,烛台二。

中兴祖考妣位:供爵三,献爵三,帛篚一,香盒一,毛血盘一,馔盘一,铏一,簠簋各一,笾豆各四,羊一,猪一,两俎,香鼎一,烛台二。

家庙四坛共用:壶尊一,福爵一,胙盘一,罍一,洗,一。

后土祠:献爵三,帛篚一,香盒一,毛血盘一,馔盘一,簠簋各一,笾豆各四,猪头一,壶尊一,香鼎一,烛台二,罍一,洗一。

共用供爵七十七,献爵九十六,帛篚三十二,登二,铏四十九,簠簋各二百零八,笾豆各四百三十六,馔盘三十,毛血盘三十,俎五十七,香鼎八十八,香盒三十三,香盘一,花瓶四,烛台一百六十二,太尊一,牺尊一,象尊一,山尊一,雷尊一,著尊三,壶尊十六,彝三,罋三,茅沙池三,燔炉三,福爵四,胙盘四,罍十七,洗十七,巾十七,祭案七十八,祝案四,福胙案四。

簠分盛黍、稷,簋分盛稻粱,簠簋各一用稷、粱;十笾分盛芡、鹿脯、白饼、黑饼、枣、栗、榛、菱、形盐和枲鱼,八笾减黑、白饼,四笾为栗、鹿脯、形盐和枣;十豆分盛笋菹、鱼醢、脾析、豚拍、菁菹、鹿醢、芹菹、兔醢、韭菹和醓醢,八豆减脾析和豚拍,四豆为芹菹、兔醢、菁菹和鹿醢。

洪武二年(1369),明太祖令只在曲阜孔子庙祭祀孔子,各地文庙不再进行祭祀,刑部侍郎徐程上疏说:"古今祀典,独社稷、三皇与孔子通祀天下。民非社稷、三皇则无以生,非孔子之道则无以立。……孔子以道设教天下,祀之非祀其人,祀其教也,祀其道也。今使天下人读其书,由其教,行其道,而不得举其祀,非所以维人心、扶世教也。"刑部尚书钱唐也上疏说:"孔子垂教万世,天下共尊其教,故天下得通祀孔子,报本之礼不可废。"[1]祭祀孔子的目的就是推崇孔子思想,报答孔子的功绩,进行社会教化。

---

[1] 孔继汾:《阙里文献考》,第286—287页。

第五章 恪尽职守护圣迹

历代王朝赐予孔子长孙世袭罔替的爵位,一是让其代表国家祭祀孔子,二是守护孔子遗迹。

第一节　奉诏护卫林庙

护卫孔子林庙,包括及时维护林庙建筑,保管礼乐祭器,保护林庙树木,保持林庙整洁。对此皇帝非常关心,嘉庆二十四年(1819),皇帝就告诫衍圣公孔庆镕"林庙树木,吩咐该管官巡查,不可教人盗伐一枝一叶,你好生保护"①。出现问题,皇帝都会严肃处理。乾隆年间,孔子庙丢失了皇帝御赐的夹钟,由于皇帝对衍圣公从宽免议,七十一代衍圣公孔昭焕才免遭处分。七十五代衍圣公孔祥珂就没有那么幸运了,同治二年(1863)七月,因为捻军破坏了尼山孔子庙,衍圣公孔祥珂与山东巡抚阎敬铭都受到了处分。

因为守护出现问题遭到严厉处罚的是七十四代衍圣公孔繁灏。道光二十七年(1847),孔繁灏母丧,发银委派百户刘永振采办外椁,刘永振伙同伴官杨峻山趁机砍伐孔林树株二十六棵。林庙举事孔宪臻报告后,衍圣公将刘永振和杨峻山革职,次年举人孔昭墉等控告到都察院,经山东巡抚审理后报告朝廷,皇帝亲自批示:"已革百户刘永振胆敢沟通伴官将圣林树株

---

① 孔府档案 6312 卷。

盗伐渔利,实属不法。刘永振发往新疆充当苦差,遇赦不赦",令"地方官随时禁止戕伐,以肃观瞻,而昭慎重","衍圣公孔繁灏虽查无祖庇情事,亦未究出别情,惟事关盗伐圣林树株,岂可以寻常疏忽为词,着交部严加议处"。经部议后,给予孔繁灏革职留任的处分。其他涉事人员,"伴官杨峻山听从同盗,杖一百,流二千里",查出看守林户荀仲兰等九人收钱纵放游人入林参观,均杖一百,枷号一个月①。

历朝历代对孔子遗迹的保护一直是非常重视的。乾隆四十八年(1783)、嘉庆四年(1799)朝廷都曾令曲阜县查报孔子林庙碑刻目录,乾隆五十年令造具孔林树木清册,孔林有柏树、楷树、橡树、槐树、杨树共三千一百六十二株。林庙树木发生损毁,衍圣公都要及时报告,道光四年(1824)五月初八日,大风吹折孔林树株二百七十余株,衍圣公当即报请山东巡抚报告了朝廷。刘永振盗伐树木后,朝廷令衍圣公清查孔林树木报曲阜县存册备查,共有大小各类树木一万七千二百八十五株。此后对树木的管理更加严格,光绪二十六年(1900)五月初八日,狂风吹折孔子庙大成门前一棵柏树,正好挡住甬路,衍圣公不得不将其砍伐,同时也将斋所所吹折的两棵榆树一并伐掉,当即知会曲阜县备案,将砍伐的树木制作了祭桌十七张、插灯十副。光绪三十四年(1908),衍圣公与族长孔传溶发生纠纷,孔传溶赴京控告孔令贻时仍将此作为罪状之一。

衍圣公不仅要保护树木礼器,还要保养建筑。孔子庙、孔林大修一般要请求国家拨款,日常保养就需要衍圣公出资。雍正二年(1724),两广总督孔毓珣以《敬陈阙里事宜》上疏朝廷,建议对衍圣公政策进行改革,其中一条建议是"恩赐祭田之宜量给族人",礼部等衙门认为此建议不妥,祭田"所收籽粒以供本庙祭祀正项外,四氏学教官俸禄、属官俸禄、各项工食等项皆于此内取给,余剩为衍圣公日用","今若将祭田拨出分赡族人,交地方官经管,则孔庙祭田一旦变而为义田矣,甚非设置祭田本意。再或遇年岁歉收,则衍圣公一切祭祀、修葺、官俸、役食不敷所用"②,孔子庙祭田收入

---

① 孔府档案4959卷。
② 孔府档案4993卷。

要负担修葺林庙等孔子遗迹。

衍圣公家族也非常清楚自己守护林庙的职责,光绪二十年(1894),西太后诞辰时,衍圣公奉母携妻进京祝寿,西太后接见孔令贻夫人彭氏问:"你们有俸无有。"彭氏回答说:"孔令贻无差事,是以无俸,就在原籍职守林庙。"①

为使衍圣公守护好孔子遗迹,国家为孔子长孙设置了专门的护卫机构和官员,拨给看管的专门人员。

守卫设官始于东汉。东汉时,由于长孙褒成侯还要负责京师太学的祭祀,长住京师,只能四时返回故里祭祀,"褒成侯四时来祠,事已即去",致使阙里孔子庙"庙有礼器无常人掌管"。元嘉三年(153),鲁国相国乙瑛因此上奏朝廷请设一员百石卒吏典主守庙,经皇帝同意,令选择"年四十以上,经通一艺,杂试通利,能奉弘先圣之礼,为宗所归者"充任。鲁国国相将时在鲁国任职的文书守文学掾孔和、师孔宪和户曹史孔览等孔子裔孙进行杂试,最后选择"修春秋严氏经、通高第,事亲至孝,能奉先圣之礼,为宗所归"②的孔和担任。为守护孔子墓和孔子母亲的遗迹,建宁元年(168),鲁国国相史晨还为孔子墓和颜母井舍设置了专门的看守人员,"假夫子冢、颜母井舍及鲁公冢守吏四人,月与佐除"③,由政府给予俸禄。魏黄初二年(221),仿照东汉仍然设置了百石卒吏,但由国家任命此后就中断了,改为孔子长孙自行委派,直到清康熙二十三年(1684)经孔尚任当面奏请皇帝准许,重新由国家任命,定名为守卫林庙百户,设置了百户衙门。衍圣公府与吏部和兵部商定了百户的职掌仪注,"百户职掌仪注开后:庙户中选健丁八十名,分为两班,本百户率领守卫林庙及本府公出随从拥卫,用绿旗","百户服色照典制,四品顶戴,补服,系刀","百户仪仗,伞、锣、兽刀、棍、锁、蓝旗,俱用军牢","百户谒见上官及本府,手本以写钦设至圣林庙守卫百户某人","百户封条悬牌,应写钦设至圣林庙守卫司",百户由衍圣公推荐到吏

---

① 孔府档案 5476 卷。
② (汉)《乙瑛碑》。
③ (汉)《史晨碑》。

部,吏部审查后送兵部注册。① 乾隆七年(1742),因为庙丁张文柱自杀,事涉守卫百户陈曰训,山东按察司批给曲阜县查明其职掌,衍圣公府发文曲阜县称"钦奉特旨,设立林庙守卫百户一员,管辖林庙、书院、户丁,约束巡防,护卫林庙,征收丁银,并办一切祀典,授四品职衔,食守备俸"②,扩大了其职掌范围。

拨给户人始于宋元嘉十九年(442),最初是负责洒扫孔子墓,文帝令免除孔子墓附近的孔景等五户居民的课役,使其洒扫孔子墓,史称洒扫户。洒扫户除负责清扫孔子墓外,还负有保护的责任。孔子庙设置洒扫户始于北魏延兴三年(473),孝文帝令拨给十户供洒扫。此后历代不断拨给,唐太宗贞观十一年(637)诏令兖州拨给二十户,唐睿宗太极元年诏令兖州拨给孔子庙侧三十户,开元十三年(725)唐玄宗亲至曲阜祭祀孔子,令拨给孔子墓侧五户,二十七年(739)又令适量加人洒扫,唐宪宗元和十三年(818)复置五十户,唐懿宗咸通四年(863)又给五十户,即使是混乱的五代时期,后周太祖郭威广顺二年(952)亲至曲阜祭祀孔子后也拨给庙侧十户以供洒扫。宋代时,洒扫户时拨时裁,宋真宗景德四年,诏令兖州将守护孔子墓的七户增至二十户,大中祥符元年(1008),真宗祭祀孔子墓后令拨给十户奉孔子茔域,仁宗庆历四年(1044),诏令曲阜县差中等人户五十人充孔子庙洒扫。当时兖州知州梁适建议以厢兵替代庙户并裁减人数,宰相章德象欲采纳梁适的建议,参知政事范仲淹认为此事不可行,"此事与寻常厉害不同,自是朝廷崇奉先师美事,仁义可息,则此人数可减,吾辈虽行,他人必复之"③,因此而作罢。王安石变法时,裁减洒扫户,孔子庙保留三十人,孔林保留三人,废除王安石新法后,又恢复了孔子庙五十人、孔林五人的旧额。蒙古太宗九年(1237)给复守庙一百户,世祖至元二年(1265)户口登记时,尚书省将户人全部收回,太常少卿王磐曾据理力争说:"林庙户百家,税赋钞不过六百贯,仅比一六品官终年俸耳。圣朝疆域万里,财赋岁亿万计,岂爱一六品官俸,不以待孔子哉! 且于府库所省无多,其损国体甚大!"但由

---

① 孔府档案 2433 卷。
② 孔府档案 3884 卷。
③ 《阙里文献考》,第 610—611 页。

于与当时国家的户口登记制度相违背,最终仍未挽回。① 大德九年(1305)时,衍圣公孔治奏准朝廷,复设二十八户。

拨给户人最多的是明太祖朱元璋,洪武元年(1368)特置洒扫户一百一十五户,其中孔庙一百户,孔林七户,尼山八户,令在曲阜等州县选择民间俊秀无过子弟充当,免除一切杂泛差役。此次拨给的户人不断繁衍,到清康熙年间已经发展到成丁一千九百一十五人,乾隆二十五年(1760)时虽然存户一百零三户,但人丁仍然多达四千八百五十人。由于根本不需要如此多的人服役,而国家已经免除了他们的差役,衍圣公也仿照国家的办法征收丁赋,每丁每年征银一钱。

衍圣公对孔子遗迹的保护非常重视,孔庙、孔林由百户负责,尼山书院由学录负责。孔林分成四区,每区设林头一人,林役一人,负责日常管理,并不时补栽树木,道光二十八年一次就补栽柏树一千一百九十四株。尼山设巡山八人,禁止民人采石放牧、割草打柴,由于尼山位于曲阜、泗水、邹县三县交界处,且属邹县管辖,发现违禁者根据民籍移交三县处理,衍圣公府也不时发布布告晓谕禁止。孔子父母墓地靠近防山,村民采石烧窑被认为斩绝龙脉,衍圣公一再晓谕禁止,并行文曲阜县查禁。

第二节 孔　　庙

孔子庙的前身即孔子故居,早期由孔子后裔自行管理保护,汉武帝罢黜百家、独尊儒术后,孔子思想成为国家指导思想,孔子庙逐渐成为国家推崇孔子思想的标志,国家也逐渐介入孔子庙的保护,曲阜孔子庙也由孔氏家庙成为列入国家祀典的礼制庙宇。为报答孔子的贡献,西汉元始元年(1)始追封为褒成宣尼公,历代不断被给予尊称和封号,相继被尊称为文圣尼父、先圣、宣父,追封为泰师、邹国公、隆道公、文宣王、玄圣文宣王、至圣文宣王、大成至圣文宣王,明嘉靖九年(1530)改称至圣先师,同时恩及孔子

---

① 孔继汾:《阙里文献考》,第611页。

后裔,一再赐官加爵,使其代表国家奉祀孔子,保护孔子遗迹,而孔子后裔恪尽职守,虔诚祭祀,精心护卫孔子遗迹,尤其是儒家祖庭曲阜孔子庙。

一、孔子庙的建立及其演变

周敬王四十一年(前479),孔子逝世,奉祀在家庙中,弟子们在孔子故居中陈列上孔子生前使用过的衣、冠、琴、车、书,将其改造为孔子纪念馆。周威烈王二十四年(前402),孔子之孙子思去世,按照大夫三庙的制度,孔子已经不能继续奉祀在家庙中,后孙根据孔子"古者祖有功而宗有德,谓之祖宗者其庙皆不毁"①的观点,将孔子的故居改成孔子庙,所以司马迁说"故所居堂弟子内,后世因庙"②。

汉高祖刘邦建立政权后,深知以马上得天下而不能以马上治之,戎马倥偬,于十二年(前195)自淮南还,"过鲁,以太牢祠焉",首开帝王祭祀孔子的记录。但汉朝初年崇尚黄老刑名之学,儒学并没有受到多大重视。直到汉武帝时,接受董仲舒的建议,罢黜百家,独尊儒术,孔子思想才成为国家的正统思想,孔子的地位也随之提高。元始元年(1),平帝刘衎追谥孔子为褒成宣尼公。孔子庙日益受到人们的高度重视,"诸侯卿相至,常先谒然后从政"。

皇帝尊崇孔子,地方官也加意保护孔子庙。永兴元年(153),鲁相乙瑛奏请设官守庙,奏书说:"孔子作春秋,制孝经,删述五经,演易系辞,经纬天地,幽赞神明,故特立庙,褒成侯四时来祠,事已即去。庙有礼器无常人掌领,请置百石卒史一人,典主守庙,春秋飨礼,财出王家钱,给犬酒直。"③国家开始派专员管理孔庙,并给以祭祀经费。永寿二年(156),鲁相韩敕"修饰宅庙","造礼乐器"④。建宁元年(168),鲁相史晨"礼孔子宅,拜谒神庙",并加意保护孔庙,"补完里中道之周左墙垣","作屋涂色,修通大沟,西

---

① 《孔子家语·庙制》,《四库全书》,第695册。
② 《史记·孔子世家》,第1945页。
③ (汉)《乙瑛碑》。
④ (汉)《礼器碑》,碑在曲阜孔子庙。

流里外,南注城池"①。

东汉末年,天下大乱,孔庙残毁,祭祀中断。魏文帝曹丕即位后,赞扬孔子"屈己以存道,贬身以救世","俾千载之后,莫不宗其文以述作,仰其圣以成谋咨。可谓命世之大圣,亿载之师表者已","令鲁郡修起旧庙,置百石吏卒以守卫之,又于其外广为屋宇以居学者"②。

南北朝时,保有曲阜的君主莫不修饰孔庙。东晋时,孔庙"庭宇倾顿,轨式迹驰",太元十四年(389),孝武帝司马曜命"兖州鲁郡,准旧营饰",但因主修人员去世,"成规不遂"。南朝宋元嘉十九年(442),文帝刘义隆下令于孔庙"特为营建,依旧给祠直,令四时飨祀。阙里往经寇乱,黉学残毁。并下鲁郡复修学舍,采召生徒",但"事未克就"。北魏太和十九年(495),孝文帝亲临曲阜祭祀孔子,尊孔子为"文圣尼父"。东魏兴和三年(541),兖州刺史李琁"修建容像,雕素十子"。北齐天保元年(550)六月,文宣帝命"鲁郡以时修崇庙宇,务尽褒崇之至",并遣使致祭。

隋代周,为巩固统一的中央集权制度,大力提倡儒学,实行科举制度,儒学的正统地位得到加强。文帝杨坚于开皇元年(581)尊孔子为"先师尼父",大业七年(611),曲阜县令陈叔毅重修孔子庙。

唐武德九年(626)十一月,太宗李世民即位即下诏赞颂孔子"以大圣之德,天纵多能,王道藉以裁成,人伦资其教义",贞观二年(628)尊孔子为"先圣",四年命全国州县学校皆建孔子庙,十一年尊孔子为"宣父",命兖州重修阙里孔子庙。乾封元年(666)高宗东巡路过曲阜,遣官致祭,尊孔子为太师,因"庙宇制度卑陋",命兖州都督霍王李元轨大修阙里孔子庙,"接泮林之旧遣,削灵光之前殿",扩大了孔庙的规模。开元六年(718),兖州刺史韦元圭及褒圣侯孔璲之等又重修,"树缭垣以设防"。开元十三年,唐玄宗祭祀泰山,路过曲阜,命礼部尚书祭孔子墓。玄宗深知"弘我王化,在乎儒术",二十七年又追谥孔子为"文宣王"。大历八年(773),兖州刺史孟休鉴、曲阜县令裴有象新修孔子庙门。咸通十年(869),孔子三十九代孙孔温

---

① (汉)《史晨碑》。
② (魏)《孔羡碑》,碑在曲阜孔子庙。

裕奏请皇帝获准,出私俸重修孔子庙"命工庀事,饰旧加新"。后周广顺二年(952),太祖郭威过阙里,亲自拜祭孔子庙和孔子墓,命兖州修葺墓所祠宇。

宋朝时曲阜孔子庙受到空前的重视。开国当年(建隆元年,960),太祖赵匡胤即拜谒孔子庙,撰诗赞颂孔子,下令增修孔子祠宇,三年,命孔庙用正一品礼,立戟十六枝。太平兴国八年(983),太宗"御便殿,顾谓侍臣曰:'朕嗣位以来,咸秩无文,遍修群祀,……唯鲁之夫子庙堂,未加营葺,阙孰甚焉。况像设庳而不度,堂庑陋而毁颓,触目荒凉,荆榛勿剪,阶序有妨于函丈,屋壁不可以藏书,既非大壮之规,但有岿然之势,倾圮寝久,民何以观?'上乃鼎新规,革旧制",对曲阜孔子庙进行了一次"振古莫俦"、"于今为盛"①的扩修。其后,景德三年(1006)又加以维修。大中祥符元年(1008),真宗赵恒到曲阜亲拜孔子庙,御制赞诗,赞颂孔子为"人伦之表,帝道之纲",为显示崇儒重道,追谥孔子为"玄圣文宣王"。二年颁给孔子庙桓圭,增加孔子像冕九旒,服九章,一如上公之制。五年改谥孔子为"至圣文宣王"。天禧五年(1021),"命转运司支破官钱、差拨兵士工匠,修完本庙",命选差孔氏朝官一人监督工役,遣太常博士孔道辅监修。孔道辅请得封禅行宫余材橡、樟、梗、梓等木,大修孔庙,"殿宇益加洪丽"。嘉祐六年(1061),仁宗将御书金字篆书"宣圣庙"额和飞白书"大成殿"榜颁给孔庙。元丰元年(1078),因"州县惮于申请,庙久不修,榱栋倾落",命"兖州常以省钱修葺宣圣祠庙","以省钱修,遂为定例"。五年命"转运司于丝绢钱内支钱二千贯、又赐度牒三十本给兖州"以重修孔子庙,并令孔子四十七代孙孔若升监修。绍圣三年(1096)"敕转运司于系省钱内支钱三千贯修葺",命四十七代奉圣公孔若蒙监修。政和元年(1114),敕孔子像执镇圭,庙门改立二十四戟,如太庙之仪,提高了孔庙的规格,并命转运司以省钱重修,以四十八代衍圣公孔端友督工。

金兵南下,因孔子有"夷狄之有君,不如诸夏之亡也"而火烧曲阜孔庙,"庙宇与书籍俱为灰烬"。但一些有头脑的统治者深知要在中原地区站稳

---

① (宋)吕蒙正:《重修兖州文宣王庙碑》,《阙里文献考》,第759—760页。

脚跟，必须借重儒家思想，显示尊儒重道。建炎二年（1128），金将完颜宗翰知军士所挖的是圣人孔子墓，尽杀挖墓兵士。天会七年（1131），金将完颜宗尧（太祖子、世宗父）兵临曲阜，因孔子出生地，命令军士不得剽夺，下城第二天，命曲阜知县"引诣圣庙"，"登杏坛，望殿火奠拜"，诣庙后，又奠拜孔子墓，将挖掘孔鲤墓、孔宗翰墓的十二名兵士执缚至庙南十余里全部杀掉。

女真贵族占据北方后，进一步认识到崇儒的重要。熙宗完颜亶于皇统元年（1141）拜诣上京孔子庙，"北面再拜，顾儒臣曰：'为善不可不勉。孔子虽无位，以其道可尊，使万世高仰如此'"，"敕行台支拨钱一万四千余贯修盖宣圣殿"，"四年行省降钱一万四千五百贯，发南京入作司见材，修完本庙，创盖大成殿，至正隆二年，以羡钱修两庑及齐国公殿"，但此次维修规模不大，被毁建筑并没有全部修复。大定十九年（1179），衍圣公孔摠与族长孔端修率领庙丁到东蒙山采木重建了郓国夫人殿，至明昌年间才进行了一次大修。

金章宗自幼学习儒家经书，即位第二年（明昌元年，1190）对侍臣说："昔夫子立教于洙泗之上，有天下者所当取法。乃今遗祠久不加葺，且隘陋不足以称圣师之居，其有以大作新之。"三月又下旨说："比闻曲阜县孔圣庙兴盖多年，门庑位次陋隘损坏，委本县逐旋申部支钱修补"，降钱八万三千贯有奇，进行了一次"三分其役，因旧以完葺者才居其一，而增创者倍之"的大修，使孔庙扩展到"殿堂廊庑门亭斋厨黉舍合三百六十余楹"的规模，"位叙有次，像设有仪，表以杰阁，周以崇垣"，"制度大备于历朝"，前后历时四年，至明昌五年始告工竣。

金贞祐二年（1214）"正月二十四日，兵灾及本庙，殿堂廊庑灰烬什五"，这是孔庙有记载以来遭受的第二次兵火大难，此次兵灾，金正大四年（1227）成书的孔元措《孔氏祖庭广记》四次提及，只说"兵灾"、"兵火"、"兵革"，正大三年（1226）六月赵秉文的《手植桧刻像记》说"贞祐初，虏寇犯曲阜，焚孔庭桧"，均未说明是谁所焚，独《孔庭纂要》记载说："贞祐二年北虏犯本庙，殿堂廊庑灰烬什五"，"金贞祐甲戌，北虏犯祖庙"。可见，孔庙是被蒙古骑兵焚毁的。

蒙古贵族入主中原后，即认识到尊孔的重要，诏示天下"孔子之道垂宪万世,有国家者所当崇奉",下令修建孔子庙,遣官到曲阜代祀孔子。他们清楚地知道"孔子之教非帝王之政不能及远,帝王之政非孔子之教不能善俗。教不能远及,无损于道;政不能善俗,必危其国"。因此不惜耗费巨资,重建被他们焚毁的孔庙。太宗九年(1237)始诏衍圣公孔元措维修阙里孔子庙,"官给其费","是岁历日银,诸路以其半,益都、东平以其全",维修幸存建筑。定宗三年(1248),"东平行台严中济奏以本路历日钱修圣庙,又得美材于盗伐树木者……修起郓国夫人殿,暂寓先圣颜孟及十哲像"。至元四年(1267),衍圣公孔治以修庙余钞五锭和本路至元四年历日钱内支给钞二十锭维修,"奎文、杏坛、斋厅、黉舍即其旧而新之,礼殿则未遑也",仍未能修起孔庙正殿。

元代初年,屡加重修,但除郓国夫人殿外,均是"即旧而新之"的维修,所以至元十九年(1282)的《修阙里庙垣记》说:"阙里庙制,周三里而弱,崇垣四护,皆圬以粉涂,庇以瓦木,与夫殿阁门廊等余五百架……荐经丧乱,表里凋敝……主祀财单力薄,扶倾缀朽,联缺续垩,所成者不偿其坏。朝廷频年议加修复……以军国庶务方殷而事未及措也。"①直到大德元年(1297)才进行了一次几经周折的大修。

大德元年(1297)十一月,济宁路达鲁花赤按檀不花奏书朝廷,请求自行捐款维修孔子庙,经朝廷允许,自输钱币万缗。工程尚未开始,御史台九以孔庙维修不可使臣下独专其美上奏皇帝致使停工,至大德四年正月十三日工部以"本路已有收到钞两木植砖瓦等物,恐日久消费"上奏,请照依已拟间座起盖,所用工物先尽现在,余有不敷,官为给降钱物,八月初一依议复工,十二月初七又接"不急之役停罢"的诏书,工程再次停止。五年五月二十日才以"奉诏书时圣庙工役已及八分,若今住罢,经值霖雨,损坏失落"为理由获准再次动工,好事者闻风争施,至六年九月十二日完工。这次维修是元代最大规模的工程,"市木于河,辇石于山,抡材于野,宋栋栌桷楹础之属悉俱","大小以楹计者百二十有六,俱各完成,约费十万金有奇",按檀不花终于以"国无费财,民不知劳,卒成一代之盛事"。其后天历二年

---

① 杨桓:《修阙里庙垣记》,《阙里志》卷十八,第971—972页。

（1329）因"圣庙岁久渐坏,敕济宁路出官钱五万二千余缗为修葺之资……焕然一复旧观"。至顺二年（1331）,衍圣公孔思晦奏请依前代故事,周起围墙,四隅建角楼,仿王宫之制,文宗赐给"山东盐转运司岁课及江西浙江两省学田岁入中统楮币三十一万四千四百缗"交济宁路督修。元统二年（1334）鸠工,至元二年（1336）工竣,"宫室之壮以宁神栖,楼阁之崇以庋宝训,周垣缭庑,重门层观,丹碧黝垩,制侔王居"。为纪成功,至元五年又以台储中统楮币二万五千缗立碑建亭。

明王朝建立后,朱元璋意图"行先师之教,淑海内,洽人心",所以"武功未戢,已事俎豆。"洪武元年（1368）二月,诏以太牢祭孔子,遣使到曲阜祭祀。七年衍圣公孔希学奏请修庙,皇帝批覆"明年时和年丰,与他修造",八年、九年均大水,十年大熟,山东布政使司"委兖州判袁良督所属州邑鸠工蒇事,辇石抡材,宋栋栌桷、瓦甓锻冶髹漆之属毕备,逾三月而后成"。这次维修,重建正殿左右回廊十八间,三氏学生员房舍二十二间,"合七十余楹"。衍圣公又劝本族"有禄者鸠金补塑圣贤像"。二十年,皇帝又命工部派行人张敏带领千名工匠进行维修。永乐十年（1412）,对孔庙进行了一次"撤其旧而新之"的维修,修廊庑楼阁共二百七十余楹,增建了棂星门、德侔天地、道冠古今二牌楼,大门三洞（今圣时门）、石桥三座（今璧水桥）。其后宣德九年（1434）工部侍郎周忱、苏州知府况钟捐金重建金丝堂,天顺四年（1460）衍圣公重建启圣王寝殿。

明宪宗朱见深认为"孔子之道之在天下,如布帛粟菽,民生日用不可暂缺","有天下者……孰不赖孔子之道以为治","有天下者诚不可一日无孔子之道"①,即位之日,亲自到太学祭祀孔子,不久又命山东巡抚重修阙里孔子庙,工程于天顺八年（1464）九月动工,成化元年（1465）十一月落成,这次维修"去故易新",修后"规模视旧有加"。三年四月又命建碑以纪成功,四年六月落成。

成化十九年（1483）,衍圣公孔弘泰以"阙里乃天下文教之本源也,使庙貌不极其壮丽,将何以耸四方之观瞻,起后学之尊仰"为由,封章奏请重修

---

① 明宪宗：《御制重修孔子庙碑》,《阙里文献考》卷三十三,第783—785页。

孔庙。宪宗"命有司作新,凡殿堂廊庑门亭斋厨黉宫等三百五十八楹,规模一新,其间有不可易者仍旧"。此次维修至成化二十三年六月告成,"耗公帑货财十余万金","梁栋榱桷,圆中规而方中矩,平中准而直中绳,柱石缕以龙凤之形,轮奂绘以金碧之色,圣贤之像以新,章服之制以正"①,"位于正殿者皆盘石斫木为龛,位于两庑者亦皆如制,迄周垣层路皆甃以砖石",进行了明初以来规模最大、质量最高的维修。

弘治十二年(1499)六月十六日夜,孔庙遭受一次雷火,焚毁了大成殿、寝殿、两庑、家庙、启圣殿等一百二十三间,孔庙主要建筑几乎全部被毁,十三碑亭以北仅有启圣门、燕申门、启圣寝殿、杏坛等几座小建筑幸免。衍圣公报告朝廷后,七月底皇帝派山东巡抚何鉴会同钦差太常寺少卿李杰等相度庙工,拟定孔庙殿宇廊庑等项房屋间座规模,动用"荆州、芜湖、杭州各抽分厂木植,江西、九江、苏州、浒墅并临清钞关船料钱钞及山东起运夏税折钞、户口、食盐并各司府在库无碍钱粮","木则市之楚蜀诸境,石则取之邹泗诸山,瓴甓铅铁则官为之陶冶,丹垩髹彩则集之于商,斫削搏埴雕琢绘饰之工则征之京畿及藩府之良者"②。耗银十五万二千六百余两,重建了被焚建筑,维修了幸存建筑,还扩建了奎文阁、大中门、二门(今弘道门)、大门(今圣时门)等,增建了仰高门、快睹门,奠定了现存孔庙的规模。

弘治重建后,衍圣公商请地方官不时维修。隆庆三年(1569),山东巡抚姜廷颐、河道巡抚翁大立等"捐岳祠之香税与有司之赎锾,得一千六百金"维修,"诸殿寝门庑堂阁斋亭,烂然改观",扩建了杏坛,扩大了庙前空地。万历六年(1578),山东巡抚赵贤等捐香税赎锾又加小修。万历二十年(1592)山东巡抚郑汝璧、巡按连标修孔子林庙等集两台赎锾、岳祠香税、管库存银各一千两,以十分之三修理孔庙,"乃新殿阁,乃饰廊庑",并在庙门前立重城皋门,以象朝阙。二十九年山东巡抚黄克缵捐银二千两维修,三十六年济宁兵巡副使捐俸三百金修理西庑。

清朝统治者深知孔子思想在汉族士大夫心目中的地位,早在崇德元

---

① (明)王琦:《落成纪功碑》,徐振贵、孔祥林:《孔尚任新阙里志校注》,第628—629页。
② (明)李东阳:《重修阙里庙图序》,《曲阜县志》,第212页上。

年(1636)即于盛京建孔子庙,春秋二仲月上丁致祭。清兵入关后,以"崇圣学"为要策。顺治元年(1644),山东巡抚方大猷奏报皇帝:"先圣孔子为万世道统之宗",认为尊崇孔子"可卜国脉灵长,人文蔚起","本朝开国之初,一代纲常培植于此"。清廷采取了方大猷的建议,全盘承认了孔子长孙在明代的一切特权,并于顺治二年追封孔子为"大成至圣文宣先师"。

清初,连年征战,清廷无暇顾及孔庙的维修,只地方官们进行零星修补。顺治十二年,山东巡盐御史王秉乾捐银二千两并劝募属员捐助,重修奎文阁,十三年兖镇参戎华承恩、十四年山东提学道施闰章等都曾捐资维修,康熙二年(1663),东兖道参议张弘俊倡募重修奎文阁、大中门、角楼、宋元碑亭等,十六年衍圣公孔毓圻也以祭田赢余维修诗礼堂、金丝堂以及大成门、棂星门等十几座门坊。

康熙二十三年(1684),皇帝到曲阜孔庙祭祀孔子,亲行三跪九叩大礼,赞颂孔子为"万世师表"。二十八年六月衍圣公疏请修庙,工部以"事务繁多"为由拟暂行停止,但康熙帝认为"阙里圣庙崇奉先师,万代瞻仰,今既日渐毁敝,理宜修葺。着差工部、内务府官员前往确估,到日再议"。估后,即"发帑银八万六千零十八两零八分"维修。这是清王朝第一次维修孔庙,皇帝非常重视,命内务府郎中皂保、工部郎中阿尔稗监修,工匠由京中带到,琉璃瓦料在京烧办。"修理圣庙大成殿各殿共五十四间,大成门各门共六十一间,两庑八十八间,共二百零三间,棂星门一座,牌坊二座,龛案一座,拆去梁檩瓴甓敝坏者,添料修盖。"维修用银七万一千多两,另有京中烧办琉璃瓦料银三万八千八百多两。工程结束后,衍圣公请求御制碑文纪成,捐资自行立碑建亭。康熙帝在碑文中赞扬孔子"为往圣继绝学,为万世正人心",要求"凡我臣民,瞻仰宫墙……益思敦德崇义,砥砺伦常,以不负朕尊师重道之意"①。

雍正二年(1724)六月九日,孔子庙再次遭受雷火,"申时,疾风骤雨,雷电交作,有火从先师大成殿脊螭吻间出,栋宇高峻,火势猛烈,不能扑

---

① 清圣祖:《重修阙里孔子庙碑》,《阙里文献考》,第688页。

灭。……沿烧寝殿、大成门、圣祖仁皇帝御碑东西二亭、启圣王旧殿、金丝堂等处,到丑时方熄",烧毁大成殿等一百三十三间。衍圣公灾报到京后,雍正皇帝引咎自责,素服斋居,撤乐减膳,斋戒二日,不设卤簿,素服前往国子监孔庙致祭,派礼部侍郎来曲阜慰祭,命署工部侍郎马腊会同山东巡抚陈世倌相度修庙。对这次维修,雍正帝十分重视,"特发帑金,命大臣等督工监修,凡殿庑制度规模以至祭器仪物皆令绘图呈览,朕亲为指授,遴选良工,庀材兴造",先后命山东巡抚陈世倌、塞楞额董工,因"陈世倌委用不得其人于前,而塞楞额又复因循怠忽于后,以致工程迟缓",六年命署山东巡抚岳浚董工,七年又命通政使留保从北京到曲阜督修,并将原任山东巡抚陈世倌调回曲阜,督率从前因承修迟误而被解职的知府、知州、知县办理庙工。重建了被焚建筑外,维修了所有幸存建筑,添建了乐器库、雍正修庙和皇子祭庙碑亭,并将正殿正门改为黄色琉璃瓦,两庑改为黄瓦剪边。由于雍正帝的重视,孔庙确如他要求的那样,"巍焕崇闳,坚致壮丽,纤悉完备,灿然一新",共用帑银十五万七千多两。

雍正重建后,孔子庙仍不断维修。乾隆十九年(1754),衍圣公孔昭焕将棂星门改为石质,二十三年、三十五年为迎接皇帝祭祀孔子又加维修。嘉庆六年(1801),滋阳县令孙良炳捐银五百八十九两五钱重修大成殿。十一年,富户刘克昌捐银三千二百两重修圣迹殿。嘉庆十三年,监察御史孔昭虔奏请维修颜庙,皇帝想到孔庙,"自雍正年间估修以后,迄今历有岁时,恐垣墉栋宇间有渗圮之处,亦宜速为缮治以肃观瞻。着山东巡抚吉即亲往敬谨阅勘,一并核实确估奏明,动帑兴修,用副朕崇儒重道至意",山东巡抚编造了十五万九千三百多两的维修预算,将孔庙维修一新。同治八年(1869),曾国藩、李鸿章到曲阜祭祀孔子,要"戢干戈,修文事",奏请修庙,皇帝命两江、湖北、山东各筹银二万两共计六万两维修,同年八月又以前山东巡抚等人的捐银四千五百两和运库庙工生息银两等款续修,共维修了除弘道门以南的全部建筑及墙垣,并重建了鼓楼。光绪二十三年(1897),山东巡抚李鉴堂拨善后局、临德关节款各五千两,动用济宁州旧存木料一千五百余根,维修大中门以前各门坊,李调任四川总督后,继任巡抚张汝梅续拨银四千两及出售济宁余木银一千四百两续修,二十四年六月山东抚院又筹银五千两维修大成殿后檐及庙后围墙。

光绪三十二年（1906）十一月十五日，西太后赞颂孔子"德配天地，万世师表"，将孔庙祭祀规格由中祀升为大祀，拟将孔庙全部改为黄瓦，考虑到"物力维艰，良材难得，若从新改造，工程巩固恐不及前，不如择要修理，以示尊崇"①，山东抚院拨支库平纹银五万两，维修了清代九座碑亭，更换了毓粹门、观德门、德侔天地坊、道冠古今坊的檐椽等木构件并改换黄瓦，用银五万四千余两。

民国年间，孔庙从未大修，只是以地方拨款和社会捐款进行了零星维修。1915年曲阜县知事魏正鸿用洋九百元修葺寝殿并疏浚孔林洙水河，1925年以山东省拨款及捐款三万八千元维修寝殿，因款不足，1926年山东省增拨三万四千七百元，1927年山东省拨款二万六千九百元维修明代二碑亭、同文门。1930年七月，蒋冯阎大战，蒋军固守曲阜，阎军围攻，交战十日，孔庙大成殿、寝殿、西庑、奎文阁、碑亭、启圣门、观德门、大中门等都遭受不同程度的创伤。1935年梁思成先生曾奉命到曲阜勘察孔庙，编制了七十九万七千元的修葺计划，但并未能付诸实行。孔府此时也已入不敷出，只能进行修漏补缺的小型维修。

二、孔子庙规模逐渐扩大

孔庙从孔子的三间故居逐步发展成四百多间规模的宫殿式建筑群，其间经历了七个时期。

（一）春秋到北朝因宅为庙

孔子去世后，"故所居堂弟子内，后世因庙，藏孔子衣冠琴车书"。汉代虽多次重修，但仍以宅为庙，"依依旧宅，神之所安"。建宁元年（168），鲁相史晨祭祀孔子，"国学冗员，吏无大小，空府竭寺，咸俾来观，并洋宫文学先生执事诸弟子合九百七人，雅歌吹笙，考之六律，八音克谐"，祭祀隆重，故宅面积也是不小的。汉末，"遭天下大乱，百祀堕坏，旧居之庙毁而不修，褒成之后绝而莫继，阙里不闻讲诵之声，四时不睹烝尝之位"。魏黄初元年

---

① 孔府档案5011卷。

(220),"令鲁郡修起旧庙,置百石吏卒守卫之",东晋时,孔庙"准旧营饰"。所以直到北魏,"孔庙即夫子之故宅也。宅大一顷,所居之堂,后世以为庙。……庙屋三间,夫子在门,东向;徵母在中间,南面;夫人隔东一间,东向。夫子床前有石砚一枚,作甚朴,云平生时物也"①。东魏时雕塑孔子及十弟子像,但于庙制似乎并无改变。

（二）隋唐初扩

隋大业七年(611),陈叔毅扩修孔庙,"粉壁椒涂,丹楹刻桷","寝庙孔硕,灵祠赫奕,圆渊方井,绮窗画壁",已非孔子故宅旧观。唐代,"天下通祀,惟社稷与孔子",对孔庙多加扩修。乾封元年(666),以"庙宇制度卑陋",高宗下诏"改制神宇","更加修造",命兖州都督霍王李元执"大启藩维"。大历八年(773)时,"阅宫霞敞,正殿岑立,缭以环堵,邃其台门"。唐代孔庙的规模为：

正庙五间,祀文宣王,南向坐,颜子面西,配闵子以下十哲及曾子,东西列坐,皆为塑像。两庑二十余间,祀七十二贤,图绘于壁上。庙后为寝庙,祀亓官夫人。前为庙门,三间,甚壮丽。②

孔庙已有正殿、寝殿、两庑、大门等。大门"大屋横亘,双扉洞开,丹拱绣栱",门犹如此,"正殿岑立",规模就更大了。

（三）北宋大扩

宋太平兴国八年(983)"鼎新规,革旧制",天禧五年(1021)又大扩孔庙。金代孔元措《孔氏祖庭广记》中的《宋阙里庙制图》与南宋孔传《东家杂记》"宅图"文字记载相同。

宅图为：直外门曰前三门,仁宗皇帝御书门榜之门;三门之后曰御书楼,盖藏赐书之楼;书楼后御路东西之亭,其东曰本朝修庙碑亭,其

---

① 《水经注》,《四库全书》第573册。
② 徐振贵、孔祥林：《孔尚任新阙里志校注》,第70页。

西曰唐封孔子太师碑亭;次殿庭门;殿庭门内曰御赞殿;次后曰杏坛;杏坛之后即先圣正殿,仁宗皇帝御书飞帛殿榜之殿;直殿后曰郓国夫人殿;后殿东庑曰泗水侯殿,西庑曰沂水侯殿。祖殿廊西门外曰齐国公殿,直殿后曰鲁国太夫人殿,鲁国太夫人旧与齐国同殿,自太夫人殿由东廊以北曰五贤堂。祖殿廊东门外曰斋亭,斋厅之东廊门外曰客位,直斋厅后曰家庙。自客位东一门直北曰袭封视事厅,直厅后曰恩庆堂,堂之东北隅曰双桂堂。诸位皆列于祖殿之后,恩庆堂东西。自祖庙并诸位旧系敕修,近世监修祖庙者窘于用度,不敢以官钱营饰私居,遂罢修诸位,今族间居处皆自备修葺。除诸位外,祖庙殿庭廊庑共三百一十六间。

从上文看,孔庙除附属的袭封视事厅一组外,已成东中西三路布局,前后四进院落。元祐元年(1086)又于孔庙东南隅添建庙学。

（四）金代再扩

明昌二年(1191)大扩孔庙,"制度大备于历朝"。孔元措《孔氏祖庭广记》所收录的《金阙里庙制图》当是这次扩大后的规模。同书还记载:"正殿、廊庑、大中门、大成门、郓国夫人殿,自皇统、大定以来建之,其制犹质素。至明昌初,增后位城殿。殿庑皆以碧瓦为缘,外柱以石,刻以龙文。其藻、拱之饰,涂以青碧。每位皆有龛,至于栏槛帘栊并朱漆之。齐国公位仅与正位同,又创二代、三代祖殿、毓圣侯殿、五贤堂、奎文阁之属,焕然一新,与夫厅堂黉舍门庑凡四百余楹。方之前古,于此为备。"从图文看,金代基本上保持了宋代的格局,扩大了部分建筑规模,增建了大中门、棂星门等建筑,殿庑以碧琉璃瓦剪边,青碧彩画,朱漆栏槛帘栊,檐柱也改为石柱,并刻龙为饰,提高了建筑规格,而以石柱擎檐成为曲阜一带儒家祠庙建筑的特点。

（五）元代重建

元代孔庙规制未见记载,孔尚任《阙里志》收有明洪武十年(1377)重修庙制应该就是元代的形制。因为洪武十年只维修了正殿左右回廊、东西庑、三氏生员房舍共七十余楹,于庙制并无改变。

对照金代庙制，洪武十年维修的孔庙，庙前增建了大门，庙内添建了两座碑亭，东路添建了燕申堂，西路省去了毓圣侯殿，并移五贤堂面南。庙制不像金代那样杂乱，已经相当规整。特别是至顺二年(1331)在孔庙围墙四角增建的角楼，使孔子庙以侔王居，提高了庙宇等级。

（六）明代奠基

明代奠定了现存孔子庙的规模，其间经历了永乐南扩、成化大扩和弘治重建三个阶段。

明永乐九年(1411)，衍圣公孔彦缙奏请修庙，申报"殿宇廊庑楼阁等共四十六处二百八十七间"，除维修外，还将孔庙向南扩建，据孔尚任《阙里志》记载："添棂星门一座、门外面墙一堵、东西下马牌、门内东西牌楼各三架，东曰德侔天地，西曰道冠古今，又北增洞门三间，其内修石桥三座"，于元代庙门前添建石桥、洞门、牌坊、棂星门等，规制已与今庙基本相同。

成化十九年(1483)，应衍圣公孔弘泰之请，皇帝同意，拨银十余万两，对孔庙进行了扩建。扩建后的规模，据孔尚任《阙里志》说：

> 大成殿九间，重檐石柱。寝殿七间，寝殿之左转角便门后为望瘗所，稍东为神厨，造粢盛之所；寝殿之右转角便门后为望燎所，稍西为神庖，宰牺牲之所。寝殿前改泗水殿为左厢，贮礼器几案等；改沂国公殿为右厢，贮乐器悬架等。东连便门一间通述圣庙，西连便门一间通启圣庙。东庑五十间祀澹台灭明以下诸贤，西庑五十间祀宓不齐以下诸贤。前为杏坛，重檐八角，又前御赞殿，再前大成门五间，左为金声门三间，与西庑连檐；门前左有元至正碑亭、宋金碑亭；右有元大德碑亭、唐碑亭。
>
> 碑亭东为居仁门三间，又东毓粹门三间。两门之中南向曰述圣门，门左右有榜棚。门内东有礼器库九间，藏尊彝簠簋之属，西有松亭一座。北为诗礼堂，堂后述圣庙门，门内述圣殿七间，祀泗水侯、沂国述圣公及中兴祖由圣而下者也。殿后燕申堂五间，族人私饫之所，后有高垣与神厨隔。
>
> 碑亭西为由义门三间，又西观德门三间，两门之中南向曰启圣门，

门左右俱有榜棚。门内西有乐器库九间,藏琴瑟钟磬之属,东有筠亭一座。北为金丝堂,改五贤堂而建之也,后为启圣庙门,门内启圣殿七间,祀启圣王由圣而上推者也。殿后寝殿五间,祀启圣夫人,后有高垣与神庖隔。

  大成门直前曰奎文阁,三层七间。阁左披门三间,东连直房十五间,为学生、族人斋宿之所;阁右披门三间,西连直房十五间,为礼乐生、户丁斋宿之所。阁前旧庙门三间,汉魏隋唐碑在焉。东西有洪武、永乐碑亭。其左为家庙,正门一间,南向,正庙五间,中以先圣为始祖,左右二祧庙则二世、三世也,二昭二穆东西向,则宗子之高曾祖父也,俱考妣一龛如家礼制。东西二厢谓之别室,宗子奉祀官遇祭期散斋其中。其后曰寝庙,藏历代木主于壁,其右为神祠,正门一间,南向,正祠五间,中祀阙里土地之神;左祀尼山毓圣侯,昌平、防山祔之;西祀泗水广济侯,沂水、洙水祔之。东西二厢谓之别室,有司学官散斋其中。其后曰寝庙,藏各神牌于壁。家庙神祠之门外有东西二门,通庙之外。其前为大中门三间,大中门之外有典籍、司乐、管勾、百户办事厅四所,各外门一间,东向,正厅三间,左右厢房各三间,后房三间。大中门前又三门三间,璧水一曲,石桥三座。又前大门三间,皆圆洞。东西牌坊各三间,前为棂星门,左右有下马牌。

  庙垣周数里,崇严如城内宫,四隅各建望楼,设钟鼓其上,庙户朝夕巡卫。

此庙制所记建筑名称及间数与弘治十二年(1499)庙灾报告多有不合,孔继汾《阙里文献考》曾指金丝堂西移和典籍、司乐、管勾、百户四厅为错误。而杏坛重檐,改泗水侯殿、沂水侯殿为库房等记载恐也不确,孔尚任所记当有所本,这样完整详细的记载恐非杜撰。弘治元年(1488)的修庙记说"成化十八年六十一代孙孔弘泰因庙年久请复修建,广正殿为九楹,展两庑、家庙以及门墙楼阁,一皆重新鼎建,规制有加",崇祯重修《阙里志》说"成化十八年始广正殿为九间,规制益宏",万历《曲阜县志》说,"成化十八年重修,规制有加",可见成化间孔庙确实进行过扩修,当然不一定全如孔尚任所记。

弘治十二年(1499),孔庙遭受雷击,主要建筑几乎全部被焚,次年动工修建,十七年春落成,将庙制绘刻于石上,崇祯补本《阙里志》记录了修建情况,并将各建筑尺寸、材料、彩画、屋顶盖瓦、地面铺砌等做了详细记述。弘治庙工,提高了孔庙的规格,主要建筑通用绿色琉璃瓦,使用上等青绿间金彩画,还扩大了庙前部各门的规格,添建了仰高门、快睹门、弘治碑亭等建筑,基本奠定了现存孔庙的规模。

(七) 明嘉靖至民国添建、改建的庙制

弘治十七年(1504)庙工以后,孔庙规制再无大的变化,嘉靖十七年(1538)于庙门前添建了金声玉振坊,二十三年于棂星门内添建了太和元气坊,万历二十年(1592)于寝殿后添建了圣迹殿。值得特别陈述的是正德八年(1513)以孔庙为中心修建了曲阜城,万历间于孔庙正门前城墙上新辟县城正南门,"重城皋门,以象朝阙",更加突出了孔庙的地位。

清雍正二年(1724),孔庙东路略有变化,主要建筑家庙改祭孔子上五代祖先,改名崇圣祠,于祠后另建新家庙。

雍正二年(1724)火后重建时,虽皇帝有"倘旧制之外,有应行添设者……着估计奏闻,添发帑银茸理"的谕旨,但只添建了修庙和遣祭碑亭等,于格局并无改变。但是孔庙首次使用黄色琉璃瓦,并用沥粉金云龙地伏五色妆颜彩画,均仿帝王宫殿之制,提高了孔庙的规格。

光绪三十二年(1906),孔庙升为大祀,建筑可改为黄色琉璃瓦顶,但因财力不足,只改换了部分建筑,到民国时期又改换了寝殿、同文门,使孔庙建筑有黄色琉璃、绿瓦黄边、绿琉璃、灰瓦绿边、灰瓦等五种瓦顶。

三、孔子庙制度

曲阜孔庙是在孔子故居的基础上发展起来的一座庙宇,祭祀列入国家祀典,规格最终升为大祀,但主要由孔子后代奉祀,形制与其他孔庙不尽相同,它是由孔子故宅、孔氏家庙、帝王宗庙宫室等因素构成的复合体。

孔子故居位于今庙的中东部,随着历代的扩建,故居已了无痕迹,但后人为纪念孔子,仍建造了一系列的纪念物。为纪念孔子杏坛设教、赞颂孔子在教育事业上做出的卓越贡献建造了杏坛，为纪念孔子教子学诗学礼建造了诗礼堂，为推崇儒家经典建造了金丝堂，为标明孔子故居遗址、赞扬孔子后裔保存儒家经典刻制了"鲁壁"碑，还有纪念孔子的孔子手植桧、孔宅故井、孔子故宅门，这些纪念物虽然规模不大，但在庙中却占有非常重要的位置，它是曲阜孔庙所独有的成分。

曲阜孔庙自汉代起一直由孔子嫡孙奉祀，祭祀活动异常频繁，明清时期每年要祭四十多次，在大成殿进行释奠、释菜、行香等国家礼制祭祀活动，别立家庙供奉孔子、孔鲤、孔伋、中兴祖孔仁玉，均夫妇一龛，举行时享、祫祭、荐新、祭告等祭祀活动，别立寝殿祭祀孔子夫人亓官氏，别立启圣王殿、寝殿祭祀孔子父母。明嘉靖时曾令天下文庙立启圣祠祭祀孔子父，以颜曾思孟之父配享，二程、朱熹、蔡沈之父从祀，清雍正元年（1723）各地文庙启圣祠改称崇圣祠，主祭孔子上五代先人，配享从祀不变，而曲阜孔庙新建崇圣祠，仍保留启圣王殿、寝殿，这是曲阜孔庙孔子子孙家庙的因素。

孔庙祭祀规格在很长的时间里一直是中祀，直到清光绪三十二年（1906）始升为大祀，但升为大祀后曲阜孔庙只将部分建筑改为黄色琉璃瓦，于庙制并未进行相应的改变（北京国子监孔庙大成殿由阔七间，深三间改为阔九间、深五间、庑殿顶），所以，曲阜孔庙应该说是中祀规格的形制。但是历代统治者竞相推崇孔子，褒扬儒学，孔子被追封为王（周天子之"王"），所以曲阜孔庙也部分袭用帝王宗庙、宫室的形制。

孔子于唐开元二十七年（739）被追封为"文宣王"，宋徽宗时主像始冕十二旒，执镇圭，庙门立二十四戟，明成化十三年（1477）祭祀采用天子礼乐，由十笾豆、六佾舞增为十二笾豆、八佾舞（嘉靖九年［1530］又复改为十笾豆、六佾舞），这都是帝王宗庙的因素。

孔庙具有帝王宫室的因素始于元至顺二年（1331），四隅建角楼，仿王者宫室角隅之制，明永乐十五年（1417）又南扩成五门（今圣时门、弘道门、大中门、同文门、大成门），比附天子宫室五门的制度。

曲阜孔庙和其他孔庙的不同还表现在与学校的关系上。

孔子一生主要从事教育活动，死后也和学校结下了不解之缘。汉明帝永平二年（59）即享祀于学校，命郡县行乡饮酒礼于学校，以犬祀周公、孔子。北齐令郡国建造孔子庙。唐贞观四年(630)将祭祀孔子推广到全国各地的学校,诏令州县学皆作孔子庙,孔庙遂遍及于全国各地,成为中国分布最广的庙宇之一。全国各地孔庙均采用庙学合一的形制,庙附于学,甚至日本、朝鲜、越南也不例外,如日本足利学校、东京汤岛圣堂、韩国首尔成均馆、越南河内国子监等都采用这种形制。

曲阜孔庙早期也采用庙学合一的形制,但它是孔子的本庙,由孔子嫡孙奉祀,有家庙的性质;学校多收宗人,有私学的性质,不同于其他庙学的"因学设庙"之制。学校"因庙而设",仅是庙的附属,虽然后来学校改为官学,设学录,以比国子监,并增收颜子、曾子、孟子子孙,但附属地位仍未改变。到明万历十年(1582)学校竟远迁至庙东里许的地方,万历四十二年又迁至庙西观德门外,但与孔庙建筑群仍无直接联系,各自独立。

孔庙南北原长1 300多米,其中前部神道长512米,宽30.8米,两侧栽植桧柏,目的在于创造一种庄严的气氛,培养谒庙者崇敬的情绪;后部后作长138米,储放冰块,收存祭粮,供祭祀所用,是庙的附属;中部是庙的主体。南北长度东墙为637米,西墙为651.7米,东西宽度南墙为141米,大成门处为153米。建有殿庑堂阁门坊等建筑,供奉孔子及儒家著名人物,满足表彰儒家思想和祭祀的需要。全庙总占地面积约200亩,其中主体部分约144亩,古建筑面积约15 890平方米。

主体部分前后九进院落,中贯轴线,左右对称,布局严谨,气势雄伟。前三进为引导性庭院,只有一些规模较小的门坊,院内遍植桧柏,葱郁蔽日,创造了一种肃穆庄严的气氛,而高耸挺拔的苍翠古树间辟出笔直如矢的甬道,这既使人感到孔庙历史的悠久,又烘托孔子思想的深奥。座座门坊高揭"金声玉振"、"太和元气"、"德侔天地"、"道冠古今"、"棂星"、"至圣"、"圣时"、"弘道"、"大中"等金、红、绿色醒目额、匾,极力歌颂孔子的功绩,赞扬孔子思想的高深,给人以强烈的印象,使人不得不产生崇拜敬仰的心情。第四进庭院以后,建筑多为黄瓦,红墙绿树相映,喻示孔子的丰功伟绩和孔子思想的博大高深。孔庙总体设计布局是非常成功的。

四、孔庙建筑

孔庙是我国著名的宫殿式建筑群之一,历史悠久,建筑众多。由于历代越来越尊崇孔子,孔子庙建筑规模也越来越大,当然建筑的年代也越来越晚。现存建筑104座,466间,分别建于金、元、明、清时期。

仰圣门 曲阜城的正南门。明正德八年(1513),为保护孔庙,"移县城卫庙",以孔庙为中心营建新县城。初建时,庙前原无城门,万历二十二年(1594)始于庙前城墙上辟门,命名"仰圣门",习称正南门。前门南面有额,阴刻"万仞宫墙"四字,据子贡赞扬孔子的"夫子之墙数仞"语命名。额原为明山东巡抚胡缵宗题,清乾隆十三年(1748)高宗弘历重题。门上有重檐城楼,1930年蒋冯间大战时被毁,1989年重建。四柱前后廊式木架,灰瓦歇山顶,原有额"万代瞻仰"。城门过去平时紧闭,钥匙也由衍圣公府保管,只在皇帝祭祀或派人祭祀、迎接圣旨时才开启,如同孔庙的大门。

金声玉振坊 明嘉靖十七年(1538)山东巡抚胡缵宗建,据孟子赞扬孔子的"孔子之谓集大成。集大成也者,金声而玉振之也"命名题额。坊三门四柱三楼冲天柱式,柱八角形,前后石抱鼓夹抱,柱头仰莲座,顶踞圆雕①石兽。石兽鳞甲独角,造型古拙,雕刻精美。明间额枋稍高,阴刻"金声玉振"四字,书体刚健雄浑。两稍间额枋稍低,平钑②云龙图案,线条流畅优美。

下马牌 位于棂星门两侧。阴刻"官员人等至此下马",习称下马碑。碑始立于金明昌二年(1191),明永乐十五年(1417)重刻。过去不论文武官员,还是庶民百姓,从孔庙前经过都要下马下轿,以示尊敬。

泮水桥 清康熙十六年(1677)孔子六十七代孙、衍圣公孔毓圻建,中置浅浮雕③龙陛。两侧有桥栏,桥北端沿河也置石栏,栏北折与庙墙相连,与棂星门组成一个半封闭空间,桥下河水呈半圆形从庙前穿过。

棂星门 孔庙的第一道门。棂星,又名灵星、天田星,古人认为"主得士之庆",帝王祭天时要先祭棂星。曲阜孔庙在明宣德九年(1434)以前就

---

① 圆雕:一种石雕做法,将物刻成完全立体,不附着任何背景,可以四面欣赏。
② 平钑:一种石雕做法,在石平面上阴刻线条构成图形。
③ 浅浮雕:石雕的一种做法,将圆形刻出,高出周围底面几毫米至三四厘米。

有棂星门,但位置不详,约明嘉靖初年建于庙门前,原为木质,清乾隆十九年(1754)七十一代衍圣公孔昭焕改为石质。棂星门名为门,实为坊,三间四柱火焰冲天柱式,三间均安设栅栏门,左右接墙垣。坊圆柱,前后石抱鼓夹抱,柱头刻云罐,分刻圆雕四大天王。柱出头用云板,额枋以铁梁承托,每梁上各铸有四个龙头阀阅。额枋明间两层,稍间一层。明间上层与稍间两侧刻绦环花纹,明间中刻二龙戏珠,稍间中刻云鹤,均为浅浮雕,顶上圆雕火焰宝珠。明间下层两端浮雕云鹤,中刻阳文"棂星门"三字,清乾隆十三年(1748)高宗弘历题。

太和元气坊 太和典出《易》,"保合大和,乃利贞",后人解释说:"乃能保安合会大利之道,乃能利贞于万物。""大和"即"太和",后世因以指阴阳会合、冲和的元气。元气,本指产生和构成天地万物的原始物质,宋程颢以此比喻孔子思想,明英宗朱祁镇又以"太和元气"赞颂孔子。明嘉靖二十三年(1544)山东巡按郑芸建坊时命名为"太和元气",山东巡抚曾铣书额,书体端庄雄雅。

至圣庙坊 位于圣时门前,始见于明弘治庙图中,当为弘治十三年(1500)修庙时所添建。时名"宣圣庙"坊,清雍正七年(1729)改名为"至圣庙"。坊汉白玉质,三门四柱冲天柱式,形式简朴,无楼,额枋也仅为一层,明间额枋顶上刻圆雕火焰宝珠,中阴刻篆书"至圣庙"三字,不知何人所书。两稍间额枋平钑镌刻云龙图案,线条柔畅,构图匀称,雕刻精细。中二柱仰莲座下出云板,向内一侧刻日形,以宝瓶支于额枋上。

德侔天地坊与道冠古今坊 分别位于圣时门东西庙墙上,是孔庙的第一道偏门。坊始建于明永乐十三年(1415),明弘治,清康熙、雍正、乾隆、嘉庆、光绪间均重修,光绪三十四年(1908)并改换黄瓦。现存建筑为木构,三间四柱五楼,柱不出头。黄色琉璃瓦顶,如意斗拱,明间庑殿顶,斗拱十三踩,两稍间歇山顶,斗拱九踩,明稍间之间有小屋顶,斗拱五踩。两层额枋间装花板,明间阳刻"德侔天地",楷书,书者不详,两稍间刻云纹。额枋高瘦,平板枋扁宽。柱下夹杆石圆雕石狮、天禄各八只,形象古拙,须弥座所刻圆角柱、卷草雕刻粗放,都显示着明初的风格。

圣时门 孔庙的大门,始建于明永乐十三年(1415),原为三间,弘治十三年（1500）修庙时"新添两间，退后二丈，两傍各添八字墙"，以上等青绿间金妆饰。清康熙二年（1663）曾重修，时名宣圣门，雍正八年（1730）世宗据《孟子》"孔子，圣之时者也"钦定为圣时门，乾隆十三年（1748）高宗题匾。门屋五间，灰瓦绿边单檐歇山顶。砖木结构，下部砖砌，中三间发券为拱顶洞门，上部木结构，五踩斗拱，平板枋扁而宽，仍保留了明代特点。圣时门斗拱比较奇特，明次间补间用四攒，稍门用两攒，稍间斗拱拱长几乎为明次间拱长二倍。拱长不一，不合程序，是一种地方做法。门前后设台阶，中门前后御道设陛石，浮雕双龙戏珠，以山水云朵相衬，行云流畅，波涛汹涌，山势高峻，二龙翻转腾跃，图像生动，雕刻精美，是明初不可多得的石刻佳品。

璧水桥　位于弘道门前，明永乐十三年（1415）添建，用国学辟雍水"壅绕如璧"命名。弘治十三年庙工时于桥上添加石栏，河岸砌石，并砌小墙，清康熙十六年（1677）河岸小墙也改为石栏。桥三座，以砖石券拱。

弘道门　始建于明洪武十年（1377），是当时孔庙的大门，三间。永乐十三年（1415）后成为二门，弘治十三年（1500）庙工时重建，扩成五间，石柱木构。清初名天阶门，雍正八年（1730）清世宗据孔子"人能弘道，非道弘人"语钦名为"弘道门"，雍正七年（1729）、乾隆二十三年（1758）、嘉庆二十一年（1816）、光绪二十三年（1897）均重修。门屋面阔五间，中三间开门。单檐歇山顶，灰瓦绿边，七檩三柱分心式木架，檐下施五踩重昂斗拱。梁枋肥宽，平板枋高狭，都呈清代特点，只有外檐八角石柱侧脚生起，当是明代遗物。

仰高门与快睹门　分别位于圣时门后东西墙上，是孔庙的第二道偏门。始建于明弘治十三年（1500）庙工时，清康熙十六年（1677）、雍正七年（1729）、乾隆二十三年（1758）、嘉庆二十一年（1816）、光绪二十三年（1897）均重修。门屋三间，三门，单檐悬山顶，灰瓦绿边，五檩三柱分心式木架，无斗拱。门原为方便人们拜庙添建，是拜谒孔庙的出入通道，仰高门据颜回赞扬孔子"仰之弥高"命名，快睹门则寓意先睹为快。门匾竖于中门上，字正书，笔势刚健，书体端庄，匾缘云纹，极其简洁，仍显示明代风格。

大中门　始见于金代孔庙图中，是当时孔庙的大门，三间，当是五十代衍圣公于大定年间新建。金末免于兵火，明弘治十三年（1500）庙工时扩建成五间，明天启六年（1626）、清康熙二年（1663）、雍正七年（1729）均重修，乾隆十三年（1748）高宗题写门匾，乾隆二十三年（1758）、嘉庆二十一年（1816）、同治十一年（1872）、民国二十九年（1940）重修。门屋五间，三门、单檐悬山顶，灰瓦绿边，五檩三柱分心式木架，檐下、脊檩下均施一斗三升斗拱，木架纤弱，做法简率，当是清同治十一年重修的遗构，檐柱柱顶石镌宝装莲瓣，构图匀称，当是初建的遗物。

角楼 四座，前两座位于大中门两侧院墙的终端与庙墙交接处，后两座分别建于庙北端东北、西北角。角楼始于元至顺二年（1331），五十四代衍圣公孔思晦奏请依前代故事，起围墙，四隅建角楼，仿王宫之制。明代未见修葺记载，从弘治庙图碑看，角楼位置与今无异，形制亦相似。清康熙二年（1663）曾重修，雍正七年（1729）东北一座重建，其他三座维修，其后乾隆二十三年（1758）维修，嘉庆二十一年（1816）重修。今存角楼平面为曲尺形，三间，每面见两间，单檐，绿瓦歇山顶，五檩二柱通檐式木架，檐下施重昂五踩斗拱。楼下是庙墙转角形成的高台，向庙内一侧有马道供上下。

同文门 始建于北宋初期，是当时孔庙的大门，五间，两侧有回廊，金代成为二门，明代孔庙南拓，门逐渐退居次要地位。清初名参同门，清雍正八年世宗据《礼记》"书同文"钦命为同文门，乾隆十三年（1748）高宗题写门匾。嘉庆二十一年（1816）、同治十一年（1872）、民国十六年（1927）均维修。门独立院中，周无墙垣。门屋五间，中三间辟门，单檐黄瓦歇山顶，七檩三柱分心式木架。脊檩下施一斗二升交麻叶斗拱，檐下设重昂五踩斗拱，明、次、稍间均用补间斗拱两攒，因间宽不同，为使各攒斗拱之间距离相近，设计者就以拱的长短来调节，所以明间斗拱的拱很长，次稍间的很短。特别奇特的是中二柱柱头科，在明间一侧拱长，次间一侧拱短，同一钻斗拱左右不同，是比较罕见的，这是明清时期曲阜一带流行的地方做法。

奎文阁 本名御书楼，过去多认为始建于宋天禧二年（1018），但至道三年（997）就有"曲阜县文宣王庙有书楼而无典籍"的记载，书楼可能始建于太平兴国八年（983）修庙时。从《宋阙里庙制》图看，阁立于高台上，重檐五间，下檐之上有平座，两侧有廊。金明昌六年（1195）扩建，章宗完颜璟赐名为"奎文阁"。"奎"本为二十八宿之一，有星十六颗，"屈曲相钩，似文字之画",古人便认为"奎主文章"。从《金阙里庙制》图看,阁仍为五间,但已成三檐,下檐之上仍有平座,两侧有掖门,门东西有廊。金贞祐二年(1214)兵火毁孔庙,阁幸免于难,元至元三年(1266)权衍圣公孔之全曾修葺。明弘治十二年(1499)庙火犹存,维修时因"规摹不称",为使"与殿等栋宇相埒"撤而新之,扩建为七间,三檐。乾隆十三年(1748),高宗题写阁匾,光绪三十四年(1908)改换为黄瓦。现存建筑为弘治十七年(1504)扩建,面阔七间,进深五间,歇山黄琉璃瓦顶。三重檐,四层斗拱。上层斗拱单翘重昂七踩,承上檐,中层斗拱单昂三踩,承附檐,另一层重翘五踩,承平坐,下层重昂五踩,承下檐。补间斗拱明间为四攒,其他均为二攒,因间阔不同,攒间距离不同,明间、次间的拱长短也不相同,明次间、次稍间柱斗科拱长也不一。内部两层,中夹暗层,为层叠式木构架,上层柱立于下层的斗拱之上。暗层上层柱为通柱,外金柱直达上檐斗拱之下,内金柱(省去了南面明次间的内金柱)高十三米多,直达三架梁之下,童柱立于下层廊的桃尖梁上,穿过平坐,直通上层附檐斗拱之下,平坐斗拱自童柱半身伸出,这些做法在中国古建筑中是不多见的。

  奎文阁掖门 东西各一座,均面阔三间,深二间,单檐硬山顶,灰瓦绿边。掖门始见于金代《阙里庙制》图中,当为明昌扩建奎文阁时添建,明弘治十七年(1504)扩建奎文阁时重建。门五檩三柱分心式木架,无斗拱。现存木架当为弘治遗构,角替短小,柱身粗矮,仍保存着明代特征。

  值房 东西各五间,在奎文阁掖门左右,灰瓦硬山顶,低小狭窄,原是祭祀前族人、礼乐生等斋宿的地方。本为三十间,明弘治十七年(1504)维修,清雍正七年(1729)时已各为五间,西值房重建,东值房维修,改为陪祭官员的斋所。

  洪武碑亭 内立明洪武四年(1371)太祖诏旨碑,始建年代不详,明弘治十二年(1499)庙灾时,"延烧家庙五间……大成门五间,植桧一株,太祖高皇帝诏旨碑文并楼",似当在大成门前,弘治庙工时重新刻碑建亭,移于奎文阁前。据记载,亭二檐,清雍正七年(1729)维修,乾隆二十三年(1758)维修时为布瓦,嘉庆二十一年(1816)上面坍塌,进行拆修,民国十六年(1927)又大修,更换很多木构件。碑亭在雍正时仍为"重复檐歇山转角,上下檐斗科成造",但1927年维修时更换檐椽梁柱等木件,毫未提及斗拱,可能在嘉庆拆修时省去。碑亭方形,每面三间,重檐布瓦顶,无斗拱。亭壁上内外镶嵌十方元、明谒庙诗文题记刻石,亭内还立有四幢谒庙诗碑和一幢祭文碑。

永乐碑亭 内立明永乐十五年(1417)成祖"御制孔子庙碑",重刻重建重修同洪武碑亭,唯清雍正初年亭已不存,雍正七年(1729)重建。碑文赞扬孔子"参天地,赞化育,明王道,正彝伦,使君君臣臣、父父子子、夫夫妇妇各得以尽其分",命有司维修孔庙,"撤其久而新之",以期"作我士类,世有才贤,佐我大明,于万斯年"。

东斋宿 始见于明弘治十七年(1504)修庙记载。《阙里志》说"衍圣公斋居十一间",从弘治庙图碑看,斋居正厅五间,单檐,中三间辟门,南北厢各三间,大门一间,均单檐。康熙二年(1662)重修,康熙末年或雍正初年重修,所以雍正七年修庙时未加修葺,乾隆二十三年(1758)重修,并添建屏门一座。现存东斋宿与《阙里志》记载基本相同,但已非明代原构,是清代官式小式建筑。厅房均为七檩四柱前后廊式木架,正厅檐下施一斗二升交麻叶斗拱。大门内为屏门,七踩二昂斗拱,始建时为金琢墨,龙凤枋心,沥粉大点金彩画。现斗拱为烟琢墨,额枋为小点金。正房、厢房、游廊原来也贴金,彩画规格是很高的,这是因为清圣祖、清高宗致祭时均在此院休息,所以又名驻跸。

西斋宿 建筑年代同东斋宿,原是县官等祭祀前斋居的地方。清康熙二十六年(1687)建筑即已不存,现仅存大门。道光十八年(1838),孔子七十一代孙孔昭熏将庙内宋、金、元、明、清文人谒庙碑一百三十余块集中镶嵌在院墙上,习称碑院,著名的有宋杜衍书札、元郭守敬谒庙题记等。

十三碑亭院 位于奎文阁后,是一处东西狭长的庭院,院内十三座碑亭,南八北五,横向排列,五十余块石碑露天林立,东南西南,各自成区。碑亭院历史上变化比较大,宋代时,院落较小,略成方形,四面有廊,东西廊与中路两庑相连,院中只有两座碑亭。金代东西两廊外移,并添建居仁门、由义门,再外添建了毓粹门、观德门。元代未见变动记载,约大德六年

(1302)、后至元五年(1268)于原碑亭之内靠近轴线处分别添建了一座碑亭。明初，院内增建了洪武、永乐两座碑亭，位置大约靠近大成门，所以弘治十二年(1499)庙火被延烧，迁于奎文阁前重建。弘治修庙或以前，碑亭院还有一点变动，即省去了居仁门、由义门，院落已同现在形制。清代，院内添建了九座碑亭，南排四座，金元碑亭以外每侧各两座，西二座约建于顺治、康熙初年，东二座约建于雍正年间。北排五座，自东至西分别始建于乾隆十三年(1748)、雍正八年(1730)、康熙二十六年(1687)、康熙三十三年(1694)、雍正八年(1730)。碑亭院在宋金时期，四周回廊，两亭对立庭中，布局十分合理，元代于金碑亭之内添建两座碑亭，过于靠近轴线，挡住了正门的视线。清代添建九座，北边一排碑亭占压了东西向通道和金声门、玉振门的甬道，挡住了大成门及掖门的立面，庭院拥挤不堪，空间壅阻不畅，完全破坏了旧有布局。碑亭形式大同小异，重檐歇山，黄琉璃瓦顶，平面呈方形，三间见方，明间开敞，稍间砌墙。其中两座为金代遗构，一座为元代遗构，其他十座均为清代建筑。亭内存唐、宋、金、元、明、清、民国石碑五十余块。

　　金代碑亭　两座，即南排东起第三座和西起第三座。碑亭始见于宋代庙图，单檐，十字脊，悬山顶，金代庙图中成为重檐歇山顶。金末幸免于兵火，明洪武十年(1377)、弘治十七年(1504)、清康熙二年(1663)均重修.雍正七年(1729)大修，角柱均改为石柱(旧料)，修理添换了斗拱、梁枋等，更换了部分桁椽，亭顶由灰瓦绿边改为全部绿色琉璃，是碑亭建成后最大规模的维修。亭顶在道光四年仍为绿瓦，可能是嘉庆或同治修庙时改为黄色琉璃。亭结构大致相同，重檐，上下檐均施斗拱，明间补间两朵，稍间不用。下檐五铺作，单抄单下昂，重拱造，外跳计心，里跳偷心，昂尾施于串枋上，上承重拱，拱承承椽枋。上檐六铺作，单抄双下昂，里跳减一抄，重拱计心造，昂尾直接承托屋盖干架的枹枋。斗拱的瓜拱、令拱、慢拱长度依次递增，阑额高瘦，普柏枋扁宽，都显示着宋式建筑的特点。这两座碑亭可能建于金明昌二年至六年(1191—1195)的大修工程中，是孔庙现存最古老的建筑。东亭内存三碑，一为吕蒙正撰《大宋重修兖州文宣王庙碑铭》，白崇矩书丹并篆额，宋太平兴国八年(983)刻，碑阴刻蒙古杨奂等八则题记等。一为党怀英撰文、书丹并篆额的"大金重修至圣文宣王庙碑",金明昌六年(1195)立,碑阴刻元好问、杨奂、郝经等金、元题记、题诗等十六则。三为刘翊撰"大明重修宣圣庙记"碑,明弘治元年(1488)立。三碑均是研究孔庙修建历史的重要史料。西亭存四碑,一为"大唐赠泰师鲁先圣孔宣尼碑",隶书,孙师范书,崔行功撰文,唐总章元年(668)立,碑阴刻武德九年(626)太宗封孔嗣悊为褒圣侯诏书、乾封元年(666)追赠孔子太师诏书、乾封元年遣扶余隆致祭曲阜孔庙祝文、皇太子李弘请立碑孔庙奏文等;二为"鲁孔夫子庙碑",李邕文,张庭珪书,隶书,开元七年(719)立。碑阴及两侧满刻唐、宋、金、元、明、清六代题记二十三则,元代墨书二则。二碑对研究唐代思想史、孔庙史具有很大价值,书法艺术水平也很高。其他二碑为元碑,刻皇帝遣官致祭祝文等。

大德碑亭 即南排东起第五座,始建于元大德六年(1302),几经修建,已经全失元代风格。下檐为五踩重昂溜金斗拱,上檐为五踩重昂斗拱,后尾全偷心,不用斗,明间补间斗拱两攒,布置虽然疏朗,但用料细小,呈现出晚清风格。亭内现存六碑,主碑为大德五年"大元重建至圣文宣王庙之碑",阎复撰文,刘赓书丹,刘慜篆额。

至元碑亭 即南排东起第四亭,始建于元惠宗至元五年(1339),明洪武十年(1377)、弘治十七年(1504)、清康熙二年(1663)均维修。清雍正七年(1729)大修,修补了金柱,添补了所有斗拱,亭顶由绿瓦剪边改为绿色琉璃。亭顶约与金碑亭同时改为黄色琉璃。碑亭重檐,上下檐均施斗拱,明间补间三朵,稍间不用。下檐斗拱五铺作双下昂,上檐斗拱六铺作单抄双下昂,但都为假昂,昂嘴弧形,下皮线向上弯曲,也是比较独特的做法。亭内现存八碑,重要的有:元武宗加封孔子为大成至圣文宣王诏书碑,汉文、八思巴文逐字对刻;欧阳玄撰文"大元敕修曲阜宣圣庙碑",巎巎书丹,张起岩篆额,至元五年(1339)立;元崇奉颁诏碑,全为八思巴文;清同治十一年(1872)丁宝桢立"重修至圣庙碑记"碑,碑阴刻光绪二年(1876)"续修至圣庙碑",都具有很高的史料价值。

清御制碑亭 五座,均位于北排。西起第二、第三座分别始建于康熙三十三年(1694)、二十六年(1687),初为绿琉璃瓦,雍正二年(1724)孔庙雷火时被延烧,雍正庙工时重建。西起第一、第四亭为雍正修庙时新建,第五亭为乾隆十三年(1748)新建。五亭因存御制碑,规格等级高,斗拱下檐用五踩重昂,上檐用七踩单翘重昂。明间施平身科四朵,亭内有天花,彩画用沥粉金云龙。亭内各存一碑,西一为雍正八年(1730)遣皇五子弘昼御祭碑;西二为康熙三十二年(1693)"大清皇帝御制重修至圣先师孔子庙碑",朱镐篆额;西三为康熙二十五年(1686)"大清皇帝御制阙里至圣先师孔子庙碑",圣祖御书,朱汉雯篆额;西四为雍正八年(1730)"大清皇帝御制重修至圣先师孔子庙碑",张照篆额;东为乾隆十三年(1748)"大清皇帝躬诣阙里孔子庙庭御制碑",汪由敦篆额,高宗御书。

  清遣官致祭碑亭 四座,即南排西起第一、二座及东起第一、二座。西二亭建于康熙二十六年(1687)前,东二亭当为雍正间所建。西二亭雍正二年(1724)庙工时拆卸重建,并将绿瓦改为黄瓦。其后维修与御祭碑亭相同。碑亭因存遣官致祭碑,规格较御制碑较低,所以虽然也为重檐歇山顶,但均无斗拱,彩画也仅为雅五墨。

  毓粹门与观德门 分别位于十三碑亭院东西墙上,是孔庙的第三道侧门。门始见于金代庙图中,三间单檐,当为金明昌二年(1191)庙工增建。金末幸免于火,元初犹存,明弘治十七年(1504)以来多次重修,光绪三十四年(1908)改为黄瓦。现存门屋均为五檩三柱分心式木架,无斗拱,进深两间,面阔三间,明间辟门,稍间砌墙,柱有侧脚,额枋略有升起,仍保持着早期建筑的特点。

  大成门 原名仪门,宋崇宁三年(1104)因大成殿而得名。北宋时,门三间,立于台基之上,单檐,檐下有斗拱,两侧有廊与两庑相连,并向外延伸,分别与西庙墙和东院墙相接。金代重修时于门两侧添建掖门,金贞祐二年(1214)被焚。元大德六年(1302)重建,"转裹五间,周围亦皆石柱,基高一丈,殿门皆琉璃沿裹,碾玉桩饰"。明弘治十二年(1499)火后重建,屋顶为绿色琉璃。雍正二年(1724),大成门再次被焚,七年(1729)重建落成,屋顶改为黄色琉璃,柱子门扇槛框朱红油饰,枋心沥粉金云龙地伏五色妆颜彩画,斗科金琢墨,重建用银一万三千余两。现存门屋面阔五间,进深两间,单檐黄瓦歇山顶,七檩三柱分心式木架,檐下用五踩重昂溜金斗拱,金龙和玺彩画。擎檐为石柱,明间前后石柱高浮雕①二龙戏珠,其余为八棱石柱,减地平钑②小幅云龙。高浮雕石柱云朵线条流畅,龙猪嘴,姿态生动,可能是明代遗作。清雍正修庙预算中曾有重刻大成门龙柱的造价,恐没有全部重新刻制。浮雕石柱祥云飘逸,波涛激射,龙躯夭矫自如,龙鬣随首飘拂,充满了动态美,恍如二龙飞腾嬉戏于云水之间。门上悬"大成门"竖匾,两侧悬"先觉先知为万古伦常立极、至诚至圣与两间功化同流"对联,清世宗雍正七年(1729)题书,匾联木雕贴金,高浮雕云龙。大成门立于台基之上,石须弥座,束腰部分所刻卷草和圭脚部分所刻云纹构图匀称,线条圆和,当是明代所刻。门前后各有六级台阶,中用陛石,浅浮雕云龙山水,雕刻非常精美。大成门两侧有掖门,各三间,并非独立,而与两庑连檐,这样既突出了大成门作为正门的地位,又避免了单立门屋缺少整体联系的弊病,处理方式非常巧妙。

  金声门与玉振门 大成门的东西掖门,始见于金代庙图,明弘治庙工时重建,位置较金代外移,与今存形式相同。清雍正二年(1724)火后重建,屋顶改为黄瓦剪边,前后檐头用石碾玉大点金彩画。门屋三间,一门,分别与东西庑连檐,三柱七檩分心式木架,檐下用一斗二升交麻叶斗拱,雅五墨彩画,加黄线。

  杏坛亭 专为纪念孔子办学设教建造的纪念物。宋天禧五年(1021)因大殿旧址改建为坛,三层台。金代始于台上建亭,单檐,似为十字脊,四面悬山。明隆庆三年(1569)重建,增置石槛重檐。清雍正二年(1724)幸免于庙火,光绪三十四年(1908)改换为黄色琉璃瓦顶。现存建筑为隆庆遗构,平面正方形,四面敞开,每面三间。每面中柱为石柱,金柱为木柱,用料粗大,角柱也为木柱,但砍作八角形。屋盖十字结脊,四面悬山,重檐,上下檐均为五踩重昂斗拱,明间用补间斗拱三攒。亭内上下檐均用天花,上层天花中心用斗八藻井,细小斗拱装饰,纤巧可爱。枋梁大木为金龙和玺彩画,斗拱金琢黑。坛基两层,上层用石栏杆,南面八根栏柱下用螭首,异常

---

① 高浮雕:镌刻做法,将图形周围的石面剔去,使图形高出五、六厘米甚至十厘米以上。
② 减地平钑:镌刻做法,在石平面上阴刻线条图形,将图形以外的石面浅浅砍去一层,使图形更加明显。

美观。东南西北每面都有踏跺,刻圭角形云纹。亭内存有金党怀英篆书"杏坛碑"和清高宗御制"杏坛赞"碑。

大成殿 孔庙的主殿,供奉孔子的塑像,进行祭祀活动。唐代时为五间,约在今杏坛处。宋天禧五年(1021)大修孔庙,移于今处,并扩建为七间重檐,两侧建廊与两庑相连。崇宁三年(1104)徽宗赵佶取《孟子》"孔子之谓集大成"语"诏名文宣王殿曰'大成'",政和四年(1114)并自书写殿额颁予曲阜孔庙。北宋末年,孔庙被焚,金皇统九年(1149)重建。仍为七间重檐,但两侧改为斜廊与两庑相连,"殿庑皆以碧瓦为缘,外柱以石,刻为龙文"。贞祐二年(1214)焚于兵火,元大德四年(1300)重建,明成化十九年(1483)扩建为九间,"柱石镂以龙凤之形,轮奂绘以金碧之色"。弘治十二年(1499)被焚,十三年重建,清雍正二年(1724)雷落大成殿再次被焚,三年重建,八年秋落成,仍为九间,屋顶黄色琉璃,不计瓦件,用银五万五千多两。

为了突出孔子的崇高地位,大成殿被建成全庙最高的建筑物,无论瓦色、开间、彩画都是最高规格。殿高 24.8 米,面阔九间,45.69 米,进深五间,24.85 米,重檐九脊,黄瓦歇山顶,金龙和玺彩画。大成殿下檐为七踩单翘重昂斗栱,施于外围回廊石柱以上;上檐为九踩单翘三昂斗栱,施于中围金柱之上。补间斗栱明间用四攒,次稍间用三攒,下檐尽间用一攒。殿内内额坊及内小额坊之间为一斗六升斗栱,内额枋上用以承托天花者为七踩品字斗栱,但金柱纵缝上斗栱仅露明一面出踩,隐入天花一面斫齐,不加卷杀。斗栱用材很大,规格很高,平身科斗口平均 12.5 厘米,比故宫太和殿的斗口 9 厘米还大,这种相当于清代《工程做法》的四寸斗口,一般只用于城楼而不用于殿堂,这是一个比较少见的例子。

殿基高 2.1 米,重层石阶,前与站台相连,后与寝殿相连。殿基为须弥座,两层栏杆,上层为火焰宝珠柱顶,下层为重层覆莲瓣柱顶,柱下有螭首外探,雕刻古拙,连同踏道云龙山水御道,多是明代遗物。大成殿雄峙高台上,加之回廊围绕的建筑形式,益发显得雄伟壮丽。殿的柱、架简洁整齐,柱网由外、中、内三圈柱列形成。外围为二十八根石檐柱,高近 6 米,围绕为廊,承下檐斗栱及围廊天花;中圈为十六根木金柱,高约 15 米,承上檐斗拱及殿内外槽天花；内圈为十六根木内金柱，高约18米，承殿内槽天花，殿内正中为斗八藻井。檐柱用石，是本地建筑的一个特点，在曲阜比较普遍。但大成殿的石檐柱最有代表性。檐柱均以整石刻成，高约6米，前檐十根为高浮雕，直径80厘米，两山及后檐十八根为减地平钑，直径75厘米。减地平钑刻小幅团龙，石柱八面，每面九条，每柱七十二条，并衬以云朵。高浮雕刻二龙戏珠，一为升龙，一为降龙，上下对翔，盘绕升腾。龙周遍刻云朵，柱下端刻山石波涛，雕刻极深，几成圆雕，二龙宛如腾海升空，穿云飞翔。十根龙柱图案各具变化，两两相对，无一雷同，造型优美生动，雕刻玲珑剔透，刀法刚劲有力，龙姿栩栩如生，是我国罕见的石刻艺术品。大成殿用刻龙石柱始于金代，明弘治庙火后征调徽州工匠重刻，清雍正二年（1724）火后又重刻，从《孔府档案》记载看，清代高浮雕龙柱每根价银九十一两一钱八分，减地平钑石柱每根价银六十八两八钱二分七厘，莲花柱础每个价银二十两，从雕刻风格看，今存龙柱当为雍正年间重刻。

殿内悬挂着清康熙二十三年（1684）御书"万世师表"，清乾隆三年（1738）、十三年、三十六年分别御书"与天地参"、"时中立极"、"化成悠久"、仁宗嘉庆四年（1799）御书"圣集大成"、宣宗道光元年（1821）御书"圣协时中"、文宗道光三十年（1850）御书"德斋畴载"、穆宗同治元年（1862）御书"圣神天纵"、德宗光绪十四年（1888）御书"斯文在兹"九块匾额，明间前后内金柱上分别悬挂清高宗乾隆十三年（1748）御书"觉世牖民诗书易象春秋永垂道法；出类拔萃河海泰山麟凤莫喻圣人"、"气备四时与天地鬼神日月合其德；教垂万世继尧舜禹汤文武作之师"对联。明间正中为孔子塑像，冕十二旒，服十二章，手执镇圭，东西两侧分别为颜回、子思、曾参、孟子四配塑像，再外两侧分别为闵损、冉雍、端木赐、仲由、卜商、有若和冉耕、宰予、冉求、言偃、颛孙师、朱熹十二哲塑像，手执躬圭，冕九旒，服九章，玄衣纁裳。孔子为一龛，四配十二哲均二人一龛。龛均为木雕，贴金彩绘。明间前金柱上悬挂清世宗雍正七年（1729）御书"德冠生民溯地辟天开咸尊首出；道隆群圣统金声玉振共仰大成"对联，上悬雍正四年御书"生民未有"匾额。

两庑　位于大成殿东西两侧，供奉孔子弟子及历代先贤先儒，两庑连同转角掖门共一百间,每侧正面均为四十间,长近170米,象征着儒家思想的源远流长。唐贞观二十一年(647)始以先儒左丘明等二十二人配享孔庙,开元八年(720)又以孔子弟子七十二贤从祀,那时孔庙就有两庑之设,供奉先贤先儒,"图绘于壁上"。宋代时,两庑北端分别与寝殿两侧的泗水侯殿、沂水侯殿相连,与寝殿行廊相接,南接书楼行廊,与寝殿、大成殿、仪门、书楼及两侧行廊构呈"且"字形。宋末被毁,金正隆元年(1156)重修,明昌二年(1191)改两庑画像为塑像。从金庙图看,两庑又名东贤廊、西贤廊,北端与宋代相同,但南端只接大成门行廊。金贞祐二年(1214)兵火,两庑也被焚,元大德四年(1300)才"照已拟间座起盖",六年九月完工,"碾玉妆饰七十二贤廊"。此时两庑的间数,从明洪武七年(1374)修庙奏疏看,当均为三十三间。洪武十年(1377)重建东庑,永乐十年(1412)重修。弘治十二年(1499)火灾报告却说东庑二十八间,当是计算方法不同所致。弘治十七年(1504)重建落成,清雍正二年(1724)被焚,七年重建落成。今存两庑为雍正重建遗构,"连转角共八十八间,各面阔五十一丈九尺三寸。前檐柱高一丈六寸,后檐柱高一丈一尺一寸五分",当是依循弘治旧制,连同寝殿掖门、大成门掖门也是共一百间。两庑供奉从祀先贤先儒木主,祭祀规格较低,因此建筑规格也较低,木架用七檩四柱前后廊式,前为廊,用一斗二升交麻叶斗拱,屋顶用绿色琉璃,而以黄色琉璃剪边,彩画用雅五墨,前檐头原为大点金,现为雅五墨加黄线,是殿庭院落中规格最低的建筑。

  寝殿　位于正殿庭院的北端,是供奉孔子夫人的专祠。夫人为宋国人,她的姓氏汉碑作并官氏,后人作亓官氏。大约在孔子十九岁时结婚,孔子六十六岁时去世。汉魏南北朝时与孔子同室祭祀,宋大中祥符元年(1008)追封为郓国夫人。天禧修庙时,增大殿像,时为重檐,阔五间,两侧有行廊与两庑相连。宋末金兵南下时被焚,金大定十八年(1178)重建,有司吝于出纳,欲"破广为狭,刬崇为卑",五十代衍圣公孔捴另筹经费,并率庙丁到东蒙山采树,终于恢复旧制。从庙图看,殿前有廊与正殿相连,采用了宋金时期盛行的工字殿形式。贞祐二年(1214)庙火,寝殿也被焚,元定宗三年(1248)恢复寝殿,但改为正殿使用,供奉孔子、十哲神像。大德六年(1302)重建大成殿后,"黼座既迁,更塑郓国夫人于后寝"。当时的寝殿,左右仍有十八间回廊,但到明洪武七年(1374)时回廊已废坏无存。成化十九年(1483)大扩庙制,寝殿扩建为七间,弘治十二年(1499)被焚,十七年重建落成。清雍正二年(1724),殿又一次被焚,八年重建落成,估价二万七千六百多两白银。今存寝殿即为雍正所重建,1925年揭瓦大修改为全黄瓦,殿重檐九脊,黄瓦歇山顶。面阔七间,进深四间,周为回廊,有八角形镌花石檐柱二十二根,满镌减地平钑小幅凤凰牡丹图案。殿基高2.06米,南面为须弥座,石栏杆两层,前有平台与大成殿殿基相连,呈工字形平面,后面及两山为普通台基,也无栏杆,这是一种少见的处理方式,寝殿的木架形式是由殿堂分心槽式发展而来的,三柱分心,外加一周回廊。在殿中心正脊下纵向加一列中柱的木架形式,一般只用于门屋,中柱一列便于安装门扇,而很少用于殿堂,因为它不利于建筑空间的使用,观瞻效果不佳,寝殿是一个比较特殊的例子。殿的斗拱比正殿低一等,上檐为七踩单翘重昂,下檐为五踩重昂。明间补间四攒,次、稍间三攒,下檐尽间一攒。彩画为龙凤和玺,枋心绘龙,天花绘凤,俱沥粉贴金。殿中置木刻神龛,供孔子夫人神位,有砖刻须弥座,为雍正年间所刻。

圣迹殿　明万历二十年(1592),山东巡按御史何出光为保存《圣迹图》而创建。殿面阔五间,深三间,单檐绿瓦歇山顶。彩画为旋子大点金,木架为七檩四柱前后廊式,檐下用五踩单翘单昂斗拱,明间补间六攒,次、稍间四攒。昂嘴下刻出华头子线道,平板枋略宽于额枋,额枋高而瘦,都保存着明代的手法,但经多次维修,有些构件被更换,造成细部式样参差不一,坐斗斗欹或无颛,或有颛,瓜拱、厢拱相互错用。殿内保存石刻《圣迹图》和晋顾恺之、唐吴道子所绘孔子像的宋代石刻,清康熙、乾隆皇帝御制石碑等。

承圣门　东路的大门。孔庙三路之设始于宋代,东路自奎文阁以东起,有斋厅、斋堂、宅厅之设,主要供孔氏族人斋居、讲书、接待宾客之用。金代略有变化,南自大成门以东起,有斋厅、金丝堂、家庙等建筑。明弘治修庙后,东路有诗礼堂、家庙、神厨等建筑,功能已不同于宋代,分别供讲书、习礼、宣训族规、家祭、制作祭品所用。清雍正元年(1723)改家庙为崇圣祠,祭祀孔子上五代先人及大成殿四配等圣贤之父,功能大变,以显示报功崇德推恩先人为主。东路南起承圣门,北至家庙,与正殿殿庭等长,分别以诗礼堂、崇圣祠、家庙三座主要建筑构成三进庭院。东路大门始建于宋代，单檐三间，两侧有廊，金代名燕申门，雍正七年（1729）诏改名为承圣门，是年维修彩画，枋梁大木用雅五墨，斗拱用烟琢墨。承圣门三间三门，五檩三柱分心式木架，檐下施三踩单昂斗拱，悬山顶，灰瓦，以绿瓦剪边。檐柱有侧脚，肥短粗壮，额枋高瘦，平板枋扁宽，斗拱用假昂尾，不与昂嘴相连，昂嘴下有的刻华头子线道，柱斗科上的梁头与梁齐平，略高于蚂蚱头，平身科用两朵，疏朗简洁，脊檩两侧用叉手，都呈现着早期建筑的特征。

诗礼堂　始建于宋代，本是宋真宗大中祥符元年（1008）拜谒孔庙驻跸之所，"诏去其吻，许本家为厅"，供孔氏族人祭祀时斋居，并做讲学之用。时为单檐三间，穿心有廊，与斋堂相连，呈宋代常用的工字形平面。金代重建，两侧加廊，但省去了穿堂。明弘治时已名诗礼堂，是为纪念孔子教育儿子孔鲤学《诗》学《礼》命名。弘治十七年（1504）因东庑东迁，"稍迁而东"重建，次等青绿彩画，绿色琉璃屋顶。清康熙十六年（1677）维修，重新油漆彩画，外檐枋桁为大点金，斗拱为金琢墨。堂面阔五间，进深三间，南面敞开，不设门窗。屋盖为绿瓦紫心悬山顶，彩画为雅五墨，檐下点金，木架为九檩前后廊式，比例纤细，前檐下用一斗二升交麻叶云斗拱，斗欹无颤。清代时诗礼堂功能有所改变，祭祀前在此演礼，康熙、乾隆皇帝祭祀孔子时又在此听孔子后裔讲解儒家经书。堂内明间正中上悬两块匾额，上为清乾隆十三年（1748）高宗在此堂听孔子后裔讲经后对衍圣公孔昭焕等孔氏族人的谕示，赞扬孔子思想"至圣之道，参天地，赞化育，立人极，为万世师表"，要孔子后裔"务学道敦伦，修身慎行，克秉先师之彝训"，下匾为高宗御题"诗礼堂"。原还有"则古称先"额和"绍绪仰斯文识大识小；趋庭传至教学礼学诗"对联。院中有古槐一株，银杏二株，习称唐槐、宋银杏，密叶蟠空，为院生色不少。堂后有故井、鲁壁。

礼器库　位于诗礼堂东侧，是存放祭祀礼器的地方。始见于金代庙图中，位于庙宅门内，为东厢房，五间，单檐，位置约在今故宅门内偏东。明洪武十年（1377）时名庙库，弘治十七年（1504）重修孔庙后，位置已在今处。礼器库面阔九间，中间辟门，是由孔子故宅门进入孔庙东路的通道。进深三间，西为廊，施一斗二升交麻叶云斗拱。屋架为五檩四柱前后廊式，顶为灰瓦绿边，硬山顶。室内有"礼器赞"碑，西廊下有"故井诗"碑，均为清高宗御制。

故宅门赞碑亭 一间见方，单檐歇山顶，黄瓦，木架，檐下施一斗二升交麻叶斗拱。亭内立清高宗乾隆十三年(1748)撰书"故宅门赞"碑，亭也当为是年所建。

崇圣祠 西值大成殿。宋代时，此处为斋堂，金代为金丝堂，弘治十七年(1504)重建后为家庙，从庙图看，为单檐庑殿顶。殿内供奉孔子夫妇和儿子孔鲤夫妇、孙子孔伋夫妇及四十三代孙、孔氏中兴祖孔仁玉夫妇，是衍圣公举行家祭的地方。清雍正元年(1723)，世宗追封孔子上五代先人为王，将旧家庙改为崇圣祠以供祭祀。雍正二年(1724)，孔庙火灾报告说："新建崇圣祠……幸得无恙"，近人多将崇圣祠建筑年代定为雍正二年。其实，雍正二年(1729)改崇圣祠，并非重建，只是"将神牌祭器等项修制"。所以到雍正七年大修孔庙时，屋面要"拔草捉节，夹陇齐檐，添补瓦片"。今存建筑面阔五间，进深三间，单檐绿瓦庑殿顶，旋子大点金彩画。木架为九檩四柱前后廊式，檐下斗拱为五踩重昂，明次间补间四攒，稍间两攒。前有廊，后檐柱至后金柱进远过前廊，是为了在后廊安置神龛，所以前廊用单步梁，后廊用双步梁。前金柱直支老檐枋下，后金柱直支下金枋下。前檐柱为石柱，中二根为高浮雕蟠龙，傍四根为减地平钑花卉，刻牡丹、菊花、荷花、西番莲等。高浮雕龙柱线条流畅，构图和谐，龙嘴猪形，龙鬣前伸，颈细身粗，都呈现出明代中期的特征，当为弘治十三年(1450)修庙时所刻，殿内正中奉祀孔子五世祖肇圣王木金父，东祀高祖裕圣王祈父、祖父昌圣王伯夏，西祀曾祖诒圣王防叔、父启圣王叔梁纥，两侧分别以颜无繇(颜子之父)、孔鲤(孔伋之父)、曾点(曾参之父)、孟孙激(孟轲之父)配享，再外两侧分别以周辅成(周敦颐之父)、程珦(程颢、程颐之父)、蔡元定(蔡沈之父)和张迪(张载之父)、朱松(朱熹之父)从祀。殿独立成院，前有院门三座，砖墙承重，木过梁，中门为绿瓦歇山顶，掖门为灰瓦硬山顶。

家庙 孔子长孙家祭的专祠。宋代孔庙就建有家庙，是一处独立的小院，位置约在今土地祠处，仅有三间正房，一间正门。金代亦然，但位置南移于今家庙处。明代家庙仍位于正殿之东，弘治十二年(1499)雷落家庙，引起正殿殿庭被焚，重建后的家庙即今崇圣祠，规格较高。清雍正二年（1724）家庙改称崇圣祠后，于今址新建家庙。家庙面阔七间，进深三间，灰瓦绿边，硬山顶，雅五墨彩画，木架为七檩四柱前后廊式，前为廊，不施斗拱，脊桁下以叉手支撑，梁枋瘦小。院前三门，砖墙承重，均为灰瓦硬山顶。

  启圣门　西路正门。西路南起启圣门，北至启圣寝殿，与正殿殿庭院等长，分别以金丝堂、启圣殿为主体构成两进庭院。西路之设始于宋代，主要功能是祭祀孔子父母，当时规制略简于东路，只有孤立的一座门，三座殿堂——齐国公殿、鲁国太夫人殿、五贤堂。金代规制大变，成为一个独立的庭院。正门两侧有廊，西面不再借用庙墙，于庙墙内建廊，北面也建廊，东面仍借用正殿西庑，轴线上仍建齐国公殿及鲁国太夫人殿，五贤堂移建于西廊为西厢房，齐国公殿以西添建毓圣侯殿。五贤堂本为宋景祐二年（1035）孔道辅添建，祭祀孟子、荀子、扬雄、王通、韩愈五人，毓圣侯殿当为宋皇祐二年（1050）后添建，是年仁宗封尼山山神为毓圣侯，当建祠奉祀。毓圣侯殿明弘治十二年（1499）被焚，五贤堂也被省去，改建为金丝堂。今存规制即为明弘治十二年（1499）布置，只雍正七年（1729）添建了礼器库。启圣门始见于宋庙图，三间单檐，位置在今门处稍前，金代移于今处。门名始见于明弘治大修孔庙记载，"燕申、毓粹、启圣、观德四门仍旧"。今存启圣门三间三门，形制结构与承圣门相同，年代当亦相近。

  金丝堂　始见于金代庙图，单檐、三间，位于东路斋厅之后，即宋代斋堂之处，当是根据鲁恭王拆除孔子故居、闻金石丝竹之声而发现古文经书命名的。明洪武七年（1374）时，"金丝堂五间"已"废坏不存"，至宣德九年（1434）工部侍郎周忱及苏州知府况钟等捐俸重建，弘治十七年（1504）庙工时移往孔庙西路，清雍正二年（1724）被焚，七年重建落成。堂面阔五间，中三间辟门，稍间安槛窗，进深三间，绿瓦悬山顶，七檩前后廊式木架，檐下用一斗二升交麻叶云斗拱，雅五墨彩画。堂的主要功能是祭祀前演习乐舞，祭祀后合族燕享，为便于活动，堂内省去了明间南面二金柱。

  乐器库　面阔九间，中间辟门；进深一间，前有廊，硬山顶，灰瓦绿边，檐下用一斗二开交麻叶云斗拱，雅五墨彩画。乐器库建筑年代较晚，雍正七年（1729）为保存康熙皇帝赐予孔庙的中和乐器奏请皇帝同意添建。

启圣王殿　又名启圣祠,是奉祀孔子父亲叔梁纥的祠堂。宋初孔庙即有叔梁纥专祠,宋大中祥符元年(1008)真宗祭祀孔庙,曾幸祠堂,并追封叔梁纥为齐国公。从宋庙图看,齐国公殿位于孔庙西侧,约在今金丝堂稍后,三间,单檐,有廊与夫人殿相连呈工字形。金正隆二年(1157)、元至元三年(1266)均重修,至顺元年(1330)叔梁纥被加封为启圣王后改称启圣王殿。明初时,殿五间,歇山转角。弘治十二年(1499)被延烧,十七年重建,五间,庑殿顶,清雍正二年(1724)被延烧,七年重建。今存建筑即为雍正重建遗物。形制构造与崇圣祠基本相同,但前檐石柱为雍正间重刻,不如崇圣祠石柱雕刻水平高。殿内中置神龛,供奉叔梁纥塑像,冕九旒,服九章,手捧躬圭。

启圣王寝殿　祭祀孔子母亲颜徵在的专祠。颜徵在于宋大中祥符元年(1008)被追封为鲁国太夫人,与齐国公同殿祭祀,庆历八年(1048),四十五代孙孔彦辅被旨监修祖庙,奏准"迁于后殿奉安",始有专祠。从庙图看,三间,单檐。元至顺元年(1330)被追封为启圣王夫人,改称启圣王夫人殿。明天顺四年(1460)殿圮毁,六十一代衍圣公孔弘绪"撤旧而新之",将启圣王殿重建,穿心有廊,以通前后。弘治十七年(1504)庙工后,"寝殿三间,原移过,从新盖瓦,油漆彩画",不知何时移往何处,又自何处移建于今处。清雍正二年(1724)免于火灾,今存建筑与雍正时记载相同,灰瓦绿边单檐悬山顶,七檩四柱前后廊式木架,檐下施五踩重昂斗拱。

神庖与神厨　是祭祀前准备祭品的地方。明洪武十年(1377)庙制分别位于寝殿之后,弘治十七年合二为一,移于寝殿之东,今崇圣祠之后。从庙图看,正房两厢各七间,大门三间。神厨、神庖分建和移于今处时间不详,但雍正七年(1729)时神庖、神厨形制已经与今制相同,重修时,神庖正房、西厢已倒坏,神厨两厢歪斜,俱拆卸重新盖造,可见,神庖、神厨最迟是清初分建的。神庖、神厨分别位于后院的东北角、西北角,各有正厅五间,两厢各五间,大门一间。大门为灰瓦悬山顶,五檩分心式木架,用一斗二升交麻叶斗拱。正、厢房均为灰瓦硬山顶,五檩三柱式木架,无斗拱。

后土祠　供奉孔庙土地神主,位于圣迹殿东南,与焚帛所东西相对,也是一处独立的小院。后土祠,始见于金代庙图,位于寝殿之北偏东,是一处独立的庭院,正房、两厢各三间,门一间。明弘治大火后,土地祠位于今处,但仅为孤立的正房。清雍正七年(1729)重修后成独立院落,形制与今存相同。正房三间,灰瓦硬山顶,七檩四柱前后廊式木架,前为廊。门一间,砖墙承重,木过梁,灰瓦硬山顶。

焚帛所　祭祀时迎神后瘗埋牺牲毛血、送神后焚烧香帛之处。位于圣迹殿西南、神厨东南,是一处院墙围绕的空院,院内设瘗坎与焚帛池。前辟门,砖墙承重,木过梁,灰瓦。焚帛所始见于明洪武十年(1377)庙制,位于寝殿后,弘治后位于今处,形制与今相同。

钟楼　位于阙里街中部,西接孔庙东南角楼。钟楼始见于明弘治修庙之后李东阳所撰《重修阙里庙图序》,"在右为钟鼓楼,与角楼而六"。清初已废,后名端门,是为迎合汉儒神化孔子西狩获麟"天下血书鲁端门"[①]命名的。今存钟楼单檐悬山顶,灰瓦绿边,五檩二柱木架,无斗拱。三间,明间敞开,不设门,次间不设窗。内置铜、铁钟各一,铜钟为明嘉靖元年(1522)山东巡抚陈凤梧造。楼下为砖砌高台,高5.6米,南北向辟券门一洞。台无马道,借用孔庙东南角楼马道上下。

鼓楼　位于毓粹门之东。始建于明弘治年间,清中期以后毁于大火,同治十一年(1872)重建。楼高约16米,面阔五间,深三间,周为回廊,重檐歇山顶,绿瓦,前后廊式木架,无斗拱。楼下为砖砌方台,中间辟东西向券形拱门一洞,台南侧设马道供上下。台上楼内置大鼓,供孔庙祭祀和平时报时用。

第三节　孔　　林

孔林是孔子及其后代的墓地,在孔子被封为文宣王后称宣圣林,改封至圣先师后随之改称至圣林。

---

① 《春秋公羊传注疏·哀十四年》何休注,《四库全书》第145册。

一、修建历史

鲁哀公十七年(前479),孔子去世,"葬鲁城北泗上",埋葬在鲁国都城北面的泗水边上,墓冢封成偃斧形,高四尺,弟子们在冢前以砖瓦砌成祠坛,方六尺,仅与地平,并无祠堂等奉祀建筑。

汉武帝罢黜百家、独尊儒术后,孔子林墓受到国家的重视。为褒扬圣道,历代王朝相继修坟植树,增拓墓园,添加建筑,设官守卫,使孔林成为世界上历时最久的家族墓地。东汉永寿三年(157),鲁国国相韩敕始于孔子墓前建神门一间、东南建斋厅三间,形制初备,并设洒扫户人,"复民吴初辈若干户给扫除"。建宁二年(169),鲁相史晨为设守墓官吏,"月与佐除"。汉末,孔林面积已有一顷,并有数百株相传孔子弟子们亲手栽植的树木。

南朝宋元嘉十九年(442),拨给鲁郡上民孔景等五户长供洒扫,禁止在林内刍牧,并添植松柏五百余棵。北朝时,连年争战,孔林也受到破坏,林内树木"无复余条矣",仅有五十余座墓葬,"人名昭穆,不可复识,有铭碑三所,兽碣俱存"①。北魏太和十九年(495),孝文帝元宏到曲阜祭祀孔子,"诏兖州为孔子起园栽柏,修饰坟垄",逐渐恢复孔林旧规。

隋朝以后,历代朝廷非常关心孔子墓园的守护。唐太宗拨给二十户奉守林庙,懿宗拨给五十户长供洒扫。宋景德四年(1007)诏增十户守护,大观元年(1107)禁止樵采林木,并悬赏十贯奖励告发、捉拿破坏林木者。宣和元年(1119)"有司请于朝,命工镌刻石仪,五年立于墓所",经朝廷批准,为孔子墓刻立了石表一对、石兽二对、石人一对,形成墓道轴线。金代又绕孔子祖孙三代墓添建围墙,增建享殿、思堂等建筑。元至顺二年(1331),五十四代孙、曲阜县尹孔思凯认为"樵牧难禁","始作周垣,建重门",于孔林周围创设围墙和两重林门。

明代是孔林的大发展时期,面积扩至一千八百亩,并增加了许多新建筑。洪武十年(1377),曲阜人居文约等人将林外自有土地五十六亩捐赠为林地。永乐二十年(1422)五十九代衍圣公孔彦缙重建斋厅,二十一年曲阜

---

① 《水经注》,《四库全书》第573册。

县尹孔克中捐资募众重修并增拓围墙,林墙周长已达十余里,添建林门木坊,"建铺舍以居巡卫者"。弘治七年(1494),六十一代衍圣公孔弘泰重修享殿、林墙、驻跸亭,添建洙水左右二平桥和二门城楼,增植桧柏数百株。嘉靖元年(1522)曲阜新城落成后,辟出直对县城北门的神道,二年,山东巡抚陈凤梧添建洙水桥坊、庐墓堂等建筑。万历二十二年(1594),巡按连标等跨神道添建"万古长春"石坊和两侧碑亭,栽植神道桧柏数百株。崇祯七年(1634),兖东兵备道李一鳌捐俸重修林门、门楼、享殿,并添刻石狮。

清康熙二十三年(1684),圣祖玄烨到孔林瞻拜孔子墓,问到孔林面积,孔尚任以族众日繁、祔葬无隙、只好坟积墓累作答,康熙皇帝问为什么不向外开扩,孔尚任趁机请求扩大,林外皆为版籍民田,欲扩不能,尚望皇上特恩。皇帝答应了他的请求,下诏扩展孔林,将孔林向东、西、北三面各扩"一百五十五丈七尺,计地十一顷十四亩九分",同时新修围墙十四点五华里,奠定了孔林的规模。

二、陵园制度

孔林规制的记载文献很少,从墓碑看,汉代墓葬位于孔子墓周围,南北朝至唐代因没有墓碑难以确定墓葬位置,宋代墓葬位于孔子墓西,金元再西,明代再西并西北,清代向东、西、北三面展扩。

孔林的总体布局虽然不是一时形成的,但布局还是很成功的。林门以长达 1 266 米的神道南与县城城门相连,神道平直如矢,两侧桧柏龙干纠枝,夹道侍立,营造出一种古老而又庄严的气氛,使人清心涤虑,凝神直进。进入大林门,高大笔直的围墙将大林门与二林门之间围成一个封闭的纵深空间,挺拔的桧柏,夹峙的红墙,中间辟出一条狭长的甬道,使人屏息,崇敬之情油然而生。穿过二林门,突现古木森森、芳草如茵、流水潺湲的天然野趣,使人精神突然解放,神清气爽。折而向西,过洙水桥,沿轴线前行,登墓门,穿甬道,过享殿,入墓园,一代哲人竟长眠在抔土之中,使人倍感亲切,低回徘徊,不忍离去。

在古代陵园中,孔林的轴线是比较独特的。大林门前神道北偏东 5 度,大林门至二林门间甬道北偏西 5 度,为避免犯子午冲,于大林门处形成折角。进入二林门后,轴线折西,至洙水坊向北,经洙水桥、墓门、享殿,至孔鲤墓前西折方到孔子墓前。造成这种轴线转折和轴线没有直对主要墓葬的原因,一是初葬时没有规划,孙子孔伋葬在墓南略东,堵住出路,孔子地位提高后,开辟墓道,已不能移动孔伋之墓,只好改在其东,致使墓道直对孔鲤墓;二是孔子墓距鲁国都城城墙太近,墓南又有城墙,神道不好穿过,只好借用城墙缺口,致使轴线至二林门内西折近百米。

孔林面积三千亩(二百万平方米),有孔子及孔伋、孔尚任等历代子孙墓葬十余万座,孔宙碑(已移入孔庙)、赵孟頫、李东阳、严嵩、翁方纲、何绍基、阮元、康有为等人题碑以及李格非题记刻石等汉、宋、明、清四千余块碑刻,石人、石马、石兽、望柱、供桌等汉、宋、明、清石刻艺术品数百件,为表彰儒家思想、满足祭祀需要的门、坊、享殿、碑亭等明清木、石建筑二十余座。孔林埋葬孔子长孙已到七十六代,旁系子孙已到七十九代,二千四百余年全无间断,延续时间之久,墓葬数量之多,保存之完好,作为家族墓地在世界上是绝无仅有的,它是儒家思想在漫长的中国封建社会所居统治地位的必然产物。林内墓冢累累,碑碣如林,石仪成群,古木参天,地上地下文物丰富,对于研究我国墓葬制度的沿革,研究我国古代政治、经济、文化、风俗、书法、艺术都具有重大的价值。

三、建筑

孔林是孔子家族的墓地,虽然墓葬很多,但由于封建社会礼制中关于墓葬建筑的规定很严格,所以孔林的建筑很少,只有明清时期的木石建筑二十余座。建筑主要集中在主轴线上,个别的衍圣公墓前建有碑亭、石坊、石门等建筑。

(一)神道建筑

万古长春坊　位于孔林神道上,明万历二十二年(1594)山东巡抚郑汝璧、巡按连标添建。坊石质,仿木结构,庑殿顶,除明间外,其他四间向内一端切断。檐下斗拱富有地方特色,没有生硬仿造木斗拱,而是结合石质的受力特性和加工条件以简化的座斗承托两层如意斗拱。额枋、立柱、花板遍布精美雕刻，柱、枋高浮雕，花板浅浮雕。明间两石柱前后各浮雕两条盘龙，再外两石柱只上部各雕一条，边柱上部各雕一只立凤。明间额枋南雕双龙戏珠、北雕双狮戏球，次间均雕双凤朝阳，稍间前后雕双龙戏珠。龙门枋明间前后均雕二龙戏珠，两次间雕双凤朝阳，稍间雕一条行龙。花板雕刻祥云、瑞草等图案。坊额刻于明间花板上，字正书，笔势沉厚，字体端庄，形制如匾，匾缘也用浮雕，前后各不相同。南面上缘饰祥云，下缘饰三只凤凰，左右缘各饰一条团龙，北面上缘饰缠枝蔓草，下缘四只行走麒麟，左右缘各饰一只蹲立麒麟。石柱前后用石抱鼓，鼓上浮雕石狮，两侧面上分别浮雕龙、鹿、牡丹等图案。坊通宽约19米，通高约9.7米，矗立于旷野之中，益显得雄伟精美。

神道碑亭　位于万古长春坊东侧偏南，内立"大成至圣先师孔子神道碑"，明万历二十二年（1594）山东巡抚郑汝璧、巡按连标立石，碑亭也当为此时建造。亭方形，三间，东、西、北三面设石栏，明间南面洞开，次间均砌实墙。重檐绿瓦歇山顶，上下檐均用一斗二升交麻叶斗拱，明间三攒，次间一攒，麻叶头雕成云纹，出锋。座斗斗欹有颤，额枋高瘦，平板枋扁宽，角柱略有升起。上檐因踩步金梁较低，老角梁坡度平缓，屋角高翘，下檐角梁尾插入金柱，梁尾位置较高，使下檐坡度变陡，致使屋角升起平缓；上下檐适成对比。从整个木架看，虽经明崇祯及清代几次重修，仍保存着明代特点。

万历重修林庙碑亭　位于孔林神道西侧，万古长春坊略南。亭重檐歇山顶，结构全如神道碑亭。亭内立"阙里重修林庙碑"，于慎行撰文，杨巍书丹，赵焕篆额，记述山东巡抚郑汝璧、巡按连标维修孔子林庙并周公庙、颜子庙事。碑立于万历二十三年（1595），碑亭也当为此时建。

至圣林坊　位于孔林正门前，原名"宣圣林"坊，大约在清雍正七年（1729）与孔庙同时改称"宣圣"。四柱三间三楼式牌坊，绿琉璃庑殿顶，侧楼向内一侧切断。明间用重翘三昂十一踩斗拱，平身科六攒，次间用单翘重昂七踩斗拱、平身科二攒。昂嘴刻云纹形并向上翻起，昂下刻有华头子线。四柱前后用夹杆石和戗木，中柱通到座斗后缩为灯笼榫直通屋顶脊檩，次柱直托转角斗拱。坊始见于明正德本《阙里志》，从文献记载看，明永乐二十二年（1424）曾"创门宇以严锁钥，建铺舍以便巡卫"，而至圣林坊正是门的形制，柱间设栅栏，柱外栅栏与两侧八字墙相接。柱子肥硕，仍存早期建筑特点，当是此时所建。

大林门 孔林的正门，位于至圣林坊后。门屋三间，断砌造，次间为高台，明间留出车道，是宋元时期的流行做法，与元至顺二年（1331）"作周垣，建重门"的记载正吻合，此门即为该年始建。现存门屋绿瓦悬山顶、五檩三柱分心式木架，无斗拱，中柱柱顶直承脊檩，边柱略有侧脚，均用鼓礅为柱础，悬山挑山很小，单双步梁的断面均近方形，都呈清代建筑特点。门初建时榜名"宣圣林"，大约在明永乐添建"宣圣林"坊后改称大林门。

二林门 位于大林门后。本为鲁城北墙的缺口，旧文献记载为龙门遗址，但近年考古证明此处并无鲁国城门。门为元至顺二年（1331）始建，明弘治七年（1494）六十一代衍圣公孔弘泰添建门楼，"神门隘陋也，架以楼观"。今存门楼五间，五檩重檐绿瓦歇山顶，无斗拱，室内深一间，阔三间，下檐有一周副阶。明间前后辟门，次间只设槛窗。次间前后加老檐柱支承朱步金梁是比较特殊的做法，三架梁上用叉手，仍采用古老的做法，外檐柱均用鼓墩柱础，但檐柱肥硕，当是清代重修仍用旧料。

（二）孔子墓前建筑

洙水桥坊 位于孔子墓轴线南端，石质，三间四柱冲天柱式，柱为方形抹角，有收分，边柱有侧脚，前后以抱鼓石夹持，柱顶圆雕石兽，独角披鳞，仰天蹲坐。柱以石枋相连接，枋上覆盖石雕屋顶。明间额枋阴刻"洙水桥"坊额，二次间均减地平钑二龙戏柱图案，造型简朴庄重。明嘉靖二年（1523）山东巡抚陈凤梧添建。

洙水桥 位于孔子墓轴线南端，洙水桥坊后。拱形，石券，桥面拱起如虹，遮住人们北望的视线，以示墓室深藏。始建年代不详，金代孔元措《孔氏祖庭广记》"孔林图"中已有此桥，明弘治七年（1494）六十一代衍圣公孔弘泰"以石桥卑小，增以栏杆"，并于左右两侧各添建一座辅桥。

墓门 位于孔子墓轴线中部，始设于汉永寿三年（157），金代时位于今享殿处，明永乐十二年（1414）重建。门屋三间，绿瓦悬山顶，三柱五檩分心式木架。檐下用一斗二升交麻叶斗拱，麻叶并未雕刻云纹，只以颜色画出。平身科明间四攒，次间三攒。现存建筑不用平板枋，雀替前部呈巨大S形，坐斗斗敧无颤，都呈清代建筑特点，当是清代重建。但檐柱肥短，应是明代旧物。墓门两侧也设八字墙，如同阳间住宅。门基高1.31米，用以遮挡人们视线，南设八级台阶，北设六级，均取双数。三间均设门，每扇门上均施门钉九排，每排九个，是最高等级的装饰。

享殿　祭祀时设置香坛的地方。始见于金孔元措《孔氏祖庭广记》"孔林图"中，孔子祖孙三代墓前各有一座，明正德本《阙里志》，万历本《兖州府志》"孔林图"中均作一座享殿，考之于文献，当为明弘治七年（1494年）六十一代衍圣公孔弘泰创建。明万历二十二年（1594）重修，清雍正九年重修并改为黄瓦。现存建筑五间，九檩单檐黄瓦歇山顶，前后廊式木架，前为廊。檐下用重昂五踩斗拱，每间均为两攒，布置疏朗。柱斗科头昂宽度为1.5个斗口，梁头作耍头形，因间宽不一，为照顾拱间距离，柱头科两侧拱长不一样。殿内和前廊庑用平棋天花，沥粉贴金龙，额枋为金龙和玺彩画。室内置供案，存有清世宗维修孔林"纶言"碑和高宗御制诗碑，诗碑四面刻高宗五次谒孔林诗五首。殿前甬道有翁仲、玄豹、甪端、望柱各一对，宣和元年（1119）刻制，五年树立，翁仲于清雍正十年（1732）被移到子思墓前，代之以新刻。玄豹微笑侧首坐立，甪端温顺仰首伏卧，翁仲一捧圭，一拄剑，面容祥和，都非常精美。

楷亭　位于享殿后，墓道东侧，是纪念子贡手植楷树的建筑，又传为子贡偃息处。楷亭始见于清孔尚任《阙里志》。亭方形，每面一间，攒尖灰瓦顶，不用斗拱，不设门窗墙体，四面空透，柱用鼓磴柱础，木料纤细，当为清晚期重建。亭内立有楷图碑，为清康熙五十一年（1712）刻立。

清高宗驻跸亭　位于孔子墓道东侧。亭方一间，黄瓦攒尖顶，南面设门，北面为墙，东、西设格窗。檐下用一斗二升交麻叶云斗拱，每面四攒，也是绘出云纹。室内以抹角梁承金檩，下装平棋天花。北墙悬挂清高宗乾隆十三年（1748）御制诗木牌："宫墙亲释奠，林墓此重来。地辟天开处，泗南洙北隈。春鸣仙乐鸟，冬绿石碑苔。教泽垂千古，泰山终未颓。"清高宗八次来曲阜，多次至孔子墓前亲行一跪三叩礼。

清圣祖驻跸亭　位于孔子墓道东侧。亭方一间，黄瓦歇山顶。南面设槅扇门，北面设墙，东西设窗。檐下用一斗二升交麻叶斗拱，每间二攒。南北二面以扒梁头出麻叶头,宽约二斗口,扒梁上架三架梁,瓜柱皆有角背,刻三幅云及云纹,收山大于一檩径。亭内有碑,题"圣祖仁皇帝驻跸亭"。清康熙二十三年(1684)圣祖曾至孔林亲祭孔子墓。为纪念此事,衍圣公于林内建亭,乾隆间亭曾倒塌,即依原样重建。

宋真宗驻跸亭 位于孔子墓道东侧。宋真宗于大中祥符元年(1008)至曲阜亲拜孔子墓,孔子后代即建亭纪念。金代时亭在今二林门略外,明代时在今享殿甬道东侧,清康熙间已位于今处。亭方一间,绿瓦歇山顶。南面设门,东西面设窗,北面为墙,檐下用一斗二升交麻叶斗拱,每面两攒。坐斗尺度较大、斗敲有颇,额枋高瘦,平板枋扁宽,出榫平切,转角处置斗口跳,不设斜向麻叶头,屋顶收山大于一檩径,仍存有明代建筑特点,亭内立碑一通,阴刻"宋真宗驻跸亭"。

子贡庐墓堂 位于孔子墓前两侧,明嘉靖二年(1523)山东巡抚陈凤梧为纪念子贡为孔子守墓创建。建筑三间,东向,灰瓦硬山顶,五檩抬梁式木架,无斗拱。明间设门,两次间设直棂窗,室内原设有端木赐神位。堂前有"子贡庐墓处"石碑。

思堂 又名斋厅,位于孔子墓轴线东侧,墓门之东,是孔子后代祭祀孔子墓之后宴饮之处。始建于汉永寿三年(157),金代时位于甬道之东,即今二林门东北。蒙古乃马真后四年(1245)曾重修,明永乐十九年(1421)五十九代衍圣公孔彦缙扩建,并建大门三间。现存建筑为三合院,正厅三间,七檩灰瓦悬山顶,四柱前后廊式木架,前出廊。柱比例短粗,挑山很大,出墙米许,建筑尺度低矮,仍存明代风格。西山有间耳室,两侧各有三间厢房,五檩灰瓦悬山顶,前出廊。再前有照壁一堵,大门一间。门灰瓦悬山顶,三柱分心式木架,前面有垂花,而后面却无。院西北设一门,砖墙承重,灰瓦庑殿顶,直接通向孔子墓甬道。两厢墙上镶嵌宋、元、明代谒林题记、题诗石刻三十九块,较为著名的有宋李格非、明吴宽等人的题记。

后土祠 奉祀孔林土地的地方。明正德本《阙里志》、万历本《兖州府志》"孔林图"中均已记载,均位于思堂之东,面西。今后土祠仍位于思堂之东,面南,有门相通,祠三间,灰瓦硬山顶。

神庖 祭祀孔子时治办祭品的地方,明正德本《阙里志》、万历本《兖州府志》"孔林图"中均名厨房,面西,位于思堂之东,后土之南。今神庖位于后土之东,独立成院。前有门,一间,砖墙承重,门上嵌砖阴刻"神庖"二字,正房三间,灰瓦硬山顶。

四、名人墓葬

孔林历时两千多年,埋葬子孙将近八十代,有历代墓葬十多万座。由于孔氏家族诗礼传家,名人辈出,所以林内保存着许多名人的墓葬。

(一)始祖墓

孔子墓 位于孔林中部偏南。孔子去世后,弟子们将其安葬在鲁国城北的泗水边上,弟子和鲁国人迁到孔子墓前居住的有百余家,岁时奉祀,并在孔子墓前讲论礼仪,举行乡饮酒、大射等礼仪活动。墓在宋建炎二年(1128)曾遭女真骑兵挖掘,被金将完颜宗翰制止。蒙古乃马真后三年(1244)五十一代衍圣公孔元措刻立墓碑,篆书"宣圣墓",高翱题书,明正统八年(1443)五十九代衍圣公孔彦缙又刻立"大成至圣文宣王墓",黄养正题书。墓前有祠坛,原来是弟子们用砖砌成的,东汉永寿二年(156),鲁相韩敕改为石砌,唐代又改为泰山封禅石。碑前有供案,明代刻制,案前有香炉、奠酒池,清雍正十年(1732)刻制。

(二)宗子墓

孔鲤墓 位于孔子墓东,孔子为殷商后裔,以右为上,所以孔鲤葬在孔子墓之左,而孙子子思葬在前面,后人将这种埋葬方式称之为携子抱孙。墓前也立二碑,前碑题"泗水侯墓",后碑题"二世祖墓",刻制时间与孔子墓相同,题碑者也应该相同。泗水侯是宋崇宁元年(1102)徽宗追封的封号。

子思墓 位于孔子墓前略东,墓前也刻立两块石碑,前碑刻"沂国述圣公墓",明正统八年五十九代衍圣公孔彦缙立,后碑刻"三世祖墓",当是五十一代衍圣公孔元措立,墓碑也应该分别为黄养正、高翱题书。碑前也有供案、香炉、祠坛,再前有一对石人,原来在享殿前,是宋宣和元年刻制的孔子墓石仪之一,清雍正十年(1732)维修时新刻石人立于享殿前,将宋代石人移至子思墓前。

孔仁玉墓 孔子四十三代孙,墓位于孔子墓园外东北约一百米。墓碑螭首，题刻"宋兵部尚书袭封文宣公之墓"，两行，篆书，明正统八年（1443）五十九代衍圣公孔彦缙立，黄养正题书，碑前有石供案，当是同时刻制。

孔宜墓　孔宜为孔子四十四代孙，袭封文宣公。墓位于孔子墓园红墙以西，墓碑方首削肩，题为"宋袭封大殿丞墓"，隶书，书者不详。

孔宗愿墓　孔宗愿为孔子四十六代孙，首任衍圣公。墓位于孔子墓园外西北约五十米，前立两块石碑。前碑题刻"宋故四十六代衍圣公尚书比部员外郎通判潍州事子庄先生墓"，清乾隆三十四年（1769）七十一代衍圣公孔昭焕等刻立，后碑题刻"比部员外郎袭封衍圣公墓"，北宋时刻立。

孔元用墓　位于明墓群之南。墓碑圆首，题为"五十一世袭封衍圣公世袭曲阜县令墓"，篆书，二行。孔元用为孔子五十一代孙，金末蒙古入侵，衍圣公孔元措南走汴京，委托孔元用代理祀事，但没有被加封为衍圣公，曾任曲阜县尹也不是世袭。

孔之全墓　位于明墓群之南。神道碑圆首，额题"故五十二世袭封衍圣公墓铭"，篆书，三行，行四字，墓铭为楷书。孔之全为孔元用之子，曾任曲阜县尹，也没有被封为衍圣公。

孔治墓　位于明墓群之南。墓前原有石碑，圆首，题为"五十三世孙袭封衍圣公之墓"，篆书，赵孟頫书，元大德三年（1299）孔思诚立，1978年移入孔庙。墓前现存神道碑，圆首有额，额题"大元故中议大夫袭封衍圣公神道碑铭"，篆书，四行，行四字，杨僖篆。碑文楷书，国子祭酒蔡文渊撰文，李庭实书。孔治为孔之全之子，元成宗时袭封衍圣公。

孔思晦墓　位于孔林西北角，明墓群东侧，环林路北侧。墓碑圆首，浮雕二龙戏珠，龙尾蜿蜒向下而龙首向上，造型优美，雕刻精湛，是元代石雕艺术的珍品。碑文题作"宣圣五十四世孙通议大夫袭封衍圣公礼部尚书赠通奉大夫江北河南等处行中书省参知政事护军追封鲁郡公谥文肃孔公墓"。元至正十五年（1355）立石。

孔克坚墓　位于孔子墓西北角，明墓群东侧，环林路南行东转处路北。墓碑圆首，篆书"五十五世孙前袭封衍圣公通奉大夫国子祭酒之墓"，三行，其子衍圣公孔希学书，明洪武十年（1377）十月立。路南有神道碑，圆首，额为"元故袭封衍圣公国子祭酒孔公神道碑"，篆书，正文楷书，宋濂撰文，胡复性书。

孔希学墓　位于孔林西北部,明墓群东,环林路北侧。墓碑圆首,已残,题为"五十六世孙资善大夫袭封衍圣公之墓",篆书,两行,明洪武三十年(1397)九月立。

孔讷墓　位于孔林西北部孔希学墓之西,墓前石碑方首,上端两角抹圆,浅浮雕双凤朝阳,两只站立在山石上的凤凰回首向内眺望一轮太阳,天上祥云密布,雕刻十分优美。额题为"五十七世孙袭封衍圣公之墓",篆书。两行。明永乐二十二年(1424)立。

孔公鉴墓　位于孔林明墓群,环林路西侧。墓前两碑,西碑为墓碑,减底阴刻云凤麒麟纹,题为"五十八世孙袭封衍圣公之墓",篆书,明永乐二十二年(1424)孟春立。东碑为圣旨碑,方首抹圆,浮雕云蟒纹,额刻"奉天诰命",碑身刻圣旨两道,为宣德二年(1427)分别赐予孔公鉴夫妇的诰命。前有神道碑,碑方首,两上角抹圆,浮雕双凤朝阳纹,额题"宣圣五十八世孙袭封衍圣公神道碑铭",篆书,四行,行四字,碑文有题,"故衍圣公孔公墓表",楷书,华盖殿大学士杨士奇撰文,朱晖书,陈登篆额,碑边浅浮雕云鹤纹,宣德元年(1426)刻立。

孔彦缙墓　位于孔子墓西北部,孔公鉴墓西。墓碑题为"五十九代孙袭封衍圣公之墓",楷书,一行,清乾隆四十一年(1776)衍圣公孔昭焕重立。墓前有神门、石人、石马、石羊、石虎、望柱各一对,神道碑一通,是第一位刻立全套石仪的衍圣公。石仪形态较小,马瘦癯而壮健,最为传神。神道碑龟趺,额题"故袭封衍圣公孔公神道碑铭",篆书,三行,行四字,图案为两只凤凰凌空翱翔,两只麒麟伏卧回首向上张望,空白处雕刻祥云,构图生动活泼。碑文题作"故袭封衍圣公孔公神道碑",文字楷书,内阁首辅王直撰文,吏部右侍郎李贤书,吏部尚书王翱篆,明天顺二年(1458)立。神门一间,石构。双柱方形,抹角,前后以石鼓夹抱。额枋一层,阴刻"荣禄大夫衍圣公神门",额枋顶上中间雕宝珠,宝珠外两侧各雕一朵祥云,再外即柱顶上部各雕一只蹲兽,兽首相向,均为圆雕,且与额枋为一体。孔彦缙卒于明景泰六年(1455),神道碑立于天顺二年(1458),神门当刻于此间。检《明史》,品官墓前石仪可立翁仲、虎、羊、马、望柱、并无神门的规定,自孔彦缙之后,衍圣公墓前多立神门。

孔承庆墓　位于孔林明墓群内，孔彦缙墓之西。墓碑题作"六十代孙赠袭封衍圣公之墓"，楷书，二行，程南云书，明天顺五年（1461）立。前有圣旨碑，龟趺螭首，刻诰命三道，圣旨碑东侧有御祭碑，刻皇帝遣官御祭的祭文。有正套石仪，石门额题"赠袭封衍圣公神道"。孔承庆为六十代长孙，未袭封先卒。

孔弘绪墓　位于孔林西部明墓群。墓前石碑方首，浮雕云蟒纹，篆书"六十一代袭封衍圣公南溪先生墓"，二行，李东阳书，明正德二年（1507）二月立。再前有一龟趺，不知原来是神道碑还是圣旨碑。两侧刻立石人、石马、石羊、石虎各一对。

孔弘泰墓　位于孔林明墓群内，孔弘绪墓之西。墓碑方首，高浮雕云蟒纹，题为"六十一世孙袭封衍圣公东庄先生之墓"，楷书。二行，乔宗书丹，明弘治十七年（1504）七月立。刻立全套石仪、石门和圣旨碑。石门一间，额题"六十一代袭封衍圣公神道"。圣旨碑刻成化十二年（1476）加封孔弘泰为衍圣公和孙氏为衍圣公夫人的诰命。孔弘泰为孔弘绪之弟，孔弘绪因为宫室逾制被罢免后接替孔弘绪袭封衍圣公。

孔闻韶墓　位于孔林明墓群内，孔弘绪墓之北。墓碑方首，浮雕云蟒纹，题为"六十二代袭封衍圣公成庵先生墓"，篆书，二行。内阁首辅严嵩篆，明嘉靖三十五年（1556）三月立。墓前有全套石仪。

孔贞乾墓　位于孔林明墓群内，孔闻韶墓西北。墓碑方首，浮雕云蟒纹，题为"六十三代袭封衍圣公可亭先生墓"，二行，篆书，吏部尚书袁炜篆，明嘉靖四十年（1561）季春立。墓前有全套石仪和石门，石门一间，额题"六十三世袭封衍圣公神道"，残去额上宝珠、石狮等装饰。

孔尚贤墓　位于孔林明墓群内，孔尚贤墓之西。墓碑方首，浮雕云蟒纹，题为"六十四代赠太子太傅袭封衍圣公龙宇先生之墓"，篆书，二行，吏部尚书、中极殿大学士方从哲篆，明崇祯四年（1631）立。碑后有石挡板三块，减底阴刻，中板刻云日山纹，西板刻云鹤纹，东板后配，无花纹。墓前有全套石仪，武石人顶盔贯甲，手捧宝剑，环目圆睁，非常传神。

孔胤植墓　位于孔林明墓群东北，墓碑方首螭纹，题为"六十五代太子太傅袭封衍圣公对寰先生墓",篆书,二行,礼部尚书李若琳书,顺治六年(1649)四月立。墓前有全套石仪和石门。石门一间,顶饰莲花宝珠和云朵,石狮残去,额题"六十五世诰封太子太傅袭封衍圣公神道"。石人武将顶盔贯甲,环目圆睁,须冉猬张,拄剑而立,与明前中期的翁仲武将身着文官服饰而佩剑截然不同,折射出社会初定而人们心有余悸的心态。

孔兴燮墓 位于孔林东北部,环林路西侧。墓前石碑方首,碑额浮雕云螭纹,碑文题作"光禄大夫少保兼太子太保六十六代袭封衍圣公辅垣先生之墓",篆书,边款楷书,工部尚书、东阁大学士李霨篆,清康熙八年(1669)立。碑前有石供案、石鼎各一,石翁仲、石马、石羊、石虎各一对,再前有石门一座。

孔毓圻墓 位于孔林内东北部,孔兴燮墓东。墓前石碑方首,碑额浮雕云螭纹,碑文题作"光禄大夫太子少师六十七世袭封衍圣公恭悫先生墓",篆书,王顼龄篆,清雍正四年(1726)立。墓前碑后有石板三块阴刻云龙纹,碑前有石供案、石鼎、石仪、石门坊。神道西侧有御碑楼,内立清雍正二年(1724)世宗圣旨碑,下满汉文对刻,碑龟趺螭首。清雍正元年(1723),加封孔子上五代先人为王,孔毓圻入京谢恩,病逝于北京,世宗追谥恭悫,并御制碑文,次年立碑建亭。亭方方形,每面三间,中间设栅栏,次间砖砌实墙。灰瓦重檐歇山顶,上下檐均用重昂五踩斗拱,明间两攒。斗口较小,昂头雕云纹,向上翻起,昂下刻华头子线。柱头科昂宽约两个半斗口,有剥腮,角科有附角斗,连有三个座斗。歇山顶没有收山,反而跳出柱中心线外一檩径,是奇特的做法,加长了歇山正脊的长度,调整了比例,外观显得庄重匀称。亭内石碑龟趺螭首,东刻汉文,西刻满文。梁枋施旋子彩画。

孔传铎墓 位于孔林东北部,孔毓圻墓西。墓碑题为"光禄大夫六十八代袭封衍圣公振路先生之墓",篆书,一行,大学士兼吏部尚书张廷玉篆,清雍正十年(1732)十二月立。墓前有石供案,石香炉,全套石仪和石门。

孔继濩墓 位于孔林东北部,环林路之北。墓碑螭首,题字为"光禄大夫六十九代赠衍圣公体和先生之墓",楷书,一行,文华殿大学士于敏中题,清乾隆三十九年(1774)七月立。碑边、供案均浮雕云龙纹。前设供案、香炉和全套石仪,无石门。孔继濩为六十九代长孙,未袭封先卒。

孔广棨墓　位于孔林东北部，正对环林路。墓前石碑螭首，题字为"诰授光禄大夫七十代袭封衍圣公京立先生之墓"，篆书，一行，文渊阁大学士兼工部尚书陈世倌题，清乾隆十年（1745）十一月立。碑前石供案、香炉、全套石仪和石坊。石坊三间，四柱冲天柱式石坊，柱八棱形，前后以石鼓夹抱，中柱顶饰圆雕蹲兽，边柱顶饰宝瓶。额枋一层，上施平板枋、枋上施山形饰物，两次间浮雕云纹，明间浮雕二龙捧珠，珠下刻出竖匾形，阴刻"恩荣"二字。明间额枋边饰云龙纹，减地阴刻，中刻"儒宗在念"坊名，坊名正中上刻"玉音"二字，阴刻二龙捧护。

孔昭焕墓　位于孔林东北角靠东墙处。墓碑螭首，题字为"诰授光禄大夫七十一代袭封衍圣公显文先生之墓"，楷书，太子少傅、户部尚书梁国治题，清乾隆四十八年（1783）三月立。墓前有石雕云龙供案，但未刻制石仪。

孔宪培墓　位于孔林东北部，环林路之北。墓碑螭首，篆书"光禄大夫七十二世袭封衍圣公笃斋先生墓"，二行，文华殿大学士、军机大臣董诰题，清嘉庆十九年（1814）三月立。墓前有石雕供案、香炉、全套石仪和牌坊，石仪有石虎、石羊、石马、翁仲各一对，石兽体满膘肥，翁仲温文尔雅，呈现出清平盛世的风格。牌坊刻道光五年（1825）皇帝遣官御祭孔宪培夫人于氏祭文。墓前原有享堂三间，"文化大革命"中被拆除。甬道尽端有牌坊，三间四柱三楼式木牌坊，明楼灰瓦庑殿顶，次间向内一侧切断，向外一侧为歇山顶。明间楼下用重翘三昂十一踩斗拱，补间六攒，次间用单翘重昂七踩斗拱，补间二攒。柱左右用夹杆石，中柱两层，直托龙门枋。明间刻道光五年皇帝循例遣使谕祭孔宪培夫人于氏祭文，北面刻"鸾音褒德"四字。民间相传于氏为乾隆皇帝之女，其实于氏为于敏中之女。

孔庆镕墓　位于孔林北部偏东，孔宪培墓西。墓碑螭首，篆书"光禄大夫七十三世袭封衍圣公冶山先生墓"，二行，振威将军觉罗崇恩题，清咸丰六年（1856）二月立。前设石供案、香炉和全套石仪。墓前原有享堂三间，"文化大革命"中被拆除。

孔繁灏墓　位于孔林内偏东北部，孔庆镕墓之西。墓碑螭首，题为"光禄大夫太子太保七十四世袭封衍圣公端恪先生墓"，诰授资政大夫、兵部侍郎彭祖贤题，清光绪七年（1881）九月立。前设供案、香炉和全套石仪，无神门。

孔祥珂墓　位于孔林内东北角，紧靠林墙。墓碑螭首，篆书"光禄大夫七十五世袭封衍圣公庄恝先生墓"，二行，赏用紫缰军机大臣、兵部尚书孙毓汶题，清光绪二十一年（1895）三月立。墓前设石雕云龙供案和香炉，未设石仪。

孔令贻墓　位于孔林东北部环林路东侧。墓前石碑方首，高浮雕螭纹，碑边也装饰云龙纹。题为"孔子七十六代孙袭封衍圣公燕庭先生墓"，篆书，二行，前国务总理、外交总长孙宝琦题，民国十年（1921）一月立。墓前设石雕供案、香炉、奠酒池，1996年刻制全套石仪。

（三）族孙名人墓

孔彪墓　位于孔子墓园外西北。汉代墓碑于清康熙年间移入孔庙，刻立新碑题为"汉博陵太守孔君之墓"，隶书。孔彪，字元上，孔子十九代孙，举孝廉，曾官郎中、尚书侍郎、博陵太守、下邳相、河东太守。

孔宗翰墓　位于孔子墓园之西，环林路西侧。墓碑方首削肩，题为"宋刑部侍郎墓"，楷书，一行。孔宗翰，孔子四十六代孙，字周翰，与兄舜亮同登进士，官至刑部侍郎。

孔宗彀墓　位于明墓群之南，孔子墓西，环林路西侧。墓碑圆首，题为"有宋阙里孔公志父先生之墓"，篆书，一行。孔宗彀，孔子四十六代孙，曾官国子监博士。

孔尚坦墓　墓在孔林中部偏北，东临、南对环林路。墓碑方首，浮雕云螭纹，题为"六十四代诰赠衍圣公玄宇先生墓"，楷书，二行，建极殿大学士周延儒书，明崇祯十五年（1642）立。墓主孔尚坦（1572—1598），字安之，因儿子孔胤植过继给堂弟为袭封衍圣公被追赠衍圣公称号。墓前也有全套石仪和石门。

孔尚任墓　位于孔林东北部，环林路外侧。碑方首，浮雕云螭文，题为"奉直大夫户部广东清吏司员外郎东塘先生之墓"，楷书，陈世倌题。清雍正十三年（1735）立。孔尚任（1648—1718），字聘之，号东塘，孔子六十四代孙，清代著名文学家，代表作为戏曲剧本《桃花扇》。

孔毓珣墓　位于孔林北部，环林路之北。墓前石碑正书"诰授光禄大夫兵部尚书都察院右副都御史总督江南河道提督军务加八级谥温僖孔公封一品夫人孔母徐氏之墓",夫妇各一行,文渊阁大学士兼礼部尚书世弟陈元龙题,清雍正九年(1731)十月立。墓前有石供案、香炉、全套石仪和石门坊。神道南端两旁原来各有一座御碑楼,东刻清世宗御制碑文,汉满两种文字,西碑刻御祭祭文。碑亭已倒塌,石碑于1986年修复。

孔继涵墓　位于孔林内东北角,六十九代赠衍圣公孔继濩墓东。墓碑圆首,隶书,题为"赐进士出身朝议大夫户部河南司主事加二级军功加一级孔子六十九代孙体生先生之墓",正文三行,郑际堂题书。清乾隆四十九年(1784)七月立。碑阴刻卢文弨"哀词",行书。

孔祥柯墓　位于孔林内东北部,孔令贻墓以西。墓前石碑圆首,题为"孔子七十五代孙则君先生之墓",楷书,一行,肖方俊题,民国二十二年(1933)二月立。碑阴刻"曲阜孔则君碑阴记",楷书。

第四节　遗　　迹

曲阜是孔子的故乡,孔子生于斯,葬于斯,留下众多的遗迹。孔子后裔一直注意加强对孔子遗迹的保护,并建造了很多纪念物,所以现在许多遗迹都还较好地保存着。

一、梁公林

梁公林又名启圣王林,是孔子父母及哥哥孟皮的墓地。孔子三岁时,父亲叔梁纥去世,葬于防山之阴,母亲颜徵在去世后,孔子将父母合葬。叔梁纥于宋大中祥符元年(1008)被封为齐国公,宋孔传《东家杂记》记为齐国公墓,元至顺元年(1330)加封为启圣王,此后均记为启圣王林。孔氏子孙不时维修,金代时"墓前有齐国公庙廊庑祭亭凡二十余间",蒙古乃马真后三年(1244),五十一代衍圣公孔元措刻立墓碑、修神道,"林广四十亩"。元至元二年(1336),"创造石仪、石门、护坟砖墙、享堂",明永乐十五年(1417),五十六代衍圣公孔希学曾重修,清康熙十年(1671),衍圣公孔毓圻重修享殿、林门和围墙,乾隆二十年(1755)又重修。

大门为坊式建筑,三间四柱冲天柱式,柱出头,木构。门前有石狮一对,清乾隆间刻立。东狮后有元至元六年(1340)立"启圣王墓"石碑。门内有享殿五间,前后廊式木架,前为廊,绿瓦单檐歇山顶,檐下用重昂五踩斗拱,前檐用石柱,中四柱八角形,平钑阴刻荷花、牡丹、西番莲等花卉。殿前两侧有石刻望柱、文豹、角端、翁仲,享殿后有叔梁纥夫妇合葬墓和孟皮墓。

叔梁纥夫妇墓位于享堂后,蒙古乃马真后三年(1244)五十一代衍圣公孔元措刻立墓碑,益津高翙篆书。

孔子之兄孟皮墓位于叔梁纥墓东南。孟皮,一字伯尼,有足病,不能承嗣。文献中关于他的记载很少,有子孔忠,为孔子弟子,从祀孔庙,有女嫁与孔子弟子南宫适,死后葬于父亲墓侧。明永乐间曲阜世职知县孔希范始刻立墓碑,清乾隆五十年(1785)七十二代衍圣公孔宪培又刻"圣兄之墓"碑,赵佑题书。今墓前仅存"圣兄伯尼墓"碑,即孔希范所立,孔询篆书。

每年清明和十月初三,衍圣公委派族长专程前来祭祀,扫墓仪式与孔林相同。

皇帝有时也会遣官致祭。衍圣公事先安排在墓前设置奠酒池和拜位,东南设置酒案,摆设一只酒尊和三只酒爵。酹酒官由墓左门入,至拜位前北向立,衍圣公陪位。捧爵官酌酒到酹酒官左侧立,酹酒官跪,捧爵官跪进爵,酹酒官受爵酹酒,以虚爵授捧爵官,捧爵官受爵兴,退,酹酒官叩头。酹酒官三次酹酒,三次叩头,礼毕,由原门出。

二、颜母祠

颜母祠位于尼山东南的颜母山前,是奉祀孔子母亲颜徵在的祠堂。祠堂始见于《魏书·地形志中》,"鲁县……有……颜母祠"。孔氏后裔不时重修,现存有明弘治六年(1493)、万历二十年(1592)重修石碑,1987年又重修。有正祠三间,灰瓦硬山顶,前后廊式木架,前出廊,明代时曾供奉孔子外祖父,后来改为奉祀颜徵在;祠门一间,砖墙承重,灰瓦歇山顶。

颜母山前相传为孔子外祖家故里,村前有颜母井,传说颜徵在生孔子前口渴思饮，无法取水，以手扳井，井随手而斜，因此又名扳倒井。颜母井始见于东汉建宁二年（169）所立《史晨碑》，鲁相史晨"念孔渎、颜母井去市道远，百姓酤买不能得美酒香肉，于昌平亭下立会市"，并置颜母井舍守吏。明清时，每逢春秋，衍圣公派遣族人专程祭祀，井至今犹存。

三、孔子故宅

现在孔子庙的中东部原是孔子故宅，由于孔子庙的不断扩大，故宅建筑早已不存，现在存有鲁壁、诗礼堂、燕申堂、故宅门、故宅井、先师手植桧、杏坛、阙里坊等纪念物或纪念建筑。

鲁壁　鲁壁在孔子庙诗礼堂后，故井以西。秦始皇焚书时，孔子九代孙孔鲋将《论语》、《尚书》、《礼记》、《春秋》、《孝经》等儒家经书藏于孔子故宅墙壁中，然后南下参加陈胜农民起义军，最后死于南方。汉武帝时，鲁恭王扩建宫室，拆除孔子故宅发现了这批经书，因竹简用先秦文字书写，故称古文经，孔安国识别并进行整理，后世也称"孔壁古文"、"壁经"，由此开创古文经学派。明代为纪念孔鲋保藏儒家经书的功绩而刻制了鲁壁碑。碑原在故宅井西侧，1978年因为碑石断裂移立于照壁前。

诗礼堂　相传即孔子故居。据《论语·季氏》记载，孔子曾经两次将经过堂前的儿子孔鲤叫住，分别问他学习《诗》和《礼》没有，教育他"不学诗，无以言"、"不学礼，无以立"①。学诗学礼被孔子族孙当作祖训，元代时即有诗礼堂之名，孔子五十三代孙、衍圣公孔治"作堂私第，名以诗礼，示不忘过庭之教"，当时孔子后代依庙居住，位置在孔庙内，明弘治十七年（1504）大修孔子庙时始建了现存的诗礼堂。

孔宅故井　相传是孔子当年的吃水井。此说始见于清孔尚任《阙里志》，"孔宅故井，井在诗礼堂后，先圣之所饮饲也。明兖州知府童旭作石栏护之"②，孔继汾《阙里文献考》径称之为孔子故井。井深丈余，有"孔宅故井"石碑，周围石栏，东南二栏柱叩之铿然，若金石之声，是明代正德间用响

---

① 杨伯峻：《论语译注》，第178页。
② 徐振贵、孔祥林：《孔尚任新阙里志校注》，第99页。

石刻成的。

燕申堂　据《论语·述而》记载,"子之燕居,申申如也,夭夭如也",孔子在家闲居,整齐规矩而和乐舒展,因此后人以燕申堂作为孔子故宅的名称。孔子旧居之堂早已不存,为纪念孔子,金代始以"燕申"命名孔庙东路前门,清孔尚任《阙里志》明洪武十年孔庙制度中有燕申堂之名,位于孔庙东路述圣殿之后,约始建于元末,明弘治修庙后已无此建筑,燕申门也于清雍正七年(1729)改名为承圣门。

孔子故宅门　位于阙里街北端,孔庙毓粹门东略北,夹在孔府西墙和孔庙东墙之间。门始见于宋代庙图中,时名庙宅,三间,金代亦然,是依庙而居的孔子后代出入的门道。明代敕建衍圣公府后,子孙移居庙外,门无实际用途,后人指为孔子故宅门,"旧宅门犹存,毓粹门外红门是也"①。现存建筑一间,单檐悬山顶,灰瓦、木架、无斗拱。门柱肥短,微有卷杀,额枋出头,卷瓣圆和,可能建于明初。门内为南北狭长的一小天井,北部经礼器库可进入孔庙东路,天井尽头为清乾隆皇帝撰写的"故宅门赞"碑及亭。

先师手植桧　孔子亲手所植的桧树,位于孔庙大成门后,石陛东侧。据唐代封演《闻见记》记载,"曲阜县文宣王庙内并殿西南各有柏叶松身之树,各高五丈,枯朽已久,相传夫子手植,永嘉三年其树枯死"②。南宋孔传《东家杂记》记载:"先圣手植桧三株,两株双立御赞殿前,各高六丈余,围一丈四尺,其一在杏坛之东南,高五丈余,围一丈三尺。晋永嘉三年枯死,至隋义宁元年复生,唐乾封二年又枯,至本朝康定年一枝复生。"③金贞祐二年(1214)孔庙毁于火,三桧无复孑遗。元至元三十一年(1294),三氏学教授张须将东庑废墟新生桧苗移栽于今处,明弘治十二年(1499)被雷火烧死,清雍正二年(1724)枯树再次被延烧,现仅存树桩。桩傍挺拔高耸的桧树叫再生桧,是雍正十年(1732)复生的新苗。再生桧粗可合抱,高达十五、六米,周有石栏围护。东有石碑,阴刻"先师手植桧",明万历二十八年(1600)杨光训书。

---

① 徐振贵、孔祥林:《孔尚任新阙里志校注》,第99页。
② 《封氏闻见记》,《四库全书》第862册。
③ 《东家杂记》,第104页。

杏坛 位于大成殿前,是专为纪念孔子办学设教建造的纪念物。宋天禧五年(1021)大修孔庙,正殿北移,"旧基不欲毁拆",因《庄子》中有"孔子游乎缁帷之林,休坐乎杏坛之上,弟子读书,孔子弦歌"的记载,即以"甃甓为坛,环植以杏,鲁人因名曰杏坛"①。从宋庙图看,当时为名副其实的坛,三层台。金代始于台上建亭,单檐,似为十字脊,四面悬山。明隆庆三年(1569)重建改为现状。

阙里 阙里原是汉代的地名,《汉书·梅福传》说"今仲尼之庙不出阙里",至东汉始盛称孔子故里为阙里。关于阙里名称的由来,郦道元《水经注》说"孔庙东南五百步有两石阙,故名阙里,盖阙里即阙下之里也"。至于阙里的位置,伍缉之《从征记》作"阙里背洙面泗,"《括地志》作"兖州曲阜县城西南三里有阙里,中有孔宅,宅中有庙",《舆地志》作"邹城西界阙里有尼丘山",唐张守节《史记正义》折中作"夫子生在邹,长徙曲阜,仍号阙里"。其实,阙里应该是汉代孔子故居附近的地名。汉代时,孔子故里位于鲁国都城之内,西汉鲁恭王建造灵光殿,位置在孔子故居之东,殿前有阙,因以阙里为地名。后人以阙里为孔子故宅的代名,明代并在孔庙东侧街上建造阙里坊以标其处。

四、观川亭

位于尼山孔子庙门前,东面沂水,下临悬崖,相传孔子在此观川感叹时光奔驶不返。"子在川上曰:'逝者如斯夫,不舍昼夜。'"②金代建亭以作纪念,今亭为清代重建。方形,每面一间,各阔6.15米,木架无斗拱,单檐灰瓦歇山顶。

五、夫子洞

又名孔渎、孔窦、坤灵洞,相传为孔子出生处,位于尼山东麓,书院东南山崖下。孔子父亲叔梁纥为鲁国陬邑大夫,娶颜氏女徵在为妻,颜徵在母

---

① 《东家杂记》,第106页。
② 杨伯峻:《论语译注》,第92页。

家在尼山东南的今颜母庄。一说颜徵在回家途中临产,急切中将孔子产于此洞中;一说孔子生来丑陋,其母将其遗弃,天气炎热,凤凰用翅膀扇凉,后被老虎衔来此洞喂养。

夫子洞自汉代以来一直受到很好的保护。东汉《史晨碑》(169年立)记载,鲁相"史君念孔渎、颜母井去市道远,百姓酤买不能得香酒美肉,于昌平亭下立会市","又敕渎井","于渎上东行道表南北各种一行梓",渎即窦,是夫子洞最早的记载。晋干宝《搜神记》说:"徵在生孔子空桑之地,今名为孔窦,在鲁南山之穴,外有双石,如桓楹起立,高数丈。鲁人弦歌祭祀。穴中无水,每当祭时,洒扫以告,辄有清泉自石间出,足以用事。既已,泉亦止,其验至今存焉"。坤灵洞之名始见于金正大四年(1227)成书的孔元措《孔氏族庭广记》图中,杨奂《东游记》(1252记)记载说:由观川"亭之东西旋而下得坤灵洞,石角溅溅不可入。族长云:庙户管用、吉成尝持火曳绠而人,比至数丈,忽隙间有光,睹一室,口广两楹许,中横石床、石枕,皆天成也,而不可动"①,刻有洞名,为金代进士刘晔所刻。元至元三十一年(1294),司居敬刻孔子像置于洞中,后为战争所损,子孙奉之埋葬于山巅。修建尼山水库以后,夫子洞被水淤塞,1978年清淤重修,1983年李予昂题刻"夫子洞碑"。

六、洙泗书院

洙泗书院原是孔子周游列国归来后讲学和整理文献的地方,"孔子自卫返鲁,于此删诗、序书、定礼乐、系周易"②。后人称作讲堂,汉光武"东巡狩过鲁,坐孔子讲堂,顾指子路室谓左右曰:'此太仆之室'"③。到三国时"诸弟子房舍井瓮犹存",宋代时"学已废,遗址存焉",金代时有门堂等建筑,元初讲堂已毁,"故基化为禾黍",至元三年(1337)孔子五十五代孙、曲阜县尹孔克钦出资因讲堂旧址重建,因"泗水经其北,洙水带其南,"而洙泗之间为孔子讲学之区改称洙泗书院,并设山长一人主持。明弘治七年

---

① 杨奂:《东游记》,《曲阜县志》卷二十七,第188页下。《曲阜县志》作元皇庆元年(1312),误。
②《东家杂记》,第120页。
③《后汉书·祭肜传》,《二十五史》第3册,第871页三。

(1494),衍圣公孔弘泰以维修阙里孔庙余资重修。正德六年(1511)书院大门毁于刘六、刘七农民起义军,嘉靖二年(1523)重建大门并维修,天启七年(1627)再次大修。清顺治八年(1651)、十三年、康熙三十八年(1656)、雍正十二年(1734)、乾隆二十二年(1757)、道光二十九年(1849)、民国年间相继维修,1988年迁出了占用单位,全部大修,并重建了外围墙。

书院南北全长136米,东西宽99.4米,前有神道,南北长193.4米,东西宽34.35米,共占地约29亩。建筑分为东中西三路,东路有更衣厅等建筑,西路有礼器库,后有神庖、神厨,中路前后三进院落,有大门、讲堂、大成殿、两庑等建筑。

洙泗书院在元代时设有山长,收徒设教,明清时成为纪念建筑,正德二年(1507)将山长改称国子监学录,秩正九品,乾隆元年(1736)升秩为正八品,成为专职奉祀官员,每年春秋两次祭祀。祭祀时间在春秋仲月次丁,由学录主祭,仪注、祭品与孔子庙大成殿相同,但祝文略有不同:"惟祖圣毓尼防,教开洙泗,六经阐道,万世为师。兹惟仲春(仲秋),谨以牲帛醴齐,粢盛庶品,式陈明荐,以复圣颜子、宗圣曾子、三世祖、亚圣孟子配。尚飨!"

七、春秋书院

春秋书院位于曲阜城东南的息陬村内。息陬,相传即鲁国郰邑,孔子父亲叔梁纥曾任鲁国郰邑大夫,"郰邑,鲁之附庸,叔梁纥尝为其邑大夫,先圣从之以居,昌平尼山在邑东,是其别业也。及壮,筮仕于鲁,乃有阙里之宅。晚年退息于郰,作'息郰操',今尚有息郰村"①。息陬为鲁国郰邑基本是可信的,但认为孔子作琴曲《息陬操》于此是不可信的。据《史记·孔子世家》记载,孔子周游列国在卫国得不到重用,打算渡过黄河到晋国去见赵简子,走到黄河边,听说赵简子杀死了晋国贤大夫窦鸣犊、舜华,不再渡河,"乃还息乎陬乡,作为'陬操'以哀之",唐司马贞《史记索隐》认为"此陬乡非鲁之陬邑。《家语》之作'盘操'也"②,如果孔子确实创造了琴曲也不可

---

① 徐振贵、孔祥林:《孔尚任新阙里志校注》,第102页。
② 《史记》卷四十七,第1926页。

能是在息陬。

息陬村北原有高台,南朝任昉《述异记》认为孔子作《春秋》于此,宋代时建庙塑像奉祀孔子,以本村集市交易税作为祭祀资金,后改称春秋书院,以孔氏学官主祭。乾隆三十六年(1771),衍圣公孔庆镕刻立了《孔子作春秋处》石碑。原为一进四合院建筑,有正房及东西两厢各三间。民国二十三年(1934)改办明德小学,后因年久失修建筑全部倒塌,《孔子作春秋处》碑也被当作基石砌入墙内,1987年重立于原址。

八、舞雩台

舞雩台又名雩坛,原是鲁国雩祭的地方。古代雩祭有两种:一是常雩,每年孟夏,当苍龙星傍晚出现在东方时就祭祀五方上帝;一是非常雩,每当天旱不雨时举行,"君亲之南郊,……使童男女各八人舞而呼雩,故谓之雩"①,舞而呼雩,后人就称为舞雩台、舞雩坛。孔子设教时经常在此活动,《论语》记载樊迟曾在此向孔子请教崇德、修慝、辨惑,曾点也以"暮春者,春服既成,冠者五六人,童子六七人,浴乎沂,风乎舞雩,咏而归"②作为自己的志向,并得到孔子的赞同。

舞雩台现在曲阜城南的沂水北岸,考古钻探证实是一座夯土台。下层夯土为黄黑色花土,黏性大,夯窝圆形圜底,直径3—4厘米,厚约1.50米,时代在春秋以前;中层夯土灰褐色,土质坚硬而纯净,厚4.10米左右,夯层厚11—15厘米,夯窝圆形底,直径6—7厘米,从夯具看,当属战国时期;上层夯土深褐色,厚约0.60米,三个夯层,夯窝圆形圜底,直径8—9厘米,夯土中包含布纹瓦和陶片,时代当属西汉:这说明舞雩台从春秋以前到汉代都一直在使用。现在台东西长120米,南北宽115米,高约7米,与北魏郦道元《水经注》"坛高三丈"(后魏中尺约28厘米)差不多。宋《寰宇记》记载说:"雩坛当县南六里,临沂水,有坛埠、树木。"

明代时,舞雩台很受重视,六十代长孙孔承庆曾结伴登台赋诗"春服既

---

① 《公羊传·桓公五年注》,《春秋公羊传注疏》,北京大学出版社,1999年,第84页。
② 杨伯峻:《论语译注》,第119页。

成候,同行沂水隈。欲求曾点志,先上舞雩台。仰止怀先达,歌游启后来。乡民瞻望处,童冠几人回",地方官也加意保护。明嘉靖四十五年(1566),署曲阜知县陈又新立"舞雩坛"石碑,万历十年(1582),吴同春刻"凤翔千仞"石碑,还有人刻立了"圣贤乐趣"石碑。三碑均被毁,现在复刻了前两块。

从文献记载看,历史上孔子遗迹的大修大多由地方官员发起或奏请,其实都是由衍圣公幕后策划的。由于衍圣公没有专折奏事的资格,请帑维修必须由山东巡抚转呈朝廷。正是由于孔子长孙的精心护卫,孔子遗迹才得到很好的保护,才能历经两千多年保存下来。

第六章

书香鼎食姻九州

孔子后裔奉祀孔子爵位始于西汉永光元年（前43），汉元帝按照孔子十三代孙褒成君孔霸的请求，命以所食邑八百户奉祀孔子，元始元年（1），平帝加封其曾孙孔均为褒成侯，食邑二千户，东汉减为千户，户籍在京师，主持辟雍祭祀孔子，地位是很高的。汉代以后，孔子长孙虽然仍然保存侯的爵位，但地位已经下降，食邑减少，唐玄宗晋封为文宣公后，仍然在地方任官，或曲阜知县，或兖州长史、参军，社会地位不高，即使北宋改封为衍圣公，仍然兼任仙源知县，品秩为从八品，虽然允许像其他官员一样关升资任，社会地位也仍然不高。目前虽然查找不到金朝以前衍圣公家族的婚姻资料，但毫无疑问，婚姻对象的社会地位也不会多高。金代开始，衍圣公品秩逐渐提高。金代升至正四品，元代升至正三品，明代升至正二品，视一品，朝会班列文武百官之首，而清代升至正一品，班列大学士之上，成为中国第一贵族世家。随着衍圣公社会地位的逐渐提高，婚姻对象的社会地位也逐渐提高，婚姻对象范围也逐渐扩大，由乡里走向朝廷，走向全国。

第一节　择偶乡贤里宦
——宋金元衍圣公姻亲

宋代时，由于衍圣公的地位较低，没有著名文人撰写的墓志或墓表，而孔氏家族志书中也缺少配偶及儿女的婚嫁资料，所以已经很难对宋代衍圣公家族的婚姻情况进行研究。现在惟一能够见到的是孔道辅家族的婚姻资料。

孔道辅(986—1039)是四十三代文宣公之孙,四十六代衍圣公孔宗愿的堂叔父。其父孔勖为雍熙二年(986)进士,以殿中丞通判广州,以太常博士、屯田员外郎知仙源县(即曲阜县)二十六年,主祀曲阜孔子庙,景祐元年(1034)迁太常卿,提举仙源景灵宫、太极观,宝元元年(1038)以尚书工部侍郎致仕,卒赠吏部尚书。道辅咸平中举乡进士,为兖州首冠,大中祥符五年(1012)进士,补宁州军事推官,擢大理寺丞,知仙源县(即曲阜县),主孔子庙祠事,迁太常博士,入朝为左正言,知谏院,"直史馆,待制龙图阁,判三司理欠凭由司,登闻检院,吏部流内铨,纠察在京刑狱,知许、徐、兖、郓、泰五州,留守南京,而兖、郓、御史中丞皆再至"。外任有能名,两次出使辽国,曾礼斥辽国搬演孔子戏剧,在朝直言敢谏,曾上书请明肃太后归政天子,廷奏枢密使曹利用、尚御药罗崇勋罪状,率领范仲淹等谏官御史十余人劝阻废除郭皇后,"以刚毅谅直名闻天下"①,有近臣献诗百篇,执政请除龙图阁直学士,宋仁宗说此百首诗不如孔道辅一言,由兖州召回任龙图阁直学士。二子孔舜亮、孔宗翰同科进士及第,分别官至左中散大夫、刑部侍郎,孙七人均出仕,若古(孔传)官至邠州、抚州等州知州。二弟良辅官至大理寺丞、太子中舍,三弟彦辅以卫尉丞知仙源县,官至国子监博士,四位侄子也均出仕,宗哲系崇宁三年(1104)进士。如此显赫的家族,但姻亲地位并不高,孔道辅夫人为尚书都官员外郎尚宾之女,封金城郡君,进封邹国夫人,"女三人,长女适殿中丞李黄中,封寿光县君,次适王氏,次适张氏,皆早卒"②,看来二女、三女配偶连官宦人家都不是。孔道辅《宋史》有传,是宋代著名贤臣,其家族婚姻关系尚且如此,衍圣公的姻亲社会地位不可能太高。

从金代开始,衍圣公家族资料增多,婚姻资料开始增加。五十代衍圣公孔捴(1138—1190)"娶泗水孙氏,宋副枢密孙传之孙,后赠鲁郡太夫人,又娶泗水侯氏","女一人,适兖州宣武韩昺"③。衍圣公夫人均来自东邻泗水县,元配孙氏祖父虽然曾任宋朝的枢密院副使,社会影响并不大,泗水县

---

① 王安石:《给事中、赠尚书工部侍郎孔公墓志铭》,《临川文集》卷九十一,《四库全书》。
② 张宗益:《宋守御史中丞赠太尉孔公后碑》,徐振贵、孔祥林:《孔尚任新阙里志校注》,第711页。
③ 党怀英:《金故赠正奉大夫袭封衍圣公孔公墓表》,(金)孔元措:《孔氏祖庭广记》卷十二,第345页。

志和兖州府志的人物志中都没有他的记载。女婿韩昺是西邻兖州人，可能在京师禁军之一的宣武军任职。

五十一代衍圣公孔元措（1181—1245）虽然生活在金元乱世，但姻亲地位却空前提高。他的夫人来自金代山东日照巨族张氏，张行信之女"次适袭封衍圣公孔元措"①，而他的女儿嫁给蒙古山东东平巨族严忠济，"衍圣必其为特达之器，以其子妻之"②。

日照张氏是金代最为显要的汉族官宦文化家族之一。首位发迹的张昪（？—1216）字明仲，博学该通，金正隆五年（1160）登进士第，任地方官至山东东路转运副使，入朝后初任太常丞兼左赞善大夫，再任太常少卿兼修起居注、礼部郎中、右谏议大夫兼礼部侍郎，官至御史大夫，承安四年（1199）因奏事不实夺一官，后复起为安武军节度使。《金史》本传称其"历太常、礼部二十余年，最明古今礼学，家法为士族仪表"。长子张行简（？—1215），字敬甫，颖悟力学，淹贯经史，大定十九年（1179）进士第一人及第，除应奉翰林文字，转修撰，摄太常博士，迁礼部郎中，后兼同修国史，升礼部侍郎、提点司天台，翰林院直学士，承安五年（1200）迁侍讲学士、同修国史、提点司天台，出为顺天军节度使，泰和六年（1206）回朝任礼部尚书兼同修国史，累迁太子太保、翰林学士承旨，再转太子太傅，均仍兼礼部尚书，后因太子去世，不置宫师，特升翰林学士承旨为二品，卒后赠银青光禄大夫，谥文正。《金史》本传称其"端悫慎密，为人主所知。自初入翰林，至太常、礼部，典贡举终身，缙绅以为荣。与弟行信同居数十年，人无间言。所著文章十五卷，《礼例纂》一百二十卷，会同、朝献、禘祫、丧葬皆有记录，及《清台》、《皇华》、《戒严》、《为善自公》等记藏于家"。父子博通礼仪，《金史》赞其父子说"张昪、行简世为礼官，世习礼学，其为礼也，行于宋庭，讲于朝廷，施用于邻国，无不中度。古者官有世掌，学有专门，金诸儒臣惟张氏父子庶几无愧于古乎！"③给予很高评价。次子张行信（1163—1231），本名行忠，因避太子讳改名行信，字信甫，大定二十八年进士。曾任铜山令，明昌元年（1190）

---

① 赵秉文：《张左丞碑》，《滏水集》卷十二，《四库全书》。
② 元好问：《东平府新学记》，《遗山集》卷三十二，《四库全书》。
③ 《金史》卷一百六《张昪传》，《二十五史》第9册，第7168页。

因为官廉洁擢授监察御史。崇庆二年（1213）入朝为左谏议大夫，多所劝谏，议立太子，正刑赏，举贤才，备战促和，减括民粮。贞祐二年（1214）出为山东东路按察使兼转运使、权本路宣抚副使，次年改安武军节度使兼冀州管内观察使，上疏建议禁止劫掠平民、以加级法稳定安民郡县长官、赏任敢战军将等。召为吏部尚书，转礼部尚书兼同修国史，四年加太子少保。以父丧去官，兴定元年（1217）三月起复旧官，权知参知政事，尚书省建议仿其兄同修国史例同修《章宗实录》。次年出任彰化军节度使兼泾州管内观察使，元光元年（1222）迁保大军节度使兼鄜州管内观察使，再迁靖难军节度使兼邠州管内观察使，不久致仕，哀宗即位后，起为尚书左丞，不久再次致仕。《金史》本传称其"为人纯在直率，不事修饰，虽两登相位，殆若无官，然遇事辄发，无所畏避，每奏事上前，旁人为动色，行信处之坦如也。及薨之日，虽平昔甚媢忌者亦曰正人亡矣。初至汴，父昉以御史大夫致仕，犹康健，兄行简为翰林学士承旨，行信为礼部尚书，诸子侄多中第居官，当世未之有也"①。父兄分别官至御史大夫、翰林学士承旨，行信两次拜相，确实是金朝所未有，而父子相继担任礼部侍郎，兄弟相继担任礼部尚书，主一朝礼仪几四十年，恐怕更是史所未有。

  孔元措也熟谙礼仪，贞祐三年（1215）被招至京，先后任太常博士、太常丞、太常少卿，直至太常卿，即使知集贤院事也仍兼职太常寺，直至金朝灭亡。孔元措任职太常，正是张氏父子不在礼部任职时期，可见金朝后期的礼仪主要由张、孔家族掌管。金亡后，孔元措上书蒙古太宗说："兵兴以来，礼乐散失，燕京、南京等处亡金太常故臣及礼册乐器多有存者，乞降旨收录。"太宗同意他的请求，"诏各处管民长官，如有亡金知礼乐旧人，可并其家属徙东平，令元措领之，于本路税课所给其食"。太宗十一年（1239），孔元措奉召至燕京，将"金掌乐许政、掌礼王节及乐工翟刚等九十二人"带回曲阜，次年于孔子庙表演登歌乐，"就东平造乐器，制冠冕法服、钟磬筍簴仪物。后礼乐肄习既成，召乐人至日月山，试奏于帝前，遂用于祀上帝"②，元

---

① 《金史》卷一百七《金汝砺传》，《二十五史》第9册，第7173页。
② 孔继汾：《阙里文献考》卷八，第165页。

朝的礼乐实际上就是孔元措创始的。

孔元措女婿严忠济是东平人，严实二子。严实（1182—1240）是长清人，"略知书，志气豪放，不治生产，喜交结施与，落魄里社间，屡以事系狱"。蒙古南侵，金东平行台调民为兵，被委以百户，以功授长清县尉，权长清知县。宋兵攻占益都，委任为济南治中，"分兵四出，所至无不下，于是太行之东皆受实节制"。蒙古太师木华黎攻占益都，严实"挈所部彰德、大名、磁、洺、恩、博、滑、浚等州户三十万"投奔，木华黎"承制拜实金紫光禄大夫，行尚书省事"，太宗六年（1234）封东平路行军万户，将辖地由五十余城削减为德、兖、济、单四州。随蒙古军征发，在蒙军攻下彰德、濮州、曹州、楚丘、定陶、上党后劝阻屠城，出资赎回邓襄被俘民众，仅灵璧一县就救活五万余人。"会大饥，民北徙者多饿死，又法藏匿逃者保社皆坐，逃亡无所托，僵尸蔽野。实命作糜粥，盛置道傍，全活者众。"卒后，"远近悲悼，野哭巷祭，旬月不已"。中统二年（1261）追封为鲁国公，谥武惠。忠济（？—1293）为严实第二子，"七岁入小学，师名士龙江张某，自读诵至剖析义理者余十年，衍圣必其为特达之器，以其子妻之"，深获孔元措欣赏，被招为婿。太宗十三年（1241）继父为东平万户行军官民长官，"开府布政，一法其父，养老尊贤，治为诸道第一"。至元九年（1272），东平路被改为下路总管府，辖区缩至六县。至元二十三年特授资德大夫、中书左丞、行江浙省事，以年老请辞。自严实主政东平即招纳贤士，元好问、阎复、赵天锡、商挺、王磐、孟祺等被召至麾下。严忠济修建学校，"教养诸生，后多显者，幕僚如宋子贞、刘肃、李昶、徐世隆俱为名臣"。严氏父子治下的东平一时人才济济，成为乱世中的文化重镇。严忠济特别优待孔氏后裔，东平府学落成后，"子弟秀民备举选而食廪饩者余六十人，在东序，隶教官梁栋；孔氏族姓之授章句者十有五人，在西序，隶教官王磐；署乡先生康晔儒林祭酒以主之"①。

孔元措无子，以其弟之孙孔浈继嗣，宪宗元年（1251），孔浈袭封衍圣公。因孔浈曾随母改嫁驱口李氏，户籍名为李纸糊头，加之整天打猎，次年孔氏族人以非孔氏后人和不事儒雅告至官府被罢免。北宗衍圣公中断四

---

① 元好问：《东平府新学记》，《遗山集》卷三十二，《四库全书》。

十三年,元贞元年(1295)始封孔治为衍圣公,传至其子孔思诚因非嫡长被罢封。蒙古初年,孔元措被金廷接至汴京,行前令孔治祖父孔元用代理祀事,其后子孙孔之全、孔治相继担任曲阜县尹并主持孔庙祀事。孔元用(？—1227)夫人聂氏,封宜人,并无籍贯家世,看来并非世家大族。孔之全夫人为沛县的抹捻氏,世封之后,"三女,长适寿春大姓郝安,次蚤卒,次适太定军节度使马睿"①,姻亲地位有所提高。孔治(1236—1307)原配为处士之女,"相下处士任公持正嘉其才德,以女妻之","再娶毕氏",都非出自官宦家庭,"女适长垣尹张执中,封恭人"②,"女孙五：长适广东廉使杨倬,次适本县儒士吕恪,次适蕲州路府判马侃子元鲁,次适泗水主簿马克仁,次适礼部尚书李廷实孙士良";孔思诚"娶翰林应奉任君之孙女,振文处士之公子也,再娶毕氏、牛氏、冯氏,封鲁郡君"③;除五孙女外姻亲的家庭地位都不高。

延祐三年(1316年),孔氏族人上书朝廷,认为孔思诚并非孔子嫡孙,推荐孔思晦袭封,从此衍圣公就由孔思晦及其后裔承袭,在元代有孔克坚、孔希学相继袭封。孔思晦(1267—1333)"娶张氏,封鲁郡夫人","女四人,适李德明、孙大用、乔元善、马元用","女兄适裴氏而贫,迎养甚谨。女弟末疾且不慧,起居必待于人"④;孔克坚(1316—1370)"曾祖妣女真氏,祖妣李氏,妣张氏,皆追封鲁郡夫人"⑤,"娶张氏,济宁路总管子仁女,封鲁郡夫人"⑥;孔希学(1335—1381)"先配董氏,中州功臣世家,赠鲁郡夫人;继室孙氏,前进士、辽阳行省平章彦明女",其实继室是蒙古人孙都思氏,字素真,"女二人：长适淑南卫杨镇抚子杨思,次在室"⑦。三代衍圣公中,由于

---

① 张铎：《元奉训大夫、袭封衍圣公、世袭曲阜县尹孔之全》,徐振贵、孔祥林：《孔尚任新阙里志校注》,第715页。
② 蔡文渊：《元赠中议大夫、袭封衍圣公孔公神道碑记》,徐振贵、孔祥林：《孔尚任新阙里志校注》,第717页。
③ 蔡文渊：《元赠中议大夫、袭封衍圣公孔公神道碑记》,徐振贵、孔祥林：《孔尚任新阙里志校注》,第718页。
④ 危素：《故袭封衍圣公、赠中奉大夫、河南江北等处行中书省参知政事、护军、追封鲁郡公、谥文肃孔公神道碑》,徐振贵、孔祥林：《孔尚任新阙里志校注》,第721页。
⑤ 宋濂：《元袭封衍圣公、国子祭酒孔克坚》,徐振贵、孔祥林：《孔尚任新阙里志校注》,第722页。
⑥ 宋濂：《元袭封衍圣公、国子祭酒孔克坚》,徐振贵、孔祥林：《孔尚任新阙里志校注》,第724页。
⑦ 宋讷：《故资善大夫、袭封衍圣公孔公神道碑》,徐振贵、孔祥林：《孔尚任新阙里志校注》,第729页。

孔思晦是婚后承袭，而且是中途改封，所以夫人、女婿均社会地位不高，姐姐婚后竟难以自养。孔思晦承袭后，地位大幅提高，先是特授中议大夫，颁给四品印，月俸由百缗加至五百缗，泰定四年（1327）升至三品嘉议大夫，四年后颁给三品银印，至正四年（1344）特授从二品的中奉大夫。衍圣公地位大幅提高，子孙配偶社会地位也随之大幅提高，婚姻对象也开始走出乡贤里宦的范围。

第二节　姻结权贵天潢
——明代衍圣公姻亲

明太祖朱元璋空前优待孔子长孙，洪武元年（1368）衍圣公进秩二品，阶资善大夫，班列丞相之后，洪武十七年废除丞相后，将衍圣公地位提高到视一品，朝会班列文武百官之首，同时赐给祭田六十万亩，为衍圣公府设置官署。衍圣公地位空前提高，婚姻对象地位也随之提高。从六十一代衍圣公起夫人主要来自朝中权贵家庭，许多子女与鲁王家族结姻，明代中期颜子、孟子后裔获赐世袭职位后孔、颜、孟三氏结姻增多，但乡贤里宦仍然是结姻的主要对象之一。

一、结姻权贵

明初，衍圣公地位虽然空前提高，但偏处山东，与朝中权贵尚未建立多少联系，所以早期的衍圣公配偶地位并不高。五十七代衍圣公孔讷（1358—1400）"夫人陈氏，继商氏、王氏"①，很可能连官宦人家都不是。五十八代衍圣公孔公鉴（1380—1402）"娶胡氏，孔颜孟三氏教授、进士胡复性之女"②，山东巨野人；五十九代衍圣公孔彦缙（1401—1455）"配夏氏，子曰承庆，皆先卒；江氏，子曰承吉，亦先卒；郭氏，子曰承泽；牙氏，子曰承源。

---

① 胡俨：《五十七世孙袭封衍圣公神道碑》，《阙里志》卷二十四，第1819页。
② 杨士奇：《五十八代袭封衍圣公孔公墓表》，《阙里志》卷二十四，第1827页。

女三：长适山东都指挥使吴勋之长子越，次适兖州护卫指挥鲍钧之长子克恭，其一幼未行"①，夏氏（1403—1434）系江都人，江西布政使司参政夏济长女；六十代长孙孔承庆（1420—1450）未袭先卒，夫人王氏（1419—1681）"宁阳人，顺天府尹贤女"②，王贤与孔氏是世姻，其妻由孔彦缙作伐，"孤女及时而未行者，则备资装相，攸使有归，今监察御史张子初、刘安、顺天尹王贤、兵部侍郎王伟皆其所择婿，而人以为宜家室者"③；结姻对象主要还是山东地方的官宦人家。

从六十一代衍圣公孔弘绪开始，衍圣公婚姻走向全国，走向朝廷权贵。

孔弘绪（1448—1504）元配李氏为李贤（1408—1466）次女，议婚时李贤就已经是内阁首辅，"李，公之元配，太师文达公女也；继熊氏，兖州护卫百户祯之孙；再继袁氏，山东按察司副使端之女；其贰室江氏，为济宁卫指挥佥事耘之女"，"女五人：长适济宁卫指挥邬玉之子祐，次适赠太保尹恭简公之孙中书舍人继祖"④，袁氏墓志铭作"女四人：长适都指挥邬祐，次适尹恭简公孙长史继祖，次适刘指挥子元昌，次适东瓯王子"⑤，江氏墓志铭作"东瓯王长子"。李氏为河南邓州人，袁氏（1467—1541）为河南兰阳人，尹恭简公即尹旻，济南历城人，成化元年（1465）以吏部侍郎曾被宪宗皇帝委派到曲阜祭祀孔子以报告其登基，后官至吏部尚书。孔弘绪的配偶地位空前提高，元配为内阁首辅之女，连贰室都出自世官之家。

孔闻韶（1482—1546）"元配李，故相文正公之女，继配卫，宣城伯璋之女"，"女一人，许聘尚书李公廷相子孝元"⑥。元配夫人为湖南茶陵人，李东阳之女，议婚时李东阳已经以礼部左侍郎兼翰林侍读入阁，正德元年（1506）至七年（1512）为内阁首辅；继配卫氏，松江华亭人，宣城伯加秩少保卫璋之女，李孝元为濮州人，官至知府，其父李廷相官至南京户部尚书。

孔贞乾（1519—1556）夫人张氏（1521—1551）系河北兴济人，明孝宗孝

---

① 王直：《故袭封衍圣公孔公神道碑》，《阙里志》卷二十四，第1832页。
② 孔宪璜：《孔氏大宗谱》。
③ 王直：《故袭封衍圣公孔公神道碑》，《阙里志》卷二十四，第1830页。
④ 李东阳：《前衍圣公南溪孔先生墓志铭》，《阙里志》卷二十四，第1849页。
⑤ 程銮：《明诰封太夫人、衍圣公南溪先生继配袁氏墓志铭》，《阙里志》卷二十四，第1862页。
⑥ 严嵩：《明故袭封衍圣公成庵孔公墓志铭》，《阙里志》卷二十四，第1873页。

康张皇后之弟建昌侯张延龄之女,"昭圣太后弟故建昌侯延龄之女,母崔氏,驸马都尉京山侯元妹也"①,"女一,许聘翰林检讨梁绍儒子"②。

孔尚贤(1544—1621)元配严氏(1646—1602)为吏部尚书兼华盖殿大学士严嵩孙女、工部侍郎严世蕃长女,江西分宜人,继配张氏。长子孔胤椿(1571—1619)未袭封先卒,元配殷氏,济南人,礼部尚书兼武英殿大学士殷士儋之女。

孔胤植(1592—1647)元配夫人侯氏,东平人,河南布政使司右参政侯宁孙女、庠生侯成龙长女,继配仝氏(1600—1640),郓城人,鸿胪寺序班仝朝式长女。"女四:长适刑部主事东平宋祖乙第三子、山西潞城知县国瑛,次适太常寺卿青阳罗尚忠次子、四氏学教授梦阳,次适江南提督都督同知汶上郭万程子、广东博罗县丞懋敦,次适兖州府推官虞城刘中砥第三子、浙江黄岩知县子宽。"③夫人家庭地位较低,是因为孔胤植是婚后以堂侄入嗣承袭衍圣公的,而女儿配偶社会地位略高,是孔胤植承袭后出嫁的。

二、结姻天潢

衍圣公夫人主要来自京城权贵之家,而女儿和近支族人多喜与鲁藩结亲。

鲁藩始封鲁王朱檀是明太祖朱元璋第九子,洪武三年(1370)出生后不久就被封为鲁王,洪武十八年(1385)到兖州就封。朱檀"好文礼士,善诗歌",应该说是一个比较好的青年,但他为求长生,"饵金石药,毒发伤目",洪武二十二年(1389)去世,朱元璋恶其荒唐,赐谥号曰"荒"④。虽然只有一子,但后裔众多,是朱元璋所封二十三王中比较大的一个家族。封国初期,王妃多来自京师,荒王妃就是开国功臣信国公汤和之女,但到明代中期,姻亲逐渐地方化,而孔氏为兖州地区首屈一指的世家大族,当然结姻为多,朱檀六代孙朱健杙(1494—1520)的妃子就来自孔氏家族。朱健杙早卒,其子朱观㸅接续曾祖庄王朱阳铸为鲁王。由于孔氏全宗谱只收男性,

---

① 葛守礼:《明诰封衍圣公可亭夫人张氏墓志铭》,《阙里志》卷二十四,第1877页。
② 严嵩:《明故衍圣公可亭孔公墓志铭》,《阙里志》卷二十四,第1882页。
③ 孔宪璜:《孔氏大宗谱》。
④ 《明史》卷一百一十六《鲁王檀传》,《二十五史》第10册,第8141页。

除非有墓志传世，否则很难查到女性后裔的资料，所以现在难以查到朱健杙妃子出自孔氏家族的哪一支。

孔氏与鲁王家族结亲，最早为孔希恭（1412—1464）。孔希恭为孔道辅之后，被选配鲁靖王之女文登郡主。鲁靖王是朱元璋之孙，鲁荒王朱檀之子。孔希恭后裔与鲁藩成为世姻，三子长女选配鲁藩滋阳王，四女适鲁府仪宾之子王尚义，五女适仪宾之子贾正，长孙女选配乐陵王府奉国将军。

衍圣公与鲁王府结姻始于六十一代衍圣公孔弘绪，其四女适东瓯王长子。李东阳撰孔弘绪墓志仅记长次二女所适，李时所撰孔弘绪夫人江氏墓志铭记四女"适东瓯王长子"，但未记所适何人。从于慎行《兖州府志》"天潢志"看，首任东瓯王为第四代鲁王庄王朱阳铸（1448—1523）嫡次子朱当㳘，二世是恭恪王朱健楸（？—1565），朱健楸嘉靖二十六年（1547）袭封，四十四年（1565）卒，无子，以侄孙朱颐㙷管理府事，所适的东瓯王长子应该是朱健楸。六十四代衍圣公孔尚贤的两个女儿都嫁给了鲁府，"女二人：长适泰兴王长子，次适东原王长子"①，同样也未记所适何人。泰兴王始封于万历十一年（1583），是朱元璋第十代孙、鲁恭王庶出第五子朱寿镛的爵号。东原王始封于嘉靖三十六年（1557），为朱元璋九代孙、鲁端王庶出二子朱颐㙧的爵号，万历二十二年（1594）尚健在，其子朱寿锁已封为镇国将军，次女所适应该是朱寿锁。此外，孔弘泰孙女还选配巨野府奉国将军朱健樒。衍圣公结姻鲁藩，门当户对，嫁妆自然不菲，孔尚贤二女"办治妆奁，各逾万金"②。

孔克坚后裔中与鲁藩结姻者很多。衍圣公孔彦缙曾孙孔闻儒选配邹平王府贵池郡君，孔弘泰之子孔闻诗（？—1529）一子一女，子贞元配安丘王府萧山县君，女适巨野王府奉国将军朱健樒，孔闻翰选配鲁王盐山郡主，孔闻聘选配巨野王府彭山县君，孔希麟后裔孔闻订为鲁王府仪宾，孔公绶与鲁王府是世姻，其孙孔承需娶鲁府安丘王之女青城县主，其孙女之一"许聘鲁府安丘王嗣子为妃"。孔闻评选配明鲁藩阳信郡王之女，子贞众娶鲁

---

① 姚希孟：《明故六十四代圣裔诰赠太子太傅袭封衍圣公龙宇孔公暨配张氏合葬墓志铭》，《阙里志》卷二十四，第1895页。
② 宋鸣梧：《明故六十五代赠衍圣公震环孔公墓志铭》，《阙里志》卷二十四，第1901页。

藩巨野王府奉国中尉朱寿信女，次女适鲁藩滋阳王府奉国将军朱以汜，三女适明高密王府奉国将军宁远通判朱寿鐩，孔公瑝孙女"一适鲁藩镇国将军健㮙"，孔承宁一女选配朱元璋八代孙鲁藩安丘荣恪王朱观㸂为妃，一女选为安丘荣顺王之孙为夫人。孔弘羡第三女适鲁滋阳王府奉国将军朱以𧴥。孔元用后裔孔彦纶四女适鲁藩辅国将军，孔滨后裔孔承业三女配鲁国镇国中尉朱观爏，次子孔弘爥为鲁端王东鲁郡主仪宾，孔承欣长孙女许配给鲁殿下。孔澄后裔裕州知州孔彦禄之女嫁与巨野王朱当涵，曾孙女也有人嫁入鲁藩，其子孔承懿"女孙或选配天潢，或归之于宦族"①。此外还有孔彦范、孔承正、孔闻宪为鲁王府仪宾，孔评为巨野王府仪宾，孔承绪、孔承渠为宗人府仪宾，孔弘盛长女适鲁藩安丘王辅国将军。

　　孔氏族人与鲁藩大量结亲并不奇怪。明代尊孔崇儒达到空前的高度，对孔氏子孙的优待也达到空前水平。朱元璋将衍圣公升格为视一品，班列文武百官之首；以孔氏为曲阜世职知县；为孔氏子弟设置尼山书院、洙泗书院和三氏学学录；其后皇帝又陆续为衍圣公子弟设置世袭翰林院五经博士和太常寺博士；为子孙学校设立廪生名额，嘉靖六年（1527）确定为照州学例，设廪生、增生各三十名，每三年贡二人，万历四十年（1612）提高到府学级别，设廪生、增生各四十名，每年贡一人；天启元年（1621）增加乡试优待，每次乡试，将孔子后裔单编耳字号，录取后如果没有孔氏中举，则将所有耳字号试卷当堂公阅，从中选取二人为举人，不占山东举人的名额；天启五年（1625），朝廷又规定，皇帝祭祀孔子时，随同衍圣公进京观礼的生员送监读书，称为陪祀恩贡。在经济上，则免除了曲阜孔氏族人的差徭和税粮。朝廷的优待，激发了孔氏读书科举的热情，有明一代，曲阜孔氏考中进士七人，举人三十余人，各种贡生约二百余人。在这种情况下，孔氏家族大多耕读为业，文化水平较高，并出现了许多官宦世家，具有较高的社会地位。鲁藩当然喜欢从文化素养较高和具有一定社会地位的孔氏族人中选择配偶。

　　孔氏族人也喜欢从鲁藩中选择配偶。明代规定，"皇子封亲王，授金策金宝，岁禄万石"，"冕服、车骑、邸第下天子一等，公侯大臣伏而拜谒，无敢

---

① 朱当泗：《明太学生孔承懿室人王氏》，徐振贵、孔祥林：《孔尚任新阙里志校注》，第794页。

钧礼。亲王嫡长子年及十岁则授金册金宝,立为王世子;长孙立为世孙,冠服视一品;诸子年十岁则授涂金银册、银宝,封为郡王,嫡长子为郡王世子,嫡长孙则授长孙,冠服视二品,诸子授镇国将军,孙辅国将军,曾孙奉国将军,四世孙镇国中尉,五世孙辅国中尉,六世以下皆奉国中尉。其生也请名,其长也请婚,禄之终身,丧葬予费"①。不仅龙子龙孙有俸禄,就连配偶夫人、恭人、淑人、安人、宜人甚至女性郡主、县主、乡君的夫君仪宾也有禄米,嘉靖三十年时,鲁藩"阖府宗仪庶人共四百四十三位员名,岁该禄米九万一千六百七十八石有零,折银四万三千七百七十二两有零"。由于皇族的负担太重,嘉靖四十四年(1565)议定条例进行削减,到隆庆四年(1570)时,鲁藩"阖府宗仪庶人共五百七十二位员名,实派禄米六万六千九百三十三石有零,每石折银五钱,共征银三万三千四百六十六两七钱有零"②。鲁藩男女后裔不仅生养死葬都有保障,而且许多子孙都有较高的文化素养。鲁藩中虽然有端王的荒淫无道,"狎典膳秦信等,游戏无度,挟娼乐,裸男女杂坐,左右有忤者,锥斧立毙,或加以炮烙"③,但更多是崇文好学之徒。安丘王"颐堀耆年硕德,动遵祖训。将军颐㒩英妙嗜学,诗书兼工"。"乐陵诸宗亦多文雅,裕穆王贫而好学,善言名理,能为诗赋,萧然环堵,有如寒士,识者重之,所著有《心亨堂稿》;其弟曰将军颐㙍,高洁自守,迹远嚣尘,读书之外,一无所嗜也。"东瓯王"以文雅著称者将军观熉、颐墡父子,善画好文,游道甚广"。巨野王后裔更是人才荟萃,"巨野诸宗多尚文雅。其最著者曰将军当沔,博览群书,蓄书甚富,构得异本手自抄录,不下万卷。尤工墨妙,间为诗文,亦得驯雅。当沔从子曰将军健根,健根二子曰中尉观㞳、观鞡,皆好学工文,被服有礼,各有文集行于世。篆隶图绘,无不精绝,所交游贤士大夫几遍海内。观㞳从子曰中尉颐㙍、颐厓,工诗工绘,各臻妙境。信鲁宗多贤、萃于一门云"④。上述并非于慎行的谀言,《明史》也说:"奉国将军健根、巨野王阳䤪诸孙博通经术,年七十犹纵谈名理,亹亹不倦,嘉靖中诏

---

① 《明史》卷一百一十六《诸王》,《二十五史》第10册,第8139页。
② 于慎行:《兖州府志》卷十,齐鲁书社。
③ 《明史》卷一百一十六《鲁王檀传》,第8141页。
④ 于慎行:《兖州府志》卷十,齐鲁书社。

褒其贤。孝子镇国中尉观㰚字中立,母丧,蔬食逾年,哀毁骨立,尝绘太平图上献,世宗嘉奖之,赐承训书院额并五经诸书。弟观锓以诗画著名。同时巨野中尉颐塜、安丘将军颐墉声诗清拔,乐陵王颐㘸亦喜称诗。安丘王当溓,靖王曾孙,少孤,事祖父母以孝闻。曾孙颐堀好学秉礼,尤谙练典故,藩邸中有大疑辄就决。一意韬晦,监司守令希见其面,七十余犹手不废书。"①朱当㳵还曾结诗社,"东鲁宗人望洋公者,名动海内,尝集兖士大夫能诗者结寿英会",孔公辂就被约请参加。②

孔氏与鲁藩联姻的另一个原因是许多孔氏族人在鲁藩任官。按照规定,王府设置长史司(设左右长史各一人,正五品,典簿一人,正九品)、审理司(设审理正副各一人,分别为正六品和正七品)、纪善所(纪善二人,正八品,伴读四人,从九品,)、典宝所(典宝正一人,正八品,副一人,从八品)、典膳所(典膳正一人,正八品,副一人,从八品)、奉祠所(奉祠正一人,正八品,副一人,从八品)、良医所(良医正一人,正八品,副一人,从八品)、工正所(工正一人,正八品,副一人,从八品)、典仪所(典仪正一人,正九品,副一人,从九品)、广受仓(大使、副使各一人)、广受库(大使、副使各一人)、兖州护卫(指挥五人、千户十一人、百户三十三人、镇抚一人)、群牧所(镇抚二人、正千户一人、副千户二人、百户十人、旗手千户一人、百户二人),郡王府设教授司(教授一人,从九品)、典膳所(典膳一人,正八品),镇国将军教授一人(从九品)。虽然设官除长史外品秩均不高,但对于科举低等的廪生等也是一个比较好的出身。许多孔氏族人在鲁藩任官,贡生孔承茹曾任鲁王府纪善,孔承懿之子附生孔弘幹"筮仕藩纪,即受知鲁主,荐擢司寇,人以为善继述者矣,俾司世府讲读事",初任鲁王纪善,升任审理,主管王府讲读,所以"女孙或选配天潢"③。

三、结姻圣裔博士

明代时,由于儒学的地位空前提高,不仅孔子的后裔衍圣公倍受优渥,

---

① 《明史》卷一百一十六《鲁王檀传》,《二十五史》第10册,第8141页。
② 孔弘幹:《泗渔先生传》,徐振贵、孔祥林:《孔尚任新阙里志校注》,第838页。
③ 朱当㳵:《明太学生孔承懿室人王氏》,徐振贵、孔祥林:《孔尚任新阙里志校注》,第794页。

儒家其他圣贤的后裔也受到优待。明景泰二年(1451),皇帝命礼部召取颜子、孟子子孙年长而贤者各一人至京,次年即授颜子五十九代孙颜希惠、孟子五十六代孙孟希文为世袭翰林院五经博士。嘉靖十二年(1533),翰林院学士顾鼎臣奏请照颜子、孟之例授官曾子后裔以奉祀,朝廷诏令访求曾子后人,在江西永丰访求到曾子五十九代孙(《明史》作六十代孙)曾质粹,于嘉靖十八年(1540)也授予世袭翰林院五经博士,迁回山东嘉祥奉祀。《明史》记载,万历十五年(1587)又始授仲由裔孙仲吕为世袭翰林院五经博士①,但《阙里文献考》作崇祯十六年(1643)经六十五代衍圣公孔胤植奏请始授仲子六十代嫡孙仲于陛②。在曲阜及其附近出现了颜、曾、孟、仲四氏世袭职官。虽然世袭翰林院五经博士只是正八品,但由于是圣贤后裔,而且同出儒门,关系原非一般,所以除曾氏在嘉祥、仲氏在泗水距离略远结姻较少外,孔氏与颜氏、孟氏结姻比较多。从所见到的史料看,孔弘绪二子孔闻礼之女"适复圣颜子六十三代孙、世袭翰林院五经博士颜从祖"③,孔治后裔孔闻诗(1587—1650)次子孔贞煓"继娶翰林院五经博士孟承光女","次女三姐,适翰林院博士颜伯廉子庠生颜光启"④,孔克中之孙孔诃次女"归复圣孙、翰林院五经博士公鋐"⑤。

四、结姻里贤

明代时,衍圣公家族虽然姻亲地位空前提高,但族大人众,除衍圣公结姻地位较高外,其他族人仍然沿袭旧传统,与本地官宦贤人结姻。

孔克坚有九子,分成十户,占元代以来六十户的六分之一,是孔氏家族中最大的一支。其后裔除部分人与鲁藩结姻外,大部分主要还是与里贤结姻。

孔克坚四子希进配元中书省左司员外郎完县人王兼之女,王兼因此移

---

① 《明史》"衍圣公属官":"仲氏一人,万历十五年授子路裔孙仲吕。"
② 孔继汾:《阙里文献考》。
③ 徐振贵、孔祥林:《新见孔尚任阙里志校注》,第791页。
④ 孔闻则:《明赠征仕郎、河南布政司参议、分巡大梁道孔闻诗》,徐振贵、孔祥林:《新见孔尚任阙里志校注》,第798—799页。
⑤ 徐振贵、孔祥林:《新见孔尚任阙里志校注》,第741页。

居曲阜,其曾孙孔公绶(1423—1498)曾官曲阜知县,娶王兼孙陕西合水县儒学教谕王宣之女,长女适宁阳顺天府尹王贤之孙、阴阳训术王尚廉,次女适刑部右侍郎同里魏绅,三女适四川按察司副使陕右王存礼,子彦佑之女为安丘王嗣子妃,孙承需为鲁府安丘王仪宾;子孔彦士(1447—1506)解元出身,曾官曲阜知县,女适同邑庠生魏中;彦士子承震举人出身,也曾任曲阜知县,长女适太学生郭希周、次女适颜从周;婚姻关系,除三女适陕西人王存礼外,主要是鲁藩和曲阜以及周边州县的低级官员和耕读家庭。五子希麟为太学生,长子孔谔为永乐戊子科举人,己丑会试乙榜第一,除官左春坊中云,为人严正,升监察御史,终河南道按察司佥事;孔谔长子孔公恪(1421—1488)屡举不第,长女适济宁州庠生柴珣,次女适济宁州刘灌,三女适濮州守御百户赵胜,四女适济宁州庠生柴珊;次子孔公怡(1439—1516)为举人,配番禺县主簿汶上岳领次女,五女分适洛川县儒学教谕邑人陈镜、鲁府典簿陈铎之子陈洙、孟沂、孟云和礼生冯景章,孙女一适蔚州儒学训导陈尚儒,一适巡检曹廷林之子曹汝言,一适兖州士族梁纶,一适鲁藩镇国将军朱健楫,一适邑人东野润;四子孔公悦之子孔承宁(1484—1545)元配陈氏,郓城善士陈钺之女,生女为鲁藩安丘荣恪王妃,继配陈氏,同里陈希之女,长女适安丘荣顺王孙辅国将军,次女适监察御史鲁川之子郭东田;孔承宁孙孔闻评(1567—1652)廪生,官四氏学学录,长子贞来陪祀恩贡,曾官真定府同知,娶寿光县训导邹县赵铉女,次子贞众,庠生,娶巨野王府奉国中尉朱寿信女,三子贞夹,庠生,娶滕县进士、商洛道副使黄祖年女,长女适复圣裔陕西蓝田县知县颜伯忠,次女适滋阳王府辅国将军朱以汜,三女适高密王府奉国将军、宁远通判朱寿鐩,四女适复圣裔贡生颜伯秀;二支裔孙孔贞堪廪生,明末任曲阜知县,长子尚鈙,举人,娶兵部尚书路迎之孙崇明县丞路懋德女,次子尚钰,生员,娶四氏学教授秦钿女,三子尚铣,增广生员,娶黄敬玑女,长女适河南布政司参议魏肯构次子生员魏煌如,二女适廪生周延,三女适廪生倪呈炜,四女适直隶布政司左参议张耀采之孙济宁生员张汉栩,五女适长芦盐运使司运判刘伟长子滋阳生员刘师向,六女适清河县知县唐佐臣长子济宁生员唐风泰,孙胤派,采定杭州府盐法水利厅通判孙元振之子候补同知孙宗女,胤海,采定太学生孙光祖女,孙女一适举人颜靴孙拔贡颜光昌子颜绍燧;婚姻对象也主要是鲁藩和曲阜及周边的低级官员和耕读家庭。八子希尹为太学生,其次子孔託(1393—1460)既无功名也无官职,但作为衍圣公之孙,婚姻对象仍为曲阜及周边的中低级官员家庭,他娶东阿知县王季立之女,长女适滋阳县学训导徐铭,次女适济宁知州王畴之子王鉴,三女适衍圣公府管勾秦畊之孙秦琮。

孔弘绪二子孔闻礼官世袭翰林院五经博士,奉邹县子思书院祀,其子孔贞坤,庠生,娶济宁卫指挥邬祐之女,系姑表亲,子尚铖(1581—1662)举人出身,官至山清河务同知,元配朱氏,出身不详,继配刘氏,系邹县隐士刘太朴长女,子胤璐,廪生,娶戊午科举人林霁虚季女,孙兴言,庠生,娶兵科都给事中范大来次男范仁仲女,孙女适湖广荆南道副使山溪蒋公曾孙蒋应枚;婚姻对象主要也是曲阜及周边的低级官员与耕读家庭。

不仅衍圣公近支如此,其他支派也是一样,都是按照门当户对的传统选择婚姻对象。

第四派孔治被元朝加封为衍圣公,传至其子孔思诚因非嫡罢封,但其派在明代仍然是望族,其孙孔克钦、孔希大、孔希章父子三人均被荐为曲阜知县,希大子孔公镛系永乐丁酉科举人,孙孔彦纶(1417—1485)虽然仅为处士,但由于家族的名望,婚姻对象的家庭地位并不很低,长女适儒学生刘世卿,次女适衍圣公府百户胡承宗,三女适指挥李正,四女适鲁藩辅国将军。希章后裔孔闻诗(1587—1650)系天启壬戌进士,曾官吏科给事中,官至河南布政司参议、分巡大梁道,长子贞熠,廪生,娶本县举人林蓁之女,次子贞煌,廪生,娶常州府通判路允修女,继娶翰林院博士孟承光女,三子贞炌,庠生,娶宁阳太学生吴以譜女,四子贞灿,娶济宁州生员李充国女,五子贞焯,娶朱氏,六子贞煥,聘桂阳州州同颜胤俊女,七子贞煜,聘河北道参议魏恩煇女,九子贞燧,聘四氏学廪生颜伯润女,八子、十子未聘,长女存姐,适庠生王文焕,次女三姐,适翰林院博士颜伯廉子颜光启,四女京姐,适庐州府潘蓁男廪生潘景焕,五女贺姐,许聘安庐道参议罗志儒子,六女端姐,许聘宁阳吴以譜子应康,七女闰姐,许聘汶上中书舍人于允中子于玠,三女、八女未许聘,孙女壮姐,许聘岁贡魏煜如子,都是曲阜及周边门当户对的家庭。

第五派孔澄后裔中孔克伸曾任曲阜知县,子孔希武配兖州府学训导胡复礼之女；孙孔谦也曾任曲阜知县，其孙孔彦禄（1441—1486）为成化戊子举人，官终裕州知州，夫人李蕙仪，济宁人，系贵州按察副使李睿孙女、封南京吏部文选司主事、衍圣公府司乐李耕之女，一女适巨野王孙辅国将军朱竹庵，彦禄子孔承懿（1473—1547）系诸生，配孙氏（1473—1547），系兖州护卫千户孙永之女，孙允中之姑，子弘幹系太学生，娶太学生颜重文之女，官至鲁府审理，其孙孔闻受，三氏学生，聘引礼舍人杨鸿渐之女；孔燮（？—1521）经衍圣公荐授为曲阜知县，升兖州府通判，配朱氏，同邑名族朱纲之女；婚姻对象也是鲁藩和曲阜及周边低级官员与耕读家庭。

　　第十二派孔滨二子思政曾任虞城教谕，长子克渊后孙孔承业（？—1563）曾任曲阜知县，元配刘氏，继配杜氏、刘氏、李氏，长子弘垻，廪膳生员，三子弘鏊，尼山书院学录，四子弘燨，鲁端王东鲁郡主仪宾，长女适刘指挥男刘纶，次女适陈九功，廪膳生员，三女适鲁镇国中尉朱观燨，四女适刑部尚书梧冈公之孙孟绍儒，五女适中书舍人杜辂。三子克中（1372—1432）曾任曲阜知县，配涿鹿卫指挥同知陈玉从姐，长女适乡贡进士王轸，幼女适典仗范文；长子希崇配长史王璞之女，孙孔詞配同邑御史颜继之之女，孔詞长女适汶上知县之子李发，二女适翰林院五经博士颜公鋐，三女适山东巡抚朱某；四子希恭（1412—1464）尚鲁府文登郡主，长女适济宁卫指挥杨荣，长子孔訾配护卫百户沈兴之女，次子孔谔配护卫指挥罗玉之女，三子孔詃配兖州护卫百户丁福之女；孔詃五子均为生员，长子公𫐐娶赵同知之女，次子公轩娶边仪宾之妹，三子公輶娶尹经历之女，四子公轔娶丁氏，五子娶王氏，长女选为滋阳王妃，次女适丁汉，三女适戊辰进士许振，四女适仪宾男王尚义，五女适仪宾男贾正，长孙女适乐陵王府奉国将军；婚姻对象同样也是鲁藩和曲阜及周边官宦人家与耕读家庭。

第三节　世姻名门望族
——清代衍圣公姻亲

　　清代时，衍圣公婚姻关系与明代基本相似，衍圣公仍然与朝中权贵结姻,但子孙婚姻变化较大,由于满汉不通婚,婚姻关系没有了天潢子孙,但后裔婚姻对象走出曲阜,走出山东,走向全国,而且出现了世姻。

一、清代衍圣公婚姻状况

清代袭封的衍圣公从六十六代至七十六代,衍圣公及其子女的婚姻情况为:

六十六代衍圣公孔兴燮(1636—1667),庶出,生母为侧室陶氏(1616—1694),宛平人,陶承德之女,诰封衍圣公太夫人。元配冯氏(1636—1653),涿州人,少保兼太子太师、中和殿大学士兼礼部尚书冯铨孙女、荆州镇总兵官冯源淮三女,继配吕氏(1638—1718),宛平人,大宁都指挥使司指挥使吕茂勋孙女,吕邦燸长女。有二子三女:次子毓埏,婚姻不详;长女吕出,适吏部尚书奉天张士甄长子、大理寺评事张光镛,仲女吕出,适礼部尚书、莱阳沙澄次子、贵州都匀知府沙汝洛,季女庶出,适山西分守冀宁道布政使司参议聊城刘元运子、岁贡生刘铎。

六十七代衍圣公孔毓圻(1657—1723),吕出,元配张氏(1654—1679),涞水人,总督直隶山东河南军务、兵部尚书都察院右副都御使张铉锡长女,继配叶粲英(1666—1692),昆山人,太常寺卿叶重华孙女,山东按察使司副使、分巡济宁道叶方恒第三女,继配黄氏(1677—1763),大兴人,陕西巡抚黄尔性孙女、福建长汀知县黄华宝第八女。四子四女:次子传铈(1678—1731)世袭翰林院五经博士,张氏出,配王氏(1678—1697),汉军镶蓝旗人河道总督王新命女,继配张氏(1679—1733),旗人,湖广布政使张圣猷女,三子传钲(1703—1747),圣庙三品执事官,配熊氏(1706—1781),孝感人,东阁大学士兼吏部尚书熊赐履第六女,四子传镛出嗣,婚姻情况不详,均黄氏出;伯女张出,适文华殿大学士兼吏部尚书遂宁人张鹏翮次子、淮安府海防山安同知张懋龄,仲女叶出,适福建延邵道布政使司参议睢州王式谷子、康熙辛卯科举人王樗,淑女叶出,适内务府大臣、包衣丁皂保长子、慎刑司郎中丁松,季女黄出,适侍郎衔、原任詹事府詹事、大兴黄叔琳长子都察院右副都御使黄登贤。

六十八代衍圣公孔传铎(1673—1735),张出,配王氏(1671—1692),宛平人，礼部尚书王崇简孙女、保和殿大学士兼礼部尚书王熙四女，继配李玉（1675—1714），寿光人，刑部右侍郎李迥六女，继配徐昭德（1698—1784），德清人，礼部侍郎衔、翰林院侍读徐倬孙女、工部尚书徐元正三女。六子四女：次子继溥（1703—1767），李出，配王氏（1703—1734），宛平人，刑部郎中王克昌第五女，继配赵氏（1710—1772），宁夏人，鸿胪寺少卿赵之垣女，三子继洞（1718—1770），徐出，配嵇淑媛（1719—1783），无锡人，文华殿大学士兼吏部尚书嵇曾筠第四女，四子继汾（1725—1786），徐出，配许启麟（1723—1777），海宁人，提督四译馆、太常寺少卿许维模孙女、翰林院编修许焞次女，五子继涞（1726—1790），徐出，配王瑞珍（1726—1797），华亭人，长芦都转盐运使王图炯第三女，六子继澍（1728—1756），庶出，配袁氏（1726—1780），曹县人，广信府同知袁世绪次女；长女淑静李氏出，适武英殿大学士兼工部尚书华亭王顼龄第六子候补主事王图寿，次女淑瑜，庶出，适刑部郎中宛平王克昌第九子候选光禄寺典簿王则曾，三女淑琼，庶出，适翰林院侍读学士大兴薄有德次子山西宁武知府薄岱，四女福，庶出，适吏部侍郎上蔡程元章次子二品荫生程有为。

六十九代孔继濩（1697—1719）未袭爵先卒，配王氏（1692—1751），宛平人，刑部郎中王克昌第三女。二子二女：次子广柞（1719—1776），配张氏（1721—1795），浮山人，山东驿传道按察使司副使张体仁三女；长女贞慧，适太子太保、文渊阁大学士兼吏部尚书溧阳史贻直次子三品卿衔史奕昂，次女贞秀，适文渊阁大学士兼工部尚书海宁陈世倌次子候选州同陈克光。

七十代衍圣公孔广棨（1713—1743），配何庆霄（1713—1779），字云华，大兴人，钦天监春官正何君锡孙女、礼部左侍郎何国宗次女。一子二女，长女德荣，适刑部尚书娄县张照长子湖南分守衡永彬桂道张应田，次女德芳，适太常寺少卿长山袁承宠第四子、内阁侍读学士袁守诚。

七十一代衍圣公孔昭焕（1735—1782），元配陈珠（1735—1760），海宁人，候选州同陈克光长女，继配程金（1744—1806），铅山人，吏部右侍郎程岩长女。五子五女：次子宪增（1758—1812），陈出，配袁氏（1759—1834），长山人，刑部员外郎袁守诠次女，三子宪圭（1764—1831），程出，配严氏（1764—1832），太湖厅人，翰林院编修严福女，四子宪均（1766—1832），庶出,配陈氏(1767—1824),海宁人,四川资州直隶州州判陈承曾长女,五子宪堃(1767—1830),程出,配杨氏(1767—1787),固安人,陕西咸阳知县杨辉灿长女,继配徐氏(1778—1804),钱塘人,淮安府河务海防同知徐绍基次女;长女橚祉,适候选员外郎桐城方观本长子、总督直隶军务、兵部尚书都察院右都御使方受畴,陈出,次女橚綵,适工部尚书昌乐阎循琦第三子安徽庐州政府阎学淳,庶出,三女橚蘋,适山东盐运使光山何泽传次子候选中书科中书何长化,庶出,四女橚全,殇,程出,五女橚璜,适刑部尚书光州胡季堂子湖南盐法道胡鏻,庶出。

七十二代衍圣公孔宪培(1756—1793),配于氏(1755—1823),金坛人,文华殿大学士兼户部尚书于敏中第三女。无子女。以弟宪增子庆镕为嗣。

七十三代衍圣公孔庆镕(1787—1841),配毕氏(1790—1847),镇洋人,太子太保、总督湖北湖南军务、兵部尚书都察院右都御使毕沅第三女。一子二女,长女印兰适赠光禄大夫、工部右侍郎、湖北安陆知县泾阳张五伦第四子都察院左副都御使、前江西巡抚张芾,次女印莲,二十七岁未婚卒。

七十四代衍圣公孔繁灏(1806—1862),元配方氏(1804—1826),桐城人,太子少保、总督直隶军务、兵部尚书、都察院右都御使方受畴孙女、候补知府方传秩长女,继配李氏(1807—1833),太湖人,赠光禄大夫、刑部尚书、贵州布政使李长森第三女,继配毕氏(1813—1875),镇洋人,太子太保、总督湖北湖南军务、兵部尚书、都察院右都御使毕沅孙女、湖南岳州府同知毕鄂珠长女。三子一女:祥玑,配吴氏(1848—?),上元人,顺天府尹吴鼎昌次女,任出,祥璞,配谭氏(1852—?),山阴人,刑部尚书谭廷襄第四女,任出;女重观,年二十二卒,方出。①

七十五代衍圣公孔祥珂(1848—1876),配彭氏,长洲人,武英殿大学士彭蕴章孙女、河南修武知县彭祖芬长女。毕出七十六代衍圣公孔令贻(1872—1919)。

---

① 以上清代衍圣公婚姻资料均见孔宪璜《孔氏大宗谱》。

二、清代衍圣公家族婚姻特点

清代衍圣公家族婚姻最大特点就是世代姻亲,其次就是结姻门第地位继续提高。

（一）世姻

著名的有宛平王氏、桐城方氏、海宁陈氏、长山袁氏、镇洋毕氏、大兴何氏、新建裘氏以及曲阜颜氏、东野氏等。

宛平王氏

宛平王氏是清初汉族的显宦家族之一。王崇简（？—1678）为明崇祯十六年（1643）进士,清顺治三年（1646）经顺天学政曹溶推荐补选庶吉士,转翰林检讨,累升至礼部尚书,加太子少保,谙练历朝典故,曾上疏赐恤明末殉难范景文、蔡懋德等二十八人,罢去宋臣潘美、张浚从祀,顺治十八年（1661）因病辞职。其子王熙（？—1703）字子雍、胥庭,清顺治四年（1647）进士,也是先选庶吉士,再转检讨,娴文辞,精满文,累迁右春坊、谕德,召至南苑,翻译《大学衍义》,充日讲官,累擢国史院学士、弘文院学士,深受皇帝器重,"上曰：'父子同官,古今所罕,以尔诚恪,特加此恩'"。顺治十五年（1658）升礼部右侍郎兼翰林院掌院学士,再加尚书衔,父子再次同官。圣祖即位后,再兼弘文院学士,康熙五年（1666）迁左都御使,再转工部尚书、兵部尚书,以父忧去官,康熙二十一年（1682）拜保和殿大学士兼礼部尚书,后加太子太傅、少傅,因病致仕,卒谥文靖,雍正间入祀贤良祠。其子克善、克勤皆世祖命名。其弟王燕因父荫任户部郎中,出任镇江知府,升江苏按察使,迁湖广布政使,贵州巡抚。

衍圣公家族与宛平王氏结姻始于王熙为相时,王熙四女嫁与六十八代衍圣公孔传铎,其后刑部郎中王克昌三女嫁与六十九代长孙孔继濩,五女嫁与孔传铎次子世袭翰林院五经博士孔继溥（1703—1767）,而孔传铎次女淑瑜嫁与王克昌第九子王则曾。

桐城方氏

桐城方氏是清朝中后期的安徽望族。康熙中贡生方登峄官至工部郎中,因朋友负罪被牵连谪戍黑龙江,当被赦免时已经客死。其子方式济字沃园,康熙四十八年(1709)进士,官中书舍人,受父亲牵连也谪戍黑龙江,客死关外。式济子方观承字遐谷,号问亭、宜田,雍正间以记室随平郡王福彭出征准格尔,乾隆间自直隶清河道累官至直隶总督,掌管治河,洞彻地势,相时决机,颇有政绩,卒谥文恪。观承子方维甸(?—1815)《清史稿》有传,字南耦,号葆岩。乾隆四十六年(1781)进士,授吏部主事,升郎中,随福康安征台湾,赐花翎,迁御史,累擢太常少卿,随福康安征廓尔喀,历光禄寺卿迁太常寺卿,授长芦盐政。嘉庆元年(1796)坐事夺职,降刑部员外郎,迁内阁侍读学士,出任山东按察使、河南布政使,调陕西。嘉庆十四年(1809)升闽浙总督,肃清海盗,设约长、族长以约束台湾民众械斗。十六年召授军机大臣,疏请养母。二年后因天理教起义夺情起署直隶总督,事平后归家守制。卒后赠太子少保,谥勤襄。维甸子传穆,嘉庆二十四年(1819)进士。观承从子方受畴乾隆间以监生官盐大使,嘉庆间因堵御天理教义军升河南巡抚,嘉庆二十一年(1816)迁直隶总督,道光二年(1822)因病罢归。

衍圣公家族与桐城方氏结姻关系较多。七十一代衍圣公孔昭焕(1735—1782),长女楸祉嫁与候选员外郎方观本长子、总督直隶军务、兵部尚书、都察院右都御使方受畴,七十四代衍圣公孔繁灏(1806—1862)以方受畴孙女、候补知府方传秩长女(1804—1826)为元配;孔继汾后裔中广森之子贵州布政使孔昭虔(1775—1835)之女韫耀嫁与方维甸八子、知府衔濮州知州方传稹,广懋之孙署世袭六品官宪组(1810—1857)次女淑保嫁与泰安知县方长春长子临淄知县方沛霖;孔继涵之孙、举人、候选布政司理问昭恢(1782—1830)长女嫁与山东候补通判方传荣第三子湖北房县典史方锡琯,而孔继泂曾孙内阁侍读孔宪彝(1808—1863)则娶福建罗源知县方传颖长女方淑仪(1820—?)为继配夫人。

海宁陈氏

海宁陈氏本为宋太尉高琼之后,因高荣入赘于海宁陈氏而姓陈。第五世陈与郊明万历进士,官至太常寺少卿,陈与相官至贵州参政。陈与相有五子,元晖与祖苞中进士,分别官至湖广参政和都察院右副都御使、顺天巡抚,四子元成第二子之闇(1618—1682)嗣子名陈诜(?—1722),字叔大,康熙十一年(1672)举人,授中书科中书舍人,十七年后考授吏科给事中,请求归养，三十六年起补原官，转刑科掌印给事中，迁鸿胪寺卿，转左副都御使，四十三年出任贵州巡抚，四年后转任湖北，五十年擢工部尚书，二年后转礼部尚书，六年后致仕，卒后谥清恪。为官正直，任职刑科给事中时，参劾山东蒲台知县俞宏声因为细故拘禁监生王观成迫其自杀，山东巡抚王国昌玩视民命，仅以杖责解役结案，受委与刑部侍郎吴涵前往调查，俞宏声被撤职，王国昌被议处。在官有善政，奏准延续贵州荒田招徕开荒六年后起科办法。通水利，建议恢复天妃闸以全淮注黄，有功于世。陈诜六子四进士，长子陈儁为康熙四十五年（1706）进士，五子陈侃康熙五十二年进士，三子陈世仁，字元之，号换吾，康熙五十四年（1715）进士，选馆后因母失明乞终养，访医虔治，竟然复明。最著者为四子陈世倌（？—1757），字秉之，号莲宇，康熙四十二年（1703）进士，改庶吉士，自编修累迁至侍读学士，出任顺天学政，雍正二年（1724）父丧守制期满后擢内阁学士，出任山东巡抚，山东遭受旱蝗之灾，运河水浅难以行舟，陈世倌"单车周历，密察灾轻重，吏能否，乃视事，趣捕蝗略尽，并疏治运道，世宗书扇以赐"。四年丁母忧，制满后命治江南水利，因迟误被夺职，令赴曲阜督修孔子庙。清高宗即位后起为左副都御使，乾隆二年（1737）授仓场侍郎，转工部尚书，六年授文渊阁大学士，因治理淮徐凤泗水灾被予假回籍，请求致仕未获批准，假满回朝，加衔太子太保，出任云南巡抚。陈世倌多建言，山东巡抚任上疏请劝民间富户出谷社仓以助贫民，加强沿海海防，均获认可，建议禁止回教未被采纳，淮徐凤泗水灾屡次上疏陈行水恤灾，被委会同治水，方案未获皇帝认可被夺职，回籍途经山东又上疏建议饬山东巡抚速诛巨盗也被否定，巡抚云南疏劾属吏，因拟旨失误被皇帝指责为"卑琐不称大学士"而夺职。十五年入京祝嘏被赏原衔，次年令入阁办事，兼管礼部事，二十二年以老病乞休，加太子太傅，卒谥文勤。《清史稿》称其"廉俭纯笃，入对及民间水旱疾苦必反复具陈，或继以泣，上辄霁颜听之，曰：'陈世倌又来为百姓哭矣。'虽中被谴诃，终亮其端谨"①。陈诜从弟陈元龙（1652—1736）康熙二十四年（1685）榜眼及第，初任翰林院编修，累擢广西巡抚，重修灵渠，重建陡河石堤及三十六陡门，

---

① 《清史稿》卷三百三《陈世倌传》，《二十五史》第12册，第9695页中。

官至文渊阁大学士兼礼部尚书,卒谥文简,其子邦直为康熙五十四年进士,也曾官翰林院编修。

衍圣公家族与陈氏结姻始于六十九代长孙孔继濩,次女贞秀适陈世倌次子候选州同陈克光,其孙七十一代衍圣公孔昭焕(1735—1782)娶陈克光长女陈珠(1735—1760),孔传鋕之孙拣选知县、四氏学学录广棻(1746—1784)相继娶泰安府知府陈琜第三女(1744—1780)和两淮分司陈克绳第七女(1764—1788),孔昭焕四子候选直隶州判、圣庙六品执事官宪均(1766—1832)娶四川资州直隶州州判陈承曾长女(1767—1824)。

长山袁氏

袁氏家族于明洪武四年(1371)自河北枣强迁居山东长山(1956年撤销并入邹平县),到十一代袁景芳(1678—1735)、袁景文兄弟始入仕宦。兄弟均由岁贡出仕,袁景芳先授中书,转户部员外郎、工部郎中,出任柳州知府,官至陕西按察使司副使,景文官至户部主事。其后子孙发达:景芳五子四子出仕,多官至郎中、知府,十五孙中七人出仕,八人候选,曾孙三十多人中也有十多人出仕,一直到七代孙都有仕宦,相继有五十余人名登宦籍,虽然最高不过知府、郎中;景文一子承宠官至太常少卿,七孙六人出仕,一人候选,一直到七代孙也有五十余人出仕,高者不过按察使或知府。长支中最为显赫的是景芳三子袁承绂长子袁守侗(1723—1783),举人出身,初任内阁中书,升侍读学士,转吏部文选司郎中,出任江西道监察御史、两浙盐驿道、广西按察使,服阕后补太常寺卿,升吏部左侍郎,转方略馆总裁兼礼部右侍郎,升户部尚书,转刑部,出任河东河道总督,以兵部尚书衔出任直隶总督,卒后谥清悫,入祀贤良祠,成为一时显宦。次支中以景文四孙袁守诚较为著名,举人出身,曾官内阁侍读学士,官至山西按察使。袁氏也是文化世家,袁守侗、袁守诚均善诗,分别著有《双桐轩诗稿》和《守诚文集》,科举也比较发达,每支都有举人十多人,长支还有二人高中进士。除衍圣公家族外,袁氏其他婚姻门第也比较高,袁守诚四子袁熙(1774—1810)、六子袁熏(1780—1821)均娶纪昀之女,长支次子袁承祖五子袁守俸次女适世袭翰林院五经博士颜振吉,长支长孙袁承勷长女适李之芳曾孙渑池知县李本梼,嗣子袁守佃娶兵部尚书赵宏灿孙女。

衍圣公家族与袁氏家族维系了一百多年的五代婚姻关系。结姻始于七十代衍圣公孔广棨（1713—1743），其次女德芳（1738—1811）适次支太常寺少卿袁承宠第四子、内阁侍读学士袁守诚；其弟广柞之子圣庙六品执事官昭煦（1751—1814）娶袁承宠第五女（1751—1812），昭煦长女榴孙（1762—1792）和四女（1784—1825）相继适候选道袁承宠第三子袁守谦五子光禄寺署正袁煜，五女适长支第五子袁承约长子、通政司知事袁守儶长子太学生袁洞，三子宪埰长女适长支三子袁承绂次子袁守仲长子刑部郎中袁锡五子候选县丞袁定业；其叔祖传铦曾孙昭煇（1750—1828）第六女谕嬿适次支四孙袁守诚四子、衢州府同知袁熙长子直隶候补盐运司经历袁坊；其叔父继洞曾孙直隶景和镇巡检宪阶（1806—1865）娶长支四子袁承绩长孙、候选知县袁淇长女（1805—1832），继汾曾孙候补知县宪琮（1804—1861）继娶直隶石景山河务同知袁方琅四女（1804—1862），玄孙光禄寺署正衔候补训导庆豫（1840—？）娶朝城县教谕袁憻（袁氏族谱作懔）业长女（1839—1863），继涑孙女晋孙适长支四子次子、通政使司知事袁守伟长子中书科中书袁澜，继澍之子圣庙三品执事官广果（1747—1780）娶长支次子刑部司务袁承祖三女（1748—1784），次女玠适承祖长子、工部营缮司郎中袁守仪四子监生袁毅，三女环适长支四子袁承绩长子光禄寺署正袁守健长子大理寺司务袁淇；其孙世袭翰林院五经博士宪增（1758—1812）娶次支次子刑部员外郎袁守诠次女（1759—1834），候选直隶州判宪均之女存保适袁守诚三子、监生袁照长子钦加知府衔睢南河务同知袁垌，宪均孙钦加运同衔陕西候补知县繁准（1828—？）娶钦加知府衔徐州府睢南河务同知袁垌第四女（1830—？），孔继灿之女适长支次子袁承祖五子袁守俸。

镇洋毕氏

毕沅（1730—1797）字纕蘅，号秋帆，乾隆十八年（1753）举人，授内阁中书，充军机处章京，二十五年（1760）状元及第，授翰林院修撰，迁庶子，六年后任甘肃巩秦阶道台，随总督明山出关勘察屯田，迁安肃道台，相继升任陕西按察使、陕西布政使，随征金川，督粮饷确保了军用，升任陕西巡抚。在任多善政，皇帝东巡时面陈甘肃旱灾，请得赈灾并免除逋赋四百万缗，河洛水灾后赈济灾民，开垦荒田，疏浚泾阳龙洞渠灌溉农田，奏准给嘉峪关以外参加乡试会试的士子驿马,设置周公后裔五经博士以奉祀,维修西岳庙等文物古迹,收集散落碑碣等。屡次署理总督,四十一年(1776)并获赐孔雀翎的奖励。三年后丁母忧,守制不到一年就被任命署理陕西巡抚,开在任守制的先例。四十六年(1781)因平定甘肃回教新派起事被授一品顶戴,旋因甘肃冒赈贪污大案降为三品,两年后授陕西巡抚并恢复一品顶戴,五十年(1785)调河南巡抚,奏准截留漕粮赈济河北灾民,次年授黄马褂,升湖广总督,五十九年(1794)因陕川邪教降任山东巡抚,次年复任湖广总督,因平定石三宝和枝江邪教分别得到赏赐孔雀翎和赐予二等轻车都尉世职的奖励。嘉庆二年(1797)卒于任上,赠太子太保,四年因"教匪初起失察贻误,滥用军需帑项"追夺世职并籍没财物。毕沅一生多舛,《清史稿》评价说"沅以文学起,爱才下士,职事修举,然不长于治军,又易为属吏所蔽,功名遂不终"①。

衍圣公与镇洋毕氏结姻仅有两代两例,七十三代孔庆镕(1787—1841)娶毕沅第三女(1790—1847),七十四代衍圣公孔繁灏(1806—1862)继娶毕沅孙女、湖南岳州府同知毕鄂珠长女毕景桓(1813—1875)。毕景桓是最早向孔繁灏提婚的,由于其姑母是孔繁灏的生母,嫌于近亲结婚而作罢,孔繁灏初娶方受畴孙女,其祖母系七十一代衍圣公孔昭焕长女,也是近亲结婚,婚后不久方氏即去世,继娶刑部尚书李长森第三女,不久也去世。道光十六年(1836),毕景桓终于嫁与孔繁灏为妻。生有一子,即七十五代衍圣公孔祥珂。

大兴何氏

何国宗(?—1766)字翰如,康熙五十一年(1712)进士,改翰林院庶吉士,直内廷,学习算法,次年受命编撰《律历渊源》,未散馆即任编修,三迁至庶子。雍正初任侍读学士,迁内阁学士,雍正三年(1725)受命视察黄河运河,建议整修运河获得同意,遭山东巡抚参劾所经州县供亿白银七千六百余两被降调,两年后改大理寺卿,次年复内阁学士,迁工部侍郎,六年(1728)受命督修北运河,九年兼任河东河道总督,因三年增筑戴村石坝致

---

① 《清史稿》卷三百三十三《毕沅传》,《二十五史》第12册,第10029页上。

使汶水成灾被夺官。乾隆初出任算学馆律吕馆总裁，九年（1744）秩视三品，不久任左副都御使，次年兼领钦天监，十三年（1748）迁工部侍郎，二十一年（1756）高宗平定准噶尔后奉命率西洋人往伊犁测绘地图，回京复命后署左都御使，次年任礼部尚书，因弟弟国栋京察徇庇再次被夺官。不久再任翰林院编修，直上书房，再任内阁学士，二十六年（1761）迁礼部左侍郎，次年因年老致仕。何国宗通水利，明习算法，参加了康熙、乾隆两朝绘制《皇舆全览图》。何氏家族精通天文历法，其父何君锡曾任钦天监春官正，其弟何国栋也参加了康熙《皇舆全览图》的测绘工作。

衍圣公家族与大兴何氏结姻始于七十代衍圣公孔广棨（1713—1743），他娶何国宗次女何庆霄（字云华，1713—1779）为元配，其孙四川龙安府知府孔广彬（1754—1791）娶两淮丁溪场盐大使何廷珣次女（1752—1774），宝应县丞孔广桂（1757—1809）先娶两淮通州分司运判何廷琳次女（1756—1780），再娶两淮丁溪盐场大使何廷珣三女（1767—1826）。

新建裘氏

新建裘氏是乾嘉时期的官宦世家。裘曰修（1714—1773）字叔度，乾隆四年（1739）进士，改庶吉士，经编修五转至侍郎，历兵吏户诸部。乾隆二十年（1755）五月因胡中藻赋诗讪上案不发被降为右中允，七个月后复官吏部侍郎，次年在军机处行走。二十二年（1757），黄河多次决口，被命勘视河道，建议疏浚安徽、河南、山东有关河流，治水成功，御制诗褒奖。二十六年（1761），河决杨桥，再次奉命勘视，建议设粥厂，赈流民，筑堤道流，治水成功，皇帝御制《中州治河碑》褒奖裘"曰修及宝琨不惜工，不爱帑，不劳民，上源下流以次就治"[1]。二年后，被命治理直隶水利，建议秋冬蓄水，四月放水冲刷淤泥，也获成功。三十一年（1766）升尚书，历礼工刑三部。相继被命扑灭江南、山东、畿南蝗灾，因命顺天府尹查找蝗虫起处被责不亲自勘察被降为顺天府尹，迁工部侍郎，奉命赴沧州治理运河，建议改低坝基，杀水势，疏下流，裁曲就直，再任工部尚书，南书房行走，受命督浚北运河、永定北运诸河，建议严禁堤内垦田起科，三十八年（1773）因噎病去世，谥文达。子裘

---

[1]《清史稿》卷三百二十一《裘曰修传》，《二十五史》第12册，第1209页中。

麟(？—1761),乾隆二十五年(1760)进士,官翰林院编修,次年卒。另一子行简(？—1806),乾隆四十年(1775)赐举人,任内阁中书,充军机章京,迁侍读,四十九年(1784)随大学士阿桂平定甘肃新教回民起事,回程奉命随从察治河南睢州河工。次年出任山西宁武知府,调平阳,请求回京养老,改任户部员外郎,仍值军机,累迁太仆寺少卿。嘉庆六年(1801),出任河南布政使,丁母忧后出任福建布政使,"自乾隆末授受礼成,恩免废员,各州钱谷出入益滋纠葛。行简锐事清厘,司册目十有一,创增子目,支解毫黍皆见,吏不能欺","会仁宗欲清厘直隶仓库,嘉其成效,特以调任",建议"于两次清查应行监追者,再限一年,如财产实属尽绝,著落上司分别赔缴;嘉庆十年以后交代亏缺,惟有执法从事,不得混入清查,致有宽纵",仁宗"嘉其明晰,下部议行"①,不久以兵部侍郎衔任直隶总督,勘察永定河工途中感疾而卒,谥恭勤,优恤以一品礼,赐子元善举人。三子裘元俊也官至西宁府知府。

孔氏与新建裘氏结姻者为六十八代衍圣公孔传铎三子孔继洞后裔。孔继洞官至直隶分巡大顺广兵备道,长子孔广枚(1742—1813)仅官甘肃永昌知县,元配裘氏(1743—1794)为太子少傅、工部尚书裘曰修次女,三子孔广秀长子昭煃(1797—1870)为钦赐主簿,署五经博士,长女适甘肃西宁府知府裘元俊第八子钦加五品衔江苏候补县丞裘绶,四子孔广彬(1754—1791)廪贡生,官至龙安府知府,三女适裘行简第三子甘肃西宁府知府裘元俊。

曲阜颜氏

孔颜均为曲阜的世族大家,虽然颜氏世袭翰林院五经博士的社会地位与衍圣公相距很远,衍圣公及其子弟与颜氏结姻者很少,但孙子辈以后与颜氏翰博联姻者较多。孔继汾之女孔诜嫁与七十三代翰博颜锡嘏,孔继涵之孙昭颍(1804—1870)娶翰博颜锡嘏长女(1802—1825),昭熊之女嫁与七十五代翰博颜承斋。孔颜两姓联姻非常普遍,孔尚鉽长女适阳武知县颜光昌子贡生颜绍燧,孔贞璞之女孔孝媛配庠生颜伯玉之子颜光朝。清康熙

---

① 《清史稿》卷三百五十七《裘行简传》,《二十五史》第12册,第1278页中。

间,颜光猷、颜光敏、颜光敩兄弟三人高中进士,子孙辈颜肇维、颜懋伦、颜懋价、颜懋侨、颜崇槩及光敏之女颜恤纬等均有文采,一时成为曲阜望族,孔颜结姻更多,颜光敏孙女颜恤纬嫁与孔兴焞,孔广鼐之女孔淑成嫁与颜士银。

曲阜东野氏

东野氏是周公的后裔,鲁公伯禽季子伯鱼食采于东野,子孙因此以东野为姓。清康熙二十三年(1684),皇帝来曲阜祭祀孔子,周公后裔跪于路侧请求设置五经博士奉祀曲阜周公庙,次年封东野沛然为世袭翰林院五经博士,衍圣公家族也开始与东野翰博联姻。孔继汾之孙昭譓(1827—?)娶代袭五经博士东野隆祉长女(1821—?),署太常寺博士昭诠(1806—1839)以五经博士东野隆祁长女(1808—1856)为继配,孔克坚后裔孔尚鈱之子孔衍润娶首任翰博东野沛然之女。

邹县孟氏

孟氏翰博在邹县,距曲阜约三十公里,两姓结姻较少,传铎玄孙宪堉(1774—1846)之女应贞嫁与六十八代五经博士孟传涟第四子候选训导孟继焯。

(二) 结姻豪门

清代时,衍圣公婚姻门第地位普遍提高。孔兴燮原配来自大学士家庭,继配来自都指挥使(正二品)家庭;三女一入吏部尚书家庭,一入礼部尚书家庭。孔毓圻元配来自兵部尚书家庭,继配一来自太常卿家庭,一来自巡抚家庭;子女婚配家庭地位最高,四子中除季子出嗣不详外,长子元配来自两代礼部尚书家庭,继配一来自刑部右侍郎家庭,一来自工部尚书家庭,次子元配来自总督家庭,继配来自布政使家庭,三子夫人来自大学士家庭;四女一入大学士家庭,一入内务府大臣家庭,一入都察院右副都御使家庭。孔传铎子女婚姻对象家庭地位略低,六子四女中,也有三子夫人来自武英殿大学士兼吏部尚书家庭,长女嫁入武英殿大学士兼工部尚书家庭。孔继濩未袭先卒,二子配偶家庭地位不是很高,但二女都嫁入武英殿大学士家庭,一为吏部尚书,一为工部尚书。孔广棨一子二女,二子元配来自文渊阁大学士兼礼部尚书世家,一女嫁入刑部尚书家庭。孔昭焕五子五女,婚配地位略低，五子中也有长子夫人来自文华殿大学士兼户部尚书家庭，长女、次女嫁入尚书家庭。七十一代衍圣公以后，子嗣减少，七十二代无嗣，七十三代入嗣较早，元配来自尚书家庭，虽然仅一子一女婚配，但婚配地位都很高，长子元配及二继配夫人均来自尚书家庭，女儿也嫁给巡抚。孔繁灏三子一女，女未婚先卒，长子夫人来自大学士家庭，三子夫人来自尚书家庭。孔祥珂仅一子，儿子夫人来自军机大学士家庭。

　　清代不仅长孙衍圣公结姻豪门，衍圣公子弟甚至孙辈们结姻门第社会地位也大幅提高。

　　孔传铎三子孔继洞（1718—1770）官至直隶分巡大顺广兵备道，元配嵇淑媛（1719—1783），无锡人，文华殿大学士兼吏部尚书嵇曾筠第四女，继洞长子孔广枚（1742—1813）官至甘肃永昌知县，夫人裘氏（1743—1794）为太子少傅、工部尚书裘曰修次女，四子继汾二子广森、昭虔父子进士，曾孙宪祖、庆辅（1841—？）父子举人，庆辅系候补内阁中书，配刘氏，汶上人，闽浙总督刘韵珂第九女（1839—？），孔毓圻四子孔传钲（1705—1747）仅为圣庙三品执事官，配熊氏（1706—1781），孝感人，为东阁大学士兼吏部尚书熊赐履六女，玄孙宪珪举人出身，仅任海阳县教谕，二女适太子太傅、协办大学士滨州杜受田长子户部侍郎杜翰，孔昭焕次子宪增之女为太保兼太子太保、体仁阁大学士阮元继室，五子宪堃子庆锉三女芸官适太子太保、武英殿大学士黄县贾桢第六子彰德知府贾致恩。

第四节　衍圣公家族婚姻分析

　　考察衍圣公家族婚姻的历史，可以归纳出重视书香门第，结姻门第随与衍圣公关系疏远而逐渐降低，豪门闺秀多无子女、短寿或短寿兼无子女，衍圣公夫人素质较高，婚姻多由媒人玉成等特点。

一、重视书香门第

　　衍圣公家族以学诗学礼为祖训，一向重视文化教育，从金代以来的婚姻资料看,联姻首重当然是书香门第。从《孔氏大宗谱》看,不论男女的配偶,几乎都是书香门第,选择武官甚至武科功名者都非常罕见。即使到了民国年间,衍圣公家族仍然保持这一传统,七十七代衍圣公孔德成议婚时曾有人提某督军之女因系武人被否决。

五十代孔摠夫人孙氏为北宋枢密副使之孙女,五十一代孔元措夫人张氏祖、父两代为金朝礼部侍郎、尚书,博通礼仪,女儿许配给重视文化的东平大族之子严忠济,五十三代孔治女儿嫁给县尹,五个孙女全部嫁给官员或儒士,五十五代孔克坚及其子孔希学夫人均来自中高级官员家庭。明初衍圣公婚姻关系社会地位虽然不高,但多是中下级官员家庭。五十八代孔公鉴元配夫人胡氏为进士、教授之女,六十代孔承庆夫人王氏出自高级官员家庭。

自六十一代衍圣公起联姻家族地位大幅提高,文化素养也大幅提高。孔弘绪元配之父李贤进士出身,诗文皆质实娴雅,有《古穰集》三十卷等著作,继配夏氏之父袁端也是进士出身。孔闻韶元配之父李东阳进士出身,工书擅诗,有《怀麓堂集》一百卷、《怀麓堂诗话》一卷等著述,诗初主平正典雅,后以沉博伟丽见称,为当世文坛领袖。孔尚贤元配严氏祖父严嵩进士出身,人品不好,但有文才,工吟咏,著有《钤山堂集》三十五卷。

清代世姻几乎都是文化世家。海宁陈氏"以科名文章德业著闻于时",陈与郊工乐府,著有《檀弓辑注》、《方言类聚》、《黄门集》、《广修辞指南》、《杜诗注评》、《隅园集》、《文选章句》以及杂剧《昭君出塞》等;陈之间顺治二年(1645)入国子监,不久归家,"与兄近思暨弟始升僦居奉母,日攻举子业,数试有司不遇",弃去举子业,"精研通书、西铭《皇极经世》诸书,寻绎至理,试诸日用"①;陈诜著有《四书述》、《读律述》和《玩辞述》;陈世倌"治宋五子之学";陈世仁研究数学,著有《少广补遗》;陈元龙工诗书,著有《爱日堂诗》二十七卷,辑有类书《格致镜原》,书法颇受康熙皇帝喜爱。镇洋毕氏也是文化家族。毕沅以文学起家,经史小学金石地理无所不通,爱好著书,

---

① 张玉书:《海宁陈仲升墓志铭》,《张文贞集》卷十二。

铅椠不离手,著有《传经表》、《经典辨正》、《续资治通鉴》、《山海经校注》、《晋书地理志校注》、《关中金石记》、《中州金石记》、《山左金石记》、《灵岩山人诗文集》等十余种;其弟毕泷工画山水及竹,又工诗;从弟毕溥工书法;女儿毕慧工诗画,著有《远香阁诗草》;孔繁灏夫人毕景桓也工画,孔府保存的其画作《蝴蝶册》和《花篮册》不论蝴蝶还是花卉无不栩栩如生。桐城方氏家族文化素养也比较高,方登峄文章被收入《三方集》,方式济诗风廉悍,乐府尤矫然不群,方观承工诗书,有《述本堂诗》、《薇香集》、《燕香集》、《问亭集》,方维甸有《心兰室稿》。新建裘曰修著述很多,奉敕撰《热河志》、《太学志》、《四清古鉴》、《秘殿珠林》、《石渠宝笈》、《钱录》等书,奉命补《华严经》残本,宛平王熙有《宝翰堂集》,子克善也能文,都是具有较高文化素养的家族。

不仅世姻家族,其他姻亲也非常重视配偶家族的文化素养。孔继涵之子广根(1764—1805)为圣庙世袭六品官,娶著名思想家、考据大师经学家、翰林院庶吉士戴震长女(1762—1819),孔继汾长女孔文适工部右侍郎钱塘梁敦书次子、乾隆戊申科举人梁履绳,孔宪培之女适著名学者阮元。

二、重视宗妇

早期儒家传统并非如后世那样轻视女子,《诗经》首篇选为《周南·关雎》,"传"认为"风之始也,所以风天下、正夫妇也","先王以是经夫妇,成孝敬,厚人伦,美教化,移风俗","闺门为风化之原"[1],"王化起房中,人纲先内德"[2],尤其重视嫡长子之妇宗妇的作用,"化始人伦,礼重宗妇"[3]。

中国古代传统是男主外,女主内,家庭主妇要敬祖宗,赡公婆,主中馈,相夫业,育子女,睦族众,责任重大,而衍圣公夫人作为孔氏家族的宗妇,衍圣公府的内当家,任务更为繁重,责任更加重大。虽然孔子庙的祭祀无需

---

[1] 明天启五年加封孔毓圻妻仝氏为衍圣公夫人诰命,《阙里志》卷十五《制敕二》,第754页。
[2] 明崇祯元年加封孔毓圻妻仝氏为太子太保、衍圣公夫人诰命,《阙里志》卷十五《制敕二》,第769页。
[3] 明嘉靖三十八年加封孔尚贤妻严氏为衍圣公夫人诰命,《阙里志》卷十五《制敕二》,第745页。

衍圣公夫人操持,但衍圣公府家庙的祭祀却是事必躬亲的,报本堂奉祀衍圣公五代先人,每代衍圣公几乎都有元配、继配夫人和姨太太,有的甚至有几位继配夫人和姨太太,衍圣公夫妇和姨太太的生日、卒日都要举行祭祀,节日要全部祭祀,祧庙还要祭祀五十四代衍圣公,每年祭祀要数十次。衍圣公夫人去世都会续弦,衍圣公虽然去世,但许多夫人仍健在,有的连奶奶、曾祖奶奶甚至高祖奶奶都健在,赡养公婆谈何容易!日常经费虽然不是问题,但孔府内外男女仆从数千甚至上万,主中馈也是艰难的工作!衍圣公兄弟众多,已婚弟弟们要迁出公府,虽然公府土地多达百万亩,但多是国家拨给的祀田,不能分析,只能分给私田或浮财,几代以后也许家道中落,婚丧嫁娶,送往迎来,甚至上门借贷,睦族众也不容易!如果衍圣公年幼,除抚孤外还要担负起内外兼管的重任。夫人对于衍圣公确实是非常重要的,所以夫人张氏去世,孔贞乾闻讯后"悲曰:'母失色养,家失壶范,吾母曷胜内顾之戚乎。'"墓志铭作者葛守礼说"夫人所系之重,概可知矣"①。选择知书达理的宗妇,对于衍圣公确实是非常重要的事情。所以,家族对选择宗妇是非常重视的。

衍圣公宗妇出自名门,大多受到家庭的良好教育,具有较好品德和治家能力。孔承庆夫人王氏"少读女教诸书,善于笔札,且天性孝友严慈。女工家务如素习然,井井有法,孔王二家相去二舍许,相闻有素,一言而姻缔矣。既归,以事京兆之孝事舅姑,以治母家治夫家,事舅姑之党称其所,以事舅姑之礼事夫与夫之党,礼严而友寓。视子慈,视子之党如子也。夫丧舅丧,一遵家礼。守节三十年,不御膏沐。鲁之女前乎夫人者自叹曰不及,后乎夫人者咸取以法"②。孔弘绪继配袁氏"克娴妇道,上下交贺,翁姑咸喜,阙里春秋享献非常,夫人主荐豆羞,必敬必戒,相祀惟谨。家众以万指计,夫人驭之感恩畏威,南溪公因无内顾忧,宗族疏戚,远迩爱憎非一。夫人内则懿范,罔不仪刑。南溪公义方训严,太夫人乃训戒诸子,谓'国家崇德象贤,优礼世世。汝辈宜图报称,以光厥祖。毋自纵逸坠厥宗'。以故诸

---

① 葛守礼:《明诰封衍圣公可亭夫人张氏墓志铭》,《阙里志》卷二十四,第1878页。
② 刘玥:《赠衍圣公孔公夫人王氏合葬墓志铭》,《阙里志》卷二十四,第1839页。

子咸务学秉礼,有闻于时"①。贰室江氏品德更高,"属先圣公丧其夫人李氏,艰于择偶,闻夫人贤,遂聘焉。夫人既归,因摄家政,怡容惠心,恪遵纪度,相祀宗庙,凡豆登蘋藻潏瀣之荐,无不殷洁。事夫子婉而恭,善讽谏,凡进退词气,无不恪慎。庭帏肃肃,内外群仆娴无间辞,惴惴焉,惟恐夫人之弗专内政也。既而先圣公娶袁夫人,夫人贬抑寅畏,事无己出,即袁夫人咨之,言弗隐也,命之所弗后也,袁夫人安焉。性俭素,自奉甚约,慈惠,喜赒予,工女红,华而不靡,遇宗姻隆而有节。先圣公训诸子严,夫人相之亦严"。江氏出身世家,先入孔府为妾,嫡妻无出,她生六子,子为储公,而奉事继配袁氏无怨无悔。无怪礼部尚书李时选为其作墓志铭时赞颂说:"夫人之于人有三异焉。凡妇人之偶嫡者,无能宰家政,即又弗获其心。江夫人归则适先圣公无内配,既宰家政矣,一值袁夫人,又以柔逊获志,遂终其身成内治焉。不贤而能之乎?"②孔闻韶夫人李东阳之女"性朗慧,其母口授女孝经及名物之书,意领颔答,皆略能默记,手写家信作蝇头字,或为韵语","既至,奉舅姑食必亲馈,继嫡姑袁夫人暨其姑江夫人奇爱之","相祀勤恪,处诸妯娌和逊有节,接姻戚无骄色,童仆数千指,驭之皆有恩。端居一室,虽名园别墅未尝一至。屡娠弗子,自置媵妾,人以为难"③。继配江氏"自幼端凝,寡言笑,事亲孝谨,虽生贵室,恒究意女红织纴,暇则涉观史传","既婚,益尚端厉。及归阙里,不以贵重矜,事袁、江二太夫人至敬,处妯娌以礼宗,治家政井井有纪,庙享家祀罔不恭洁,上下翕然称之。成庵公丰养乐施,太夫人佐以节约,逮可亭公缵袭,御下严则恒以宽为诲。至后冢妇张夫人蚤故,可亭公复旋逝,时龙宇公方幼,上下杭涅,太夫人壹志嫡孤,无少眷溺、少爱意,抚翼保持,殚尽心力,间白于诸司,择延师诲,陈请钦命,取入国学习礼,爵祀不以絫坠繁,太夫人之功至今朝野啧然嘉之","太夫人御家肃然,家众殆千余指,罔敢越度","性严重,动止有法,左右莫敢惰弛"④。孔

---

① 程銮:《明诰封太夫人衍圣公南溪先生继配袁氏墓志铭》,《阙里志》卷二十四,第1860—1861页。
② 李时选:《明故袭封衍圣公成庵孔公生母江夫人墓志铭》,《阙里志》卷二十四,第1865—1866页。
③ 李东阳:《亡女衍圣公宗妇墓志铭》,《阙里志》卷二十四,第1857、1855页。
④ 殷士儋:《明袭封衍圣公成庵公继配累赠诰封卫太夫人合葬墓志铭》,《阙里志》卷二十四,第1884—1886页。

贞乾夫人张氏"生于贵戚,仪性端淑,恪遵姆训,读《孝经》、《列女传》能通其义","及笄归阙里,……太夫人江氏不遑家事,事无巨细,一以委夫人,内外井井,家人咸宜。成庵公薨,今公嗣封,夫人相祀事惟谨,奉太夫人甘旨亲馈,常得怡颜"①。

衍圣公夫人很重视子孙尤其是衍圣公的教育。五十八代衍圣公夫人胡氏为三氏学教授胡复性之女,夫死子幼,亲自教育儿子衍圣公孔彦缙,"公早孤,母胡夫人教育之。天性孝友,不妄言笑,未尝慢戏佚游,人有忤言,言不与校,或言相媚悦亦不为异,屹然端重如成人焉"②。六十一代衍圣公继配侧室江氏"尝命诸子曰:'尔先圣人后也,国家崇德象贤,世表上公,以维王道。夫苟纤微弗度则弗若祖矣,弗若祖则弗若均矣。慎哉!毋庸纵逸。其若而家训,乃报国恩已也。'诸子拜受焉。以故无弗踵德者"③。六十二代衍圣公孔闻韶继配夫人江氏(1497—1575)出身豪门,为英宗功臣宣城伯卫颖孙女,为年幼袭封的孙子孔尚贤"择延师诲,陈请钦命,取入国学习礼"。

三、衍圣公夫人多短寿或无子女

考察衍圣公夫人历史,就会发现一个非常有意思的现象,那就是出身豪门的夫人们往往短寿或无子女,甚至短寿且无子女。

明代时,六十一代衍圣公夫人系内阁首辅李贤次女,短寿且无子女,继配熊氏早卒,无子女,继配袁氏虽寿高七十五,但无出,倒是侧室江氏生六子二女,姜氏生一子一女,张氏生一女;六十二代衍圣公元配夫人为内阁首辅李东阳之女,虽屡娠弗子,二十八岁即卒;六十三代衍圣公孔贞乾元夫人系明孝宗孝康张皇后之弟建昌侯张延龄之女,生一子一女,但寿仅三十一岁;六十四代衍圣公孔尚贤元配夫人为内阁首辅严嵩孙女、严世蕃长女,寿五十六岁,但无出,二子胤椿、胤桂均庶出;六十五代储公孔胤椿(1571—1619)夫人系少保兼太子太保、武英殿大学士、礼部尚书殷士儋之女,生卒

---

① 葛守礼:《明诰封衍圣公可亭夫人张氏墓志铭》,《阙里志》卷二十四,第1877—1878页。
② 王直:《故袭封衍圣公孔公神道碑》,《阙里志》卷二十四,第1829页。
③ 李时选:《明故袭封衍圣公成庵孔公生母江夫人墓志铭》,《阙里志》卷二十四,第1866页。

年不详，墓志铭称其无出。六十五代衍圣公孔胤植夫人虽然均来自中下级官员家庭，但元配侯氏短寿且无出，继配仝氏寿仅四十一岁，也是无出，一子四女均为庶出。明代出身豪门的衍圣公夫人生子且寿高的只有六十二代衍圣公继配卫氏，她系宣城伯卫璋次女，生二子，且寿高七十九。衍圣公五代连同入嗣六人中竟然三代元配短寿，四代元配无子女，一人短寿兼无子女，继配夫人也有一人短寿且无子女，一人无出。

清代时，孔兴燮元配冯氏为少保兼太子太师、中和殿大学士兼礼部尚书冯铨孙女，寿仅十八岁且无子女；孔毓圻元配夫人张氏为兵部尚书、直隶总督张铉锡之女，生二子一女，寿仅二十六，继配叶氏生二女，寿仅二十七；孔传铎元配王氏寿仅二十二，无子女；孔昭焕元配陈珠生二子一女，寿仅二十六；孔宪培夫人于氏寿高六十九，但无子女；孔繁灏元配方氏生一女，寿仅二十三，继配李氏无子女，寿仅二十七；孔令贻元配孙氏无子女，寿仅二十多岁。衍圣公十一代竟有四代元配无子女，六代元配寿命不到三十岁，三人短寿兼无子女，继配中也有一位寿命不足三十岁且无子女。

是什么原因造成这种现象？笔者认为，生长于名门的闺秀们家庭生活条件优裕，虽然在家也受到礼教的束缚，但相对是比较自由的。嫁入孔府，往往有公婆、祖母、曾祖母甚至高祖母几世同堂，种种规矩让她们一时难以适应，来到一个人生地不熟的大家族，难免感到压抑，心情郁结，既影响了生育，也缩短了生命。

四、婚姻对象随衍圣公关系疏远而逐渐降低

一般说来，衍圣公子弟联姻家庭地位较高，除有功名并出仕者外，随着与衍圣公的血缘关系的疏远，婚姻家族的地位逐渐降低。

衍圣公孔昭焕次子孔宪增（1758—1812），夫人来自世姻长山袁氏，为刑部员外郎袁守诠次女（1759—1834），长子孔庆镕入嗣大宗袭封衍圣公，次子庆鎏（1789—1853）夫人为通政使司参议兴县康纶钧四女（1787—1809），继配为临清直隶州知州夏邑汪汝弼第三女（1788—1812），女儿为太保兼太子太保、体仁阁大学士阮元（1764—1849）继室。阮元乾隆五十四年（1789）进士，选庶吉士，散馆考试成绩第一，授翰林院编修，次年大考，高宗

亲擢第一，超授少詹事，被高宗视为难得的人才，召对时曾说"不意朕八旬外复得一人"，五十八年任山东学政，大约此时结识并联姻。庆銮二子二女，长子繁洙（1820—？）正一品荫生，曾任兵部武选司郎中、云南迤东道，夫人为候选同知光山胡仁益三女（1817—1869）；次子繁沂（1834—？）恩贡生，候补同知，夫人为东河候补通判汶上刘步墀长女（1834—？）；长女适江苏常镇道宝坻王某之子、寿州知州王恩植，次女适广东石城知县武威刘谨次子举人、山东候补知县刘树棠。繁洙三子二女，长子祥械（1843—）为候选布政司经历，配四川东乡知县历城丁良俊次女（1845—1868），继配历城候选同知李树棠长女（1846—？），次子祥榛（1849—？）配礼部精膳司郎中江夏曹诒诚次女；长女适户部右侍郎晋宁何彤云长子、钦赐举人、候补盐大使何逢孙，次年适甘肃候补知县保山刘元绩长子钦加二品顶戴按察使衔直隶候补道刘树堂。

五、婚姻多由媒人

衍圣公夫人一般是由夫家请人作伐，然后由媒人玉成的。孔弘绪丧偶续娶是请工部主事李镂向时任山东按察副使袁端求婚的，"先圣六十一代孙衍圣公南溪先生夫人李氏卒，大圣人后，宗妇治家相祀，实难其选，时工曹主政李公镂于副使公为乡人，谓太夫人实天作良匹，遂请于按察公，许之"①。孔闻韶与李东阳之女作合是孔弘绪、弘泰兄弟请提学陈玉作伐的，"德卿陈提学惠我以柯伐，东庄赋我以《桃夭》，仰圣门之荫泽，挹令子之丰标，书不越月，望不崇朝，公盖尝有意于子矣"②。议婚经过比较复杂。据李东阳说："吾女眉目清湛，翛然玉立，意其非凡貌匹，诸贵家多议婚，尽却之。弘治丙辰，前衍圣公南溪先生有子闻韶方冠，属其弟衍圣公东庄先生来议于京，陈都宪玉者首请曰：宣圣六十二代大宗子也，简雅而文。予谓族大非耦，且以远故未应。太宰屠公朝宗辈十人恳予不置，予要以三事曰：吾女尚幼，必三年后成礼；礼必从简；孔氏子必令读书。皆应曰如约，

---

① （明）程銮：《明诰封太夫人、衍圣公南溪先生继配袁氏墓志铭》，《阙里志》卷二十四，第1860页。
② （明）李东阳：《祭南溪公文》，《怀麓堂集》卷九十六。

乃许之。庚申,东庄以闻韶至,纳征之日,少师守静焦公实相礼焉。吾女素孝谨,恋不忍别,其兄兆先怜而送之。"①弘治九年(1496)孔弘泰入京请御史陈玉向李东阳提亲,遭到李东阳以族大难耦和路途遥远为由的拒绝,孔弘泰又转托吏部尚书屠滽等十人求婚,李东阳在约法三章后才应允,四年后孔弘泰携孔闻韶入京纳征,请少师焦守静(当为焦芳)相礼,完婚时其兄李兆先送她到曲阜。继配卫氏程序比较简单,也是请人作伐玉成的,李氏病故于衍圣公北京赐第,"第迩宣城第,故闻女贤,又公卿籍相赞之,乃敦礼聘,求为继室"②,两家居处相邻,互相熟悉,经媒人一说即成婚姻。

六、结姻豪门的利弊

衍圣公结姻豪门,尤其是结姻朝中权贵,是非常有利的,可以互相援引,有事时可以关照,但也有不利的一面。

六十一代衍圣公孔弘绪岳父是内阁首辅李贤(1408—1466),是否曾给予孔氏多少支持不详。《明史》记载,李贤曾推荐孔子五十八代孙孔公恂(1413—1471)辅导太子。"大学士李贤言公恂至圣后,赞善司马恂宋大贤温国公光后,宜辅导太子,帝喜,同日超拜少詹事,侍东宫讲读。入语孝肃皇后曰:'吾今日得圣贤子孙为汝子傅。'孝肃皇后者,宪宗生母,方以皇贵妃有宠,于是具冠服拜谢,宫中传为盛事。"③明宪宗即位当日即去太学祭祀孔子,成化十二年(1476)按照祭酒周洪谟的建议将孔子庙祭祀等级升高为大祀,舞八佾,笾豆十二,十六年(1480)又根据衍圣公孔弘泰的建议扩大曲阜孔子庙的规模,将大成殿扩大为九间,成为明代最为尊崇孔子的皇帝之一。明宪宗如此尊崇孔子,恐怕与孔公恂有一定的关系,孔公恂是天顺七年(1463)被任命为太子詹事的,次年宪宗即位的。

成化五年(1469),孔弘绪被人告发宫室逾制,朝廷讨论处分意见时,虽

---

① (明)李东阳:《亡女衍圣公宗妇墓志铭》,《阙里志》卷二十四,第1854页。
② (明)殷士儋:《明袭封衍圣公成庵公继配累赠诰封卫太夫人合葬墓志铭》,《阙里志》卷二十四,第1883页。
③ 《明史》卷二百八十四《孔希学》,《二十五史》第10册,第8569页下。

然李贤已经去世,但有人仍然攻击孔弘绪是依托岳父李贤为所欲为的,结果孔弘绪被罢免,改由其弟孔弘泰袭封。孔弘绪"少贵,又恃妇翁大学士李贤,多过举,五年以宫室逾制夺爵,廷臣请命其弟弘泰代袭,而后仍归其子"①。

清乾隆间,皇帝要来曲阜祭祀孔子,因为地方官员派孔氏族人当差,衍圣公与山东巡抚发生争执。在朝廷处理的过程中,皇帝指责时任文渊阁大学士兼管礼部事的衍圣公姻亲陈世倌庇护,"上谕云:'……此时丁银已经停征,安有地方官吏令百姓当差之事,且系何项差使,朕实未明。若因东巡,派令修路,则修路皆动官项雇夫,然令地方官舍本处之人而令远派他处之人必无是理。况既给价,则非强派。且朕展谒先师,衍圣公即躬身却扫尚属当然,督令庙户除道清尘以供奔走之役更理所应。岂宜转庇庙户,并给价雇派亦不肯为,更为愚昧之至。此不过依大学士陈世倌外姻之势,干预地方公事。其所陈奏大都发礼部议,又系陈世倌管理,可以互相依庇。伊系年少之人,理宜安分自守,方可保其安富尊荣之乐。若干预一毫公事,不特陈世倌不能保其大学士之任,即衍圣公家岂无弟男子侄可堪承袭者,便是无福承受之人。尔等可缮写谕旨发出,陈世倌亦并寄字与伊知之。'"②并要陈世倌专门写信将谕旨告知衍圣公。虽然此次争执衍圣公与陈世倌都没有受到牵累,但乾隆皇帝对衍圣公和陈世倌相互依庇是很清楚的,所以才专门谕旨严加警告。

总的来看,衍圣公家族婚姻重视书香门第,结姻名宦豪门,对于提高其家族的文化素养还是大有裨益的。

---

① (清)潘相:《曲阜县志》卷六十,第417—418页。
② 《抄件为衍圣公听任孔继汾等主持祖庇庙户干预地方应革职事》,孔府档案5146卷三十,转引自《曲阜孔府档案史料选编》第三编第一册,第527页。

第七章

以文会友友辅仁

孔子是非常喜欢交友的,所以《论语》开篇第二句就说"有朋自远方来,不亦乐乎"①。但并不是任何一个人都是可以成为朋友的,孔子择友的标准很高,交友要选择品德好的人,比自己能力强的人,"友其士之仁者"②,"毋友不如己者"③,要结交能够对自己有所帮助的人,"友直、友谅、友多闻,益矣",不能结交对自己有损的人,"友便辟,友善柔,友便佞,损矣"④,交友的原则及目的正如曾子所说,"君子以文会友,以友辅仁"。

第一节 周旋政坛

孔子后裔非常重视交友,朋友既有朝中权贵,也有文坛精英。

汉代是孔氏家族的第一个兴盛期。九代三孙中长孙后裔被封为宋公,奉祀商汤;次孙后裔被封为褒成侯,除奉祀阙里孔子庙外还主持太学的祭祀;三孙后裔为开国功臣获封蓼侯。家族以经学著称,汉初子孙多由博士出仕,十一代孙孔安国官至临淮太守,孔臧官至太常,孔让官至长沙太傅,十二代孙孔延年官至太傅、大将军,十三代孙孔霸为元帝师,封关内侯,号褒成君,孔驩官至弘农太守,孔茂官至大司农,封关内侯,十四代孙孔光两

---

① 《论语·学而》,杨伯峻:《论语译注》,第1页。
② 《论语·卫灵公》,杨伯峻:《论语译注》,第163页。
③ 《论语·子罕》,杨伯峻:《论语译注》,第94页。
④ 《论语·季氏》,杨伯峻:《论语译注》,第175页。

为丞相,封博山侯,孔捷、孔喜随父徙家长安,均官诸曹校尉,十五代孙孔永封宁乡侯。二十代时汉朝覆灭,仍有孔融官至少府。子孙时代簪缨,多住京师,交游层次很高,虽然具体情况由于时代久远已经难以考察,但从史书零星记载看,孔安国与司马迁友善,司马迁曾经问故,《史记》所引《尚书》多为古文,孔立与刘歆友善,孔永与刘歆同治明堂、辟雍,孔元与扬雄交好。

六朝时,长孙南渡常住京师建康,子孙精英也避乱南迁,或出任朝廷高官,或著述斐然,多为一时名彦,交游层次也很高。孔衍学富五车,领太子中庶子,孔愉官至尚书左仆射,兼领国子祭酒,孔侃官至大司农,孔汪官至侍中,孔国官至尚书左仆射,孔晋官至尚书令,孔靖官至侍中,孔琳之官至御史中丞,孔稚珪官至散骑常侍,孔觊官至御史中丞。由于孔子的影响和族人的社会地位,交游的层次都很高。孔愉于温峤同朝,温峤称赞其"天下丧乱,忠孝道废,能持古人之节,岁寒不凋者唯君一人耳"①;孔坦曾被陶侃任命为长史,与王导、庾亮同朝,庾亮报书称"深明足下慷慨之怀,深痛足下不遂之志"②。孔靖早结刘裕,劝刘裕待桓玄篡位后于京口讨伐,被刘裕采纳,刘裕建国后欲任为尚书令,坚辞不受,拜为侍中,辞职东归,武帝刘裕亲自在戏马台设宴饯别,"百僚咸赋诗以述其美"。孔稚珪初获识于王僧则,引为主簿,再获识于陈霸先,任为记室参军,与江淹对掌辞笔。孔休源去世,谢举赞说"此人卿介强直,当今罕有",梁武帝称赞"孔休源奉职清忠,当官正直",追赠散骑常侍、金紫光禄大夫,诏书称赞他"风业贞正,雅量冲邈,升荣建礼,誉重搢绅"③。

但到隋唐时,长孙主要奉祀曲阜孔子庙,兼任地方属官,虽然仍然保有侯、公的爵位,但毕竟受限于所处的位置,交友的层次降低。只有孔颖达一支由于世代簪缨,名宦辈出,交友层次依然很高。孔颖达隋代时受知于礼部尚书杨玄感,入唐后任职秦府文学馆学士,与于志宁同任官东宫,与魏征同撰《隋史》,与颜师古、司马才章、王恭、王琰等同撰《五经正义》,生前即图形凌烟阁。三子志玄、志约、志亮分别曾任国子司业、礼部郎中、中书舍人,

---

① 《晋书·孔愉传》,《二十五史》,第1483页四。
② 《晋书·孔愉传》,《二十五史》,第1484页四。
③ 《梁书·孔休源传》,《二十五史》,第2076页四。

孙辈孔惠元、孔琮分别曾任国子司业和洪州都督,曾孙孔立言曾任祠部郎中,孔咠言官至黄州刺史,六代孙孔巢父早年与李白、韩准、裴政、张叔明、陶沔隐居徂徕山,号为竹溪六隐,累官湖南观察使、谏议大夫、行在给事中等,孔岑父曾官秘书省著作佐郎。孔岑父后裔成为唐代后期望族,长子孔载进士及第,次子孔戣(751—824)曾官国子祭酒、岭南节度使、尚书左丞等,三子孔戡(754—810)官至卫尉丞,四子孔戢曾官少府监、京兆尹、御史大夫等,孙辈七人四进士二明经,曾孙十一人六进士二明经,其中孔缋、孔纬为状元,孔温裕官至天平军节度使。孔纬"少孤,依诸父温裕、温业,皆居方镇,与名公交,故纬声籍早达"①,累官翰林学士、御史中丞、中书侍郎、左仆射,封鲁国公。家族地位高贵交友层次也高,孔戣与韩愈交往密切,韩愈曾写诗赞美孔戣亲至南海祭祀海神,孔戣请求致仕时,韩愈专门奏疏皇帝,建议皇帝不要按照七十致仕的规定批准孔戣退休,"臣与孔戣同在南省为官,数得相见,戣为人守节清苦,议论平正。今年才七十,筋力耳目未觉衰老,忧国忘家,用意深远,所谓朝之耆德老成人者。……如戣辈在朝不过三数人,实可为国爱惜。自古以来及圣朝故事,年虽八九十,但视听心虑苟未昏错,尚可顾问,委以事者,虽求退罢无不殷勤留止,优以禄秩,不听其去,以明人君贪贤敬老之道也。……今中外之臣有年过于戣尚未得退,戣独何人得遂其愿。然人皆求进,戣独求退,尤可贤"②,此建议未被皇帝采纳。韩愈推重孔戣、孔勘兄弟品德,为他们撰写了墓志铭。孔戣兄弟与元稹、白居易交往也不少,元稹曾代朝廷撰写追封孔戣母亲的制敕,白居易曾撰写加封孔戣散骑常侍、尚书左丞等三个制敕,孔戡去世后,白居易还写了"哭孔戡"的诗:

洛阳谁不死,戡死闻长安。我是知戡者,闻之涕泫然。
戡佐山东军,非义不可干。拂衣向西来,其道直如弦。
从事得如此,人人以为难。人言明明代,合置在朝端。

---

① 《旧唐书·孔纬传》,《二十五史》第 5 册,第 4037 页一。
② 《论孔戣致仕状》,《东雅堂昌黎集注》卷四十,《四库全书》,第 1075 册。

或望居谏司,有事戡必言。或望居宪府,有邪戡必弹。
惜哉两不谐,没齿为闲官,竟不得一日,謇謇立君前。
形骸随众人,殓葬北邙山。平生刚肠内,直气归其间。
贤者为生民,生死悬在天。谓天不爱人,胡为生其贤;
谓天果爱民,胡为夺其年。茫茫元化中,谁执如此权。

虽然明知会得罪权要,"闻仆哭孔戡诗,众面脉脉尽不悦矣"①,良心仍让他大力赞颂孔戡道直如弦。

北宋时,文宣公及改称的衍圣公均兼任地方官,虽然允许参加朝会,但品级较低,交游的层次也不高,只有四十五代文宣公之弟孔道辅一支地位显赫,交游广泛,遍及政界、学界精英。

孔道辅(986—1039),进士起家,仕宦二十余年,其中在朝十余年,多任谏官、风宪官、铨官,两任御史中丞,骨鲠特达,遇事弹劾无所避。天圣八年(1030),大内牡丹双头花开,皇帝令两制、馆阁诸臣赋歌诗祝贺,孔道辅也作赋进献,自言"臣非馆阁不得预,于谏道正辞臣之职也",赋中大讲君臣正道,箴补当时,仁宗虚心纳谏,第二天就任孔道辅为馆阁臣,直史馆,又判三司理司。仁宗废郭皇后时孔道辅就没有如此幸运了。孔道辅时任权御史中丞,率领谏官孙祖德、范仲淹、宋郊、刘澳和御史蒋堂、郭劝等十人袖疏伏阁谏阻,皇帝令到中书听宰相解释废后理由。宰相吕夷简对孔道辅说"禁中事中丞不得知,或不便于圣人,臣子非所安",孔道辅对说"人臣视天子与后,犹子之事父母也。父母不和可以谏止,未闻为人子者顺父出母。禁中事不当知?"吕夷简又说"汉唐以来亦尝有废后",孔道辅劝谏说"方今太平,天下待丞相如皋蒙,日望致君如尧舜,汉唐废后何足取法",吕夷简无法应对,孔道辅拂袖率领谏官御史而回。第二天早晨上朝,未到右义门就被拦住宣布任命知泰州,台吏押行出都。范仲淹非常佩服孔道辅,赞扬说"孔公方正名,天下所共知。昨当撄鳞之际,事在不测,观其容止愈端重,颜色不

---

① 《与元九书》,《白氏长庆集》卷一,《四库全书》第1080册。

沮丧,附中臣之对,答丞相之语,应若宿构,言有条理,此过于所闻矣"①。王安石也很佩服孔道辅,为其撰写墓志铭,赞扬说"余观公数处朝廷大议,视祸福无所择"。也许是基因使然,孔道辅并不能周旋政坛,"其在兖州也,近臣有献诗百篇者,执政请除龙图阁直学士。上曰:'是诗虽多,不如孔道辅一言',乃以公为龙图阁直学士。于是人度公为上所思,且不久于外矣,未几,果复召以为中丞。而宰相使人说公,稍折节以待迁,公乃告以不能。于是人又度公且不得久居中,而公果出"②,刚直不阿,屡遭贬黜而不改其本性。

孔道辅结交朋友很多,出京时朋友纷纷赋诗送别,孔道辅曾刻碑立于孔子庙内,碑石1986年出土,但文字已磨去,刻上了"孔宅故井",但"诸公诗"三字清晰可见,并有个别文字可以识别。此碑孔元措《孔氏祖庭广记》著录为"朝贤送行诗碑",被磨去文字的原因不详。

孔道辅二子孔舜亮、孔宗翰同科进士登第,舜亮官至左中散大夫,勋上柱国,封会稽县开国伯。孔宗翰初官仙源知县,经王珪、司马光推荐升陵州通判,历任夔陕转运判官、提点京东刑狱、虔州、蕲州、密州、陕州、扬州、洪州、兖州诸州知州。哲宗即位后下诏求言,吏民上书数千,皇帝令司马光采阅,司马光独称奖孔宗翰和王巩,因此入京任司农少卿,迁鸿胪卿,进刑部侍郎。孔舜亮兄弟与苏轼兄弟交往密切,长期诗歌唱和。

孔宗翰与苏轼交往时间长,惺惺相惜,感情也最深。孔宗翰知虔州时,州城屡屡被章江、贡江侵啮,孔宗翰令伐石护砌,冶铁加固,制服了水患,受到皇帝嘉奖。熙宁九年(1076),孔宗翰接替苏轼出任密州太守,带来虔州八景图请苏轼题写诗文。绍圣元年(1094),苏轼路过虔州,"得遍览所谓八境者,则前诗未能道其万一也。南康士大夫相与请于某曰;诗文昔尝刻石,或持以去,今亡矣,愿复书而刻之。时孔君既没,不忍违其请",重新题写了《八景图》诗文③。孔宗翰出知兖州,整修圣贤遗迹,将陋巷井买回交与颜子后裔,并在井上建造了颜乐亭,请文人们题诗,苏轼马上响应,撰写了《颜乐亭诗》,司马光撰写了《颜乐亭颂》,李清臣撰写了《颜乐亭铭》,成为一时

---

① 徐振贵、孔祥林:《孔尚任新阙里志校注》,第710页。
② 王安石:《给事中赠尚书工部侍郎孔公墓志铭》,《临川文集》卷九十一,《四库全书》,第1105册。
③ 苏轼:《八景图后序》,《东坡全集》卷三十四,《四库全书》,第1107册。

盛事。

孔宗翰继承家风，为人正直，交友也多为正人君子。赵抃（1008—1084）骨鲠正直，任官殿中侍御史，弹劾不避权倖，时称"铁面御史"，自然成为孔宗翰的朋友，二人曾多次诗歌唱和。范纯仁（1027—1101）为范仲淹之子，官至尚书仆射，"以博大悦帝意，忠笃革士风"，得罪章惇被贬出京，二人本为世交，孔宗翰与之也有诗作往还。

金元时期，孔氏家族衰微，衍圣公地位开始提高，从金末开始，衍圣公逐渐成为孔氏家族政界交往的主角。

金朝时，衍圣公仍然兼任曲阜知县，官阶仅为七品，交往主要在地方。到金朝末年，蒙古入侵，金朝不得不迁都开封，贞祐三年（1215）皇帝为保护五十一代衍圣公孔元措，将他召入汴京，初授太常博士。孔元措岳父张行信家族是金代最为显赫的汉族官宦世家，张行信（1163—1231）时任吏部尚书，后转礼部尚书兼同修国史，贞祐四年加太子少保。以父丧去官，兴定元年（1217）三月起复旧官，权知参知政事，次年出任彰化军节度使兼泾州管内观察使，元光元年（1222）迁保大军节度使兼鄜州管内观察使，再迁靖难军节度使兼邠州管内观察使，不久致仕，哀宗即位后，起为尚书左丞，不久再次致仕。张行信之兄张行简（？—1215）时任太子太傅兼礼部尚书，父亲张晘（？—1216）曾官礼部侍郎，官至御史大夫，父子长期主管元朝礼乐。孔元措入汴后不久张行简去世，由于孔元措熟悉礼乐，相继被任命为太常丞、同知集贤院事、知集贤院事兼太常丞、太常少卿、光禄大夫、太常卿。金亡后，耶律楚材请求"遣人入城求孔子后"，找到孔元措，奏请仍然袭封衍圣公，返回曲阜主持孔子林庙。

元朝时期衍圣公中断四十余年，至元贞元年（1295）始封孔治为衍圣公，延祐三年（1316）又因孔思诚并非孔子嫡孙，改封孔思晦（1267—1333）袭封。虽然孔思晦承袭后地位大幅提高，由四品中议大夫升至三品嘉议大夫，至正四年又特授从二品的中奉大夫，但衍圣公仍然主奉孔子祀事，未出曲阜，只是与地方官员交往，升三品的建议就是山东廉访副使王鹏南提出的。到元末，由于社会动乱，五十五代衍圣公孔克坚被召至京师，衍圣公再次走上朝廷舞台。至元十五年（1355），平章政事达世帖木尔推荐孔克坚

"明习礼乐",被任命为同知太常礼仪院事,冬天皇帝郊祭,孔克坚摄太常卿,御史大夫雪雪上言孔克坚以才应该任侍从,被任命为中台治书侍御史,不久辞归曲阜。因山东动乱,再次赴京,因丞相太平的推荐,途经藁城被任命为集贤直学士,孔希学被任命为秘书卿,十九年迁礼部尚书,知贡举,同年冬擢任陕西行台侍御史,因不同意陕西行省接纳叛将自劾而归。二十二年,被任为国子祭酒,谢病归里,再被任命为集贤直学士、山东廉访使均未上任。

明代衍圣公虽然不再兼任他官,专主曲阜孔子庙祭祀,但是由于衍圣公地位空前提高,经常赴京参加朝廷活动,更由于结姻朝中权贵,衍圣公与政坛的联系反而空前密切。

明初,衍圣公就与朝中大臣们建立了密切的联系。孔希学请翰林学士宋濂为孔克坚撰写墓表,宋濂在墓表中说"濂尝获识公,且与希学善,虽老矣,其忍不铭?"孔讷请国子祭酒宋讷为孔希学撰写神道碑,宋讷于碑文中叙说了交往历史,"余记弱冠游太学,师事助教陈仲众先生,而公之父侍御公实同斋舍者有年,情好日洽,后几二十年。当元季兵起,公间道归朝,时侍御公主太常,公侍左右,神采迥异",与孔希学及其父孔克坚均为旧友。五十九代衍圣公孔彦缙善于交游,请鲁王题写《崇恩堂》堂额,请内阁首辅杨士奇和大学士杨荣在卷后题记,并请杨士奇撰写《诗礼庭铭》,为其父孔公鉴撰写墓表,请太子少傅、谨身殿大学士、工部尚书杨荣为曲阜知县孔克中撰写神道碑,请礼部侍郎许彬为三氏学学录孔克晏撰写墓志铭,请时为国子祭酒胡俨为曲阜知县孔希范撰写墓表,请时任国子祭酒兼翰林侍读、国史总裁的胡俨为衍圣公孔讷撰写神道碑,并请胡俨撰写《诗礼庭记》,请王立道代为撰写赐宅京师谢表,请薛瑄为撰《存化书堂记》,薛瑄与孔彦缙关系甚好,曾赠诗二十四首。孔彦缙也会赠送礼品给大臣们,杨士奇的文集中就记载孔彦缙曾经赠送他米芾手植桧赞碑、孔羡碑等拓片。受衍圣公的影响,族人也纷纷请朝中大臣撰写墓志铭或神道碑,孔希武兄弟请到国子祭酒王恂为孔公恪撰写墓志。

明代中期,衍圣公开始结姻权臣,六十一代衍圣公孔弘绪首先娶内阁首辅李贤之女,其后衍圣公夫人均来自朝中重臣家庭,六十二代衍圣公孔闻韶夫人为内阁首辅李东阳之女,继配夫人为宣城伯卫璋次女,六十三代衍圣公孔贞乾夫人为明孝宗孝康张皇后之弟建昌侯张延龄之女,六十四代衍圣公孔尚贤夫人为内阁首辅严嵩孙女,六十五代长孙孔胤椿未袭封先卒,其夫人为武英殿大学士殷士儋之女,六十五代衍圣公孔胤植夫人为河南布政使右参政侯宁孙女,家庭地位最低,这是因为孔胤植是先婚后入继大宗造成的。

结姻朝中重臣,在朝中也结成了姻亲网,孔弘绪娶李贤次女,在朝中就有了众多姻亲,李贤三弟李让为监察御史,长女女婿程敏政为翰林院编修,长子李璋为尚宝司丞,为衍圣公政坛交游提供了便利。衍圣公也多得姻亲的提携,李贤曾代女婿孔弘绪撰写皇帝亲临太学谢表,程敏政代孔弘泰撰写修阙里孔子庙谢表,李东阳代女婿孔闻韶撰写了袭封衍圣公谢表、重建阙里孔子庙谢表、修庙遣祭谢表和皇帝登极贺表。孔闻韶进京袭封,内阁首辅、少师刘健以下馆阁文臣均赋诗祝贺,赋诗结集后由吴宽撰写了序言。结姻朝中重臣,有事可以关照。明弘治间,衍圣公曾奏请买地置换民地以修庙墙,未经朝廷同意,李东阳就在信中告诉衍圣公"庙垣事,缘原奏不曾备悉,买换民地,不敢亏损之故,爱民惜财实出圣意,似无容议矣"[①],不要再旧事重提。

由于资料不足,已经难以了解衍圣公周旋政坛的详细情况,从衍圣公的墓碑也可以窥见交往的层次之高。

五十五代衍圣公孔克坚墓碑由儿子孔希学篆写,神道碑由翰林学士宋濂撰文,三氏学教授胡复性书丹;五十六代衍圣公孔希学墓碑由胡复性篆写,神道碑由国子祭酒宋讷撰文,胡复性书丹;五十七代衍圣公孔讷墓碑由陈登篆写,神道碑由国子祭酒兼翰林侍讲、国史总裁胡俨撰文,朱晖书丹,陈登篆额;五十八代衍圣公孔公鉴墓碑由陈登篆写,神道碑由兵部尚书兼华盖殿大学士杨士奇撰文,朱晖书丹,陈登篆额;五十九代衍圣公孔彦缙神道碑由吏部尚书王直撰文,李贤书丹,王翱篆额,墓碑系重刻,已经不知何人题写;六十代赠衍圣公孔承庆墓碑由程南云题,神道碑由文渊阁大学士

[①]《与衍圣公书》,《怀麓堂集》卷七十,《四库全书》第1250册。

兼户部尚书陈循撰写，夫人墓志由文渊阁大学士兼户部尚书刘珝撰写；六十一代衍圣公孔弘绪墓碑和神道碑均由户部尚书兼谨身殿大学士李东阳题写，孔弘绪继配袁夫人墓志铭由礼部尚书兼谨身殿大学士程鉴撰写，侧室江夫人墓志铭由礼部尚书李时撰写；六十一代衍圣公孔弘泰墓碑由乔宗书写，神道碑由李东阳撰文；六十二代衍圣公孔闻韶墓碑由内阁首辅严嵩题写，神道碑由严嵩撰文，继配卫夫人墓志铭由武英殿大学士、礼部尚书殷士儋撰写；六十三代衍圣公孔贞乾墓碑由礼部尚书袁炜篆写，神道碑由严嵩撰文，张夫人墓志铭由吏部右侍郎葛守礼撰文；六十四代衍圣公孔尚贤神道碑由詹事府少詹事姚希孟撰写，墓碑由方从哲篆写。

  清代衍圣公也是与朝中重臣联姻，通过姻亲进行交往，由于衍圣公家族人丁众多，朝中姻亲比明代更多，姻亲网络更为庞大。清乾隆三十三年（1768），七十一代衍圣公孔昭焕进京准备了一份拜客名单，前面是拟拜访的官员，后面是拜帖上的自称。摘要如下，由此可见衍圣公在朝中的亲友是多么的多：

舒大人名赫德	世弟
托大人名思多	世弟
托大人名墉	世弟
陈中堂名宏谋	年家眷世晚生
刘中堂统勋	年家眷世晚生
陆大人名宗楷	世弟
刘大人名星炜	
蔡大人名新	世弟
户部侍郎王大人名际华	年家眷世侍生
钱大人名维城	世弟
副宪黄姑爷名登贤	内曾任孙
刑部山西司郎中袁姑爷名守诚	不用帖，眷弟
工部尚书裘大人名曰修	年姻家眷世晚生
工部尚书嵇大人名璜	年姻家眷世晚生

刑部四川司员外袁守德	年姻家眷世侍生
吏部侍郎程大人名景伊	侄婿
彭大人名启丰	世弟
德大人名保	世弟
阁学蒋大人名元益	内表侄婿
户部尚书于大人名敏中	年姻家世弟

内亲

洗马、史贻谟史姑爷胞叔	年姻家眷世侍生
编修陈浍	侄婿
翰林院沈世伟，臬台廷芳子	又乙贴襟弟
吏部考功司梁敦书，十太爷亲家、同年	年眷姻世侍生
吏部文选司员外冯晋祚，六姑爷堂叔	年姻家眷世侍生
刑部山东司员外于雯竣，于大人侄	年姻家眷世弟
刑部直隶司郎中于齐贤，于大人子	年姻家眷世弟
贵州道吴玉纶，大爷舅子	年姻家眷世弟
大理司务陈显曾，中堂孙	眷弟
刑部四川司员外袁守德	年姻家眷世侍生
中书王衍绪	年姻家眷世侍生①

（下略）

其中刘统勋为内阁大学士、军机大臣，陈宏谋为内阁大学士，于敏中为军机大臣、户部尚书，舒赫德为刑部尚书，托思多为吏部尚书，托庸为工部尚书，陆宗楷为兵部尚书，裘曰修、嵇璜为工部尚书，刘星炜为工部右侍郎，蔡新为刑部右侍郎，钱维城为刑部左侍郎，彭启丰为兵部右侍郎，德保为吏部左侍郎，王际华为户部左侍郎，程景伊为吏部左侍郎，黄登贤为都察院左副都御史，亲友半朝廷，为衍圣公周旋政坛提供了宽大的舞台和便利，而衍圣公享有世袭罔替的爵位和固定的收入，养尊处优，一般情况下对朝廷并

---

① 孔府档案6539卷。

没有更多的期望,周旋政坛更多地为了结人缘,扩大在朝廷中的影响。

第二节 优游文坛

衍圣公的职责主要是代表国家奉祀孔子,护卫孔子林庙,除非朝廷有重大活动召请,很少到京活动,虽然北京也有国家赐给的衍圣公府,活动结束后一般也是及早而回,周旋政坛的时间并不多,更多的时间是游戏翰墨,优游文坛。

与周旋政坛一样,在宋以前由于各方面的原因,长孙的文坛活动也不多,活动的主角还是近支族人。

唐代不论在政坛还是文坛,最为活跃的是孔颖达后裔,尤其是中晚唐时期的孔巢父家族。

孔巢父早年与李白、韩准、裴政、张叔明、陶沔隐居徂徕山,号称竹溪六隐,诗酒唱和,安史之乱时避乱浙东,与以儒入道的吴筠和李白等诗酒相交,据权德舆《吴尊师传》说,吴筠"乃东游会稽,常于天台、剡中往来,与诗人李白、孔巢父诗篇酬和,逍遥泉石"①,孔巢父还与杜甫、刘长卿等诗人交往。入仕后,在朝曾任秘书少监兼御史中丞、御史大夫、给事中等,外放曾任归州刺史、汾州刺史等,在朝多而在外少,诗作应该不少,但是孔巢父连一首诗也没有流传下来,唐诗中李白、杜甫、刘长卿却各有一首赠孔巢父的诗留传于世。

孔巢父之侄孔戣与韩愈、元稹、白居易均有交往,孔戡也与白居易交往,兄弟二人都是进士出身,与当时著名诗人交往应该有诗作唱酬,但二人均无诗作传世,相关诗作仅有韩愈的《南海神庙碑》缀诗和白居易的《哭孔戡》诗。

广东古有南海神庙,朝廷每年遣广州刺史致祭,"祠部岁下广州祭南海

---

① 《宗玄集》,《四库全书》,第 1071 册。

庙,庙入海口,为州者皆惮之,不自奉事,常称疾命从事自代,唯公岁常自行"①,海途危险,广州刺史多称病派属下代为行礼,孔戣出任广州刺史,不听属下劝阻,亲自前往祭祀,祭祀后风调雨顺,韩愈因此撰写了《南海神庙碑》赞扬孔戣:

> 南海阴墟,祝融之宅,即祀于旁,帝命南伯。
> 吏惰不躬,正自今公,明用享锡,右我家邦。
> 惟明天子,惟慎厥使,我公在官,神人致喜。
> 海岭之陬,既均既濡,胡不均弘,俾执事枢。
> 公行勿迟,公无遽归。匪我私公,神人具依。②

宋代时,孔氏后裔在文坛最为活跃的是孔宗翰,宋人文集中苏轼、范纯仁、赵抃、郭祥正都有唱和孔宗翰的诗作,仅苏轼就有九首,而且大多是孔宗翰先寄,苏轼唱和,但是非常遗憾,只在苏轼集中保留了孔宗翰的一首诗。

孔宗翰年轻时中秋曾经到过密州,与陈荣右、王建中相会,十七年后的中秋,孔宗翰出任密州太守,而陈、王均已作古,感时怀旧,在壁上题写了一首诗:

> 屈指从来十七年,交情零落一潸然。
> 婵娟再见中秋月,依旧清辉照客眠。

五年后的中秋,苏轼任密州太守,与朋友饮酒超然台,朋友提起孔宗翰要求再来知密州,并吟诵了这首诗,苏轼"乃次其韵二篇,以为他日一笑":

> 坏壁题诗已五年,故人风物两依然。

---

① 韩愈:《唐正议大夫尚书左丞孔公墓志铭》,《东雅堂昌黎集注》卷三十三,《四库全书》第1075册。
② 韩愈:《南海神庙碑》,《东雅堂昌黎集注》卷三十一,《四库全书》第1075册。

定知来岁中秋月,又照先生枕鞠眠。

更邀明月说明年,记取孤吟孟浩然。
此去宦游如传舍,拣枝惊鹊几时眠。

孔宗翰出知密州,就是接苏轼的任,二人友情深厚,青州道上大雪,苏轼回忆起东武园林,写诗后马上寄给孔宗翰:

大雪青州道上,有怀东武园亭,寄交代孔周翰
超然台上雪,城郭山川两奇绝。
海风吹碎碧琉璃,时见三山白银阙。
盖公堂前雪,绿窗朱户相明灭。
堂中美人雪争妍,粲然一笑玉齿频,
就中山堂雪更奇,青松怪石乱琼丝。
惟有使君游不归,五更上马愁敛眉。
君不见淮西李侍中,夜入蔡州缚取吴元济,
又不见襄阳孟浩然,长安道上骑驴吟雪诗。
何当闭门饮美酒,无人毁誉河东守。①

范纯仁是范仲淹之子,有世交之谊,孔宗翰曾经寄诗范纯仁,范纯仁和诗作答:

和孔宗翰郎中见寄
圣人流泽到真贤,直节清名奕世传。
惠政讴谣腾楚甸,醉吟风月满江天。
嗟予滥典劭农印,归老几无坐客毡。
一得新诗消百虑,黄粱未熟且安眠。②

---

① 《东坡全集》卷八,《四库全书》,第1107册。
② 《范忠宣集》卷三,《四库全书》,第1104册。

赵抃官至参知政事,为诗谐婉多姿,孔宗翰曾两次寄诗,赵抃也唱和回赠:

次韵孔宗翰水磨园亭

南洋一派通机磨,更引余波绕曲池。
高柳碧阴无酷暑,小莲红老惜芳时。
临流共赏休辞醉,按辔重来未可期。
从此邦人为胜事,范公亭榭孔君诗。①

次韵孔宗翰提刑范公泉

陆羽因循不此寻,从知泉品未为深。
甘清汲取无穷已,好似希文昔日心。②

郭祥正《青山集》有"次韵和孔周翰侍郎洪州绝句十首",看来是在孔宗翰晚年唱和的其早年出知洪州的诗作,并非孔宗翰赠诗而回赠。

孔舜亮诗作目前仅曲阜孔子庙碑上保存一首,还是1986年从地下发掘出土的。他主要与苏轼兄弟唱和。苏轼有"和孔君亮郎中见赠"一首:

偶对先生尽一尊,醉看万物汹崩奔。
优游共我聊卒岁,肮脏如君合倚门。
只恐掉头难久住,应须倾盖便深论。
固知严胜风流在,又见长身十世孙。

金元之际,社会严重动乱,斯文扫地,但因缘际会,衍圣公却走上了文坛。

---

① 《清献集》卷四,《四库全书》第1094册。
② 《清献集》卷五,《四库全书》第1094册。

蒙古初年,汉人严实(1182—1240)率所部彰德、大名、磁、洺、恩、博、滑、浚等州户三十万投奔蒙古统帅木华黎,木华黎承制拜严实为金紫光禄大夫,行尚书省事。严实招纳贤士,元好问、阎复、赵天锡、商挺、王盘、孟祺等被招至麾下。其子严忠济(?—1293)为孔元措女婿,继父主政,修建学校,"教养诸生,后多显者,幕僚如宋子贞、刘肃、李昶、徐世隆俱为名臣"。严氏父子治下的东平一时人才济济,成为乱世中的文化重镇,而曾在此栖身的文人大多成为元朝重臣。孔元措因为姻亲关系,长期客居东平,与文人们交往密切,诗画酬酢,洵为乱世中的幸事。

八十一岁的张公佐为衍圣公孔元措作《湘江春早图》,元好问为之题诗:

> 郭熙画笔老益壮,未比并州九十翁。
> 想是江南春梦里,水村曾见酒旗风。
> 黄陵祠下雨如绳,老笔题诗想旧曾。
> 今日图间见晴景,依然愁绝夜舡灯。①

李辅之去济南任职,孔元措赋诗送行,诸文人纷纷赋诗赠别,并将诗作结集,元好问为之作序,"诸公从衍圣孔公赋诗赠别,凡若干首,而某为之引"②。

蒙古宪宗时,罢免了孔浈的衍圣公,北宗衍圣公中断了四十三年。由于文人聚集东平,来往曲阜者众多,一时学者如元好问、杨奂等均曾至曲阜孔子庙拜谒。没有衍圣公,文人们就赠诗于主事的曲阜县尹。如胡祗遹(1227—1293)就有《赠孔子五十四世孔曲阜令》和《赠孔子五十七代孙曲阜尹》两首,诗中就衍圣公中绝、洒扫户废除事对孔氏后裔极力安慰和鼓励。诗中的五十四世孙县令和五十七代孙县令有误,在衍圣公中绝期间只有五十一代孙孔元用、孔之全、孔治祖孙三人。可惜的是,没有见到孔氏族人的

---

① 《遗山集》卷十三,《四库全书》,第1191册。
② 《遗山集》卷三十七,《四库全书》,第1191册。

唱和。

明代时,衍圣公地位空前提高,文化水准也大幅提高,文坛活动大幅增加,但是由于没有明代衍圣公诗文集传世,衍圣公文坛的活动只能依靠其他参与者的资料进行研究。

明代衍圣公在朝中文坛上最为活跃的是五十九代衍圣公孔彦缙、六十一代衍圣公孔弘泰和六十二代孔闻韶。

孔彦缙善于结交,与薛瑄关系很好。薛瑄(1392—1464)是永乐进士,英宗时官至礼部右侍郎兼翰林院学士,入阁预机务。薛瑄人品学问俱佳,宣德年间任御史时因得罪宦官王振曾下狱论死,文章雅正,诗作多冲淡高秀,有《薛文清集》、《河汾诗集》、《薛子论道》等,隆庆五年(1571)从祀孔子庙。薛瑄曾为孔彦缙制定的十二景每景各赋七绝二首,又为崇恩堂、诗礼堂各赋五律一首。兹选一首如下:

诗礼堂为衍圣公赋

洙泗趋庭日,相传自世家。
三千惟有敬,一语自无邪。
乔木参天色,猗兰绕砌花。
遗风从此地,花雨被无涯。①

孔弘泰、孔闻韶活跃文坛全托李东阳之福。

弘治九年(1496),孔弘泰入京,受兄孔弘绪之托,请人作伐聘李东阳之女为孔闻韶之妻,有了姻亲关系,李东阳对衍圣公格外关照。李东阳(1447—1516)是明代著名诗人,文坛领袖,官居内阁大学士,政界、学界均有号召力。弘治十一年,孔弘泰入京祝贺皇帝诞辰,返归曲阜前,李东阳设宴饯行,请到吏部尚书屠滽、户部尚书周经、刑部尚书朱珪、吏部侍郎白钺、户部侍郎佀钟、礼部侍郎刘大夏、翰林学士焦芳、傅瀚以及侍讲学士程敏政作陪。席间周经即席赋诗一首,屠滽随之唱和。第二天,

---

① 《敬轩文集》卷六,《四库全书》第1243册。

周经、屠滽再叠韵一首,各位赴宴者也各和一首。诗装裱成卷,屠滽题作《西堂雅集》,令程敏政作《西堂雅集诗序》。诗卷已佚,刘大夏诗文献有载:

次西涯学士饯衍圣公作

欹枕秋风负胜招,群仙遥忆下烟霄。
红螺醅甲金波重,宝鸭迎风玉篆消。
古锦奚囊推贺笔,清时吏隐笑由瓢。
山花与主新名字,老我吟成侑酒谣。①

李东阳致孔弘绪兄弟诗作颇多,致诗四首,题画诗二首,题藏画诗二首,均留传于世。

与孔弘绪、孔弘泰兄弟诗作较多的是程敏政(1445—?),他十岁时以神童被巡抚推荐到京,皇帝令读书翰林院,二十二岁举进士,被李贤选为长女之婿,与孔弘绪为连襟,交往密切。他先后为衍圣公画作题诗七首,致衍圣公诗六首,其中兼致二人一首,致孔弘绪二首,孔弘泰三首。

寄衍圣公昆弟

不见王孙已数年,每过东兖即茫然。
蒹葭自幸陪双玉,芘藻还能值几钱。
良夜有情应下榻,熏风无计可停船。
鱼笺一尺凭谁送,济水东流月渐圆。

与孔弘泰画作题诗的还有倪岳。倪岳(1444—1501),弘治中官至礼部尚书,改南京吏部、兵部尚书,还京任吏部尚书,他为孔弘泰《尼山春晓图》和《衍圣公东庄卷》题诗:

---

① 《石仓历代诗选》卷三百九十一,《四库全书》,第1387册。

题衍圣公东庄卷

郡城西接泮池头,别墅新成望野楼。
登罢有山还小鲁,迁余无地可存周。
窗迎晓日人初起,座拥春风客自留。
不独课农知稼穑,浴沂归咏亦优游。①

孔弘绪兄弟均能诗,李东阳撰写的孔弘泰墓志铭说他们兄弟"友爱交洽,岁时游宴相酬倡,或夜分忘倦"②,对李东阳、程敏政的诗是不会不唱和的,可惜的是兄弟二人的唱和诗作都没有流传下来。

孔闻韶活跃文坛全拜岳父李东阳之赐。孔闻韶袭封时李东阳初官谨身殿大学士、户部尚书,两年后升任内阁首辅,吏部尚书,朝中大臣无不刻意逢迎。孔闻韶袭封还里时,"馆阁自少师刘公而下,以皆诵法孔子获见,其后际盛时,被盛典,相率为诗篇以赠。诗成,以其序属之宽"③,内阁首辅刘健等大臣们纷纷赋诗相赠,汇集刻印取名《振鹭集》,由吴宽作序。吴宽(1435—1504),成化八年状元,曾官翰林修撰,东宫侍讲,掌詹事府事,入东阁,专典诰敕,成化十五年曾来过曲阜。此诗集今未见。

孔闻韶(号成庵)、孔闻礼(号立斋)兄弟与孔弘泰之子孔闻诗都能诗,"成庵公有弟七人,与君以行序……岁时高会,群玉连床,吟咏之琅琅,谈屑之霏霏,金薤错出,韶磬吐音",孔闻诗"读书暇,与翰林弟立斋君、世尹陋斋君赓和,一韵十叠而其不衰"④,他们都能诗,不会不对外唱和,可惜的是他们的诗作都没有流传下来。由此也可见,在明代中期,衍圣公家族内部也形成了诗社,活跃人物是孔闻诗、孔闻礼兄弟。

清代孔氏家族迎来全盛时期,人丁兴旺,子孙致力读书,潜心著述,文化水平空前提高,不论是衍圣公还是孔氏族人许多人都有诗文传世。

康熙年间,曲阜形成了一个诗人团体,活跃人物有孔尚任,六十七代衍

---

① 倪岳:《青溪漫稿》卷八,《四库全书》第1251册。
② 李东阳:《明故袭封衍圣公以和墓志铭》,《怀麓堂集》,《四库全书》第1250册。
③ 吴宽:《赠衍圣孔公袭封还阙里诗序》,《家藏集》卷四十四,《四库全书》第1255册。
④ 郭本:《明翰林院五经博士孔闻诗》,徐振贵、孔祥林:《孔尚任新阙里志校注》,第792、793页。

圣公孔毓圻与夫人叶粲英及四个儿子孔传铎、孔传鋕、孔传钲、孔传镛,弟弟孔毓埏、孔丽贞父女,孔贞瑄、颜光猷、颜光敏、颜光敩兄弟,流寓曲阜的顾彩等人。他们经常诗酒唱和,孔尚任的《兰堂观兰,大宗翊宸公命题,同家宏舆博士、振路储公、西铭博士、顾天石、章鼎可诸君分韵,得崇字》诗就记载了六十七代衍圣公孔毓圻及二弟孔毓埏和两个儿子孔传铎、孔传鋕,寓居诗人顾彩等人的一次活动,孔传铎《书中乾蝴蝶,同顾天石、许复阳、罗志行、王秋史、章鼎可、陈力庵、李为龙、刘荻江、家壁六、东塘、大光限赋》诗记载了与孔尚任、顾彩、孔贞瑄等人的一次唱和。

清初在文坛最为活跃的是孔尚任和孔传铎。

康熙二十四年(1685),孔尚任奉命随同工部侍郎孙在丰赴淮扬协助疏浚黄河。在淮扬四年期间,孔尚任足迹遍布扬州、南京各地,结交当地明代遗民,与当地文人名士冒襄、黄云、邓汉仪、丁澎、许承钦、李艾山、朱国琦、黄交三等人多次集会,觥筹交错,唱酬应和。

冒襄(1611—1693),字辟疆,号巢民,明末复社中的著名人物,与《桃花扇》中主角侯方域、李香君关系密切,目睹了南明弘光朝廷的始末,明亡后隐居如皋拒绝出仕。孔尚任结交冒襄,始于康熙二十五年(1686)的一次聚会。次年,孔尚任曾在冒襄家中停留一月,离别后,孔尚任特意以书信向冒襄表达谢意,"饱我以行厨之珍,投我以奚囊之玩,促促言别,情何以遣?"①康熙丁卯(1687)秋天,在冒辟疆将返回如皋之时,两人又再次相聚。孔尚仁作诗记其事:

米家遗石归冒辟疆,写卷索题
拜石高风始老米,袖中岩壑云涛起。
世上茧足五岳游,宁知一拳具山体。
此石沦没不记年,逢君冷眼搜尘市。
辨款真出宝晋斋,藏之会与砚山比。
老米孤行世所难,以石授受得知己。

---

① (清)孔尚任:《与冒辟疆先生》,汪蔚林编:《孔尚任诗文集》,中华书局,1962年,第516页。

> 剧爱非关累块形，朝摩夕玩有妙理。
> 君爱古石人爱君，瞻仰法物岂徒而。①

这首诗被冒襄收入自己的《同人集》中，此后，冒襄与其子冒丹书各作长诗一首赠与孔尚任。

黄云，字仙裳，泰州人，为人义气，王晫编《今世说》曾收录黄云帮助州守陈素的事迹。② 明亡后，黄云隐居不仕。在孔尚任在湖海期间交往友人中，与黄云及其子黄交三交情最为深厚。孔尚任治河期间心情郁闷孤苦无依，黄云曾给予了许多安慰，孔尚任曾感叹"非现实旦夕慰藉，风尘劳吏，几于生趣全无矣"。③ 即使在孔尚任离开淮扬返回任北京之后，两人仍保持着频繁的书信来往。孔尚任对黄云给予的帮助一再表示感谢，"尘土马牛之人，得足下父子时相慰藉，义难友朋，情则亲串矣"。④ 孔尚任诗集中保留了许多赠与黄云的诗。

孔尚任与颜光敏同为曲阜同乡，友情由来已久，且颜光敏之女颜恤讳嫁于孔尚任的族孙孔兴焞，两人还有姻亲关系，交往自然更多。

颜光敏(1640—1686)，字逊甫，又字修来，别号乐圃，山东曲阜人。康熙六年(1667)进士，官中书舍人，升至吏部郎中，任《一统志》纂修官。诗文、书法名扬一时，为金台十子之一。

康熙六年中秋，颜光敏同诸乡亲造访，且读孔尚任新作，孔尚任赋诗以记：

中秋独坐，喜颜修来考功同诸乡亲枉顾，读予新作
缓步长吁节又过，扫除闲院奈秋何。
寻谁看月愁霜重，自去叹衾惹梦多。
寒邸叨承深慰藉，拙诗惭愧朗引哦。

---

① （清）孔尚任：《湖海集》，汪蔚林编：《孔尚任诗文集》，第30页。
② （清）王晫编：《今世说》卷一，《清代传记丛刊》第18册，第3页。
③ （清）孔尚任：《答黄仙裳》，汪蔚林编：《孔尚任诗文集》，第505页。
④ （清）孔尚任：《答黄仙裳》，汪蔚林编：《孔尚任诗文集》，第529页。

同来话旧亲朋满,顿时心情忘薜萝。①

康熙二十年(1681),孔尚任典田捐纳为国子监生,首先向颜光敏写信说明,"弟近况支离可笑,尽典负郭田,纳一国子生,倒行逆施,不足为外人道也"②,二人无话不谈。

淮扬治河之际,孔尚任听闻颜光敏的讣告更是悲痛欲绝:

维扬闻颜修来考功讣,北郭为位而哭之(节选)
七月出都掩别泪,久立迟回语再四。
南来不得故人书,漫天雪下寒江气。
为君日阅京邸抄,有人补却考功次。
或论资俸移选曹,及看选曹又非是。
此时疑病又疑归,中夜转侧添愁思。
书来实为考功亡,顷刻山崩斗星坠。
高哭低泣俱无声,精神强半从之逝。③

孔尚任与顾彩是终生的朋友。顾彩(1650—1718),字天石,号补斋,又号湘槎,江苏无锡人,工音律。孔尚任与顾彩相识于孔尚任在京为国子监博士期间,两人交往甚深。曾合作《小忽雷》传奇,由孔尚任构思情节,后由顾彩执笔填词。两人因戏剧多次交流,顾彩作《楚词谱》一部,完成后交由孔尚任,孔尚任以诗评价说:"顾郎新谱楚词成,南雅清商绝妙声。何事招魂删一折?筵前无泪与君倾。"④顾彩曾多次参加孔尚任组织的诗社聚会,孔尚任在《长留集》中留下许多集会诗作:《长至日集观音庵,同顾天石、林桐叔、王汉卓、陈健夫、李苍存论诗联社》《重阳同杨耐庵、闵左诚、蒋玉渊、费滋衡、颜季相、王汉卓、张远亭、李万资、陈健夫、程为焉、杨恭士、徐芝仙、

---

① (清)孔尚任:《诗观三集》,汪蔚林编:《孔尚任诗文集》,第1页。
② (清)孔尚任:《孔员外尚任》,《颜氏家藏尺牍》卷四,《丛书集成初编》,第199页。
③ (清)孔尚任:《湖海集》,汪蔚林编:《孔尚任诗文集》,第18页。
④ (清)孔尚任:《燕台杂兴四十首》,《长留集》,汪蔚林编:《孔尚任诗文集》,第370页。

顾天石、吴镜庵、张昭敬集岸堂》《饮刺梅园松下,同庞雪崖、顾天石、沈骥士、樊花坡分韵》《寒食集岸堂,同李万资、费厚蕃、顾天石、张玉山》等。孔尚任以诗记录下两人相聚的一次喜悦场景:

> **中春日大雪,与顾天石小饮**
> 花朝雪逐晓风来,莺敛新簧蝶护胎。
> 琼树压残春锦绣,凤城修起玉楼台。
> 还留炉火今宵对,又缓园花下月开。
> 歌舞诗瓢休冷落,西山如画好传杯。①

六十八代衍圣公孔传铎与顾彩交情也很深,顾彩曾经在衍圣公府客居多年,孔传铎在《双调望江南·送顾天石南归》有"廿载深交千里隔"②之语,评价他"命世宏才拾绝伦,一谈一笑暖如春"③。

顾彩去世后,孔传铎悲痛万分,写下《哭顾天石四首》:

> 君与东塘友,生前若弟昆。
> 后先相谢世,花下孰开樽。
> 湖海稀宗匠,风骚失讨论。
> 天涯知己遍,怜我独招魂。④

孔传铎一生游历较广,结交众多。他曾多次与好友组织诗社,有《七夕前五日社集》《社集限韵》等诗。他与孔尚任交情很深,二人好友互有交叉,组织的聚会活动也多有参加。

孔传铎交友很广,与清初诗文大家宋荦以及孙致弥、陈健夫等多有交往。宋荦(1634—1713),字牧仲,号漫堂,历任江西巡抚、江宁巡抚、吏部尚

---

① (清)孔尚任:《长留集》,汪蔚林编:《孔尚任诗文集》,第303页。
② (清)孔传铎:《红萼词》卷下。
③ (清)孔传铎:《绘心集》卷上。
④ (清)孔传铎:《绘心集》卷下。

书。作诗"意在规仿东坡时,宗之者非苏不学矣"①,著有《绵津山人集》六十九卷,《西陂类稿》五十卷,《漫堂说诗》及《江左十五子诗选》等。孔传铎《绘心集》中有写与宋荦的诗多首,从诗稿中可以看出孔传铎曾经多次前往宋荦的住所梁园拜访,如:

梁园怀古(节选)
孝王池台秋草没,沦落邻枚旧人物。
汉朝陵谷几推迁,惟剩梁园古时月。②

孙致弥,字恺似,号松坪,江南嘉定人,康熙二十七年进士,官侍读学士,有《秋左堂集》。孙致弥诗"以跌宕流逸为长,而率易亦不免"③。孔传铎曾经在孙致弥去世之后,撰《挽学士孙松坪二十韵》(节选):

学士银鱼此日焚,玉楼飘渺赋招魂。
锦衣无复过东舍,丹旐空闻返故园。
伊昔盛名起韦布,早膺天遣使雄藩。
遐陬喜观文星灿,属国咸知汉道尊。④

康熙后期至道光年间,曲阜孔氏形成了几个文化世家,他们都是六十七代衍圣公孔毓圻的后裔,著名的有孔继汾、孔广林、孔广森、孔昭虔祖孙,孔传鋕、孔继浩、孔继汧父子,孔传钲、孔继涵、孔广栻、孔广根祖孙,孔广彬、孔昭杰、孔宪阶、孔宪彝、孔宪庚祖孙,颜氏家族有颜氏三兄弟后人颜肇维、颜肇恤、颜懋伦、颜懋价、颜懋侨、颜崇槼、颜崇渠等人,这几个文化世家相互交往唱和,在国内影响最大的是孔继涵和孔广森叔侄。

---

① (清)钱林辑,(清)王藻编:《文献征存录》(二),《清代传记丛刊》第11册,第683页。
② 孔传铎:《绘心集》卷上。
③ (清)张维屏:《国朝诗人征略初编》,《清代传记丛刊》第21册,第553页。
④ 孔传铎:《绘心集》卷上。

孔继涵和孔广森叔侄同为乾隆时期经学家,两人仕途轨迹相似,同为乾隆辛卯科(1771)进士,孔继涵官户部河南司主事,孔广森散馆授检讨,同在京师为官,朋友圈也互有交叉。

孔继涵曾自叙交友"过从者,钱唐卢袌经文弨,嘉兴钱晓征大昕,休宁戴东原震,程瑶田易田,长洲胡东表士震,大兴朱笥河筠,歙程鱼门晋芳,杭郡邵二云晋涵,鹤庆李仙嵓根玉,兴化任幼植大椿,桐城姚昔抱鼐,历下周林汲永季,扬州罗金牛聘"①,这批学者均为乾隆政坛、文坛的风流人物,大多参与过《四库全书》的纂修。卢文弨是著名校勘学家、经学家,翰林院侍读学士;钱大昕是著名经学家、史学家,翰林院侍读学士;戴震是皖派经学大师,天文历算、音韵小学、无不精通;程晋芳为经学家,官吏部主事,吏部员外郎;任大椿为经训学家,官礼部主事;姚鼐为著名文学家、经学家,惜抱学派开山人,官礼部主事;周永年是著名藏书家、校勘学家;罗聘为扬州八怪之一。

在学派传承上,孔继涵和孔广森同为戴震弟子。戴震(1724—1777),字东原,又字慎修,号杲溪,安徽休宁人,与孔继涵、孔广森交情极深,将其女嫁与孔继涵之子孔广根,师友关系又增加了姻亲关系,卢文弨称评价两人文风"其臭味之无差池也"②。戴震曾为孔继涵所校勘的《九经字样》、《五经文字》作《重刊五经文字九经字样序》,赞叹孔继涵"孔君好古而知所从事,能去华取实于世之所不讲。余读是本,严订精审,不徒有功小学而已。治经之儒,先欲识字,其必自此书始"③。去世前,戴震把全部书稿付予孔继涵托其校勘付梓,孔继涵不负故人所托,校勘整理后寄与学有所长的戴震的门生故吏乞请做序,致书段玉裁说"兄与东原论韵最深,特相寄者,欲丐一序"④。书成后,孔广森为之作总序,全文以骈文形式作成,概括戴震一生之成就"敏而好学,信而好古,惟于戴君见之已"⑤。

---

① (清)孔继涵:《因居记》,《杂体文稿》卷三,《续修四库全书》第1460册,第437页。
② (清)卢文弨:《戴氏遗书序》,《戴震全集》,清华大学出版社,1999年,第3453页。
③ (清)戴震:《重刊五经文字九经字样序》,(清)孔继涵:《微波榭丛书》。
④ 《孔继涵致段玉裁书》,《戴震全集》,第3460页。
⑤ (清)孔广森:《戴氏遗书总序》,《续修四库全书》第1476册,第377页。

《戴震遗书》问世后,卢文弨感叹说"东原于是乎为不亡矣"。《清史稿·戴震列传》认为孔广森为戴震衣钵传人,"震卒后,测算之学,曲阜孔广森传之"①。

孔继涵、孔广森叔侄均与翁方纲有交往。翁方纲(1733—1818),字正三,又字忠叙,号覃溪,直隶大兴人,乾隆十七年(1752)进士,官至内阁学士,精通金石、谱牒和书画,书法与刘墉、梁同书、王文治齐名,苏斋学派开创人。三人相识于在京任职期间,爱好相同,交往颇多。乾隆丙申(1776),孔继涵邀请翁方纲等人同游慈寿寺,孔继涵作诗记其事:

> 丙申四月十五日,同翁覃溪学士、张瘦铜舍人、吾蓉塘编修、周椒明孝廉、儿子广栻游慈寿寺,看娑罗树花,寺有明慈圣太后画像,归饮青柳书屋,同观光尧阁石经,瘦铜约用其看芍药韵

> 浪传异种种香台,废寺门滗破便开。
> 四树高花齐合裏,中天卵塔欲干魁。
> 闻馨得侣逡巡去,好事关心一再来。
> 疑是文官栽举院,谁笺尔雅擅通才。②

孔继涵、翁方纲两人赠诗颇多,孔继涵有《翁学士以五律简示再同二首》、《翁学士过寿云簶观石鼓旧拓二本》③等诗,翁方纲有《孔㴲谷户部席上赋高丽茶花》④、《李南硐至都,㴲谷书仓小山竹厂集鱼门斋同用南字》⑤、《芝山为㴲谷作夏山欲雨图》⑥诸作。孔继涵辞官归乡养母之时,翁方纲以诗赠之。乾隆癸卯,孔继涵突然重病而逝,翁方纲得知后悲痛万分,为之亲

---

① 《清史稿》卷四百五十一《戴震列传》。
② (清)孔继涵:《红榈书屋诗集》卷四,《续修四库全书》第1460册,第416页。
③ (清)孔继涵:《红榈书屋诗集》卷四,《续修四库全书》第1460册,第417页。
④ (清)翁方纲:《复初斋诗集》卷十一,《续修四库全书》第1454册,第457页。
⑤ (清)翁方纲:《复初斋诗集》卷十五,《续修四库全书》第1454册,第487页。
⑥ (清)翁方纲:《复初斋诗集》卷十五,《续修四库全书》第1454册,第490页。

撰《皇清诰授朝议大夫户部河南司主事孔君墓志铭》①,并亲笔题写了墓碑。

孔广森与翁方纲也有诗文来往,翁方纲曾为孔广森文集作序,序中谈到了二人交往,"凡作序者必于其书有所资证而后序之,予从来不欲以泛赞作题辞也,况吾挚约相与对榻论析非一日矣"②。

孔继涵与卢文弨友情很深。卢文弨(1717—1796),字召弓,号矶渔,又号抱经,乾隆十七年(1752)一甲三名进士。孔继涵与之有多封书信来往,两人同为校勘大家,信中多有心得交流。在乾隆庚子信中,卢文弨说"古书之流传者稀矣,全赖好古有力之士摹印流通嘉惠后学。若复过于吹毛令人意怠,非乐与为善者所可出此,唯是古人大儒传注亦不能一无可訾。而校书之难则又如扫落叶,瑜多瑕少,转不妨略献所疑,如书中定之方中"③。孔继涵常把已校勘完毕的书籍付予卢文弨予以指正,卢文弨也往往提出中肯的建议,如针对孔继涵校勘的《九经字样》及《方言疏证》等书,卢文弨就指出"《石经》之字不尽依《说文》、张氏唐氏之书,唯《石经》是从。故校者不当以《说文》绳之,且张参于小学殊不精,故于夲本陕陕氾氾等字其说多混"④。孔继涵死后,卢文弨以一篇情真意切的祭文悼念,赞扬他淡于名禄而专志学问,"呜呼,君盖天下学士之所以为宗主者也!自成进士后嗜学转笃,服官农部,恐不能卒所业,亟告归。左图右书日有所采,获得古来遗文坠简为一一整齐补缀出……"⑤。

孔继涵与戚学标交往也很多。戚学标(1742—1824),字翰芳,号鹤泉,浙江太平人,乾隆辛丑(1781)科进士,官涉县知县,后改宁波教授。著有《毛诗证读》、《读诗或问》、《四书偶谈》、《方言》、《汉学谐音》等,诗文集成《景风堂诗集》、《鹤泉文钞》、《鹤泉文钞续编》。乾隆四十三年(1778),孔继涵邀请戚学标至孔府任教,黄河清在《鹤泉文钞》中曾记载说"鹤泉冠即

---

① (清)翁方纲:《皇清诰授朝议大夫户部河南司主事孔君墓志铭》,《复初斋文集》卷十四,《续修四库全书》第1455册,第481页。
② (清)翁方纲:《孔挚约集序》,《复初斋文集》卷三,《续修四库全书》第1455册,第372页。
③ (清)卢文弨:《与孔㑹谷书》,《抱经堂文集》卷二十,《续修四库全书》第1432册,第716页。
④ (清)卢文弨:《与孔㑹谷书》,《抱经堂文集》卷二十一,《续修四库全书》第1432册,第721页。
⑤ (清)卢文弨:《孔㑹谷户部哀辞》,《抱经堂文集》卷三十四,《续修四库全书》第1433册,第84页。

游松冈,中间馆曲阜孔氏"①。在曲阜任教期间,孔继涵与戚学标遍游曲阜名胜古迹,留下众多唱酬诗。

  孔广森与姚鼐有着亦师亦友的关系。姚鼐(1731—1815),字姬传,又字梦谷,室名惜抱轩,世人称其惜抱先生,安徽桐城人。乾隆三十三年(1768),姚鼐主持山东戊子科乡试,年仅十七岁的孔广森被姚鼐选拔中举,从此交往终生。孔广森去信与姚鼐探讨古代禘祫之事,姚鼐在指出孔广森持论偏颇后提出:"夫读经者趣于经义明而已,而不必为己之名期异于人。以为己之名者皆陋儒也,㧑约以为然乎?鼐于义苟有所不疑,不敢不尽,非有争心也。苟不当,愿更教之,得是而后已。"②乾隆四十二年(1777),孔广森因母亲去世,辞官回乡,姚鼐作序为之送归:"㧑约年仅二十,而有高才广学,而远志蕲为古人而不溺于富贵,然则其不必以人之所以乐之者自乐也。《传》曰'莫知苗之硕',何也?诚爱之深也。余诚无状,然爱㧑约之深,殆未有若余者。"③孔广森回到曲阜之后,在城外筑"仪郑堂"专心读书,致信与姚鼐请求为之作记。姚鼐欣然承接,作《仪郑堂记》:"曲阜孔君㧑约博学,工为词章,天下方诵以为善。㧑约愿不自足,作堂于其居,名之曰'仪郑堂',自庶几于康成,遗书告余为之记,㧑约之志,可谓善矣。"④收到姚鼐来信后,孔广森欣喜若狂,向姚鼐回信述说其激动的心情"如来邺骑,方穷宝珙之绳,恐效津龙,遽化丰城之锷;雕陵顾字,涣水腾文,欢喜奉持,回还诵读,去天三尺未喻声高,绕极一旬定知尘起"⑤。

  在得知孔广森英年早逝后,姚鼐作《哭孔㧑约三十二韵》(节选)以哀之:"孔梦兴畴昔,斯文失在兹。世从乖大义,家尚诵闻诗。旧德诚遥矣,同家顾附之。壁中书若授,坐上客何辞。往岁南宫直,东征使节持。鹿鸣君始赋,骏骨窃先知。庾信升朝岁,杨雄好赋诗。翰林真不忝,家法亦胡亏。文富韩陵石,书摹邹峄碑。谈经工折角,好学复深思。海宇承无事,宫庭大

---

① (清)黄河清:《鹤泉文钞序》,《鹤泉文钞》,《续修四库全书》第1462册,第341页。
② (清)姚鼐:《复孔㧑约论禘祭文》,《惜抱轩全集》,第70页。
③ (清)姚鼐:《赠孔㧑约假归序》,《惜抱轩全集》,第83页。
④ (清)姚鼐:《仪郑堂记》,《惜抱轩全集》,第165页。
⑤ (清)孔广森:《上座主桐城姚大夫书》,《骈俪文》卷二,《续修四库全书》第1476册,第374页。

有为。九流譬秘省,三俊接彤樨。博诵先王语,当求孔氏师。二刘今几见,后郑独勤仪。"①赞扬孔广森好学博识。

以文会友,以友辅仁,孔氏家族周旋政坛,优游文坛,既充实自己,提高自己的素养,也提高了家族的素质,增强了家族的影响力,使孔氏家族成为名副其实的文化世家。

---

① (清)姚鼐:《哭孔㧑约三十二韵》,《惜抱轩全集》,第 427 页。

第八章 阙里自古重文献

孔氏后裔是受到历代王朝特殊优渥的家族,文化素养较高,因此特别重视文献的保护、搜集、整理和研究,不断编纂志书,编修族谱,刻制碑刻,保护搜集历代法物,保存档案,成为世界上文献最丰富、家族最系统、文物收藏最多的文化世家。

第一节　孔氏志书

志书,又被称为地志或地方志,是以地区为主,综合记录该地区自然和人文社会有关历史与现状的著作。按照内容大体可以分成三类:一为综合全国情况的总志或一统志。如《大明一统志》、《大清一统志》等;二是地方性的方志,如《昌平县志》、《曲阜县志》等;三是一系列的专志,如《地理志》、《交趾异物志》等;四是家族志书,如曲阜孔氏《阙里志》、颜回家族《陋巷志》、曾参家族《宗圣志》、孟子家族《三迁志》等。

志书的历史由来已久,在《周礼·春宫》中就有"外史掌书外令,掌四方之志"①的说法。但在魏晋南北朝之前,志书尚处于形成阶段,内容多为记述某地区的山川物产、风俗民情等。现存第一部具有比较完整内容的方志书——《越绝书》就出现在此时,相传为东汉的袁康所撰。唐宋时期,图经盛行,以志、记为名的方志书发展起来,如《元和郡县图志》。志书的繁盛出

---

① (汉)郑玄注,(唐)贾公彦疏:《周礼注疏》卷二十六,北京大学出版社,1999年,第711页。

现在明清时期,这一时期的志书,无论在数量上还是种类上都大幅度增加,出现了以政府为主导的大规模修志行为。

孔氏家族志书内容多为记录历代统治者尊崇孔子的行为、优礼圣裔的举措以及曲阜一地的历史沿革、物产风貌、风土人情等。生于兹长于兹,耳濡目染,情况自然比较熟悉,与一般的志书内容不同的是孔氏志书更偏重于谱学,每部书必有家族史料。在发展历程上,孔氏志书也是出现在宋代,历经金、元、明发展,至清代而繁荣,涌现出宋代《东家杂记》、金代《孔氏祖庭广记》、元代《素王世纪》、明代《阙里志》、清代《阙里文献考》、《阙里广志》、《阙里述闻》等一批志书。下面择其要者简单介绍。

《东家杂记》 (宋)孔传撰。

孔传,原名若古,字世文,孔子第四十七代孙。南宋建炎初年,跟随第四十八代衍圣公孔端友南渡,遂流寓衢州。绍兴中,官至右朝议大夫,知抚州军州事,兼管内劝农使,封仙源县开国男①。

本书成于南宋高宗绍兴年间,在此之前,孔传曾作《孔氏祖庭广记》三卷,书撰成后,恰逢战乱,孔传流离颠沛,故此书"不暇镂行"②。

两宋交叠之际,孔氏南渡,待稳定下来,孔传又作《东家杂记》。"东家"一词,在《三国志·魏书·邴原传》中就有出现,"所谓以郑为东家丘者也"③。而东家丘用来代指孔子的说法,见于宋胡继宗所著《书言故事》,孔子的西邻不知孔子才学出众而径称作东家丘,故《东家杂记》就是记录孔子相关事迹的一部著作。而据钱大昕《十驾斋养新录》考证:"此则从思陵南渡以后,别为编辑,改祖庭为东家者,殆痛祖庭之沦陷,而不忍质言之乎?"④

此书虽只上下卷,但意义深远,"系孔氏家乘之著作","最早的孔氏志书"⑤。开篇之目,孔传撰其宗旨为:

---

① 据(宋)孔传:《钦定四库全书提要》,《东家杂记》,《丛书集成初编》,商务印书馆,1935年。
② (金)孔元措:《孔氏祖庭广记引》,《孔氏祖庭广记》,《丛书集成初编》。
③ 《三国志·魏书·邴原传》,裴松之注《邴原外传》,《二十五史》,第1109页。
④ (清)钱大昕:《东家杂记》,《十驾斋养新录》卷十三,上海书店出版社,1983年,第305页。
⑤ 孙聚友、杨晓伟:《孔子家族全书·典籍备览》,辽海出版社,1999年,第77页。

先圣没,逮今一千五百余年,传世五十。或问其姓则内求而不得,或审其家则舌举而不下,为之后者得无愧乎? 传窃尝推原谱牒,参考载籍。则知郑有孔张,出于子孔,卫有孔达,出于姬姓,盖本非子氏之后而徙居于鲁者,皆非吾族。若乃历代褒崇之典,累朝班赉之恩,宠数便蕃,固可以枚陈而列数。以至验祖壁之遗书,访阙里志陈迹,荒墟废址,沦没于春芜秋草之中者,鲁尚多有之。故老世传之,将使闻见之所未常者,如接于耳目之近,于是纂其轶事,缀所旧闻,题曰东家杂记。好古君子,得以览观焉。①

全书共分为上下两卷。上卷分为九类:《姓谱》、《先圣诞辰讳日》、《母颜氏》、《娶亓官氏》、《追封谥号》、《历代崇封》、《嗣袭封爵沿改》、《改衍圣公告》、《乡官》。下卷分十二类:《先圣庙》、《手植桧》、《杏坛》、《后殿》、《先圣小影》、《庙柏》、《庙中古碑》、《本朝御制碑》、《庙外古迹》、《齐国公墓》、《祖林古迹》、《林中古碑》。

卷首有孔传自书《东家杂记》序、《杏坛图说》及孔子四句歌曰:"暑往寒来春复秋,夕阳西去水东流,将军战马今何在,野草闲花满地愁。"②"考诸家琴史俱失载,附录于此。详其语意,未知果为夫子之歌否也云云。案此歌伪妄,不辨而明。曾乃语若存疑,盖其平生过尊宋本之失。"③而有《北山移文》(二十九代德璋述),击蛇笏铭(徂徕先生守道述)及《元祐党籍》(四十七代孔氏)三篇,恐为后人所增,而非本书原有。

据《四库全书提要》记载,《东家杂记》"前有《孔子生年月日考异》一篇,末题'淳祐十一年辛亥秋九月戊午朔去疾谨书',末有《南渡庙记》一篇,题'宝祐二年二月甲子汝腾谨记',二人宋宗室子,故皆不署姓。去疾称旧有《尹梅津跋》,此本无之,而后有淳熙元年《叶梦得跋》。盖三篇皆重刻所续入也。去疾《考》中历驳诸家之误,而以为春秋用夏正,定孔子生于十月二十一日,卒于四月十八日。其说殊谬。殆由是时理宗崇重道学,胡安国

---

① (宋)孔传:《东家杂记》,《东家杂记》,《丛书集成初编》。
② (宋)孔传:《歌曰》,《东家杂记》,《丛书集成初编》。
③ (清)钱曾:《东家杂记二卷》,《读书敏求记》卷二,书目文籍出版社,1984年,第52页。

传方盛行,故去疾据以为说欤"①。此三篇内容,在今本《东家杂记》中并未收入。

此书为目前可见的最早阙里志书。在内容上,《东家杂记》虽列目甚多,但大多为短文,追溯性及考证性的文章居多,如《先圣诞辰讳日》《母颜氏》《娶亓官氏》篇,往往寥寥数语,浅尝辄止。而《历代崇奉》篇,作者费墨甚多,记述了从鲁哀公十七年到绍兴二年六月,历代皇帝对孔子及其后裔进行袭封优抚的历史,且今详于古,本朝详于前朝。

《孔氏祖庭广记》 (金)孔元措撰。

孔元措(1181—1245),字梦得,孔子第五十一代孙,金章宗明昌二年(1191)授中议大夫,赐四品勋,袭封衍圣公兼曲阜知县,哀宗天兴二年(1233)授光禄大夫,太常卿。蒙古灭金后,孔元措仍袭封衍圣公。蒙古太宗十一年(1239),奉旨进京整理礼乐。元朝的礼乐,俱由孔元措整理创编。②

《孔氏祖庭广记》是由孔元措于金哀宗正大四年(1227)整理编辑而成。宋元丰八年(1085),孔子第四十六代孙孔宗翰曾撰《家谱》,宣和六年(1124),孔子第四十七代孙孔传曾作《祖庭广记》。而孔元措将此两本书合为一书。"又博考前史,旁参博记,分门胪载……名之曰《祖庭广记》。盖仙源(指孔传)之文献,至是始大备矣。"③

关于此书的写作宗旨,孔元措在《孔氏祖庭广记引》中曾说:

> 先圣传世之书,其来久矣,由略积详,愈远而益著。盖圣德宏博,殆有不可掩者。爰自四十六代族祖,知洪州军州事,柱国,纂集所传,板行四远。于是乎有《家谱》,尚冀讲求,以俟他日。逮四十七代从高祖,邠州军州事、朝散,克承前志,推原谱牒,参考载籍,摘拾遗书,复成一书。……元措忝体先人,袭封世嗣,悼斯文之将泯,恐祖牒之久湮,去圣愈远,来者难考。乃与太常诸公,讨寻传纪及诸典籍,于二书之外

---

① (宋)孔传:《钦定四库全书提要》,《东家杂记》,《丛书集成初编》。
② 据(清)张金吾:《孔氏祖庭广记十二卷提要》,《孔氏祖庭广记》卷一。
③ (清)张金吾:《孔氏祖庭广记十二卷提要》,《孔氏祖庭广记》卷一。

得三百二事，皆往古尊师之懿范，皇朝重道之宏规，前此所未见闻者。于是增益二书，合为一编，及图圣像、庙宇、山林、手植桧等，列于篇首，题曰《孔氏祖庭广记》。……是书之出也，不惟示训子孙，修身慎行，不堕先业，流芳万古，是亦学者之光也。①

孔元措这段引记，说明了《孔氏祖庭广记》一书的写作缘起、写作过程及篇章结构等。概括来说就是：整理旧籍，示训子孙，不堕先业，流芳千古。

今本《孔氏祖庭广记》共十二卷。正文前有文五篇：《孔氏祖庭广记十二卷提要》（张金吾藏书志）、《祖庭广记旧引》（宋宣和六年甲辰孔传）、《家谱旧引》（宋元丰八年孔宗翰）、《孔氏祖庭广记引》（正大四年张行信）、《孔氏祖庭广记引》（孔元措自题）。有图十二幅：《小影》、《凭几》、《乘辂》、《尼山》、《防山》、《颜母山》、《林》、《宋阙里庙制》、《金尼山庙制》、《金阙里庙制》、《手植桧》、《鲁国图》。

正文部分每分卷下标题如下：

第一卷，先圣追崇圣号，世次；第二卷，崇奉诏文；第三卷，崇奉杂事；第四卷，林庙亲祠，学庙亲祠；第五卷，祭祀杂事；第六卷，族孙，世系别录；第七卷，泽及子孙；第八卷，姓谱，先圣诞辰讳日，母颜氏，娶并官氏，先圣小影，给洒扫庙户；第九卷，乡官，庙中古迹，庙外古迹，林中古迹，庙宅；第十卷，庙中古碑上；第十一卷，庙中古碑下，林中古碑；第十二卷，族孙碑铭。

在正文末还题有"大蒙古国领中书省耶律楚材奏准皇帝圣旨，于南京特取袭封孔元措令赴阙里奉祀，来时不能挈负祖庭广记印版，今谨增补校正，重开以广其传"②的题记。今本在书末还附有钱大昕在嘉庆六年辛酉五月所做的后跋。

《孔氏祖庭广记》与《东家杂记》篇目基本相同，但在内容上更为详细，开创了孔氏志书的编写范式，设立的诸如《图式》、《族谱》、《优抚恩例》等篇目被后世沿用。特别是孔元措为了防止古碑"久而磨灭不可得"③，故将

---

① （金）孔元措：《孔氏祖庭广记引》，《孔氏祖庭广记》卷一。
② （金）孔元措：《孔氏祖庭广记引》，《孔氏祖庭广记》卷二，第71页。
③ （金）孔元措：《孔氏祖庭广记引》，《孔氏祖庭广记》卷一。

由西汉至金末的林庙中所存古碑的碑文悉数录入,具有极高的史料价值。

《阙里志》(明)孔贞丛撰。

孔贞丛,字用茂,孔子六十三代孙,历任曲阜知县、东昌府通判、都转盐运史。① 明弘治十八年(1505),山东提学副使陈镐首撰《阙里志》十五卷,孔贞丛对书进行重修。书成于万历三十七年(1609),但卷内纪事有崇祯二年(1629)的内容,应为后人所补充。

> 阙里昔未有志也,有之自李文正公始。宁非以素王之删述垂宪,功垺帝王,明德世系,班班具在,不可令文献之无徵与?意甚盛矣,意甚盛矣!事属草创,芫者未全芟,佚者未全收也。夫语或近诬人必疑,世或近古人必信,若疑若信之间,断之以理,而芫秽可裁也。亦有异比齐诸儒者弗论。而巨人启圣,玄鸟生商,未闻刊削,则诸子所载素王灵异奇特,将无以佐六籍之不逮乎?与其过而置也,宁过而存之,以此参求,而散佚可收也。②

由上可知,孔贞丛作《阙里志》的目的在于:正本清源,以正视听;补充史料,整理文集。

今本为崇祯年间修改后的第一次印刷本。正文前有序四篇:分别为《阙里志序》,太子太傅、户部尚书、谨身殿大学士李东阳序,手写行书;《重修阙里志序》,万历岁次三月黄克缵书,手写正书;《序言》,山东按察司提学副使陈瑛序,手写行书;《跋重修阙里志序》,鲁藩辅国中尉朱颐琢,手写行书;以及《新志纪因》,孔贞丛。

孔贞丛所撰《阙里志》,相对于前几部孔氏志书,在内容上有了很大的扩充,条目设置得更加全面,涵盖内容更加丰富。在第一卷《图像志》中,后五图为首创,对研究明代孔庙礼乐文化有极高价值。在《世家志》中,首次将衍圣公任曲阜知县的情况予以说明,跨度从汉元帝永元年间到明万历二

---

① 据(明)陈镐撰,(清)孔允植纂:《文达子孙》,《阙里志》卷九,孔子文化大全编辑部编辑,山东友谊出版社,1989年,第461页。
② (明)孔贞丛:《新志纪因》,字文跋:《阙里志》,日本早稻田大学图书馆藏。

十七年，而《弟子志》、《人物志》除录入孔氏弟子和孔氏后裔的名讳外，更缀以小传。

最后三卷《艺文志》为孔贞丛首创，所占比重几乎占整书的一半。录入了从曹魏黄初二年到明嘉靖三十八年涉及衍圣公袭封的皇帝制诰，从西汉到万历三十一年曲阜所存的碑文全文，从唐乾封元年至万历八年皇帝遣使或官员祭拜孔子的祭文，从汉成帝到万历四年官员有关林庙及衍圣公的奏疏，从东汉到万历四年的表章，从春秋到明对于孔子及其弟子的颂赞，以及从春秋到明官员名士拜谒孔子所做的诗词歌赋，这些原始资料多数已流失，幸得孔贞丛在《阙里志》中保留，是研究这段历史文化不可多得的第一手资料。

《阙里志》（明）陈镐撰，（清）孔胤植重纂。

孔胤植(1592—1647)，《清史稿·儒林列传》避雍正名讳改称孔廕植，"号懋甲，字对寰，孔子六十五代孙。明天启初，袭封衍圣公。清顺治元年，世祖定鼎京师，山东巡抚方大猷疏言，开国之初首宜尊崇先圣。下礼部议，衍圣公爵及其官属悉循明旧制。廕植朝京师，遣官迎劳。入朝，班列大学士上"①。

该《阙里志》为孔允植对陈镐本的第三次重修，书成于明天启年间。内容有后人补入，在世表中记至"毓圻康熙七年正月十九日奉旨袭奉衍圣公"②，卷二十四中有孔胤植的墓志铭及其子孔兴燮去世后康熙所书祭文。书前有《阙里志序》(李东阳作)，《重修阙里志序》(杨士聪作)两篇序。又有附卷一卷，记有从雍正元年至雍正二年，皇帝遣使拜谒孔子的情况。

书末有孔胤植自书《阙里后记》，叙述了自己参与经筵的风光，请求拨款修复林庙的被拒，以及圣迹中树木被砍、学田被夺的悲愤等情况。文末说明了重修《阙里志》的目的："余因翻阙里旧志，附之以新典，补其未备。亦惟先正奉文肃之志是继是承，不敢忘祖德而隐君赐云而。如是正人心以显圣道，则余岂敢。"③

---

① （清）赵尔巽：《列传二百七十》，《清史稿》卷四百八十三，《二十五史》，第1522页。
② （明）陈镐撰，（清）孔胤植纂：《世家志》，《阙里志》卷三，第163页。
③ （明）陈镐撰，（清）孔胤植纂：《阙里后志序》，《阙里志》，第1923页。

孔胤植所纂《阙里志》与孔贞丛所纂《阙里志》所包含内容相差不大。卷十甲科、乡试、监生、岁贡为其首创，保留了孔氏子孙自三十八代至六十四代科举情况。艺文部分将历代诰敕、祭文、赞和碑记，提出单列六章，突出了历代皇帝对孔子及其后裔的重视和优遇。

《阙里志》（清）孔尚任撰。

孔尚任所修《阙里志》，据孔尚任《出山异数记》说："康熙壬戌秋，予家六十七代大宗衍圣公毓圻束书加币，敦予出山，治其夫人张氏丧。明年春，即延任祖庭修《家谱》及《阙里志》……至甲子秋皆竣。"①故书应该完成于康熙二十三年（1684）。书中也出现了少许康熙甲子以后的内容，应为后来孔尚任所补。该《阙里志》完成后刊印，但社会上并未出现其流传本。

现存该《阙里志》为残卷，存卷二至卷八，卷十三至卷二十三，共二十一卷，十册。文献著录二十四卷，缺卷一、卷十、卷二十四。内容上有：圣贤志、陵墓志、祠庙志、古迹志、名胜志、祀典志、封爵志、宗族志、学校志、礼仪志、乐舞志、土田志、户役志、人材志、著述志、风俗志、物产志、典谟志、艺文志、史传志。

孔尚任所修《阙里志》门类齐全，考据得当，言简意明，是孔氏方志中的翘楚。志中资料丰富，对于研究孔子庙礼乐祭祀制度，孔氏家族流转情况等有着重要的价值。《新阙里志》中保存了大量孔尚任的个人资料，对研究孔尚任生平具有一定的价值。

《阙里文献考》（清）孔继汾撰。

孔继汾于乾隆三十年（1765）被革职，乾隆二十七年（1762）编纂《阙里文献考》。孔继汾通晓历代掌故和典章制度，故此书价值甚高，被当时学者奉为信史。清代学者章宗源在《隋书经籍志考证》一书中就曾经多次引用此书。此书完成后，曾由衍圣公孔昭焕进献给乾隆皇帝。正文前有孔昭焕所作序：

> 余每读《家乘》至《孔丛》、《连丛》之篇，未尝不废书而叹也。先圣

---

① （清）孔尚任：《出山异数记》，汪蔚林编：《孔尚任诗文集》卷六，第426页。

文章道德备于六经，散见于百家传记，而论次于《史记·世家》，载籍极博，故无事我一家之私述为也。惟历世久远，子上、子家而下显晦不常，至如敦尚儒术，代有褒崇，而史志详略异裁，非贯串而会通之，亦曷见典章志因革，则是志乘之作与史兼行而不可忽者。我家自《连丛》而后述者罕闻，迨南宋时《东家杂记》之书始出，然而已略。《广记》《金载》又病其芜，厥后有新旧两志，复祖《广记》考据尤失精核，且旧志作于前明，新志成于康熙丁丑，如我世宗宪皇帝之聿新寝庙，暨我皇上之屡降乘舆，未经恭述，余窃惧焉，不遑宁处，久欲戡酉订正而益以国朝之洋洋美典，用备故实贻来者。顾年稚学疏因循未逮，近得叔祖止堂公《阙里文献考》书成，类别门分，薙繁辩误，言不越六十万而二千三百余年之事灿然大备。①

《阙里文献考》共一百卷，卷末一卷，为新、旧《阙里志》辨伪。书名虽为"文献考"，但并非拘泥于文献考证。各分卷内容如下：

卷一至卷十为世系考，卷十一至卷十三为林庙考，卷十四至卷十七为祀典考，卷十八为职官考，卷十九至卷二十二为礼考，卷二十三至卷二十五为乐考，卷二十六为户田考，卷二十七至卷二十八为学校考，卷二十九为城邑山川考，卷三十为宗谱考，卷三十一为孔氏著述考，卷三十二至卷四十一为艺文考，卷四十二为圣门弟子考，卷四十三至卷七十二为从祀贤儒考。卷七十三至卷九十九为子孙著闻者考，卷一百为叙考。

在所有孔氏志书中，《阙里文献考》篇幅最为庞大。它系统考证了世系、林庙、祀典、职官、礼乐、学校等的传承演变过程。不仅考证了孔子事迹，而且对于孔氏子孙、孔子弟子及从祀贤儒事迹都有考证，断限从春秋末年直至清乾隆时期，相当于一部学案。而子孙闻者考部分，将孔门子孙中贤达之士事迹予以记录，对于女眷中优异者的事迹也予以保存，几乎可独立为一部孔氏谱牒。最后一卷《叙考》为孔继汾自书此书的写作过程和他的人生际遇，以及概括本书的结构组成。孔继汾在写作过程中，不但采用

---

① （清）孔继汾：《阙里文献考序》，《阙里文献考》，第7页。

信史的经、史、子、集著作,也在考证后采用了大量的口碑资料,故本书是研究孔子及儒学发展史的一部重要的参考资料。

第二节 孔 氏 家 谱

"礼莫大于尊祖敬宗,典莫大于修谱"[1],修谱的功能就是"详世系,联疏亲,厚伦谊,严冒紊"[2],可以"合远为近,合散为聚",将居住分散、素不相识的族人统合在一起,并将希图冒充孔子后裔者摒除在外。"收族于谱无异于收族于庙也,收族于庙而宗庙严,收族于谱而子姓秩",修谱是加强族人联系,增进族谊的最好手段。

一、修谱历史

宋代以前,重视门第甚至郡望,家谱官修,由于只收长支,子孙遗漏很多。《后汉书·孔昱传》记载"自霸至昱爵位相系,其卿相牧守五十三人,列侯七人"[3],东汉元和二年(85)章宗亲祭孔子庙,"大会孔氏男子二十岁以上者六十三人",而家谱所载,自孔霸至孔昱只有四十八人,由此可见家谱遗漏之多。宋以前孔氏家谱只有抄本传世,"家谱之法,世次承袭者一人而已,疏略之弊,识者痛之",元丰八年(1085),四十六代孙孔宗翰有感于族人遗漏太多,将本族子孙一并收入编成《阙里世系》一卷,为广流传,刻板刊印。后南宋孔端朝,金代孔瑰、元代孔淑均曾重修。

金元时社会动乱,族人散走四方,曲阜族人较少,当时与外孔(即五代时杀害四十二代长孙孔光嗣的孔末的同宗)矛盾异常激烈,因不让外孔入庙甚至发生外孔杀死里孔的惨剧。为区分里孔与外孔,孔子后裔将族人名字世系刻于碑上,树立在孔庙内,现在孔庙崇圣祠院内还保存着元天历八年(1329)孔思晦和明永乐间刻立的家谱石碑。

---

[1] (清)孔昭焕:《重修家谱序》。
[2] (清)孔兴燮:《重修家谱序》。
[3] 《后汉书·孔昱传》。

明弘治二年(1489),六十一代衍圣公孔弘绪重修家谱,规定"六十年一大修,三十年一小修,大修以甲子为期,小修以甲午为期",小修只进行登录,大修才刊印谱书。天启二年(1622),六十五代衍圣公孔胤植提前两年重修,其原因,孔弘顒在序中说得很清楚,"顷岁以来,宗盟废弛,射利之夫往往私录族谱转售异姓,冒认圣裔,紊淆宗系,其害殆有甚于兵燹"。明洪武元年(1368)更加给予孔氏子孙免除徭役的优待,曲阜族人并能减少土地租税的十分之一,享受优待的依据就是家谱,只有家谱登录者地方官府才予认可,这就难怪有人想混入孔氏以沾恩惠。为杜绝弊端,此次印谱时书版印后即毁。

清顺治十年(1653),六十六代衍圣公孔兴燮提前三十一年再次重修。对于提前的原因,孔毓圻认为,"以子姓日繁,洊更鼎革,恐有散佚播迁,而缪种之附会窥伺蔓难图也",经过改朝换代,族人散走外迁,担心伪孔趁机混入,所以提前刊印,以厘正流传。康熙二十三年(1684),六十七代衍圣公孔毓圻、乾隆九年(1744)七十一代衍圣公孔昭焕均循例重修。孔府档案中有嘉庆九年(1804)"嘉庆甲子年开馆修谱榜示执事人员名单"和十一年至十六年的"孔氏族长、林庙举事会同申送修谱格册"等修谱档案,道光三十年(1850)"开馆修辑孔氏谱牒通知各户族人呈送草谱告示"和"孔氏大宗户、旧县户世家谱格册"等档案,但这两次续修的家谱未见流传,很可能是曾经发起重修但未能成谱。

民国十七年(1928)再次发起重修,民国二十六年(1937)告成。1984年甲子后,几经活动,1997年终蒙国际儒学联合会将孔氏家谱列为研究课题,先期进行族人调查登记,2009年刊出新的《孔子世家谱》。

二、家谱编修

修谱为族中大事,衍圣公非常重视,自负总责,下设组织机构,开设谱馆,制定修谱条规,颁布格册,开始时告庙开馆,谱成后祭庙告成,最后举行隆重的颁谱仪式。

修谱前,衍圣公出榜告示。清乾隆九年(1744)"修谱榜示"一是要求严核假冒,详查遗漏,表彰懿行,斥除匪类,务秉至公;二是公布修谱人员名单,有鉴定、监修、提调、编次、掌收、校阅、誊录、督刊、收发、供应等种类。以后又陆续发布告示,规定:"以义子承祧者不许入谱,以赘婿奉祀者不许入谱,再醮带来之子承祀者不许入谱,流入僧道者不许入谱,干犯名义者不许入谱,流入下贱者不许入谱";要按行辈取名训字,"凡不循世次随意妄呼者概不准入谱"①;入谱每丁捐银八分,否则不准入谱。

衍圣公府还颁布"修谱条规",条规共三十三条,规定非常详细具体。诸如修谱规则、告庙仪式和祭品、开馆择吉、誊写、刻板、督刊、酬谢宴会、账目公布、发谱等无一不含。同时颁布统一的格册,格册填写祖孙三代姓名、字、号、职业、住址,族人填好后,要出具甘结(保证书)、户头、户举审核签字然后上报族长衙门,族长、举事审查后加具印信再送衍圣公府,衍圣公府用印注号然后发付纂局,纂局收掌,清立号簿,不许他人添减,然后才交与编次编修;"每编成一卷,即以原册对所编之稿,每誊清一卷,即以编册对所誊之真,每印出一页,又即以清册对所印之章"②;确定印数,每印完一页即行毁版,督刊随时进行检查。家谱成书后,加盖衍圣公和曲阜县官印以及孔氏家庭族长印信。

开馆修谱时,衍圣公率领有关人员在家庙举行告庙仪式,修谱人员要宣读誓词,"凡我宗执事人员,毋便己私,毋徇情面,毋惮劳而就逸,毋挟怨而生嫌。各宜清白乃心,恪供厥职,共凛协恭之谊,以光久大之谟。嗣后如不遵誓词,宗祖所不齿,名教所不容,天地祖宗其共殛之"。

家谱的名字初名孔氏族谱,清康熙二十三年(1684)重修时,孔尚任认为旧谱之名"与编氓家乘何异",始祖孔子为素王,司马迁编《史记》将孔子列入诸侯一级的世家,倡议更名为《孔子世家谱》,阖族赞同,从此家谱以《孔子世家谱》为名。

明清时家谱只收曲阜一带的六十户族人,康熙修谱时,孔尚任别撰《流寓记》,开列流寓外地的十支族人,但只说明某地族人出自某人,并没有详细的家谱记录。只录六十户族人的原因,"盖因当时交通未便,调查维艰,

---

① 孔府档案0789卷。
② 民国修谱布告。

又鉴于逆末之变,兢兢于杜奸冒,防伪入,宁从其缺,毋任其滥也"[1]。民国修谱时,始将全族收录,甚至将上代失考而不知支派者也全部收入,以"上代失序者"为名作为一集单独处理。

家谱的管理非常严格,不仅印刷时每印完一页即将木版毁掉,而且颁发新谱时要将旧谱交回,交回的旧谱立即焚烧后埋入地下,如果旧谱失落不仅要报告,还要户头、户举出具甘结。

三、谱书概况

孔氏族谱虽然迭经重修,但保存下来的并不是很多。明以前只有一个宋代残卷的抄本手卷,明以后也只有明天启残谱和清康熙、乾隆、民国三部全族家谱以及2009年新编的家谱,保存最多的是各地的支谱。

明天启《孔氏族谱》 天启二年(1622)纂修,孔弘灏主纂,八卷。卷首有衍圣公孔胤植、洙泗书院学录兼林庙举事孔弘顥、曲阜世职知县孔闻简三篇序文和《孔氏宗传总论》、《阙里孔氏谱系引》、《伪孔考》和凡例等内容。卷一收录为孔子至第四十二代孙,并有姓源、孔子年谱等项;二代以下多有小传。卷二收录从四十三代孔仁玉到五十五代孔克坚。卷三至卷八收录五十七户族人。

本谱共刊印九十八部。开印时,衍圣公和曲阜知县到场督印十四页,为防止私印,每页印九十八张后立即毁掉印版。装订成书后,捧到孔庙诗礼堂加盖衍圣公官印、曲阜知县官印和孔氏家庭族长、林庙举事关防印后择日分发。

清康熙甲子《孔子世家谱》 孔尚任主纂,衍圣公孔毓圻鉴定,二十四卷,九册。卷首有衍圣公孔毓圻、世职知县孔兴认两篇序文和修谱凡例等。卷一为姓源,卷二为孔子年表,卷三、卷四分别为世系上下,卷五至卷二十四收录二十派六十户族人。卷末附有《流寓记》和《跋》。《流寓记》收录了外徙的十个支派,指出浙江衢州西安县族人是四十七代孔传的子孙、河南开封仪封县族人是三十八代孔惟时的子孙、镇江府丹阳县族人是四十代孔

---

[1] 孔传堉序,见民国《孔子世家谱》。

绚的子孙、应天府句容县族人是四十八代孔端隐的子孙、松江府华亭县族人是三十四代孔桢的子孙、浙江温州府平阳县族人是四十二代孔桧的子孙、江西临江府新喻县族人是四十代孔绩的子孙、广东南雄府保昌县族人是三十八代孔戣的子孙、真定府衡水县族人是三十二代孔颖达的子孙、定陶县族人是五十四代孔思本的子孙，但没有收录子孙情况。此外此版《孔子世家谱》还首次记录了家族分支情况，一宗分二十派，二十派分为六十户，并附图说明。《跋》记述了修谱的艰辛，"开修于壬戌之秋，竣工于癸亥之冬，用度浩繁，实愧厥心。但其间名字之舛谬，支派之错讹，事迹之纷纭，官爵、里居、生卒之变迁，册籍互有参差，人数每多增减，改之又改，定未敢定，凡两历寒暑，无时不在书算丛杂辨议喧哗之中，穷日讨订，待旦思维，心身耳殁有不能分给者矣。始而得其梗概，再而详其支委，又不知几易笔墨，而今始有成书。噫，难矣哉！"

此谱将《孔氏族谱》改为《孔子世家谱》，从此孔氏家谱均以此为名。本谱共印刷了一百部。

清乾隆甲子《孔子世家谱》 乾隆九年（1744）修。衍圣公孔昭焕任总裁，孔传斌、孔继儒、孔继汾、孔毓佶编次。全谱共二十四卷，乾隆十年（1745）即完成，刊印一百二十部。纂修时未注意避讳，"故书中有触犯处甚多"，乾隆四十七年（1782）进行改刊，抽去原本大部分旧序和跋，删去姓源和年表两卷，孔子事迹及名人传略也作了核实精简。改刊本减至二十二卷，刊印一百六十五部。本谱纂修之初的修谱榜示中就要求"表彰懿行"，族长又告示搜求科第显宦、道德硕儒、孝子、悌弟、义士、仁人、高隐、名流、词林、艺苑等名人行状、志铭、墓表、生平著作等，所以许多族人有小传。

清乾隆戊寅《孔子世家谱》 乾隆二十七年（1762）修，孔兴教、孔毓均撰。全谱共四卷，此次修谱为小修，并未到甲子或甲午年，只因家族不断繁衍庞大，许多支系族人赴阙里叩问谱系未果，故重新修谱补入。书成后由第七十一代衍圣公孔昭焕作序，附有雍正十年（1732）孔广荣序、绍兴二年（1132）孔端朝序、大德六年（1302）孔淑序及元丰八年（1085）孔宗翰序等，还附有《历代衍嗣歌》，《修谱凡例》等。

民国《孔子世家谱》 1930年10月开馆纂修，1937年11月告成。奉祀官孔德成任总裁，孔广彬、孔广梅、孔广虔等13人编次。

本谱分卷首和初、二、三、四集，共一百零八卷。卷首有奉祀官孔德成和家庭族长孔传堉的两篇序文，收录旧谱中的孔宗翰和天启、顺治、康熙、乾隆数次修谱序文十篇，此次修谱的布告、开馆仪注、誓词、谱成仪注等，修谱凡例、姓源、宗派总论、圣祖至四十二代图、中兴祖至二十派图、二十派至六十户图、嫡系考、嫡系相承图、南宗相承图、伪孔辨、内院真孔图与外院伪孔图，以及此次修谱各户、支派捐输、领谱等情况。初集共六十二卷，卷一、卷二从始祖至分六十户，卷三至卷六十二为六十户，每户一卷。二集三十四卷，收录中兴祖之后外迁的南宗派、江西新建支、四川阆中支等三十四个支派，每支派一卷。三集十卷，收录中兴祖之前外迁的平阴、郏县、宁陵、献县、丹阳、岭南等十个支派，每派一卷。四集二卷，收录历代外迁而前谱失叙的山西赵城县、四川会理县、江苏靖江县、贵州兴文县等七十七支族人。全谱共印三百二十五部，支谱一千八百一十三部，铅印。此谱成书后，恰逢日寇入侵，许多谱书未能发出，大多存在孔府内，文化大革命开始时大部被拉到造纸厂毁掉。

支谱　除宗主衍圣公主持纂修的孔氏全谱外，各户、支、派还各自纂修支谱，特别是那些留寓外地的族人，他们要享受国家的优待，必须得到衍圣公的认可，他们纂修的支谱必须到孔府加盖衍圣公的官印，孔府内因此保存了大量的支谱。除六十户支谱外，还有寓居河南永城华店户支谱、寓居东明和菏泽鲁城户支谱，山东长清、泰安、历城、莱芜、淄川、邹平、肥城等地寓居族人支谱，奉天省奉天府、辽阳州、义州、广宁县、宁远州、兴京城、安东县、昌图厅、榆树城、康平县等地寓居族人支谱，黑龙江省绥化府寓居族人支谱，吉林吉林府、长春府、农安县、双城厅、理事府、阿什河等地寓居族人支谱，内蒙古赤峰县寓居族人支谱，河北朝阳县、建昌县、平泉州、霸州等地寓居族人支谱，今北京大兴、通州、天津武清寓居族人支谱，江苏泰兴、高淳、金坛、吴县、丹阳、沭阳等地寓居族人支谱，安徽寿州、皖江、合肥、庐江、怀远等地寓居族人支谱，江西新城、临川、宁都塘、贵溪、义宁州等地寓居族人支谱，福建长乐、永定、建宁等地寓居族人支谱，湖北孝感、枣阳、钟祥、安陆、江陵、监利、枝江等地寓居族人支谱，湖南益阳、平江、浏阳、武冈、桃源等地寓居族人支谱,河南尉氏、仪封、中牟、鹿邑、睢州、虞城、滑县、邓州等地寓居族人支谱,山西长子、襄垣、黎城寓居族人支谱,四川蓬州、泸州、大竹、阆中等地寓居族人支谱,广东番禺、南海、清远、恩平、潮州、归善等地寓居族人支谱,海南琼州寓居族人支谱,云南通海、罗平寓居族人支谱,贵州大定、毕节寓居族人支谱等,总共有几百种。此外,还有清朝孔广林、孔昭薪、孔宪璜各自所编的《孔氏大宗支谱》,均为十四卷,孔昭焜编纂的《孔氏炊经堂支谱》,孔传铠编纂的《孔子世家谱林前户支谱》等。

支谱各具特色,最为详细的是各《大宗支谱》,每人名下收录有字号、生卒年月日时、功名官职、妻妾母家、子媳母家、女儿夫家等情况。这些支谱都保存了大量珍贵的历史资料,对于研究人口的流动、繁衍、地域的文化、经济等都具有重要价值。

第三节 曲阜碑刻

碑刻开始出现的汉代,正是国家开始大力推崇孔子思想的时期,随着对孔子思想的推崇,孔子林庙等孔子遗迹内逐渐刻立碑刻,致使曲阜积累了汉代以来历代碑刻近六千块,使曲阜成为我国碑刻最为集中的地区。

曲阜碑刻从内容可以分为维修孔子遗迹、祭祀孔子、拜谒孔子、优待孔子后裔、孔子裔孙墓碑、书法法帖等数类,前四类主要保存在孔子庙,散存于孔林、孔府、尼山书院、洙泗书院以及颜子庙、周公庙等文物保护单位内,墓碑主要保存在孔林内,法帖玉虹楼丛帖原存十二府,20世纪50年代移入孔子庙保护。

曲阜碑刻具有重大的历史艺术价值,既有助于研究历代王朝政治、思想、文化、经济,也有助于研究书法和石雕等艺术。

一、孔子庙碑刻

孔庙存有西汉以来历代碑刻1 172通,其中石碑242通(从庙外移入20

通),刻石218块(从庙外移入22块),圣迹图及孔子画像石刻(均有文字)128块,玉虹楼法帖584块,史料价值最高的是历代朝廷刻立修建、祭祀等记事碑,而书法艺术方面尤以汉魏碑刻驰名中外。

(一)两汉碑刻

孔庙保存西汉石刻6石(均为庙外移入),东汉石碑12通(庙外移入8通),刻字6石(均为庙外移入),是全国保存汉碑最多的地方。现在大多保存在西仓汉魏碑刻陈列馆。

北陛石 1941年出土于周公庙东的高地上,原存北京大学,1979年移存曲阜孔庙。石长95厘米,宽42厘米,高19.5厘米,石灰岩质。向上一面浅刻浮雕二璧纹,并刻"六五乙"三字,已有浓厚的隶书笔意。前侧面刻菱形纹,后侧未加工。文字刻于一端,文为"鲁六年九月所造北陛",4行,篆书。近人多认为"鲁六年"为西汉鲁恭王六年,是我国现存最早的碑刻之一。汉景帝三年(前154)徙封其子淮阳王刘馀为鲁王,刘馀好治宫室,在鲁国起建了著名的建筑灵光殿,是西汉最大的宫殿群之一。鲁六年即公元前149年,发掘者日本人关野雄、驹井和爱等认为此石即灵光殿的阶石。

五凤刻石 金明昌二年(1191)出土于钓鱼池。当时工匠取石维修孔子庙,提领修庙的开州刺史高德裔发现此石有字后当即移入孔庙。石长71.5厘米,左高38厘米,右高40厘米,厚43厘米,石灰岩质。刻字为"五凤二年鲁卅四年六月四日成",3行,隶书,带有篆书笔意,简质古朴。刻字处宽25厘米,高24.5厘米,凿成龛形,左侧刻高德裔发现此石的题记。五凤二年即公元前56年,鲁孝王三十四年(前56),因此又称鲁孝王刻石。

祝其卿坟坛刻石 原存孔林内孔子墓前,清雍正十年(1732)移入孔庙。石长99厘米,宽50厘米,高25厘米,石灰岩质。中部阴刻成龛,文字刻于龛内,龛长20厘米,高14厘米。文为"祝其卿坟坛居摄二年□月造",5行,行以阴线界开,篆书。古代碑刻著录又名汉居摄坟坛刻石、孔子墓前石坛刻文等。居摄二年即公元7年。

上谷府卿坟坛刻石 原存孔林内孔子墓前,清雍正十年(1732)移入孔庙。石长69厘米,宽38厘米,高31厘米,石灰岩质。中部凿刻成龛,龛长20厘米,高14.5厘米。文为"上谷府卿坟坛居摄二年二月造",4行,行以阴线界开，篆书。

王陵塞石 1970年出土于九龙山摩崖汉墓中。石宽92.5厘米，长229厘米，厚47厘米，石灰岩质。塞石原为墓道口的封门石，上刻"王陵塞石广四尺"，2行，刻字处宽29厘米，高60厘米，下刻横书"二尺"，均为隶书，但带有篆书笔意。除此石外，其他石上分别刻有"得于文"、"胡纪国"、"问"、"兜"、"尺八寸"、"一尺八寸"、"一尺九寸"、"二尺九寸半"等文字，仍在原地保存。考古界定其为西汉刻石，墓主为西汉鲁王。

安汉里画像石刻字 民国二十六年（1937）出土于韩家铺，后移入孔庙，原石现存神庖汉画像石陈列馆。该墓共出土8石，四侧石分刻青龙、白虎、朱雀、玄武四灵，中石两面刻。文字刻于中石顶部，石长250厘米，高85厘米，厚27厘米，石灰岩质。文为"山鲁市东安汉里禺石也"，1行，篆书，"山"字双钩，其他九字单钩。根据画像及刻字风格，考古界定为西汉所刻。

新富里渎石 1992年2月23日发现于小北关村北104国道西侧高地。石长114厘米，宽39厘米，厚18.5厘米，石灰岩质。从出土现场看，当为汉城北墙下排水沟的盖石。字刻于向南一侧，文为"建武廿二年十月作渎新富里"，"建武""渎新富里"为大字，1字1行，"廿二年十月作"为小字，2行，行3字。文隶书。建武二十二年即公元46年。

两城山永和二年食堂题记 微山县两城出土，1957年移入曲阜孔庙，现存神庖。石高、宽均为92厘米，厚23.5厘米，石灰岩质。字刻于正面右侧，高92厘米，宽8厘米，下角已残去10厘米。文2行，隶书，错落有致，笔势开张，东汉永和二年（137）刻。画像主图为树，缀刻飞鸟、人面鸟、弯弓仰射之人、牵马人等，分刻"山鹊"、"蛩鸟"、"乌生"、"长卿"、"伯昌"、"女黄"等，也为隶书。

乙瑛碑 全称《汉鲁相乙瑛请置孔庙百石卒史碑》，又称《孔庙置守庙百石卒史碑》、《鲁相乙瑛碑》。文为东汉元嘉三年（153）三月二十七日司徒吴雄、司空赵戒就鲁国前国相乙瑛请求为孔庙设置守庙百石卒史的奏书朝廷及司徒、司空府和鲁相选任百石卒史的公文，是现存最早的孔子庙记事碑，也是已知最完整的汉代公文。碑宽91.5厘米，高198厘米，厚22厘米，刻字18行，每行40字。隶书，笔势刚健，书法雄劲，结构严密，中敛旁肆,书法价值很高,是汉代隶书的代表碑之一。

孔谦墓碑 又名《孔谦碣》、《孔德让碑》,约东汉永兴二年(154)刻。原在孔林,清初移入孔庙。碑高83厘米,宽52厘米,厚22.5厘米,石灰岩质。圆首,有穿,无额无题。文8行,每行10字,隶书。波磔较长,虽磨损严重,仍能窥见其淳厚的风格。孔谦(121—154),字德让,曾官郡曹史,孔子二十代孙,孔宙之子,孔融之兄,是孔林现存最早的墓碑。

孔君墓碑 东汉永寿元年(155)立。曾见载于《金石录》,此后失传,清乾隆五十八年(1793)重新发现于孔子墓红墙外,当即移入孔庙。碑圆首,宽47.5厘米,高120厘米,文字刻于碑上部,高103厘米。下半部未细加工,右下角磨光刻清翁方纲题记。碑有额,刻"孔君之墓",2行,行2字,篆书。文隶书,8行,每行15字。墓主名已蚀,字少垂,孔子十九代孙。

礼器碑 又称《鲁相韩敕造孔庙礼器碑》、《汉韩明府孔子庙碑》、《韩敕碑》等。东汉永寿二年(156)立。高170厘米,宽78.5厘米,厚20厘米。有额,无字。四面刻,碑阳16行,其中正文13行,每行36字,赞颂鲁相韩敕造立孔庙礼器、修复孔子车舆、修饰孔庙、免除孔子母族颜氏和妻族并官氏邑中差徭等功绩,后三行及碑阴、碑侧均刻捐款人姓名及钱数。隶书,捺脚粗壮斜行,长波尾部尖挑,结体宽博疏放,风格质朴淳厚,书法价值很高,古人推为汉碑的第一杰作。

徐家村延熹元年藏堂题记 东汉延熹元年(158)刻,1968年出土于防山徐家村,后移入孔庙。石高103厘米,宽22厘米,厚度不均,上顶处厚56.5厘米,石灰岩质。题记4行,满行19字,隶书,结体方整,用笔浑厚。同时出土画像石3块,分别高103.5厘米、100厘米、104.5厘米,多刻人物,浅浮雕,刻制较粗。

孔宙碑 又称《泰山都尉孔宙碑》。东汉延熹七年(164)孔宙故吏门人立,原在孔林孔宙墓前,清初已移入孔庙。碑通高302厘米,宽107厘米,厚24厘米。圆首,有穿,额分刻于穿两侧,篆书。文有题,正文14行,行28字,记叙孔宙生平功绩。碑阴也有碑首,刻弟子、门生、故吏等六十二人题名。孔宙(103—163),孔子十九代孙,孔融之父。隶书,碑阳波磔饱满,横画斜长,圆浑流丽,风神逸宕,碑阴字体紧密,端庄凝重,书法艺术水平很高，为汉代隶书的代表碑之一。

  史晨碑 东汉建宁二年（169）立，通高207.5厘米，宽85厘米，厚22.5厘米，有碑首，无穿无字。碑身高173.5厘米，前后刻字，前文为鲁相史晨、长史李谦请求"依社稷，出王家谷，春秋行礼"祭祀孔子庙的奏文，因此称《鲁相史晨奏祀孔子庙碑》、《鲁相史晨祀孔子奏铭》，又名《史晨前碑》。碑阴记史晨祭庙的盛况以及修治孔子遗迹的功绩，因此称《鲁相史晨飨孔子庙碑》，又名《史晨后碑》。隶书，笔法含蓄蕴藉，结构疏密匀称，风韵自然跌宕，书法艺术水平很高，为汉代隶书的代表碑之一。

  孔彪墓碑 又称《博陵太守孔彪碑》。东汉建宁四年（171）立，原立于孔林孔彪墓前，清康熙年间移入孔庙。碑高283厘米，宽99厘米，厚27厘米。圆首有穿，额刻于穿上，篆书。正文18行，每行46字，记述孔彪生平事迹。孔彪（？—171），字元上，孔子十九代孙，举孝廉，曾官郎中、博昌长、尚书侍郎、治书侍御史、博陵太守、下邳相、河东太守等职，在官有清政，死后博陵太守任内故吏等刊石铭文。碑阴刻故吏籍贯姓名。前后均为隶书，字体较小，结构谨严，笔画精劲，风格秀润清逸。汉代书法名碑之一。

  熹平残碑 清乾隆五十八年（1793）黄易访得于曲阜东关外，阮元移于孔庙。碑应为墓碑，仅残存中部左侧，墓主不详，文有"熹平二年"字样，故称熹平残碑。残石不规则，最高处69厘米，最宽79厘米，厚21厘米，文7行，后有阮元题记、翁方纲题名等4则刻字。碑隶书，结体方健，风格淳厚。

  孔褒碑 始立年代不详，清雍正三年（1725）出土于周公庙东侧，随即移入孔庙。碑高235厘米，宽101厘米，厚27厘米。有额，篆书，位于穿上。文剥蚀严重，约14行，每行30字，隶书，书体严整，书风苍厚。孔褒（？—169），字文礼，孔宙长子，曾举孝廉，官豫州从事，因弟弟孔融收留被宦官通缉的侯览被杀。

  鲁相谒孔庙残碑 又名《吉日令辰碑》。始立年代不详，宋代即定为汉碑。碑仅存下段，残高105厘米，宽85厘米，厚26厘米。文字自宋代即剥泐严重，后又损去碑阳上部及碑阴文字。现存字8行，每行11字，右下部字较清晰。隶书，结体丰肥，宽博厚重。碑侧有唐贞元七年（791）殿中侍御史杜兼等人题记。

竹叶碑 始立年代不详,因石纹如竹叶故名,出土时间约在清康熙晚期至乾隆年间。初以为阳面无文字,乾隆五十四年(1789)何元锡洗碑精拓始见阳面有"少昊之胄"等字,因此又名《少昊之胄碑》。碑原归曲阜颜懋伦,后存曲阜孔庙。清同治三年(1864)毁为三段,后裂为四段,再裂为六段,以水泥固结成碑形。现碑阳字已不存,碑阴三石,上石字已不清,下石可见十余字,字隶书,左上石无字。

汉石人君亭长刻字 石人高 254 厘米,胸围 290 厘米,字刻于胸腹间,文为"汉故乐安太守麃君亭长",篆书。石人原在张曲村南大墓前,始见于杨奂《东游记》(1252 年记),清乾隆五十九年(1794)阮元移入城内庙西庑相厗,1953 年移入孔庙,并建碑亭保护,现存孔庙西仓。石人刻制时间不详,但乐安国始设于汉永元七年(95),汉永寿二年(156)立《礼器碑》有"故乐安相季公"捐钱题名,刻字当在东汉后期。

汉石人府门之卒刻字 石人高 220 厘米,胸围 254 厘米,胸腹间阴刻"府门之卒"四篆字。其他同君亭长刻字。

陶洛残汉碑 1957 年发现于陶洛村南,1959 年发掘出土碎石 90 余块,其中有字者 24 块,文字最多者 32 字,少者仅 1 字。碑阳有字者 10 石,界格 4.5 厘米;碑阴有字者 24 石,界格 4 厘米。文意难贯,立碑时代不详,从书体风格、碑型、门生故吏籍贯地名及碑石附近出土石人看,当为东汉无疑。字隶书,笔画刚健,字体清秀,书风隽逸。1998 年以砖石固结为碑形,展出于西仓。

舞雩台刻石 1979 年舞雩台附近出土,当即移入孔庙。刻石长、宽均为 64 厘米,厚 28 厘米,刻 2 字,一立一横,近人多释为"麃"字,隶书,一字高 32 厘米、宽 25 厘米,一字高 23 厘米、宽 16 厘米。刻石时代约为东汉。

(二) 魏及北朝石碑

鲁孔子庙碑 又名《封孔羡碑》、《孔羡碑》。魏黄初元年(220)刻。碑额呈三角形,有穿,高 234 厘米,宽 93 厘米,厚 25 厘米。额题篆书"鲁孔子庙之碑"6 字,碑文隶书 22 行,行 20 字,记曹魏封孔子二十一世孙、议郎孔羡为宗圣侯使奉祀孔子、修理孔庙等事。

贾思伯碑 又名《贾使君碑》,北魏神龟二年(519)刻。原存兖州,宋绍圣三年（1096）、元至正二十二年（1362）两度湮而复出，1951年移入曲阜孔庙。碑高215厘米，宽84厘米，厚20厘米。额饰浮雕龙纹，题"魏兖州贾使君之碑"，正文记贾思伯兖州任内政绩，24行，每行40字，均为楷书，笔法高古，结构精绝，为北魏名碑。碑阴上刻宋温益题记，下刻元人题记，右侧有清兖州太守金一凤移立庑下题记，又有翁方纲辨非三国魏题记，均为楷书。

张猛龙碑 全称《魏鲁郡太守张府君清颂之碑》，立于北魏孝明帝正光三年（522）。碑高226厘米，宽91厘米，厚21厘米。额刻正书魏体。碑文26行，行46字，记颂魏鲁郡太守张猛龙兴办学校功绩。碑阴为题名。字用方笔，右肩上挑，横画主线横长，结体紧密且富有变化，笔法刚劲有力，遒劲雄奇，碑阴尤为恣肆，古人评价为"正法虬健已开欧虞之门户"，书法艺术价值很高，一向被推为魏碑第一碑。

李仲璇修孔子庙碑 又称《鲁孔子庙之碑》，东魏兴和三年（541）刻。碑额饰晕状龙纹，篆书"鲁孔子庙之碑"。碑通高220厘米，宽86厘米，厚14厘米。碑文隶书而有楷书笔意，25行，行51字，记兖州刺史李仲璇修孔子庙及塑孔子弟子像配祀孔子事。碑阴字39行，前7行在额后，余32行在碑阴下截，记60余人的姓名、官职。碑侧一行为"内□书任城王长儒书碑"，书体与碑文不类，当为后人所增刻。

北齐夫子庙碑 北齐乾明元年（560）兖州刺史郑述祖立。碑呈圭状，有穿，高205厘米，宽93厘米，厚23厘米。碑文19行，行24字。石残已甚，仅存140余字。额题篆书"夫子之碑"，正文隶书，书法与郑述祖所题"天柱山铭"相似。

（三）隋唐碑刻

据宋孔传《东家杂记》载，孔庙原有隋碑一，唐碑十四，由于种种原因，见于著录的唐碑现仅存4通，另有不见于《东家杂记》、《孔氏祖庭广记》的裴孝智撰《文宣王庙门记碑》和唐睿宗《孔颜赞》刻石。1957年以后又将新近出土的墓志及散存于农村的碑刻移入孔庙。现共有隋碑1通，唐碑6通，墓志5石。

陈叔毅碑 又称《陈叔毅修孔子庙碑》。仲孝俊撰文，隋大业七年（611）立。碑高214厘米，宽82厘米，厚21厘米。圆首，有额，篆书阳文

"修孔子庙之碑"。正文21行,每行47字,记颂曲阜县令陈叔毅维修孔庙功绩,对研究孔子庙历史具有重大价值。隶书,笔法严整。

大唐赠太师鲁先圣孔宣尼碑 唐仪凤二年(677)七月立,崔行功撰文,赞颂孔子功绩并记维修孔庙事迹,孙师范书,隶书。碑阴刻武德九年(626)十二月二十九日唐太宗封孔子后裔为褒圣侯诏书、乾封元年(666)赠孔子太师诏书、皇太子李弘请立碑孔庙奏文和遣扶馀隆致祭祝文。碑通高364厘米,宽127厘米,厚32.5厘米。圆首,有额,篆书。原有龟趺,金明昌二年(1191)因树折压倒石碑,龟趺断裂为二,改易方座。碑今存孔庙十三碑亭南排西起第三亭内。

鲁孔夫子庙碑 唐开元七年(719)立。碑高402厘米,长145厘米,厚61.2厘米。李邕撰文,张庭珪书,隶书。圆首,有额,篆书。正文19行,每行60字,记述孔子三十五代孙褒圣侯孔璲之建庙墙、立碑事。现存孔庙十三碑亭南排西起第三亭内。

孔颜赞刻石 唐睿宗撰文,楷书,开元十一年(723)刻。石已残,高、宽均为49.5厘米,厚14厘米。碑阴有宋政和六年(1116)夏鳍恭拜孔庙题记,但不见于宋金孔庙唐碑记载。现存西仓西厢。

兖公之颂碑 曲阜知县张之宏撰文,包文该书,唐天宝元年(742)立。碑高200厘米,宽84厘米,厚16厘米,楷书。有额,隶书。碑文21行,每行49字,赞颂颜回德行。现存西仓西厢。

文宣王庙门记碑 裴孝智撰文,裴平书丹并篆额,唐大历八年(773)立。碑高168厘米,宽72厘米,厚14厘米,碑首浮雕龙纹,有额,篆书。碑文隶书,20行,每行35字,记述兖州刺史孟休鉴、曲阜知县裴有象新修孔子庙门事迹。碑阴刻有贞元十五年(799)、咸通九年(868)两则题记。碑不见于宋、金志书,却见于宋《金石录》。现存西仓西厢。

新修庙记碑 贾防撰文,唐咸通十一年(870)立。记述孔子三十九代孙、郓曹濮等州观察使孔温裕维修孔庙事迹,并录刻孔温裕修庙奏文及中书门下省准孔温裕奏请牒文。正书,27行,每行44字。

(四)宋代碑刻

从宋代开始,孔庙出现了大量的谒庙题诗、题名、题记,虽然仍有刻于前代碑石上的现象，但已经以专门的刻石为主。现孔庙存有宋碑9通、刻石10块、孔子画像刻石4块，明代重刻宋碑5通，另有宋人题记16则。其中孔舜亮《祖圣手植桧诗碑》不知何故被砸碎埋于地下，《诸公诗碑》不知何故磨去碑文重刻"孔子故井"也埋于地下，此二碑1988年、1989年分别出土于故井之东和十三碑亭东南角。

宋重修文宣王庙碑　太平兴国八年（983）立，吕蒙正撰文，白崇矩书丹并篆额。碑文行书，记颂宋太宗命修孔庙功绩，计29行，每行72字。碑龟趺螭首，位于十三碑亭内南排东起第三亭内。

杜衍书札刻石　石高100厘米，宽66厘米，杜衍草书，孔舜亮命刻于石上，元祐二年（1087）刻。现嵌于西斋宿东墙上。

米芾《孔圣手植桧赞》碑　宋崇宁二年（1103）刻。碑圆首，高148.5厘米，宽61厘米。刻文6行，题、款各1行，正文4行，米芾撰文并书，行草。原位于孔子手植桧侧，后移入十三碑亭院内，现存西仓东厢。

米芾篆书《玄圣文宣王赞》碑　文为宋真宗御制，米芾篆书，崇宁四年（1105）刻。碑方首方趺，高202.5厘米，宽68.5厘米。文以小篆为主，间或有金文。原存碑亭内，现存西仓东厢。

（五）金元碑刻

孔庙现存金碑3通，金代刻石3块，另有明代重刻金党怀英诗刻石1块。《大乘寺铸钟铭碑》由庙外移入。

元代，文人、学士谒庙题记之风颇盛，孔庙现存元代题记刻石57块（其中明代重刻1石），题记39则（未刻墨书2则），碑刻34通（从庙外移入3通、明代重刻1通），刻文7条（从庙外移入1条）。孔庙元代碑刻水平较高，有赵孟頫、虞集、揭傒斯、欧阳玄、巙巙、周伯琦、张起岩等著名书法家书写的碑刻，也有元好问、杨奂、郭守敬、郝经等著名学者的题诗、题记。

大金重修至圣文宣王庙碑　金承安二年（1197）立，党怀英撰文、书丹并篆额。碑龟趺螭首，高约360厘米，宽158厘米。隶书，文19行，每行75字，记颂金章宗维修孔庙功绩。位于十三碑亭南排东起第三亭内。

元好问题记　蒙古乃马真后四年（1245）题，刻于党怀英《大金重修至圣文宣王庙碑》碑阴。题记长42厘米，高35厘米，楷书，间有行书，字体欹侧。

  杨奂谒庙诗 刻于党怀英《大金重修至圣文宣王庙碑》碑阴。题诗长24厘米，高36厘米，行书，用笔清劲、朴拙。诗为七律，无年代，从其《东游记》看，诗当题于蒙古宪宗二年（1252）。

  郭守敬题记刻石 位于西斋宿南墙上，石宽60厘米，高51.5厘米。题记隶书，笔画瘦劲，风格雄健，蒙古至元十二年（1275）刻。

  元武宗加封孔子诏书碑 刻元大德十一年（1307）七月加封孔子为"大成至圣文宣王"诏书，过去多作元成宗诏书，误，是年五月武宗即位。碑龟趺螭首，螭首高88厘米，高浮雕云龙。碑身高247厘米，宽100.5厘米。诏书为汉文、八思巴文逐字对刻，对研究八思巴文很有价值。汉字正书，字体秀美。碑现位于十三碑亭东起第四亭内。

  揭傒斯书敕赐孔庙田宅碑 欧阳玄撰文，赵期颐篆额，揭傒斯书文，晁本深刊石。碑楷书，圆首方趺，通高102厘米，宽95厘米，元统二年（1334）立。现位于奎文阁西掖门下。

  嶤嶤书敕修曲阜宣圣庙碑 欧阳玄撰文，张起岩篆额，嶤嶤书文，詹献刊石，至元五年（1339）立。碑楷书，螭首龟趺，高700厘米，宽188厘米。现位于十三碑亭内。

  （六）明代碑刻

  孔庙有明碑70通（其中庙外移入1通），刻石94块（其中一文三石），石坊额2块，题记等41条。明代碑刻内容丰富，最具特色的是谒庙诗，著名的有洪武、永乐、成化、弘治4通御制巨碑和董其昌题跋、李东阳诗赋刻石、周天球谒庙题诗题记等，史料价值较高的还有记录刘六、刘七农民起义和白莲教起义的碑刻。

  成化碑 即明宪宗御制重修孔子庙碑，成化四年（1468）立，龟趺螭首。碑额高约160厘米，宽228厘米，浮雕云龙，碑身高约460厘米，龟趺高125厘米。碑文为朱见深御制，为修庙而立，认为"天不生孔子"，"万古如长夜"，"天生孔子实所以为天地立心，为生民立命，为往圣继绝学，为万世开太平者也"，"孔子之道之在天下，如布帛菽粟民生日用不可暂缺"，"有天下者一日不可无焉"。正书，结体方整，书法刚劲，明代名碑之一。

李东阳诗赋文碑刻　弘治十七年(1504)李东阳受遣至曲阜代祀孔子庙,赋诗《新庙告成》、《望阙里》,作《金丝堂铭》、《诗礼堂铭》、《奎文阁赋》、《南溪赋》及《代告阙里孔子庙记》等,均刊于石上,楷、隶、篆、行、草诸体皆备。

城阙里记碑　嘉靖四年(1525)立,费宏撰文并书丹,记述移建曲阜城经过,有正德六年(1511)刘六、刘七农民军攻占曲阜城、焚烧县衙、驻军孔庙的记载。正书。碑额高约105厘米,浅雕麒麟纹,碑身高240厘米,宽118厘米。

周天球谒庙诗　约刻于嘉靖四十五年(1566),位于十三碑亭院东南部的朱衡谒庙题记碑下部。题诗处长45厘米,高34厘米,行书,笔势刚健,结体端谨,风神清峻。

董其昌题跋　明万历三十九年(1611)跋并书,刻于吴尔成诗后。刻文长64厘米,高33厘米,行书,笔意潇洒,丰润逸畅。石位于启圣门东榜棚内。

赵彦镇压徐鸿儒白莲教起义题记　天启二年(1622)记,刻于李东阳《代告阙里孔子庙记碑》碑阴。题记处高210厘米,宽65厘米,刻字6行,满行21字,正书,记述赵彦派兵护卫孔子林庙,镇压徐鸿儒起义事,具有较高的史料价值。

(七) 清代碑刻

孔庙现存清代碑刻108通,刻文100则;刻石32块,刻文19则;附属刻文69则,墨书4则;石坊额3处。碑刻中重刻明文1通,庙外移入4通。附属刻文中,庙外移入4则。清代碑刻的特点是帝王御祭碑多,凡皇帝登基、平叛、修庙、祝寿、立正宫、立国储等,均派员到曲阜孔庙致祭,大多刻碑为记。另一特点是御碑多,清圣祖、高宗都曾亲到曲阜孔庙祭祀,留下很多碑刻。

清圣祖《过阙里》诗碑　康熙二十三年(1684)十一月作。孔毓圻刻成两碑,一置孔庙圣迹殿内,一置孔府宸翰阁内。孔庙碑有额,浮雕云龙,额高80厘米,宽89厘米,中刻"御笔"二字;碑身高175厘米,宽84厘米,碑边也浮雕云龙,诗为五律,行书。

清高宗御制碑刻 清高宗八次亲临曲阜祭祀孔子,每次必有诗作,并书匾额对联。先后刻碑14通、额坊2处、刻石3块(一副对联2块),计有对联1副、匾额1则、额坊2则、碑文2篇、赞诗8首、诗27首(一首两刻),均为御笔,其中正书12幅,其他均为行书。

清高宗御制平定金川告成太学碑 乾隆十四年(1749)立,高宗撰文,梁诗正书,前为汉文,正书,后为满文。碑高82厘米,宽165厘米。位于十三碑亭内。

清高宗御制平定准噶尔告成太学碑 乾隆二十年(1755)立,高宗撰文并书丹,正书,碑高330厘米,宽163厘米。位于十三碑亭内。

阮元《中庸说》刻石 阮元撰文并书丹,有跋,为道光十八年(1838)应孔宪彝之嘱书录旧文,刻后存于孔庙西榜棚下。隶书。刻石2块,前石长61.5厘米、高32.2厘米,后石长47.5厘米、高32.6厘米。

重修三圣堂序碑 孔尚斌撰文并书丹,行书。康熙八年(1669)立。题"大清"二字,残高106厘米,宽62.5厘米。碑文中有关于地震的记载:"……年六月间地震百余日,初震时平地裂泉,深井冒水。人间房屋倾者九,存者一。"考之史书,当为康熙七年(1668)地震。西仓明永乐碑亭内。

(八)民国碑刻

孔庙有民国碑刻2通,刻石2块,题记1则。其中《重修尼山祠庙记功碑》记载维修尼山孔庙事迹,一碑两刻,一置尼山,一置孔庙,冯恕书。

(九)玉虹楼丛帖刻石

玉虹楼丛帖,是孔子六十九代孙孔继涑摹刻的书法丛帖。刻石共584块,分为14类,有"玉虹楼帖"、"玉虹鉴真"、"玉虹续鉴真"、"谷园摹古"、"国朝名人"、"瀛海仙班"、"金人铭"、"隐墨斋"、"黄涪州"、"米海岳"、"祝京兆"、"临《中兴颂》"、"张文敏小楷"、"张文敏书诗"等,编为101卷。其中玉虹楼帖16卷、瀛海仙班帖10卷、临《中兴颂》2卷、张文敏小楷1卷、张文敏书诗1卷,均刻张照书作:瀛海仙班帖专刻张照小楷,均为应制作品,临《中兴颂》刻张照临摹颜真卿《大唐中兴颂》帖,玉虹楼帖广刻张照各种书体,是研究张照书法艺术的重要资料;玉虹鉴真帖、续鉴真帖各13卷,摹刻各种古代法书,计有王羲之、王献之、颜真卿、褚遂良、欧阳询、李白、苏轼、黄庭坚、米芾、蔡襄、赵构、赵孟頫、吴宽、文征明、董其昌、祝允明、沈周、王铎等200余人的书法作品;谷园摹古帖20卷,摹刻旧拓石刻碑帖,汇拓钟繇、王羲之、智永、李邕、苏、黄、米、蔡、赵等人的名碑书作;国朝名人帖12卷,专刻清人墨迹,计有顾炎武、高士奇、恽寿平、王澍、梁同书等49人的书作;隐墨斋帖8卷,全刻孔继涑书作;金人铭帖2卷,刻六十七代衍圣公孔毓圻书作;黄涪州帖、米海岳帖、祝京兆帖各1卷,分刻黄庭坚、米芾、祝允明书作。

玉虹楼法帖规模巨大,搜罗宏富,摹刻精细,是中国著名的大型书法丛刻之一。摹古帖中所刻南宋《群玉堂帖》1卷,是该帖散佚后搜求存留的重要资料;《北魏崔敬邕墓志》,在原石佚失后弥足珍贵。

二、孔林碑刻

从汉代起,孔子后代就在孔林内刻立墓碑,从文献记载看,刻立了孔翊、孔谦、孔少垂、孔宙、孔彪、孔扶、孔志、孔乘等墓碑,上谷府卿坟坛、祝其卿坟坛、韩敕修孔子墓碑等记事碑刻。汉以后由于墓碑改为墓志,墓碑绝迹,宋代以来,刻制墓碑成风,清代达到鼎盛时期,孔林墓碑逐渐增多。到民国末年,孔林内已刻制墓碑近4 000多块,并百余块记事碑和历代文人官员的谒林题记。碑刻中已确定年代的有宋碑22块,金碑6块,元碑45块,明碑506块,清碑2 626块,民国碑刻568块,此外地下还保存着大量的墓志。碑刻真草隶篆各体皆备,名家法书众多,除汉碑和赵孟頫书碑移入孔庙外,还保存着李东阳、严嵩、孔尚任、施闰章、翁方纲、何绍基、阮元、康有为等人题写的墓碑、李格非题记和危素、宋濂、杨士奇等人撰写的神道碑。

孔宗翰书"留题圣林诗"刻石 位于孔林思堂东厢房西墙上。刻石宽38.5厘米,高35厘米,楷书,孔宗翰书。诗曰:"灵光殿古生秋草,曲阜城荒噪晚鸦。惟有孔林残照里,至今犹属仲尼家。"后有孔宗翰跋:"宗翰在童稚时,闻人讽诵此诗,不知谁氏之作也,爱其雅正,将恐遗坠,谨书于石。时乙未仲夏五日也。"孔宗翰,孔子四十六代孙,题刻于宋至和二年(1055)。

李格非拜林题记刻石 位于孔林思堂东厢房东墙上。刻石宽29厘米,高57厘米,文字为"提点刑狱历下李格非崇宁元年正月二十八日率逵、迥、迨、远恭拜林冢下",行书。李格非,北宋文学家,著名女词人李清照之父。宋崇宁元年(1102)路经曲阜,率领儿子们恭拜孔子墓后题刻。

李东阳书孔弘泰墓碑 墓碑在孔林西北角明墓群北部,环林路以西。墓碑方首,浮雕云蟠纹,碑文篆书,题为"六十一代袭封衍圣公南溪先生墓",两行,左右边款均为楷书,李东阳书,明正德二年(1507)立。李东阳(1447—1516),明代诗人、书法家,官至内阁首辅,其女嫁与六十二代衍圣公孔闻韶为妻。

严嵩书孔闻韶墓碑 墓碑在孔林西北角明墓群北部,环林路以西,李东阳书碑之北。墓碑方首,浮雕云蟠纹。碑文篆书,题为"六十二代袭封衍圣公成庵先生墓",二行,边款楷书,均为严嵩题。严嵩(1480—1567),官至内阁首辅,其孙女嫁与六十四代衍圣公孔尚贤为妻。

施闰章子贡植楷诗碑 位于孔子墓园东南角,子贡手植楷后。文为五言律诗:"不辨何年植,残碑留至今。共看独树影,犹见古人心。阅历风霜尽,苍茫天地阴。经过筑室处,千载一沾襟。"行书。

孔尚任题孔贞选墓碑 位于孔林北部,环林路南侧。碑方首,题为"至圣六十三代孙望溪孔公墓",碑左侧有孔贞选小传,康熙三十四年(1695)立,行书,款署"户部福建清吏司主事前特用国子监博士宗教生尚任顿首拜撰书",从次款可知孔尚任的国子监博士是特用,主事是在户部福建清吏司。孔贞选(1600—1671),字用登,号望溪。

翁方纲题孔传铎墓碑 乾隆四十七年(1782)立,题为"六十八世孙奉直大夫晋赠朝议大夫正一品荫生圣庙三品官振远先生墓",隶书,翁方纲题书。背阴刻卢文弨悼念孔传铎的哀辞。翁方纲(1733—1818),清代著名书法家。墓主孔传铎(1705—1747),字振远,号松皋,六十七代衍圣公第三子。

阮元书孔宪增墓碑 位于孔毓圻墓后。碑螭首方跌,题为"敕授修职郎世袭翰林院五经博士赠封光禄大夫衍圣公孔子七十二代孙怡斋先生墓",二行,篆书,边款也为篆书,阮元为其岳父孔宪增题,清道光十九年(1839)立。阮元(1764—1849),清代著名学者。墓主孔宪增(1758—

1812），字如川，号怡斋，因子庆镕过继给七十二代衍圣公孔宪培为嗣，被追赠为衍圣公。

何绍基题孔昭杰墓碑　位于孔毓圻墓北，清咸丰四年（1854）刻立。碑圆首方，正文为篆书，题为"敕授文林郎例授奉政大夫嘉庆辛酉科举人江苏盐城县知县孔子七十一代孙俊峰先生墓"，边款为楷书，均为何绍基题。何绍基（1799—1873），清代诗人、书法家。墓主孔昭杰（1780—1865），字俊峰，曾官盐城知县。

康有为题孔祥霖墓碑　位于儒宗在念坊北，环林路外侧。1919年立，康有为书，行书题为"清授资政大夫河南提学使署布政使孔子七十五代孙少霑先生之墓"。康有为（1858—1927），近代维新派首领，书法家。墓主孔祥霖，号少霑，曾官河南提学使兼署理布政使。

第四节　孔府文物

孔子长孙恪守诗礼传家的祖训，在保护好祭祀孔子的礼乐祭器的同时，注意收集历代法物，而历代皇帝也不时赏赐，使孔府积累了八万多件文物，其中尤以孔子画像、明清服饰、礼乐祭器、衍圣公家族肖像著称于世，此外还有众多的字画、玉器、瓷器、铜器、金银器、家具、古籍善本、竹木牙雕等。20世纪40年代，七十七代长孙孔德成先生南去台湾带走四十箱珍贵文物，至今保存在台北的故宫博物院内尚未拆箱，这部分文物应该是孔府文物的精华。

孔子画像　历史上关于孔子的画像不多，孔府却保存了十三幅，占到已知中国孔子画像的一半以上。两件在20世纪50年代初调藏山东省博物馆，现在还存十一件，其中冕旒像在文化大革命中遭到破坏。

全论语三圣像　绢本设色，纵143厘米，横76厘米，工笔淡彩。孔子居中，戴司寇冠，着交领袍，韦韠，颜回、曾参侍立两侧，束发巾帻。三人衣服上满书小楷，内容为《论语》，款署"大德二年四月望日，吴兴私淑弟子赵孟頫谨绘"。经鉴定为明代前期作品，是现存最早的孔子画像。

衣纹论语三圣像　绢本设色，纵142.5厘米，横83厘米，孔子戴司寇冠，着交领袍，佩带、韦韠，坐在中间，颜回、曾参巾帻侍立左右。三人衣纹书写小楷文字，内容为《论语》。无款识，明代中期作品。

观欹器图　绢本设色，纵99.5厘米，横59厘米，工笔重彩。上部为文字，录自《孔子家语》；欹器居中，悬于架上，三个欹器，中正，右欹，左覆，架下有人手提水桶；下部四人，右侧为孔子及二弟子，前有一人为子路。图画内容为孔子入鲁桓公庙见到欹器，以"虚则欹，中则正，满则覆"教育弟子谦虚守成。无款识，《阙里文献考》记载为明郭翊作，明前期作品。

孔子司寇像　绢本设色，纵120厘米，横63厘米，工笔重彩。孔子为半身像，着司寇冠，穿圆领袍，佩方心曲领，神态威严。画心上为朱文印"宣和之宝"，诗堂楷书宋高宗赵构御制《孔子赞》，并有朱文印"虚斋"。明代中期作品。

孔子讲学图　绢本设色，纵167.5厘米，横95厘米，工笔重彩。孔子手持如意，坐于石上，前一弟子受教，右三弟子侍立，下部十六弟子分成三组相互谈笑。布局严谨，设色鲜明，人物众多，形神具备，具有较高的历史和艺术价值。有款署名李唐，《阙里文献考》认为系宋代李唐，但从作品分析为明代中期。

杏坛讲学图　绢本设色，纵124.5厘米，横62厘米。图中孔子着交领袍，巾帻束发，端坐屏风前，四位弟子在前端坐听讲，款署"枝隐吴彬敬写"。吴彬，字文仲，莆田人，明万历间以善画授为中书舍人，历工曹，因反对魏忠贤专权被罢免。擅长人物，白描最佳。此画工笔重彩，线条流畅，笔端雅秀。

孔子燕居像　绢本设色，纵126.5厘米，横102.5厘米。孔子戴巾帻，穿右衽交领袍，白色中单。画工精细，须发根根可辨。无款识，明代晚期作品。

孔子行教像　纸本设色，纵138.5厘米，横61.5厘米。孔子站立，束发着巾帻，袍服韦韠，腰悬佩剑，双手拱而尚左，神态安详。无款识，清代初期作品。

颜子随行像　纸本墨色，纵115厘米，横49厘米。孔子束发着巾帻，穿交领袍,双手拱而左外,颜子装束与孔子相同,双手抱拳,左上。款署"戊子夏四月朱明沐手写",押二印。朱明,生平事迹不详。画作于清中晚期。

孔子圣迹图 现存两套,一为孔府旧藏,明中晚期作,一为2000年购置,清康熙间作。

明"圣迹之图"册页 绢本设色,纵41.4厘米,横66.2厘米,纸裱成册,图画36幅,工笔重彩,描绘孔子生平三十三件事迹,33图有文,其中7图无赞。无款,时代及作者不详。有二跋,一为清雍正己酉(七年,1729)谷程题,二页;一为庚戌(雍正八年,1730)卫支彰题。谷跋认为此图绘于明成化、弘治年间(1465—1505)。

清圣绩图册页 绢本设色,纵31厘米,横29厘米,工笔重彩。图39页,跋1页,装裱成上下二册。有图有文,一图一事,反映孔子生平三十九件事。无款识,封面题作仇十洲画,文征明书,跋文二则,一署文征明,文为"吾吴人物之妙,仇实父为首推,即宋之周文矩、刘松年不是过也。近项君子京征其绘圣绩图一卷,经营苦心,逾岁毕工。复示余书其事于后,装成再阅,并为识之,以见一时之胜云";一书"庚子春二月上浣高阳许初识"。经专家鉴定为清康熙间作。

衍圣公及夫人肖像 肖像画特别是其中的衣冠像主要是为了满足祭祀的需要,衍圣公在曾祖、祖、父考妣生日、卒日都要举行祭祀,悬挂衣冠像行礼,所以孔府保存下来从明代中期六十一代到民国初年七十六代衍圣公夫妇的肖像七十余幅,文化大革命中清乾隆以后的大多被销毁,现在还保存着47幅。

孔弘绪衣冠像 绢本设色,纵193厘米,横104厘米。坐像,头戴乌纱,身穿团领大红五彩蟒服,腰佩玉带,悬牙牌,着乌朝靴。蟒服前胸过肩行蟒为蓝色,两袖行蟒左黄右红,膝襕行蟒左绿右蓝。按照礼制,明代衍圣公应该着麒麟补服,蟒由于非常接近龙并没有做为定制官服的纹饰,这是皇帝特赐的赐服。画像上端篆书"明六十一代袭封衍圣公南溪公遗像",清乾隆初年胡二乐题。

孔闻韶衣冠像 绢本设色,纵169.5厘米,横119厘米。坐像,戴乌纱帽,身穿团领大红补服,腰佩玉带,悬牙牌,着乌朝靴,补五彩,绘一立蟒,虽然是常服的形制，但补上用蟒就是赐服。画像上端题篆书"皇清诰赠光禄大夫、太子太傅、前明六十二代袭封衍圣公知德公遗像"，清乾隆初胡二乐题。

孔尚贤云身像 绢本设色，纵82厘米，横59.5厘米。云身像即为半身像，头戴乌纱，身穿团领大红补服，玉带青鞓，补上绘五彩立蟒。右侧题"明袭封六十四代衍圣公赠太子太保希庵公遗像"，隶书。

严夫人像 绢本设色，纵187厘米，横101厘米。严夫人为六十四代衍圣公孔闻韶夫人，严嵩孙女。人物抄手坐于榻上，着浅蓝对襟袍，前胸暗纹为坐蟒，两肩为行蟒，下露黄裙正中为团纹坐蟒。榻上置绿色片金行蟒服。

孔兴燮衣冠像 绢本设色，纵185厘米，横106厘米。人物坐于椅上，戴冬朝帽，红宝石顶珠，正蟒补褂，内着蹄袖蟒袍，行蟒披肩，乌朝靴。画像上方篆书"皇清诰授光禄大夫少傅兼太子太子太傅六十六代袭封衍圣公超吕公像"，胡二乐题。

孔兴燮衣冠立像 绢本设色，纵188.5厘米，横105厘米。戴冬朝帽，红宝石顶，内着蓝色行蟒朝袍，外罩蓝色行蟒朝褂，行蟒披肩，乌朝靴。上部题字也为胡二乐题，篆书。衣冠像多为坐像，立像是专为皇帝谕祭时所用，衍圣公去世后皇帝遣官谕祭，谕祭时悬挂立像，以示不敢坐对皇帝使者。

张夫人小像 绢本设色，纵173厘米，横102.5厘米。张夫人为六十七代衍圣公孔毓圻原配，涞水人，总督直隶、山东、河南军务、兵部尚书张玹锡长女。内服褐黄色马蹄袖常服袍，装饰凤衔瑞草、富贵石榴多子纹，外罩黑色吉服褂，前胸、二肩及下裾饰织金团蟒纹，胸间挂珠宝杂饰多宝串，垂粉帨。头戴包帕大装，饰花钿及翟衔珠结。

孔昭焕行乐图 绢本设色，纵43.2厘米，横165.5厘米。孔昭焕便装斜坐于室外露台榻上，背后为亭榭，左侧二童子烹茶，前方船上二人，一站立执篙，一坐船头采摘荷花，图中点缀松、柳、芭蕉、荷花等植物。

孔令贻画像 纸本设色，纵201厘米，横95厘米。坐像，戴冬朝帽，红宝石顶，皮马褂，行蟒披肩，戴红色朝珠。内有行蟒蹄袖袍服，乌朝靴。脸部绘画为近代素描画法，形象逼真。

孔氏族谱手卷　纸本墨书，长1 103.5厘米，纵33.5厘米。孔府旧存，原件残损断为数片，1961年由北京荣宝斋修裱成长卷。内容可见孔子十六世孙至四十九世孙世系、名字。卷首有窦仪、王十朋、范纯仁、洪迈、蔡元□、了翁等人题序，卷尾有陈康伯、横浦居士（张九成）等人的题跋，并有宋明道三年（1034）仁宗赐御史中丞孔道辅圣旨、元丰六年（1083）神宗赐工部尚书孔宗乾圣旨。可见朱文印8方，其中两方为"御用之宝"。年号可辨者有北宋开宝八年（975）、明道三年（1034）、元丰六年（1083）、南宋绍兴三十二年（1162）、隆兴二年（1164）等。卷首有设色画像一帧，头戴展脚幞头，佩方心曲领，朱袍、玉带，手捧笏板，疑为孔道辅像。卷后题"孔氏族谱"文，为工部尚书孔宗乾与其堂孙国子祭酒孔自能修撰。

商周十供　清乾隆三十六年（1771）颁。是年，高宗亲临曲阜祭祀孔子，见孔子庙"所列各器不过后汉时所造，且色泽亦不能甚古"，命"颁内府所藏姬朝铜器十事，备列庙庭，用惬从周素愿"，将内府所藏周代十件铜器送到曲阜陈列于孔子庙大成殿内，以满足孔子"郁郁乎文哉，吾从周"的愿望。原称周十器，经专家鉴定内有三件为商代器物，改称商周十供。计为商代木工鼎、父乙卣、亚弓觚、周代方鼎、饕餮甗、牺尊、伯彝、宝簋、蟠夔敦、夔凤豆。

父乙卣　商代酒器。高33厘米，宽25厘米。器呈椭圆形水囊状。蒜头形盖钮，倒扣碗状，下为子口，盖为母口。束颈较宽，内凹。鼓腹圈底，外撇圈足。腹宽处两端为双环耳，系粗绳纹提梁，前后中为兽形鼻，素面。器内壁和盖内壁对铭"册父乙"三字。清代配紫檀木座，刻款"乾隆御赏"，是时代较早的传世品。

伯彝　器形为簋，周代盛器。高16厘米，口径24厘米。敞口束颈直腹，外撇圈足，两侧铸螭纹耳。器身前后兽形鼻，鼻下有立棱。花纹横向以带纹分为两部，上部为细云雷纹，在鼻部组成二兽面纹，下部为粗云雷纹，在直棱处组成二兽面纹。圈足以凸棱鼻组成二兽面纹。原盖已佚，器内壁铭文4行20字，漫漶不清，可辨者六字："伯作尊彝用……永……"清代配玉钮、檀木盖和檀木座，刻"乾隆御赏"。

饕餮甗　周代蒸煮器。高39厘米，上口径27厘米，器物由甑、鬲组成。

甑锅形敞口,拱形二附耳,甑底十字形开孔,下部楔形子口,上部饰带状云雷纹,其他素面。鬲上部母口,袋状三足,腹饰凸起饕餮纹,无铭文。清代配玉钮木盖,檀木座,刻"乾隆御赏"。

清雍正珐琅供器 清代雍正十年(1732)颁赐孔庙祭器,计香炉一、香盒一、花瓶(内插珐琅松竹梅)二、烛台二,并带金龙朱漆高几。

香炉 铜胎,通高70厘米,口径36厘米,圆形鼓腹圜底,双耳三足。通体黄色珐琅彩,炉沿立耳、兽蹄形足均绘缠枝牡丹、荷花,炉腹绘缠枝牡丹,底部有竖写蓝色楷书"雍正年制",双方框。

花瓶 铜胎,通高70.5厘米,口径23.7厘米,圆形长喇叭口,鼓腹,外撇圈足,铸较长双龙形二垂耳,以升龙口衔瓶沿。通体黄色珐琅彩,上为缠枝牡丹,底边沿红色楷书横款"雍正年制",蓝色双龙形边框。

烛台 铜胎,通高73厘米,圆形碟状烛台,二层,上层中立烛插,鼓腹撇足。通体黄色珐琅彩,绘缠枝牡丹。底边红色楷书横款"雍正年制",蓝色双龙形边框。

明清服装 孔府保存有明清及民国时期服装8 000多件,是我国收藏服装最多的地方之一,其中尤以明代服饰最为珍贵。在封建社会中,新王朝建立首先要定正朔,易服色,前朝官服就是非法的,不能继续使用和保存,所以目前明代服饰非常罕见,只有不受改朝换代影响的孔府和个别少数民族土司保存下来很少一部分。

明大红罗地织金妆花蟒袍 蟒袍为明代赐服的一种,是臣子最高等级的服饰。柿蒂通袖膝栏盘领大袖侧摆式袍,身长135厘米,腰宽53厘米,通袖长243厘米,袖宽69厘米。质料为平纹织绞罗暗花地,暗花为四合云纹并杂八宝纹。四枚织金妆花织成式袍料,前胸后背织金妆花过肩行蟒二,两袖行蟒各一,膝栏行蟒十,衬以火球、祥云、海水、江涯等花纹,用圆金线勾勒轮廓。服装色彩绚丽,蟒纹造型生动,做工精美,明万历年间制,是明代服饰中的精品。

明墨绿罗地平金五彩绣蟒袍 方头立领右衽大袖直身式袍,身长118厘米,腰宽65厘米,袖通长232厘米,袖宽87厘米。质料为平纹织绞罗四合云纹暗花地,二色平金五彩绣花。前后绣过肩侧身行蟒二,袖前后也各绣侧身行蟒二,立领两边各绣小行蟒一。蟒身为平金绣,周围衬以彩绣火球、各式花卉和蝴蝶、蜜蜂、石榴、桃等,圆金线勾勒如意纹边框,内绣海水江涯。右衽大襟处二条装饰腰带,装饰童子放风等纹饰。色彩绚丽,绣工精细。圆领口加装方头立领,又为直身式袍,此种袍式很少见。

明绿缎织金团领衫 款式为通袖、镶袖口、团领直襟大袖衫,身长92厘米,腰宽54厘米,通袖长210厘米,袖宽62厘米,袖口宽20厘米。质料为五枚缎地,满铺织金,花纹为十二则片金织缠枝宝相花,袖口镶边为红罗地织金钩连云纹,开光,织夔龙纹,衬为粉红色罗。服装纹饰精细,做工极精,明代制作,是衍圣公的便服。

明绛紫绫织金妆花孔雀补官衣 款式为通袖、镶边小袖口、高领大袖左衽衣,身长80厘米,腰宽60厘米,通袖长244厘米,袖宽55厘米,袖口宽15.5厘米。质料为绫地织金妆花孔雀补织成式衣料,绫地满铺四枚纬显暗地亮花菱格纹,内饰卷云纹,补子为片金织祥云,妆花二孔雀对舞,下衬山石、海水、牡丹等纹饰。此衣为分片织造,然后缝合,其方补两半部分结合紧密,不差分毫,体现了当时高超的纺织技术。质地细密,花纹繁缛,补子色彩绚丽,金彩辉煌,代表了当时的工艺水平。孔雀补服为三品文官官服。

明藏蓝云纹罗地织金妆花蟒袍 款式为柿蒂通袖膝栏、交领大袖衬道式袍,身长125厘米,腰宽57厘米,通袖长239厘米,袖宽67厘米。质料为平纹织二经绞罗地,四枚织金妆花织成式袍料,暗花为如意云纹。正身前后织金妆花过肩四爪侧蟒二,两袖升蟒各一,膝栏行蟒八,柿蒂下部饰八宝纹,并衬以火珠、祥云、海水、江涯等花纹,通用圆金线勾勒轮廓,做工考究,色彩绚丽。

明槐绿罗地织金妆花蟒栏裙 膝栏、襞襀围裙,长85厘米,腰围92厘米,镶腰宽13厘米。质料为二经绞罗地,平纹亮花,四枚织金妆花织成式裙料。裙为六幅,分成二片,加腰,前后不缝合。下摆、膝栏前后、中间均为五爪坐蟒,尺寸较宽,到腰部不打褶。两边下摆、膝栏饰五爪行蟒各五条,蟒下侧饰彩凤。下摆十四,膝栏十,并饰火珠、海水、江涯、各式花卉等,罗地为缠枝牡丹、菊花、茶花、荷花等花纹。色彩绚丽,织工精细,款式和色泽在明代服饰中均较少见,为衍圣公夫人服装。

清蓝地缂丝蹄袖蟒袍　马蹄袖圆领斜襟开衩式袍,身长135厘米,腰宽75厘米,袖通长174厘米,马蹄袖长12.5厘米,口宽15厘米。质料为缂丝织成式宁绸袍料,加装黑绸起棱袖,缂丝袖口,衬为湖蓝色绸。正身上部中为坐蟒一,下为侧蟒二,后背相同,两肩过肩侧蟒二,斜襟内侧蟒一,共五爪九蟒,为一品官服饰。领口小行蟒五,袖口小行蟒各一。下摆水脚边饰为海水、江涯,衬以火球、八吉祥、蝙蝠、祥云等纹饰。运用齐缂、抢缂、套缂等多种技法。整件服装色彩绚丽,构图严谨,花纹繁缛,清代中期制作,是清代服饰中的精品。

古籍善本　孔府现在所藏古籍善本不多,一部分毁于民国年间,部分可能被带往了台湾。

宋版《仕学规范》　书高26.5厘米,横17.6厘米,版心高21.6厘米,横30厘米。中缝白口,较窄,单鱼尾,较细小,乌丝栏,单栏框,横排12行,行25字,字径1.2厘米,宋体正楷。清代重新装订,纸面封,四针眼包背装,木板锦面套,8本2函。孔氏十二府旧藏。

元版《近思录》　书高24厘米,横16厘米,版心高18.6厘米,横24.2厘米。中缝小黑口,同向双鱼尾,乌丝栏,双栏框,横排8行,行24字,字径0.8厘米,颜体正楷。清代重新装订,洒金纸面封,四针眼包背金镶玉装,木板锦面套,6本1函。原件有朱文印"缪氏珍藏"、"墨香亭"、"陈氏衍复"等印记,装订后加盖朱文印"孔庆镕章"、"衍圣公章"、"孔繁灏印"、"阙里藏书"等。

元版《周易会通》　书高28厘米,横17厘米,版心高20.1厘米,横26厘米。中缝小黑口,同向双鱼尾,乌丝栏,双栏框,横排11行,行19字,字径1厘米,颜体正楷。元代蓝色洒金纸面封,四针眼包背装,共16册。董真卿编,孔府旧藏。

明《孔氏实录》手抄本　印刷册页,手抄墨迹,系定稿的誊清本。本高35厘米,横23厘米,版心高21.6厘米,横18厘米,乌丝栏,中缝较宽,大黑口,相对双鱼尾,横排9行,行10字,行距1.5厘米,正楷。纸面四针眼草订。元代时孔子五十一代孙孔元措编次,宜兴府儒学教授施润之校定,内容为孔家事迹等。孔府旧藏。

明洪武治家藤杖 长205厘米,直径4厘米。杖首微残,雕松鹤图,刻工精细。杖身光素,刻铭文正楷"钦赐孔氏族长",杖尾铜扣。包裹白棉布一方,墨书"明洪武戊申年钦赐孔庭族长令主家政"。此杖明洪武元年(1368)钦赐给孔庭族长孔泾,以后随族长流转。

诰命 孔府所藏诰命较多,但多为清代,明代很少。

明天启赐封孔毓圻夫妇诰命 锦卷墨书,长510厘米,高30厘米。五段色织锦地,四枚亮地暗花织云鹤花纹。卷首织"奉天诰命",卷尾织"泰昌元年月日制诰"。墨书,内容为封孔子六十五代孙孔胤植为衍圣公,妻侯氏、仝氏为衍圣公夫人。天启五年(1625)二月十四日颁,有朱文印"制诰之宝"、"广运之宝"。

明崇祯加封孔尚贤太子太保诰命 锦卷墨书,长452厘米,高30.5厘米。五段色织锦地,四枚亮地暗花织云鹤花纹。卷首织金"奉天诰命",升、降龙框,卷尾织楷书"泰昌元年月日制诰"。墨书,内容为封赠六十四代衍圣公孔尚贤太子太保、妻严氏和六十五代衍圣公生母张氏太子太保夫人。崇祯元年(1628)三月颁,有朱文印"制诰之宝"、"广运之宝"。

第五节 孔 府 档 案

孔府保存着明嘉靖十三年(1534)至1948年的文书档案,是我国现存历史最长、数量最多、内容最丰富的官署档案,是研究孔府的重要资料,也是研究中国封建社会珍贵的原始资料,对于研究明清政治、经济、思想、文化、宗族等方面都具有很高的价值。

衍圣公府在长期的历史过程中,积累了众多的表笺奏章、来往公文、宗族谱牒、地契账簿、信票、告谕等文字资料,原来集中堆放在孔府册房,散存于六厅、书房、司房、启事厅以及民国时期的承启处、庶务室等处,并没有系统整理。1956年6月,国家文物局派专家到曲阜与工作人员共同清理孔府文物,将孔府档案单独列项,专库保管。同年8月,国家文物局派南京档案史料整理处(今中国第二历史档案馆)专家来曲阜帮助对孔府旧存资料全面清理、编目登记、装册保管,至 1958 年 9 月告一段落。1992 年春,又将残破没有整理的所有档案抢救装裱,耗时一年多全部装裱完毕,共裱出 5 万余页。现在共整理出 9 000 多卷、31 万多页。

整理后的孔府档案按时间顺序分为三个部分,明代档案、清代档案和民国档案。明代档案从明嘉靖十三年(1534)至崇祯十七年(1644),分为袭封、宗族、属员、徭役、刑讼、租税、宫廷、灾异、资料文书 9 类。清代档案分为袭封、宗族、属员、刑讼、租税、林庙管理、祀典、宫廷、朝廷政治、财务、文书、庶务 12 类。民国档案又分为北洋军阀统治时期、国民党统治时期(又分为 1928—1934 年、1935—1937 年两个时期)、敌伪统治时期、曲阜解放时期、解放战争时期 6 个时期,因为多寡不一,分别分作 11 类、10 类、9 类、9 类、3 类、8 类。

孔府档案内容非常丰富,主要有以下几个方面的内容:

袭封类内容包括衍圣公、各氏五经博士、奉祀官员、学官等官员任免,从祀先贤先儒奉祀生的设置、题补等,反映封建王朝对孔氏后裔和圣贤后裔的优遇。

宗族类内容包括族官任免、宗族管理、纂修家谱、优免差徭以及孔子庙部分从祀先贤先儒家族的家谱等。先贤先儒家谱包括曾子、孟子、闵子、冉子、端木赐、卜商、有若、宰予、澹台灭明、原宪、南宫适、任不齐、陈亢、高柴、曹卹、周公后裔康氏、程颢程颐、邵雍等家族的族谱。

祀典类内容包括皇帝亲祭、遣官御祭、给赐供器、题颁匾联、颁赐礼乐典籍、祭器、祭品以及列圣先贤先儒祠墓、祭祀、祀田等,列圣列贤包括周公、颜子、曾子、孟子、闵子、端木赐、仲由、卜商、有若、宰予、言偃、颛孙师、漆雕氏、林放、恋不齐、燕伋等。

宫廷类内容包括皇帝登基、巡幸、临雍、训政、崩逝、祔庙配天、建储、庆典朝贺、宗室等。

朝廷政治类内容包括典章制度、官员奖惩、服制、旌表、坛庙祭祀、司法、科举、学务、图籍、筹备立宪等。

租税类包括祀田、学田、房租、集税、修治河堤等。祀田内容最为丰富,包括清理查丈、垦荒完赋、田租催征、湖田船只、土地捐献以及地亩册籍等,涉及祀田管理、地租征收方式、物价等，对研究经济史具有重要价值。

林庙管理类包括培护地脉、林庙保护、修缮工程、庙户管理等。孔庙修缮工程中有雍正大修的详细档案，涉及建筑尺寸、维修工时、材料价格、人员工资等。

属员类包括孔府属官、林庙职官、学官、屯官等官员的任免、封典、捐官以及乐舞生、执事生、礼生管理等。

刑讼类包括圣贤后裔、府庙职官、庙佃户人、仆役、乐府、贡监生员发生的诉讼、纠纷等。

此外还有包括财务收支的财务类，包括奏档、京报邸抄、文书簿册的文书类以及庶务类。

第九章 经术遗篇细斟酌

孔子删《诗》、《书》,订《礼》、《乐》,赞《周易》,著《春秋》,致力于古代文献的整理与研究,后裔也继承家族传统,不少子孙汲汲从事于经学、史学、音韵学、天文学、数学、地理学、医学等方面的研究,许多方面都有人取得丰硕的成果,尤以经学、数学、音韵学成就最高,出现了孔广森、孔继涵、孔广林、孔继汾等一批著名学者。

由宋至清,孔氏学术的发展可以大体分为三个阶段:

第一阶段是宋元时期,孔氏家族人丁稀少,在学术上有成就者较少,仅江西临江派一枝独秀,出现了孔文仲、孔武仲、孔平仲兄弟等著名学者。曲阜孔氏子孙中开始有意识地系统整理修订家族历史,北宋四十六代孙孔宗翰著《阙里世系》一卷和《孔氏族谱》,开家乘谱牒编纂之先河,南北宋之交的四十七代孙孔传编纂《东家杂记》,开孔氏方志之先河。其后编纂家谱、方志成为传统。

第二阶段是明朝,孔氏子孙多致力读书著述,衍圣公几乎都有文章传世。六十代孙孔承倜博学工诗,尤精颜真卿书法,明代孔庙石碑多出其手;在经学方面多有建树。其他诸如两任曲阜知县孔弘乾、孔弘毅则继前代续写曲阜县志,分别撰成《曲阜县志》和《重修曲阜县志》。

第三阶段是清朝,孔氏子孙在学术上有成就者极多,且经、史、子、集皆有著作,数量大、有社会影响力的多,呈现一种百花齐放、百家争鸣的全盛局面。在治学上,往往父子相承,呈现一种家族性的兴盛繁荣场景,如孔继汾家族和孔继涵家族等。历代衍圣公也均有个人文集汇编,其中在诗词书画上颇有成就者不少,如孔毓圻、孔昭焕、孔宪培等。

第一节 经　　学

　　经学，原泛指对诸子各家学术进行探究之学。自汉"独尊儒术"以来，经学的内涵就转变为特指研究儒家经典之学。经、史、子、集，经学为首，《四库全书》中就保留了经学著作1 773部。古代读书人自启蒙到入仕，总脱不开儒家十三经。孔子删定六经，创立儒家学派。此后千年，孔子后裔追寻祖先脚步，精研经学，出现了诸如孔安国、孔颖达、孔广森、孔继涵等一批经学大家，《春秋》、《礼记》、《大学》、《孟子》诸经书无不涉及。

　　在儒家十三经中，礼学著作就有《周礼》、《仪礼》、《礼记》三种。礼在中国古代是社会的典章制度和道德规范，《左传》曰："礼，经国家，定社稷，序民人，利后嗣。"中国古代朝代建立之初，就往往编订本朝礼仪如《唐六典》、《明会典》、《钦定大清通礼》等，颁行天下，要求臣民遵守。遵循孔子"不学礼，无以立"的祖训，历代衍圣公都谙熟于礼，他们往往被朝廷延请制定礼乐典制。

　　孔元措奠定元代礼乐制度

　　孔元措经历金元两朝交替，元太宗即位后命孔元措仍袭封衍圣公，孔元措上书元太宗，"兵兴以来，礼乐散失，燕京、南京等处亡金太常故臣及礼册、乐器多有存者"①，主动请旨搜集采录。元太宗准其所奏，下诏各地官民如果有知礼乐者可令携其家眷前往东平，由孔元措管理，并由地方财政负担开支。元太宗十一年（1239），孔元措奉旨前去燕京，将金代掌礼王节、乐工翟刚等九十二人带往曲阜孔庙演习礼乐，在东平"造乐器，制冠冕、法服、钟、磬、筍、簴仪物"②，完成后，在日月山向皇帝试奏，太宗准许以此为标准用于祭祀活动。孔继汾赞其功绩："元朝一代礼乐公始创之！"③

　　孔克坚明习礼乐被征主掌太常礼仪院事

---

① （清）孔继汾：《阙里文献考·世系》卷八。
② （清）孔继汾：《阙里文献考·世系》卷八。
③ （清）孔继汾：《阙里文献考·世系》卷八。

元顺帝至元六年(1346),孔子第五十五代孙孔克坚袭封衍圣公,授嘉议大夫。至正八年(1348),元顺帝视察太学,中书认为孔克坚"爵与阶不称,诏进中奉大夫,赐二品银章"①。至正十五年(1355),平章政事达世帖木儿"荐公明习礼乐,征为同知太常,掌礼仪院事"②,孔克坚赴任,而让其子孔希学继任衍圣公。

除在政治上积极参与国家制定典章礼仪外,更多的孔氏子孙覃心经礼,专于著述,孔传铎撰《礼记摘藻》、《春秋三传合纂》;孔继涵撰《春秋地名考》、《五经文字疑》、《九经字样疑》、《国语订讹》等;孔继汾撰《孔氏家仪》、《勔仪纠谬集》等;孔广森撰《春秋公羊经传通义》、《大戴礼记补注》、《经学卮言》、《礼学卮言》;孔广林撰《周官肊测》、《仪礼肊测》、《吉凶服名用篇》、《禘祫觿解篇》、《仪礼士冠礼笺》等;孔广牧撰《礼记天算释》、《礼记郑读考》,孔令贻修订《圣门礼制》等。孔继汾、孔继涵、孔广森后有单独章节介绍,现对其余作者及著述予以介绍:

《春秋三传合纂》 第六十八代衍圣公孔传铎纂。孔传铎,字振路,号牗民,好读书,工文词,尤究心濂洛关闽之学。

《春秋三传合纂》 共十二卷,前有孔传铎自作序:"《春秋左传》、《公羊》、《穀梁》,列在《十三经》,固非后学所能去取,但习古文者全读则太为浩繁,录其尤以资咕哗,固无害也。"③他通观《春秋》三传,认为"读书贵在论世,系之编年,而以圣经为纲,三《传》为目,参伍错综其间,则世故之变一览了然,而三子意见之同异、文章之变化亦可见矣"④。于是,孔传铎放弃传统中《春秋》以鲁国历史系年的做法,而选择以晋国为全书的中心,而旁及其他诸侯国。这种写法将"经"化为"史",弱化了《春秋》为尊者讳的写法,而更加突出了《春秋》一书经世致用的功用,颇为创新。

《孔丛伯说经五稿》 孔广林撰。孔广林,字丛伯,号幼髯,孔继汾长子,孔广森长兄,孔子第七十代孙,自幼"寡交游,闭户斋居,惟藉书卷永

---

① (清)孔继汾:《阙里文献考·世系》卷九。
② (明)焦竑编:《故元国子祭酒孔克坚》,《明代传记丛刊》第109册,第220页。
③ (清)孔传铎纂:《春秋三传合纂·略序》。
④ (清)孔传铎纂:《春秋三传合纂·略序》。

曰……郑学皆未就绪"①。《孔丛伯说经五稿》是清光绪十六年(1890)山东书局将孔广林撰五种经学著作的汇编,分别为《周官肊测》、《仪礼肊测》、《吉凶服名用篇》、《禘祫觿解篇》、《明堂亿》五种,末附《仪礼士冠礼笺》一种。

《周官肊测》 六卷,叙录一卷。据孔广林叙录说,乾隆甲午年(1774)"家大人将校《十三经定本》藏敦本家塾以示子孙"②,而将《周礼》一书的校雠交于孔广林,直到嘉庆十七年(1812)才最后完成。卷一自天官冢宰至履人为素履;卷二从乃立地官司徒至场人;卷三自乃立春官宗伯至司常建旟建旐;卷四从夏官司马至形方氏无有华离之地;卷五自秋官乡士至掌客豆二十有四铏二十有八。卷六自冬官考工记至车人为车辙广六尺;卷七为叙录。整本书以补注郑玄本未注及纠正错误之处为主,很多见解颇有创见,如《春官·世妇下》中,孔广林认为此"十二卿二十四大夫,皆择内女外女之贤知者为之,秩比卿,下大夫中士非真授"③。吴廷燮评价此书:"孔氏辨正者,皆有根据义理,此说尤长,洵可谓《周官》之功人也。"④

《仪礼肊测》 十七卷,叙录一卷。孔广林叙录中说:"《仪礼》之不习于学者久矣,韩文公已苦其难读,遑问其他,故解《周官》、《礼记》者多,而《仪礼》自注疏而外,仅有李宝之、杨信斋、吴草庐、敖君善数家而已。宋拗相新经义,此经废,注疏亦中轶。故《仪礼》伪错脱衍,尤甚他经。"⑤有鉴于此,孔广林在完成《周官肊测》之后就开始从事《仪礼》研究。《仪礼肊测》依据郑玄注本分章并每章分节,郑玄旧注部分如无异议则直接注录,如有谬误或缺少注疏,则广引他说为之纠正补注。如《昏礼》中"媵御沃盥交"条:郑注谓"御当为讶也,谓婿从者也"⑥;孔广林则采用李心传的说法,认为御如字读,为婿家女侍者。吴廷燮认为孔广林《仪礼肊测》一书"发明新义颇多,不可谓非郑贾之功人也"⑦。

---

① (清)孔广林:《孔广林自作墓志铭》。
② (清)孔广林:《周官肊测·叙录》卷七,《续修四库全书》第80册,第420页。
③ (清)孔广林:《周官肊测》卷三,《续修四库全书》第80册,第386页。
④ 《续修四库全书总目提要·经部》,中华书局,1993年,第469页。
⑤ (清)孔广林:《仪礼肊测·叙录》,《续修四库全书》第89册,第249页。
⑥ (清)孔广林:《仪礼肊测·昏礼》,《续修四库全书》第89册,第223页。
⑦ 《续修四库全书总目提要·经部》,中华书局,1993年,第502页。

《吉凶服名用篇》 八篇，叙录一篇。孔广林叙录言："大传言别衣服，此其所得与民变革者。然则玉步改，服色亦异。故唐虞三代，虽有损益，大抵不甚相远。嬴刘而后衣服始与古异，故姬氏六服，汉儒已不能详，况去今远，更无从考其制度。借曰考之，亦惟是揣测万分。"①八篇篇目为：《冠冕》、《冕服》、《裘服》、《下服》、《妇服》、《凶服》、《吉服用事》、《凶服用事》。前六篇考各种衣服名称由来及使用范围，后两篇为举例力证周人实行某事使用某服之说。孔广林广辑各种典籍中有关服装之说，并归之以类，颇为明晰，提出的观点也较为新颖。

《禘祫觿解篇》 二十卷。卷首有孔广林自作《序》："礼有五经，莫重于祭。祭之别十有二，而祀天神莫大于郊，祭地永莫大于社，享人鬼莫大于禘祫。慨自政焰肆飞，姬籍半毁，礼经沦亡，礼制缺佚，虽有作者，未究厥蕴。汉京师承传说，多以鲁礼推周礼，已不能推镐洛之源。加以谶纬百家，杂说错迕，先圣之礼意滋晦，其尤泊乱纷挐胶结而不可解者，莫若禘祫。"②因此孔广林广取汉代以来诸家禘祫之说，辨别各种谬误，撰成《禘祫觿解篇》二十卷。各卷内容如下：禘祫正名、禘祫辨等、禘祫两事、禘非祭天、大禘诂义、禘祫皆殷、禘祫岁举、夏禘冬祫、时祫、时禘，最后十卷皆为考证历代禘祫之误。《禘祫觿解篇》中，孔广林提出了许多新见解，如主张禘非祭天之说，认为"礼不王不禘"之说有误等，但限于篇幅问题，孔广林提过的佐证较少。

《明堂亿》 四十三条。孔广林《叙指》曰："魏晋之后，南齐、梁、隋议'明堂'者独众，而九室五室，迄未有能出汉儒之范围，辟诸家之榛业者……以校汉魏齐隋唐诸家所说，倘或得之。"③每篇均以"广林亿"为发问，最后得出结论，仍主明堂五室之说，而以九室之说为荒诞不经。

《圣门礼志》 孔尚忻曾撰《圣门礼志》，书已不传，仅有孔衍泽旧序留存，现存《圣门礼志》为七十六代衍圣公孔令贻编订。孔令贻，字谷孙，号燕庭。

---

① （清）孔广林：《吉凶服名用篇·叙录》，《幼髦孔氏说经稿》五。
② （清）孔广林：《禘祫觿解篇》，《幼髦孔氏说经稿》四。
③ （清）孔广林：《明堂亿·叙指》，《幼髦孔氏说经稿》四。

书前附新泰县训导孔宪兰序:"先辈旧纂《礼乐志》二卷,叙事详明毫无遗漏,但阅时既久,帙有缺残。爰觅旧本,重付手民镂刻,间有麻沙莫辨之处,遂旁征曲引,补苴而更定之,俾欲适鲁观庙堂者手披是编,如睹三代之法物,聆九成之箾韶焉。"①由此可见,孔令贻本为在孔尚忻本的基础上的增编。全书一卷,分十三节:《丁祭全礼》、《祭品制造法》、《陈设图》、《曲柄黄盖》、《镇圭》、《法琅铜器五》、《金龙朱漆几五》、《周器十供》、《礼器图》、《礼器名义》、《建官历履》、《礼生历履》、《礼学条规》。详细记述了孔子庙祭祀从择期到祭祀完成的全盘程序,对于祭祀中祭品的制作,礼器的名称及摆放、礼官的由来等细节问题更是一一详解,并附有部分图片给人直观说明。缘因本书编订的目的就在于让天下"习礼者未登庙堂而车服礼器皆如目睹"②,《圣门礼制》为我们系统保留了清代阙里孔庙祭祀的整个过程,为系统研究古代礼制提供详备资料。

宋代以后,阙里孔氏子孙治经者众多,著述繁多,但就成就而言,无一出孔广森之右者。其余众人多热衷于乾嘉考据,著述引经据典,但创见不多,且多研究《三礼》,对于其他经传关注不多。

第二节 史 学

孔氏家族人才辈出,涌现出一批史家,他们以自我独特的眼光记录历史,反思历史。

孔衍(258—320),字舒元,鲁国人,孔子第二十二代孙。祖父为魏大鸿胪。少好学,年十二就通《诗》、《书》。东晋时,元帝引为安东参军,专掌记事。中兴初,补中书郎,后任中庶人。孔衍著史多部,编年体类有《汉魏春秋》九卷,《汉春秋》十卷,《后汉春秋》六卷,《魏春秋》九卷;别史类有《汉尚书》十卷,《后汉尚书》六卷,《魏尚书》十卷;杂史类有《春秋时国语》十卷,

---

① (清)孔宪兰:《重刊礼乐志总序》,(清)孔令贻辑:《圣门礼制》。
② (清)孔衍泽:《礼志序》,(清)孔令贻辑:《圣门礼制》。

《春秋后语》十卷(残)、《春秋后国语》六卷(存)、《国志历》五卷、《长历》十四卷、《千年历》二卷。孔衍所著史书,在唐时屡次被征引,多流失于宋朝战乱之中,现仅有《春秋后语》十卷残本和《春秋后国语》六卷有残本传世。

孔晁,晋朝人,世系不详。宋《册府元龟》记载:"晁为五经博士,撰《尚书义问》三卷,又注《春秋外传》、《国语》。"①《春秋外传注》和《国语注》均已佚,流传下来的仅有《逸周书注》十卷。

孔颖达(574—648),不仅是经学家,也是史学家。他与魏征、颜师古、李淳风等合撰《隋书》八十五卷,记载隋文帝开皇元年(581)至隋恭帝义宁二年(618)共38年的历史。

孔淑,元朝人,生卒年不详,孔子第五十三代孙,参与修撰《元朝一统志》。

孔贞运(?—1644),字用行,孔子第六十三代孙,居江苏句容,万历四十七年(1619)己未科进士,以殿试一甲第二名授编修。天启年间,充经筵书官,进讲《皇明宝训》,纂修《两朝实录》。崇祯年间,赐一品服,入阁,历任吏部左侍郎、礼部尚书、文渊阁大学士、太子太傅。崇祯末年,孔贞运因为钱谦益、郑三俊请求轻判而受排挤,愤而称病回乡。明亡,孔贞运"恸绝不能起"②,不久即卒。

孔贞运编《皇明诏制》十卷,书成于崇祯七年(1634)十月。孔贞运自序编撰此书目的在于恐前代诏书有散佚,且用诏书可以实现"扬休命,敷告万邦,以昭一代之章程,垂万年之成宪"③。《皇明诏制》开篇为《太祖传示中原檄》,全书以时间为序,保留了从洪武元年(1368)到崇祯三年(1630)的诏书共254篇,涉及即位、册封、遗诏、罪己、大赦、荒政、追封等多个方面,是研究明朝政治不可多得的第一手资料。

孔胤植(1592—1647),字懋甲,号对寰,孔子第六十五代孙,天启元年(1621)袭封衍圣公,天启七年(1627)加封太子太保。明末清初乱世中,数

---

① 《册府元龟·学校部》卷六百五,凤凰出版社,2006年,第6981页。
② 《明史》卷二百五十三《孔贞运传》。
③ (明)孔贞运:《皇明诏制序》,《续修四库全书》第457册,第521页。

万军队围困阙里,"公登城陈以利害,讽以忠义,群感泣罗拜"①,解围而去。清军入关后,清帝承认前代给予孔子后裔的全部特权。顺治元年(1644),孔胤植应召入京,"上遣官迎劳,班列大学士"②。

孔胤植袭封于乱世之中,但仍多建树,前代孔氏家谱多手抄本,孔胤植首创主修刊印刻本。在史学上,孔胤植编辑《圣迹图》一卷,《述圣图》一册。前者将前代流传的三十八图缩减为后世通行的三十六图,将原来的《夹谷之会》两图删为一图,删去《泰山其颓》图,《楛矢贯隼》图,增添《昭公赐鲤》图。通过孔胤植的删定,《圣迹图》更加突出了孔子一生孜孜以求的轨迹,突显出孔子人生轨迹的起伏变化。

孔毓圻(1657—1723)字翊宸,号兰堂,孔子第六十七代孙,"为人夙夜谨慎,不自满,假五十年如一日"③。康熙六年(1667)袭封衍圣公,朝京师谢恩,"圣祖召见瀛台,礼度如成人,奏对称旨"④。曾多次被皇帝召见,与诸大臣同上朝,及退,"命自御道行"⑤,太皇太后召入见,出时命内臣送至宫门外,"传谕从官善辅翼之"⑥。雍正元年(1723),追封先圣五代王爵,十月,孔毓圻带病赴京请旨谢恩,病发逝于北京,皇帝命皇三子及庄亲王允禄亲临祭奠。封光禄大夫,晋太子少师。

孔毓圻纂修《幸鲁盛典》四十卷,记述康熙二十三年(1684)皇帝首次南巡亲临曲阜祭拜孔子的盛况。全书分为两部分,共计事迹二十卷,皇帝及臣工诗文二十卷。康熙二十八年(1689)书成初稿十八卷,后又修改刊定为四十卷,于康熙五十年(1711)完成。《幸鲁盛典》书序由康熙皇帝亲撰:"朕惟自古帝王声教翔洽,风俗茂美,莫不由于崇儒重道,典学右文,用能发诗书之润泽,宣道德之阃,推厥渊源,皆本洙泗。"⑦在描绘事迹的二十卷中,前部分为记述康熙祭拜孔子的前因后果,每卷举一事,其后必附有其事历

---

① 《孔子世家谱·大宗户》卷三,第 14 页。
② 《孔子世家谱·大宗户》卷三,第 14 页。
③ 《孔子世家谱·大宗户》卷三,第 29 页。
④ 《清史稿》卷四百八十三《孔毓圻列传》。
⑤ 《清史稿》卷四百八十三《孔毓圻列传》。
⑥ (清)靳治荆:《颜氏家藏尺牍》,《清代传记丛刊》第 29 册,第 831 页。
⑦ (清)孔毓圻:《御制幸鲁盛典序》,《幸鲁盛典》,《四库全书》,第 652 册。

代典制演变,且叙事绘声绘色,力求还原当时情景,凡涉及碑文对话均照原文录入,具有很高的史料价值。

第三节 地 理 学

孔氏家族子孙多有考取功名、步入仕途、外放任职的经历,在就职期间,他们对于当地风土人情、历史沿革深入了解,汇编而成各地方志。

孔灵符,南朝宋人,生卒年不详,兄孔季恭任光禄大夫,加开府仪同三司。孔灵符在宋元帝永嘉年间为南谯王刘义宣司空长史,南郡太守,尚书吏部郎。宋孝武帝大明年间,为辅国将军、郢州刺史,丹阳尹。灵符以"山阴县土地褊狭,民多田少",请求迁"无资之家于余姚、鄞、鄮三县界,垦起湖田"①,得到孝武帝的支持。无地居民有田可垦,有了生活保障。孔灵符后因隐瞒田产被免官,因得罪宠臣被鞭杀。后被追赠为紫金光禄大夫。孔灵运为孔灵符之弟,史书无传。

孔灵符撰《会稽志》一卷,《会稽志佚文》一卷。两书都已佚,仅能从唐、宋人征引中略见大概。鲁迅曾辑佚文一卷,今收入《鲁迅全集》中。

孔灵运,孔灵符之弟,撰《地志》一卷,已佚。

孔弘复,明朝人,生卒年不详,字以诚,号桧窗,孔子第六十一代孙,曾任曲阜知县,加都转盐运同知、东昌府通判,诰封中宪大夫。

孔弘复撰《曲阜县志》三卷,此书为见典籍著录。明代崇祯年间孔闻诗《重修曲阜县志序》曰:"万历初年,邑侯桧窗公慨然曰:'阙里有《志》,圣迹也。曲邑无《志》,则官治之建置、政事之因革、田赋之盈缩、户口之登耗、人材之饶乏,凡国家属我长吏之巨务,皆湮而不彰,乌可废诸?'于是,创为邑《志》若干卷。镜历代于寸简,罗四封于尺幅,美哉!洋洋乎。"②此志虽已不存,但此书为曲阜首部县志,开曲阜县志之先河。

---

① 《宋书》卷五十四《孔季恭列传》。
② (明)孔弘毅:《重修曲阜县志序》,(万历)《曲阜县志》。

孔弘毅,明朝人,生卒年不详,字以土,号远举,孔子第六十一代孙,官至曲阜世职知县。

孔弘毅纂修《曲阜县志》六卷,书成于万历癸巳(1593),为现存最早的《曲阜县志》。书"始疆域,终艺文,凡四纲九十一目。而山川风气之钟灵,皇王圣哲之爵里,民生物产之饶庶,治绩教化之诞敷,仁贤文运之彪腾,灿然大备"①,分为土地志、人民志、政事志、文献志。原书《志凡》有六:土地志、人民志、政事志、文献志、艺文志及附录。该书创见有六点:一为辨体裁:孔弘毅认为,应当辨别《志》这一类目,"曲阜旧未有《志》,有之自运同孔君始,书岁月以编年,核故实以纪事,非不犂然备观。第开始不无挂漏,草创或多鲁鱼,则夫搜罗咨访、订讹补遗,是有在于今日";二为定纲目:孔弘毅《曲阜县志》创土地、人民、政事、文献等纲目,"节目条理,支分缕析,犁然画然;千年统纪,按籍胪列";三为正名义:"事以名命,名以义起。《春秋》,鲁史也。孔子曰:'其义则丘窃取之',义诚重哉!图疆域,籍户口,谱官职选举,传孝行贞烈,录碑铭序记,总谓之志。盖志,名也,有义存焉,固因文而定者也";四为公是非:"郡邑志,古列国史也。一时记载,万世劝戒昭焉。华衮斧钺,其严乎?故猎声市朝而实行未副者不录,树德堪严而里间为楷模者必扬。意斯民也,三代之所以直道而行也。谁毁谁誉,有吾夫子之《春秋》在";五为重阙疑:"信以传信,疑以传疑,信史哉!志所载,多按郡邑通志及耳而目者书焉。诸或岁时久湮,文献无凭,将疑将信,难以考证者,特概而抑阙焉,亦夏五郭公之意也";六为酌详略:曲阜有《阙里志》,《曲阜县志》与其在内容上有交叉,如何控制详略,"圣迹固应详著,而《志》或书或不书,何居?概《阙里志》在也,故有关县治者详之,详于《阙里志》者略焉"②。其原则多创新而科学。

孔贞瑄,字璧六,号历洲,晚号聊叟,孔子六十三代孙。清顺治年间举人,由泰安学正升云南大姚知县。时滇省食盐滞销,明代盐法按丁派食,兵灾之后,丁亡额缺,民不能偿,贞瑄奏请减之,以解民困。后为民力争公道

---

① (明)何出光:《曲阜县志序》,(明)孔弘毅:《曲阜县志》。
② (明)孔弘毅:《曲阜县志·志凡》,(万历)《曲阜县志》。

而不得,愤然辞官归家。博学多才,潜心研究经史,尤精算学、韵学。著有《滇纪》一卷,《黔纪》一卷,《泰山纪胜》一卷,为方便记忆各省邑名称而编《缩地歌》一卷。书未见传本,《阙里文献考》、《山东通志》、《曲阜志》均有记载。

孔尚任(1648—1718),字聘之,又字季重,号东塘,别号岸堂,自称云亭山人。孔尚任多著述,地理书有主持纂修的《平阳府志》三十六卷,卷首一卷。孔尚任因与当时平阳知府刘棨为好友,造访好友恰逢府志开幕,遂留下主事。《平阳府志》共设三十七目:图考、星野、建置、沿革、疆域、山川、关津、城池、公署、学校、祠祀、户口、田赋、水利、屯田、盐法、邮政、兵防、帝王、职官、宦绩、选举、封荫、人物、隐逸、流寓、列女、仙释、方伎、风俗、物产、古迹、陵墓、寺观、祥异、杂志、艺文。设目之全,为方志所少见。在祥异一目中,又附设兵氛,保留了历代兵家进军平阳的一手史料。

孔继檊,字阴泗,号雩谷,一作樗谷,自署铁骨道人。乾隆孝廉,先后任江苏泰兴、江都、广西平乐、临桂、湖北郧西、江夏等地知县。纂有《保康县续志》四卷,《郧西县续志》四卷。

孔广海,光绪时举人。在阳谷曾悉心走访,查阅史料,汇集成《阳谷县志》"采访稿"数卷。此部《阳谷县志》被收录在日伪时期王时来所修《阳谷县志》上。前附有孔广海撰《孔仙洲先生遗稿原序》,序中孔广海提出他对修方志的看法:"建置、古迹、人物诸志随其所知畅所欲言,不必拘拘体例,分类叠出,令阅者翻前覆后惮于疲劳。凡此不可病前人烦彼时事,少不得引申重叠凑成卷帙,今则宜简而明也。"①今本《阳谷县志》中,孔广海所著部以《孔仙洲先生采访》的形式附在每卷之后,保留下大量通过采访而得来的口述史料以补充史志,具有很高的史料价值。

孔繁朴(1863—1930),子厚庵,孔子第七十四代孙。清光绪十一年(1885)中举,十六年(1890)中进士,以知县归部铨选,出使日本,任长崎正理事官。归国后,以直隶州知州任用,签分陕西,曾知乾州、商州、绥德,以卓异升知府。辛亥革命后辞官归家,民国六年(1917)被推为曲阜孔教会会

---

① 王时来:《孔仙洲先生遗稿原序》,《阳谷县志》,民国三十一年(1942)。

长,为争取衍圣公权益奔走。中原大战期间,"突冒兵火,负有卫庙及庇庙及庇民责者,实为曲阜孔教总会会长孔厚庵先生"①。孔繁朴在直隶任职期间,修《绥德直隶州志》八卷。虽为续修,但据上部修志"今百二十年矣。又经同治丁卯之乱,板片无存,案卷无稽"②,基本上应属于重修。在《修志》的过程中,孔繁朴尽力采集事迹,征引旁搜补充材料,在展现历史沿革流变的基础上增添当代材料,如将同治丁卯之乱之情形悉数保存,对于研究此段历史有较高价值。

第四节 医　　学

医者仁心,以医技普济众人,孔氏子孙中也有致力于悬壶济世者,有的考订编辑医书,有的则成为一代名医。

孔汪,晋朝人,《阙里文献考》记载为"二十六代孙、晋都督交广二州诸军事广州刺史"③,撰有《杂药方》二十九卷,书已佚。《山东通志》、《曲阜志》等书有著录。

孔志约,唐朝人,孔颖达次子,曾任礼部郎中兼太子洗马、弘文馆大学士。唐显庆二年(657),奉敕与苏敬共同撰修《新修本草》,对陶弘景所修《神农本草经》多所纠谬增补,"宏景僻在江南,不能遍识药物,多有讹谬,其所误及别录不书四百有余种,今皆考而正之。本草之外,新药行用有效者,复百余种"④,显庆四年(659)正月书成。孔志约为之作序:"盖闻天地之大德曰生,连阴阳以播物;含灵之所保曰命,资亭育以尽年。"⑤《新修本草》为中国第一部由中央政府主持修编的药典,又被称为《唐本草》,相对于前代医书,此书,"详探秘要,博综方术。本经虽阙,有验必书;别录虽存,无稽必

---

① 《民国二十年孔厚恩德行碑》。
② (清)孔繁朴:《绥德直隶州志·凡例》,光绪三十一年(1942)。
③ (清)孔继汾:《阙里文献考》卷三十一,第682页。
④ (宋)王溥:《唐会要》卷八十二,中华书局,1955年,第1523页。
⑤ (清)董浩:《全唐文》卷一百八十六,中华书局,1983年,第1888页。

正；考其同异，择其去取"①。书成之后，被奉为医学校之课本，后又流传日本。此书后散佚不存，现在仅有辑本。

孔弘擢，明代名医，撰《疹科真传》一书，书成于万历三十二年（1604），主张治疗麻疹以清凉解毒、疏表透疹为主，"疹子之出，贵乎发散于先，其毒自解，则无余邪以为后累。"这是明代第一部有关麻疹的专著。

孔以立，字毓礼，清朝人，生卒年不详。因少时父母之疾改而从医，给人治病开方极为审慎，曾凝思数日而定一方。撰有《痢疾论》四卷。他认为"人生疾病之最险恶者，一曰瘟疫，一曰痢疾"，而众医家在对痢疾的施治过程中，"言热言寒互相诋谤，迄今鲜有定论"②，他从临症的过程中深感治疗痢疾必须严格掌握表里虚实寒热的辩证方法以及因人而异的原则给予治疗，故汇而编成《痢疾论》。《痢疾论》保留了前代医家有关痢疾的原文，并列出治疗原则五条、辩证七条、治法十三则、诸症二十八门、各家医案二十四个、验方一百零六个并附有服用方法，在记录的同时提出自己的看法，是一部集诸家之大成的痢疾专论。

孔继菼，字甫函，号云湄，孔子第六十七代孙。山东滕县人。乾隆四十二年（1777年）举人，受学于曲阜颜沁斋，赴春闱不中，因"祖母卧病数载，医莫能愈，先生忧焉，究心于神农黄帝之书，既精且勤，病遂以愈"③。因此转而业医，以医名于世，被称为"儒医"，赴各地诊病，多次挽救危重病人，起死回生，医术令人称道。

孔继菼晚年总结一生所得，著有《医鉴草》（又称为《一见草》或《孔氏医案》）四卷。医案，即为今之所谓病历，为医生诊治疾病的真实记录。《孔氏医案》共保留医案八十四个，每篇体例均为病症、诊断、议药三部分。论症极细，对疾病前因后果、其中盘根错节之变化，皆能详细解释其中的纤毫之差，找准病因，以期能平衡阴阳，协调升降，做到对症用药，药到病除。此书可贵之处，在于作者搜集了不少误诊的病历，从正反两个方面总结经验教训，为后人所借鉴。

---

① （清）董诰：《全唐文》卷一百八十六，第1889页。
② （清）孔以立：《痢疾论·序》，《续修四库全书》第1004册，第67页。
③ （清）孔继菼：《孔氏医案·原序》，山东科学技术出版社，1988年，第7页。

孔伯华(1884—1955),字繁棣,号不龟手庐主人。幼年专攻经书,后因母病而志于医,随祖父学医。31岁时"就京师邀,委外城官医院,同事杨浩如、陈伯雅、张菊人、赵云卿诸君皆一时名医"①。民国十八年(1929),发起药界罢市反对汪精卫取缔中医活动,与名医萧龙友共同创办北京国医学院,培养中医人才。新中国成立后,孔伯华任第二届全国政协委员,卫生部医学科学研究委员会委员。去世时,周恩来总理担任治丧委员会主任,并亲临寓所吊唁。

孔伯华擅治温热病,治病注重整体,认为"治病必求其本",强调元气,在治病的同时注重守护人体的元气,无论是祛邪还是扶正,目的都在于恢复和补养元气。辨证施治应掌握纲要,也就是阴阳两纲,以及表里虚实寒热六要。熟读医书的同时,不应拘泥于古人和先入为主,要因人因时而定。在用药上,善用石膏,认为石膏"味咸而兼涩,凡内伤外感,病确偏热者,投无不宜"②,一改世人认为石膏"大寒,伤肠胃,应规避之"的看法,有"石膏孔"之称。孔伯华与汪逢春、萧龙友、施今墨并称为北京四大名医。著有《脏腑发挥》、《时斋医话》等。

第五节 孔继汾及其学术成就

一、孔继汾的生平及其家族

孔继汾(1725—1786),字体仪,号止堂,清代著名学者,文学家,孔子第六十九代孙,第六十八代衍圣公孔传铎第四子,继室徐夫人出,因在宗族中排行第十,其住宅被称作十府,十府也因此演化为孔继汾后裔的代称。

乾隆三年(1738),皇帝"有事于辟雍,召取衍圣公率圣贤子孙入京陪祀,汾与观礼。礼成,随宗子诣阙谢,召见乾清宫,赐予殊渥"③,孔继汾被

---

① 孔伯华:《自传》,《孔伯华医案》,中国中医药出版社,2002年,第1页。
② 孔伯华:《石膏药辨性》,《孔伯华医案》,第96页。
③ (清)孔继汾:《阙里文献考》卷一百,第1896页。

"蒙恩准贡入监读书"①,成为恩贡生,乾隆十二年(1747)中举。

乾隆十三年(1748),高宗幸鲁,孔继汾充任讲书官,为高宗进讲《中庸》"凡为国家有九经"一章,并随宗子为皇帝导驾,深受高宗赏识。礼成后,高宗欲授官主事,对协办大学士傅恒说"孔继汾新中式,顾令得成进士乃佳尔","傅公奏云:惟中书始仍可会试",于是授官内阁中书,同年秋"补诰敕撰文中书舍人","十五年夏,办理军机处行走,每巡幸辄扈从"②。十七年(1752),经由军机大臣举荐勤职,授户部额外主事。次年夏"补广西司",任广西司主事,正六品。在京期间,孔继汾"与当世名公卿上下其议论,更得质叩典坟,习熟掌故,公余无事,恒以书麓自随"③。

乾隆十九年(1754),"时方用兵准噶尔",协办陕甘总督刘统勋"请自神木至巴里坤设站一百二十五,并裁度易马,运粮诸事"④,出发前,刘统勋"奏以汾偕行",在刘统勋的帐下"受任简书"⑤。第二年夏,准噶尔部达瓦被俘,"库需无缺"⑥,孔继汾受到纪录一次的奖励,回京复任旧职。

乾隆二十年(1755),高宗决定再次来曲阜祭祀孔子,孔继汾"冀得先驱归鲁,扫除涂茨,效犬马奔走之勤,然后迎伏道左,遹观请成"⑦。但是衍圣公与山东地方官员在整修道路、采办粮草等问题上就孔庙庙户当差问题发生争执。衍圣公孔昭焕上书皇帝,指责山东地方官额外派办派卖,请求"将现存户丁酌留五十户,其余户丁改归民籍,交地方官编审,与民籍一体当差"。高宗令署山东巡抚白钟山调查,白钟山否认额外派办派卖,指责衍圣公府不予配合,"曲阜地处偏僻,不通商贾,不得不于本境零星采买,但庙佃裔户人等类多附托,概不应承,以致地方官呼应不灵,甚为掣肘。经司道等咨明衍圣公,并纷纷具禀到臣,臣复谆切札致,仍置罔闻",但他并不指责衍圣公孔昭焕,而是归咎于孔继涑、孔继汾兄弟,"孔昭焕年幼寡识,不谙大

---

① 《孔继汾自作墓志铭》。
② 《孔继汾自作墓志铭》。
③ 《孔继汾自作墓志铭》。
④ 《清史稿》卷三百二。
⑤ (清)孔继汾:《阙里文献考》卷一百,第1896页。
⑥ 《孔继汾自作墓志铭》。
⑦ (清)孔继汾:《阙里文献考》卷一百,第1896页。

体,任听伊叔祖孔继涑、告假主事孔继汾指使把持,与地方官互为抵牾"。高宗本来就忌讳巡幸扰民,对孔昭焕"着加恩免其交议。孔继涑、孔继汾著严察议奏",经吏部议定,高宗同意,以干预公事罪将告假主事孔继汾革职,贡生孔继涑革去功名。①

被革职后的孔继汾,很快得以"吏部奏捐复,报可,得复原官"②,但此时孔继汾三次参加会试也未考中进士,而生母徐夫人春秋渐高,且徐夫人认为孔继汾"性多戆忤物,居官非应宜"③,一向孝顺的孔继汾遵从母意,复官后并未赴职,而是从此闭户读书,潜心著述,先后撰成《阙里文献考》、《孔氏家仪》、《家仪答问》、《勖仪纠谬集》等著作。

乾隆三十六年(1771),徐夫人念丈夫去世已久,不忍子孙启墓合葬,"爱防阴山水,命治寿藏于启圣墓东偏",孔继汾"欲依我太夫人,亦卜于林外东南,乾隆辛卯仲冬甲寅圹成"④,于孔子父母墓地梁公林外预先营造了母亲徐夫人的墓室。但此事遭到孔氏家族的反对,乾隆四十九年(1784)九月,衍圣公孔宪培将此告至朝廷,高宗批示曰:

> 启圣王林为至圣发祥之地,春秋官为致祭。徐氏以一妇人,且系衍圣公孔传铎第三继室,岂容于墓侧违例营葬?不特于风水有碍,且揆之典制亦断无此理。孔宪培于伊继高祖母营造虚圹时虽未经阻止,今既呈明更正尚属可原,孔宪培著免其议处。至孔继汾、孔继涑,身为圣裔,且曾登仕版,自应恪遵祖制,照例将伊母安葬,乃于徐氏营造虚坟,既不能奉阻于前,仍复固执于后,殊属非是。孔继汾、孔继涑俱著交部严加议处,其虚坟著即铲平。⑤

此次事件,高宗并未给孔继汾惩罚,但对其已颇有看法。次年,原任圣

---

① 《钞件为衍圣公听任孔继汾等主持祖庇庙户干碍地方应革职事》,《曲阜孔府档案史料选编》第三编,齐鲁书社,1982年,第525页。
② 《孔继汾自作墓志铭》。
③ 《孔继汾自作墓志铭》。
④ 《孔继汾自作墓志铭》。
⑤ 《清实录》卷一千二百十四《高宗实录》第1214卷。

庙四品执事官孔继成上告孔继汾在《孔氏家仪》一书中删改服制，且多有忤逆之词，孔继汾因此被遣戍伊犁。

孔继汾被裁定遣戍伊犁后，其子孔广森积极设法营救，"明年君父止堂以著书为族人所讼，将西戍塞外，君纳锾入都。百茧赴阙，仰冀主慈，万里荷戈，愿以身代"①，获准纳锾以赎后，胞弟孔继涑也倾力资助，"荷圣主矜全，罚输金交河堤使者，再论戍边，恩许纳锾以赎。君同忧共患，出己资助户部君前后万七千金"②。经众人的积极努力，"未几，止堂公获宥"③，获救后的孔继汾"不乐家居，客游杭州以没"④。客居杭州，是由于孔继汾与居住于此的名士梁同书有姻亲关系。乾隆五十一年（1786）八月初六日戌时，孔继汾因病在杭州去世。十月，灵柩被迁回曲阜。乾隆五十四年（1789）四月，其子孔广林将孔继汾夫妇迁坟合葬于曲阜城西的犁华店。

孔继汾妻许启麟，是翰林编修海宁人许焞的次女，礼部尚书许汝霖曾孙女。许夫人生三子二女，广柱幼殇，广林、广森成人；妾李氏生广懋、广册、广衡、广廉；茹氏生广规；广廉出嗣胞弟孔继涑。

孔继汾后裔众多，科举兴盛，著述颇多，尤以经术著称。

长子广林（1746—1814），字丛伯，号幼髯，廪贡生，署太常寺博士。自幼好学，专攻郑玄之学，颇有成就，著作编成《孔丛伯经说稿》。精于音律，著有《温经楼游戏翰墨》二十卷，收录其所撰传奇、杂剧、散曲。子三：昭薪，昭蔼，昭黉。昭薪（1781—1825）字孟翘，号克樵，嘉庆戊寅（1818）恩科举人，曾于道光三年（1823）编撰《孔氏大宗支谱》，无子，以从弟昭诚次子宪璜为嗣。宪璜（1805—1869）字仲戬，号泾石，道光辛卯（1831）恩科举人，著有《丁未重修大宗支谱》。

次子广森（1752—1786），字众仲，号㔽轩，乾隆辛卯（1771）恩科进士，曾官翰林院检讨，清代著名经学家、礼学家、算学家、文学家、音韵学家（详见下节）。子一，昭虔。昭虔（1775—1835）字元敬，号荃溪，嘉庆辛酉

---

① （清）凌廷堪：《孔检讨诔》，《校礼堂文集》卷三十六，《续修四库全书》第1480册，第352页。
② （清）梁同书：《谷园孔君家传》，《频罗庵遗集》卷九，《续修四库全书》第1445册，第508页。
③ （清）凌廷堪：《孔检讨诔》，《校礼堂文集》卷三十六，《续修四库全书》第1480册，第352页。
④ （清）姚鼐：《孔信夫墓志铭》，《惜抱轩全集》卷十三，中国书店出版社，1991年，第145页。

(1801)恩科进士,曾官翰林院编修,官至贵州布政使,著有《古韵》,《词韵》,《镜虹吟室诗室集》二卷、《经进稿》一卷、《绘声琴雅集》二卷、《扣舷小草词》一卷等。无子,以从弟昭诚第三子宪恭为嗣。宪恭(1809—1859)字少叔,号蒨华,道光丁酉科(1837)举人,内阁中书,拣发湖北同知,诰授奉政大夫。

广册子昭詠(1803—1849)字少复,号鹤舟,道光壬辰科(1832)举人。广册孙宪琮(1804—1861)字璧符,号荔生,道光癸卯科(1843)举人,河南候补知县。

广衡长子昭任(1790—1851)字仁甫,号芝耘,嘉庆丙子科(1816)举人,曾官广西平南县知县;次子昭佶(1791—1851)字正夫,号哲峰,嘉庆庚辰科(1820)进士,官至甘肃泾州直隶州知州,军功随带一级,诰授朝议大夫。①

二、孔继汾的学术成就

孔继汾作为清代著名学者,他曾很谦逊地概括自己一生的治学理念和学术成就:"余素不善书,又不爱作诗,惟性耽著述,每考订经义辄有所论,他日子孙贡谀意者其在斯乎?然谬悠之论,原未敢属为文辞问当世。凡所撰次,惟《阙里文献考》、《孔氏家仪》、《勖仪纠谬集》为有成书,其他如'四书补音'、'三礼名物'、'历代编年'、'刑考'、'地志'之类,不过闲居无事,翻书之下抄撮备遗忘而已,并浅陋无足存者,故旋作旋削,若遂据以饰语欺后人,尤甚无谓。"②然而作为学者,孔继汾在礼、史、文学等方面造诣较深,一生著述颇丰,其学术成就大体有以下几项:

1. 礼学方面

作为孔子后裔,孔继汾对于孔氏家礼有着切身的了解认识,且多年来,与其胞弟孔继涑一直帮助衍圣公治理孔氏家族事宜,这就为其深入了解孔氏仪礼提供了更加便利的条件。乾隆二十七年(1762),衍圣公孔昭焕就续娶咨询应循礼节,江衡劝将家族吉凶诸事编著成书,以便后人参考,遂成

---

① 孔继汾家族情况根据道光十一年(1831)《孔氏大宗谱》整理。
② 《孔继汾自作墓志铭》。

《孔氏家仪》一书。《孔氏家仪》一书共计十四卷,将孔氏家族庙祭、家祭、丧礼、婚礼、宾礼及修族谱等事宜所应遵循的礼节、服制悉数收入。除正文部分,孔继汾还随记随议,用小字将自发议论记于正文中。

此书撰毕后,孔继汾感觉意犹未尽,又撰成《家仪答问》四卷,对《孔氏家仪》进一步补充解释,而《殇服表》一卷、《丧服表》一卷,作为《孔氏家仪》外卷,便与后人查询丧葬服制。

除此之外,孔继汾还在乾隆三十三年(1768)撰成《助仪纠谬集》三卷,考祭祀的仪式、祭品、祭祀器皿的本原。次年撰《阙里仪注》三卷,对祭祀仪注"考录旧仪,删繁正误"。《文庙乐舞全谱》,保留了文庙祭祀中的器乐乐谱及祭祀舞蹈动作。

孔继汾半数著述皆是关于"礼",涉及礼服、礼制、礼器、祭祀典制等各个方面,系统完整地保存了传统孔氏家礼。《孔氏家仪》虽然被禁毁,但因"冠、婚、丧、祭罔不俱备,迄今子孙遵守之"①,足可以证明其价值所在。

2. 谱学方面

孔氏家谱每逢甲子则大修。乾隆九年(1744),七十一代衍圣公孔昭焕主持孔氏家族家谱大修。但此时孔昭焕年方十岁,故这次家谱大修的实际主持者为孔继汾、孔继涑兄弟。他们为此制订出《乾隆甲子年孔氏修谱凡例》、《乾隆甲子年孔氏修谱事宜》等文件。次年,《孔子世家谱》二十二卷成书,孔继汾为书写跋。但至乾隆四十七年(1782),孔氏家庭族长因此版《孔子世家谱》撰时"先公年在冲龄,未能亲自校勘,而二三编次之人,多系蔀屋书生,又不能周知禁例,故书中有触犯甚多"②,谱中多有犯讳之处,所以将其收回重刊。

孔继汾还撰有《孔氏大宗支谱》十四卷、《东家嫡系小谱》十卷。同治年间重修《大宗支谱》中收有孔继汾所撰支谱的《癸未修小谱原序》及《甲午重修支谱原序例》。《续修四库提要》著录《东家嫡系小谱》有乾隆刻本。

从以上可知,孔继汾曾经三次修谱,在此之后,直至民国十七年

---

① 民国二十六年(1937)《孔子世家谱》初集,卷三之一《大宗户》。
② 《札族长举事魏改正谱牒犯讳事》,《孔府档案史料选编》第三编,第256页。

(1928),期间近二百年,家谱未再大修,只是孔氏族人在原基础上的补修,由此可见孔继汾所修家谱的史料价值所在。此外,孔继汾在旧有族谱的基础上更有所创新。他首次将孔子之前诸圣祖年谱单列成卷,改称年表。并将有关孔子事迹一一考证,撤去荒诞不经之说,保留有据可考之事,在孔氏修谱历史上起到了正本清源的作用。

3. 史学方面

乾隆二十六年(1761),孔继汾作成《阙里文献考》一百卷,《续修四库全书》将其归入史部传记类。孔继汾因观前面几部旧志,或失于太略,或考据失于精准,且最近一部孔尚任所修《阙里志》记载止于康熙年间,未能反映雍正以来的孔氏家族情况,所以孔继汾在诸部旧志的基础上,参考各家相关著述,考订厘清史事,增益编订体例,而成《阙里文献考》。与此前诸部孔氏志书相比,《阙里文献考》条目清晰,收录内容最为全面,对以往旧志之讹,考证令人信服。《孔子世家谱》称赞此书"继往开来,功冠千古"[1],此书为后世研究孔子、孔门弟子和孔氏家族提供了重要的史实资料。

4. 其他方面

《续修曲阜县志》载孔继汾著有《行余诗草》二卷,并说"词附",是诗词合集。此外,孔继汾还曾经"手校经史刊本,为家塾读本"[2]。《孔继汾自撰墓志铭》中还记录他曾经撰有"四书补音、三礼名物、历代编年、刑考、地志之类"[3],这些书均已佚失不存。

第六节 孔继涵及其学术成就

孔继涵爱好广泛,天文、地理、经学、数学、文艺、金石、考据、校勘无不涉猎,尤精于校勘、历算,著述众多,是清代著名学者。

---

[1] 民国二十六年(1937)《孔子世家谱》初集卷三之一《大宗户》。
[2] 《续修曲阜县志·人物志》卷五。
[3] 《孔继汾自作墓志铭》。

一、孔继涵的生平

孔继涵（1739—1783），字体生，又字誧孟，号荭谷，别号南洲，自称昌平山人，乾隆四年（1739）正月初二日生，第六十七代衍圣公孔毓圻之孙，正一品荫生孔传钲之子，生母为东阁大学士兼吏部尚书熊赐履之女熊淑芬①。

乾隆二十三年（1758）夏，皇帝至曲阜拜谒孔子，孔继涵随七十一代衍圣公孔昭焕赴峄县迎接，得到召见。乾隆庚辰科（1760）举人，辛卯科（1771）中恩科进士，"官户部河南司主事兼理军需局事，充《日下旧闻》纂修，官加二级，又军功加一级"②。

孔继涵在京为官六年，其间他遍游了京郊古迹名山，考察寺庙、碑记，浏览了众多皇家藏书，搜集了大量古籍，著录了大量的金石碑刻。因居住于北京东厢，他与众多名士官员结交，"过从者，钱唐卢裒经文弨，与钱晓征大昕，休宁戴东原震、程瑶田，长洲胡东表士震，大兴朱笥河筠，歙程鱼门晋芳，杭郡邵二云晋涵，鹤庆李仙嵓根玉，兴化任幼植大椿，桐城姚昔抱鼐，历下周林汲永季，扬州罗金牛聘"③。卢文弨是著名的校勘学家、经学家，钱大昕是著名的经学家、史学家，戴震是一代经学大师，且音韵、文学、历算无不精通，程晋芳为经学家；任大椿为经训学家，姚鼐为著名文学家、经学家，周永年是著名藏书家、校勘学家，罗聘为扬州八怪之一。孔继涵在与他们交往中，研讨经史义理，训诂名物、典籍校勘之学，互相切磋，增进了自身的学识。

其中与戴震的交往尤为密切，两人相交友善达20多年，戴震仅有的一个女儿也"许嫁户部主事曲阜孔君继涵次子广根"④，结为姻亲。戴震作为清代一代皖派朴学大师，他严谨的治学态度和广博的治学精神，对孔继涵的日后治学产生了深刻的影响。

---

① 据孔继涵撰《经筵讲官太子太保东阁大学士兼吏部尚书熊文端公年谱》曰：先生卒后之六十年其外孙孔继涵。《杂体文稿》卷七，《续修四库全书》第1460册，第450页。
② （清）翁方纲：《皇清诰授朝议大夫户部河南司主事孔君墓志铭》，《复出斋文集》卷十四，《续修四库全书》第1455册，第480页。
③ （清）孔继涵：《因居记》，《杂体文稿》卷三，《续修四库全书》第1460册，第437页。
④ （清）洪榜：《戴先生行状》，《戴震全集》卷六，第3388页。

孔继涵事亲极孝。他八岁丧父,由母抚养成人。乾隆三十一年(1766),孔继涵"吏偕有术者言:'君此行必获隽愿,母氏恐有意外虞耳。'君夙不信术家语,闻此则色变,不欲行。诸父兄弟趣之行,行二百里,心怦怦,策车而反"①。在户部任职期间,孔继涵始终情系母亲安危。乾隆四十二年(1777),孔继涵听闻"母氏有心疾,遽移告养三年",从此一心侍奉病母,在前途大好之际,未再步入仕途。

次年,孔继涵在曲阜城北购一废园,"为元时曲阜县尹克钦之聚芳园址",将其翻新,并在水上修一书斋,命名为"微波榭"。孔继涵于此一边侍奉母亲,一边潜心研究,校勘书籍,著书立说。此时正处乾隆盛世,在学术上各学派常常以门户之见,相互诋毁对立。孔继涵"为人体弱,有醞籍,生平无疾言遽色,而精心强力期于致用,与人交缓急补助,无矜色"②,平和包容的心态使得好友众多,退官后,新朋旧友时常造访,把酒言欢,吟诗作对,切磋经义,考证名物,进一步扩大了孔继涵研究领域,为他日后的巨大学术成就打下了基础。

乾隆四十八年(1783)十二月十八日,孔继涵突染重病病逝,年四十四,葬于曲阜孔林。孔继涵妻孙氏,汉阳人,山东道监察御史绍基第五女。有子五人,广栻,广根,广休,广闲,广权。其中广栻为乾隆恩科举人,经学家,撰有《周官联事》二卷,《藤梧馆诗钞》八卷。

二、孔继涵的学术成就

孔继涵爱好十分广泛,他对天文历算、经学地志、金石考据皆有研究,尤其精于历算和地理。著有《考工车度记补》、《杜氏考工记解》、《勾股粟米法释数》、《新加九经字样》、《同度记》各一卷,《水经释地》八卷,《红桐书屋诗集》四卷,《文集》两卷,《斯冰词》三卷。他将其著作及所校订的书籍,统称为《微波榭丛书》。

1. 校勘图书。孔继涵平生喜爱收藏图书,家有藏书10万余卷,"集唐

---

① (清)李桓:《国朝耆献类编初编》,《清代传记丛刊》第152册,明文书局,第105页。
② (清)翁方纲:《皇清诰授朝议大夫户部河南司主事孔君墓志铭》,《复初斋文集》卷十四,《续修四库全书》第1455册,第481页。

汉以石刻千余种",与著名藏书家李开先并称为"江北二家"。"遇藏书家罕传之本,必较勘付锓,以广其传"①,造福于学者。

经孔继涵校勘的书籍极为丰富,主要有:汉代赵岐的《孟子注》十四卷,唐代张参的《五经文字》三卷,唐代唐玄度的《九经字样》一卷,晋朝杜预的《春秋长历》十卷,晋朝京相璠的《春秋土地名》十四卷,宋代宋庠的《国语补音》三卷,元代赵汸的《春秋金钥匙》一卷。戴震去世之后留下的众多著作:《毛郑诗考证》四卷,《算经十书》五十卷,《考工记图》二卷,《原善》一卷,《续天文略》三卷,《声韵考》四卷,《声类表》九卷,《毛郑诗考正》五卷,《杲溪诗经补注》一卷,《屈原赋注》九卷,《水地记》一卷,《策算》一卷和《文集》十卷,"曲阜孔户部为刊行之"②,也是孔继涵刊印的。

在孔继涵校勘的众多书籍中,戴震所辑的《算经十书》在中国科技史的发展上有着重要的价值。《算经十书》为戴震入四库馆修书后,所辑佚校对出的九种数学典籍。包括《九章算术》、《周髀算经》、《海岛算经》(魏刘章撰)、《孙子算经》(周甄鸾注)、《五曹算经》(周甄鸾注)、《夏侯阳算经》(隋韩延傅本)、《张邱建算经》(周甄鸾注)、《五经算术》(周甄鸾注)和《辑古算经》(唐王孝通撰),并附有《数术记遗》。这十部数学专著,早已散逸,是戴震从《永乐大典》中辑佚出其中三种,又访得毛氏的影宋抄本七种,两者汇集而成,并对其中的谬误加以刊订,再加上《数术记遗》(汉徐岳撰)和戴震本人所作的《策算》一卷和《勾股割园记》八卷共为十经。最后刊行时,孔继涵又加入了《缀术》(齐祖冲之撰)以及《周髀音义》(宋李籍撰)二种。

孔继涵认为算学极为重要,"六书九数为民生日用所不能废","唐以明算科取士",学习时间就规定"九章海岛共三岁,周髀五经共一岁,孙子五曹共一岁,张邱建、夏侯阳各一岁"③,所以将戴震的稿本加以校勘付梓,并将其中的错误之处加以指出改正,附于正文之后。《算经十书》包括了从汉初到唐宋一千年中的数学名著,有着丰富多彩的内容,是了解中国古代数学的必不可少的文献。梁启超在《中国近三百年学术史》中赞叹说:"此诸书

---

① 《续修曲阜县志·人物》卷五,第460页。
② (清)钱大昕:《戴先生传》,《戴震全集》,第3435页。
③ (清)孔继涵:《算经十书序》,《杂体文集》卷三,《续修四库全书》第1460册,第422页。

者久已埋没尘壒中,学者几不复知吾国自有此学。即有志研究者,亦几译书外无所凭借。自戴校诸书既成,官局以聚珍版印行,而曲阜孔氏复汇刻为《算经十书》,其移易国人观听者甚大。善夫!"①

阮元更是高度评价孔继涵校勘《算学十经》的成就:"孔户部为顨轩检讨从父而行,而与戴吉士最友善,教学相长,良多资益,故言所成就,其器量虽难进乎犹子,固亦时之向也。自东原氏表宁古籍而后,唐与帖算之书复显于世,苟无户部刻以传,亦安必其流行至今乎?尝谓无朱刻郑刻而二徐说亡,无孔刻而十经之书终息,然则六书九数之子存也,户部之功又岂出学士相国右哉!"②

2. 算学。除校勘戴震《算经十书》之外,孔继涵自身在算学上造诣很高,他撰有《同度记》四卷。度为度量衡,同度的涵义孔继涵概况为:"《虞书》曰:同律度量衡。夫律何以能同度量衡也?盖物生而后有象,象而后有数。律也者,其象也……何以同度名,取记不及于乐,而尺、斛、秤为民生日需。《论》云:谨权量,审法度,盖以审度以修权量。三者修而四方之政行,以日用饮食民生不越是也。"③也就是考察度量衡(长度、体积、重量)的历史演变,并考察他们之间的对应换算关系。

全书四卷,在内容上可分为两部分:前三章为《经准》上、中、下篇,主要考证《考工记》、汉粟米法、《黄帝九章算法细草》、郑玄、刘歆、孙愐关于同一度量衡的不同涵义。如论及体积时,"郑君曰:二十两曰溢,米一升二十四分升之。孙愐曰:二十四两曰溢,米一升四分升之一"④,在列举之后,孔继涵还综合概况出他们之间的换算关系:"以斗计之,得为两者百九十二;以十阶之则为石,以十递阶之则为升,为合为勺,故百二十斤为石。"⑤至于同一度量衡之所以出现进制不同的原因及如何修正,孔继涵也进行了研究说明。在最后一章中,孔继涵还以表格的形式列举了前代度量衡的换算技

---

① 梁启超:《中国近三百年学术史》,东方出版中心,2004年,第379页。
② (清)阮元:《畴人传·孔继涵传》,《清代传记丛刊》第34册,第290页。
③ (清)孔继涵:《同度记序》,《续修四库全书》第1045册,第144页。
④ (清)孔继涵:《同度记》卷一,《续修四库全书》第1045册,第148页。
⑤ (清)孔继涵:《同度记》卷一,《续修四库全书》第1045册,第149页。

法,使得各自区别一目了然。

自戴震辑佚出久已失传的多部古代算经后,在学术界掀起一股研究整理中国古代数学的热潮,孔继涵的《同度记》就为其中代表之一。各度量衡之间的关系如何,数学家关于此的争论绵延千年,孔继涵以朴学之法系统考量了古代关于度量衡的众多代表性的表述方式,指出区别,提出看法,在中国科技史的发展上具有一定的价值和意义。

3. 科技。孔继涵在科技上,著有《考工车度记补》一卷,《林氏考工记解》一卷,《春秋地名考》,都已失传,独《水经释地》八卷传世。

孔继涵对《水经注》的研究早在居官时就已开始,《重制水经注序》中说:"前数年东原氏为予言曰:是书经注混淆,白宇文、欧阳二子发之而未之是正。至于字句讹舛,非检阅之勤不易得也,子盍不与我共治之。予因旁搜群籍积至数十事,东原氏盖有取焉。"①乾隆四十七年(1782)成书。

《水经释地》一书以戴震的《水经》一卷为稿本,对《水经》中出现的水道经过的山川、郡县、古籍都进行了考证。《水经》共列一百二十三条水道,孔继涵对其中的一百零五条水道经过的地名沿革进行了考证,并按照依水系分布地区来分卷次的方法进行重新排序。卷一为"阿耨达山诸水河水和葱岭于阗二水次"(诸河上游支流),卷二为"渠至瓠子皆出于河之水次及汾至清自左以次入河"(黄河左侧支流),卷三为"渭至伊自右入河次及河北以东终于乐浪朝鲜"(黄河右侧支流和海河水系、辽河),卷四为"济濆而汶则入于济和淄至沭皆济汶以次"②(山东及苏北境内河流)等。这种分类方式已接近现代的水文地理分区,且以水系为统系地名,方便读者查找。在《水经释地》的编撰过程中,孔继涵广泛收集各种资料,印证材料除《二十四史》外,还有《括地志》、《元和郡县图志》、郦道元的《水经注》等。征引各古籍有错误之处,孔继涵也在文中以"继涵案"的形式予以注明。

孔继涵撰《水经释地》系统解决了《水经》中所言各水道所经地名的沿革与清代地名的对照问题。《水经》自问世以来,除郦道元为之做注,系统

---

① (清)孔继涵:《重修水经注序》,《杂体文集》卷一,第422页。
② (清)孔继涵:《重修水经注序》,《杂体文集》卷一,第422页。

说明地名变化外,其余无人涉及此问题。孔继涵"条举水经而专释其所载地名,辩证古籍而实指今为何地,自为读桑经者所不可少"①。此外,孔继涵还系统论证了长江源头应为金沙江而非传统上《尚书·禹贡》所说的"岷山导江",并推断出金沙江的源头应为发源于西番之阿克达母必拉(今当曲)。

4. 经学。孔继涵经学著作有《春秋地名考》一卷,《五经文字疑》一卷,《九经字样疑》一卷。

《春秋地名考》的撰写是因为孔继涵在完成《春秋地名》一书的校勘后,发觉自西晋杜预撰创春秋地名学后,"至顾栋高《大事表》,高士奇所刊徐善《地名考略》,马骕《事纬》之《地名谱》,惠栋《左氏补注》,皆未获见释例之书,故多创始之繁,而且嫌卷帙之富,益叹古人著述之善"②,所以孔继涵"取经传中与地名相涉而杜氏所未及者,暨杜氏所阙及杜氏之讹者附于后"③。

《五经文字疑》和《九经字样疑》皆为孔继涵在校勘《五经文字》和《九经字样》石刻的过程中完成,对于两者缺损之字,取扬州马日昶的宋拓片摹刻本补入,即便有据可考,孔继涵依旧对其中有些字句"因疑不敢即据以补入者,亦悉著之于篇,存以俟考,用备参证,而代校勘"④。

以上三部经学著作皆是孔继涵在校勘图书的过程中存疑考据而成。对这种严谨的治学态度,戴震曾赞叹道:"余闻而知孔君用心之审慎,其留意于小学也,好之深是以能辨之详如此……孔君好古而知所从事,能去华取实于世之所不讲。余读是刻,核订精审,不徒有功小学而已。"⑤

5. 文学。孔继涵善写诗词杂文,著有《红榈书屋诗集》、《杂体文》和《斲冰词》三种。诗词中士人之间的应答诗、拟题诗数量巨大,且长篇诗歌不少。

如《社后一日招周依堂游柳庄次韵四首》:

---

① (清)李慈铭:《越缦堂读书记》,中华书局,2006年,第783页。
② (清)孔继涵:《春秋地名考·序》,《微波榭丛书》。
③ (清)孔继涵:《春秋地名考·序》,《微波榭丛书》。
④ (清)孔继涵:《五经文字疑·跋》,《微波榭丛书》。
⑤ (清)戴震:《重刊五经文字九经字样序》,《微波榭丛书》。

> 遥山暝色生，清泗不可唾。天未缺月来，沙际倦鸥卧。
> 长空净无翳，蟾影树分破。花香扑鼻微，雁警卫人过，
> 循堤延绿行，胸怀了无浣。遥望隔岸村，明灯时一个。
> 上下碧琉璃，欲去愁无那，君试拍手歌，我当击节和。①

此为四首之一，为孔继涵与周依堂唱和之作。两人在诗社之后犹觉意犹未尽，孔继涵又邀周依堂同游柳庄。诗歌描写了春末夏初的泗河两岸风光，字里行间透露出作者休官居家后愉快的心情以及和朋友的深情厚谊。

孔继涵的诗歌还有很大一部分是描写基层百姓的生活场景：
如《刈麦词》：

> 不采苇花白，不采苇叶绿。叶尽花飘摇，苇杆直于竹。
> 编之以为席，织妇拳曲宿。长安纨绔儿，下陈粲锦服。②

在曲阜，秋后采集芦苇编织而成卧席是当地农民重要的经济来源之一，文中农妇的辛苦与京都使用者的奢逸形成了鲜明的对比。

《斯冰词》一卷为孔继涵自编个人词作全集，后刊印《微波榭全书》时被作为全书的附录出现。词极为工整，豪放中透着细腻，因无应酬唱和之需，而俱为作者因景触情而作，故更能借此抒发个人真情实感。

孔继涵所撰文稿流失很多，现存文稿中书籍序言或题跋存数较大。孔继涵为金石收藏家，如发现重要碑刻，他必撰文以叙经过，描述碑刻现状，评判碑文的价值。

此外，作为东阁大学士兼吏部尚书熊文端的外孙，孔继涵亲自为外祖父编写了年谱。

正当孔继涵治学日渐佳境之际，突染重病，不日而亡，享年四十五岁。

---

① （清）孔继涵：《社后一日招周依堂游柳庄次韵四首》，《红榈书屋诗集》卷一，《续修四库全书》第 1460 册，第 395 页。
② （清）孔继涵：《社后一日招周依堂游柳庄次韵四首》，《红榈书屋诗集》卷一，《续修四库全书》第 1460 册，第 396 页。

好友翁方纲为之叹曰:"云乎!奚以君寿也。以因其数之,倚其经之神,其度量钧,其篆隶分,气赛岱东,蔚乎大文,以昌其身,以利其子孙。"①

第七节 孔广森及其学术成就

孔广森少时师从戴震、姚鼐,博览群书,经史、训诂、六书、九数无不精通,虽然短寿,但著述丰富,是清代著名的经学家、数学家、音韵学家。

一、孔广森的生平

孔广森(1752—1786),字众仲,号㧑约,又号顨轩,清代著名经学家、算学家、音韵学家。孔子第七十代孙,六十八代袭封衍圣公孔传铎孙,户部主事孔继汾次子,正室许夫人出,乾隆十七年(1752)十二月初八日生。

孔广森自幼"德为大器,幼颖异,善属文"②,乾隆三十三年(1768),姚鼐主持山东戊子科乡试,年仅十七岁的孔广森与其叔父孔继涑一起考中举人。四年后,孔广森再度高中辛卯科进士,选翰林院庶吉士,次年散馆授检讨。③

孔广森年少入官,科举仕途一帆风顺,可谓春风得意,令人十分羡慕。且出生于圣人之家,加之"翩翩华胄,人目之为卫洗马、王长史"④,一时间京城权贵达人纷纷"争逢迎,冀相缔交"⑤,然而孔广森"性恬淡,耽著述,裹足不与要人通谒"⑥。

乾隆四十二年(1777),生母许夫人去世,孔广森丁内艰归乡,从此未再

---

① (清)翁方纲:《皇清诰授朝议大夫户部河南司主事孔君墓志铭》,《复出斋文集》卷十四,《续修四库全书》第1455册,第481页。
② (清)凌廷堪:《孔检讨诔》,《校礼堂文集》卷三十六,《续修四库全书》第1480册,第352页。
③ 《清史稿》卷四百八十一。
④ (清)钱林辑,(清)王藻编:《孔广森》,《文献征存录》卷八,《清代传记丛刊》第11册,第461页。
⑤ (清)支伟成:《孔广森》,《清代朴学大师列传》皖派大师列传卷六,《清代传记丛刊》第12册,第223页。
⑥ (清)钱林辑,(清)王藻编:《孔广森》,《文献征存录》卷八,《清代传记丛刊》第11册,第461页。

步入仕途,而将全部精力致力于著述。

为集中精力著述,孔广森筑堂于郊,"东邻萦映,顾惭拙宦之居;北市嚣尘,差远小人之宅"①,因钦慕东汉郑玄之学,而命名为"仪郑堂"。乾隆四十五年(1780),仪郑堂筑成,请姚鼐为之作记。

乾隆五十年(1785),因父孔继汾著《孔氏家仪》,"为族人评讼,将西戍塞外",孔广森"扶病走江淮河洛间,称贷四方,纳赎锾,父因之获宥"②。次年,孔继汾卒于杭州,同年祖母也去世,接连遭受两次亲人离去的打击,孔广森哀伤过度,竟于同年的十一月八日离世,年仅三十五岁。妻沈氏,嘉善人,河南试用县丞借补武陟县典史世燕长女,与孔广森同葬曲阜犁华店。子一,昭虔。

二、孔广森的学术成就

孔广森年少师从皖派经学大师戴震,并跟随戴震游历而尽受其学,"经史训故,沉览妙解,兼及六书九数,靡不贯通"③,与其同时期的北方汉学家"纪文达公昀无传书,独孔氏一家为之"④,故清代学案将孔广森列为皖派戴震一门。由于深受戴震的影响,孔广森一生治学都具有经史并重和义理训诂兼擅的特点。而后,孔广森又拜今文经学大师庄存与为师,专治"公羊"之学,融会贯通穀梁、左氏三家之学,并自成体系。此外,他还善于创作骈体文,被后世称为清代骈文八大家之一。

孔广森一生短暂,但其著述极为丰富。撰有《春秋公羊通义》十二卷,《大戴礼记补注》十四卷,《诗声类》十三卷,《经学卮言》六卷,《礼学卮言》六卷,《礼仪器制改释》五十八卷,《少广正负术内篇》三卷,《少广正负术外篇》三卷,《勾股难题》一卷,又有《仪郑堂骈体文》三卷,《仪郑堂文》二卷,《仪郑堂遗稿》一卷。后人汇编而成《顨轩孔氏所著书》,或名《仪郑堂顨轩

---

① 孔广森:《上座主桐城姚大夫书》,《仪郑堂文》卷一。
② (清)支伟成:《孔广森》,《清代朴学大师列传》皖派大师列传卷六,《清代传记丛刊》第 12 册,第 223 页。
③ (清)支伟成:《孔广森》,《清代朴学大师列传》皖派大师列传卷六,《清代传记丛刊》第 12 册,第 223 页。
④ (清)徐珂:《经学有北南二派》,《清稗类钞·经学类》第 8 册,中华书局,1984 年,第 3801 页。

全集》。

孔广森之学涉及经、史、算、音韵、文学等多方面，其学术成就大体有以下几项：

1. 经学。孔广森在经学上的成就主要体现在治春秋公羊学上。汉以降，因公羊学"学者称精奥焉，六朝时，何休之学犹盛行于河北。后左氏大行，公羊几成绝学矣"①，孔广森一改传统对公羊学的轻视，自视接续公羊学之道统，重拾公羊家法，乃"清儒头一位治《公羊传》者"②。

孔广森对公羊学用力颇深，对其成就也颇为自负，他曾自诩云"余生平所述讵逮古人公羊一编，差堪自信"③，后人评价说他"生平经书皆博涉，专门尤长《春秋》、《戴记》，而积立终在《春秋公羊传》"④。

孔广森认为孔子"有帝王之德，无帝王之位，又不得为帝王之辅佐。乃思以其治天下之大法，损益六代礼乐文质之经制，发为文章以垂后世"⑤，所以"必将因衰世之宜，定新国之典，宽于劝贤而峻于治不肖。庶几风俗可渐更，仁义可渐明，政教可渐兴，一于《春秋》乎托之"，《春秋》的重要地位由此可见。但春秋经文言简义深，如不借助注解则无法了解，故后世出春秋三传，"《左氏》之事详，《公羊》之义长。《春秋》重义不重事，斯《公羊传》尤不可废"⑥，而被公羊学者奉为圭臬的何休之学，"体大思精，然不无承讹率臆"，孔广森于是"旁通诸家，兼采'左'、'穀'，择善而从，著《春秋公羊通义》十一卷，序一卷"⑦。

孔广森治《公羊学》，其创见大体有以下几个方面：

其一，校勘文字。孔广森在《公羊春秋经传通义》的注释中特设"音义"一项，用以厘清文字，增补脱字。

---

① （清）阮元：《春秋公羊通义序》，《揅经室集》卷十一，《续修四库全书》第1478册，第661页。
② （清）梁启超：《中国近三百年学术史》，第193页。
③ （清）孔广森：《校刊公羊春秋通义叙略》，《春秋公羊通义》，《续修四库全书》第129册，第1页。
④ （清）支伟成：《孔广森》，《清代朴学大师列传》皖派大师列传卷六，《清代传记丛刊》第12册，第223页。
⑤ （清）孔广森：《春秋公羊经传通义叙》，《春秋公羊通义》，《续修四库全书》第129册，第180页。
⑥ （清）孔广森：《春秋公羊经传通义叙》，《春秋公羊通义》，《续修四库全书》第129册，第180、185页。
⑦ 《清史列传》卷六十八《孔广森　孔继涵》。

如(隐公四年)隐公曰："吾否,吾使修涂裘,吾将老焉。"【音义】板本作隐公曰"否",石经作隐公曰"吾否",互有脱字,今参从之。①

(隐公十一年)子沈子曰："君弑,臣不讨贼,非臣也,不复仇,非子也。葬,生者之事也。《春秋》君弑贼不讨,不书葬,以为不系乎臣子也。"【音义】板本不复仇上脱子字,从开成石经增,不系乎上,熹平石经无以为二字。②

四年春,王三月庚戌,盗弑蔡侯申。【音义】弑,板本误作"杀",从开成石经改。③

其二,正音释义。除了校勘文字以外,孔广森还广泛应用古代训诂音韵之学,对文中有争议之处注音释义,除详尽列举各家之说外,更提出自己的见解。

如:(隐公元年)三月,公及邾娄仪父盟于眛。【音义】《释文》云:娄,力俱反,邾人语声后曰娄。眛,亡结反,《左氏》作蔑,按眛与蔑通。《荀子》:兵殆于垂沙,唐蔑死。《史记》作"楚将唐眛"。亦即此眛字也。三家之经殊文异读,动以百数,非义所系者,后不复举。④

赵盾曰:"嘻!"趋而入。灵公望见赵盾愬而再拜。【音义】愬,读如愬,愬终吉之愬。又何焯云,愬即自愬膳宰之事,与旧读异。⑤

其三,解经阐义。公羊派治《春秋》以阐发微言大义为其特色,孔广森的《春秋公羊经传通义》也以此为主体,但孔广森治经并未拘泥于门户之见,而是通采春秋各家之说,并吸纳历代经典之说作为佐证。如:

何为反之桓?桓幼而贵,隐长而卑,其为尊卑出微,国人莫知。《解诂》曰:莫知者言,惠公不早分别也。男子六十闭房,无世子,则命贵公子,将薨亦如之。(孔广森)谨案:《左传》曰:惠公元妃孟子。孟子卒,继室以声子,生隐公。宋武公生仲子,仲子生而有文在其手曰为鲁夫人,故仲子归于我。生桓公尽,声子以继室称夫人。仲子再娶,亦称夫人,并妃二嫡,故国

---

① (清)孔广森:《春秋公羊经传通义》,《续修四库全书》第239册,第12页。
② (清)孔广森:《春秋公羊经传通义》,《续修四库全书》第239册,第20页。
③ (清)孔广森:《春秋公羊经传通义》,《续修四库全书》第239册,第174页。
④ 《清史列传》卷六十八《孔广森 孔继涵》,第4页。
⑤ 《清史列传》卷六十八《孔广森 孔继涵》,第103页。

人疑其尊卑矣。《师说》春秋有七缺,惠公妃匹不正,隐、桓之祸生,是为夫之道缺;文姜淫而害夫,为妇之道缺;大夫无罪而致戮,为君之道缺;臣而害上,为臣之道缺;晋侯宋公杀其世子,为父之道缺;商臣蔡般弑其君,为子之道缺;髭、蒸、灾、尝,郊祀不修,而周公之礼缺;此君子所以惧《春秋》所以作也。①

百雉而城。《解诂》曰:二万尺,凡周十一里,三十三步二尺。(孔广森)谨案:此城每面五百丈,近三里之城。《墨子》曰:率万家而城,方三里,若以六尺为步,三百步为里计之,三里之城实周百有八雉,容举成数也。《周礼》城郭以命数为节,公九里,侯伯七里,子男五里者,皆谓外城。《孟子》言,三里之城,七里之郭,乃侯伯之正制。天子外城十有二里。而《考工记》云,匠人营国之制,大都不过三国之一,中五之一,小九之一……今三家私邑,悉如中都之制,不利公室,故讽使堕之。②

以上三部分,无论是解经释义,还是纠谬正音,孔广森治公羊学方法大体还是沿用了清代朴学的考据之法,广采诸家,众版本对校,以还原经典本质。虽然以何休的《春秋公羊传解诂》为稿本,但在一定程度上,孔广森成就甚至超越底本,受到后世肯定。

其四,创新公羊家法。何休在《春秋文谥例》云,三科九旨者:新周,故宋,以《春秋》当新王,此一科三旨也;所见异辞,所闻异辞,所传闻异辞,二科六旨也;内其国而外诸夏,内诸夏而外夷狄,是三科九旨也。此三科九旨被后世治公羊学者奉为家法。而孔广森认为:《春秋》之为书也,上通天道,中用王法,而下理人情。不奉天道,王法不正;不合人道,王法不行。天道者,一曰时,二曰月,三曰日。王法者,一曰议,二曰贬,三曰绝。人情者,一曰尊,二曰亲,三曰贤。此三科九旨既布,而一裁内外之异例,远近之异辞,错综酌削,相顶成体。③

孟子曰:孔子作《春秋》,而乱臣贼子惧。公羊学派看来,其中的缘由,

---

① (清) 孔广森:《春秋公羊经传通义》,《续修四库全书》第129册,第4页。
② (清) 孔广森:《春秋公羊经传通义叙》,《春秋公羊通义》,《续修四库全书》第129册,第180、160页。
③ (清) 孔广森:《春秋公羊经传通义叙》,《春秋公羊通义》,《续修四库全书》第129册,第180页。

具因《春秋》之中蕴含着微言大义,而孔广森更进一步指出,所谓的微言大义,孔子寓以褒贬的道德评判,正体现在《春秋》的字里行间,体现在叙事时间的具体与否上,体现在词语感情色彩的选择上,从而体现其依文以立义之旨。

除此之外,在《清史稿》中,还归纳出孔广森的见解与《解诂》之间另外三点差异:1."谓古者诸侯分土而守,分民而治,有不纯臣之义,故各得纪年于其境内,而何劭公谓唯王者然后改元立号,经书元年,为托王于鲁,则自蹈所云反传违戾之失。"2."谓春秋分十二公而为三世,旧说'所传闻之世',隐、桓、庄、闵、僖也;'所闻之世',文、宣、成、襄也;'所见之世',昭、定、哀也。颜安乐以为:襄公二十三年'邾娄鼻我来奔',云'邾娄无大夫,此何以书?以近书也';又昭公二十七年'邾娄快来奔',传云'邾娄无大夫,此何以书?以近书也':二文不异,同宜一世,故断自孔子生后,即为'所见之世',从之。"3."谓桓十七年经无夏,二家经皆有夏,独公羊脱耳。何氏谓:夏者阳也,月者阴也,去夏者,明夫人不系于公也,所不敢言。其不同三也。"①

正是由于孔广森未遵循传统的公羊家法,与公羊学大师何休的见解有诸多不同,从而引发学界的极大争议。刘逢禄曰:"乃其三科九旨,不用汉儒之旧传,而别立时、月、日为天道科,讥、贬、绝为王法科,尊、亲、贤为人情科,如是则《公羊》与《榖梁》奚异?奚大义之与有?"②梁启超认为:"㢲轩并不通公羊家法,其书违失传旨甚多。"③但学者对孔广森治公羊成绩肯定者也颇多。阮元称"广森深沉解剥,著《春秋公羊传通义》十一卷,于胡母子都、董仲舒、何邵公条例师法不坠","读其书始知圣人志之所在"④;张之洞认为"《春秋公羊传》止读孔广森《公羊通义》",他认为"国朝人讲《公羊》者惟此书立言矜慎,尚无流弊"⑤。

---

① 《清史稿》卷四百八十一。
② (清)刘逢禄:《春秋论下》,《刘礼部集》卷三,《续修四库全书》第 1501 册,第 57 页。
③ (清)梁启超:《中国近三百年学术史》,第 193 页。
④ (清)阮元:《儒林集传录》,《清代传记丛刊》第 13 册,第 14 页。
⑤ (清)张之洞:《劝学篇·内篇·守约》,中州古籍出版社,1998 年,第 94 页。

且在实际上,孔广森的《通义》也并未背离公羊家法。在他提出的三科九旨中,三科来源于董仲舒的《春秋繁露》中的《天人三策》篇,而九旨则出自徐彦疏《公羊传》时引宋衷之的话:"案宋氏之《春秋说》,九旨者,一曰时,二曰月,三曰日,四曰王,五曰天王,六曰天子,七曰讥,八曰贬,九曰绝。"其中,董仲舒、徐彦、宋衷之,都可谓公羊学大家,公羊学派道统传人,虽然孔广森在《通义》中也曾用左传、穀梁证何休之失,但仅以此就判断孔广森偏离公羊家法显失公允,而且孔广森在《通义》一书中旁征博引,补充史实,为公羊学阐发微言大义提供了更为可信的佐证。

2. 礼学。除公羊之学外,孔广森对于《大戴礼记》最为用力。大戴礼记、小戴礼记是以西汉礼学家戴德、戴圣命名的礼学文献。虽然西汉时,大戴礼记、小戴礼记都立于学官,但此后,小戴礼记的地位逐步上升,研究者众多。而大戴礼记"顾自汉至今,惟北周卢仆射为之注,且未能精备。自是以来,章句溷淆,古字多舛,良可慨叹。近时戴东原编修、卢绍弓学士,相继校订,蹊径略辟"①。虽也有几家研究,但由于《大戴礼记》本身"经记绵襏,词意简略,大义难举,微言仍隐"②,且因为不被重视,《大戴礼记》在历史流传过程中流失严重,"全篇八十有五,今所存者劣及四十,文句伪互,卷帙散亡,因未列于校官,亦罔闻于传述"③。

孔广森对《大戴礼记》的补注就围绕着以上问题展开。他以北周学者卢辩所注《大戴礼记》为稿本,并选择诸如淳熙乙未(1175)颍川韩元吉建安郡斋刻本、元刘贞庭嘉兴路学宫刻本、汉魏丛书本、明朱养纯刻本、高安本、卢文弨本、戴震本,又参照了朱熹的《仪礼经传通解》、杨简的《先圣大训》、吴澄的《仪礼逸经》等书,相互比照,择善而从,如有不同说法,则并列其中。

孔广森的补注主要围绕以下几方面展开:

其一,补注卢辩所注本的缺少篇目。卢辩校订后的《大戴礼记》仅流传下来二十四篇,孔广森补出缺少的十五篇。他的补文并非别出心裁的闭门造车,而是尽可能依据前人已有成果。《哀公问五义》、《礼三本》多引杨倞、

---

① (清)阮元:《大戴礼记补注序》,《大戴礼记补注》,中华书局,2013年,第3页。
② (清)孔广森:《大戴礼记补注序录》,《大戴礼记补注》,第5页。
③ (清)孔广森:《大戴礼记补注序录》,《大戴礼记补注》,第5页。

荀子注，《夏小正》引金履详、熊安生、蔡德晋、黄叔琳说，《礼察》多引《汉书》注，《五帝德》多引《史记》注，《哀公问于孔子》、《朝事》、《投壶》多引郑玄礼注，《保训》多引颜师古《汉书注》等。此外孔广森还广引《尚书》、《左氏春秋》、《考工记》等经典作为补注的参考依据。凡补注的内容，均在文中单列【补】以标出，并标明其来源。

其二，对卢辩注本原有篇目进行补注，或校正读音，或对文字纠谬，或解释字词涵义，或者阐释其中所蕴含的微言大义，并对其中有争议之处，列出各方观点，并附以【己按】表达自己的见解。

孔广森著《大戴礼记补注》，相比卢辩原书，增补内容几乎为原著的一倍。自卢澄注《大戴礼记》之后，历代鲜有通注全书者，孔广森为其后首次通注《大戴礼记》之人，且增补篇目，训诂纠错，尽己之能还原书的本来面貌，极大地推动了后世对《大戴礼记》的研究。阮元曾经评价孔广森的成绩说："使两千余年古经传复明白于世，用力勤而为功巨矣。"①

3. 算学。孔广森在算学方面也有极高的造诣。孔广森"少曾师事休宁戴震，因得尽传其学"②。《戴震列传》也载："震卒后，测算之学，曲阜孔广森传之。"③而后，"及官翰林，与窥中秘。得见王孝通《缉古算法》，秦九韶《数学九章》，李冶《益古演段》、《测圆海镜》诸书，由是精研九数，学益大进"④。

孔广森撰《少广正负数内外篇》六卷，少广和正负均为古代算法，而《少工正负数内外篇》正是一部孔广森在前人的基础之上，探究传统数学难题的著作，涉及平方、三乘方、诸开法、割圆弧矢、新设三角形、勾股难题、斜方求边等。

在推导方法上，孔广森善于将几何问题转化为代数问题，列方程求解，并采用纯代数的方式进行推导，因所列方程经分解后多为高次方程，孔广森由此总结归纳出一套高次方程的解法。在中国古代，将解高次方程转化

---

① （清）阮元：《大戴礼记补注序》，《大戴礼记补注》，第3页。
② （清）阮元：《畴人传》卷十二，《清代传记丛刊》第34册，第182页。
③ 《清史稿》卷四百五十一《戴震列传》。
④ （清）阮元：《畴人传》卷十二，《清代传记丛刊》第34册，第182页。

成开任意有理系数的高次方,这种算法被称为"开方术"。在孔广森之前,"顾今人勌习于开诸乘方之法,苦其方廉稠叠而莫明其方廉之所由生。宣城梅氏《少广拾遗》,亦但有平方、立方廉隅图,至三乘方以上则云不能为图"①,孔广森则补前人之不足,将过去的立方廉隅图扩展到十一次方廉隅图。在其后针对一些具体问题如割圆弧矢、勾股难题时,孔广森或是改进前人的推导方法,或是归纳总结出简便的解题公式。

孔广森本人治学非常严谨,从不罔下推断,非常重视结论的推理过程。凡给出题目后,必给予严格的分步推导过程,且尽可能地举一反三,提供多种思路,得出结论后,又提供实例供读者加以实践。虽撰写的是高深的算法,孔广森力求文字的通俗化,解题方法步骤的普遍化,基本上都是以数学量的名称来解释算法,并加以数字说明。

总的来说,孔广森的《少广正负术内外篇》有其独特的价值,他对中国传统的算法提供了新思路,扩展了原有研究宽度,在传统算学和近代算学之间起到了承前启后的作用。

4. 音韵学。孔广森在音韵学方面的贡献,主要体现在对上古音的音韵探究上。古音韵学是音韵学的一个分支,是研究还原字的原始音、韵、调以合韵的一门学问。在历史发展过程中,许多字出现了音变,导致用今音读诸如《诗经》、《老子》一类的古书不合韵的问题,而以孔广森为代表的音韵学家则以挖掘出字的本音,找出古人用韵的规律为己任。

孔广森撰《诗声类》十二卷,分例一卷。自谓"幸生于陈季立、顾宁人之后,既已辩去叶音之惑,而识所指归。又有段氏《六书音均表》藉得折衷诸家,即唐韵以为柢,指《毛诗》以为正"②,且"窃尝基于《唐韵》,阶于汉魏,跻稽于二《雅》三《颂》十五国之《风》而绎之,而审之,而条分之,而类聚之,久而得之"。而孔广森理论创设的入手点在于"推偏旁以谐众声,其字之同一偏旁,而唐韵误在他"③,也就是通过有相似的偏旁的字在读音上必有一定的联系入手研究古音韵。由此,孔广森总结创新出一套新的音韵分部和读

---

① (清)孔广森:《少广正负术·内篇上》,第3页。
② 徐世昌:《清儒学案小传》,《清代传记丛刊》第5册,第509页。
③ 徐世昌:《清儒学案小传》,《清代传记丛刊》第5册,第509页。

音规则。

其一,设阳声九部,阴声九部。孔广森认为,古音韵可以分成本韵、通韵和转韵,三者区别在于收音方式的不同。其中古韵分部属于本韵。在此之前,顾炎武将古韵分为十部,江永分为十三部,段玉裁分为十七部。孔广森在段玉裁分部的基础上,将"东"与"冬"部分立,东部包含东、钟、江三韵,冬部只有冬一韵。原因在于,古音中"冬"与"东"的韵母并不相同。他还将段玉裁将"真""文"分列于两部改为合成一部,以此归纳出古韵十八部:原、丁、辰、阳、东、冬、侵、蒸、谈,这九韵为阳声九部,基本上都是以鼻音收尾的韵;歌、支、脂、鱼、侯、幽、宵、之、合,这九韵为阴声九部,基本上是以元音收尾。并以此将《诗经》、《离骚》、《易经》等书中的韵字分别悉数归入。孔广森以为,阳声部与阴声部相互之间有一定的对应关系,阳声韵与阴声韵之间两两相配,如丁韵与支韵相配,辰韵与脂韵相配,直到谈韵与合韵相配等。且各韵部之间并非严格分立,两相邻韵之间可以通用,也就是通韵。如耕与真通,支与脂通,蒸、侵与冬通,之宵与幽通。但孔广森也指出"然所谓通者,非可全部混淆,间有数字借协而已"①。

其二,阴阳互转说。孔广森的老师戴震曾经提出了这一理论的雏形。戴震将韵分为有入声和无入声两类,"有入无入之韵当两两相配,以入声为之枢纽"②,以实现转韵。而孔广森则明确地提出了这一理论,在阴、阳分部的基础之上,他认为如果阴声和阳声的主要元音相同,就可以实现互相对转。具体来说,对转的具体情况有以下九种:1. 歌元对转;2. 支耕对转;3. 脂真对转;4. 鱼阳对转;5. 侯东对转;6. 幽冬对转;7. 宵侵对转;8. 之蒸对转;9. 叶谈对转。在这几对对转关系中,叶谈对转并非阴阳关系,因为叶应读入声,而孔广森认为"入声创自江左,非中原旧读"③,而将其归入阴声。而学者普遍认同入声的存在,宵侵对转不合理,幽冬对转不明显,其他六类对转关系都是合理,且有大量事实证明的。如《诗经·邶风·北门》中的一

---

① (清)孔广森:《诗声类》,《续修四库全书》第 246 册,第 396 页。
② (清)支伟成:《孔广森》,《清代朴学大师列传》皖派大师列传卷五,《清代传记丛刊》第 12 册,第 200 页。
③ (清)孔广森:《诗声类》,《续修四库全书》第 246 册,第 396 页。

段:"王事敦我,政事一埤遗我。我入自外,室人交遍摧我。"这其中,"敦"属于真部,而"遗"、"摧"属于脂部,而"敦"、"遗"、"摧"押韵,说明"敦"由真部转入了脂部,也就是实现了脂真对转。又如《墨子·天志》:"少而示之黑谓黑,多示之黑谓白;少能尝之甘谓甘,多尝之甘谓苦。""而",人之切,属于阴声之韵;"能",奴能切,属于阳声蒸韵:两者处于同一位置,成互文关系,在音韵上实现了之蒸对转。

孔广森提出的由偏旁入手而进行古音韵研究的方法,"学者分部虽各不同,而于先生偏旁条贯,莫能越焉"①。而在声韵分部上,他所创新的东、冬分部,虽然段玉裁、王念孙并不赞同,但却得到后人的肯定。而阴阳对转的提出,丰富了中国传统语言学的理论,对研究汉语言的演变和发展作出了突出的贡献。

5. 文学。孔广森善写骈文,所撰骈文由子孔昭虔汇编而成《仪郑堂骈体文》三卷。骈文兴于六朝,中唐以后,散文兴起,此后,虽元、明两代骈散并行,但散文始终占据主导。清乾嘉时期,因朴学对传统宋学空疏简陋的学风反拨,导致了对古文的排斥。再加上此时国力富庶,骈文适合铺陈歌功,从而造成了骈文的兴盛,出现了骈文八大家、骈文十大家等。

孔广森作为其中的佼佼者,他的文章以"藻采昳丽"②见长,"乃兼有汉、魏、六朝、唐初之胜。尝从戴氏治经,治《春秋》、《三礼》多精言,故其文托体尊而去古近"③。对于骈文理论他也有自己一套独特看法:"骈体文以达意明事为主;不尔,则用于婚启,不可用之书札;用之铭诔,不可用之论辨,直为无用之物。六朝文无非骈体,但纵横开阖,一与散体文通也。又云:任、庾、徐三家,必须熟读,此外四杰即当择取,须避其平实之弊。……又云,不可用经典奥衍之词,又不可杂制举文柔滑之句云云。"④

《仪郑堂骈体文》收录了孔广森所作骈文四十余篇,涉及赋、颂、折子、序、书信、祭文、哀辞等多种体裁。其中,为《戴震遗书》所作序最为人称道,用

---

① 徐世昌:《清儒学案小传》,《清代传记丛刊》第5册,第509页。
② (清)徐珂:《清稗类钞》,第3889页。
③ (清)吴鼒:《问字堂外集题词》,《八家四六文钞》。
④ (清)孔广森:《仪郑堂文》卷二,《丛书集成初编》,第23页。

骈体文的形式,洋洋千余字,述戴震生平及治学成绩,用字精准,对仗工整,气势恢弘,且兼具散文平实与骈文华丽之长。如论述儒学之功:"北方戎马,不能屏视月之儒;南国浮屠,不能改经天之义。夫学有优劣者,时也;经由显晦者,数也。"①

清代又一骈文大家孙星衍曾云:"往余在江淮间,友人汪容甫出㢲轩检讨骈体文相示,叹为绝手。"②孔广森虽倡骈文,但力图调和骈文与散文之间的关系,矫正骈文生涩难懂之病,对清朝骈文复兴与骈文批评理论的发展起到了推动作用。

孔广森未有诗集流传,所存零星诗歌被收入孔宪彝编《阙里孔氏诗钞》,从中择一二如下:

赠金坛于相国二首③

共仰枢衡翊大钧,独司喉舌协星辰。
卅年掌诰承天语,万里筹边靖塞尘。
朱紫赐衣昭鹭鹭,丹青图相炳麒麟。
谁知帷幄陈发者,本色霓裳第一人。

稠叠恩纶奕世光,饰冠羽翠饰衣黄。
中书密勿多敷奏,讲幄从容有对扬。
示远威仪觇魏应,斡机祇慎陋黄香。
为逢西旅清平日,都尉崇封燕翼长。

于相国为于敏中,乾隆二年(1737)进士,官至文华殿大学士兼军机大臣,为乾隆朝汉臣首揆执政最久者,其女嫁于第七十二代衍圣公孔宪培。同在朝中做官且有姻亲关系,孔广森为于敏中所作两首诗却无阿谀奉承之语,以直述于敏中政绩闪光之处赞其功绩,全诗豪放大气,是赠与诗中的上佳之作。

---

① (清)孔广森:《仪郑堂骈体文》,《㢲轩孔氏所著书》卷二,清嘉庆刻本,第45页。
② (清)孔广森:《仪郑堂文》卷二,《丛书集成初编》,第23页。
③ (清)孔宪彝编:《阙里孔氏诗钞》卷八。

6. 书法。史载孔广森"能作篆隶,书入能品"①。他曾求教于编修裴谦学习篆书,习篆书并非单纯的研习书法,而更注重字形后面蕴藏的语言文字学知识。他曾云:"昌黎所言为文宜略,识字固非失其点划,学其偏旁而已,必将探六义之根源,审八体之因造。蛊虫在皿,通于易爻;闰王居门,合彼官礼;六身二首,知缝县之年;两纵三横,笑李彪之对。"②

对于社会中那种纯粹为了美观而将篆书异化的现象,孔广森对此表示极大的反对:"亦有京兆好奇,山阴造字,效形蚪斗,幻象鸟虫,仿款识于尸臣,托《盘铭》于王子,魏经石壁,邯郸见而自忘……从俗则沿伪日甚,伪古则瑰异非经。"③由此,孔广森提出了一套他的篆书心得:"为说者曰,篆画贵细,篆体欲长,引脚柔停,结构匀整,是肖其形而未究其理,悦于目而未得于心也。夫隶有隐锋,楷有拨镫,字虽殊体,理宜共科。昔贤喻以金刀,方诸玉筋螭匾之法,故为垂头钗股之形。亦取丰末,或注墨外引,或随笔内投,或蓄力倨句,或赴势波折。一经一重,向背生焉,若断若续,起止形焉。"④

孔广森曾经自书"仪郑堂"匾于自居门上,且有篆书轴传世。

孔广森少年成名,仕途平顺,然而淡泊名利,急流勇退,专心致学,经、礼、算、文,无不涉猎,且都提出自己独到的见解。无奈天妒英才,仅三十五岁就英年早逝,令人不禁扼腕叹息。好友梁廷堪为之作诔,概况其一生治学:"惟君英英,圣人子孙,游心学海,束身礼门。百氏罗列,五经纷纶。回翔承明,年始弱冠。小鸣大鸣,不穷问难。九经三史,靡不条贯。追踪邹鲁,接武秦汉。周髀八尺,商高九章。祖龙燔余,述者莫详。泰西客来,学苦望洋,唯君会通,其说甚长。"⑤一代大师阮元曾叹曰:"㧑轩生自圣裔,兼有师承,宜乎学贯天人矣。所学戴礼春秋,兼通六艺九数,骈体尤似六朝,其所创割圆四例,在明代捷法未显之先亦不为无补。其年甫逾三十,而所学无所不通。一艺之分,他人白首不能到,有闻一知十之诣矣。"⑥

---

① (清)李放:《皇朝书史二》,《清代传记丛刊》第84册,第185页。
② (清)孔广森:《与裴编修论篆第一书》,《㧑轩孔氏所著书》,第34页。
③ (清)孔广森:《与裴编修论篆第一书》,《㧑轩孔氏所著书》,第34页。
④ (清)孔广森:《与裴编修论篆第二书》,《㧑轩孔氏所著书》,第38页。
⑤ (清)凌廷堪:《孔检讨诔》,《校礼堂文集》卷三十六,《续修四库全书》第1480册,第353页。
⑥ (清)阮元:《畴人传》卷十二,《清代传记丛刊》第34册,第184页。

孔广森一生所著述甚丰，突然离世，许多书稿未得以整理。嘉庆十六年(1811)书稿由族弟孔继涑之子孔广廉整理补刻，汇成《顨轩孔氏所著书》七种六十卷，冠以翁方纲总序。

孔氏族人学术涉猎之广，著述之多，水平之高，是其他家族难以比肩的。

第十章 行余学文赋雅颂

孔子说"弟子入则孝,出则悌,泛爱众,而亲仁,行有余力则以学文"①,子孙恪守祖训,从政耕读著述之余,或创作诗词歌赋,或杜撰传奇戏剧,留下众多的文艺作品。由于孔氏家族具有较高的文化素养,受家族的影响,不少女性族人相夫教子之余也纷纷吟诗填词,而衍圣公家族或结姻书香门第,或娶亲官宦豪门,夫人们大多受到良好的家庭教育,治家助祭之暇也时时浅斟低唱,留下了许多女性文学作品。女性作家不时涌现,女性文学作品众多,成为孔氏文化世家的一大特点。

第一节 诗 词 歌 赋

子曰:"诗可以兴,可以观,可以群,可以怨。迩之事父,远之事君,多识于鸟兽草木之名"②,孔子精通音律,删定《诗经》三百篇,却未为世人留下诗歌,至于流传至相传为孔子所作的《去鲁歌》、《临终歌》等几首诗歌是难以让人相信的。孔子后人恪守祖训,崇礼重教,研习诗书,传世作品文集数以千计,有影响力的诗文大家为数众多。

一、先秦两汉时期

这一时期,孔子后裔多以研习经学为主,诗词创作较少,但东汉孔融却

---

① 杨伯峻:《论语译注》,第5—6页。
② 杨伯峻:《论语译注》,第185页。

独占鳌头,成为诗赋大家。

孔融(153—208),字文举,孔子第二十代孙,建安七子之一,东汉著名文学家,因献帝时曾任北海相而被称为"孔北海",后因非议曹操被杀害。孔融是东汉末年一代名儒,继蔡邕为文章宗师,亦擅长诗歌。曹丕在《典论·论文》中称赞孔融曰:"孔融体气高妙,有过人者。"《隋书·经籍志》载《孔融集》九卷,早已散逸,仅有少数几篇传世。

孔融文章多是以表为主的散文,以政论为主,针砭时弊,直抒胸臆。在艺术表达形式上,虽然沿习时风,善用骈俪对偶,文句工整,辞藻华丽,但能以气运词,气势磅礴,代表作有《荐祢衡表》及《与曹公论盛孝章书》。诗歌直抒胸臆,今存八首。《六言诗》言汉末纷乱政局,表达希望国家统一的心情:

> 汉家中叶道微,董卓作乱乘衰。
> 僭上虐下专威,万官惶怖莫违。
> 百姓惨惨心悲!

《杂诗》两首,一抒渴望建功立业,实现个人抱负的愿望,一悼儿子早夭,是至情至性的佳作。

《杂诗》(其一)

> 岩岩钟山首,赫赫炎天路。高明曜云门,远景灼寒素。
> 昂昂累世士,结根在所固。吕望老匹夫,苟为因世故。
> 管仲小囚臣,独能建功祚。人生有何常?但患年岁暮。
> 幸托不肖躯,且当猛虎步。安能苦一身,与世同举措。
> 由不慎小节,庸夫笑我度。吕望尚不希,夷齐何足慕!

二、魏晋南北朝时期

这一时期社会动荡,玄学盛行。孔氏家族曲阜一支在诗文创作上有所成者不多。会稽孔氏经礼兼修,重视文学创作,涌现出不少才俊之士,如孔欣、孔宁子、孔稚圭等,诗歌体裁多为拟乐府。以南北朝时期的孔稚圭成就较高，代表作为《白马篇》：

> 骥子蹄且鸣，铁阵与云平。汉家嫖姚将，驰突匈奴庭。
> 少年斗猛气，怒发为君征。雄戟摩白日，长剑断流星。
> 早出飞狐塞，晚泊楼烦城。虏骑四山合，胡尘千里惊。
> 嘶笳振地响，吹角沸天声。左碎呼韩阵，右破休屠兵。
> 横行绝漠表，饮马瀚海清。陇树枯无色，沙草不常青。
> 勒石燕然道，凯归长安亭。县官知我健，四海谁不倾。
> 但使强胡灭，何须甲第成。当今丈夫志，独为上古英。

《白马诗》借回顾汉时抗击匈奴之事来表现作者厌恶国家动荡、民不聊生，渴望建功立业，实现国家安定统一的豪迈之情。

三、隋唐时期

这一时期国家统一，经济富庶，社会开放，文化交融，诗歌文化成熟。会稽孔氏中孔德绍、孔绍安兄弟，曲阜一支中第三十九代孙孔温业都有诗作传世。孔德绍曾参与隋末农民起义军，跟随窦建德，而孔绍安则投奔李渊。与当时社会中流行的浓艳绮丽、歌功颂德的宫体诗歌不同，孔德绍兄弟的诗歌清新质朴，现实感强。

夜宿荒村
孔德绍

> 绵绵夕漏深，客恨转伤心。抚弦无人听，对酒时独斟。
> 故乡万里绝，穷愁百虑侵。秋草思边马，绕枝惊夜禽。
> 风度谷余响，月斜山半阴。劳歌欲叙意，终是白头吟。

侍宴咏石榴
孔绍安

> 可惜庭中树，移根逐汉臣。只为来时晚，花开不及春。

孔温业只有一首田园诗传世:

鸟散余花落

美景春堪赏,芳园白日斜。共看飞好鸟,复见落余花。
来往惊翻电,经过想散霞。雨余飘处处,风送满家家。
求友声初去,离枝色可嗟。从兹时节换,谁为惜年华。

四、宋代

江西临江派孔文仲、孔平仲、孔武仲兄弟被称为三孔,在文坛上享有盛名,以诗文著称。而曲阜孔氏家族中以诗闻世者较少,仅孔道辅、孔舜亮、孔宗翰父子有诗作传世。

孔道辅(986—1039),字原鲁,孔子第四十五代孙,大中祥符五年(1012)进士,授宁州军事推官,九年迁大理寺丞,因文宣公孔圣佑年幼,特任仙源(曲阜)知县,主孔子庙祀事,后迁太常博士、左正言、左司谏、龙图阁待制、御史中丞等。"性鲠挺特达,遇事弹劾无所避,出入风采肃然,及再执宪,权贵益忌之"①,终因直言进谏被贬郓州,死于途中。

题金丝堂

奉火自焚宁害圣,金丝堂壁阅家书。
典坟启发皆天意,非谓恭王好治居。

孔舜亮,字君亮,孔子第四十六代孙,孔道辅长子。宋嘉祐四年(1059)进士,治理仙源县"有条理,遇族人有功,不以私故骫法"②,被司马光多次举荐,官至中散大夫。诗作不多,有《祖圣手植桧》诗:

---

① 《宋史》卷二百九十七《孔道辅列传》。
② 《宋史》卷二百九十七《孔道辅列传》。

> 圣人嘉异种,移对诵弦堂。双本无今古,千年任雪霜。
> 右旋符地顺,左纽象乾纲。影覆诗书府,根蟠礼义乡。
> 盛同文不朽,高与道相当。洙泗滋荣茂,龟蒙藉郁苍。
> 毓灵全木帝,钟秀极勾芒。气爽群居席,烟凝数仞墙。……

此诗有碑,不知何故残断后埋于地下,1985年出土。

五、明代时期

明代时期文化相继受到女真人和蒙古人的摧残,衍圣公家族袭封断续,文化水平降低,难觅诗人和诗作,至明代开始复兴。孔克伸、孔承庆、孔公璜、孔弘泰等人有诗作传世,孔承懿"好古,诗文出入唐宋名家畦径"[1],孔承震"日课子姓,以勿忘先业,暇则笑咏烟景,督率耕耘"[2],孔闻诗与孔闻礼等诗酒唱和"读书暇,与翰林弟立斋君、世尹陋斋君赓和,一韵十叠而气不衰"[3],孔闻韶兄弟七人也都能诗,但都未有诗作传世。

孔克伸于明洪武七年(1374)被推举为曲阜知县,明太祖召见时问"你晓得作诗么?"孔克伸回答说"臣颇晓",太祖说"颇晓即是晓得",命以蒋山为题,须臾诗成:

蒋山

> 压尽群山素有名,巍巍雄峙独峥嵘。
> 数峰碧玉朝天阙,一带螺屏映帝京。
> 云窦雨晴龙虎现,月岩风暖凤凰鸣。
> 应知圣主无疆福,日听昆仑万岁声。

明太祖"天颜大喜,朗诵数遍,笑曰:莫说你别才调,只这首诗也该与你

---

[1] 孙允中:《明诸生孔承懿》,徐振贵、孔祥林:《孔尚任新阙里志校注》,第775页。
[2] 孔承懿:《曲阜世职知县孔承震》,徐振贵、孔祥林:《孔尚任新阙里志校注》,第772页。
[3] 郭本:《明翰林院世袭五经博士孔闻诗》,徐振贵、孔祥林:《孔尚任新阙里志校注》,第792—793页。

个知县做"。①

孔公璜,字黼文,孔子第五十八代孙,明成化十三年(1477)被举荐为孔颜孟三氏子孙学校教授,有《北窗文集》。他的诗气度不凡,如《祭尼山》:

毓圣名山众所宗,锡封作镇独称雄。
林深文德来鸣凤,洞古坤灵起卧龙。
种玉春耕红雨地,采芝秋倚白云峰。
几回庙祀躬瞻拜,庙庭辉煌接紫宫。

六、清代孔氏家族迎来再一次文化全盛期

这一时期大批孔子后裔致力于著述研究,人才辈出,大批诗词佳作涌现于世。孔子第七十二代孙孔宪彝曾编《阙里孔氏诗钞》十四卷,收录有清代孔氏家族有诗作传世的120人。大儒阮元为之作序,阮元赞曰:"《风》、《雅》、《颂》三百篇若非孔子于春秋时定之,则必不能全传于后世,然则百世之诗皆洙泗教也。伯鱼过庭受学诗之训且为《周南》、《召南》,然则阙里家庭世世皆当学诗更为家教矣!绣山先生为至圣七十二代孙,勤学善诗,在大宗今二百年辑录诗百余人,足见温柔敦厚之风蔚然聚于一门。"②除此以外,孔氏族人中还有不少个人诗集词集问世,并出现了一批女性诗人(后有专节介绍),现以世系顺序从每代子孙中择选一二举例。

孔贞瑄,子壁六,号聊圆,孔子第六十三代孙。顺治十八年(1661)举人,官泰安学正,后升云南大姚知县。撰有《聊园文集》一卷、《聊圆诗略》十三卷、《诗续集》一卷。清初诗人名士王士禛赞叹其诗"高古雅健",概况其文风"其文则奇逸之气不可控制,而颓唐潦倒之处亦不一而足"③。门人高瑾赞其"诗兼初盛而生新文,驾八家而饶丽,高浑不雕,跌宕自如,海内啧

---

① 《阙里志》,第352页。
② (清)阮元:《序》,(清)孔宪彝编:《阙里孔氏诗钞》。
③ (清)颜光敏:《颜氏家藏尺牍附姓氏考》,《清代传记丛刊》第29册,第831页。

啧,阙里宗工,词坛老宿,固已久矣"①。

东塘邀赏风折美人梅,和韵②

斗室仙葩不用多,惜花如昵奈情何。
欣同名士歌骚雅,况倚美人醉绮罗。
芳绪似通还隐笑,流波欲语带微酡。
从今不恨闲风雨,为赋阳春侑素娥。

孔衍栻,字懋发,号石村,孔尚任之侄,贡生,曾任济宁训导,工山水。著有《画诀》一卷、《题画诗》一卷。

题画③

芳草连天绿,平沙有雁群。
闲看人意远,坐此待斜曛。

孔衍栻的题画诗可谓是画中的"点睛之笔",诗中有画,凸显作者的意趣。

孔兴言,字景昌,康熙己酉举人,曾官内阁中书。

杜少陵④

先生应是楚骚身,去国离家又几春。
锦水漫游归未得,溇陂寄与怅何因。
草堂吟就悲风入,诸将诗成恨气新。
谁使窈愁遂终古,七歌三复泪沾巾。

---

① (清)高瑾:《聊园集序》,(清)孔贞瑄:《聊园文集》。
② (清)孔贞瑄:《聊园文集》。
③ 选自(清)孔宪彝编:《阙里孔氏诗钞》卷四。
④ 选自(清)孔宪彝编:《阙里孔氏诗钞》卷四。

杜少陵即杜甫,以"关心人民疾苦"的现实主义见长。孔兴言以杜甫之名拟题,抓住杜甫为人及诗作之特点,以史咏志,抒发个人情感。

孔毓埏,字钟舆,号宏舆,六十六代衍圣公孔兴燮次子,世袭翰林院五经博士,赐三品阶。著有《远秀堂集》八卷,《拾箨馀闲》一卷。孔毓埏好学,工文辞,康熙间屡膺大典,多所表疏,请创建述圣祠堂。

春雨①

春雨无声润物华,嫩寒时节景偏赊。

池边细草迷新燕,墙外垂杨有暮鸦。

小圃渐生春后笋,闲窗初试雨前茶。

飘残榆荚无人拾,欲倩东风付酒家。

历代描写春雨之作当属杜甫《春夜喜雨》最为著名,但孔毓埏《春雨》则另辟蹊径,别有一番情趣,整首诗对仗工整,画面感极强。以"嫩草""新燕""春笋""榆荚"这些极富春天标志性的事物来描绘作者喜悦的心情。

孔传鋕(1678—1731),字振文,号西铭,六十七代衍圣公孔毓圻次子,袭封五经博士,以"职在奉祀"为名拒绝担任京官。康熙时,"阙里孔颜以文采相尚,一时作者甚众"②,孔传鋕为代表之一。他自幼"才气敏妙,捷悟过人",家居终日手不释卷,吟咏不倦,又与长兄传铎等组成诗社,时相唱和。他的诗歌涉及范围甚广,诗以酬唱者居多,他自叙说"余数年之诗,皆唱和同人者为多,当其一韵不谐,片词未稳,真欲沉思叉手,走入醋瓮以求其必得焉而止"③。有怀古明志的《登云门山》、《田横岛》等,也有揭露苛政,同情人民遭遇的《猛虎行》、《田家行》等,汇集成《补闲集》二卷。词作有《清涛词》二卷,他自叙说"风行水上,蘁而成涛,实天下之至文也",故名"涛",而他"生平狷洁自喜,不欲泥滓之犯我笔端"④,故曰

---

① 选自(清)孔宪彝编:《阙里孔氏诗钞》卷四。
② (清)邓之诚:《清诗纪事初编》,《清代传记丛刊》第20册,第710页。
③ (清)孔传鋕:《补闲集序》。
④ (清)孔传鋕:《清涛词序》。

"清"。顾彩评价其词"以新颖之笔锋写香艳之字句,而当抚今吊古尤极慷慨沉郁之致"①。

田家行②

朝耕田之南,暮耕田之北。
不惜终年胼胝劳,惟愿苗生满阡陌。
四月麦熟黍乍生,五月桑肥蚕又成。
家家男女无闲暇,一半巢丝一半耕。
卖丝买得耕田铁,煮麦馈作田家食。
收获千仓与万箱,室中幸免人交谪。
大儿课令读《论语》,小儿亦能织草履。
阿翁邻里醉扶归,新妇当窗正鸣杼。
秋成禾黍家家足,租完免教官吏辱。
呜呼! 安得一生不入城,长放闲身伴黄犊。

孔传钜,孔毓埏之子,字擎中,赠太常寺博士。他有一首《雪夜侍两大人饮酒,同蕴光妹作》③:

潋滟光中酒一杯,梅花早逐雪花开。
承欢自有高堂乐,咏絮还怜小妹才。
纸阁顿看添玉树,荒池应已冻苍苔。
奉耩此日欣同侍,痛饮何辞覆旧醅。

此诗作为兄妹之间的唱和之作,写的颇有情趣。聚会中觥筹交错,孔传钜却与妹妹闹中取静,唱酬应和,诗作借写景表达兄妹之间的深厚之情。

孔继涑(1726—1791),字信夫,一字体实,号谷园,别号葭谷居士。六

---

① (清)顾彩:《清淘词序》,(清)孔传銂:《清涛词》。
② 选自(清)孔宪彝编:《阙里孔氏诗钞》卷八。
③ 选自(清)孔宪彝编:《阙里孔氏诗钞》卷五。

十八代衍圣公孔传铎第五子,以书法名扬天下,摹刻名人书法汇集成《玉虹楼法帖》,有诗集《玉虹楼遗稿》传世。

题张文敏公墨迹后

精研八法仰天才,神趣纵横笔妙该。
展卷曲江风度远,苏黄名自御题来。
评隲香光品未差,珍希法宝勒天家。
廿年私淑渐趋步,已恨云烟过眼花。
悬臂中锋幸得师,拈毫曾许疾书之。
何期提命方殷霱,诲语都成永诀词。①

此诗应写于张文敏故后,作为孔继涑的恩师,孔继涑一生所成得益于张文敏极深,故见到恩师遗迹,睹物思人,感受良多。

孔继鑅,字宥涵,号廓甫,孔子第六十九代孙,道光丙申(1836)进士,刑部主事,改官南河同知,后乞辞官归里。太平天国起兵后,孔继鑅再起参军,入德兴阿军队,咸丰戊午年(1858)在浦口被太平军击溃身亡,赠太仆寺卿。

孔继鑅学诗师从潘德兴,诗"宗汉魏,既丁时艰。一取则于子美,所造益深。为文浑厚奥衍不规,规于西汉而能得其神似"②。撰有《壬癸诗录》四卷,《南诗录》一卷,《江上集》两卷,《和陶集》两卷,其子孔昭寀汇编而成《心向往斋集》二十卷,以时间为序,收录孔继鑅诗作2 268首,以及题跋、杂文等。

寄稼轩③

天涯游子宦情微,出处伤心万事非。
满地白云堂北草,三年黄月省中薇。
金风远道还吹鬓,铁骑长江未解围。
离乱正愁萍易散,归来莫后雁南飞。

---

① (清)孔继涑:《玉虹楼遗稿》。
② 徐世昌:《清儒学按小传》,《清代传记丛刊》第7册,第65页。
③ (清)孔继鑅:《心向往斋集》卷十三。

孔继浩（1708—1785），衍圣公孔毓圻之孙，孔传铁长子。字体充，号义壑，赐四品章服，至圣庙三品官，有《耀尘集》两卷，《弃余集》两卷。

仲春郊行，用杜工部曲江对酒韵①

披襟散步欲忘归，笑指东风上翠微。
残雪未消梅欲老，余寒尤在燕初飞。
三春景物休孤负，十里溪山肯暂违。
明日踏青还有约，好看屐齿破苔衣。

孔广林（1746—1814），衍圣公孔传铎之孙，孔继汾长子，字丛伯，号幼髦，廪贡生，署太常寺博士。著作编成《孔丛伯经说稿》。

甲午九月避寇乡居作②

乍作四乡行，心闲病觉轻。疏篱淡白日，野犬静秋声。
自适林泉趣，谁惊草木兵。话谈偕父老，鸥鸟恰忘情。

由题目而知，这首诗作于乾隆三十九年（1774）。与自己弟子孔广林不同。孔广林性情恬淡，虽满腹诗书，却不爱仕途，而是闭户闲居，钻研学问。此诗体现了孔广林的个性，虽因避寇乡居，但仍然闲庭自若。

孔广栻（1755—1799），字伯诚，号一斋，孔继涵长子。天赋异禀，博闻强识，被戴震、孙渊如所称赞。十六岁补博士弟子员，后因"妇翁吴蓉塘先生两分校礼闱引嫌罢试"，从此未再参加科举。受父孔继涵影响，喜爱收藏校勘图书。二十五岁时，"以诗经魁一乡，声价已高，风飙即远，谓逐凌玉清翔紫霄"③。有诗文集《藤梧馆诗钞》八卷。

---

① （清）孔宪彝编：《阙里孔氏诗钞》卷六。
② （清）孔宪彝编：《阙里孔氏诗钞》卷八。
③ （清）李桓：《国朝耆献类征初编》，《清代传记丛刊》第181册，第260页。

读书有作①

眼岂心之媒,默视神先许。字岂人之声,隔面如相语。

文以字为券,目以心为镜。可惜盲者流,倾耳惟知听。

孔广牧,字力堂,孔继镖次子。孔广牧"研六经,长于训诂考据,兼通中西算学"②,以荫入太学,后应聘参军幕,后病死军中。孔广牧诗词"喜学建安黄初,兼工倚声"③。撰有《勿二三斋诗集》一卷,《饮冰子词》一卷。

玲珑四犯

摇落墙阴,甚袅袅娟娟。还自娇艳,瘦蝶阑珊。香胃树枝笑脸。门独掩,自听秋,恁藓径、梦云零乱。趁夜凉、月迟星换,一夕百回相见。

茗瓯聊抵芳椒荐。已无眠,绿蕉休倩。东风误我难重述,怕展看花眼。谁引暗雨打窗?管不住、落红千点,尽燕泥细认,春去也,琴丝散。

孔昭虔(1775—1835),字元敬,号荃溪。孔广森长子,嘉庆六年(1801)辛酉恩科进士,官历翰林院编修,后升贵州布政使。孔昭虔天资聪颖,仕途平顺,善隶书,工词曲,生平爱游历,诗作多为记游之诗。阮元称赞"其能以词章世其家学"④,盛大士在《镜虹吟室诗集序》中对此高度评价,认为其诗"山林庙堂不以境地限也,长歌短篇不以声律拘也……有李杜之光焰,无郊岛之瘦寒。要其平生得力则发源于建安黄初,而纬之以初唐四杰,参之于元和长庆。其在近代则与吾乡之吴梅村祭酒有异曲同工之妙"⑤。陶樑为其词集作序,评价其词"芬芳悱恻直窥古"⑥。孔昭虔曾作有诗歌千首,死后

---

① (清)孔宪彝编:《阙里孔氏诗钞》卷八。
② 支伟成:《清代朴学大师列传》,《清代传记丛刊》第12册,第226页。
③ (清)阎湘蕙、张椿龄:《国朝鼎甲征信录》,《清代传记丛刊》第17册,第671页。
④ 徐世昌:《清儒学案小传》,《清代传记丛刊》第6册,第512页。
⑤ (清)盛大士:《镜虹吟室诗集·序》,(清)孔昭虔:《镜虹吟室诗集》。
⑥ (清)陶樑:《镜虹吟室词集·序》,(清)孔昭虔:《镜虹吟室词集》。

由子孔宪恭编辑而成《镜虹吟室诗集》四卷,《镜虹吟室词集》一卷,《镜虹吟室遗集》一卷。

读霍光传①

功名震主易招尤,况复闲家少燕谋。
骨肉不嫌新许史,腹心何愧古伊周。
春回画室恩非昨,月冷昭台恨莫酬。
同是奇勋安社稷,绛侯遗嗣尚条侯。

蝶恋花②

小院黄昏莺语歇,栀子花前,绾就同心结。好梦思量无处说,下阶自拜初弦月。

暗数欢惊心转怯,柳约花期,前度来时节。闪碎红香风飐叶,窥人曾由闲蜂蝶。

孔昭薰(1792—1839),字惠如,号琴南,孔继涑之孙。嘉庆癸酉(1813)科举人,曾任山东临邑县训导,署翰林院五经博士。刻苦好学,嗜古工诗,好金石学。于曲阜城郊掘得汉、唐、宋、金、元、明各代石碑120通,编成《至圣林碑目》六卷。词作编为《绥藤吟舫词》一卷。

一剪梅③

各有情缘暗地思。艳煞娇姿,妩煞娇姿,惯猜闲事故疑迟。嗔也心知,笑也心知。

好趁春光咏丽辞。柳又丝丝,雨又丝丝。倚窗小坐雨欢持。人意芳时,花意芳时。

---

① (清)孔昭虔:《镜虹吟室诗集》卷一。
② (清)孔昭虔:《镜虹吟室词集》卷上。
③ (清)孔昭薰:《绥藤吟舫词》。

"一剪梅"为常用词牌。孔昭薰此首词写春雨中作者倚窗小坐,看到窗外柳丝纷飞,鲜花盛开的喜悦心情。"春雨"本为常见题裁,但作者寄情于景,笔锋细腻,颇具婉约之感。

孔宪圭(1764—1831),衍圣公孔昭焕三子,字玉川,号镇斋,恩贡生,四氏学教授,候选知县,貤赠朝议大夫。著有《抱真集》十卷,《志道集》三卷。

久旱得雨志喜

睡熟不知雨,梦回枕簟清。开门残滴响,依壁晓灯明。

旱甚愁无济,秋迟望有成。起来问童仆,可称老农情?

久旱得雨为人生一大乐事,孔宪圭此首诗除题目外并无一"喜"字,但行文字里行间却处处给人喜上眉梢、喜由心生之感。

作为一个文化世家,孔氏后裔博览群书,诗词创作卓有水平,上面分时段对孔氏族人中的诗人和诗作进行了列举。此外明清时期衍圣公基本都有诗集传世,孔氏家族中也有颇多的女性诗人,这些都在后面以单节的形式说明。概况来说,孔氏家族诗人诗作有如下几个特点:

1. 诗歌创作前少后多,与家族繁荣情况同步。自汉以后,孔子地位不断上升,随之而来,历代政府对孔氏家族的优抚也逐渐增加,到清朝达到极致。教育上、经济上的优待,诗礼传家的家族传统,浓郁的学习氛围,使孔氏家族成员能把更多的精力投入到治学中,清代衍圣公家族成员大都有诗集传世。

2. 有明显的地域特征,是研究家族性的文化现象,研究地域文化的一面镜子。阙里孔氏家族成员大多生于兹长于兹,对于曲阜历史、文化古迹了如指掌,诗歌中描写曲阜民俗、风情诗歌不少。此外,历史上的文化大家为数不少,但像曲阜孔氏如此绵延数千年,长盛不衰的却绝无仅有。透过研究孔氏家族中的诗人、诗作,可以帮助我们解释这种特殊的文化现象。

3. 诗歌涉及内容广泛,诗人众多,但有影响力的大家少。中国古代士人以"修身、齐家、治国、平天下"为己任,"先天下之忧而忧,后天下之乐而乐"。阙里孔氏诗人无论是出仕官居一方,还是隐逸专心著述,都不忘关心民间疾苦,诗歌中反映苛政欺人,同情人民之作很多。此外,反思怀古,游历记行,或豪放、婉约、或清新,风格各异。传世诗篇虽然浩如烟海,但佳作偏少,除孔尚任、孔昭虔外,有影响力的诗人不多。

第二节 衍圣公诗文

历代衍圣公虽然养尊处优,但却绝非无所事事,他们恪尽职守守护林庙,在治学上也精益求精,手不释卷,明清两代衍圣公几乎都有诗集传世,即使没有诗集与诗作流传下来,也并非不能吟咏,孔闻韶未有诗作流传,但兄弟七人与从弟闻诗八人均能诗,"成庵公兄弟七人,与君以序行……岁时高会,群玉连床,吟咏之琅琅"①,像这样诗作佚失的一定还不少。

孔承庆(1420—1450),字永祚,孔子第六十代长孙,未袭封衍圣公先卒。"喜吟咏,所作多有新意"②,有《礼庭吟》三卷传世,是第一个有诗文集的衍圣公。

祭尼山

长驱一任马蹄穿,不到尼山又几年。
远近峰峦凝黛色,高低草树起苍烟。
西风坠叶迷寒径,落日饥鸦噪晚田。
洞入坤灵思圣祖,千年遗事逝如川。

诗作均清新可喜。

孔弘泰(1450—1503),字以和,号东庄,孔子第六十一代孙。成化五年

---

① 郭本:《明翰林院世袭五经博士孔闻诗》,徐振贵、孔祥林:《孔尚任新阙里志校注》,第792页。
② 陈循:《赠袭封衍圣公孔君神道碑》,徐振贵、孔祥林:《孔尚任新阙里志校注》,第768页。

(1469)因兄孔弘绪因宫室逾制被夺爵,次年代兄袭封衍圣公。

游鲁泮宫

雨余无事日,情思正悠然。曲径连芳草,高台琐暮烟。
幽芹香馥馥,皓月影悬悬。鲁泮闲游处,何须画辋川。

孔兴燮(1636—1667),字起吕,号辅垣。六十七代衍圣公,清顺治五年(1648)袭封,授光禄大夫,加太子少保,累进太子傅少加太子太傅。孔兴燮"少凝重端立,临事刚果,有器识,饬朝廷,修礼乐"①,工文辞,善书画,诗文集不传。选其《题画梅》诗一首以见其风格:

曲中桃叶讵能方? 春满罗浮第一香。
谁更品为花御史,本来调鼎属斯芳。

孔毓圻(1657—1723),字钟在,号兰堂,康熙六年(1667)袭封衍圣公,著有《兰堂遗稿》二卷。王季友称赞孔毓圻"学胆才敏,别有旨趣"②。

宋牧仲以诗见示,却寄八韵

小隔春风岁屡更,梦中犹恋白鸥盟。
连镳曾赴看花席,折柳还分带月程。
南国甘棠留芰舍,东山霖雨系苍生。
台衡旧有天朝相,风雅今推洛社英。
少室烟云绸帙润,西陂花木管弦清。
座容豪饮三千客,价抵新篇十五城。
投我琼瑶将远意,思君梁月有余情。
何时约上长安道,一榻联吟赋帝京。

---

① (清)阮元:《儒林集传录》,《清代传记丛刊》第13册,第24页。
② (清)孔宪彝:《阙里孔氏诗钞》卷一。

宋牧仲为宋荦，官任吏部尚书，清初著名诗人，宋荦与孔毓圻、孔传铎两代衍圣公都交情颇深。这首诗应为宋荦与孔毓圻的唱和之作。孔毓圻回顾与之交往的场景，对好友有赞赏，有展望，气势豪迈，是一首唱和诗中的上佳之作。

孔传铎（1673—1732），字牖民，号振路，又号静远。六十八代衍圣公，雍正元年（1723）袭封，授光禄大夫。孔传铎"好读书，究心理，学工文词"①。康熙年间，曾开仓赈粟，救活流民数万。他与家族中几位爱好诗歌的亲属"自相师友，创为吟社"②。诗社起于康熙三十七年戊寅（1698），止于康熙四十七年戊子（1708），历时十年，每月聚会一次或两次。诗社成员有孔氏同宗、同邑友好，也有四方名士。孔传铎曾选编诗社中诸同人之佳作成《学步唱和集选》。

孔传铎一生著述甚多，《三礼合纂》十二卷，《礼记摘藻》一卷，《恭纪世祖修庙盛典》五十卷，《读古偶志》一卷，《安怀堂文集》二卷，《申椒集》二卷，《绘心集》二卷，《炊香词》等。

《申椒集》为孔传铎中晚期诗集汇编，由好友顾彩审定。"椒"为一味芳香植物，《申椒集》取"椒不自以为香必申而重之乃香也。德不申不进，业不申不广，交不申不益，文章不申不成大家"之意。陈于正为《申椒集》作序并给予极高评价："古体若《风》若《雅》若《颂》若《骚》，近体是青莲是浣花是白香山是陆剑南"③。在谈到自己诗歌的宗法对象时，孔传铎认为李白、杜甫之诗固然是上乘，但学之不易，于是他退而求其次，"于宋人得陆放翁，于明人得高季迪，盖此两家虽不逮李杜远甚，亦是李杜之宗派也"④。

怀古⑤

吾企屈与宋，文章泣鬼神。吾慕谢与陶，摛词必清真。

命意贵绝俗，寄怀在先民。难非经纶具，性情得自伸。

---

① 《孔子世家谱·大宗户》卷三，第23页。
② （清）顾彩：《申椒集·序》，（清）孔传铎：《申椒集》。
③ （清）孔传铎：《申椒集·序》卷上。
④ （清）孔传铎：《申椒集·序》卷上。
⑤ （清）孔传铎：《申椒集》卷上。

岂云衔文采,著作誓还醇。唾余良不拾,鄙之若埃尘。

此首诗为孔传铎作四首怀古诗之一,为《申椒集》开篇之作。作者以此表达自己文风,诗词文赋所取法的对象和目标,在作者看来,无论何种风格都以表达自己的"真性情"为要。

七夕前五日社集(节选)①
大火忽西流,年华已过半。清飙透衣凉,渐欲辞执扇。
良朋应期来,置酒在西院。琤然听疏桐,徐下金井畔。
阄题共欢噱,披襟各潇散。况负鸡坛名,觯囊论月旦。
评诗见精理,出语删支蔓。有时发长啸,遗响入云汉。

此诗为孔传铎诗社之作,虽无华丽之语,但却生动描绘了一次诗社组织的全过程:朋友应约而来,得到心仪选题的欢欣,反复思考的纠结,众人共同的评判。给我们清晰的展现了清代康乾盛世之时衍圣公府众士人吟诗唱和的场景。

孔传铎自幼就学习写词,他曾自云"余少嗜风雅,学步小词……余自束发操觚即喜拈长短句,谓其小调温柔蕴藉,足以抒情,长调顿挫浏漓,足以咏物吊古,诗之所不能达者,词能达之"②。他高扬词的地位,认为"诗近庄也,曲近俚也,惟词介于庄与俚之间"③。他反对词是诗之余的说法,认为自《诗经》起长短句的体式就已经具备了,只是"古之长短句无定格",而狭义上的词则"一字一句不可增减"。他不但写词,还编选古人之词为《词粹》,编选清代的词作而成《今词选》。

惜秋华
四壁蛩吟,恨无端惹起,伤秋怀抱。戚戚凄凄,渐看叶稀林表。行

---

① (清)孔传铎:《绘心集》卷上。
② (清)孔传铎:《选词粹·序》。
③ (清)孔传铎:《今词选·序》。

云本是无心出,隔断青天残照。将疏雨凄然,洒遍青鞋黄帽。

江上蒹葭老,想东阳瘦损,旧时风调。孤城畔,砧杵急,又催愁到。明知离绪难禁,况天涯乱山萦绕。眠了,听一宵,秋声多少。

与前面诗作豪放洒脱之气相对,孔传铎词作显得内敛婉约。这首词应为孔传铎与好友分别之作,蝗虫飞落,落叶萧瑟本是一幅深秋图景,加上秋雨连绵更添一份愁绪,偏又砧杵声声,催人离别,倍添伤感。

孔继濩(1697—1719),字体和,又字观成,号纯斋。六十九代长孙,未袭封衍圣公先卒,雍正十三年(1735)赠衍圣公。"好读书,能强记,席丰履厚,处以谦抑克守。"[1]著有《纯斋遗草》。选其《秋兴》一首:

爽气新秋积翠微,商飙飒飒送炎威。
梧桐叶老寒金井,芦荻花残冷钓矶。
喈喈蝉声依树咽,飘飘雁影傍雪飞。
时光渐觉严霜近,万户砧声捣素衣。

秋天本给人以萧瑟之感,孔继濩的《秋兴》却不落窠臼,写出秋风祛暑,一片生机之态。

孔广棨(1713—1743),字京立,号石门,七十代衍圣公,雍正八年(1730)袭封。他"性坦率,有见辄行,胸无城府,才高而学赡"[2],"好经术,娴礼仪"[3]。著有《敏求斋集》八卷,《敏求斋诗集》四卷,《敏求斋外集》一卷。

游峄山

四月清和日,来看雨后山。倦云归远岫,新涨没溪湾。
尘净天无际,风清鸟自闲。停轩凭小憩,匹练听潺潺。

---

[1]《孔子世家谱·大宗户》卷三,第72页。
[2]《孔子世家谱·大宗户》卷三,第99页。
[3](清)阮元:《儒林集传录》,《清代传记丛刊》第13册,第25页。

诗风恬淡从容，正是社会清平的写照。

孔昭焕(1735—1782)，字显文，号尧峰，七十一代衍圣公，乾隆八年(1743)袭封。他"通敏果毅，能任大事，率膺大典，皆蒙恩礼有逾常数"①，修棂星门、尼山中庸书院，清厘孔府祭田等大事，为族人所称颂。

雩门杂咏(四首)

泗桥柳色画鹅黄，摇曳东风几缕长。
最是雩门春景好，绿阴深处酒帘扬。

沂河夹岸有山村，几树桃花隐小门。
野老扶犁春雨足，一声牧笛近黄昏。

藤萝四月石门山，紫玉垂垂放小岩。
镇日无人山寂寞，空余乳燕语呢喃。

泮池弥望尽疏荷，翠盖红妆映碧波。
一夜平添三尺水，绿杨影里打鱼歌。

雩门为春秋时鲁国南城门，孔昭焕的《雩门杂咏》组诗描述了春回大地时曲阜泗河、沂河、石门山、古泮池的景物，虽同是写春，四处景色却迥然不同，泗河杨柳摇曳，沂河桃红春耕，石门山藤萝寂寥，古泮池荷花渔歌，显示了作者敏锐的观察力及悠闲自得的心态。

孔宪培(1756—1793)，字养元，号笃斋，原名宪允，被高宗所改。乾隆四十八年(1783)袭封衍圣公。他"天性孝友，心地慈祥，敦宗睦族，雅重之交"②。任衍圣公期间，与朝廷关系最为密切。孔宪培擅书画，精于画兰。工诗文，著有《凝绪堂诗集》八卷。著名诗人袁枚为之作序，称赞"其词洁，

---

① 《孔子世家谱·大宗户》卷三，第128页。
② 《孔子世家谱·大宗户》卷三，第163页。

其气和以平,其真能得力于风者乎!……目论者动称公诗冲淡高旷,近王孟之流,而不知天机清妙"①。孔宪培性格恬淡,诗作多为咏物即景之诗,对仗工整,风格婉约。

春寒②

韶光三月半,犹自觉寒威。竟日无人到,有时一雁飞。
风檐花欲堕,香径叶初肥。造化谁能料,春深未减衣。

惜春

淡荡春风谷雨天,小园丽景尚依然。
鹁鸠啼处花如雪,少别秾华又一年。③

两首诗都为孔宪培惜春应景之作,面对春回大地、春意阑珊、万物欣欣向荣,诗人眼中涌现的却是韶华流去、乍暖还寒的一片萧瑟之态,强烈对比之感油然而生。

孔庆镕(1787—1841),字陶甫,号冶山,七十三代衍圣公,七十二代衍圣公孔宪培胞弟孔宪增之子,因宪培无子入嗣为大宗。乾隆五十九年(1794)袭封。擅书画,笔致秀逸。工诗文,著有《春华集》一卷,《铁山园集》四卷,《鸣鹤集》一卷。

孔庆镕自幼聪敏,嘉庆元年(1796),嘉庆帝亲临太学行礼,他奉旨入京陪祀,虽年仅十岁,但礼仪娴熟,端庄大方,举止如同成人,对皇帝所问之事皆对答如流。嘉庆间置山峰状的冶铁巨块于府内园中,取名"铁山园",自称"铁山园主人",招致四方名士唱和其中。

孔庆镕自幼在读经之余便开始学诗。据《铁山园诗稿》自序,他在嘉庆四年(1799)十三岁时跟随他的老师黄秋平夫子学诗,几年后已有所成。于嘉庆九年、十二年、十三年、十四年得诗二百余首,按年编次,名为《铁山园

---

① (清)袁枚:《凝绪堂诗稿序》,孔宪培:《凝绪堂集》,嘉庆二年(1797)刻本。
② (清)孔宪培:《凝绪堂诗稿》卷七。
③ (清)孔宪培:《凝绪堂诗稿》卷七。

诗稿》。以后每年都有所得,一年之作集为一卷,结集仍从其名,并请董诰、韩鼎晋、孙星衍、辛从益、许燮作序。董诰称赞其诗"工于论古而不失之偏断,善于咏物而不失之纤巧,长于叙事而以端风教为准,娴于写景而以理性情为先"。①

送春二首②

匆匆已过艳阳天,莺啭枝头又一年。
别绪易牵拖柳线,买春不住撒榆钱。
玉楼人倦留香梦,金谷花稀锁暮烟。
剩有多情阶下蝶,纷纷留恋小窗前。

底事韶华不暂留,背人反更使人愁。
白云望断怀良友,红雨飞残忆昔游。
去路定从芳草际,离情犹绕书枝头。
凝心还访春消息,应在蓬莱海十洲。

此二诗作于嘉庆甲子年(1804),为孔庆镕少年诗作。他幼年袭封衍圣公,政治上位高誉隆,生活上钟鸣鼎食,不必为了生计奔波,也不必有怀才不遇之忧,也不必像封疆大吏宵衣旰食,夙夜在公。他很好地利用自己的地位,保持一种相对平静、平和的心态,来审视自然,看待人生,以青年人独有的眼光,对大自然充满了好奇感,满怀深情地去描写充满诗意的花鸟鱼虫和四时节令,有时也充满了一种"无故寻愁觅恨"的烦恼。

孔繁灏(1804—1860),字文渊,号伯海,谥"端恪",七十四代衍圣公,道光二十一年(1841)袭封。咸丰帝即位,孔繁灏进京庆贺,陛见七次,获赐御撰《朱子全书》、《渊鉴类函》、《历代通鉴辑览》等三十二种。洪秀全起事,席卷华南,孔繁灏积极捐输,支援清廷。咸丰三年(1854),清文宗至太学行

---

① (清)董诰:《铁山园诗稿·序》,(清)孔庆镕:《铁山园诗稿》。
② (清)孔庆镕:《铁山园诗稿》卷一。

临雍大典,释奠先师孔子,孔繁灏率领颜、孟、曾等十三氏五经博士进京陪祀,蒙恩赐颁朝帽朝衣缎匹等,晋太子太保,赐给御制诗章。后捻军兵临曲阜,孔繁灏积极布置守护,稳定了曲阜局势。

孔繁灏撰有《荫椿轩诗稿》两卷。熊方受评价"其气疏以达,其词婉而严,其旨温厚而和平"①。虽然国家给予的优渥依旧,但道咸时期社会动乱变局已波及天下第一家,孔繁灏的诗作中始终弥漫着一种淡淡的忧愁和不安,追忆、感伤成为他诗稿的主题。

春日偶步铁山园仙坛作②

荒园无人花自开,谁知此地是蓬莱。
风翻古树鸦仍宿,春满仙坛鹤不来。
青木香焚空帐望,紫藤阴里几徘徊。
自嗤童稚何知识,绕遍茅亭未肯回。

孔令贻(1872—1919),字谷孙,号燕庭,七十六代衍圣公,清光绪三年(1877)袭封。孔令贻见证了清末民国之初政坛的纷纭变化,经历了家道中落的巨大落差,内心悲苦无诉,他的诗作也充满了悲观压抑之态。

万空歌

南来北往走西东,看得人生总是空。
天也空,地也空,人生渺渺在其中。
房也空,屋也空,转眼荒郊土一封。
妻也空,子也空,黄泉路上不相逢。
金也空,银也空,死后何曾在手中。
官也空,职也空,数尽孽随恨也空。
车也空,马也空,物存人去影无踪。
世上万般快意事,时移星过总是空。

---

① (清)熊方受:《荫椿轩诗稿·序》,(清)孔繁灏:《荫椿轩诗稿》。
② (清)孔繁灏:《荫椿轩诗稿》。

孔德成(1920—2008),字玉汝,号达生,七十七代衍圣公,1920年袭封,1936年南京国民政府改任为大成至圣先师奉祀官。下面两首是其幼年所作:

遣怀
寒风萧萧夜何期,独听庭前夜如丝。
借问人家何惊事?正是秋风欲起时。

感怀
天下滔滔乱未已,岁将暮兮空自织。
满林黄叶带荒村,几点雁声横秋色。

虽仍为衍圣公,名义上的尊崇依旧,但实际上地位已今不如昔,加上国家战乱,时局动荡,使其处境更加艰难,反映在孔德成诗作中怀旧、伤感成为诗作的主题。

《礼记·经解》篇曰:"入其国,其教可知也。其为人也,温柔敦厚,诗教也;疏通知远,书教也;广博易良,乐教也;絜静精微,易教也;恭俭庄敬,礼教也;属辞比事,春秋教也。……其为人也,温柔敦厚而不愚,则深于诗者也。"

孔子诗教理论有着"温柔敦厚","兴观群怨","思无邪"等诸多作用,"不学诗,无以言",后世衍圣公学诗作诗,以诗言志,"非特衍圣人之道教,即以衍圣公之诗教也"[①]。历代衍圣公诗作中,孔庆镕、孔宪培、孔毓圻水平较高,其余则参差不齐,但作为孔子嫡系子孙的衍圣公能覃心经史,吟诗赋词,其社会意义远远大于对诗作艺术价值的评判,身为孔子后裔的衍圣公都可以专心读书著述,何况士人百姓,如此一来社会上开卷有益蔚然成风,更多的人把精力投入到读书中。

此外,衍圣公家族作为一个"与国咸休"的特殊群体,与历代王朝盛衰

---

① (清)袁枚:《凝绪堂诗稿序》,孔宪培:《凝绪堂集》,嘉庆二年(1797)刻本。

同步,对于世事变幻,他们以自己独特的眼光冷眼旁观,付诸笔端,形成诗歌,对于我们今天窥探历史,以小见大,还原事实真相来说有着很高的史料价值。

第三节 孔尚任的文学艺术

孔尚任的文学成就在孔府文学中是非常突出的。孔尚任(1648—1718),字聘之,号东塘,孔子第六十四代孙,父亲是明末举人孔贞璠。他自幼聪慧,曾求学于专供孔、孟、颜、曾四氏子孙读书的四氏学。应乡试不第后,隐居曲阜城东北的石门山,筑舍读书。康熙二十一年(1682)秋,受六十七代衍圣公孔毓圻之请,出山为衍圣公夫人治丧,其后又受邀主持修成康熙癸亥《孔子世家谱》和《阙里志》。

康熙二十三年(1684),康熙皇帝南巡返程途中,前往曲阜祭孔。应衍圣公孔毓圻之请,孔尚任在康熙祭孔后到御前讲经,受到康熙的赞赏,被破例特任为国子监博士。康熙二十五年(1686)七月,随工部侍郎孙在丰督修黄淮下河海口,前往扬州治水。经过四载的湖海漂泊,康熙二十九年(1690)二月回到北京,继续担任国子监博士。康熙三十四年(1695)迁户部主事,康熙三十九年(1700)晋升户部广东清吏司员外郎,但随后被离奇罢官。从他《放歌赠刘雨峰寅丈》"命薄忽遭文章憎,缄口金人受谤诽"看,他的被罢官很可能与流露出浓重家国意识的《桃花扇》有关。康熙五十七年(1718)孔尚任逝世于乡,存世著作有诗文集《石门山集》、《湖海集》、《长留集》、《享金簿》、《人瑞录》,戏剧《桃花扇》、《小忽雷传奇》等。

一、孔尚任的戏剧成就

孔尚任一生创作了《小忽雷》和《桃花扇》两部戏剧,而《桃花扇》代表了它的最高成就,因此与《长生殿》作者洪昇并称为"南洪北孔"。

1.《小忽雷》

《小忽雷》传奇二卷,为孔尚任与戏曲家顾彩合撰,写于康熙丙午

（1666）年间。《桃花扇本末》曾说前有《小忽雷》传奇一种，皆顾子天石代予填词。予虽稍谙宫调，恐不谐于歌者之口。而《小忽雷序》曰："于是孔门星座，立传周详，顾氏仙才，填词雅秀"①，由此可知，《小忽雷》传奇是由顾彩负责填词，而全剧的故事架构、人物安排、叙事念白则是由孔尚任负责。

小忽雷本为唐朝一弹拨乐器，因一场宫廷变故而不知流落何方。康熙三十年，孔尚任在集市上偶然得之，翻阅有关小忽雷历史史料，重新演绎，谱成传奇，"叙廿七年之治乱，贯作连珠；历三四帝之兴衰，编成合谱"，与《桃花扇》相似，《小忽雷》传奇也是借史讽实，"听琐琐之笑啼嘻骂，皆拂瓶说法之文章。看匆匆离合悲歌，尽笔砚伤心之事业"。②

《小忽雷》全剧共四十出。全剧以京兆孝廉梁厚本购小忽雷，郑注妹妹郑盈盈弹小忽雷，两人经历一系列的波折磨难，终于结成夫妻为线索，表达了唐后期纷乱政局中一代文人的人生际遇，歌颂了以郑盈盈不慕富贵，不畏权贵，坚贞不屈的精神。整剧以唐元和、长庆年间藩镇割据、宦官专权的史实为背景，旁及平定淮蔡、甘露之变等重大历史事件，权臣郑注、裴度，文人白居易、刘禹锡，宦官梁守谦、仇士良，藩镇节度使吴元济及歌妓杜秋娘等纷纷登场，上演了一出气势恢宏、悲欢离合的历史大戏。《小忽雷》传奇以唐段安节《乐府杂录》、宋钱易《南部新书》《旧唐书》《新唐书》等所载为稿本，并严格遵循重大历史事件的真实性，许多人物、事件都做到有据可考，在保证历史真实性的基础上，如梁厚本与盈盈的故事，白居易与梁厚本的交情等等，进行大胆的虚构。

《小忽雷》情节曲折，结构巧妙，人物刻画细腻，角色特点分明，唱词清丽工整，在结构方式，创作主旨上与《桃花扇》有异曲同工之妙，是孔尚任戏剧创作的一次积极探索。为其后《桃花扇》的情节架构、艺术创造提供了宝贵的经验。

2.《桃花扇》

孔尚任构思《桃花扇》由来已久，他的创作动机和故事素材最早来自岳

---

① （清）孔尚任：《小忽雷序》，王绍曾、宫庆山编：《山左戏剧集成》，上海古籍出版社，2007年，第1462页。
② （清）孔尚任：《小忽雷序》，王绍曾、宫庆山编：《山左戏剧集成》，第1462页。

父秦光仪。在《桃花扇本末》中孔尚任说:"族兄方训公,崇祯末为南部曹,予舅翁秦光仪先生,其姻娅也,避乱依之,羁栖三载,得弘光遗事甚悉,旋里后数数为予言之。证以诸家稗记,无弗同者,盖实录也",计划将其写成戏剧,"予未仕时,每拟作此传奇,恐闻见未广,有乖信史。蒿歌之余,仅画其轮廓,实未饰其藻采也"①,此时,孔尚任苦于见闻未广,一直没能正式动笔写作,只是"夸于密友曰:'吾有《桃花扇》传奇,尚秘之枕中'"而已。

康熙二十五年(1686),孔尚任随工部侍郎孙在丰前往扬州治理下河,给他创作《桃花扇》提供了良机。孔尚任治河所在的淮扬一带,是明末抗清最为激烈、受难也最为惨烈的地区之一,对明政权覆灭的伤感情绪非常浓郁。在治河的三年中,孔尚任广泛结交了当地名士与明朝遗民,尤其是"明末四公子"之一的冒襄,听他们讲述了南明往事以及侯方域和李香君的爱情故事。孔尚任还实地游览了作为明朝陪都和南明弘光小朝廷都城南京,游览名胜,凭吊遗迹,访问了曾身历甲申之变和弘光败局的历史见证人张怡。治河之行和南京之旅重新唤起了孔尚任写作那部构思已久的《桃花扇》的念头,也为这部杰出的剧作丰富了历史资料。经过回京后几年紧张的写作和修订,最终于康熙三十八年完成了《桃花扇》。

《桃花扇》的创作主旨是"借离合之情,写兴亡之叹"。全剧四十四出。写明末复社文人侯方域应试下第后,为排遣寂寞,前往秦淮旧院寻欢,得遇名妓李香君,两人一见钟情,侯方域送给李香君宫扇一柄作为定情之物。阉党余孽阮大铖受到复社文人的排斥,讲和无门,在杨龙友的指点下,资助李香君妆奁,妄图博得侯方域的欢心,为他充当讲和的说客。得知阮的阴谋后,香君义形于色,立即下妆却奁,并予以痛斥,侯方域从此对香君更刮目相看。侯方域因退奁之事受到阮大铖的衔恨,阮借助马士英之力,乘左良玉移兵南京之时,谣言方域为良玉内应。为避害方域前往淮南投奔史可法,为之参赞军务。甲申之变,李自成入京,崇祯自缢,马士英、阮大铖等即于南京迎立福王建立南明朝廷。福王终日花天酒地,不理朝政。马士英、阮大铖又屡屡加害香君,香君不屈,守楼明志,血染桃花,廷筵骂座,而被入

---

① (清)孔尚任:《桃花扇本末》,《桃花扇》,人民文学出版社,1982年,第5页。

宫软禁。方域回到南京,与复社文人一起被阮大铖捕获,锒铛入狱。不久清兵南下,弘光、马、阮出逃,方域出狱,随道士张瑶星隐居栖霞山,香君也趁乱出宫,随人入山。侯李二人在祭坛相遇,张道士以国恨、家恨之言点醒他们,二人双双入道。

《桃花扇》以侯方域和李香君的爱情为剧作的主线,但全剧并不是纯粹的爱情剧,而是借以反映南明王朝兴亡的历史剧。其中写侯李爱情的只有十五出,而且在这十五出戏中,还穿插了当时的政治斗争,以侯、李爱情的发展反映政治斗争的演进。其余二十九出戏基本都是写南明的政治纠葛、军事斗争,清晰地呈现出南明从建立到灭亡的全过程。《桃花扇》对损害了明王朝帝基的种种腐败行为进行了猛烈地抨击。在《桃花扇小识》中,他说"权奸者,魏阉之余孽也;余孽者,进声色,罗货利,结党复仇,隳三百年之帝基者也"①。由此出发,孔尚任既写了南明弘光皇帝不理朝政、醉生梦死的荒淫生活,也以大量的篇幅写了马士英、阮大铖等权奸倒行逆施、弃主求荣的可耻和可笑行径,对四镇将军怯于公战勇于私斗的荒唐行为表达了无比的愤慨。

剧作流露出深沉的历史感和浓重的家国意识。当侯方域和李香君历经千难万险,意外的重逢于栖霞山,准备再续前缘时,张道士对他们一声棒喝:"呵呸!两个痴虫,你看国在哪里?家在哪里?君在哪里?父在哪里?偏是这点花月情根割它不断么!"侯、李二人"冷汗淋漓,如梦忽醒",抛下情思,双双入道。孔尚任对侯、李爱情结局的处理是对明清小说和戏剧中常见的"滥情"的一种有力反驳,表达了国家利益至上的家国观念。

《桃花扇》没有简单陷入忠奸斗争的二元论中,而是表达出对政治的深刻思考。在《桃花扇》中,东林党和复社人士是与权奸相对立的正面人物,他们人品正直、忠于国事,与权奸进行了针锋相对的斗争。孔尚任同情东林党和复社文人,高度赞扬了他们为国家所作出的巨大牺牲,但也揭露了他们在国家危难关头不忘批风抹月、饮酒寻欢的行径,批判他们出于门户之见不能同仇敌忾而与往日的政治对手达成和解。《桃花扇》借剧中人物

---

① (清)孔尚任:《桃花扇小识》,《桃花扇》,第3页。

之口感慨道:"日日争门户,今年傍谁家?"尖锐地指出无休止的党争是造成南明王朝严重内耗以至于覆灭的重要原因。

《桃花扇》不但具有深刻的思想性,还取得了极高的文学成就,主要体现在人物形象塑造、戏剧结构和戏剧语言三方面。

(1)《桃花扇》塑造了一大批性格鲜明、栩栩如生的人物形象,女主人公李香君是其中最为光辉的一位。李香君虽然出身低微,但却满怀对爱情的美好理想。在侯方域被迫逃亡后,她坚守着对侯方域的诺言,孤身一人在媚香楼上苦苦守志,宁愿以血溅扇,也绝不琵琶别抱,连数次为她做媒的杨龙友也心怀敬佩地感叹道:"香君这段苦节,今世少有。"

李香君明大义,守大节,在政治立场上坚决站在东林人士一边。当听闻她新婚的妆奁是阮大铖所资助,侯方域要准了阮氏之请托时,她一改往日的柔顺模样,斥责侯方域道:"官人是何说话,阮大铖趋附权奸,廉耻丧尽。妇人女子,无不唾骂。他人攻之,官人救之,官人自处于何等也?"她决绝地拔下簪子,脱下新衣,统统扔到了地上:"脱裙衫,穷不妨。布荆人,名自香",使得侯方域衷心赞叹道:"好,好,好!这等见识,我倒不如,真乃侯生畏友也。"

当面对着大权在握、肆意凌辱自己的马士英时,她毫不畏惧,在马的筵席前当了一回击鼓骂曹的女祢衡,对权奸祸国殃民的行径进行了无情的鞭挞:

【五供养】堂堂列公,半边南朝,望你峥嵘。出身希贵宠,创业选声容,后庭花又添几种。把俺胡撮弄,对寒风雪海冰山,苦陪觞咏。

【玉交枝】东林伯仲,俺青楼皆知敬重。干儿义子从新用,绝不了魏家种。……冰肌雪肠原自同,铁石心肠何愁冻。……吐不尽鹃血满胸,吐不尽鹃血满胸。

其他人物,如倒行逆施、飞扬跋扈的马士英,阴险狡诈、厚颜无耻的阮大铖,鞠躬尽瘁、死而后已的史可法,都刻画得非常成功。例如《拜坛》一出中,在礼毕之后阮大铖素服大叫着冲上来开始了一段表演,简短的一个场

景,将阮大铖的厚颜刻画得入木三分:

> (副净扮阮大铖素服大叫上)我的先帝呀,我的先帝呀!今日是你周年忌辰,俺旧臣阮大铖赶来哭临了。(拭眼问介)祭过不曾?(净)方才礼毕。(副净至坛前,急四拜,哭白介)先帝先帝!你国破身亡,总吃亏了一伙东林小人,如今都散了。剩下我们几个忠臣,今日还想着来哭你,你为何至死不悟呀!(又哭介)(净拉介)圆老,不必过哀,起来作揖罢。(副净拭眼,各见介)(外背介)可笑,可笑!……

《桃花扇》出于对那些无心和无力挽救时局的"肉食者"们的失望,热情歌颂了那些身份低微却为了国事四处奔走的人们,通过对这些人物的刻画,让读者认识到,"扼腕时艰者,徒属之席帽青鞋之士,时露热血者,或反在优伶口技之中"①。剧作以极大的篇幅描写了说书艺人柳敬亭和歌唱艺人苏昆生的英雄事迹,柳、苏二人以低贱的身份和忠肝义胆的侠骨,屡次扶危济困,为了侯方域和李香君爱情的团圆、身家的安危以及国家的兴亡而四处奔走,在南明王朝败亡后,他们决然不食清粟,隐居栖霞山中,以渔樵为生,令人肃然起敬。

《桃花扇》塑造的人物并不是单一性格和脸谱化的,而是注意人物性格的复杂性,杨龙友就是一个成功的例子。杨龙友既是侯方域的朋友,又是侯方域的对头马士英的妹夫、阮大铖的盟弟。他周旋于两种势力之间,既想讨好马、阮,又千方百计的保护侯方域和李香君,是一个很难用善或恶来描述的"骑墙客"。

(2)《桃花扇》在戏剧结构上做了很大创新。作为总结经验教训的历史剧,《桃花扇》没有枯燥地描写史实,而是借助历史上确有其人的侯方域和李香君来作为线索,对他们原本平淡的爱情故事稍加点染,以他们爱情的悲欢来贯穿南明小朝廷的兴亡,表达作者深沉的兴亡之感。

这种以"离合之情"和"兴亡之感"交相衬托的戏剧结构方法,并非《桃

---

① 顾彩:《桃花扇序》。

花扇》的首创,在它之前的《浣纱记》和《长生殿》早已用过,但《桃花扇》却是将这一手法运用的最为纯熟,也最能体现这一手法妙处的戏剧作品。

《桃花扇》故事的展开是从描写侯、李二人的爱情开始的。复社成员侯方域科举下第,百无聊赖,前往秦淮旧院寻访佳丽,在杨龙友等人的撮合下,与名妓李香君定情。剧作在对二人爱情进展的描摹中,穿插了当时东林、复社人士与阉党余孽阮大铖的斗争,这是以爱情线索去触动政治线索。在才子佳人定情之后,故事转到了对时势政局的描写上,通过写马士英、阮大铖对侯方域的迫害,引出侯方域被迫逃走,留下李香君苦志守节,侯、李的美好因缘被暂时拆散,这是用政治线索去触动爱情线索。当二人天各一方时,《桃花扇》正式开始"花开两朵,各表一枝",由侯方域和李香君各自的活动,鲜活地呈现出弘光小朝廷的政治生态。通过侯方域的活动轨迹,我们可以看到弘光小朝廷的成立背景:马、阮等奸党的倒行逆施、排斥异己,史可法等忠臣的兢兢业业、顾全大局,四镇将领的拥兵自雄、争权夺利。通过李香君的遭遇,我们看到了弘光君臣的荒淫腐败、歌舞升平,看到了在肉食者不思国难、享乐宴安,李香君、苏昆生、柳敬亭等"下贱"的草民是如何保持着节为了国事而东奔西走;这一系列令人扼腕的事实都系于侯方域和李香君的爱情悲欢。在剧作的结尾,"离合之情"和"兴亡之感"合于一处。此时,南明王朝已经败亡,在一片悲凉的气氛中,侯、李二人相逢于栖霞山,已相逢却不能再续前缘,代之以双双入道的方式为爱情和他们心有所属的明王朝唱响了一曲悲壮的挽歌。可以说,《桃花扇》将"借离合之情,写兴亡之感"这种结构模式发挥到了炉火纯青的地步。

而作为全剧题名的桃花扇更是贯穿全剧,就像《桃花扇凡例》所说的那样:"剧名《桃花扇》,则桃花扇譬则珠也,作《桃花扇》之笔譬则龙也,穿云入雾,或正或侧,而龙睛龙爪,总不离乎珠"。桃花扇是侯、李爱情的象征,扇子分为两面,桃花扇面是缠绵悱恻的爱情,而历史的诡谲兴亡则系之于桃花扇扇底,正如《桃花扇》第四十出《入道》的下场诗所说:"白骨青灰长艾箫,桃花扇底送南朝。不因重做兴亡梦,儿女浓情何处消。"扇子的挥动翻飞间,就上演出一场动人心弦的爱情和政治大戏。

为了服务于"以离合之情写兴亡之感"的创作主旨,《桃花扇》将剧中人物分为"色"和"气"两类。孔尚任在《桃花扇纲领》中说:"色者,离合之象也。男有其俦,女有其伍,以左、右别之,而两部之锱铢不爽。""色"部的人物,都是与剧中离合之情相关的。"气者,兴亡之数也。君子为朋,小人为党,以奇偶计之,而两部之毫发无差。"气,是指与兴亡之感相关的人员。这种善恶分明、功能明确的人物类型的划分有效地推动了故事的展开。

另外,在戏剧体制上,《桃花扇》也有较大创新,这就是在全剧正文的四十出之外,又另加了四出。分别是:上本开头,即全剧开篇第一出之前加了试一出《先声》,下本开头多了个加二十一出《孤吟》,这两出都用身为副末的老赞礼出场,来介绍《桃花扇》的演出情况,起着"副末开场"的作用。上本的末尾多了个闰二十出《闲话》,写张薇、蓝瑛、蔡益所等人围坐闲话,悼念明王朝的灭亡。下本末尾即全剧的剧终处加了续四十出《余韵》,写柳敬亭、苏昆生等人歌一回,哭一回,悼念南明王朝的覆灭,这两出都起着"收煞"的作用。《余韵》出的尾批就说:"水外有水,山外有山,《桃花扇》曲完矣,《桃花扇》意不尽也。"这四出的增加,极大地增强了全剧的层次感和条理性。

(3)《桃花扇》的语言雅俗兼备,以雅为主,极其优美感人。《桃花扇凡例》中说,全剧"说白则抑扬铿锵,语句整练,设科打诨,俱有别趣。宁不通俗,不肯伤雅,颇得风人之旨。"《桃花扇》这种对雅的强调,是与作者孔尚任对传奇戏剧这种文体的理解分不开的。在《桃花扇小引》中,他强调传奇是一种兼备众体的艺术形式:"传奇虽小道,凡诗赋、词曲、四六、小说家,无体不备。至于摹写须眉,点染景物,乃兼画苑矣。其旨趣实本《三百篇》,而义则《春秋》,用笔行文又《左》、《国》、太史公也。"因为无体不备,所以,诗赋、词曲、骈文都可以进入到戏剧中,而用笔行文吸取《左传》、《国语》、《史记》等经典的精华,大大提升戏剧语言的典雅程度。

在雅的同时,孔尚任在语言创作上还注意兼顾戏剧追求"本色"质朴的特点,人物对话多采用市井俚语。如第一出《听稗》中的五段鼓词中:

【鼓词二】:好一个为头为领的太师挚,他说:咳,俺为什的替撞三家景阳钟?往常时瞎了眼睛在泥窝里混,到如今抖起身子去个清。大撒脚步正往东北走,合伙了敬仲老先才显俺的名。管喜的孔子三月忘肉味。景公擦泪侧着耳听,那贼臣就吃了豹子心肝熊的胆,也不敢到姜太公家里去拿乐工。

此外,《桃花扇》中的念白唱词与各自人物性格极为契合。如戏剧核心的《骂筵》一节中,几位主要人物的唱词:

（阮大铖）【缕缕金】风流代,又遭逢,六朝金粉样,我偏通。管领烟花,衔名供奉,簇新新帽乌衬袍红,皂皮靴绿逢,皂皮靴绿逢。
（卞玉京）【黄莺儿】家住蕊珠宫,恨无端业海风,把人轻向烟花送。喉尖唱肿,裙腰舞松,一生魂在巫山洞。
（李香君）【五供养】堂堂列公,半边南朝,望你峥嵘。出身希贵宠,创业选声容,后庭花又添几种。把俺胡撮弄,对寒风雪海冰山,苦陪觞咏。

在明末乱世中,阮大铖的趋炎附势,李香君的刚烈正气,卞玉京的孤苦无依跃然纸上。

《桃花扇》刚一脱稿,就在京城引起轰动。孔尚任在《桃花扇本末》中说:"《桃花扇》本成,王公缙绅,莫不借抄,时有纸贵之誉",甚至连康熙皇帝都派人来连夜索取,"己卯秋夕,内侍索《桃花扇》本甚急,予之缮本莫知流传何所,乃于张平州中丞家觅得一本,午夜进之直邸,遂入内府"。

《桃花扇》不但被广为借抄,还在戏剧舞台上独领风骚。当时京城搬演《桃花扇》曾达到了"岁无虚日"的地步,尤以位于北京下斜街的寄园最为繁盛。每逢《桃花扇》上演的时候,名公巨卿,墨客骚人,济济一堂以至于座不容膝。园中布置的锦天绣地、珠海珍山。主人把演员分成两部分,长得秀气些的演正生、正旦等主要角色,长得差些的演次要的杂色。所需道具,应有尽有。演员们感激主人的赏赐之厚,就极力描摹,演得声情俱妙。《桃花扇》巨大的感染力常常打动这些身居"笙歌靡丽"之中的人们,尤其是那些掩袂独坐的故臣遗老,等到灯尽酒阑,众人莫不伤心叹息,唏嘘而散。

从问世以来，《桃花扇》就一直是文人学士关注的对象，人们阅读它，赞赏它，也评论它，以他们自己的历史观和文学观与《桃花扇》做着互动。曾和孔尚任有过交往的金埴在其笔记《巾箱说》中对《桃花扇》作了如此评价：

> 予过岸堂，索观《桃花扇》本，至"香君寄扇"一折，借血点作桃花，红雨着于便面，真千古新奇之事。所谓"全秉巧心，独抒妙手"，关、马能不下拜耶！予一读一击节，东塘亦自读自击节，当是时也，不觉秋爽侵人，坠叶响于庭阶矣！忆洪君昉思谱《长生殿》成，以本示予，与予每醉辄歌之。今两家并盛行矣，因题二截句于《桃花扇》后云：
> 潭水深深柳乍垂，香君楼上好风吹。
> 不知京兆当年笔，曾染桃花向画眉。
>
> 两家乐府盛康熙，进御均叨天子知。
> 纵使元人多院本，勾栏争唱孔洪词。①

从清代以至当代，《桃花扇》不断被改编成多种艺术形式。在《桃花扇》完稿的七年之后，孔尚任的朋友顾彩将《桃花扇》改编为《南桃花扇》，此后《桃花扇》又被广泛地改编成多种艺术形式，被搬上荧屏和银幕。《桃花扇》在问世三百年间所产生的不间断的影响力，足以说明它是一部不朽的巨著。

二、孔尚任的文学成就

除了戏剧，孔尚任还著有《长留集》、《湖海集》和《岸堂稿》等诗文集，诗文创作也取得了很高的成就，黄云在《湖海集序》中就评价说："盖尼山庭训，首重学诗，公真能世其家学者也。"

孔尚任论诗主张性情。他认为："诗也者，性情之音，倡予和汝，而性情

---

① （清）金埴编，王湜华点校：《不下带编　巾箱说》，中华书局，1982年，第135页。

各见"①。性情,指的是诗人面对自然、社会和人生而生发出的真感情,是个体的独特体验,而不是简单的以前人之情为旨归。他说:"若但以古人感慨为感慨,而古人之感慨,又以谁之感慨为感慨耶?"②孔尚任的诗歌创作贯穿了他的整个人生,不论是隐居石门、任职国子监,还是湖海漂泊、罢官乡居,他都以诗歌这种形式来记述自己的所见所闻,抒发自己的所感所想,其诗中的喜、怒、哀、乐,皆出于己意,而非"假人之意以为诗"③,尤其是那些湖海漂泊时所作,让人深有切肤之感。

在扬州治河期间,孔尚任亲眼目睹了那些因河水泛滥而受灾的百姓所承受的苦难,盼望着治河事业能早日奏凯,解民于倒悬。他不辞辛劳,与民众吃住在一起,劳动在一起,"坐立泥土中,饮咸水,餐腥馔"。他说:"予处于同乐无忧之乡,虽斥卤荒凉,手胼足胝,与之欢呼鼓舞,盖不知劳之为劳,苦之为苦矣。"④但那些肩负最重要职责的治河大员却与地方的大僚相互勾结,穷奢极欲,罔顾国事。他义愤填膺,写下了《有事维扬诸开府大僚招宴观剧》:

东南繁华扬州起,水陆物力盛罗绮。
朱橘黄橙香者橼,蔗仙糖狮如茨比。
一客已开十丈筵,客客对列成肆市。
钧天鼓乐何震骇,絮语热言须附耳。
须臾礼成各举觞,一箸一匕听侑史。
江瑶施乳曾耳闻,讶紫疑红试舌齿。
酒味法传太尉厨,雪水书生愧欲死。
一樽未尽两部齐,双声叠作异宫徵。
座客总厌清商歌,院本斟酌点凤纸。
曲曲盛事太平春,乌帽牙笏杂剑履。

---

① 汪蔚林编:《孔尚任诗文集·酬渔诗序》,第473页。
② 汪蔚林编:《孔尚任诗文集·平山堂雅集诗序》,第471页。
③ 汪蔚林编:《孔尚任诗文集·古铁斋诗序》,第476页。
④ 《西团记》。

> 亦有侏儒嬉谐多，粉墨威仪博众喜。
> 无情哭难笑不易，人欢亦欢乃绝技！

这首诗生动地展现了当时扬州地方官在大灾当前的奢靡生活，水陆杂陈，推杯换盏，侏儒嬉戏，鼓乐震天，这一派热闹的景象与灾区人民的生活现状何啻天壤！孔尚任对这种繁华绮丽进行了集中的铺陈，意象的重重叠加让读者目不暇接，笔底流露出的是对诗中人物的鄙夷、厌恶和心中的无限苍凉，从思想境界上与杜甫"朱门酒肉臭，路有冻死骨"的控诉是一脉相承的。

与对治河事业忧心同时袭向心头的还有对故乡和亲人的思念，以及埋藏在内心深处浓重的孤独感。当除夕之夜，他写下了《除夜有感》：

> 冷暑围炉客到频，思乡不得泪沾巾。
> 千愁总累持家妇，百计难欢忆子人。
> 宦后山田多旷废，穷来国税太因循。
> 东归亦是为农圃，敢怨辛勤作使臣。

孑然一身，远在千里之外，想起家中操劳持家的夫人和思念儿子的老母亲，不免泪下沾襟。诗末，孔尚任又话锋一转，说自己虽然如此思乡，但如果抛却王事回乡的话，也只是一位农夫而已，怎么敢抱怨做使臣辛苦呢？于对亲人的思念中，流露出兢兢业业勤于王事的职业操守。

在治河之余，孔尚任与当地文人也有着密切的联系，积极参加当地的文化活动，淮扬一带的名胜古迹都留下了他的身影和品题的篇什。如扬州红桥，孔尚任就作有《红桥》、《三月三日泛舟红桥修禊》、《三月四日清明再泛舟红桥》、《清明红桥竹枝词》等诗作，在其中寄予了深厚的感情。《红桥》诗是比较有代表性的：

> 红桥一曲绿溪村，新旧垂杨六代存。
> 酒旆时摇看竹路，画船多系种花门。

> 曾逢粉黛当筵醉,未许笙歌避吏尊。
> 可惜同游无小杜,扑襟丝雨乍销魂。

这首诗对仗精工,意象明丽,在清词丽句中浓缩着淡淡的历史感,营造出一种优美的意境。清人沈德潜等编选的《清诗别裁集》收入此诗,称其为"名句可采"①。

在河局解散,回京就职之前,孔尚任游历了前明故都南京。在南京,他游览了水西门、冶城道院、鸡鸣寺、莫愁湖、栖霞山、孝陵等名胜古迹,心中涌起了无限的历史沧桑感,所到之处,无不将这种情绪形诸诗。他的两首《拜明孝陵》就很有代表性:

> 夕阳红树间青苔,点染钟山土一堆。
> 厚道群瞻今主拜,酸心稍有旧臣来。
> 石麟碍路埋榛草,玉殿存炉化纸灰。
> 赖有白头中使在,秋晴不放墓门开。

> 宋寝齐陵尽野莎,英雄有恨欲如何!
> 宝城石坏狐巢大,龙座金消蝠粪多。
> 瞻像犹惊神猛气,禁樵浑仗帝恩波。
> 萧条异代微臣泪,无故秋风洒玉河。

孝陵是明代开国君主朱元璋的陵寝,在明清易代之后,它更像是一种符号,成为明王朝和传统文化的象征。在孔尚任的笔下,一代开国之君的陵寝居然与"狐巢"、"蝠粪"联系到了一起,其破败之状可以想见,曾经辉煌威严的所在成为荒草一堆,这是多么令人不堪啊!诗中虽然有"厚道群瞻今主拜"和"禁樵浑仗帝恩波"等赞美清代统治者的句子,但那种对易代鼎革的苍凉感和深沉的家国意识还是呼之欲出。这种浓重的家国意识,奠定

---

① 沈德潜等编选:《清诗别裁集》,上海古籍出版社,1984年,第538页。

了他后来那部不朽巨著《桃花扇》的情感基调。

孔尚任的散文现存不多,有山水游记、诗序和考据文等形式,其中以山水游记为主。其山水游记文字简洁,笔调清新,却颇能传情达意。如《游石门山记》记述了他游石门山后的感受:

鲜花异鸟,不足为其艳,其艳在胎;密树浓云,不足为其苍,其苍在气;红叶青泉,不足为其洁,其洁在骨;枯木苍石,不足为其冷,其冷在神。使人即之不能离,离之不能忘。如得一美人,言焉知心,事皆如意,安得不与之膏沐!如遇一佳士,高妙不俗,亲信可托,安得不与之砚席!

陷入落第苦闷中的孔尚任来到石门山,顿时有了一种发现新大陆般的喜悦,鲜花异鸟,密树浓云,红叶青泉,枯木苍石,在他眼里无一不美,顿觉"山光悦鸟性,潭影空人心"。此次一游,他便将落第的苦闷情绪丢到了九霄云外,而诸多前贤散淡自适的生活方式也让他向往不已,他开始痴恋于石门山的风光霁月而乐不思归,决定将其作为自己的隐居之所,以集中精力研读经史。

其《西团记》记述了在西团(今属江苏省大丰市)治水的所见所闻,记述了自己与西团人民齐心协力治河的情形以及西团的风土人情,其中提到了西团独特的造船技术和捕鱼方式:

捕鱼者,刳舟如葫芦,周旁胶无隙,穴其背,仅容出入。有螺户焉,虽冒浪不灌,内贮半水,两胁绁以长木,与内水平,若飓风起,无虑倾覆。将入海,先衅罟,打鼓刑牲赛鱼神。置舟潮头,潮退,随潮以去。舟之尾,罟系焉,诱鱼自投。既得鱼,纳于内水。纳满,又从潮来,赛如初。

简短的文字,就将这种具有地方特色小舟的制作和使用过程描写得清晰明了,形象生动,这既是一篇优秀的散文,又是一部珍贵的地方民俗资料。

第四节　女性文学

除男性族人外,衍圣公家族还有众多的女性诗人,他们同男子一样将心绪付诸笔端吟诗作对,他们中有孔氏女儿,也有嫁入孔府的外姓媳妇,代表诗人有孔丽贞、颜小来、叶粲英、孔璐华、孔淑成、孔祥淑等。

衍圣公家族女性诗人在清康熙、乾嘉、道光及以后四个时期曾形成四个诗人群体。康熙时有颜小来、孔丽贞、叶粲英等人,乾嘉时期有蒋玉媛、于氏、孙苕玉、孔璐华、孙会祥、康氏、汪之惠、叶氏等人,道光时期有惠氏、孔韫芬、孔韫煇、朱玙、徐比玉、孔淑成、王墨庄等人,道光以后有孔宪英、孔祥淑,女性诗人不仅在女性之间,而且与男性亲眷也进行诗词唱和。

颜小来,字恤纬。出生于道德书香门第,曾祖父颜胤绍为明崇祯进士,官河间知府时城破自焚,祖父颜伯珣千里寻回父尸和失散的幼弟并抚养成人,父亲颜光敏与伯父颜光猷、叔父颜光敩分别于康熙六年(1667)、十二年、二十七年考中进士,兄弟颜肇维曾任职礼部仪制司,侄辈颜懋侨、颜懋伦、颜懋价也都出仕。父亲颜光敏是颜回六十七世孙,清代著名诗人、书法家,由中书舍人累迁吏部郎中。受父亲影响,颜小来"少年弄笔研"(《哭母前十首》),开始诗歌创作。嫁与孔兴焊为妻,早寡,独居四十余年。工诗,亦能词,具有良好的文学素养。有《恤纬斋诗》一卷,《晚香堂诗》一卷。

颜小来诗歌基调低沉,悼念亲人是其吟咏的主要题材,在她为数不多的传世诗作中占很大比重,有《哭母前十首》、《哭母后二首》、《七夕忆亡妹》、《墓祭》等。最能体现其成就的还是表现孀居生活孤独凄清心境的诗作,如《旧宅梧桐》:

　　三十余年伴寂寥,弹琴调鹤度清宵。
　　别来休问人憔悴,只看梧桐亦半焦。

还有《春夜闻笛》①：

  笛声吹破月，春月落花愁。露重衣先湿，灯昏坐自幽。
  无心怜远道，有梦定高楼。未解调丝竹，吾今已白头。

  此类的作品还有《秋夜细窗独坐》、《夏夜》等，表现诗人在凄冷的心境中度过的一个个春夏秋冬。但颜小来的诗作更多清幽之境，不似孔丽贞"鹃啼血"那样断肠，这在她众多的写景记行诗中体现得尤为充分。如《村居》②：

  好静离城市，移家住远村。饲蚕三两筬，分菊十余盆。
  细雨还栽竹，清风自闭门。日长无个事，课仆牧鸡豚。

  叶粲英（1666—1692），昆山人，山东按察使副使方恒第三女，六十七代衍圣公孔毓圻继配夫人。她工诗善画，与其姐叶宏湘齐名，有"闺中二难"之称。诗作仅有《喜母至阙里》和《画兰》两首传世。

喜母至阙里，二首

  千里迢迢乍解装，喜瞻颜色一称觞。
  扶持白发团乐坐，翻忆年年梦故乡。
  话久浑忘漏已深，秋灯频剪月华侵。
  遥怜阿姊嵺城住，镇日思亲独自吟。③

  叶粲英由昆山远嫁曲阜，虽嫁入安荣府邸，但难掩思念亲人之情。母亲千里迢迢来看望女儿，两人促膝而坐，回忆往事不知不觉已深夜，一副母女相见的生动场景跃然而出。

---

① （清）孔宪彝编：《阙里孔氏诗钞》卷十四。
② （清）孔宪彝编：《阙里孔氏诗钞》卷十四。
③ （清）孔宪彝编：《阙里孔氏诗钞》卷十四。

孔丽贞,字蕴光,孔子六十八代嫡女孙,父亲孔毓埏为六十六代衍圣公孔兴燮次子、六十七代衍圣公孔毓圻之弟,五经博士,大致生活于康熙时期。嫁与历城荫生戴文谌为室,早寡,以节赐旌。工诗善画,著有《藉兰阁草》、《鹄吟集》。

孔丽贞早年在孔府的生活是幸福的,她与兄弟们诗歌唱和,以才思敏捷著称,孔传钜诗中就有"咏絮还怜小妹才"的诗句。但嫁后不久丈夫即过世,从此心境相当冷寂,苦与哭成为其生活的常态。对于她的诗作,与她同病相怜的颜小来曾有[点绛唇]《题孔蕴光女史〈藉兰诗〉后》一词,准确地总结了她诗歌"凄"、"悲"、"冷"的特点:

黄鹄吟余,声声字字俱呜咽。素心凄绝,鸾镜悲残缺。　　点笔窗间,树树鹃啼血。冰心洁,冷如寒雪,皎似天边月。

陈芸《小黛轩论诗诗》也注意到孔丽贞诗歌悲伤的基调,以"堤边芳草自枯荣,触目伤心孔丽贞"来评价孔丽贞的创作,同时还摘录了她的诗句加以佐证:"《芳草曲》有'去年离别今年青,今年芳草去年折'及'几度徘徊不能去,情移目触心为惊'之句。"①

孔丽贞《藉兰阁草自序》也以"苦"、"悲"来概括自己的诗作:"人世之苦,亦莫此为极,形诸墨沈者,亦遂易喜为悲矣。情随事迁,意缘境移,不信然乎哉!至于往来于历山泺水,徘徊于绣户红窗,偶有吟咏,无不可于悲乐中分之,此小集之大概也。"②

那么,究竟是什么使得孔丽贞的心境与诗歌凄如"鹃啼血"、"冷如寒雪"? 究其生平,原来她的"声声字字俱呜咽"大多缘于至亲之人的离去,兄长、丈夫、幼弟、父母相继离世,而更多的则是"生死魂难聚"四十多年的嫠妇夜哭。她的哭泣既是对亡夫的思念,更是作为未亡人生命的挣扎。其

---

① 陈芸:《小黛轩论诗诗》卷上,清宣统三年(1911)刻本。
② 孔丽贞:《藉兰阁草自序》,卢见曾《国朝山左诗钞》,乾隆二十三年(1758)德州卢氏雅雨堂刻本。

《哭亡夫》①云：

> 亲老妾心悲，哭君无尽期。月圆分镜日，雨滴断肠时。
> 生死魂难聚，幽明路已歧。纵为华表鹤，留语复谁知？
> 孝友继家声，温恭自性成。如愚常默默，守拙独硁硁。
> 淡泊恒为乐，炎凉素所轻。片言聊作诔，那得尽生平。

明知"幽明路已歧"，阴阳两隔，"留语复谁知"，无法诉说衷肠，可她作为活生生的一个人，表达的是"雨滴断肠时"的无尽孤独。她以诗作寄托愁苦思念，因命运的悲苦而触目伤心。

她的诗作任凭感情的驱动而没有任何的矜持与矫情。如《冬闺》②一首：

> 寒梅一树暗浮香，满地霜华月色凉。
> 斜倚屏风成小立，不堪孤雁叫昏黄。

然而，孔丽贞毕竟是大家闺秀，具有相当高的文化素养，《题叶书城夫人绣余草》③是其日常生活的写照：

> 卜宅临江志自伸，柴门常闭不知春。
> 汲泉瀹茗全抛俗，绕舍栽蔬未是贫。
> 曲径花铺鹤梦稳，茅斋雨过燕泥新。
> 只怜落落无俦侣，同调难逢我辈人。

闭门而居，泉水沦茶洗去尘世的烦恼，绕舍栽蔬打发无聊的时光。虽离群索居，落落无俦，却依然超凡脱俗。

---

① （清）孔宪彝编：《阙里孔氏诗钞》卷十三。
② （清）孔宪彝编：《阙里孔氏诗钞》卷十三。
③ （清）孔宪彝编：《阙里孔氏诗钞》卷十三。

孔丽贞的诗作主要表达自己内心的孤独与凄冷,多悲苦哀怨之声,这种吟唱反射的是作者生命的挣扎和对爱的渴望,带给人伤感、真实而又优雅的感受。

姚氏,荆门知州姚士莱之女,临淄县训导孔毓懿室。诗作传世不多。

咏兰
嫣红久已薄群芳,自挹芳菲到水乡。
岂是寻常贪采采,此花不比寻常香。①

临淄道中
素旐凌晨发,驱车过几山。眼看霜树色,尽是泪痕斑。②

蒋玉媛(1745—1808),常熟人,兵部侍郎蒋楀次女,夫君孔广材(1740—1781)为衍圣公孔传铎之孙,孔继涧次子,曾官宜山县丞,署永宁州知州。玉媛诗传世不多。有《送春》一首:

残花落尽鸟声悲,小雨初晴柳尚垂。
试问飞飞新燕子,可知春去几多时。③

于氏(1755—1823),金坛人,大学士于敏中第三女,嫁与七十二代衍圣公孔宪培(1756—1793),著有《就兰阁遗稿》。

于氏嫁入孔府时正值乾隆盛世,且出身名门,家父于敏中为朝中重臣,此次婚姻可谓强强联手,自然风光无限。于氏在孔府生活极为安逸平和,流传诗作多为即景诗。她的诗歌,并无闺阁诗词常见的怨愤悲咽之风,而多清新婉丽之气。如《白荷花》:

---

① (清)孔宪彝编:《阙里孔氏诗钞》卷十四。
② (清)孔宪彝编:《阙里孔氏诗钞》卷十四。
③ (清)孔宪彝编:《阙里孔氏诗钞》卷十四。

> 净质仙姿迥不同,素襟披拂玉玲珑。
> 欲从月下寻颜色,只在香飘十里风。①

咏荷之作众多,但如于氏如此短短数言,就将白荷花的玲珑素洁之态勾画而出实属罕见。

又如《秋日闲咏》:

> 浮云渐散碧天空,欲步苍苔怯晚风。
> 秋夜乍长人不寐,数声蛰语小窗东。②

秋天多给人萧瑟之感,而在于氏的笔下用一个"怯"字就给全诗平添了一分小儿女的之态。

孙菂玉(1775—1832),字琬华,钱塘人,监生孙同理次女,夫君孔昭虔(1775—1835)系衍圣公孔传铎曾孙,孔广林之子,字元敬,号荃溪,嘉庆辛酉(1801)恩科进士,官至贵州布政使,著有《镜虹吟室诗集》二卷、《缯声琴雅词》二卷、《经进稿》一卷。孙菂玉"工诗词,而不肯有稿",现仅存诗一首。《秋夜对月》:

> 病骨宵无寐,秋心漏共寒。
> 捲帘邀片月,留照曲栏杆。③

孔璐华(1777—1832),字经楼,七十一代衍圣公孔昭焕孙女、七十三代衍圣公孔庆镕女兄,著名经学家阮元之妻,诰封一品夫人。著有《唐宋旧经楼稿》七卷。

孔璐华的诗歌创作得益于家学的哺育、丈夫的影响以及自然景物的触发。她自幼诵读《毛诗》,受到诗礼传家风气的熏陶,但她真正从事诗歌创

---

① (清)孔宪彝编:《阙里孔氏诗钞》卷十四。
② (清)孔宪彝编:《阙里孔氏诗钞》卷十四。
③ (清)孔宪彝编:《阙里孔氏诗钞》卷十四。

作在很大程度上却缘于丈夫阮元的影响。

孔璐华的诗作因生活的美满而呈现出从容安闲的特点,还具有一种圣人家特有的富贵与大气。随祖母阙里迎驾、寓居衍圣公弟弟孔庆镕公邸等圣人家的尊荣、丈夫为官之地的风物人情、夫妻间的别离相思等,构成其诗歌的主要表现内容。如其《随祖母阙里迎驾恭纪》一诗:

> 箫韶风暖净尘沙,缥缈炉烟吐绛霞。
> 凤辇曾停携半袖,玉音重问赐名花。
> 千章宝炬春光晓,十里旌旗泗水斜。
> 何幸随亲同被泽,皇恩优待圣人家。

写随祖母曲阜迎驾时的情形,礼乐旌旗,场面宏大热烈以及内心升腾的荣幸之感。

《广东节署新建学海堂》一诗描写的是丈夫在广州新建学堂一事,体现了出于圣裔的文化使命感而对丈夫兴教育人的高度认同和由衷赞赏:

> 主人羊城节钺久,案牍终朝不释手。
> 余暇偶登越秀峰,择得一峰辟数亩。
> 略加修筑有堂台,海阔天空眼乍开。
> 夏木千章梅百树,登临遥望兴悠哉。
> 紫澜翠岛摇清目,雨过风生凉满竹。
> 四面窗纱日影微,云树相连满天绿。
> 非为闲游设此堂,为传学业课文章。
> 从今佳士多新作,万卷收来翰墨香。
> 主人素爱研经史,欲美民风莫如此。
> 更助香膏催读书,岭南他日留遗址。
> 吾家尼山虽最高,无此海天好山水。

作者对丈夫修建学堂一事非常理解和赞同,她欣喜地描述了在越秀峰所建学堂凭海临风、郁郁葱葱的壮观美景，联想到故园曲阜尼山的地位虽然至高，却不曾拥有如此的海天好山水。她对"主人素爱研经史，欲美民风莫如此"的赞美甚至让人读出她对丈夫的崇拜之情。这种文化上的高度认同感让我们看到了他们精神追求的趋同和夫妻间心灵的高度契合。

丈夫阮元身为官员，公务在身，夫妻不免时有别离，孔璐华用诗歌记录了她的相思之情、孤独之感以及挂牵之心，如《忆外书寄滇南》：

拟入京华共旧林，不期滇海久分襟。
锦囊但觉新诗少，白发还愁旧病深。
万里江湖难放棹，一楼风雨独停琴。
致君珍重无多语，惟把丹心答帝心。

从中可见夫妻感情甚笃。在"致君珍重"之时，不忘济天下、报君恩的使命，体现出其圣裔的特殊身份。

孙会祥(1777—1827)，字联云，钱塘人，桃北河务同知孙同琨次女。夫君孔昭杰(1780—1852)初名昭辰，字汉瞻，号俊峰，乾隆辛酉(1741)举人，官至盐城知县，五十余岁辞职归养，屡主东昌卫辉书院、保定书院，著有《学庸指掌》、《论语集注》、《孟子摘要》、《读史格言》、《拜经书屋文稿·诗馀》、《孤灯吟草》、《知非录》等。夫妇均能诗，孙会祥诗作中出现了闺阁中较少见的唱和诗，说明当时女子的社交领域有所扩大，如：《五旬初度，外子以诗为寿，戚好门人均有和作，勉次原韵》：

何必称觞设绵筵，新诗重叠灿华笺。
敢矜名附黄缄里，且喜欢承白发前。
满院莺花怜永昼，万家砧杵记迟眠。
操持久已惭中馈，漫道留宾一例贤。①

---

① （清）孔宪彝编：《阙里孔氏诗钞》卷十四。

孔昭容,字玉仙,衍圣公孔传铎之孙孔广秀(1761—1806)第三女,嫁与仪征候选县丞郑昌琪。诗作传世不多,但清新可喜。

春晓
晴日初移过小廊,声声鸟语唤晨妆。
开帘渐觉春深处,数点轻红落海棠。

新夏琐窗杂咏
偶向书窗启镜奁,剪来蕉叶试毫尖。
点苔忽过疏疏雨,一阵枣花香入帘。①

康氏(1787—1809),兴县人,通政使司参议康绋钧第四女,夫君孔庆銮(1789—1853)为衍圣公孔庆镕之弟,字晓坡,号南池,曾官兵部武选司郎中、云南迤东道。诗作传世不多,有《紫藤花》一首:

庭前漠漠袅香烟,剪碎春风分外鲜。
疑是谙传方士术,九天召下紫烟仙。②

比喻奇幻,语句清新。

汪之惠(1788—1812),夏邑人,临清直隶知州汪汝弼第三女,衍圣公孔庆镕之弟孔庆銮继室。诗作传世不多,有《送父之淮上》二首:

匆匆又是岁将阑,阿父勤劳阿母叹。
一夜飞雪风更急,料知江上不胜寒。
萧条家计愁无限,千里归来又远行。

---

① (清)孔宪彝编:《阙里孔氏诗钞》卷十三。
② (清)孔宪彝编:《阙里孔氏诗钞》卷十四。

我愧木兰身手健，不能辛苦替爷征。①

　　从内容上看，这首诗应作于汪之惠未出阁之时。女儿见父亲为家计奔波心疼不已，而发出恨不能分担之叹。这种写亲人之间亲情的诗歌还有《怀英敏二姊》、《寄五姑母》等。

　　叶氏（1794—1817），桐城人，汶上县知县叶馥次女。夫君孔昭佶（1791—1851）衍圣公孔传铎曾孙，孔继汾之孙，字正夫，号哲峰，嘉庆庚辰（1820）进士，官至泾州知州。叶氏短寿，诗作流传不多。有《咏芍药》一首：

　　金缕红绡品不群，当阶翻处望如云。
　　遥知此日丰台畔，烂漫春光已十分。②

　　惠氏（1801—1830），卢龙人，世袭轻车都尉、候补参将惠昌运长女。夫君孔昭芬（1802—1838）字德诵，号幼卿，衍圣公孔广棨曾孙，孔继涑次孙。诗作传世不多。有《秋夜闻蝉》一首：

　　半窗凉月映花枝，爱听寒蝉步肯移。
　　不畏五更风露冷，一声清入梦回时。③

　　孔韫芬，谱名晋孙，字漪芬，孔昭诚（1783—1816）长女，嫁于浙江西塘海防同知、齐河马受昌次子副榜马豫煐。父亲孔昭诚字显孚，号元孚，孔继汾之孙，官至吴桥县知县。孔韫芬诗作传世不多，有《水仙花》一首：

　　金盏银台绝世姿，凌波微步忆当时。
　　诗情未必如君淡，但讶幽春入砚池。④

---

① （清）孔宪彝编：《阙里孔氏诗钞》卷十四。
② （清）孔宪彝编：《阙里孔氏诗钞》卷十四。
③ （清）孔宪彝编：《阙里孔氏诗钞》卷十四。
④ （清）孔宪彝编：《阙里孔氏诗钞》卷十四。

孔韫煇，谱名印孙，号昌平女史，孔昭诚三女，孔韫芬之妹，工书画，精于花卉、翎毛，长于蝴蝶，曾作《百蝶图》，未成而卒。夫君陈善，字葆初，号心畬，菏泽人，就学曲阜，遂留居不去；贡生，出任教职，捻军起事后回到曲阜办理团防，以防护曲阜有功保举光禄寺署正衔，募捐维修孔林门墙、洙水桥等。夫妇均能诗词，但其作品传世不多，毕景桓《蝴蝶图册》有其《蝴蝶儿》词一阕：

  绿迷离，影参差，花房梦入谢家池，玉闺停绣时。　　晓露凉罗带，斜阳晒粉衣。南园风景认依稀，扑来还恐飞。

字楷书，工整秀美。

朱玎（1811—1845），小字葆瑛，海盐人，内阁学士兼礼部侍郎朱方增次女，孔宪彝（1808—1873）继配夫人。孔宪彝为孔昭杰次子，道光丁酉科（1837）举人，曾官内阁侍读，诰授中宪大夫，著有《韩斋文集》四卷，《对岳楼诗集》二卷，续集一卷，词一卷，《还乡吟》一卷，选辑《阙里孔氏诗抄》十四卷，《曲阜诗抄》八卷。朱玎幼年丧母，事父至孝，年二十嫁入孔门，孝敬祖姑，"孔氏族人、姻众、宾客酒浆束脩之供馈，能内外支拄，不见罅漏。以其馀功习诗词、绘画、隶楷，女姻好学者多从之游"①，著有诗词各一卷。朱玎夫妻均能诗善书工画，与徐比玉为妯娌，可惜作品流传不多。毕景桓《蝴蝶图册》有她一首古风：

  海棠红亚雕栏曲，柳线初长垂嫩绿。
  晓起兰窗试采豪，脂痕艳夺花台馥。
  生香活色阿谁如，初仿滕王第一图。
  百草浓时虿款款，百花深处舞蘧蘧。
  沉酣香梦萦香国，双宿双飞迷五色。
  韩凭魂艳幻难求，谢逸才多吟不得。
  画史深传鉴赏真，擅名绮阁早殊伦。

---

① 《续修曲阜县志》卷五，济南同志印刷所，第40页。

>吾家妙绘传遗泽,又见丹青继起人。

隶书,出自《史晨碑》,书法秀美。

徐比玉(1813—?),吴县人,处士徐汝棻长女,夫君孔宪庚(1810—1866)为衍圣公孔广棨玄孙,孔继涑曾孙,孔昭杰三子,道光己酉年(1849)拔贡,候选训导,曾问业镇洋盛大士,著有《十三经阁诗录》二卷,《疏华馆纪年诗》一卷。徐比玉夫妇均能诗,且均较长寿,作品应该比较多,但作品传世很少。七十四代衍圣公夫人毕景桓《蝴蝶册》有其道光戊戌年(1838)题《蝶恋花》词一阕:

>百样花开香满坞,百草芬芳,凭仗春风度。惹得罗浮蝴蝶舞,芳丛一一浑难数。　艳杀兰闺多妙趣,吮粉调脂,翻出滕王谱。香气袭人神栩栩,纤纤笔是丹青树。

孔淑成,字叔凝,曲阜人,大致生活于嘉庆、道光年间。乐陵训导孔广鼐之女,少时曾随任官祖父生活在黔中,后嫁诸生颜士银,以子官主事而封安人。孔淑成"工书善弈通经史",七岁能诗,也能画,年仅二十九即卒,有《学静轩草》。

孔淑成英年早逝,诗作数量不多,加之丈夫地位不显,流传并不广泛。但孔淑成诗作气势恢宏,乍看不似闺阁之作。如《题画》:

>轻舟一叶傍江干,山骨苍苍石发寒。
>安得蹑衣凌绝顶,半天风雨望弥漫。①

诗题于山水画,前两句写实,后两句为作者感叹,有杜甫《望岳》"会当凌绝顶,一览众山小"之妙。

而记录其闺阁生活的《冬日侍母点消寒图》一诗:

---

① (清)孔宪彝编:《阙里孔氏诗钞》卷十四。

> 镇日兰闺学绣襦,慈颜看比掌中珠。
> 偶来霁雪三三迳,细点消寒九九图。
> 月影清如今夜好,梅花香似去年无。
> 巡檐索笑浑闲事,乐事萱开韵不孤。①

诗取材于生活琐事,却显示了家庭和谐幸福的生活。其中"月影清如今夜好,梅花香似去年无"的诗句,对仗精工,表现月影梅香较为出彩。

王墨庄,兰陵人,廪生孔昭秦妻,诗作传世不多,有《临池》一首:

> 临池敢说得金丹,离合茫茫下笔难。
> 欲向古人求妙旨,笒中自检折叙看。②

孔宪英,字兰生,衍圣公孔毓圻玄孙、举人孔昭恢(1782—1830)次女,嫁与桐城方传荣之孙方锡琯,年二十三卒。诗作传世不多,有《题司马梦素嫂氏画瓶中折枝桃花》一首:

> 灼灼夭桃写折枝,舍毫斟酌小军持。
> 可怜宜室宜家品,鸿爪先留恨一丝。③

孔祥淑(1847—1886),字齐贤,祖父孔庆銮是衍圣公孔庆镕之弟,是曲阜孔氏圣裔女性诗人中成就最高的一位。少时即随父亲孔繁洙(曾官云南迤东道)宦游蜀、黔,多得江山之助。后适保山人浙江巡抚刘树堂,年甫四十而卒。有《韵香阁诗草》。

孔祥淑自幼好学,喜欢涉猎经世之书,胸襟非一般闺阁诗人所能比肩,颇有女中豪杰风范,为人做诗具有一种大丈夫之气。苕溪生《闺秀诗话》对孔祥淑及其诗歌创作做出这样一番评价:

---

① (清)孔宪彝编:《阙里孔氏诗钞》卷十三。
② (清)孔宪彝编:《阙里孔氏诗钞》卷十四。
③ (清)孔宪彝编:《阙里孔氏诗钞》卷十三。

孔氏所著《韵香阁诗草》中近古体近千首，均苍道高华，洗尽脂粉之气，真闺阁中仅见之才。盖夫人生于曲阜，为亓官氏嫡裔，家学渊源，又随观察宦游万里，故其发为诗歌，迥异凡响，非寻常女子纤靡巧丽之音所能望其项背。①

这个评价十分中肯，孔祥淑诗歌苍劲雄健、气势不凡，在闺阁诗人中实为罕见。这一方面得自于她的秉性，也与她幼时随父壮游的人生阅历有着密切关系。

孔祥淑的诗歌从创作题材上看，与一般闺阁诗人的创作题材有所不同，咏史题材的比重较大。她一扫女子诗歌的纤巧，境界雄浑开阔，如其《三峡观瀑布》：

奇峰秀削插当面，晓起凌虚天一线。
轰轰震谷雷乍鸣，重岩陡转飞白练。
如烟如雪势奔腾，大珠小珠满地溅。
碧潭千尺窈而深，响滴铜壶漏传箭。
蛟龙不作尘不染，皎洁水光澈底见。
静观顿使道心清，日暮云封犹眷恋。

描绘三峡瀑布，既有"如烟如雪势奔腾"的巨大声势，又有"大珠小珠满地溅"的局部特写，而碧潭之水"皎洁水光澈底见"又能使人清心静观，临飞瀑而得静心，在动与静中表现景与境的转换。

孔祥淑的咏史之作写得遒劲有力，仅《读史》组诗一口气就写了十八首，兹选其一：

鸿濛判天地，清辉并日明。
仪型孚万国，端由内化成。
早朝警永巷，失德误倾城。

---

① 苕溪生：《闺秀诗话》卷二，广益书局，1926年，第7页。

> 法戒昭古鉴，尚论贵持平。
> 燕私苟不忝，千载流芳声。

诗作境界雄阔，时间纵深感强，空间无限寥廓，漫天日月清辉，具有很强的震撼力。

即使是写给丈夫的诗，孔祥淑有时也能摒除脂粉之气、儿女情长，虽为女流之辈，却有着开阔的眼界与胸怀，在这些时候，她更像丈夫的挚友。难怪《闺秀诗话》认为，"佐使君子万民，真不愧为才女、为贤妇也！"①她的离别诗也独具一种别样的进取心，如《留别》：

> 携手河梁上，滔滔水不波。盈觞愁未解，折柳劝徒歌。
> 红日离时短，青山别后多。相思期努力，莫负夕阳过。

斟满的美酒不能消除心中的离愁，折柳留不住远行的脚步，就让相思之情化为加倍的努力，莫负飞逝的时光。

清代阙里孔氏女性诗人人数之多，诗作数量之大，并形成一个创作群体，这在其他家族中是极少见的。究其原因大概有以下几个：其一，相对宽松的社会环境。政治稳定，经济富庶，为文化的繁荣奠定基础。清代的学术盛况空前，虽然没有达到唐诗的成就，但诗学极盛，各种诗社词社不胜枚举，其中以山东地区尤为兴盛。学术风气的兴盛，不知不觉中影响到了处于深闺中的女性。其二，良好的家庭氛围。曲阜是孔孟之乡，礼仪之邦，而阙里孔氏又有"诗礼传家"的文化传统，整个家族对于教育、文化、科举有着强烈的追求，家庭文化氛围空前浓厚，女子受教育的情况非常普遍，未出阁前他们或在家塾中读书写字，或跟随父母兄弟在家学习，结婚后又受夫家耳濡目染的影响，在这种有意无意的熏陶栽培之下，她们取得了相当的文学成就。由于深厚的家学渊源，女诗人们大都具有较高的文化素养，许多人还工书善画。

---

① 茗溪生：《闺秀诗话》卷二，第7页。

清代曲阜衍圣公家族女诗人的诗歌创作体现了温柔敦厚与典雅守正的家族文化精神与传统。在审美活动中自觉不自觉地受到《诗经》范式的引领,体现出温柔敦厚的风貌。诗或凄苦素雅,或从容安闲,或苍劲雄健,均格调高古,典雅守正,尽显古朴典雅之风范。

虽然人生经历不同,诗歌创作特色各异,但在精神深处都体现出孔府家族文化的特质,纲常伦理意识亦是他们精神与人格构成的基础。强烈的道德规范意识是其最鲜明的文化基因,这种文化基因来自孔子。一般而言,清代许多女性诗人的感性色彩较重,视域更多局限在感情或者家庭生活等方面,而孔氏圣裔女诗人更多的是自觉地"统德功于言之中",追求个体的感性心理欲求必须与社会理性的纲常伦理相统一。既然道德规范意识赋予她们强烈的责任感,也使得她们的诗歌有时过于凝重板滞而缺少生活气息。

第五节 孔氏戏剧

清代入关以后,延续了明朝的戏剧繁荣,而曲阜则成为其中的一大中心,在孔氏家族中涌现出一批戏剧名家,其中以孔尚任、孔广林、孔昭虔、孔传铎为代表,他们在覃心经礼的同时也精通音律,填词谱曲,创作出诸多极具浪漫主义色彩的杂剧和传奇,除孔尚任单独介绍外,下面对其他几位作者及其作品给予简略的介绍:

孔广林(1746—1814),字丛伯,号幼髯,廪贡生,署太常寺博士。孔继汾长子,孔广森长兄。孔广林专攻三礼,曾撰《周官肊测》、《仪礼肊测》等著作,又精于音律,造诣颇高,现存杂剧三种,《女专诸》一卷,《璇玑锦》一卷,《松年长生引》一卷;又有传奇一种,《东城老父斗鸡忏》二卷;汇集而成《温经楼游戏翰墨》二十卷。

三出杂剧中,《璇玑锦》写于乾隆三十五年(1770),为孔广林年轻时所作。写苏南将军窦滔镇守襄阳,两年多未与家中夫人苏蕙通音讯。苏蕙为了规劝丈夫回心转意,撰回文诗一首,织成一尺璇玑锦,托人送于丈夫。窦滔看到锦后大受感动,派人将夫人接到襄阳,得以夫妻团聚。《女专诸》作于嘉庆五年,述皇亲郑国泰与左都御史左维明素来不睦,便遣其出京,郑国泰借机篡夺皇位,并将左维明的女儿左仪贞抢到家中,封为中宫夫人。左仪贞假意顺从,利用机会刺死郑国泰,自己反被郑国泰之子郑有权监禁。左维明带兵回京,救驾有功,得以官拜丞相,左仪贞也被封为义烈智节夫人。《松年长生引》为孔广林为奶奶徐太夫人七十大寿所作,该剧的第二折《西王母请帝锡龄》、第四折《松年堂共祝长生》为孔广林所做,第一、三折为孔广林老师陈竹厂作。

《东城老父斗鸡忏》完成于乾隆五十九年(1794),全剧四十二折。写玄宗时长安贾昌善斗鸡,玄宗设鸡坊,选贾昌为鸡坊五百小儿长,衣食右龙武军,深受玄宗宠爱。安禄山知皇帝好斗鸡,于是派兵一万五千,以献鸡为名逼近潼关。贾昌识破奸计,力谏阻挠。右丞相杨国忠与安禄山争宠,篡改地方奏章,意图诛杀安禄山,安禄山借机起兵攻入长安。贾昌见兵荒马乱,民不聊生,深感斗鸡误国,遂遁入空门。安史之乱后,玄宗欲召贾昌重操旧业,贾昌拒绝,上表列陈其中厉害,玄宗醒悟,嘉奖贾昌及其子孙,但贾昌一生始终深陷忏悔之中。

纵观孔广林所作杂剧、传奇,其特点有二:

其一:多改编自旧有传奇故事。如孔广林述《璇玑锦》创作原因:"往岁有持元人画《璇玑回文卷》求售者,画极工且旧,吾父以索直太昂弗之收也。其卷首画回文图,次记回文读法,后列《织锦》、《寄锦》、《玩回文》、《迎苏氏》四图,末附图说,谓窦滔为安南将军,携宠姬赵阳台赴襄阳,留苏氏长安不通问,既而得回文诗,始悔而迎之,完好如初,与晋载记不合,图盖据唐人小说绘之耳。新正卧病,忆及图卷,与兴?之所至,撰《璇玑锦》杂剧四折。"[①]《女专诸》改编自《天雨花传奇》,《东城老父斗鸡忏》也取材于唐陈鸿所撰的《东城老父传》。

虽源于旧有传奇故事,但孔广林在原有情节基础上对故事情节进行了重新架构,人物形象也更加丰满。孔广林更把自己的人生悲欢加入到戏剧创作中。如《东城老父斗鸡忏》前自序:"乾隆四十一年,妹夫梁处素客曲阜,作《东

[①]（清）孔广林:《璇玑锦》,王绍曾、宫庆山编:《山左戏剧集成》,第692页。

城老父歌》示予,且曰:老父传与长恨传并传,长恨传奇作者不一,此传无闻,吾谓老父事大可劝诫,谱之宫商,又一大戏文矣。予然其言,感乎其意,花月之夕,风雨之晨,兴与境发,笔与思随,扩局布词,强作解事。后遭家多故,束之高阁,而处素以去冬殁矣。今年春往吊,读遗稿至《老父歌》,恻然。"①

其二:以朴学之风创作戏剧。孔广林将朴学严谨务实带入戏剧创作之中,剧中每支曲都务必求其合韵合律,如有不合之处,均在篇末或每出之末加以说明,并列举前人例子提供佐证。如《女专诸》篇末云:"【滚绣球】第一第五两句,前三句依费唐臣贬黄州格不韵,后一曲依白仁甫梧桐雨格用韵。末句前二平煞费格,后二仄煞白格。"②

孔广林还将所用曲牌加以考证,与东山钓史作《九宫谱定总论》及钮少雅所作《南曲九宫正始》加以对比,对于两书错误之处均加以指明。如:"【字字锦】收明群芳绽锦鲜散套注云,今人于合头上添空蹙破两眉尖一句,奈山遥水远下添知他在那里一句,和谁两个添潇潇洒洒一句,怀古调长生殿倖恩折所填,即《正始》所云增云格。然调却流利畅达,兹依用之。"又【换头】:"此亦《谱定》格。原本第六句七字,第七句八字,《正始》苏武格首二句皆六字……予以《谱定》此格与《正始》所收参校,《正始》并亲去椰瓢似误。"③

孔传铉(1678—1731),字振文,号西铭,又号蝶庵。六十八代衍圣公孔毓圻次子,康熙四十五年(1706)袭五经博士,授通议大夫。康熙帝临雍,入京陪祀,召见内殿,欲用之,辞以职在奉祀,得赐"六艺世家"匾额。与孔尚任、顾彩交往甚密,著有传奇三种:《软羊脂》二卷,《软邮筒》二卷,《软锟铻》二卷。

《软羊脂》全剧共三十四出,写李兆骞与河东防御使之女完颜蕊琼的爱情故事,两人因名为软羊脂的玉碗相识,李兆骞因众人觊觎玉碗而身陷图圄,期间又夹杂着元末朝廷皇位之争,最终,李兆骞机缘巧合认识太子,帮助太子登基,最终李兆骞高中状元,与完颜蕊琼结为夫妻。

---

① (清)孔广林:《东城老父斗鸡讥传奇自序》,王绍曾、宫庆山编:《山左戏剧集成》,第1592页。
② (清)孔广林:《女专诸》,王绍曾、宫庆山编:《山左戏剧集成》,第709页。
③ (清)孔广林:《东城老父斗鸡讥传奇自序》,王绍曾、宫庆山编:《山左戏剧集成》,第1667页。

《软邮筒》三十出,述唐朝书生杜朗生在游学路上救下被玉面狐狸惊吓落马的卢龙节度使张直方,并放生了狐狸。杜朗生倾慕于张直方的宠姬青霞,青霞在给杜朗生的袜子上绣软邮筒三字,被张直方发觉而被软禁。经过张直方夫人和玉面老狐的帮助,两人终成眷属,杜朗生更是因为破解西番文字被任命为卢龙军节度使。

同《软邮筒》相似,《软锟铻》也为奇幻传奇。全剧三十二出,写赣州太守之子于干霄与岭南三水姚谏议之女秀姬有婚约,家道败落,秀姬母子流落岭南,被贪图美色的白杞掠入府中。秀姬侍女韦双成原为瑶池仙女,腰佩软锟铻,武艺高强,在韦双成的帮助下秀姬化险为夷,最终与于干霄完婚,韦双成则化仙飞去。

孔传鉽所作传奇,故事离奇,情节一波三折,令人回味。剧情结构完整,叙事严谨细密。例如《软羊脂》一剧中,虽经历四赚软羊脂,三搜太子府,但每次都有其独具匠心之处。三部传奇虽非气势磅礴历史厚重之作,但写儿女之情细腻入微,别有一番韵味。西峰樵人曾在阅毕《软锟铻》后在卷首题诗赞曰:"艳词丽句尽堪传,谱合宫商字字圆。若使梨园如此曲,牙箫唱杀李龟年。"

孔昭虔(1775—1835),字元敬,号荃溪,孔广森之子。嘉庆六年(1801)中进士,任翰林院编修,改庶吉士。历任台湾道、陕西按察使、署布政使。为人谦恭谨慎,政绩显著。著有《镜虹吟室诗集》二卷,《经进稿》一卷,《绘声琴雅词》二卷,《扣舷小草词》一卷。在戏剧创作上,有《荡妇秋思》和《葬花》二种流传于世。

《荡妇秋思》中"荡妇"为荡子之妇,也就是征夫之妇。全剧四折,写吐蕃侵犯唐朝边境,朝廷从十二卫中选人戍边,其中有一军官向六郎新婚别妻,投笔从戎,欲杀敌卫国,建功立业,无奈守卫将军纵情声色,空有一身才能无从施展。妻子在家思念丈夫,两人在梦中相会,妻子梦丈夫屡获军功,梦醒后依然只有孤灯相伴,孤身一人。

《葬花》改编自《红楼梦》黛玉葬花一段,作于乾隆五十七年(1792),为《红楼梦》小说被首次改编为戏剧的形式。孔昭虔用一整套北曲宫调写成,作品没有什么情节,几乎全是黛玉的内心独白。黛玉对身世的嗟怨,对落花的眷恋,对"他年侬死更谁怜"的伤感,都被表现得入木三分。最后鹦哥叫道:"宝玉来了",黛玉回首掩泪而下,更增加了作品的悲凉气氛。在此之后的第五年,也就是嘉庆元年(1796),以孔昭虔《葬花》为稿本的昆曲折子戏被搬上舞台。

现存孔昭虔两种杂剧篇幅都较短,但以小见大,内容丰富。《荡妇秋思》双线并行,又相互交织,《葬花》将曹雪芹写《葬花词》改为戏曲的形式,都不失为精致小品。

综上所述,以孔尚任、孔昭虔、孔广林,孔传铄为代表的一批孔氏家族戏剧作家,他们所作的杂剧、传奇具有以下特点:

其一,有积极向上的道德指引性。孔氏家族以诗礼传家为特色,以修身、齐家、治国、平天下为毕生奋斗目标,隆礼重义,讲信修睦,反映在戏剧创作中,歌颂忠义,鞭笞奸佞,主张公理,反抗强权成为贯彻全剧的核心,重视自我道德修养,道德价值至上的观念对整剧的人物性格塑造、矛盾冲突、情节发展建构有着深刻的影响。

其二,有浓厚的历史反思倾向。无论是基于正史的《桃花扇》、《小忽雷》、《东城老父斗鸡忏》,还是将历史与虚构神话相结合的《软羊脂》、《软邮筒》、《荡妇秋思》,都存在着对历史经验的思索与总结。宦官误国、奸臣当道、玩物丧志被用戏剧的方式贬斥,展现在观者面前,而对于浩然正气的民族正气之士则极力赞扬,一褒一贬之间让人警醒。

其三,涵盖内容丰富,文化底蕴深厚。孔氏圣裔戏曲家都以治经学、礼学起家,治学严谨,造诣颇深,诗词歌赋,无不旁及,多有诗词作品传世,且身为孔子后裔,自幼耳濡目染,对历代庙堂礼仪,历史掌故,金石图像,无不熟悉,从而使他们的戏剧作品散发着浓郁的传统文化的翰墨之香,令人回味隽永。

孔氏后裔恪守学诗学礼的祖训,享受着历代王朝给予的文化教育优待,文化素养很高,所以才产生了如此众多的文学家和文学作品。

第十一章 陶情怡性游于艺

孔子说"志于道,据于德,依于仁,游于艺"①,并以礼乐射御书数六艺教育弟子,使弟子们在不断提高品德和研究学问之余优游于六艺之中。孔子裔孙门遵从祖教,或在从政之余,或在耕读之暇,或者钻研学问间隙,或临池习书,或图绘丹青,或操琴弄瑟,以陶情怡性,颐养天年。

第一节　书　　法

中国自古重视书法艺术,科举考试中虽然不专考书法,但书法水平也是评判考试成绩的一项重要内容,书法水平的高低其实也能决定士子们的命运。士子们不仅以书法作为进身的工具,也以此抒发心志,作为披露胸臆的工具,书法也就成为了一门独立的艺术。衍圣公家族也毫不例外,纷纷泼墨挥毫,笔走龙蛇,以书明志,以书达人,成为书法水平较高的文化世家,而女性也不遑多让,出现了王墨庄、朱玘、孔韫煇、徐比玉等女性书法家。

一、衍圣公书法

衍圣公虽然不需要以书法进身,但圣人嫡孙的身份受到人们的尊重,请衍圣公题字、赠送法书者大有人在,而书法也确实是人的颜面,所以历代

---

① 张燕婴译注:《论语》,第88页。

衍圣公大都自幼临池,清代时期甚至聘请学问书法皆佳者担任家庭教师,大多衍圣公都具有较高的书法水平。

孔璠(1103—1140),四十九代衍圣公,孔庙有其所刻孔子像,下端题字为正书,政和戊戌(1118)刻,书风端淳。

孔元措(1181—1245),五十一代衍圣公,金明昌二年(1191)袭封。能书,书法原作未见,泰安岱庙有其书写的《东平州学记碑》,正书,书法规整端庄。

孔治(1236—1307),五十三代衍圣公,元元贞元年(1295)袭封。能书,书法原作未见,仅见"处士王先生墓志铭"碑额,篆书,字高11厘米,书法古拙。

孔思晦(1267—1333),五十四代衍圣公,"公暮年多疾,未尝废书,作字端楷可法"①,但书法原作及碑刻均未见。

孔克坚(1316—1370),五十五代衍圣公。工书,书法原件未见,尼山书院有其书写的《创建尼山书院之记碑》,正书,书体工整清秀,碑高约2.5米,宽0.96米,碑文28行,每行59字,如此长篇巨制一气呵成,由此可见书法功力。碑文为虞集撰文,张起岩篆额。

孔希学(1330—1381),字士行,五十六代衍圣公,元至正十五年(1355)袭封,明洪武元年(1368),朱元璋再封。

孔希学"赋性明敏好学,尤嗜汉隶","于经籍子史靡不研究,间学优赡,文词典雅。每宾客燕集,谈笑挥洒,辄以成章,皆出人意表,观者奇之。四方好事者多求公书隶,得之则什袭珍藏"②。不仅四方好事者求书,京中官员也请孔希学题写匾额,"京口徐君德敬为中书管勾,居京师,处一室不垩不华,仅御雨风,环庋图书,置榻其中,每退食即徒步归,宴坐诵古人言,宾客不交,请托不通,自号曰拙庵,袭封衍圣公鲁国孔侯希学书拙庵字以遗之"③。"思礼既丧亲,夙夜不忘,乃以如在扁其堂,袭封衍圣公孔君希学为作

---

① 危素:《孔思晦神道碑》,徐振贵、孔祥林:《新孔尚任阙里志校注》,第721页。
② (明)宋讷:《故资善大夫袭封衍圣公孔公神道碑》,徐振贵、孔祥林:《孔尚任新阙里志校注》,第728页。
③ 宋濂:《拙庵记》,《文宪集》卷三,《四库全书》第1223册。

隶古书之"①，京师正直官员徐静德请孔希学题写了"拙庵"室额，孝子陈思礼请孔希学题写了"如在"堂匾。孔希学书法原件现在未见，仅有几件碑刻。一为孔林内其父孔克坚墓碑，题为"五十五世孙前袭封衍圣公通奉大夫国子祭酒之墓"，三行，行七字，篆书，浑厚朴拙，遒劲有力；一为至正丁酉（1357）重刻的《复孔子手植桧铭》碑，楷书，书风俊秀；一为明洪武五年（1372）签山东提刑按察司事李羡谒庙题记，隶书。

孔讷（1358—1400），字言伯，五十七代衍圣公，明洪武十七年（1384）袭封。胡俨说他"能诗，工篆法，人得之者皆传诵夸美贵重，华闻益彰"②，但是现在没有书法原作和碑刻传世。

孔彦缙（1401—1455），五十九代衍圣公，能书，孔林有其正统二年（1437）所书孔希尹墓碑。

孔弘泰（1450—1503），六十一代孙，明成化六年代兄袭封衍圣公。能书，书法原作未见，孔林有其题写的孔谔和孔謇墓碑，分别刻立于明弘治二年（1489）和五年，均为楷书。

孔胤植（1592—1647），六十五代衍圣公，孔林有其题写的孔尚谅墓碑。

孔毓圻（1657—1723），字钟在，号兰堂，第六十七代衍圣公，康熙六年（1667）袭封。工书善画，阮元称其"工擘窠书"③，盛书清赞其"笔秀而劲，深得赵文敏之旨"④，现存《后赤壁赋》屏风等原作多件，《金人铭》碑，孔尚经、孔胤淳、孔衍洪、孔闻默等人墓碑，多为楷书。

孔昭焕（1735—1782），七十一代衍圣公，乾隆八年袭封。善画工书，孔府存有书法原件，行书，孔林存有孔毓文墓碑和孔传载之父墓碑，楷书。

孔庆镕（1787—1841），字陶甫，号冶山，七十三代衍圣公，乾隆五十九年（1794）袭封。孔庆镕"所书楹贴匾额，字愈大而架构愈紧。及所书扇头手札，字愈小而间架愈松，殆天授也。公以天授之才加以古今碑帖，无不寓目，安得不冠冕当代？"然而孔庆镕本人"性懒，有应酬之作，皆倩杨岳春、吕

---

① 宋濂：《书陈思礼》，《文宪集》卷二十八，《四库全书》第1223册。
② 胡俨：《孔讷神道碑》，徐振贵、孔祥林：《孔尚任新阙里志校注》，第734页。
③ （清）震钧：《国朝书人辑略》，《清代传记丛刊》第85册，第210页。
④ 盛书清：《清代画史增编》，《清代传记丛刊》第78册，第505页。

孟烈辈代作,故其书雅俗相混,惟识者能辨之"①。孔庆镕诗集中就出现多次为亲朋好友题诗之作,如《题李梅坡表姐姑丈南楼晚眺图》、《题南楼图》、《中秋后三日歌郎小毛持扇索诗偶有所感因赋秋柳一首用案头残墨书以赠之》等。孔林存有其书写的《修林记碑》,嘉庆十九年(1814)立,楷书。

孔繁灏(1806—1862),七十四代衍圣公,工画善书,孔府有书法原件,行书。

孔祥珂(1848—1876),七十五代衍圣公。能书,孔府存有书法原件,行书,孔林有其书写的《重修林墙记碑》,咸丰九年(1859)立,楷书。

孔令贻(1872—1919),七十六代衍圣公。工书,擅行书,孔府及社会上所藏甚多,孔林有其题写的孔庆蓉祖父墓碑,楷书。

孔德成(1920—2008),七十七代衍圣公。工书,擅楷书,尤精篆书,大篆古拙,小篆清秀。

二、孔氏族人书法

孔氏族人善书者很多,由于宋代以前没有原作和碑刻遗存已经难以考察了,宋代至明代碑刻众多,而清朝以来法书和碑刻保存的都很多。

孔彦辅,孔子四十五代孙,官至国子博士。工书,善于篆书和楷书。孔庙存有其书法的碑刻两块,《讲学堂记碑》额字为古篆,《祖庙祝文》为楷书。

孔舜亮,孔子四十六代孙,宋嘉祐四年(1059)与弟宗翰同科进士,官至左中散大夫。能书,工行楷。孔林有《焚黄日感书诗》刻石,行书,字高3.5至11厘米不等,元祐甲戌(1094)其子若谷、若古刻,孔庙有《祖圣手植桧诗碑》正书。

孔宗翰,孔子四十六代孙,宋皇祐五年(1053)进士,曾官刑部侍郎等。能书,孔林存有所书《留题圣林诗》,行书,字高3.5厘米左右。

孔宗寿,孔子四十六代孙,官至彰信军节度判官。善楷书与篆书,孔林有其题写的其父墓碑,额篆书,碑文正书,元祐九年(1094)刻立,两侧有元符元年(1098)、二年、崇宁二年(1103)因其任官获赠封号的题记,均为正

---

① 李放:《皇清书史二》,《清代传记丛刊》第84册,第185页。

书。孔庙有其所刻孔子凭几像题记,正书。

孔端本,孔子四十八代孙,能书。孔庙所存颜子随行像刻石有其题字,分别为宋太祖和太宗所撰孔子赞诗,正书,绍圣二年(1095)刻。

孔挚,孔子五十代孙,金贞祐二年(1214)进士,庙学教授。能书,孔庙有其篆额题书的《大朝褒崇祖庙记碑》,碑高1.74米,额"大朝褒崇祖庙之记",篆书,碑文17行,行50字,正书,刻于己亥(1239)春。

孔之明,孔子五十二代孙,曾官曹州教授,官至兖州同知。孔庙有其书写的加封孔子致祭碑,至大元年(1308)立。碑高2.2米,正文23行,行58字,正书。

孔思逮,孔子五十四代孙,官至陕西儒学提举。孔府有其书写的《阙里庙学记碑》,元大德三年(1299)立,碑高2米,正文12行,行38字,楷书,结体谨严,书法刚劲。

孔思立,孔子五十四代孙,官至中书参知政事兼翰林学士。孔林有其题写的衍圣公孔思晦墓碑,题"宣圣五十四世孙通议大夫袭封衍圣公礼部尚书赠通奉大夫江北河南等处行中书省参知政事护军追封鲁郡公谥文肃孔公墓",4行,正书,书体规整优美。

孔克钦,孔子五十五代孙,曾官曲阜县尹,主修洙泗书院。能擘窠大书,今存"洙泗书院"碑为其所书。

孔询,孔子五十七代孙,能篆书,梁公林伯尼墓碑为其明永乐五年(1407)所书。

孔谔,五十七代孙,曾官监察御史,工书,书碑甚多。尼山书院有其所书明永乐十六年(1418)《重建尼山书院庙记碑》,碑高1.86米,正文19行,行45字,楷书,额也为楷书;孔子庙有宣德五年(1430)书《孔氏报本酬恩碑》,孔林有永乐二十年《重建斋厅记碑》、永乐二十一年《创建林围墙记碑》以及孔思桧、孔克渊、孔克伸、孔诰等墓碑,均为楷书,是明初孔氏书法的翘楚。

孔公恂(?—1471),字宗文,孔子第五十八代孙,天顺元年(1457)年进士,授礼科给事中。大学士李贤对英宗曰:"公恂,大圣人后;赞善司马恂,宋大贤温国公光后。宜辅导太子"①,孔公恂得以官拜少詹事,侍东宫讲读,先后辅佐代宗、英宗、宪宗三帝,成化七年(1471)卒于任上。善写楷书,曲阜孔庙十三碑亭现存有其所书成化四年《重修阙里先圣庙并御制庙碑记》,碑高1.70米,正文26行,行58字,楷书。

孔公璜,孔子五十八代孙,工书,明代中期孔氏家族的书法翘楚。孔子庙有其《书报本酬恩记后》,孔林有所书孔希正、孔克佐、孔讯、孔谵等二十余人的墓碑,多为楷书。

孔公杰,孔子五十八代孙,善楷书,孔林有其题书的孔公垓、孔希珍、孔彦辂等人的墓碑。

孔承夏,孔子五十九代孙,曾官曲阜知县。善楷书,孔林有其所书孔希谨、孔谵等人墓碑,均为楷书。

孔弘塽,孔子六十一代孙,善楷书。周公庙有其所书《重修周公庙落成记碑》,碑高1.68米,正文24行,行48字,楷书,万历四十三年(1615)立;孔林有万历十七年书孔承宥墓碑,也为楷书。

孔闻诗,孔子六十二代孙,孔弘泰之子,世袭翰林院五经博士。能书,孔林有其题写的孔弘谦墓碑,嘉靖二十六年(1547)立。

孔贞瑄,孔子六十三代孙,能书,孔林有其书写的孔贞桂和孔闻订墓碑。

孔尚任(1648—1718),孔子六十三代孙。工书,孔林有其题写的孔贞绒、孔贞玹、孔尚锡之父等墓碑,多行书,孔贞选墓碑为隶书,传世书作有《会心录》,楷、行、草诸书兼备。

孔毓埏,孔子六十七代孙,衍圣公孔毓圻之弟,能书,孔林有其题写的孔毓廉墓碑,康熙五十三年(1714)立。

孔继浩,生卒年不详,字体光,号义銮,孔庙四品执事官,署曲阜县世职知县,即用州同知。撰有《篆镂心得》一卷,作此书目的在于"颂读之余,辄自雕镂,二十余年来,颇有得心应手之趣,遂以臆见酌古法分题便览汇为一轶"②,在内容上,《篆镂心得》涉及有关篆刻的方方面面,包括各种刀法的

---

① (清)徐乾学:《徐本名士列传二》,《明史传记丛刊》第90册,第449页。
② (清)孔继浩:《篆镂心得自序》,《篆镂心得》,《续修四库全书》第1091册,第478页。

应用,石材的选择,印章上字体的布局,印油制作的技法等,依据自己多年篆刻的经验,提出了篆刻者的十戒,戒好奇,戒欲速,戒俗态,戒自欺,戒杜撰,戒杂配,戒放心,戒懒惰,戒志满,戒寡闻,书末还附历代篆刻大家论及篆刻的数篇文章。因其为个人的心得体会,以饷后人,故文字上朴实无华,但其中所提出的诸多原则如"(镌篆)其道大率无他,贵于凝神静气"①,"落墨前,预将所篆何文何法何体平心静气,悬空着想"②,"刀归于钝不贵于利,用贵乎古不贵乎巧"③,对于后世篆刻家极有启示。

三、女性书法

王墨庄,兰陵人,监生孔昭荣之妻,《续修曲阜县志·人物志·美术》称其"工书,能悬臂作蝇头楷,笔力秀劲",可惜的是未见其传世作品。

朱玙善隶书,出自《史晨碑》,兼有《礼器碑》风韵,结体内敛外张,波磔如刀。

徐比玉、孔韫煇均善楷书,风格秀美。

四、孔继涑与玉虹楼碑帖

1. 生平情况

孔继涑(1726—1791),字信夫,一字体实,号谷园,别号葭谷居士,孔子第六十九代孙,六十八代衍圣公孔传铎季子,继室徐夫人出。他"自幼才俊,读书异常见"④,"年十五岁补四氏学生,越二年岁试第一,廪于庠,又二年以优行生贡"⑤。乾隆九年(1744),孔昭焕袭封衍圣公,因年幼,由叔祖孔继汾、孔继涑代为管理孔府事宜。

乾隆十三年(1748),乾隆至曲阜祭拜孔子,礼毕,听孔子后裔讲经,孔继涑与其兄孔继汾充讲书官,分别进讲《周易》"临卦"一节和《中庸》"凡为天下国家有九经"一章,得到皇帝赞赏,孔继汾被授为内阁中书舍人,孔继

---

① (清)孔继浩:《章法》,《篆镂心得》,《续修四库全书》第 1091 册,第 483 页。
② (清)孔继浩:《落墨》,《篆镂心得》,《续修四库全书》第 1091 册,第 484 页。
③ (清)孔继浩:《奏刀》,《篆镂心得》,《续修四库全书》第 1091 册,第 484 页。
④ (清)姚鼐:《孔信夫墓志铭》,《惜抱轩集》,中国书店出版社,1991 年,第 145 页。
⑤ (清)姚鼐:《右墓志铭姚鼐撰》,(清)李桓编:《国朝耆献类征初编》,《清代传记丛刊》第 184 册,第 55 页。

涑受褒奖而未受封。

乾隆二十一年（1756），孔昭焕上书皇帝，指责山东地方官借皇帝南巡之名额外派办派卖，引发皇帝强烈不满，但乾隆皇帝并未指责衍圣公孔昭焕，而将罪责全部加在孔继汾、孔继涑两兄弟上，孔继汾被革职，孔继涑被革去功名。从此孔继涑开始专注潜心钻研书法，研究历代金石碑刻，临摹历代书法大家作品。

乾隆三十三年（1768），孔继涑再次参加科举乡试，此次考试由姚鼐主持，时已四十三岁的孔继涑与年仅十七的侄子孔广森一同考中。但从此会试屡次不第，"两赴礼部试，被放逐"①，后"纳资为中书舍人，未就职"②。

乾隆三十六年（1771），皇帝东巡至曲阜，驻跸古泮池行宫，命孔继涑"仿张照书以进，奉旨好像张照，留览，发懋勤殿"③。乾隆四十九年（1784），皇帝再次南巡赴阙里祭孔，"敕孔继涑依张照体作字，继涑有纪恩诗"④。虽然书法一再受到皇帝的赞赏，但并未授其官职，孔继涑因此终身未入仕。

次年，胞兄孔继汾因"《孔氏家仪》案"获罪遣戍伊犁，孔继涑得知后积极倾资营救。获救后的孔继汾不愿返回故里，与乾隆五十一年（1786）客死浙江梁同书处。同年侄子孔广森去世。亲人接连去世的沉痛打击，孔继涑"悲哀填膺，数出游以纾其结辖，每抵家辄忽忽不乐"⑤，六年后病死家中，葬于曲阜城西大柳村。

姚鼐为其作墓志铭，铭中说"君与检讨（孔广森）之生世第一家也，又以文学才艺名著天下，余一旦遇之，二三十年间，见其死亡至尽。虽其文才风流不可磨灭，而志意抑郁乃更有甚于常人者，其可悲为何如也"⑥。

孔继涑妻王氏，长芦都转盐运使司盐运使王图炯之女，无子，以胞兄孔

---

① （清）姚鼐：《右墓志铭姚鼐撰》，（清）李桓编：《国朝耆献类征初编》，《清代传记丛刊》第184册，第56页。
② （清）姚鼐：《孔信夫墓志铭》，《惜抱轩集》，第145页。
③ （清）李桓：《国朝耆献类征初编》，《清代传记丛刊》第184册，第56页。
④ 李放：《皇清书史二》，《清代传记丛刊》第84册，第183页。
⑤ （清）姚鼐：《右墓志铭姚鼐撰》，（清）李桓编：《国朝耆献类征初编》，《清代传记丛刊》第184册，第57页。
⑥ （清）姚鼐：《孔信夫墓志铭》，《惜抱轩集》，第145页。

继汾第七子广廉为嗣。孔继涑通书论,有《谷园论书》一卷。工诗词,有《玉虹楼诗词》四卷。

2. 书法艺术

孔继涑幼年曾聘"娄县张文敏公照女",张照为乾隆时期大书法家,"文敏书名海内"①,康熙皇帝曾评价其书法"有米之雄,而无米之略,复有董之整,而无董之弱,羲之后一个,舍照谁能若?"未及嫁娶,张照女即殇。虽无婚配,但孔继涑却与张照始终保持着翁婿关系,书法深受张照影响,学习书法也从临摹张照笔法起步。孔继涑"得张照笔法,时以小司寇目之,求书者纸堆几案"②,通过临摹张照书法,孔继涑得以名扬天下。当时南方书法家梁文山亦师从张照,故世有"南梁北孔"之说。

虽然尊崇恩师张照,但孔继涑对于张照书法却有着客观的评价:"近时多宗尚张文敏,辄奉为本朝第一,品居董香光之上。文敏自谓一生学董未到,故有'未到此中真实位,争知施女有东西'之句。余即从张入门,奉为严师者,却不敢存崇尚太过之见。本朝名书虽多,尚未见独自成家者"③。在众人皆追捧张照书法之时,孔继涑不盲从,而是有自己独到的见解。中年之后,孔继涑"转而学苏、黄学米,晚更学欧、虞、颜"④。

孔继涑在临钟王小楷的过程中自创出一套运笔方法,"作字不悬臂,一世不得佳,能悬臂则出笔自然不俗,晋宋间人潇洒古淡,正得此法也。然非日无间断,虽学已成功不能精熟。前人有谓腕不贴案即得虚圆,不在悬之太高,此迁就之说耳!余学之几三十年,旋学旋辍,迄于无成,正以不能无断续之故。要之不能悬臂作蝇头书,则三分大字虽能悬,不佳;不能三分则五六分者,不佳。推而至于寸许,皆是以理。又往往冬月衣皮棉服,则悬臂极熟。一到夏月衣单,则虚悬无薄,皆未为成直。须赤身写得真楷,为方得法。行草通灵,犹未为是也。功夫至此,以后仍可以用力学字"。

孔继涑书法的价值被同时代人所承认,在他去世后"所存墨迹子侄分

---

① (清)震钧:《国朝书人辑略》,《清代传记丛刊》第85册,第433页。
② (清)李桓:《国朝耆献类征初编》,《清代传记丛刊》第184册,第56页。
③ 转引自梁继:《张照与曲阜孔氏的姻亲关系及其对其书法的影响》,《中国书画》2012年第3期。
④ (清)震钧:《国朝书人辑略》,《清代传记丛刊》第85册,第433页。

藏之。其疏远族人无所得,乃辗转乞得一巨幅,碎裁之,均分其字"①。孔继涑一生临池不辍,传世作品很多。

3. 玉虹楼丛帖

孔继涑"性嗜古人墨迹碑板,鉴别精审"②,因此临摹了大量前人书法作品,玉虹楼帖就是经孔继涑临摹上石的书法丛帖,共有石刻584块,长短大小不一,涵盖自晋至清的历代书法名家作品,书体楷、草、行、隶、篆各体具备。石刻原存于孔继涑所居住的十二府内,后因战乱,上世纪五十年代移入曲阜孔庙东、西两庑北端。

玉虹楼丛帖有名百一帖,分成十四类,共一百零一卷:玉虹楼帖十六卷,玉虹鉴真帖十三卷,玉虹续鉴真帖十三卷,谷园摹古帖二十卷,国朝名人帖十二卷,瀛海仙班帖十卷,金人铭帖二卷,隐墨斋八卷,黄涪州帖一卷,米海岳帖一卷,祝京兆帖一卷,临中兴颂二卷,张文敏小楷一卷,张文敏书诗一卷。

玉虹楼贴刻石100块,有张照墨迹63块,董其昌5块,孔继涑本人32块。

玉虹鉴真帖刻石64块,包括历代书法家王羲之、王献之、谢安、褚遂良、杨义、颜真卿、杨凝式、赵构、蔡襄、欧阳询、苏轼、黄庭坚、米芾、赵孟頫、吴宽、沈周、祝枝山等20余人作品。

玉虹续鉴真帖刻石71块半,刻有李白、李长吉、薛诏彭、虞集、张瑄、郑元祐、苏轼、刘基、沈存分、吴宽、王守仁、朱应详、傅奕、沈周、祝允明、罗洪先、董其昌、蔡玉卿、王铎等36人作品。

谷园摹古帖刻石共107块,是孔继涑对钟繇、王羲之、智永、苏轼、黄庭坚、米芾、赵孟頫等人书法的临摹。

国朝名人帖刻石共83块半,为清朝书法大家作品,包括陆陇其、汤斌、顾炎武、高士奇、王世祯、徐乾学、耿愿鲁、吴梅鼎、赵执信、陈邦彦、张照、孔继涑、梁同书等46人的墨迹。

---

① (清)徐柯:《清稗类钞·艺术类》第9册,第4054页。
② (清)李桓:《国朝耆献类征初编》,《清代传记丛刊》第184册,第57页。

瀛海仙班类帖刻石共62块,为张照作品。

金人铭帖刻石共16块,为孔毓圻作品。

隐墨斋类帖刻石共41块,孔广廉两件,其余为孔继涑本人作品。

黄涪州帖刻石共3块,为黄庭坚书大行书。

米海岳帖刻石共5块,为米芾所作行书。

祝京兆类帖刻石共5块,为祝允明作行书。

临中兴颂帖刻石共20块,为张照楷书。

张文敏小楷刻石共2块,张照楷书。

张文敏书诗刻石共4块,张照行书。

完成之后,孔继涑将此584块石刻拓片,装订好成101册,故玉虹楼法帖又被称为"百一帖"。

中国古代有两部重要的法帖,一为北宋淳化年间宋太宗以内府收藏的历代墨迹为本,命王著摹刻而成的《淳化阁帖》,二是乾隆皇帝将王羲之的《快雪时晴帖》、王献之的《中秋帖》、王珣的《伯远帖》及他所收藏的其他历代墨迹一并刻于石上,拓片而成三十二册,统称为《三希堂法帖》。这两种均为宫廷丛帖,而《玉虹楼丛帖》则为孔继涑个人而集成的民间法帖,从数量上来说,堪称民间收藏之最。

《玉虹楼丛帖》以孔继涑和恩师张照或临摹或自书为主体,兼收历代名人书法临摹,其中张照和孔继涑的碑帖多为刻意而书的独作帖,对于研究张照书法,研究自晋以来书法艺术的演变,具有重要的史料价值。有学者就将《玉虹楼丛帖》与《淳化阁帖》、《三希堂法帖》并称为中国三大法帖。相对于其他两部法帖,《玉虹楼丛帖》虽经历朝代更替,战乱破坏,但其原版石刻依然保存完好,具有很高的欣赏价值。

玉虹楼丛帖中保存了不少书法孤本,如《谷园摩古帖》中的南宋《群玉堂帖》和《北魏崔敬邕墓志》。《群玉堂帖》为南宋韩侂胄命门客向若水将家藏书法名迹摹勒上石,韩氏被诛后,石刻被收入内府,改为《群玉堂帖》,摹刻非常精细,但今无完本,孔继涑虽只临摹一卷,但所选内容都为宋名人手札,在原本下落不明的情况下,孔继涑的摩本就显得尤为珍贵。《北魏崔敬邕墓志》于康熙年间出土,不久即佚,但孔继涑将其摹刻石上,价值由此可见。

第二节 绘　　画

由于史料不足，已经难以考察清代以前衍圣公家族的绘画情况。

清代时，孔氏家族空前兴盛，绘画艺术也获得大发展，出现了众多善于绘画的人才，康熙间有孔毓圻、孔衍栻、孔传鋕，乾隆间有孔昭焕、孔宪培父子、孔继濋，嘉庆道光间有孔繁灏、孔继堋、孔继壎、孔宪彝、孔广诂等人，还有毕景桓、朱玙、孔韫煇等女性画家。

一、衍圣公绘画

孔毓圻（1657—1723），字钟在，号兰堂，孔子第六十七代孙，康熙六年（1667）袭封衍圣公。

孔毓圻善于画兰，李濬之在《清画家诗史》中称赞其"墨兰飞舞，笔秀而劲"，洪业在《清画传辑佚三种》一书中将孔毓圻的兰竹画品用白描的手法加以描绘，"家本世族，善兰竹，秀媚清劲，枝叶生动，笔致精妙，深得湘皖之神。其点缀坡石，苔草，棘茨，倍多笔趣，非近日画家所能梦见也"①，给予很高的评价。

兰为中国文人画的传统题材，以水墨写意，描绘有君子之誉的兰草。孔府藏有孔毓圻所绘《兰轴》全靠笔中墨色水气，以浓墨勾勒兰草枝叶，以淡墨细绘兰花盛开，并在兰草周围点缀杂草，整图自由舒展，浓淡相宜，给人清新的感觉。

孔昭焕（1735—1782），字显文，号尧峰，孔子第七十一代孙。乾隆八年（1743）袭封衍圣公。生逢乾隆盛世，备受皇帝优宠。

孔昭焕诗、书、画俱佳。孔府藏有孔昭焕所绘《伏虎罗汉图》图轴，画面远处以淡墨勾勒出层峦叠嶂，中部为苍劲松树，画面的主体设人物三个，伏虎罗汉、沙弥及童子各一人。伏虎罗汉取坐姿，气定神闲，以手抚虎，老虎

---

① 洪业：《清画传辑佚三种》，《清代传记丛刊》第79册，第262页。

温顺服帖,全无暴戾之气。图画笔法细腻,构图合理,充满宁静之感,透露出作者生活的悠闲自得。

孔宪培(1756—1793),字养元,号笃斋,孔子第七十二代嫡长孙,乾隆四十八年(1783)袭封衍圣公,诰授光禄大夫。

孔宪培的绘画有其祖孔毓圻之风,善于画兰,工花鸟。孔府藏有孔宪培所绘《芙蓉鹭鸶图》,工笔花鸟,画中微微下垂的芙蓉枝中两只白鹭,一只扭首顾望,一只低头凝神观花。画面造型优美,色调秀雅,线条工细,渲染精微,刻画得精致而不呆板,显示了工笔画中形神兼备、富于逸韵的境界。

二、孔氏族人绘画

孔衍栻,字懋发,号石村,曲阜人,孔尚任之侄,贡生,曾任济宁训导,工山水。孔衍栻最为人称道的是曾经概括总结出《画诀》一卷,十则,涉及绘画中的立意、取神、运笔、造景、位置、避俗、点缀、渴染、款识、图章等十个方面。

纵观《画诀》可以看出孔衍栻在绘画上的几个特点:其一,以情造景。《画诀》曰:"每见画家先用炭画取可改救,然已先自拘滞,如何笔力有雄壮之气?余不论大小幅,以情造境,顷刻可成。"以画直抒胸臆,将客体的画作变成主体自我表达的工具,而非刻意求其美观形似,以泼墨豪放之情一改明中叶之前文人画家内敛之风气。其二,笔用中锋。笔,一直都以辅助造型的工具角色出现。而在明清文人手中,笔摆脱了从属地位,获得了独立的自我价值。如何借笔传神成为作者思考的问题。孔衍栻认为:"画用软毫取其活动作势,笔态便俗。余止取湖颖,运笔一如写字用中锋也。"笔用中锋,笔下线条厚、重、实,刚劲有力,正体现出作者自然洒脱之风。其三,创立渴染之技法。《画诀》十则往往都寥寥数语,唯独《渴染》一则篇幅较长。孔衍栻在自序中曰:"古今画家用水渲染不易之法也。渴笔瀹染古人未辟此境,余幼师石田,一树一石必究其用意,处久之似稍有所得。因静心自思,笔笔石日终在古人范围。乃穷夜日之思,忽结别想:偶以渴笔瀹染似觉别有意趣,脱却俗态,久乃益精。"具体的来说,渴染之法的要点在于:"墨少着水重磨,用秃湖颖不着水即蘸焦墨。先用别纸试微润,轻拂画上,笔笔勾起,可染二三次,惟无笔痕为妙,颇有秀色。"也就是在画作中留白之处,用淡墨渲染。孔衍栻认为这样做可以"虚中有实,实中有虚,实者处之,虚者实之。满幅皆笔迹到处,都又不见笔痕,但觉一片灵气,浮动于上"。

《画诀》虽为孔衍栻一家之言,为其个人创作经验的总结。但其中如借古人佳句以启示而立意,画作轻技法重神韵,如何弃匠气等论断,给人以启示。

孔传铉,字振文,又字蝶庵,号西铭,袭封翰林院五经博士,通仪大夫。康熙临雍时曾参与陪祀,蒙赐给"六艺世家"匾额。

孔传铉"性通敏美丰仪,善诗书"①,善于写意山水、花卉,"设色文秀,师法若水、王渊"②。曾画《游江春雨图》,泼墨山水,远处以淡墨描绘云雾缭绕、层峦叠嶂,中部用重墨图画山脊雄伟,以墨的浅淡表现山势变化,近景为松树,以松树苍翠衬托山的伟岸。虽为泼墨山水,孔传铉以颜色在山石中间点缀了房屋、归舟,显得别有情趣。

孔继檊(1746—1817),又作孔继澣,字荫泗,号雩谷,自署铁骨道人,孔子第六十九代孙,廪贡生,后举孝廉。曾任广西平乐县知县,嘉庆十五年(1810),任松江知府。

孔继檊善画梅,书载"尤善写影,有横斜浮动之趣"③。袁枚之弟袁树曾用一首诗描述孔继檊画梅之态——《观孔雩谷写梅歌》:

逃禅老人杨補之,村梅冷落多幽姿。
煮石山农创新意,千花万蕊蟠云螭。
孔侯揣摹兼二妙,手不蹈迹心相师。
写梅性与梅性合,倔强潇散随所宜。
梅花扑墨墨欲飞,梅梢入笔笔争奇。
圆笔细密点织蕊,中锋劲力走柔枝。

---

① 《孔子世家谱·大宗户》卷三,第47页。
② 江铭忠:《清代画史补录》,《清代传记丛刊》第79册,第302页。
③ (清)冯金伯:《墨香居画室》,《清代传记丛刊》第72册,第271页。

> 更从反晕得天趣，一扫五位禅家嗤。
> 春风正吹梅放时，与梅传神梅应知。
> 图成余沈且莫涤，留取寒香护砚池。①

孔宪彝（1808—1863），字叙仲，号绣山，孔子七十二代孙，道光丁酉（1837）举人，官内阁侍读。酷好文学，专攻桐城派古文学，师从李宗傅。常住京城，与上层名士魏源、曾国藩、何绍基、苏廷魁、彭蕴章等人过从甚密。除擅长诗词外，还喜绘画、篆刻。著有《韩斋文集》四卷、《对岳楼诗集》十卷、《诗续录》四卷等。

孔宪彝以画兰、画梅而著称。他画梅，"以萧疏古淡中，别有生动之致。古干横斜，万花攒簇，萧然坐对，如闻玉真峰顶啁啾翠羽之声"②；画墨兰，"萧疏淡远不染纤埃"。孔宪彝曾画《青天骑白龙图》，请孔昭虔为之题诗：

> 天门诀荡开九重，欲往从之将安从。
> 安得姑射御飞龙，出空入有游无穷。
> 有谪仙人东山东，逸情奇气造化通。
> 梦游曾小天姥峰，扪天摘星又岱宗。
> 骑鲸跨鳌未足雄，径欲药市寻壶公。
> 唤起葛陂三尺笻，鞭策鳞甲生天风。
> 颔珠稳鞿光熊熊，手挹北斗招飞虹。
> 前驱列缺后丰隆，东浴曜灵咸池红。
> ……③

道光二十年（1840），孔宪彝曾邀请梅曾亮、朱琦、张际亮等十三人于北京尺五庄作饯春之局，"极一时觞咏之盛"④，众人吟诗作画，编成《尺五庄

---

① （清）袁树：《红豆村人诗稿》，《袁枚全集》第7册，第219页。
② （清）冯金伯：《墨香居画室》，《清代传记丛刊》第72册，第546页。
③ （清）孔昭虔：《镜虹吟室诗集》卷四。
④ 江铭忠：《清代画史补录》，《清代传记丛刊》第79册，第409页。

饯春图册》。

三、女性绘画

衍圣公家族女性也善绘画,有文献记载最早的是六十七代衍圣公继配夫人叶粲英(1666—1692),她是昆山人,山东按察使副使方恒第三女,工诗善画,与姐叶宏湘齐名,有"闺中二难"之称,曾被《画史汇传》著录,遗憾的是现在孔府也没有她的画作。道光年间,衍圣公家族形成了毕景桓、朱玙、孔韫煇和王墨庄等组成的女性画家群体,从朱玙、孔韫煇均在毕景桓《蝴蝶册》题诗看,她们交往应该比较密切。

朱玙(1811—1845),小字葆瑛,海盐人,内阁学士兼礼部侍郎朱方增次女,孔宪彝(1808—1873)继配夫人。她年二十嫁入孔门,孝敬祖姑,"孔氏族人、姻众、宾客酒浆束脩之供馈,能内外支拄,不见罅漏。以其馀功习诗词、绘画、隶楷,女姻好学者多从之游"①,可惜现在也未见其作品传世。

孔韫煇,谱名印孙,号昌平女史,孔昭诚三女,孔韫芬之妹,《续修曲阜县志·人物志·美术》有小传,称其"工书画,精花卉翎毛,尤长蝴蝶,作有《百蝶图》,未成而卒"。可惜也未见传世作品。

现在能见到作品的衍圣公家族女性画家只有毕景桓(1813—1875),她是江苏太仓人,太子太保、两湖总督、兵部尚书、都察院右都御史毕沅孙女,岳州府同知毕鄂珠长女,道光十六年(1836),嫁与七十四代衍圣公孔繁灏为妻。生有一子,即七十五代衍圣公孔祥珂。

毕景桓精于绘画,擅工笔,喜画花草蝴蝶,孔府现存有《蝴蝶册》和《花篮册》。

《蝴蝶册》有画十六幅,题画诗词五幅,孔德成题跋一幅。从徐北玉、朱玙戊戌道光(1838)立秋日所题诗词看,此册为毕景桓二十六岁左右所作。画页多钤"合家欢喜平安如意"闲章,并有孔韫煇、叶俊杰、朱玙、徐北玉、黄仲媖等闺中密友题画诗词。本册主绘蝴蝶,衬以花草、苔藓和山石,绘制精细。蝴蝶或翩飞空中,或小立花上,或展翅,或扇飞,无不栩栩如生,

---

① 《续修曲阜县志》卷五,济南同志印刷所,第40页。

展册初睹恍如粘贴的蝴蝶标本；花草有白菜、桃叶、红蓼、石竹、海棠、兰草、荷花、蒲公英、豌豆等十数种，无不惟妙惟肖；都显示了作者深厚的绘画功力。

《花篮册》有画十二幅，主绘花卉，衬以花篮，仅有一幅主绘果蔬。绘有桃、梨、荷、桂、菊、兰、茶、梅、玉兰、牡丹、海棠、芍药、月季、刺梅、藤萝、百合、芙蓉、天竺、茉莉等四季花卉，佛手、枇杷、石榴、荸荠、桃等时鲜果蔬，设色艳丽，描绘精细，宛若初摘枝头带露插入花篮。

第三节 音　　乐

孔子说"兴于诗，立于礼，成于乐"，音乐为人格修养的最高境界，是学习的最终完成。孔子深谙音乐，他曾经访乐于苌弘，学琴于师襄，击磬于卫，在齐国闻《韶》乐感叹"三月不知肉味"。在孔子眼中，乐并非简单的悦耳之用，而有着更深的情感体验和内涵，子曰："乐云乐云，钟鼓云乎哉！"

与我们熟知的音乐的内涵不同，孔氏后裔主要研习的音乐为雅乐，也就是孔子庙祭祀所用的音乐。东汉元和二年（85）章帝过鲁，祭祀孔子，作六代之乐，此为孔子庙用乐之始；永寿二年，鲁相韩敕为孔子庙"造立礼器，乐之音符，钟磬瑟鼓"①，已经制造乐器；建宁二年（168）鲁相史晨祭祀孔子，"雅歌吹笙，考之六律，八音克谐"②，祭祀音乐已经完备。从南朝开始，每个王朝都为文庙祭祀制定专门的音乐和歌词。东汉时，学校释奠用武舞，"建武五年，乃修起太学，稽式古典，笾豆干戚之容，备之于列，服方领习矩步者，委它乎其中"③，至南齐永明三年（485）朝廷规定祭祀用文舞"六佾之舞"，唐代开始文舞武舞并用。

祭祀乐舞被载入典籍出现比较晚，明朝孔贞丛撰《阙里志》才开始专门设置《礼乐志》论述祭孔乐舞，后世修阙里志书沿用此体例。而后孔胤植所

---

① 《永寿二年韩敕造礼器碑》。
② 《建宁元年史晨奏祀向庙碑》。
③ 《后汉书》卷七十九，第 2545 页。

撰《阙里志》更是将祭祀用的礼器、乐器、舞蹈动作、奏乐次序以图示的方式加以说明。孔继汾在《阙里文献考》中对祭祀礼、乐进行了系统的考证。在孔氏子孙中，有关释奠器乐专著也有《圣门乐志》和《大成乐律全书》两部。

《圣门乐志》是清康熙年间经孔颜孟曾四氏学学志参定，世袭翰林院五经博士、世袭太常寺博士孔继泰等人阅定，最终由孔尚任执笔完成。前有康熙丙申年（1716）赐进士出身、吏部观政六十五代孔衍治作序。序曰：

> 古乐沦亡久矣。后之君子辨器以审音，审音以知乐，播之管弦羽籥，而仿佛萧韶之遗响者，其惟大成乐乎！学士大夫通法先王，考稽莫据，幸而登阙里之堂，声容可接，名物灿然，于唱叹舞蹈间，如对古人，所谓闻乐知德者，岂非兴感之一助乎？……及我兴朝，诏修乐器，考据详明，超轶往代，爰命天下学宫，选俊秀，习佾舞，又敕文武各官每逢丁祭一体入庙，则凡躬与祀典者不可不留意声音，殚心名物，窥其美善，以仰承陶淑万邦之化也。……①

全书二十六章：音器谱法、音谱、钟鼓齐鸣、钟磬谱、歌声谱、琴谱、瑟谱、笙谱、埙谱、篪谱、凤箫谱、双管谱、洞箫谱、笛谱、乐章、朝元歌、引道图、旌节、就位式、转班法、转班鼓谱、奏乐图、舞谱、乐器图、乐器名义、建宫。包括了祭孔中迎神、初献、亚献、终献、撤馔、送神所用的舞谱和乐谱。

与前代《阙里志》中的《礼乐志》相比，该书的价值在于：

一、保存了整套祭祀仪式中的乐谱。以往《礼乐志》均载舞谱、礼器图，而不载乐谱。《圣门乐志》中不但保存乐谱，且在书中单独设立篇章，讲述各种祭祀所用乐器的弹奏指法、吹奏技法等。孔尚任还将自己的心得体会附于其中，如"吹箫以唇安出口上，全在口唇之俯仰，吹气之缓急，唇仰急吹则清，唇俯缓吹则浊"②。

---

① （清）孔衍治：《乐治序》，（清）孔尚任：《圣门乐志》，山东友谊出版社，1989年，第105页。
② （清）孔尚任：《圣门乐志》，第145页。

二、证实祭孔乐舞中,"文舞"与"武舞"并用。通常我们认为,明朝洪武二十六年(1391),明太祖"颁大成乐于天下",①为表示以仁德服天下,废除了祭孔乐舞中的"武舞",只保留"文舞",并令各级学校文庙释奠一律才用乐舞。至到清光绪三十二年(1906),武舞才得以恢复。《圣门乐志》成于清康熙时期,理应为"文舞"主祭祀乐舞阶段,但《圣门乐志》中舞谱部分,却记载了相当多的"武舞"的内容,且舞蹈动作为"文舞"、"武舞"并举,如舞谱"相鼓木铎"部分:"节武舞以金铎,节文舞以木铎。"②

三、说明工尺字与十二律吕间有一定的对应关系。传统的乐谱一般以"十二律吕"为基础,《圣门乐制》律吕选常用的黄、太、姑、仲、林、南,应清黄、清太,其余的因"设而不用,犹隋所谓哑钟也"。在用律吕标明乐器上的音准外,更用工尺字说明其具体的位置,并以工尺字为准讲授指法,在一般古代乐谱中较为少见。

《大成乐律全书》,孔贞瑄撰。孔贞瑄字璧六,号聊园,孔子六十三代孙,顺治十七年举人,曾官云南大姚县知县。

《大成乐律全书》严格地说应为孔贞瑄的乐律著述的汇编,包括《大成乐律全书序图说》、《操缦新说》、《先儒要旨》(附淄川唐赓尧《原论》)、《瑟谱客窗夜话》(附康熙辛未仲夏溪阳范承都《序》)、《瑟筝通论》等内容,前有瀛洲宫梦仁《原序》、康熙癸巳清和中浣侄尚先《重订大成乐律序》、辽海宋义立《原序》等。

孔贞瑄在自书的序中对处于主导的音乐理论提出自己看法:"少颇习于洞箫,尽七调之变。因悟'三分损益生上生下旋相为宫'之说,至于'元音发乎天籁,中声出于人心'则莫之能定也。古律与权衡通元音中声倘亦如轻重长短之各有其中,而不可执。与不然太和之理自在天人,从其自然者认取之而不违矣。"为更切实体悟,孔贞瑄择一年之期,选聘儒童二百四十人分部教演各种乐器。且"乐主于和,发之声而寄乎器,通造化之淤塞,达人心之郁懑"③,三分损益律已较完备,但"元音发乎天籁,中声出于人心,而

---

① 《明史》卷五十《吉礼四》。
② (清)孔尚任:《舞谱》,《圣门乐志》,第213页。
③ (清)孔贞瑄:《大成乐律全书序图说》。

正应和同寓乎其中"的理论并无定论,故孔贞瑄尝试以定"瑟"的乐律来探究这一理论。

瑟为古代弹拨乐器,《诗经·关雎》篇就有"窈窕淑女,琴瑟友之"之语,但因"重且巨,非宗庙不可常设。常人之家安措为难,非若琴提挈收藏之便也",故"瑟调之中绝久矣"①。瑟弹奏之人极少,传世瑟谱仅有元代熊朋来撰《瑟谱》六卷及明朱载堉撰《瑟谱》两种。孔子庙祭祀也用瑟,但"所传黄钟调一字一声,歌吹长而丝音短,病其不称"②。

孔贞瑄一直欲操瑟,但久不得法,在云南任职期间,偶见《郑世子律吕》一书上载有《瑟谱》,又有好友二子皆精于琴,于是孔贞瑄"乃按其法,以笙定子午二琴,以子午琴定瑟。其一弦定中黄钟,十二弦定清黄钟,二十五弦定小清黄钟"③,以此试奏各瑟谱乐章,屡试不爽。因此得出瑟定调设律之法为"因五行自然之数,得五宫自然之音。先天五音左旋顺数皆隔八相生,后天五音右旋逆数皆隔六相生。左旋律有定位如经星顺转以五音合之,右旋音无定位如纬星逆行以律吕准之"④,由此再定瑟的宫商角徵羽各音,并附以《三分损益五音相生图》及《先天律吕五音旋宫之图》予以具体说明。

以瑟的设调定律之法,孔贞瑄推断出唐宋以来主导的"以君弦设定中声,以十三弦为君,黄其色而不敢用"的说法有误。如"君弦在第一弦,宫之宫得黄钟。第十三弦乃角之角得姑洗,不可为宫",故"不用中声,君弦不用"之论只是"以一弦宫之宫,盖商角徵羽四宫皆有君弦足代其劳。宫之宫可以闲而不是君逸臣劳之象,非必不可用也"⑤。

在破除了上述误解后,孔贞瑄又进一步探索如何具体解释"正应和同"之说。他先以琴瑟合奏"以琴散音为正实音为应间弦为和撮为同;瑟散音为正隔六为应间弦为和撮为同",以此再加上丝竹等各色乐器同奏一曲,发觉虽声音未歇而丝音已断,故"正应和同"之说应为各乐器在演奏过程中都

---

① (清)孔贞瑄:《操缦新说》,《大成乐律全书》。
② (清)孔贞瑄:《操缦新说》,《大成乐律全书》。
③ (清)孔贞瑄:《操缦新说》,《大成乐律全书》。
④ (清)孔贞瑄:《操缦新说》,《大成乐律全书》。
⑤ (清)孔贞瑄:《操缦新说》,《大成乐律全书》。

应发挥其长而避其短,也就是以鼓为全乐纲领,以柷起调,起音用钟,收音用磬,琴瑟为主音,笙管箫笛凤箫埙以协律等等。

孔贞瑄《大成乐律全书》一书,考正了乐律中的诸多说法,深入探讨了瑟的演奏及合音方法,并提供了一套完整的琴瑟合奏谱。名士宫定山将孔贞瑄比作恒荣赞其功绩,"出被儒衣,拥诸生雅吹击磬,由此陈礼乐以风化天下者乎!"①

在儒家士大夫眼中,修身、齐家、治国、平天下才是正途,而书法、绘画、音乐不过是用于消遣的雕虫小技,除音乐要用于祭祀而引起重视外,衍圣公家族对书法、绘画并不重视,这也是造成此家族书法、绘画水平并不太高且无大家出现的原因。

---

① (清)宫定山:《宫定山先生原序》,《大成乐律全书》。

第十二章 玉盘珍馐菜蔬香

孔子"食不厌精,脍不厌细",对饮食非常讲究,"色恶,不食;臭恶,不食;失饪,不食;不时,不食;割不正,不食;不得其酱,不食","沽酒市脯不食"①,食物的颜色不好不吃,味道不好不吃,烹调不好不吃,不合节令的不吃,不按标准方法切割的肉不吃,没有配套的酱不吃,才经一夜而未成的酒不喝,买来的肉干不吃。受孔子的影响,孔子后裔也非常注意饮食的制作,经过长期的积累,逐渐形成了驰名海内外的孔府菜。

第一节 孔府菜的由来

魏文帝曹丕曾经在诏文中说,"三世长者知被服,五世长者知饮食,此言被服饮食难晓也"②,服饰和饮食确实是人们最难以理解和掌握的。古人说三代可以出贵族,但美食家更难培养,五代能出美食家应该是很不错的了。要想成为美食家,必须有钱,有闲,有文化,三者缺一不可。没有钱就不能有美料,没有时间就无法研究提高膳食质量和饮食水平,没有文化就不能提高膳食的文化内涵。中国饮食不仅仅是满足口腹之欲,在漫长的历史中被注入了礼制观念,注入了士大夫们的审美情趣,菜虽然主要是由厨师们制作的,但文人士大夫在背后提供了文化支撑和艺术的指导。

---

① 张燕婴译注:《论语》,第140页。
② 《汉魏六朝百三家集》卷二十四"魏文帝集题词"。

成为美食家必须有钱,有时间,有文化,而要培养出一个菜系那就更难了,没有上百年甚至几百年的积累,那是不可能形成一个菜系的。孔子后裔从西汉开始就受到历代王朝的优渥,给予世袭罔替的爵位,优厚的物质待遇,而孔子后裔诗礼传家,具有很高的文化素养,特别是明初以来,孔子长孙衍圣公专主孔子祀事,有钱,有闲,有文化,而且需要接待亲临祭祀孔子的皇帝,皇帝派来祭祀的使者,以及前来拜谒孔子的王公贵族,文人学士,正是这些条件促成形成了声名显赫的孔府菜。

孔子时代是孔府菜的萌芽期。过去有个误区,认为孔子是个布衣,周游列国都是陈蔡绝粮,整天饿扁了肚子,其实孔子在鲁国做过几年的高官,待遇是不低的,每年谷子六万斗,周游列国到了卫国,卫灵公询问孔子后每年也给同样的俸禄。周代容器小,每升谷子大约重120克,但六万斗就是7.2万公斤,足以保证孔子优裕的生活。虽然君子谋道不谋食,但吃饭还是必需的。孔子有自己的美食观念,周游列国能接触到各地的饮食,来自全国各地的弟子们能够提供不同地区的美食,孔子有文化,有时间,有财力,对饮食又是那样讲究,虽然那时的加工器具还比较落后,但孔子的饮食质量和水平应该是比较高的。

汉代是中国饮食的大发展时期。经过几百年的动乱,社会安定,经济发展,人们生活水平大幅提高,汉代贵族注重享乐,铁器的普遍使用也提高了加工水平,孔子后裔也适时地追随时代步伐,被封为褒成侯,食邑二千户,成为有钱、有闲、有文化的世袭贵族,膳食水平也在逐渐提高。

汉代以后,孔子长孙虽然社会地位有起伏,经济条件有升降,但贵族的身份却一直保持着,由于孔子思想被确定为国家的指导思想,曲阜孔子庙招来皇帝和使者的祭祀,贵族高官和文人学士的拜谒,招待帝王将相就要求孔府膳食必须保持在时代水平的高位。

孔府菜系的基本形成应该是在明朝。其原因一是随着商业经济的发展,中国饮食水平快速提高;二是由于明代的尊崇,皇帝一次拨给土地60万亩,衍圣公收入空前增加;三是国家制定了详细的筵宴标准;四是皇帝派来祭祀的官员和自行谒庙的官员空前增加;五是伴随着衍圣公地位的提高,家族结姻豪门贵胄,婚姻遍天下,使得孔府菜得以吸收各地膳食的精华。五十六代衍圣公孔希学夫人为蒙古贵族、辽阳行省平章之女。五十九代衍圣公夫人为江西布政使司参政之女,来自江苏扬州。六十一代衍圣公元配夫人为内阁首辅李贤之女,来自河南邓州;继配袁氏为山东按察副使袁端之女,来自河南兰阳。六十二代衍圣公元配夫人为内阁首辅李东阳之女,来自湖南长沙;继配卫氏为宣城伯卫璋之女,来自上海松江。六十三代衍圣公夫人为建昌侯张延龄之女,来自江西建昌。六十四代衍圣公夫人严氏为内阁首辅严嵩孙女,来自江西分宜。这些夫人嫁入孔府,一般都会带有自己的仆人和厨师,使孔府菜能够接触各地膳食,融合各地饮食特长,形成自己独特的风格。

　　清代是孔府菜的定型时期。除明代发展的原因外,孔府菜还吸收了满族的饮食文化,通过谒庙官员交流学习各地膳食,由于结姻区域越来越广,更多地吸收了各种菜系的精华。六十六代衍圣公夫人冯氏为中和殿大学士冯铨孙女,来自河北涿州;继配吕氏为大宁都指挥使吕茂勋孙女,来自北京宛平。六十七代衍圣公夫人为直隶总督张铉锡之女,来自河北涞水;继配叶氏为太常寺卿叶重华孙女,来自江苏昆山;再继配黄氏为陕西巡抚黄尔性孙女,来自北京大兴。六十八代衍圣公夫人王氏为保和殿大学士王熙之女,来自北京宛平;继配李氏为刑部右侍郎李迥之女,来自山东寿光;再继配徐氏为工部尚书徐元正之女,来自浙江德清。六十九代赠衍圣公夫人为王熙孙女,来自宛平。七十代衍圣公夫人何氏为礼部左侍郎何国宗之女,来自大兴。七十一代衍圣公夫人陈氏为大学士陈世倌孙女,来自浙江海宁;继配夫人程氏为吏部右侍郎程岩之女,来自江西铅山。七十二代衍圣公夫人于氏为大学士于敏中之女,来自江苏金坛。七十三代衍圣公夫人毕氏为湖北湖南总督毕沅之女,来自江苏镇洋。七十四代衍圣公夫人方氏为直隶总督方受畴孙女,来自安徽桐城;继配李氏为刑部尚书李长森之女,来自江苏太湖;再继配毕氏为毕沅孙女。七十五代衍圣公夫人彭氏为武英殿大学士彭蕴章孙女,来自江苏长洲。七十六代衍圣公夫人孙氏为太子少保、兵部尚书孙毓文之女,来自济宁。七十七代衍圣公夫人为武英殿大学士孙家鼐孙女,来自安徽寿县。衍圣公家族的其他成员结姻更广,有来自贵州、陕西、甘肃、山西、四川、湖北、云南、宁夏、江西、河南、汉军镶蓝旗、天津等地的女子嫁入孔门，使孔府菜吸收精华的区域更加广大。

清代时，整个民族的饮食水平都在提高，官员们更加追求饮食的享受，来曲阜拜谒的高官越来越多，许多高官都会带有自己的厨师，这为孔府菜吸收外地饮食精华提供了方便，孔府也招聘外埠厨师来执灶，吸收外埠饮食经验，提高孔府菜的水平。

孔府的厨师使用管理办法也促进了孔府菜的发展。孔府厨师父子相承，多是累世相因的厨师世家，不少厨师都是父子几代甚至十几代在府内当厨，孔府内厨名厨赵玉桂先生十几代都是孔府内厨。厨师们从小耳濡目染，对衍圣公家族成员的口味及府中规矩了如指掌，父子相传的模式又使得他们对于各种菜式技法得以传承，而孔府对厨师实行内外厨师三班轮流的制度，厨师们每月只有十天在府内服务，其他时间在外营业，使厨师们有更多的机会学习外地技艺，更促进了孔府菜的发展。

孔府菜是在孔府漫长的历史中形成了，它不仅仅是曲阜，也不是山东一地饮食的精华，而是不断地融合全国各地不同饮食的精华而形成的菜系。

第二节　孔府宴种类

由于孔府菜主要是为适应招待的需求发展起来的，所以更多地表现为宴席的形式，按其功能可分为祭祀宴、延宾宴、家宴三大类。

一、祭祀宴

祭祀宴就是祭祀所用的宴席。儒家主张"慎终追远"，倡导"事死如事生"，对祭祀的要求非常严格，除制定仪注外，还制定了详细严格的祭品制度。

祭祀宴可分为孔子庙祭祀、神祭、家祭三种。

1. 孔子庙祭祀

孔子庙列入国家祀典的常规祭祀有四季释奠、每月初一的释菜和十五的行香,非常规祭祀有皇帝亲临曲阜的祭祀和遣官致祭两类,此外还有尼山书院、洙泗书院、圣泽书院、中庸书院的祭祀。由于皇帝亲祭和遣官祭祀一般都是采用释奠礼,尼山书院、洙泗书院、圣泽书院和中庸书院仿造孔子庙,而行香只上香不设供品,所以孔子庙祭祀的宴席只有释奠和释菜两种。

释奠菜品:释奠菜品是国家统一规定的,由于主祀、配享、配祀、从享、从祀地位的差别,菜品种类也逐渐减少。

孔子主祀祭品:牛一、羊一、猪一;太羹一;和羹二;黍一、稷一;粱一、稻一;形盐一、榛一、藁鱼一、菱一、枣一、芡一、栗一、鹿脯一、白饼一、黑饼一;韭菹一、芹菹一、兔醢一、醓醢一、笋菹一、菁菹一、鱼醢一、鹿醢一、脾析一、豚胉一。

四配祭品:每位一坛。每坛羊一、豕一;和羹二;黍一、稷一;粱一、稻一;形盐一、榛一、藁鱼一、菱一、枣一、芡一、栗一、鹿脯一;韭菹一、芹菹一、兔醢一、醓醢一、笋菹一、菁菹一、鱼醢一、鹿醢一。

配祀十二哲祭品:每位一坛。每坛有:羊一,猪一;和羹一;黍一;稷一;形盐一、枣一、栗一、鹿脯一;芹菹一、菁菹一、兔醢一、鹿醢一。

两庑从享、从祀先贤先儒每间一坛。每坛黍一;稷一;栗一、形盐一、鹿脯一、枣一、芹菹一、菁菹一、兔醢一、鹿醢一。东西庑各设三处分献,分献处增加羊一、猪一。

崇圣祠主位祭品与四配相同,配享与十二哲相同,从祀与两庑先贤先儒相同。中庸书院祭品与四配相同。

释菜祭品:每坛相同,都是二笾二豆,笾内放果,豆内放菹。

2. 神祭

孔府也受民间习俗的影响泛神信仰,孔府档案记载祭祀的神灵有关公、文昌、灶君、华佗、火神、财神、福神、花神、喜神、贵神、酒仙、冰神、马王、仓神、疹神、痘神等。在这些民俗信仰中,关公和文昌其实是列入国家祀典的,由于孔府没有他们的专祠,所以祭祀也没有采用国家礼制,而是按照民间习俗制作祭品,而且没有一定的制度。从孔府档案记载看,祭祀一般由府内其他成员和工作人员进行,衍圣公一般在袭爵上任时才祭祀天地、灶王。

关公：一次翅子供一桌,五碗供四桌;二次十碗供四桌。

文昌：两次翅子供一桌,五碗供四桌;一次五碗供四桌,二次十碗供四桌。

华佗：五荤五素供一桌。

灶王：十味供一桌。

酒仙：鸡一只、鱼一尾。

冰神：鸡一只、鱼一尾。

井神：水车工淘井,用鸡、鱼。

马王：一次十碗供一桌;一次十碗供一桌加素供一桌。

天地：十碗供一桌。

火神：十碗供一桌,五碗供二桌。

小南屋财神：十碗供一桌。

司房财神：十碗供一桌。

西仓祭天地、仓神：十碗参供二桌。

戏班祭祀戏神：十碗供一桌。

祭品就是人们日常使用的菜品,具体内容见下节。

3. 家祭

家祭可以分为孔子庙家祭、孔林家祭和孔府家祭三大类。

孔子庙家祭,包括没有列入国家祀典的夏冬释奠、岁时常祭（元旦、上元、端阳、中秋、重阳、冬至和岁除）和寝殿、启圣祠、家庙的祭祀。

夏冬释奠祭品与春秋相同,岁时常祭用释菜祭品,寝殿、启圣祠及其寝殿祭品与大成殿四配相同,家庙孔子祭品与大成殿相同,孔鲤、子思与四配相同,中兴祖与十二哲相同。

孔林家祭有常祭和非常祭两类。常祭三次,分别在清明、七月望和十月朔举行,非常祭在衍圣公高祖以下的诞辰、忌日举行。

孔林常祭祭品未有详细记载,《阙里文献考》只简单说"预设牲俎祭品及尊爵罍洗于墓前",既然有牲俎,孔子、二世祖、三世祖都应该使用与大成殿相同的祭品,中兴祖及衍圣公高祖以下应该使用与孔子庙家庙相同的祭品。

孔林非常祭祭品也未见记载，应该使用与孔府家庙相同的祭品。

孔府家祭分为常祭和非常祭两类。常祭在家庙举行，非常祭在家庙、影堂和慕恩堂进行。

常祭有两种。一种是大祭，在春分、秋分和岁暮（祫祭）举行；一种是小祭，在元旦、上元、端阳、中秋、重阳、冬至和每月朔望日举行。

非常祭在衍圣公高祖以下考妣诞辰、忌日、大祥、入祠和衍圣公袭爵、在位衍圣公寿诞等时举行。

常祭大祭祭品未见详细记载，《孔氏家仪》仅记载"陈汤饭果肴，数各以五。羊一，在左；豕一，在右"，孔府档案也未见记载。从孔府档案看，清末时小祭不论中秋还是冬至都是"翅供三桌，大米；参供二桌，大米；九味一桌，六味供一桌"。

非常祭从孔府档案看，不论明（诞辰）祭还是卒（忌日）祭都有定例，七十三代衍圣公孔庆镕和七十四代孔繁灏诞辰、七十三代孔庆镕和夫人毕氏卒日都是"翅供一桌，十碗供二桌"[1]，而且档案上钤印活字"例"字，就说明是定例。大祥、入祠祭祀礼仪隆重，祭品也增多，七十五代衍圣公夫人大祥时"翅子四大件供一桌，三大件十二桌，点心盘十一桌，八味菜八桌，六味菜二十桌，点心六十份"，"大祭一坛，计开罗圈肉八斤，排子肉八斤，红鸭一对，蝎子尾六斤，大肠一盘，鱼一对，白鸡一对，青菜四盘，汤饭及烤牌子木炭……合钱十七千八百六十文"，入祠时"大祭一坛合十三千七百文，鱼翅四大件供二桌，干鲜果合钱二十八千文"[2]。慕恩堂祭祀供品例为"六味供一桌"，报本堂、影堂例为"供菜四碟，和拉汤四小碗"，衍圣公与夫人生日时提高级别，七十四代毕夫人四十岁生日时"慕恩堂早九个菜供一桌，晚翅子鱼骨供一桌"，"影堂翅子鱼骨供二桌"，七十六代衍圣公孔令贻三十六岁生日时"公爷千秋，影堂、慕恩堂翅供三桌，九味供一桌，六味菜、参供二桌。"

二、延宾宴

延宾宴是招待客人的宴席。明代国家就制定了详细的筵宴制度，将筵

---

[1] 孔府档案 6194 卷。
[2] 孔府档案 6196 卷。

宴分成上卓、上中卓、中卓和下卓四等。清代筵宴分成满席和汉席两种,满席分作六等,汉席分作上席、中席和下席三等。在孔府档案中,延宾宴只发现上席和中席两种以及满席。

在孔府档案中,上席单位为"筵",中席单位为"桌"。清雍正二年(1724)接待礼部尚书张伯行御祭孔子上五代先人时的档案记载:初四日,"公爷与大人下程:上席一筵,围碟全,露酒一坛(枚全夹单),中席二桌,围碟全,露酒一坛;又一单中席两桌,围碟全,露酒一坛。与笔帖式送小饭:上席一筵,围碟全,露酒一坛;又一单,中席二桌,露酒一坛"①。

满席主要流行于清代早中期,康熙五十七年(1718)六十六代衍圣公吕夫人去世,皇帝遣官谕祭,送"天使""小饭帖一个(全帖),满席二桌,汉席二桌(围碟全),露酒二坛"②。满席规格可能也很高,均称作筵。山东巡抚李树德也来致祭,衍圣公"与抚院送小饭:汉席二筵(围碟全),满席二筵,露酒二坛","中席八桌(围碟全),露酒二坛";道光二十七年(1847),七十三代衍圣公毕夫人去世,皇帝遣官谕祭,孔府"赴公馆送席(帖式用枚全内夹单):满席一筵,汉席一筵(围碟全)绍酒二樽。又夹单(用枚片附与大人送席帖内):中席二桌,绍酒二樽。"③

在孔府,汉席只有燕窝筵才能称作上席,鱼翅筵只能称作中席,而海参筵被称作下席。

上席一般用于接待钦差大臣和高官,从孔府档案看,皇帝遣官致祭孔子庙官员、谕祭衍圣公或夫人官员、山东巡抚都是上席。民国初期高官也是如此,民国元年宴请徐世昌用最高级的燕菜全席,"请徐中堂燕菜全席一桌,十四千"。宴请张勋"张太太、张大帅:素菜四味,燕菜席二桌,点心六份",用上席,随从根据地位高低菜式也不相同,"巡补:海参三大件二桌;差官:海参二大件三桌;营官:海参二大件二桌;外西房:海参二大件二桌;差官下人:八味菜二桌;防管:早晚八味菜二桌;跟帅太太内下:海参二大件一桌",正式宴请后就改成了中席,"初四日,帅太太:鱼翅四大件一桌,

---
① 孔府档案 5168 卷。
② 孔府档案 1329 卷。
③ 孔府档案 1332 卷。

点心九分"①。

三、家宴

家宴分为婚宴、寿宴、丧宴、家常宴四种,是家族内部使用的宴席。

1. 婚宴

结婚是人生大事,《礼记·昏义》就说"昏礼者,将合二姓之好,上以事宗庙,而下以济后世也,故君子重之。"古代婚姻分为纳采、问名、纳吉、纳征、请期、亲迎六个过程,而婚礼则是整个过程的高潮及完结。衍圣公府为豪门府邸,诗礼传家,所迎娶的夫人绝大多数出自权贵之家,书香门第,能与衍圣公府结亲的家族也倍感荣耀。

衍圣公的婚礼非常隆重,婚宴也非常豪华,由于来宾地位不同,采用的筵席、菜式也不同。1936年,孔德成先生结婚时,婚宴就有好几种筵席、菜式。证婚人、介绍人是上席,二桌,在西学忠恕堂,新亲在前上房,二桌,都最高级的燕窝四大件,内厨做;前后堂楼招待女宾八桌,南北花厅招待中央和省城机关来宾十二桌,红萼轩等招待贵宾早晚各六桌,都是中席,鱼翅三大件,内厨做;二堂、三堂招待近支族人、亲友、执客,早晚各五十桌,临时搭建的大棚招待本城各团体、本府官员、各学校人员三百四十桌,也是下席,海参二大件,内外厨兼做,军队棚二十五桌,外西房军官等十桌,也是海参二大件,外厨做;东场招待各庄小甲(村庄土地管理人员)、奉卫队(孔府武装)六桌,六厅招待车夫等四桌,都是四盘六碗,外厨做;学生六十八人,九桌,八味席加火锅、稀饭,外厨做。

孔德成先生结婚时,兵荒马乱,地租难以征收,孔府经济已经十分困难,曾向二十师师长孙桐轩等告贷,但婚宴仍然是很豪华的,超过了七十四代衍圣公孔繁灏续娶毕景桓的宴席规格。孔繁灏所定婚宴有海参三大件、海参两大件、十大碗、四盘六碗、八味菜和六味菜数种,最高才为孔府菜式中的下席。

2. 寿宴

中国人希望五福齐全,而五福的第一个就是长寿,"五福:一曰寿,二曰

---

① 孔府档案8139卷。

富,三曰康宁,四曰攸好德,五曰考终命"①。人们年轻时祈求长寿,成年后祝寿并祈寿,孔府也是如此,祝寿活动非常热烈,以衍圣公太夫人(孔昭焕时就有高祖母、曾祖母、祖母和母亲四代太夫人)、衍圣公和衍圣公夫人祝寿最为隆重,如果是逢十的大寿就更加隆重,阖府祝寿,举族庆贺,外地的姻亲、政界要人也会登门或者致礼祝贺,通常会摆宴十天甚至半个月,即使是少公爷、小姐寿日一般也要"备二庆一",摆宴三天。

寿宴规格很高,咸丰二年(1852),七十四代衍圣公孔繁灏夫人毕景桓(1813—1875)四十寿诞,早餐太太们、老爷们、姨娘们都是翅子鱼骨碟子,晚上是翅子鱼骨席,二太爷、王四师爷、曲阜典史、把总、晚宴都是翅子鱼骨席,曲阜士绅三桌是翅子鱼骨碟子,曲阜县衙、张姥姥都是海参席,仆人们早晚都是六个菜。寿宴从八月二十四日一直持续到九月初五,六个菜以上宴席464桌,共用钱一千三百八十九千文。

衍圣公寿宴就更隆重了,光绪二十七年(1901),七十六代衍圣公孔令贻三十岁生日,衍圣公、本家老爷、太太、圣庙执事官是翅席四大件,礼学、乐学、六十户族人、四氏学生员、文昌祠门生、曲阜绅商都是海参三大件,职员八味菜,仆人六味菜,摆宴十二天,宴席816桌,共用钱610多万文,折合白银二千多两。

3. 丧宴

"夫礼,始于冠,本于婚,重于丧祭"②,所以孔子非常重视丧事,"所重:民,食,丧,祭"③,对于死后的丧事,孔子主张"丧,与其易也,宁戚"④,但也主张"丧事不敢不勉"⑤,所以中国的传统是丧事要称家之有无,一定要尽可能办得隆重体面。生老病死是人的自然规律,任何人都不能避免的,中国传统并不认为死亡都是可怕的,对于高寿且死于正寝的丧事反而称作喜丧。

---

① 顾颉刚、刘起釪著:《尚书校释译注》,中华书局,2005年,第1196页。
② 胡平生、刘美兰译注:《礼记·孝经》,第213页。
③ 张燕婴译注:《论语》,第304页。
④ 张燕婴译注:《论语》,第26页。
⑤ 张燕婴译注:《论语》,第125—126页。

对于丧事,孔府是非常重视的,衍圣公与夫人的丧事不论短寿还是高寿都办得非常隆重。1919 年,四十八岁的七十六代衍圣公孔令贻病逝于北京,大总统徐世昌令从优议恤,国务总理靳云鹏给予治丧银三千元,并派京兆尹王达前往北京衍圣公府吊唁,废帝宣统也发给治丧费五百元。灵柩回曲阜,大总统拨给火车花车一节,随从头等车和三等车各一节,临行前并派陆荣荣致祭。大总统徐世昌、曹锟、段祺瑞、冯国璋、张勋、徐树铮以及各部部长、各省督军、社会名流等都送了挽联,由于孔德成尚未出生,停灵一年两个月后才出丧,丧事共用银元 12 876.6 元,铜钱 19 281 吊。由于没有档案,孔令贻丧事的丧宴难以了解,但 1932 年继配夫人陶氏的丧宴还保存了一些资料。虽然"君子之居丧,食旨不甘"①,但客人还是要招待的,一般客人宴席菜式极为简单,干果、点心一律省略,只是四盘六碗,贵客却不能如此简单,履和堂祀土席棚是"上席一桌鱼翅四大件,中桌二桌",外姥姥棚"上席二桌",是四冷碟海参十大碗,本家棚是"九味菜饭"。

4. 家常宴

衍圣公家族日常饮食采用定制标准的办法,由于每人口味、喜好不同,每天甚至每餐要求不同,所以只规定每天的生活标准,并不规定具体的饮食,厨师可以根据食用者的口味制作,食用者也可以自行确定菜品。清末民初,衍圣公孔令贻每天标准是二千八百文,约合白银一两,孔令贻母亲是每天三千文,岳父陶式鋆也是三千文,师爷是二千五百文。档案中没有日常饮食的菜单,据孔令贻二女儿孔德懋女士回忆,她在孔府时每顿饭都是七八个菜。

第三节 孔府宴菜式

在清代,孔府宴也有汉席、满席之分,两种宴席的菜式是不同的。

---

① 杨伯峻:《论语》,第 188 页。

一、汉席菜式

汉席孔府宴具有严格的等级差别，宴席有上席、中席、下席之分，菜式则更为众多，菜品非常丰富。

孔府宴等级毫无疑问是受到明清筵宴制度的影响。

明代制定了详细的筵宴制度，计有郊祀庆成、圣节、正旦、冬至、皇太后寿旦、东宫千秋、元宵、四月八、端午、重阳、腊八、祭稷稷享祚、驾幸太学、进士恩荣、番夷土官等制度，宴席分成上卓、上中卓、中卓、下卓四个等级，虽然现在已经查找不到明代孔府宴宾的资料，但可以从明代筵宴制度中推知大概。

永乐二年(1404)时菜式简单，菜品也不多。较为高级的郊祀庆成宴，"上卓按酒五般，果子五般，茶食五般，烧煠五般，汤三品，双下馒头，马肉饭，酒五钟；中卓按酒四般，果子四般，汤三品，双下馒头，马猪羊肉，饭，酒五钟"，即使是上桌也不过有下酒菜五种，烧炸菜品五种，汤三品。最为简单的腊八节菜品更是少得可怜，"上卓按酒四般，腊面一椀，菜四色，酒三钟；中卓按酒四般，面二椀，菜四色，酒六钟"，四种下酒菜，四种饭菜。天顺元年(1457)，菜品增加，郊祀庆成的筵宴标准为："上卓：宝妆，茶食，向糖缠椀八个，棒子骨二块，大银锭油酥八个，花头二个，凤鸭一只，菜四色，按酒五般，汤三品，小银锭笑靥二楪，鸳鸯饭二块，大馒头一分，果子五般，黑白饼一楪，鲊一楪，每人酒五钟；上中卓：宝妆，茶食，向糖缠椀八个，棒子骨二块，大银锭油酥八个，花头二个，甘露饼四个，菜四色，按酒五般，小银锭笑靥二楪，汤三品，鸳鸯饭二块，大馒头二分，果子五般，每人酒五钟；中卓：宝妆，茶食，云子麻叶二楪，甘露饼四个，大银锭油酥八个，煠鱼二块，小银锭笑靥二楪，果子、按酒各五般，菜四色，花头二个，汤三品，熟猪羊饭二块，大馒头四分，每人酒五钟；下卓：宝妆，茶食，大银锭油酥八个，煠鱼二块，果子四般，按酒四般，菜四色，汤三品，马肉饭二块，大馒头二分，每人酒五钟"。上桌菜品增加到十多种，已经接近永乐年间最为高级的正旦节筵宴："上卓茶食，像生，小花果子五般，烧煠五般，凤鸡双，棒子骨，大银锭大油饼，按酒五般，菜四色，汤三品，簇二大馒头，马牛羊胙肉饭，酒五钟；上中卓茶食、像生、小花果子五般、按酒五般、菜四色、汤三品、簇二大馒头、马牛羊胙肉饭、酒五钟；中卓果子四般、按酒四般、菜四色、汤二品、簇二馒头、马猪牛羊胙肉饭、酒三钟"①。但此筵宴菜品以后没有再增加。

清代筵宴制度有两种，一种是满席（满席在下面专门论述），一种是汉席。

汉席分为上席、中席和下席三等。"文武会试：入闱、出闱燕均用汉席，正副考官、知贡举上席；同考官、监试御史、提调，中席；内帘收掌，外帘四所及礼部、光禄寺、鸿胪寺、太医院各执事官下席。实录、会典告成燕与会试燕同。文武进士恩荣燕、会武燕，读卷执事各官上席，进士中席"②。规定出场宴每人一席，"出场燕：主考、知贡举本部堂官每人上席一，银花一对；同考官、监察御史、提调各执事官、笔帖式每人中席一，银花一对；誊录、弥封、受卷、对读、守门、巡绰、供给、鸣赞、医官、大使、儒士、教坊司官每人下席一"。恩荣宴则每席人数不同，"雍正五年殿试，诸进士传胪后赐恩荣燕，主席内大臣一人，读卷官十有四人，提调官五人，銮仪卫堂官一人，各上席一；监试官四人，弥封官十有二人，收掌官十人，供给官八人，填榜官十有八人，护军参领六人，鸣赞四人，每二人上席一；进士二百二十五人，一甲三人各中席一，其余进士二人共中席一"③。

其宴席标准：文武会试考官入闱、出闱各燕为"主考、知贡举等官每席用肉馔、蒸食、果实三十四器；同考官、监试御史、提调官每席用肉馔、蒸食、果实三十一器；内帘、外帘、收掌四所及礼部、光禄寺、鸿胪寺、太医院各执事官，每席用肉馔、蒸食、果实二十六器。酒每席一斤"；文武进士恩荣燕、会武燕为"读卷执事各官，每席宝装花一座，大小锭二十八，大小馒头二十二，糕饼三盘，鹅、鸡、猪、羊前蹄五，生鹅、鸡、羊肉四，熟肴馔八椀，果实五盘。进士每席：宝装花一座，绢花三朵，中小锭二十八，馒头二，糕饼四盘，羊、鸡、鱼三，生羊肉一，熟肴馔八椀，干果五盘，汤三椀，酒一斤"④。

---

① 《明会典》卷一百三。
② 《钦定大清会典》卷八十五。
③ 《钦定大清会典则例》卷九十六。
④ 《钦定大清会典则例》卷一百五十四。

从孔府档案看,康熙五十七年(1718),六十六代衍圣公吕夫人去世时,皇帝遣使谕祭,衍圣公送给山东布政使桌席"高妆一座,簇妆四座,五牲一桌,大饭一桌,蒸食一桌,南果一桌,北果一桌,蜜果一桌,煠果一桌,炉食一桌,南菜一桌,北菜一桌,童羊二牵,金酒二坛"①,雍正二年(1724),钦差礼部尚书张伯行来曲阜祭祀孔子五代先人,衍圣公送给张伯行的桌席"上席一筵,围碟全,中席四桌,围碟全,露酒二坛"②,桌席帖实写内容与此全部相同,说明这就是汉席上席的全部内容。

由于孔府档案中现存最早的菜式为道光间孔繁灏婚宴菜单,上席的具体菜式就不得而知了,但可以参考明代筵宴进行推测。明崇祯四年(1631)祭奠六十四代衍圣公孔尚贤的祭品为"降香一炷,焚帛一段,汤饭一桌,十糖八座,五老糖五座,猪一口,羊一腔,南果五盘,北果五盘,炉果五盘,煠果五盘,蒸食五盘,白蜡烛一对,奠酒三献"③,十一种食品中有七种与清代上席是相同的。大饭即汤饭,蒸食一桌即蒸食五盘,南果一桌即南果五盘,北果一桌即北果五盘,煠果一桌即煠果五盘,炉食一桌即炉果五盘,不同的只有五牲、蜜果、南菜和北菜四种。至于高妆又名宝装,即明代的宝妆,连同簇妆都是装饰物而非食品,汉"上席:高卓陈设宝装一座,用面二斤八两,宝装花一攒……中席,高卓陈设宝装一桌,用面二斤,绢花三朵"④。南菜和北菜应该是南方、北方不同的即食风味,《红楼梦》中说"刚才说起南菜,方想起来,不然就忘了……南菜不是还有呢,叫人送些去就是了"⑤。南菜应该不是菜肴,如果是菜肴,不可能想起来就能送过去的。同样,北菜也应该是即食的风味。

现在能够见到的孔府菜式都是清代中期以后的,与清代中前期有很大的差别,菜品增多,更适合食用,看来清代官场筵宴在清代后期发生了很大变化。

---

① 孔府档案1329卷。
② 孔府档案5166卷。
③ 《阙里志》卷十六,第826—827页。
④ 光绪乙亥本《清代大清会典》卷七十三。
⑤ 《红楼梦》第八十回。

1. 上席菜式

孔府宴中只有燕窝菜式的才能称作上席，一般为燕窝四大件。

燕窝四大件　七十五代衍圣公彭夫人进献慈禧太后菜式为：

海碗菜二品：八仙鸭子　锅烧鲤鱼
大碗菜四品：燕窝"万"字金银鸭块　燕窝"寿"字红白鸭丝
　　　　　　燕窝"无"字三鲜鸭丝　燕窝"疆"字口蘑肥鸡
中碗菜四品：清蒸白木耳　葫芦大吉翅子　寿字鸭羹　黄焖鱼骨
怀碗菜四品：溜鱼片　烩鸭腰　烩虾仁　鸡丝翅子
碗菜六品：　桂花翅子　炒蕉白①　芽韭炒肉　烹鲜虾　蜜制
　　　　　　金腿
　　　　　　炒王瓜酱
克食二桌：　蒸食四盘　炉食四盘　猪肉四盘　羊肉四盘
片盘二品：　挂炉猪　挂炉鸭
饽饽四品：　寿字油糕　寿字木樨糕　百寿桃　如意卷
　　　　　　燕窝八仙汤　鸡丝汤面

七十六代衍圣公孙夫人进献菜式略有不同：

海碗菜二品：八仙鸭子　锅烧鲤鱼
大碗菜四品：燕窝"万"字金银鸭块　燕窝"寿"字红白鸭丝
　　　　　　燕窝"无"字口蘑肥鸡　燕窝"疆"字三鲜鸭丝
中碗菜四品：清蒸白木耳　葫芦大吉翅子　寿字鸭羹　黄焖海参
片盘二品：　挂炉猪　挂炉鸭
怀碗菜四品：溜鱼片　烩鸭腰　烩虾仁　鸡丝翅子
碟菜六品：　桂花翅子　炒蕉白　芽韭炒肉　烹鲜虾　蜜制金腿
　　　　　　炒王瓜酱

---

① 蕉白，当做茭白。

克食二桌： 蒸食四盘　炉食四盘　猪肉四盘　羊肉四盘
饽饽四品： 寿字油糕　寿字木樨糕　百寿桃　如意卷
　　　　　燕窝八仙汤　鸡丝卤面

　　以上两组菜式是清光绪二十年（1894）慈禧太后六十寿诞时衍圣公孔令贻母亲彭氏和夫人孙氏所进献，应该是在御膳房定作，并非是孔府厨师做好后进献，那时慈禧太后并非住在皇宫而是住在园子里，时间又是十月，如果在外制作一是如何保温，二是如何保证安全，在外面做根本是不可能。两桌菜用银二百四十两，此外总赏各处用银二百两，另赏小轿两份三十两，赍送御敕蟒袍等件人十二两，首领太监十两，四名太监十六两，膳房二两，茶房钱二十四千福华门、扬泽门各赏银四两，也可证明是在宫中定制的。

　　这两种菜虽然叫做四大件，但绝不是只有四个大件菜，四十四品菜中，燕窝五品，鱼翅三品，还有海参、鱼骨都是大件菜的料。鱼骨是黑龙江鳇鱼的鼻骨，民国上人们认为"脆美逾于犴鼻，晚清京师视为奇珍，几与黄金等值"。其实大件菜没有用同样材料的，一是燕窝太贵，二是材料太单调，像这筵大件菜中鸭子七品，完全是为了适应慈禧太后的偏爱。

　　燕窝大件菜孔府很少使用，特别是燕菜全席。光绪三十四年，孔府曾用作供菜，"祭供，燕菜全席一桌三十五千"，1912年招待徐世昌"燕菜全席一桌十四千"，差别是很大的。

　　据说衍圣公曾经进献乾隆皇帝一桌燕窝四大件，其菜品为：

四干果： 葡萄干　桂圆　核桃仁　荔枝
四鲜果： 橘子　香蕉　石榴　甘蔗
四糖果： 鸡骨　脆金　南糖　焦切
四蜜果： 山楂糕　蜜梨　菠萝蜜　青梅
手碟干果：糖饯砂仁　榛子
四四拼盘：麻辣海参　盐水玉带虾　素鸡　炝苇锥
　　　　　拌蛏子　凉拌鸭舌　海米椿牙　拌发菜
　　　　　熏鱼　瓢香菇　虎皮荠菜　油焖笋

　　　　　　　松子鱼糕　琉璃海石　青龙卧雪　绣球海蜇
四大件八行件(每品大件跟两品行件)
　　　　　　琼浆燕菜(大件)　清汤桂花银耳　锅塌金钱鸡
　　　　　　牛腱扒熊掌(大件)　鸡汁鱼骨　烧江干
第一道点心：　百合酥跟紫菜汤
　　　　　　　烤花篮鳜鱼(大件)　吊糟杏仁豆腐　奶汤竹笋
第二道点心：　火腿烧饼跟山楂涝
　　　　　　　蜜汁火腿(大件)　冰糖杏仁豆腐　清蒸赤鳞鱼
双烤：烤鸭　烤牌子（四蘸碟：大葱　萝卜　甜面酱　酱油
　　　　　　　　　四盘：荷叶饼　蒸饼　抽心火烧　烫面饼）
　　　什锦一品锅
四热炒：炒黄瓜酱　炒豆腐泥　香干炒芹头　椿芽炒鸡蛋
四小菜：咸雪里蕻　暴腌白菜　酱花生米　糖蒜

2. 中席菜式
中席以鱼翅为头菜，有鱼翅四大件、鱼翅三大件等菜式。
鱼翅四大件　1936 年，孔德成先生婚礼时曾经使用。其菜式为：

四高摆：龙　凤　呈　祥
四干果：小枣　长生果　桂圆　栗子
四香果：香元　檀香果　橄榄　杨梅
四蜜饯：核桃饯　芙蓉饯　花生饯　莲子饯
四蜜果：肥桃　红果　杏脯　冰梨
手碟干果：盐霜大扁　五香黑瓜子
四双拼盘：凤鸡拼炝盐笋　板鸭拼锤黄瓜　火腿拼肉松　翡翠虾
　　　　　环拼炝香菇
四大件八行件：凤凰鱼翅(大件)　炸虾包　清汤鲍鱼
　　　　　　　三套鸭子(大件)　带子上朝　鸭舌烧鹿筋
上第一道点心：萝卜酥饼跟口蘑汤(每人一份)

　　　　　　　清蒸瓢桂鱼(大件)　　鸳鸯鸡　雪里藏珠
　　　　　　　蜜腊莲子(大件)　　冰糖百合　口蘑烩鸭腰
　　上第二道点心：鲜花饼跟橙子羹汤(每人一份)
　　四压桌：蝴蝶海参　栗子烧白菜　金银肘子　三鲜鸡蛋荷包
　　四热炒：炒丁香豆腐　炒金钩　炒肉酱　海米炒芹菜头
　　四小菜：暴腌莴苣　灰磲豆腐　地环　蘑茄

花宴鱼翅四大件　衍圣公结婚时，洞房花烛夜，新郎新娘用的席面，取"早生贵子，多子多福"之意。其菜式为鱼翅四大件：

　　四干果：红枣　长生果　桂圆　栗子
　　四鲜果：石榴　香蕉　橘子　香元
　　四拼盘：凤尾鱼拼如意卷　翡翠虾环拼白玉糕
　　　　　　水晶樱桃拼绣球海蜇　金丝蛋松饼拼太阳松花蛋
　　四大件八行件：凤凰鱼翅(大件)　芙蓉干贝　炸鸡扇
　　　　　　　　　八宝鸭子(大件)　桃花虾仁　鸳鸯鸡
　　上第一道点心：麻饼跟银耳汤(每人一份)
　　　　　　　　烤花揽鳜鱼(大件)　桂花鱼饼　炒金钱香菇
　　　　　　　　带子上朝(大件)　　冰糖百合　炒口蘑
　　上第二道点心：百合酥和桂圆汤(每人一份)
　　四压桌：蝴蝶海参　罗汉豆腐　鸳鸯钎子　福禄肘子

素席鱼翅四大件菜式：客人中有不食荤者，但地位很高或者很重要，招待也不能简慢，孔府菜专门制作了素席。

　　手碟干果：大扁　葡萄干
　　八凉盘：素火腿　素香肠　虎皮菠菜　拌莴苣
　　　　　　炒素丝　炸响铃　素咸鸭蛋　酱汁排骨
　　四大件八行件：

　　　　　烧素鱼翅（大件）　炸钎子　清汤口蘑
　　　　　清蒸素鸡（大件）　炒素雪花鸡　炒素鱼片
　第一道点心：素饼跟清汤银耳
　　　　　糖醋素鱼（大件）　炒素杂拌　烧素鸡蛋荷包
　　　　　八宝甜饭（大件）　烩百合　素火腿炒冬笋
　第二道点心：枣泥酥合跟橘子羹
　四压桌：烧面筋泡　栗子烧白菜　烩腐竹　素四喜丸子

清真鱼翅四大件菜式：客人中有穆斯林，就要照顾客人的饮食习惯，孔府宴中专门设计了清真菜式。

　　四干果：荔枝　桂圆　软枣　桃脯
　　四鲜果：香蕉　橘子　石榴　鸭梨
　　四拼盘：羊羔拼熏羊腰　白片鸡拼海米炝芸豆
　　　　　　锅爌虾拼油焖笋　凤尾鱼拼佛手萝卜
　　四大件八行件：
　　　　　鱼肚拼鱼翅（大件）　炸鸡扇　清汤干贝
　　　　　锅烧羊肉（大件）　干捞虾仁　爆炒灵台
　第一道点心：椒盐麻饼跟三鲜汤
　　　　　清蒸鸭子（大件）　熘鱿鱼卷　炒口蘑
　　　　　八宝鳜鱼（大件）　苹果罐子　烩鸭腰
　第二道点心：麻团跟西瓜羹
　四压桌：酱汁羊肉　龙须粉烩鸡丝　蒸钎子　栗子烧白菜
　四小菜：香干　什锦菜　糖醋萝卜　暴腌莴苣

寿宴鱼翅三大件，其菜式为：

　　四高摆：福　寿　绵　长
　　四干果：长生果　乐陵小枣　葡萄干　栗子

四鲜果：香蕉　橘子　石榴　鸭梨
上"一品寿桃"
四拼盘：凤鸡拼炝盐笋　金丝蛋松饼拼太阳松花蛋
　　　　干煸虾拼翡翠虾环　凤尾鱼拼佛手萝卜
三大件六行件：葫芦大吉翅子（大件）　吉祥干贝　"寿"字鸭羹
　　　　　　　神仙鸭子（大件）　扒瓤海参　雪里藏珠
上第一道点心："寿"字木樨糕，每人一份
　　　　　　　一品寿桃（大件）　蜜汁金腿　炒口蘑
压桌菜：什锦一品锅　蛋黄菠菜　瓤香菇　黄管烧淡菜　珊瑚
　　　　金钩
四小菜：地环　蘑茄　暴腌莴苣　糖蒜薹

3. 下席菜式

下席菜式头菜为海参，有海参四大件、三大件和两大件菜式。
海参四大件，菜式为：

手碟干果：盐霜瓜子　葡萄干
八凉盘：醉鸡块　盐水虾　松花　鱼脯　珊瑚茭白　酱汁海石
　　　　肉松　甜酱莴苣
四大件八行件：扒瓤海参（大件）　炸脂酥虾仁　清汤干烂肠
　　　　　　　神仙鸭子（大件）　鸡里爆　桂花鱼片
第一道点心：烧卖跟冬瓜汤
　　　　　　两做鱼（大件）　阳关三叠　干捞虾仁
　　　　　　冰糖肘子（大件）　炒芋芳　虾子烧玉兰棍
第二道点心：百合酥跟莲子羹
四压桌：烩鸡饼　罗汉蛋　四喜丸子　奶汤蟹黄白菜
四炒菜：炒油菜　香干炒芹菜头　金银豆腐　肉丝酸菠菜
四小菜：暴腌黄瓜　腐乳　香椿芽　韭菜花

海参三大件：孔繁灏结婚时比较简单，其菜式为：

三大件：红烧海参 清蒸鸭子 红烧大鱼①
八凉盘：熏鱼 盐卤鸡 松花 爆虾 瓜子 海蜇 花川 长生仁
八热盘：炒鱼 炒软鸡 炒玉兰片 会口毛② 汤泡肚 炸胗干 鸡塔 山药
四饭菜：青鸡丝 红肉 烧肉饼 海米白菜
点　心：甜咸各一道
大米干饭每桌全。

言定每桌合钱八千五百文。

海参三大件一般为八八三大件，其菜式为：

八八三大件：
手碟干果：瓜子 花生（每人一份）
八凉盘：桶子鸡 酱汁鱼条 白肉拌海蜇 干炸虾 松花蛋 珊瑚白菜墩 海米拌芹菜
三大件八行件：鱼肚烧海参（大件） 鸡汁干贝 汤龚鸡 炸鹿尾 葱扒鸭子（大件） 清炒虾仁 炒鱿鱼 雪里蕻炒冬笋 清蒸桂鱼（大件） 炸熘鱼卷
两火锅：酸菜鸡丝火锅 什锦火锅
四小菜：酱花生仁 什锦菜 卤虾黄瓜 糖醋萝卜

海参两大件：孔繁灏结婚时比较简单，其菜式为六六两大件：

---

① 大鱼即鲤鱼，因为孔子的儿子名孔鲤，孔氏族人避讳，一般称作红鱼，孔府有时称作大鱼。
② 会，即烩；口毛，即口蘑。

两大件：烧海参　鱼、鸭亦可
两干果：瓜子　长生仁
六凉盘：炝鸡丝　鱼脯　烧虾（鸡酱亦可）　黄花川
　　　　松花　海蜇
六行件：炒软鸡　炸胗干　炒鱼　炒玉兰片　会口毛　山药
六押桌：红肉　鱼肚　鸡丝（去骨）　肉饼　白肉　海米白菜

言定每桌六千五百文。
海参两大件还有更简单的四四两大件：

四凉盘：盐卤鸡　烤虾　鱼脯　拌三丝
二大件四行件：三丝烧海参（大件）　炸鸡胗干　炒鸡丁
　　　　　　　清蒸鱼（大件）　拔丝苹果　炒瓢儿菜
四压桌：栗子鸡　竹节丸子　炸面筋泥　海米冬瓜

4. 便席菜式

孔府宴上席、中席、下席标准比较统一，此外还有比下席还低的宴席，如四四鱼翅一品锅、四凉四热十大碗、四凉十大碗、海参十大碗、六盘四碗、四盘六碗、四四便饭、八味菜、六味菜等菜式。

四四鱼翅一品锅菜式：冬季天寒，孔府主人喜欢火锅，常用此菜式：

四凉盘：火腿　炸八宝虾仁　绣球海蜇　黄豆菜炝熏鸡丝
四小碗：紫菜姜爆雏鸡片　海参杂拌　炒口蘑　诗礼银杏
火锅：鱼翅一品锅

四四海参十大碗菜式：

四凉盘：鸡酱　拌海蜇　干炸鱼　芥末肘花
四小碗：芙蓉鸡片　椒麻肉　糟煎鱼　拔丝苹果

十大碗：肉片烧海参　鱼肚汤　清蒸鸡　白肉　烧占肉
　　　　黄焖鱼　酥鸡　粉蒸肉　甜饭　海米白菜

四四清蒸鸡十大碗菜式：

四凉盘：盐卤鸡　粉肠　海蜇拌肘花　海米拌莴苣
四小碗：炒鸡丁　炸钎子　糖醋鱼片　蜜汁金枣
十大碗：清蒸鸡　白炖肘子　红烧狮子头　红炖肉
　　　　酥鱼　黄焖鸡　氽丸子　熬山药　海米苔菜

四凉十大碗菜式：

四凉盘：拌鹿角菜　卤猪肝　炸五香鱼　芥末鸡
十大碗：粉皮鸡丝　蒸白肉　红烧丸子　黄焖鱼　藕夹
　　　　红烧肉　松肉　冬菜酥鸡　烧山药　海米瓤子

十大碗菜式：孔繁灏结婚时菜式为：

红肉　海参　青鸡丝（去骨）　白肉　瓦块鱼　鱼肚　肉饼冬菜
甜饭　八仙汤　海米白菜

言定每桌四千文。

四盘六碗菜式一：孔繁灏结婚时菜式为：

鸡丝　白肉　苏肉①　丸子　苏鱼　炒肉白　芥末白菜　红肉
海带　白菜

---

① 苏，本地一种加工食品的方法，将鱼、肉、藕片等裹面入油炸熟后加水再炖。

言定每桌一千八百文。

四配六碗菜式二：孔繁灏结婚菜式只有菜品，没有各菜品使用的餐具，使用餐具的为：

  四盘：芥末白菜　炝藕　拌口条　麻牙白炒肉丝
  六碗：粉皮肉　红烧肉　酥鱼　素丸子　熬海带　海米白菜

此种菜式主要用于丧事，颜色也多取白色。

六盘四碗菜式：

  六盘：麻酥藕　拌海蜇　花川　炝酥鱼　辣椒鸡　炒鱿鱼丝
  四碗：清蒸鸡　汆丸子　烧大肠　蒸钎子

四碟四碗菜式：孔繁灏结婚时菜式为：

  四凉碟：鸡丝　五香肠子　鱼脯　拌莴苣
  四小碗：炒鸡丁　炒鱼　炒胗干　山药

二、满席

满席是清代特有的礼制筵宴，其宴席分作六等：

  一等席用面百二十斤，红白馓支三盘，饼饵二十四盘又二椀，干鲜果十有八盘；二等席用面百斤，品数与一等席同；三等席用面八十斤，红白馓馓三盘，棋子四椀，麻花四盘，饼饵十有六盘，干鲜果十有八盘；四等席用面六十斤，红白馓馓三盘，棋子四椀，麻花四盘，饼饵十有六盘，干鲜果十有八盘；五等席用面四十斤，品数与四等席同；六等席用面二十斤，红白馓馓三盘，棋子二椀，麻花二盘，饼饵十有二盘，干鲜果十有八盘。

其用途：

> 送奠筵曰近前馔筵，曰随筵，曰午奠筵。近前馔筵用面百三十斤，由内务府造办品物移寺备进；随筵用面百二十斤，由寺造办；妃嫔近前馔筵用一等，随筵用三等，贵人近前馔筵用一等，随筵用四等，常在、答应女子近前馔筵、随筵均用五等，皇太子近前馔筵用一等，随筵用二等，皇子近前馔筵用一等，随筵用三等；①
>
> 万寿圣节及元日赐燕、皇子成婚、公主下嫁、赐福晋父母、额驸父母燕，除夕赐下嫁外藩公主、蒙古王公、台吉等酒馔，用四等筵。燕朝鲜国及达赖喇嘛贡使用五等筵，御经筵讲书、衍圣公来朝，安南、琉球、西洋、暹罗、缅甸、苏禄、南掌诸国贡使，朝鲜国押贡官、都纲、喇嘛、番僧用六等筵，均满席。②

高级的一、二、三等均用于祭奠，三级以下才用于食用。除上述物品外，还有酒和禽类食品：

> 万寿圣节，元旦朝贺，公主、郡主成婚，各燕皆用四等席；燕朝鲜国进贡正副使，西藏达赖喇嘛、班陈额尔德尼贡使，除夕，赐下嫁外藩公主暨蒙古王公、台吉等馔筵，皆用五等席，每席用熟鹅一；经筵讲书，衍圣公来朝及朝鲜进贡押物等官，安南、琉球、暹罗、缅甸、苏禄南掌等国贡使，都纲、喇嘛、番僧来京，各燕皆用六等席，每席用熟鸡一，经筵用熟鹅一；乳酒每瓶十斤，黄酒每瓶十有五斤，乳茶以筒计，筵席茶酒数目均照礼部札办。

五等席用鹅一只，六等席用鸡一只，经筵赐宴用六等席但用五等席的鹅，此外还有乳酒、黄酒、乳茶等。

---

① 《大清会典则例》卷一百五十四。
② 《大清会典》卷八十五。

除了上述物品，满席还有菜品吗？文献中没有找到资料，恐怕不会再有了，因为国家规定的标准不高："满一等席价银八两，二等席七两二钱三分一厘，三等席五两四钱四分，四等席四两四钱三分，五等席三两三钱三分，六等席二两二钱六分"①。满席标准是康熙二十三年（1684）制定的，此时国家安定不久，物价并不低，康熙十八年时猪肉每斤1分5厘，六等席价银买猪肉不过150斤，即使是最高级的食用四等席价银还买不到300斤猪肉。

清朝中前期，孔府都向莅临的皇帝使者呈送汉席和满席，不论是致祭孔子庙的高官还是谕祭衍圣公或夫人的中级官员。康熙五十七年（1718），向谕祭六十六代衍圣公孔兴燮继配吕夫人的使者送满席二桌、汉席二桌（围碟全）、露酒二坛，道光二十七年（1847），向谕祭七十三代衍圣公孔庆镕元配毕夫人的使者送满席一筵、汉席一筵（围碟全）、绍酒二樽。此后不论衍圣公去世还是夫人去世，孔府档案中再也没有满席的记载。其原因，大概一是满族人逐渐汉化，早已适应汉人的生活习惯，二是满席粗简，实在没有值得吃的东西。

由于孔府档案中现存孔府宴菜式最早是道光间孔繁灏的婚宴价单，所以档案中没有满席菜式的资料，所以也就无从得知满席的菜式了。

第四节　孔府菜的特点

孔府菜，历史悠久，烹调技艺高超，文化积淀深厚，虽朝代更替仍长盛不衰，形成了中国历史上绵延时间最久的官府菜。孔府历代名厨秉承"食不厌精，脍不厌细"的遗训，在继承传统的基础上，致力于孔府菜的开发创新。在历史流传过程中，孔府菜形成了自己独有的特点：

一、等级严格，看人下碟

孔府菜主要是在招待帝王将相的过程中逐步发展形成的，受到国家筵

---

① 《大清会典则例》卷一百五十四。

宴制度的很大影响。宴席分成上席、中席、下席和便宴四大类,每大类中又分成多种菜式,并严格按照礼制规定安排使用。钦差大人到来,衍圣公呈送宴席一般都是围碟全的汉席上席一筵,中席两桌,上席供钦差大人享用,中席则是供钦差的随从食用,钦差随行的笔帖式虽然级别不高,但由于笔帖式大多是满族人所以也按钦差的标准呈送。有时客人众多,级别差别很大,衍圣公就会安排不同的菜式。定武将军张勋来孔府做客,衍圣公就按照客人的不同级别安排不同档次的宴席,张勋是燕菜上席,巡补是海参三大件的下席,差官、营官是低一等的海参两大件下席,随从兵弁是八味菜的低等便席,而太太的下人们则是海参二大件的下席。不仅招待官员们严格区分等级,孔府主人婚寿等喜庆活动时阖府人员宴会也是如此。咸丰二年(1852),七十四代衍圣公夫人庆寿,男女主人们翅子鱼骨席,执事官员们是鱼翅海参席,职员是八味菜,仆从是六味菜。据职员回忆,"八味菜以上的酒席都是职员级的管事人员,六味菜以下的都是勤杂人员,但是也有两三处管事职员也开用了六味菜,但绝对没有勤杂人员吃八味菜的"[①]。

二、主次分明,井然有序

孔府菜不仅宴席等级严格,菜品也主次分明,上菜井然有序。

孔府菜有头菜、大菜、行菜、饭菜之分。头菜为全席的主菜,在正式宴席中,一般只有燕窝、鱼翅和海参才有资格作头菜,而上席必须是燕窝,中席必须是鱼翅,下席不能低于海参,低于海参的只能是便席。上菜的第一个程序是果品,上席要有四干果、四鲜果、四糖果、四蜜果,以及每人一份的手碟瓜子,中席、下席可以依次减少;第二个程序是上凉菜,最多四四凉盘,中席、下席可以依次减至八凉、四拼、四凉;第三个程序是上头菜,后随两个行菜;第四个程序是上大菜,也是后随两个行菜;第五个程序是上点心,点心都有合适的配汤,一般是甜配甜,咸配咸;第六个程序是上第二个大菜,也是后随两个行菜;第七个程序是上第二道点心,也是配有合适的汤;第八个程序是上第三个大菜,仍然后随两个行菜;第九个程序是上烧烤,一般是

---

① 孔繁银:《衍圣公府见闻》,齐鲁书社,1992年,第274页。

烤鸭、烤排子;第十个程序是上饭菜,又名压桌,一般是四个热炒小菜;第十一个程序是上小菜,一般是四个咸菜,如果是冬季,还会在烧烤后上火锅,最后是上饭。

三、菜品众多,口调百家

孔府菜菜品异常丰富,种类有数百种,有汉菜,有满菜,有清真,有素菜,都说众口难调,但孔府菜可调百家。

头菜:有琼浆燕菜,燕菜一品锅,什锦燕菜,燕窝八仙汤,丁香鱼翅,桂花鱼翅,什锦鱼翅,绣球鱼翅,鹿筋扒鱼翅,蟹黄扒鱼翅,白扒玉脊翅子,葫芦大吉翅子,奶汤玛瑙鱼翅,红烧鱼翅,黄焖鱼翅,鸡丝翅子,把儿鱼翅,竹影海参,扒瓢海参,鱼皮扒海参,奶汤金银海参,葱烧海参,海参炒卤肉等;

大菜有:黄焖鱼骨,红烧鲍鱼,清汤鲍鱼,熊掌烧牛腱,玉带猴头,鸭掌烧猴头,寿字鸭羹,鱼唇扒鱼皮,白玉无瑕,烧江干,吉祥干贝,鸭膀烧干贝,奶汤鸭舌干贝,凤髓银耳,玉波银耳,清蒸白木耳,蜜汁金腿,绣球干贝,烩江瑶柱羹,八仙鸭子,神仙鸭子,烤花篮鳜鱼,清蒸鳜鱼,扒裙边,清汤竹荪,清汤哈士蟆,黄管烧淡菜,烩鱼穗,冰糖肘子,挂炉鸭,烤鸭,挂炉猪,鱼肚拼鱼翅等;

行菜有:熘鱼片,烩鸭腰,烩虾仁,烤虾,虾子龙爪笋,虾子龙须菜,炒鱼,汤泡肚,软炸鸡,炸胗干,炒玉兰片,鸡塔,烩口蘑,山药,去骨清鸡丝,炝鸡丝,烧虾,黄花川,瓦块鱼,软烧鱼,烧青鱼,烧面鱼,炸熘鱼,余鸭干,炒白肉,炸肘子,炒鸡片,炒双翠,烧鲫鱼,糖醋鱼,芸豆炒肉,蒲菜茶干,炒蒲菜肉丝,粉蒸鸡,粉蒸肉,油焖笋,烩乌鱼穗,炒鱿鱼,桂花银耳,诗礼银杏,奶汤龙须菜,海米炝韭黄,奶汤白菜,奶汤鱼块,炝香菇,冰糖核桃仁,烤排子,炒泡肚,罗圈肉,琵琶肉,余鸭丸,鸡鸭腰,双素合子,清汤桂花银耳,金钱鸡,吊糟虾仁,奶汤竹荪,鸡汁鱼骨,烧江干,杏仁豆腐,清蒸赤鳞鱼,锅塌金钱鸡,鸡汁鱼骨,吊糟杏仁豆腐,奶汤竹笋,炸虾包,清汤鲍鱼,带子上朝,鸭舌烧鹿筋,鸳鸯鸡,口蘑烩鸭腰,冰糖百合,芙蓉干贝,炸鸡扇,桃花虾仁,鸳鸯鸡,桂花鱼饼,炒金钱香菇,冰糖百合,炒口蘑,炸钎子,清汤口蘑,炒素雪花鸡,炒素鱼片,炒素杂拌,烧素鸡蛋荷包,烩百合,素火腿炒冬笋,炸鸡扇,清汤干贝,爆炒灵台,熘鱿鱼卷,苹果罐子,烩鸭腰,吉祥干贝,寿字鸭羹,扒瓢海参,雪里藏珠,炸脂酥,虾仁,清汤干烂肠,鸡里爆,桂花鱼片,阳关三叠,干捞虾仁,炒芋艿,虾子烧玉兰棍,炒软鸡,鸡汁干贝,汤粪鸡,炸鹿尾,清炒虾仁,炒鱿鱼,雪里蕻炒冬笋,炸熘鱼卷,炒鸡丁,拔丝苹果,炒瓢儿菜,紫菜姜爆雏鸡片,海参杂拌,芙蓉鸡片,椒麻肉,糟煎鱼,炒鸡丁,糖醋鱼片,蜜汁金枣等;

饭菜有:清鸡丝,红肉,白肉,烧肉饼,海米白菜,炒茭白,芽韭炒肉,炒鸡子,炒蒲菜,烹蛋角,佘丸子,炒肉丝,烧鱼,炒芸豆,烩面泡,酱汁豆腐,烧面筋,白菜拌肉,鸡松,炒黄瓜酱,炒豆腐泥,香干炒芹菜头,香椿炒蛋,蜜制金腿,炒王瓜酱,炒豆腐泥,炒丁香豆腐,炒金钩,炒肉酱,海米炒芹菜头,蝴蝶海参,栗子烧白菜,金银肘子,三鲜鸡蛋荷包,罗汉豆腐,鸳鸯钎子,福禄肘子,蛋黄菠菜,瓢香菇,珊瑚金钩,烧面筋泡,栗子烧白菜,烩腐竹,素四喜丸子,酱汁羊肉,龙须粉烩鸡丝,蒸钎子,烩鸡饼,罗汉蛋,四喜丸子,奶汤蟹黄白菜,炒油菜,金银豆腐,肉丝酸菠菜,鱼肚,鸡丝,肉饼,栗子鸡,竹节丸子,炸面筋泥,海米冬瓜肉片,烧海参,鱼肚汤,清蒸鸡,烧占肉,黄焖鱼,酥鸡,粉蒸肉,甜饭,白炖肘子,红烧狮子头,红炖肉,酥鱼,熬山药,海米苔菜,粉皮鸡丝,蒸白肉,红烧丸子,藕夹,红烧肉,松肉,冬菜酥鸡,烧山药,海米瓠子,海参,肉饼冬菜,八仙汤,粉皮肉,红烧肉,素丸子,熬海带,烧大肠等;

小菜有:腌雪里蕻,腌白菜,酱花生米,糖蒜,暴腌莴苣,灰礤豆腐,地环,蘑茄,糖蒜薹,暴腌黄瓜,腐乳,香椿芽,韭菜花,什锦菜,卤虾黄瓜,糖醋萝卜等;

拼盘凉菜有:凤鸡拼炝盐笋,板鸭拼锤黄瓜,火腿拼肉松,翡翠虾环拼炝香菇,凤尾鱼拼如意卷,翡翠虾环拼白玉糕,水晶樱桃拼绣球海蜇,金丝蛋松饼拼太阳松花蛋,羊羔拼熏羊腰,白片鸡拼海米炝芸豆,锅爊虾拼油焖笋,凤尾鱼拼佛手萝卜,凤鸡拼炝盐笋,干煸虾拼翡翠虾环等;

凉菜有:素火腿,素香肠,虎皮菠菜,拌莴苣,炒素丝,炸响铃,素咸鸭蛋,酱汁排骨,醉鸡块,盐水虾,松花,鱼脯,珊瑚茭白,酱汁海石,肉松,甜酱莴苣,熏鱼,盐卤鸡,爊虾,海蜇,花川,长生仁,桶子鸡,酱汁鱼条,白肉拌海蜇,干炸虾,珊瑚白菜墩,海米拌芹菜,炝鸡丝,烧虾,鸡酱,黄花川,盐卤鸡,拌三丝、火腿、炸八宝虾仁、绣球海蜇、黄豆菜炝熏鸡丝、拌海蜇、干炸鱼、芥末肘花、粉肠、海蜇拌肘花、海米拌莴苣、拌鹿角菜、卤猪肝、炸五香鱼、芥末鸡、芥末白菜、炝藕、拌口条、麻牙白炒肉丝、鸡丝、五香肠子、拌莴苣、麻辣海参、盐水玉带虾、素鸡、炝苇锥、拌蛏子、凉拌鸭舌、海米椿牙、拌发菜、瓢香菇、虎皮荠菜、油焖笋、松子鱼糕、琉璃海石、青龙卧雪、绣球海蜇等；

火锅有：酸菜鸡丝火锅、什锦火锅、鱼翅一品锅、什锦一品锅、菊花火锅等；

点心有：火腿烧饼跟山楂涝、麻饼跟银耳汤、萝卜酥饼跟口蘑汤、鲜花饼跟橙子羹汤、百合酥跟桂圆汤、素饼跟清汤银耳、枣泥酥合跟橘子羹、椒盐麻饼跟三鲜汤、汤麻团跟西瓜羹、烧卖跟冬瓜汤、百合酥跟莲子羹、火腿烧饼配紫菜汤、寿字木樨糕跟三鲜汤、百寿桃跟什锦甜羹等；

干果有：小枣、长生果、桂圆、栗子、荔枝、桂圆、软枣、桃脯、杏脯、乐陵小枣、葡萄干等；

鲜果有：香蕉、橘子、石榴、鸭梨、甘蔗、香元、檀香果、橄榄、杨梅、肥桃、红果、冰梨、菠萝蜜、蜜梨、青梅等；

蜜饯有：核桃饯、芙蓉饯、花生饯、莲子饯、山楂糕等；

手碟干果有：盐霜大扁、五香黑瓜子、大扁、葡萄、盐霜瓜子、瓜子、花生糖、炒砂仁、榛子等；

糖果有：鸡骨、脆金、南糖、焦切等。

四、菜名典雅，富有文化

孔府诗礼传家，菜品取名典雅，寓意深刻，富有文化气息。"诗礼银杏"原料取自孔子故宅内的银杏树果实，取孔子教子孔鲤"不学诗，无以言；不学礼，无以立"故事命名，以显示继承孔府诗礼传家的传统。"阳关三叠"将三层鸡丝两层嫩白菜叶交叠摆放炸制而成，以唐代乐曲命名，用于饯行宴席，使人联想到脍炙人口的唐代诗人王维《送元二使安西》"劝君更尽一杯酒，西出阳关无故人"，表示主人的惜别之情。将干贝、海参、口蘑、冬笋、鲜肉、南芹、火腿、虾仁余水，腌制调馅，置于整块豆腐所挖洞中，加高汤、酱油、花椒等调料，慢火烧一小时，最后用高汤加水淀粉勾芡浇汁，取名一品豆腐，以显示衍圣公官居一品的荣耀。将红枣煮熟捣烂成泥，山药蒸熟刀抹成泥，山药泥包裹枣泥制成桃形，并制作叶子两片，山楂糕切丝，在桃上摆成"寿"字，蒸熟冷凉，白水化糖，淀粉勾芡成琉璃汁浇在寿桃上，取名一品寿桃，作为衍圣公或夫人寿诞的特定应景菜式，以颂扬长生不老。将母鸡一只氽后，加高汤调料蒸烂，公鸡入味炸至金黄，再加冬菇、葱姜等炖烂，最后并置于碗内，取名鸾凤同巢，作为喜宴的一道大件菜，祝贺夫妻恩爱和睦。将五花肉煮至六七成熟捞出冷凉，打十字花刀，将水发莲子置于十字内，炒糖色后将肉置于其中，将汤汁收至浓稠，孔氏族长以此菜为七十六代衍圣公孔令贻奉母为慈禧太后祝寿后返回曲阜接风，以显示孔氏家族的荣耀。

五、精心搭配，注重养生

衍圣公家族很多人熟谙医术，善于养生，菜式的原料精心搭配，以求延年益寿。每个菜式无不荤素搭配，多用蔬菜，间用干菜，符合现代健康理念。大菜"冰糖燕窝盅"晶莹剔透，味道清甜，低脂高蛋白，氨基酸比例适度，可补虚祛疲，是滋补佳菜。"熊掌扒牛腱"富含蛋白质、胶原脂肪以及多种维生素和微量元素，能够补益气血，强身健体，冬季食用可以抗寒保暖。"蟹黄扒鱼翅"由于鱼翅清淡，配上蟹黄，海参柔软滑润，味道鲜美醇香，富含明胶蛋白，很少胆固醇，可以满足口腹之欲而不致增重。豆腐是素菜，有益健康，但难以出味，厨师就将整块豆腐中间挖空，将水发干贝、海参、口蘑、冬笋、肥瘦猪肉、鲜虾仁、南荠、火腿等，弥补了豆腐口淡的不足。

六、粗菜细作，传统翻新

孔府菜主要用于招待，必须有高档食材以符合主人、宾客的身份，但在菜式安排时即有燕窝或鱼翅、海参等高档菜品，也注意使用蔬菜甚至野菜，菜品中也注重荤素搭配。"海米珍珠笋"选用鲜嫩玉米，切成两半后氽水，用香油炒锅，加入料酒、盐、珍珠笋、海米、高汤，玉米粒晶莹剔透似珍珠，引人食欲大发。"炝黄花菜"以新鲜黄花菜为主料，将鸡里脊肉加少许猪膘油剁碎再加蛋清做成料子，镶入黄花菜内蒸熟后浇上料汤。"金钩挂银条"，主料为绿豆芽750克,配以海米150克,将豆芽掐去根须及上面的叶片,只保留豆芽最鲜嫩的中段,锅内放油,加入花椒、葱、姜末,爆香后倒入绿豆芽,急火翻炒,加入海米、盐,再淋以香油装盘。烤鸭在孔府厨师手中也做出新花样,选用曲阜生产麻鸭,与北京全聚德烤鸭不破膛不同,孔府烤鸭将鸭子从肋部开膛,填入冬菜、白菜丝等时令蔬菜,慢火烤制,期间还数次刷料酒,盐水,整个烤制过程长达2小时。

七、诗书画戏,以助雅兴

宴席活动大多是为情感的交流,孔府宴会一般会根据宾主习好,或诗词唱酬,或挥毫泼墨,或丝竹管弦,或粉墨登场,烛影摇红,轻歌曼舞,何等雅致!

主宾均有雅兴,兴来诗词唱和;家庭聚会,把酒言欢,或赋诗,或唱和;衍圣公家族的许多诗词都是在宴席上创作的。六十七代衍圣公夫人叶粲英在欢迎母亲来曲探望的酒宴上高兴地赋诗说"千里迢迢乍解装,喜瞻颜色一称觞。扶持白发团圆坐,翻忆年年梦故乡",六十七代衍圣公孔毓圻家庭雪夜饮酒,子女赋诗,"潋滟光中酒一杯,梅花早逐雪花开。承欢自有高堂乐,咏絮还怜小妹才"。

孔府常年养有戏班,根据衍圣公的喜好,养过昆曲、京剧、徽戏、豫剧、柳子戏等戏班,常常在宴会表演,七十六代衍圣公孔令贻还喜欢亲自上台扮演。孔庆镕喜欢把酒观剧,经常诗兴大发,诗集中就有多首观戏的诗,如《观西厢》:"勿静筵逢歌舞场,佳期何必定西厢。教坊人纵铭华减,春到春楼梦不妨"。

八、美食美器,相得益彰

品尝孔府菜,不仅仅是满足口腹之欲,还要给人以美的享受,菜品不仅考虑营养的均衡,还注意颜色的搭配,器具的协调。与其他菜系相比,孔府菜还具有造型美观、盛器考究的特点。

为突出宴席主题,孔府内厨还制作名为"高摆"的摆件。高摆呈圆柱形,置于四个大银盘中央,内用糯米面,外层装饰各种细点干果,以不同的颜色和造型构成各种精巧细致的图案，再以黑瓜子摆出字形。摆字时要不能产生裂缝，要一次到位，距离适宜，每错一个瓜子，整个盘子都要更换。四个高摆连起来就组成了整个宴席的主题，祝寿的就是"福寿绵长"或"寿比南山"，婚宴就是"龙凤呈祥"等。

孔府菜讲究造型美观，大菜"八仙过海闹罗汉"，主料为鱼翅、海参、鲍鱼、鱼骨、鱼肚、芦笋、鸡肉、鱼肉、青虾，将鱼翅插在鸡肉上摆成菊花形，海参片为蝴蝶形，鱼肉切段夹鱼骨，青虾去壳成虾环，再加上鱼肚、鲍鱼、鸡肉条、芦笋等八样，用鱼骨片加鸡肉火腿末改刀为罗汉行状，依次摆入白瓷大碗中，浇入三套汤和盐、姜，蒸制20分钟后上桌，非常美观。

美食还需美器。乾隆三十六年(1771)，七十一代衍圣公孔昭焕为准备次年儿子孔宪培与乾隆宠臣于敏中之女的婚事，特地派人到广东汕头颜和顺老店定制了全套的"点铜锡礼食大宴器具"。这套食具包括主器、副器和配器等大小器皿共404件，全部使用可以盛放196道菜品。器形有鬲、簋、簠、豆、彝等仿青铜礼器形，也有鱼、鸡、鸭、鹿、桃、瓜、琵琶等象形器，器身镶嵌有翡翠、玉石、珊瑚、玛瑙等宝石，有的雕刻花卉图案，有的题刻着金文等祝福文字。用来摆放头菜的餐具直径36厘米，分成五个池子，顶盖题刻"当朝一品"四个大字，以双桃为纽；一件鱼池顶盖如同一尾破浪而行的游鱼，器物两侧题刻"花带温光浮，没影倒寻鱼"；另一件鱼池顶盖如同一条刚刚出水的卧鱼；鸭池如同船形，顶盖如同一只卧憩的睡鸭，眼睛由珊瑚镶嵌，曲颈回首，十分惬意，一端题刻行书"借得南邻放鸭船"；鹿池仅刻鹿首，顶盖题刻篆书"延年益寿"；调料小蝶为瓜形，并饰藤蔓，一侧有轴，打开就是两个，寓意瓜瓞绵绵；每件餐具都是一件精美的艺术品。主要餐具两层，冬天注入热水可以保温，夏天可以置入冰块保凉。此组餐具为国内所仅见，具有很高的史料价值。瓷器也非常精美，现在孔府还存有明永乐青花碗、成化斗彩碗、清康熙五彩大盘、雍正粉彩盘、白瓷公道酒杯、嘉庆《西厢记》套杯等餐具。公道杯中间站立一人，人中空，如果斟酒超过瓷人的口部酒就会从底部漏光。由于瓷器易碎，现在很少成套，只有光绪年间的高摆餐具保存比较完整，全套餐具共有130多件。

有人说，御膳是宫廷菜，孔府菜是官府菜，淮扬菜是文人菜，粤菜是商人菜，川菜是普罗菜，这种说法是有一定的道理的。孔府菜就其质量说仅次于宫廷菜，但它比宫廷菜历史更悠久，更有文化气息，影响也最大。中国北方菜系深受鲁菜的影响，而鲁菜其实就是以孔府菜为基础，吸收以制作海产见长的福山菜而形成的。

附　　录

一、长孙承袭表

代次	名	字	号	生卒时间	封号	受封时间	备　注
2代	鲤	伯鱼		前532—前483	泗水侯	宋崇宁元年(1102)	追封
3代	伋	子思		前483—前402	沂水侯 沂国公 沂国述圣公	宋崇宁元年(1102) 宋咸淳三年(1267) 元至顺元年(1330)	追封 追封 追封
4代	白	子上		享年47岁			齐威王两召为相，不受
5代	求	子家		享年45岁			楚王召不赴
6代	箕	子京		享年46岁			为魏相
7代	穿	子高		享年51岁			楚魏赵三国交聘，皆不就
8代	谦	子顺		享年57岁			为魏安僖王相
9代	腾	子襄		享年57岁			汉惠帝时官博士，长沙太傅
10代	忠	子贞		享年57岁			汉文帝时官博士

（续表）

代次	名	字	号	生卒时间	封号	受封时间	备注
11代	武	子威					汉文帝时官博士
12代	延年			享年71岁			博士，转太傅
13代	霸	次孺		享年72岁	褒成君	西汉永光元年(前43)	以官拜太师，爵关内侯，食邑八百户。请以食邑奉祀孔子
14代	福			享年73岁	关内侯	西汉绥和元年(前8)	
15代	房				关内侯	西汉建平二年(前5)	
16代	均	长平		享年81岁	褒成侯	西汉元始元年(1)	食邑二千户。王莽时辞官失爵
17代	志				褒成侯	东汉建武十四年(38)	
18代	损	君益			褒成侯	东汉永平十五年(72)	永元四年改亭侯，食邑一千户
19代	曜	君曜			褒成侯	东汉延光三年(124)	
20代	完				褒成侯	东汉建宁二年(169)	
21代	羡	子余			宗圣侯	魏黄初二年(221)	食邑一百户。孔完弟之子
22代	震	伯起		享年75岁	奉圣亭侯	西晋泰始三年(267)	食邑二百户
23代	嶷	成功		享年57岁	奉圣亭侯	东晋太宁三年(325)	孔嶷一作孔亭
24代	抚				奉圣亭侯	东晋	《家谱》记，史书未载

(续表)

代次	名	字	号	生卒时间	封号	受封时间	备注
25代	懿			享年61岁	奉圣亭侯	东晋	《家谱》记,史书未载
26代	鲜	鲜之			奉圣亭侯	宋元嘉十九年(442)	因兄子熙先谋反,元嘉二十二年夺爵
27代	乘	敬山			崇圣大夫	北魏延兴三年(473)	食邑五百户,并给十户供洒扫
28代	灵珍			享年58岁	崇圣侯	北魏太和十九年(495)	食邑一百户
29代	文泰			享年59岁	崇圣侯		《家谱》记,史书未载
30代	渠				崇圣侯		《家谱》记,史书未载
31代	长孙			享年64岁	崇圣侯 邹国公	北齐天保元年(550) 北周大象二年(580)	食邑一百户
32代	嗣悊			享年70岁	绍圣侯	隋大业四年(608)	食邑一百户
33代	德伦			享年71岁	褒圣侯	唐武德九年(626)	朝会位同三品
34代	崇基			享年56岁	褒圣侯	武周证圣元年(695)	授朝散大夫
35代	璲之	藏晖			褒圣侯 文宣公	唐开元五年(717) 唐开元二十七年(739)	国子四门博士,阶通直郎。兼兖州长史
36代	萱				文宣公	唐上元二年(761)	兼兖州泗水令

(续表)

代次	名	字	号	生卒时间	封号	受封时间	备注
37代	齐卿				文宣公	唐建中三年(782)	授兖州功曹,转青州司兵参军
38代	惟晊			享年65岁	文宣公	唐元和十三年(818)	授兖州参军
39代	策			享年57岁	文宣公	唐会昌二年(842)	会昌元年曾迁尚书博士
40代	振	国文		享年74岁	文宣公	唐咸通四年(863)	状元。曾官监察御史、员外郎
41代	昭俭			享年61岁	文宣公	唐	兼曲阜令
42代	光嗣	斋郎		872—913	泗水主簿	唐天祐二年(905)	后梁乾化三年为孔末所杀
43代	仁玉	温如		912—956	文宣公	后唐长兴三年(932)	后周广顺二年赐五品服
44代	宜	不疑		享年46岁	文宣公	宋太平天国三年(978)	授太子右赞善大夫,迁殿中丞
45代	延世	茂先		享年38岁	文宣公	宋至道三年(997)	
46代	圣佑			997—1026	文宣公	宋天禧五年(1021)	光禄寺丞,知仙源县事
46代	宗愿				文宣公 衍圣公	宋宝元二年(1039) 宋至和二年(1055)	国子监主簿,仙源知县。 孔圣佑从弟
47代	若蒙	公明			衍圣公	宋熙宁元年(1068)	元符元年坐事废,弟若虚袭
47代	若虚	公实			奉圣公	宋元符元年(1098)	

(续表)

代次		名	字	号	生卒时间	封号	受封时间	备注
48代		端友	子交			衍圣公	宋崇宁三年(1102)	建炎二年南迁,寓居浙江衢州
49代	南	玠	锡老			衍圣公	宋绍兴二年(1132)	端友弟端操子。南宗
	北	璠	文老		1103—1140	衍圣公	伪齐阜昌四年(1133)	端操子。金天眷三年封,先卒
50代	南	搢	季绅			衍圣公	宋绍兴二十四年(1154)	
	北	拯	元济		1136—1161	衍圣公	金皇统二年(1142)	
		捴	元会		1138—1190	衍圣公	金大定三年(1163)	孔拯之弟
51代	南	文远	绍先			衍圣公	宋绍熙四年(1193)	
	北	元措	梦得		1181—1245	衍圣公	金明昌二年(1191) 蒙古太宗五年(1233)	视四品,实八品,后晋中议大夫,从五品上
52代	南	万春	耆年			衍圣公	宋宝庆二年(1226)	
	北	之全	工叔			衍圣公	元太祖二十一年(1226)	蒙古太宗五年免,袭曲阜县令

(续表)

代次		名	字	号	生卒时间	封号	受封时间	备注
53代	南	洙	景清			衍圣公	宋绍定四年(1231)	元至元十九年免，授国子祭酒
	北	浈	昭度			衍圣公	元宪宗元年(1251)	次年因游猎罢。元措弟之孙
		治	世安		1236—1307	衍圣公	元元贞元年(1295)	元用之孙，之全之子
54代		思诚				衍圣公	元	延祐三年因支庶罢
		思晦	明道		1267—1333	衍圣公	元延祐三年(1316)	思晦是宗愿三子孔若愚之后
55代		克坚	璟夫		1316—1370	衍圣公	元至元六年(1340)	中奉大夫，从二品。礼部尚书
56代		希学	士行		1335—1381	衍圣公 衍圣公	元至正十五年(1355) 明洪武元年(1368)	令朝会位班上相后
57代		讷	言伯		1358—1400	衍圣公	明洪武十七年(1384)	令朝会班文臣首
58代		公鉴	昭文		1380—1402	衍圣公	明建文二年(1400)	
59代		彦缙	朝绅		1401—1455	衍圣公	明永乐八年(1410)	赐诰、服饰视一品
60代		承庆	永祚		1429—1450	衍圣公	明景泰六年(1455)	赠衍圣公
61代		弘绪	以敬	南溪	1448—1504	衍圣公	明景泰元年(1450)	成化五年因宫室逾制夺爵
		弘泰	以和		1450—1503	衍圣公	明成化五年(1469)	弘绪弟

（续表）

代次	名	字	号	生卒时间	封号	受封时间	备注
62代	闻韶	知德	成庵	1482—1546	衍圣公	明弘治十六年(1503)	弘绪子
63代	贞干	用济	可亭	1519—1556	衍圣公	明嘉靖二十五年(1546)	
64代	尚贤	象之	龙宇	1544—1621	衍圣公	明嘉靖三十五年(1556)	二子早卒，以从弟尚坦子袭
65代	胤植	懋甲	对寰	1592—1647	衍圣公	明天启元年(1621)	天启七年加太子太保、明崇祯三年晋太子太傅
66代	兴燮	起吕	辅垣	1636—1667	衍圣公	清顺治五年(1648)	七年晋太子少保，八年晋少保兼太子太保，十三年晋光禄大夫
67代	毓圻	钟在	兰堂	1657—1723	衍圣公	清康熙六年(1667)	十四年晋太子少师
68代	传铎	振路	牖民	1673—1735	衍圣公	清雍正元年(1723)	
69代	继濩	体和	纯斋	1697—1719	衍圣公	清雍正十三年(1735)	赠衍圣公
70代	广棨	京立	石门	1713—1743	衍圣公	清雍正九年(1731)	
71代	昭焕	显文	尧峰	1735—1782	衍圣公	清乾隆九年(1744)	
72代	宪培	养元	笃斋	1756—1793	衍圣公	清乾隆四十八年(1783)	原名宪允，乾隆帝更名为宪培
73代	庆镕	陶甫	冶山	1787—1841	衍圣公	清乾隆五十九年(1794)	孔宪镕系孔宪培弟宪增之子
74代	繁灏	文渊	伯海	1806—1862	衍圣公	清道光二十一年(1841)	

（续表）

代次	名	字	号	生卒时间	封号	受封时间	备注
75代	祥珂		观堂	1848—1876	衍圣公	清同治二年(1863)	
76代	令贻		燕庭	1872—1919	衍圣公 衍圣公 衍圣公	清光绪三年(1877) 民国二年(1913) 伪洪宪元年(1916)	加郡王衔
77代	德成		达生	1920—2008	衍圣公 大成至圣先师奉祀官	民国九年(1920) 民国二十四年(1935)	特任官待遇

二、孔氏著述表

（一）经部

《易传》　　　　　　　　　　　传（周）孔子作
《尚书》　　　　　　　　　　　传（周）孔子整理
《诗经》　　　　　　　　　　　传（周）孔子整理
《春秋》　　　　　　　　　　　传（周）孔子著
《论语》　　　　　　　　　　　（周）孔子言行，弟子记而整理
《论语义疏》二卷　　　　　　　（秦）孔鲋疏，佚
《孔子家语》　　　　　　　　　（汉）孔安国撰次
《小尔雅》一卷　　　　　　　　（秦）孔鲋著，在《孔丛子》之后

《论语训解》　　　　　　　　　　（汉）孔安国著
《尚书传》十三卷　　　　　　　　（汉）孔安国著
《孝经传》一卷　　　　　　　　　（汉）孔安国著
《古文尚书》二卷　　　　　　　　（汉）孔安国著,佚
《古文尚书音》五卷　　　　　　　（汉）孔安国著,佚
《古训》十篇　　　　　　　　　　（汉）孔臧著
《公羊训诂》　　　　　　　　　　（汉）孔骥著,佚
《穀梁训诂》　　　　　　　　　　（汉）孔骥著,佚
《孝经注》一卷　　　　　　　　　（汉）孔光著
《左氏义诂》一卷　　　　　　　　（汉）孔奇著,摘左氏之难者,集为一卷
《春秋左氏删》一卷　　　　　　　（汉）孔奇著
《左氏说》一卷　　　　　　　　　（汉）孔嘉著
《古文尚书传》　　　　　　　　　（汉）孔僖著
《毛诗传》　　　　　　　　　　　（汉）孔僖著
《尚书传》　　　　　　　　　　　（汉）孔昱著
《春秋杂义难》五卷　　　　　　　（汉）孔融著,佚
《春秋公羊传集解》十四卷　　　　（晋）孔衍著
《春秋穀梁传训注》十三卷　　　　（晋）孔衍著
《左传训注》十三卷　　　　　　　（晋）孔衍著
《凶礼》一卷　　　　　　　　　　（晋）孔衍著
《集注丧服经传》一卷　　　　　　（晋）孔伦著
《仪礼注》一卷　　　　　　　　　（晋）孔伦著
《穀梁注》一卷　　　　　　　　　（宋）孔默之著
《尚书义问》三卷　　　　　　　　（宋）孔晁著,佚
《春秋外传国语孔氏注》　　　　　（宋）孔晁著,佚
《逸周书注》十卷　　　　　　　　（宋）孔晁著
《逸周书王会解》一卷　　　　　　（宋）孔晁著
《汲冢周书注》十卷　　　　　　　（宋）孔晁著

《谥法注》三卷　　　　　　　　　（宋）孔晁著
《论语注》十卷　　　　　　　　　（齐）孔澄之著，佚
《尚书义》二十卷　　　　　　　　（梁）孔子祛著，佚
《集注尚书》三十卷　　　　　　　（梁）孔子祛著
《续朱异集注周易》一百卷　　　　（梁）孔子祛著，佚
《续何承天集礼论》一百五十卷　　（梁）孔子祛著，佚
《习经》一卷　　　　　　　　　　（北齐）孔拱著
《周易正义》二十卷　　　　　　　（唐）孔颖达著
《尚书正义》二十卷　　　　　　　（唐）孔颖达著
《毛诗正义》四十卷　　　　　　　（唐）孔颖达著
《春秋正义》三十六卷　　　　　　（唐）孔颖达著
《礼记正义》七十卷　　　　　　　（唐）孔颖达著
《孝经义疏》一卷　　　　　　　　（唐）孔颖达著，佚
《周易注疏》十三卷　　　　　　　（唐）孔颖达著
《尚书注疏》二十卷　　　　　　　（唐）孔颖达著
《礼记注疏》六十三卷　　　　　　（唐）孔颖达著
《春秋左传注疏》六十卷　　　　　（唐）孔颖达著
《毛诗注疏》二十卷　　　　　　　（唐）孔颖达著
《周易兼义》九卷　　　　　　　　（唐）孔颖达著
《公羊疏》三十卷　　　　　　　　（唐）孔颖达著
《大唐仪礼》一百卷　　　　　　　（唐）孔颖达参著
《易正义补阙》七卷　　　　　　　（唐）孔颖达著
《公羊疏》三十卷　　　　　　　　（唐）孔颖达著
《校勘五经正义》一百八十卷　　　（宋）孔维著，佚
《大衍说》　　　　　　　　　　　（宋）孔旼著，佚
《太元图》　　　　　　　　　　　（宋）孔旼著，佚
《尚书解》　　　　　　　　　　　（宋）孔梦斗著，佚
《四书详解》　　　　　　　　　　（宋）孔习周著
《书经什文》　　　　　　　　　　（宋）孔习周著

《大元乐书》　　　　　　　　　（元）孔思逮著
《群经类要注释》　　　　　　　（明）孔克表著
《中庸补注》二卷　　　　　　　（明）孔谭著
《孔庭续问》一卷　　　　　　　（明）孔承倜著
《中庸或问》　　　　　　　　　（明）孔承倜著
《易经代言》　　　　　　　　　（明）孔承倜著，佚
《书经代言》　　　　　　　　　（明）孔承倜著，佚
《诗经代言》　　　　　　　　　（明）孔承倜著，佚
《四书代言》　　　　　　　　　（明）孔承倜著，佚
《天人直指图》　　　　　　　　（明）孔承倜著
《天理说》　　　　　　　　　　（明）孔承倜著
《学庸正解》　　　　　　　　　（明）孔尚严著，佚
《四书讲义》六卷　　　　　　　（明）孔兴治著
《太极辨疑》八卷　　　　　　　（明）孔学周著，佚
《大成乐律全书》一卷　　　　　（清）孔贞瑄著
《四书约注》　　　　　　　　　（清）孔贞瑄著
《学庸正解》　　　　　　　　　（清）孔尚忻著
《纂集经史大成》　　　　　　　（清）孔尚熹著
《圣门礼制》一卷　　　　　　　（清）孔尚任著
《圣门乐制》一卷　　　　　　　（清）孔尚任著
《庙庭礼乐典故》　　　　　　　（清）孔衍璐著
《家庙礼则》　　　　　　　　　（清）孔衍纲著
《编正孔子家语》二卷　　　　　（清）孔毓圻著
《四书辨义》　　　　　　　　　（清）孔传心著
《三礼合纂》十二卷　　　　　　（清）孔传铎著
《礼记摘藻》一卷　　　　　　　（清）孔传铎著
《三传合纂》十二卷　　　　　　（清）孔传铎著
《圣门乐制》一卷　　　　　　　（清）孔传铎著
《孔圣图谱》三卷　　　　　　　（清）孔贞丽（女）著

《太极图浅说》	（清）孔传来著
《大衍新法》一卷	（清）孔传游著
《孔氏家仪》一卷	（清）孔继汾著
《家仪答问》四卷	（清）孔继汾著
《阙里仪注》三卷	（清）孔继汾著
《勔仪纠谬集》一卷	（清）孔继汾著
《乐舞全谱》二卷	（清）孔继汾著
《校刻文献通考序》一卷	（清）孔继汾著
《水经释地》八卷	（清）孔继涵著
《五经文字疑》一卷	（清）孔继涵著
《考工车度记补》一卷	（清）孔继涵著
《林氏考工记解》一卷	（清）孔继涵著
《同度记》一卷	（清）孔继涵著
《勾股粟米法释数》一卷	（清）孔继涵著
《春秋地名考》一卷	（清）孔继涵著
《诗经古韵》四卷	（清）孔继镗著
《诗经备考》一卷	（清）孔广沭著
《周官肊测》七卷	（清）孔广林著
《仪礼肊测》十八卷	（清）孔广林著
《吉凶服名用篇》九卷	（清）孔广林著
《禘祫觵解篇》一卷	（清）孔广林著
《明堂亿》一卷	（清）孔广林著
《仪礼士冠礼笺》一卷	（清）孔广林著
《周易注》	（清）孔广林著
《尚书注》	（清）孔广林著
《论语注》	（清）孔广林著
《孝经注》	（清）孔广林著
《毛诗谱》	（清）孔广林著
《礼记天算释》二卷	（清）孔广牧著

《礼记郑注考》四卷	（清）孔广牧著
《周官知事》二卷	（清）孔广栻著
《春秋世族谱》一卷《附录》一卷	（清）孔广栻著
《春秋世族谱考》一卷	（清）孔广栻著
《陈子昂春秋折衷论》一卷	（清）孔广栻著
《春秋地名人名同名录》一卷《补遗》一卷	（清）孔广栻著
《春秋闰例日食例》	（清）孔广栻著
《春秋摘微》一卷	（清）孔广栻著
《国语解订伪》一卷	（清）孔广栻著
《春秋土地名考》一卷《补遗》一卷	（清）孔广栻著
《疏引土地名》一卷	（清）孔广栻著
《地名考异》	（清）孔广栻著
《书经末》六卷	（清）孔广海著
《诗经末》二卷	（清）孔广海著
《周礼仪礼尔雅考经读本》八卷	（清）孔广海著
《周易史论》二卷	（清）孔广海著
《四书提纲》四卷	（清）孔广海著
《公羊释例》	（清）孔广铭著
《孟子义疏》	（清）孔广铭著
《五经翼义疏证》	（清）孔广铭著
《春秋公羊经传通义》诗一卷《序》一卷	（清）孔广森著
《大戴礼记补注》十三卷《序》一卷	（清）孔广森著
《诗声类》十二卷	（清）孔广森著
《礼学卮言》六卷	（清）孔广森著
《经学卮言》六卷	（清）孔广森著
《春秋公羊经》一卷	（清）孔广森著
《十三经札记》	（清）孔广森著
《顨轩说经》十卷	（清）孔广森著
《曾子十二篇读本校注》一卷	（清）孔广森著

《勾股难题》一卷　　　　　　　　（清）孔广森著
《周易述翼》　　　　　　　　　　（清）孔广謇著
《周易观象祖翼》　　　　　　　　（清）孔广謇著
《家语注》二卷　　　　　　　　　（清）孔广德注
《大学指掌》一卷　　　　　　　　（清）孔昭辰著
《中庸指掌》三卷　　　　　　　　（清）孔昭辰著
《学庸指掌》　　　　　　　　　　（清）孔昭杰著
《论语集注》　　　　　　　　　　（清）孔昭杰著
《孟子摘要》　　　　　　　　　　（清）孔昭杰著
《四书大义辑要》　　　　　　　　（清）孔祥霖著
《经史考说》　　　　　　　　　　（清）孔祥霖著
《圣门礼制》　　　　　　　　　　（清）孔令贻著

（二）史部

《汉尚书》十卷　　　　　　　　　（晋）孔衍著
《后汉尚书》六卷　　　　　　　　（晋）孔衍著
《魏尚书》八卷　　　　　　　　　（晋）孔衍著
《汉春秋》十卷　　　　　　　　　（晋）孔衍著
《后汉春秋》六卷　　　　　　　　（晋）孔衍著
《魏春秋》九卷　　　　　　　　　（晋）孔衍著
《汉魏春秋》九卷　　　　　　　　（晋）孔衍著
《春秋时国语》十卷　　　　　　　（晋）孔衍著
《春秋后国语》十卷　　　　　　　（晋）孔衍著
《国志历》五卷　　　　　　　　　（晋）孔衍著
《长历》十四卷　　　　　　　　　（晋）孔衍著
《千年历》二卷　　　　　　　　　（晋）孔衍著
《晋咸和咸康故事》四卷　　　　　（晋）孔愉著
《国语注》二十卷（佚）　　　　　（宋）孔晁著
《晋明堂郊社仪》三卷　　　　　　（宋）孔晁著

《地志》	（宋）孔灵运著
《会稽志》一卷	（宋）孔灵符著
《会稽记佚文》一卷	（宋）孔灵符著
《读史》三卷	（北齐）孔拱著
《隋史》八十五卷	（唐）孔颖达著
《梁史》	（唐）秘书监孔绍安著，未成而卒
《百家类例》	（唐）孔至著
《姓氏杂录》一卷	（唐）孔至著
《百官要理》一卷	（唐）孔至道著
《重修地理志》	（唐）孔述睿著
《会稽掇英总辑》二十卷	（宋）孔延之著
《阙里世系》一卷	（宋）孔宗翰著
《孔氏族谱》	（宋）孔宗翰著
《宣靖妖化录》	（宋）孔偁著
《祖谱》	（金）孔璠著
《祖庭广记》	（金）孔璠著
《孔氏祖庭广记》二卷	（金）孔元措著
《续祖庭广记》	（金）孔璪、（元）孔泾相继修纂
《素王世纪》	（元）孔元敬著
《元朝一统志》	（元）孔淑著
《阙里世系》	（元）孔淑著
《孔氏族谱》	（元）孔淑著
《静斋至正直记》	（元）孔齐著
《孔氏续录》	（元）孔元祚著
《增修祖庭广记》二十卷	（元）孔泾著
《历官纪》	（元）孔克慧著，佚
《孔氏新谱》	（明）孔承懿著
《荆藩辅政录》	（明）孔承倜著
《重修曲阜县志》六卷	（明）孔弘毅著

《重订三迁志》五卷　　　　　　　　（明）孔弘毅著
《孔氏族谱》　　　　　　　　　　　（明）孔弘颢著
《阙里文献集》四卷　　　　　　　　（明）孔弘乾著
《孔门金载》四十卷　　　　　　　　（明）孔弘乾著
《曲阜县志》　　　　　　　　　　　（明）孔弘乾著
《孔庭摘要》　　　　　　　　　　　（明）孔弘存著
《皇明诏制全书》　　　　　　　　　（明）孔贞运著
《阙里志》十二卷　　　　　　　　　（明）孔贞丛著
《阙里志》二十四卷　　　　　　　　（明）孔胤植著
《述圣图》　　　　　　　　　　　　（明）孔胤植著
《滇纪》一卷　　　　　　　　　　　（清）孔贞瑄著
《黔记》一卷　　　　　　　　　　　（清）孔贞瑄著
《泰山纪胜一卷》　　　　　　　　　（清）孔贞瑄著
《缩地歌》　　　　　　　　　　　　（清）孔贞瑄著
《孔氏家乘》　　　　　　　　　　　（清）孔贞祐著
《阙里志》二十四卷　　　　　　　　（清）孔尚任著
《孔子世家谱》二十四卷　　　　　　（清）孔尚任著
《平阴府志》三十六卷　　　　　　　（清）孔尚任著
《宗谱世系图》　　　　　　　　　　（清）孔尚颜著
《孔庭摘要》　　　　　　　　　　　（清）孔衍法著
《增补曲阜县志》六卷　　　　　　　（清）孔衍淳著
《孔子世家宗谱》二十三卷　　　　　（清）孔兴燮著
《幸鲁盛典》四十卷　　　　　　　　（清）孔毓圻著
《曲阜县志稿》　　　　　　　　　　（清）孔毓琚著
《孔子宗谱纂要》一卷　　　　　　　（清）孔毓佶著
《崇鲁盛典》五十卷　　　　　　　　（清）孔传铎著
《读古偶志》一卷　　　　　　　　　（清）孔传铎著
《阙里盛典》　　　　　　　　　　　（清）孔传钲著
《文庙考略》十二卷　　　　　　　　（清）孔传书著

《洙泗书院学录》	（清）孔传崋著
《修武县志》五卷	（清）孔传中著
《南阳府志》六卷	（清）孔传金著
《阙里文献考》一百卷	（清）孔继汾著
《嫡系小谱》十卷	（清）孔继汾著
《保康县续志》四卷	（清）孔继檊著
《郧西县续志》四卷	（清）孔继檊著
《续修优复恩例》	（清）孔继善著
《纪略》一卷	（清）孔广电著
《读鉴提要》十二卷	（清）孔广沭著
《孔氏支谱》	（清）孔广林著
《先圣生卒年月考》二卷	（清）孔广牧著
《读史先》一卷	（清）孔广海著
《县志采访未誊草》八卷	（清）孔广海著
《莘县志》十卷	（清）孔广海著
《阳谷县志》十六卷	（清）孔广海著
《前汉书考证》	（清）孔广铭著
《阙里通考》八卷	（清）孔广德著
《读史格言》	（清）孔昭杰著
《续孔庭摘要》	（清）孔昭玺著
《增修孔子世家谱》二十二卷	（清）孔昭焕著
《曲阜圣迹古迹择要略考》	（清）孔昭曾著
《中西四千年记历》	（清）孔昭焱著
《重修孔氏大宗支谱》十四卷	（清）孔昭薪著
《至圣林庙碑目》六卷	（清）孔昭薰著
《圣迹图》	（清）孔宪兰著
《别订炊经堂支谱》一卷	（清）孔宪毂著
《历代帝王总记》一卷	（清）孔宪遫著
《光绪丙子纂修宗谱》	（清）孔宪辅著

《孔子世系表》　　　　　　　　（清）孔宪锟著
《校补大宗支谱》　　　　　　　（清）孔庆镕著
《绥德直隶州志》八卷　　　　　（清）孔繁朴编
《沁源县志》八卷　　　　　　　（民国）孔兆熊编著

（三）子部

《子思子》　　　　　　　　　　（战国）孔伋著
《谰言》十二篇　　　　　　　　（战国）孔穿著
《孔丛子》七卷　　　　　　　　（秦）孔鲋著
《连丛子》　　　　　　　　　　（汉）孔臧著
《兵林》三卷　　　　　　　　　（晋）孔衍著
《说林》五卷　　　　　　　　　（晋）孔衍著
《琴操引》三卷　　　　　　　　（晋）孔衍著
《孔氏说林》二卷　　　　　　　（晋）孔衍著
《杂药方》二十九卷　　　　　　（晋）孔汪著
《夏侯鬼语集》一卷　　　　　　（齐）孔晔著
《弹文》四卷　　　　　　　　　（陈）孔奂著
《谈玄》六卷　　　　　　　　　（唐）孔颖达著
《本草音义》二十卷　　　　　　（唐）孔志约著
《吏事总龟》　　　　　　　　　（宋）孔璹著
《在穷记》一卷　　　　　　　　（元）孔元舒著
《历官纪》　　　　　　　　　　（元）孔克慧著，佚
《归田录》　　　　　　　　　　（元）孔克慧著，佚
《吾学编》　　　　　　　　　　（明）孔公恂著
《日言》　　　　　　　　　　　（明）孔承倜著
《梦解》　　　　　　　　　　　（明）孔承倜著
《三教指述》　　　　　　　　　（明）孔承倜著
《四事请教录》　　　　　　　　（明）孔承倜著
《谈柄》　　　　　　　　　　　（明）孔弘乾著

《疹科真传》一卷　　　　　　　　　（明）孔弘擢著
《家政》　　　　　　　　　　　　　（明）孔贞灿著
《琴谱》一卷　　　　　　　　　　　（明）孔贞遇著
《词林典类》　　　　　　　　　　　（明）孔贞运著
《云蕉馆纪谈》一卷　　　　　　　　（明）孔迩著
《琴瑟谱》一卷　　　　　　　　　　（清）孔贞瑄著
《操缦新说》一卷　　　　　　　　　（清）孔贞瑄著
《日知录》　　　　　　　　　　　　（清）孔贞望著
《会心录》一卷　　　　　　　　　　（清）孔尚任著
《享金簿》一卷　　　　　　　　　　（清）孔尚任著
《人瑞录》　　　　　　　　　　　　（清）孔尚任著
《清夜录》　　　　　　　　　　　　（清）孔尚任著
《律吕管见》　　　　　　　　　　　（清）孔尚任著
《鲁谚》　　　　　　　　　　　　　（清）孔尚任、颜光敏合著
《画林雁塔》　　　　　　　　　　　（清）孔尚任著
《节序同风录》十二卷　　　　　　　（清）孔尚任著
《画诀》一卷　　　　　　　　　　　（清）孔衍栻著
《续画诀》一卷　　　　　　　　　　（清）孔衍栻著
《塾训》一卷　　　　　　　　　　　（清）孔兴钎著
《孝行录》　　　　　　　　　　　　（清）孔兴持著
《痢疾论》四卷　　　　　　　　　　（清）孔毓礼著
《拾籉馀闲》一卷　　　　　　　　　（清）孔毓埏著
《律吕考略》一卷　　　　　　　　　（清）孔毓焞著
《宝应成蓉镜注解》　　　　　　　　（清）孔毓焞著
《读古偶志》一卷　　　　　　　　　（清）孔传铎著
《学修杂记》　　　　　　　　　　　（清）孔传堂著
《识字日知》　　　　　　　　　　　（清）孔传堂著
《琴律易知》四卷　　　　　　　　　（清）孔传堂著
《跋汉魏六朝名碑》　　　　　　　　（清）孔传崋著

《玉虹楼法帖》　　　　　　　　　（清）孔继涑著
《医鉴草》四卷　　　　　　　　　（清）孔继莱著
《隐墨斋法帖》　　　　　　　　　（清）孔继涑著
《篆镂心得》　　　　　　　　　　（清）孔继浩著
《申学斋课徒草》　　　　　　　　（清）孔广沐著
《汉石经残字证异》二卷　　　　　（清）孔广牧著
《说文疑疑》三卷　　　　　　　　（清）孔广居著
《岳学楼书画录》五卷　　　　　　（清）孔广陶著
《校注北堂书抄》一百六十卷　　　（清）孔广陶著
《庄子义训》　　　　　　　　　　（清）孔广铭著
《普天忠愤》十四卷　　　　　　　（清）孔广德著
《重校吕新吾救命书》　　　　　　（清）孔昭杰著
《知非录》　　　　　　　　　　　（清）孔昭杰著
《王阳明先生读书十八则》　　　　（清）孔昭玺著
《钦定台规》四十二卷　　　　　　（清）孔宪毅著
《曲阜碑碣考》四卷　　　　　　　（清）孔祥霖著
《广东俗语考》　　　　　　　　　（民国）孔仲南著
《县政建设》　　　　　　　　　　（民国）孔充著

（四）集部

《太常集》二卷　　　　　　　　　（汉）孔臧著
《北海集》十卷　　　　　　　　　（汉）孔融著
《中丞奏议》二十二卷　　　　　　（汉）孔群著
《侍中集》十七卷　　　　　　　　（汉）孔坦著
《御史中丞集》十卷　　　　　　　（晋）孔琳之著
《吴兴太守集》十一卷　　　　　　（晋）孔严著
《中郎集》十卷　　　　　　　　　（晋）孔汪著
《廷尉集》十二卷　　　　　　　　（晋）孔㦑著
《散骑常侍集》十卷　　　　　　　（齐）孔稚圭著

《文贞公集》十五卷	（梁）孔休源著
《文集》十五卷	（陈）孔奂著
《国子博士集》五卷	（唐）孔颖达著
《光禄大夫集》十五卷	（唐）孔兴著
《秘书集》五十卷	（唐）孔绍安著
《仆射集》十卷	（唐）孔巢父著
《沂川集》	（宋）孔端问著
《行台都事集》	（宋）孔璪著
《南山樵隐集》	（金）孔玮著
《孔珍诗集》一卷	（金）孔珍著
《行台集》五卷	（元）孔汭著
《祭酒逸稿》二卷	（元）孔克坚著
《景丛集》十卷	（元）孔璞著
《鲁樵集》	（元）孔元龙著
《拱锡山草堂集》五卷	（元）孔元龙著
《村居杂兴》三卷	（元）孔元龙著
《奏议丛璧》	（元）孔元龙著
《明德集》十卷	（元）孔元演著
《愚斋文集》	（元）孔梦斗著
《雁山樵唱》	（元）孔克烈著
《考槃集》	（元）孔克烈著
《德台集》	（元）孔克慧著
《归田录》	（元）孔克慧著，佚
《东窗事犯》	（元）孔学诗著
《孔文卿杂剧》	（元）孔学诗著
《江陵百咏诗》一卷	（明）孔克学著
《巢愚稿》	（明）孔克晏著
《希古文集》二卷	（明）孔希古著
《刍荛言集》	（明）孔希祯著

《韦庵诗稿》	（明）孔希恭著
《芸窗赞古》	（明）孔希恭著
《舞雩春咏集》二十卷	（明）孔谔著
《(日合)斋集》	（明）孔公杰著
《沂雩散人集》	（明）孔公镗著
《詹事集》二十卷	（明）孔公恂著
《北窗迂叟稿》	（明）孔公璜著
《元和景象集》	（明）孔公輶著
《南坡集》	（明）孔公輶著
《泗渔集》	（明）孔公輶著
《泗渔乐府》	（明）孔公輶著
《东村耕隐集》	（明）孔公琅著
《秋塘乐府》	（明）孔彦臣著
《礼庭吟》	（明）孔承庆著
《南坡集》	（明）孔承懿著
《桥梓联编》五卷	（明）孔承懿著
《淳丽风味》	（明）孔弘乾著
《北游吟》	（明）孔弘颐著
《西山雅吟》	（明）孔弘颐著
《唱酬集》	（明）孔弘颐著
《振鹭集》一卷	（明）孔闻韶著
《奏议》一卷	（明）孔闻诗著
《萌蘖集》二十卷	（明）孔弘仁著
《莲塘诗文集》	（明）孔弘仕著
《敬事草》五卷	（明）孔贞运著
《古今奇文品胜》五卷	（明）孔贞运著
《在鲁斋文集》五卷	（明）孔贞时著
《孔方伯集》一卷	（明）孔天胤著
《孔文谷集》十六卷	（明）孔天胤著

《聊园文集》十五卷	（清）孔贞瑄著
《聊园诗略前后集》十三卷	（清）孔贞瑄著
《诗续集》一卷	（清）孔贞瑄著
《西园诗集》一卷	（清）孔贞灿著
《岸堂文集》六卷	（清）孔尚任著
《湖海集》十三卷	（清）孔尚任著
《桃花扇》	（清）孔尚任著
《小忽雷》	（清）孔尚任著
《大忽雷》二卷	（清）孔尚任著
《石门山集》	（清）孔尚任著
《出山异数记》一卷	（清）孔尚任著
《长留集》十二卷	（清）孔尚任著
《绰约词》一卷	（清）孔尚任著
《春秋闺词集句》	（清）孔尚任著
《宫词百首》	（清）孔尚任著
《鳣堂集》	（清）孔尚任著
《介安堂集》	（清）孔尚任著
《重编三孔文集》五卷	（清）孔尚斌著
《鹤林集》	（清）孔尚颜著
《求野斋文集》	（清）孔衍纲著
《题画诗》一卷	（清）孔衍栻著
《小岸诗》一卷	（清）孔衍谱著
《世泽堂文集》	（清）孔衍法著
《湖海诗集》	（清）孔衍治著
《温泉诗集》	（清）孔衍钦著
《湖山吟集》	（清）孔衍钦著
《孔心一诗》一卷	（清）孔衍樾著
《滇游集》一卷	（清）孔兴诏著
《诗钞》一卷	（清）孔兴诏著

《草堂诗稿》一卷	（清）孔兴钎著
《石仓诗选》一卷	（清）孔兴钎著
《西台奏议》	（清）孔兴钎著
《绍先诗集》一卷	（清）孔兴钎著
《琴苑心传全篇》二十卷	（清）孔兴诱著
《兰堂遗稿》二卷	（清）孔毓圻著
《耕砚田笔记》	（清）孔毓圻著
《远秀堂集》八卷	（清）孔毓埏著
《曲阜县赋》一卷	（清）孔毓埏著
《丽则集》	（清）孔毓埏著
《水木山房诗》一卷	（清）孔毓璘著
《文津轩文集》	（清）孔毓书著
《秋水亭诗集》	（清）孔毓书著
《三肄堂诗草》	（清）孔毓昌著
《红杏山房诗》一卷	（清）孔毓琚著
《孔英尚文集》五卷	（清）孔毓琼著
《友梅随笔》一卷	（清）孔毓焞著
《絅斋随笔》二卷	（清）孔毓焞著
《安怀堂文集》二卷	（清）孔传铎著
《申椒集》二卷	（清）孔传铎著
《绘心集》二卷	（清）孔传铎著
《盟鸥草》一卷	（清）孔传铎著
《红萼词》二卷	（清）孔传铎著
《炊香词》三卷	（清）孔传铎著
《古文源》二卷	（清）孔传铎著
《补闲堂集》二卷	（清）孔传铠著
《清涛词》二卷	（清）孔传铠著
《软昆吾传奇》	（清）孔传铠著
《软羊脂》二卷	（清）孔传铠著

《蝶庵词》一卷　　　　　　　　（清）孔传鋕著
《炊经堂集》四卷　　　　　　　（清）孔传钲著
《芥圃遗诗》一卷　　　　　　　（清）孔传枞著
《鹄吟集》　　　　　　　　　　（清）孔丽贞（女）著
《藉兰阁诗集》　　　　　　　　（清）孔丽贞（女）著
《望洛文集》二卷　　　　　　　（清）孔传来著
《铭心录》四卷　　　　　　　　（清）孔传来著
《虚镜斋诗》　　　　　　　　　（清）孔传松著
《芥园遗诗》　　　　　　　　　（清）孔传枞著
《小龙山人诗稿》　　　　　　　（清）孔传经著
《嵩阳遗稿》　　　　　　　　　（清）孔传尚著
《九峰录诗集》　　　　　　　　（清）孔传尚著
《炊经堂诗集》　　　　　　　　（清）孔传钲著
《炊经堂诗钞》一卷　　　　　　（清）孔传钲著
《铉余诗文集》　　　　　　　　（清）孔传钺著
《片云词》　　　　　　　　　　（清）孔传钺著
《纯斋遗草》一卷　　　　　　　（清）孔继濩著
《五泉庄拟古乐府》一卷　　　　（清）孔继汧著
《行余诗草》二卷　　　　　　　（清）孔继汾著
《秀岭诗草》一卷　　　　　　　（清）孔传平著
《莲乡题画偶存》一卷　　　　　（清）孔继尧著
《听竹楼诗稿》　　　　　　　　（清）孔继坤（女）著
《映槐堂诗》　　　　　　　　　（清）孔继芳著
《焚余草集》　　　　　　　　　（清）孔继炌著
《蔗亭诗》　　　　　　　　　　（清）孔继炘著
《桂窗小草》　　　　　　　　　（清）孔继孟（女）著
《玉虹楼遗稿》一卷　　　　　　（清）孔继涑著
《玉虹楼诗词》四卷　　　　　　（清）孔继涑著
《红榈书屋诗集》四卷　　　　　（清）孔继涵著

《红榈书屋文集》二卷　　　　　　　　（清）孔继涵著
《斫冰词》三卷　　　　　　　　　　　（清）孔继涵著
《宋瓿堂稿》八卷　　　　　　　　　　（清）孔继宣著
《耀尘集》二卷　　　　　　　　　　　（清）孔继诰著
《弃余集》二卷　　　　　　　　　　　（清）孔继诰著
《诗述》十卷　　　　　　　　　　　　（清）孔继镗著
《恕斋吟草》　　　　　　　　　　　　（清）孔继镗著
《心向往斋集》二十卷　　　　　　　　（清）孔继镽著
《敏求斋文集》八卷　　　　　　　　　（清）孔广荣著
《敏求斋诗集》四卷　　　　　　　　　（清）孔广荣著
《敏求斋外集》一卷　　　　　　　　　（清）孔广荣著
《岳雪楼诗存》四卷　　　　　　　　　（清）孔继勋著
《西园草堂诗集》　　　　　　　　　　（清）孔广义著
《云樵诗集》二卷　　　　　　　　　　（清）孔广电著
《内公余草》三卷　　　　　　　　　　（清）孔广电著
《晋游草》一卷　　　　　　　　　　　（清）孔广电著
《爱莲书屋诗集》十卷　　　　　　　　（清）孔广权著
《观海集》一卷　　　　　　　　　　　（清）孔广权著
《留正集文稿》二卷　　　　　　　　　（清）孔广沐著
《赋学留正》二卷　　　　　　　　　　（清）孔广沐著
《盆都咏兴》　　　　　　　　　　　　（清）孔广沐著
《手批唐诗》二卷　　　　　　　　　　（清）孔广沐著
《延恩集》　　　　　　　　　　　　　（清）孔广林著
《温经楼游戏翰墨》二十卷　　　　　　（清）孔广林著
《温经楼杂剧》三种　　　　　　　　　（清）孔广林著
《东城父老斗鸡传奇》二卷　　　　　　（清）孔广林著
《幼冉韵语录存》　　　　　　　　　　（清）孔广林著
《省疚录》二卷　　　　　　　　　　　（清）孔广牧著

《勿二三斋诗集》一卷	（清）孔广牧著
《漱石山房诗文集》	（清）孔广珪著
《微波榭杂抄》	（清）孔广栻著
《秋蓼山房诗词稿》	（清）孔广根著
《侍姬名艳朝》	（清）孔广根著
《传子孙遗》	（清）孔广根著
《仪郑堂文集》二卷	（清）孔广森著
《仪郑堂诗稿》一卷	（清）孔广森著
《仪郑堂遗稿》一卷	（清）孔广森著
《骈俪文》三卷	（清）孔广森著
《顨轩孔氏所著书》	（清）孔广森著
《敏求斋诗集》四卷	（清）孔广荣著
《敏求斋文集》八卷	（清）孔广荣著
《敏求斋别集》一卷	（清）孔广荣著
《弦歌诗集》	（清）孔广德著
《孤灯吟草》	（清）孔昭杰著
《拜经书屋文稿》	（清）孔昭杰著
《诗余》	（清）孔昭杰著
《寄生草诗稿》	（清）孔昭质著
《镜虹吟室词集》一卷	（清）孔昭虔著
《镜虹吟室诗集》四卷	（清）孔昭虔著
《扣舷小草词》一卷	（清）孔昭虔著
《经进稿》一卷	（清）孔昭虔著
《新镌古今大雅北宫词记》	（清）孔昭虔著
《荡奴秋思》（杂剧）	（清）孔昭虔著
《葬花》（杂剧）	（清）孔昭虔著
《利于不息斋初集》	（清）孔昭焜著
《利于不息斋古今体诗》五卷	（清）孔昭焜著

《会我实馆吟稿》三卷　　　　　　（清）孔昭焜著
《却扫山巢赋》一卷　　　　　　　（清）孔昭焜著
《桐华书屋诗钞》　　　　　　　　（清）孔昭蕙（女）著
《柳村诗》二卷　　　　　　　　　（清）孔昭薰著
《贮云词》三卷　　　　　　　　　（清）孔昭薰著
《绶藤吟舫词》一卷　　　　　　　（清）孔昭薰著
《雪门竹枝词》一卷　　　　　　　（清）孔昭薰著
《阙里孔氏词钞》四卷　　　　　　（清）孔昭薰编
《北游诗词小草》　　　　　　　　（清）孔昭薰著
《圣贤赞》　　　　　　　　　　　（清）孔宪兰著
《抱真集》十卷　　　　　　　　　（清）孔宪圭著
《志道集》三卷　　　　　　　　　（清）孔宪圭著
《玉川诗钞》一卷　　　　　　　　（清）孔宪圭著
《岱麓诗稿》　　　　　　　　　　（清）孔宪毅著
《种蕉吟馆试帖近稿》二卷　　　　（清）孔宪毅著
《逸友堂遗稿》　　　　　　　　　（清）孔宪坤著
《逸友堂适性草》一卷　　　　　　（清）孔宪坤著
《诗余偶存》一卷　　　　　　　　（清）孔宪坤著
《十三经阁诗录》二卷　　　　　　（清）孔宪庚著
《疏花馆纪年诗》一卷　　　　　　（清）孔宪庚著
《经之文抄》　　　　　　　　　　（清）孔宪庚著
《一莲诗草》　　　　　　　　　　（清）孔宪奎著
《谦益斋诗集》　　　　　　　　　（清）孔宪钰著
《凝绪堂诗稿》　　　　　　　　　（清）孔宪培著
《笃经堂文稿》　　　　　　　　　（清）孔宪瑛著
《凝祉堂诗》　　　　　　　　　　（清）孔宪增著
《翰斋文集》四卷　　　　　　　　（清）孔宪彝著
《对岳楼诗集》八卷　　　　　　　（清）孔宪彝著

《对岳楼词集》一卷　　　　　　　　（清）孔宪彝著
《绣山文钞》　　　　　　　　　　　（清）孔宪彝著
《挐云馆诗草》一卷　　　　　　　　（清）孔宪彝著
《还乡吟》一卷　　　　　　　　　　（清）孔宪彝著
《小莲华室图卷题辞》五卷　　　　　（清）孔宪彝著
《尺五庄钱春诗荟》一卷《题辞》一卷（清）孔宪彝著
《曲阜诗钞》八卷　　　　　　　　　（清）孔宪彝编
《阙里孔氏诗钞》十四卷　　　　　　（清）孔宪彝编
《种芝山房遗集》一卷　　　　　　　（清）孔庆鲑著
《鼎甫诗集》一卷　　　　　　　　　（清）孔庆鈘著
《敏文斋文集》　　　　　　　　　　（清）孔庆鎙著
《省香斋诗集》六卷　　　　　　　　（清）孔庆鎙著
《衍元小草》二卷　　　　　　　　　（清）孔庆霁、孔庆霭、劳絅章合著
《铁山园诗稿》四卷　　　　　　　　（清）孔庆镕著
《铁山园集》四卷　　　　　　　　　（清）孔庆镕著
《鸣鹤集》一卷　　　　　　　　　　（清）孔庆镕著
《春华集》一卷　　　　　　　　　　（清）孔庆镕著
《忠恕堂集》一卷　　　　　　　　　（清）孔庆镕著
《唐宋旧经楼诗稿》　　　　　　　　（清）孔璐华（女）著
《拟元人梅花百咏》　　　　　　　　（清）孔璐华（女）著
《国朝闺阁诗钞》　　　　　　　　　（清）孔璐华（女）编
《圣泽堂诗稿》四卷　　　　　　　　（清）孔繁朴著
《感遂笔》八卷　　　　　　　　　　（清）孔繁滢著
《荫椿轩诗稿》二卷　　　　　　　　（清）孔繁灏著
《东游杂记》　　　　　　　　　　　（清）孔祥霖著
《曲阜清儒著述记》　　　　　　　　（清）孔祥霖著
《学静轩遗诗》一卷　　　　　　　　（清）孔淑成（女）著

三、历代孔氏功名表

(一) 历代孔氏文科进士表

代次	姓名	中式时间	名次	备注
33代	孔桢	唐武德年间		
34代	孔昌寓	唐贞观年间		
38代	孔载	唐贞元十七年(801)		
38代	孔戡	唐贞元十七年(801)		
38代	孔㦸	唐贞元十七年(801)		长孙
39代	孔敏行	唐元和五年(810)	第一	状元
39代	孔温裕	唐元和五年(810)		
39代	孔温资	唐元和五年(810)		
39代	孔温业	唐长庆元年(821)	第二	榜眼
39代	孔温谅	唐长庆元年(821)		
40代	孔纬	唐大中十二年(858)	第一	状元
40代	孔绚	唐咸通二年(861)		兄弟进士
40代	孔纶	唐咸通二年(861)		兄弟进士
41代	孔邈	唐咸通三年(862)		官谏议大夫
40代	孔振	唐咸通四年(863)	第一	兄弟状元
40代	孔拯	唐中和三年(883)	第一	兄弟状元
40代	孔炅	唐咸通七年(866)		
40代	孔䋈	唐咸通七年(866)		
40代	孔纁	唐咸通十四年(873)		
40代	孔绩			吉州军事推官

（续表）

代次	姓名	中式时间	名次	备注
41代	孔 闰	唐景福年间		任袁州刺史
41代	孔昌庶	唐乾宁元年(894)		虞部郎中
41代	孔昌明	唐光化三年(900)		散骑常侍
41代	孔昌弼	唐光化三年(900)		散骑常侍
41代	孔昌序	唐光化三年(900)		散骑常侍
42代	孔 瑄	南唐(960)		与弟孔琼同榜
42代	孔 玹	南唐		
42代	孔 琼	南唐(960)		
43代	孔 侨	宋端拱间		孔瑄子
43代	孔 信	宋		孔玹子
43代	孔 俸	宋		孔玹子
44代	孔 宪	宋建隆初年		工部员外郎河东转运使
	孔世基	宋太平兴国二年(977)		赐同进士出身
44代	孔 勖	宋雍熙二年(985)		
45代	孔道辅	宋大中祥符五年(1012)		
45代	孔延泽	宋大中祥符五年(1012)		
45代	孔延之	宋庆历三年(1043)		
45代	孔舜亮	宋嘉祐四年(1059)		
46代	孔宗翰	宋嘉祐四年(1059)		
53代	孔 滋	宋元祐三年(1088)		
53代	孔 淑	宋元祐三年(1088)		
53代	孔 源	宋绍圣元年(1094)		
53代	孔 涵	宋绍圣元年(1094)		
46代	孔宗哲	宋崇宁三年(1104)		
47代	孔若拙	宋崇宁三年(1104)		官金州司理参军

(续表)

代次	姓名	中式时间	名次	备注
47代	孔若初	宋崇宁三年(1104)		
48代	孔端木	宋宣和四年(1122)		赐同进士出身
	孔 札			年代不可考
	孔 涛	金大定元年(1161)		
	孔 擢	金大定二十二年(1182)		
48代	孔端甫	金明昌四年(1193)		赐进士及第
50代	孔 挚	金贞祐二年(1214)		赐进士及第
	孔克任	元至正十年(1273)		翰林国史检阅官
53代	孔 沂	元至正十年(1273)		翰林国史检阅官
53代	孔 泾	元至正十年(1273)		翰林国史检阅官
	孔士伦			年代不可考
	孔俞立			年代不可考
58代	孔公恂	明景泰甲戌科(1454)		
61代	孔弘愿	明成化丁未科(1487)		
62代	孔闻謤	明天启壬戌科(1622)		礼部郎中
62代	孔闻诗	明天启壬戌科(1622)		吏礼二科给事中
62代	孔闻籍	明天启乙丑科(1625)		
65代	孔衍圭	明崇祯丁丑科(1637)		
64代	孔尚则	明崇祯庚辰科(1640)		刑部员外郎
66代	孔兴釪	清康熙庚戌科(1670)		
65代	孔衍治	清康熙己丑科(1709)		
68代	孔传堂	清雍正甲辰科(1724)		
68代	孔传炘	清乾隆乙未科(1775)		苏州府知府
69代	孔继涵	清乾隆辛卯科(1771)		户部主事 叔侄同榜

(续表)

代次	姓名	中式时间	名次	备注
70代	孔广森	清乾隆辛卯科(1771)		翰林院检讨 叔侄同榜
69代	孔继鸿	清嘉庆辛酉科(1801)	三甲百三十名	
71代	孔昭虔	清嘉庆辛酉科(1801)	三甲二十一名	翰林
69代	孔继㙺	清嘉庆壬戌科(1802)	三甲百四十六名	
71代	孔昭显	清嘉庆甲戌科(1814)	三甲三十三名	
68代	孔传习	清嘉庆甲戌科(1814)	三甲百一十三名	
68代	孔传钺	清嘉庆庚辰科(1820)	三甲三十五名	
71代	孔昭佶	清嘉庆庚辰科(1820)	三甲九名	
71代	孔昭慈	清道光壬辰科(1832)	三甲七十七名	翰林
71代	孔昭然	清道光癸巳科(1833)	三甲百九名	
73代	孔庆鏸	清道光丙申科(1836)	二甲二十一名	翰林
73代	孔庆鉒	清道光戊戌科(1838)	三甲八十六名	
72代	孔宪毂	清咸丰丙辰科(1856)	三甲八十六名	翰林
71代	孔昭浃	清咸丰庚申科(1860)	三甲六十名	
69代	孔继钰	清同治辛未科(1871)	三甲八十六名	翰林
72代	孔宪曾	清光绪丙子科(1876)	二甲八十七名	翰林
75代	孔详霖	清光绪丁丑科(1877)	二甲六十四名	翰林
74代	孔繁朴	清光绪庚寅科(1890)	三甲百八十二名	
71代	孔昭倩	清光绪壬辰科(1892)	三甲百三十四名	
73代	孔庆塎	清光绪乙未科(1895)	三甲百十四名	
70代	孔广泽	清光绪癸卯科(1903)		恩赐

（二）历代孔氏明经表

代次	姓名	中式时间	名次
32代	孔嗣悊	隋开皇年间	
32代	孔颖达	隋大业年间	
35代	孔季翊	唐中宗嗣圣年间	
39代	孔 策		
	孔遵宪		
40代	孔 纁	唐咸通十年(869)	第一
40代	孔 晦	唐咸通十二年(871)	
	孔 绛		
45代	孔延世	宋雍熙年间	
46代	孔圣佑	宋真宗年间	
	孔 渭	宋真宗年间	
	孔延祐		
	孔延论		

（三）历代孔氏武科进士表

代次	姓名	中式时间
65代	孔衍江	清康熙己酉科(1669)
64代	孔尚宽	清康熙己卯科(1675)
68代	孔传斌	清康熙丁卯科(1687)
66代	孔兴祉	清康熙辛未科(1691)
67代	孔毓铭	清康熙癸巳科(1713)
69代	孔继恭	清康熙丁酉科(1717)
67代	孔毓璘	清康熙庚子科(1720)

（续表）

代次	姓名	中式时间
67代	孔毓鑑	清雍正癸卯科(1723)
68代	孔传业	清雍正甲辰科(1724)
64代	孔尚芳	清雍正丙午科(1726)
70代	孔广攷	清雍正己酉科(1729)
66代	孔兴臻	清雍正壬子科(1732)
70代	孔广震	清同治甲戌科(1874)

后　记

今年三月底，王钧林教授向我约稿，并介绍了事情的经过：《山东文化世家研究书系》已经进行了两年，多数作者已经交稿，曲阜孔子世家一书出了点变故，不能按计划完成，希望我能接手，并在十月底拿出书稿。虽然时间很紧迫，我还是接受了这个任务。由于时间紧迫，我请同事管蕾、房伟帮忙，重新调整了原写作大纲，并和管蕾、房伟一起赶到济南，与该书系主编王志民教授、副主编王钧林教授讨论、商定写作大纲。

在接下来七个月的写作过程中，拨开冗务，全力以赴，整日敲电脑敲得老眼昏花，虽然时间略有拖延，但总算完成了任务，拿出了书稿。

本书序言和第一章由房伟撰稿，第二章、第三章、第四章、第五章、第六章由我撰写，第九章、十一章由管蕾撰稿，第十章由山东师范大学石玲教授、山东省社科院副研究员车振华、管蕾撰稿，第七章、第八章、第十二章由管蕾和我撰写，附录《孔氏著述表》、《历代孔氏功名表》由管蕾整理，《长孙承袭表》由我整理。

书中难免粗疏，推敲斟酌之功留待他日。在此，我要感谢石玲教授、管蕾和房伟同志的帮助，向韩国梁承武教授致歉，因赶写此书而未能参加他主持的国际学术会议。

孔祥林

2013 年 11 月 15 日